"2019年清明祭黄帝陵与弘扬中华优秀传统文化"
学术论坛论文集

陕西省黄帝陵文化园区管理委员会
(陕西省公祭黄帝陵工作委员会办公室) 编
西北大学中国思想文化研究所

西北大学出版社

图书在版编目（CIP）数据

"2019年清明祭黄帝陵与弘扬中华优秀传统文化"学术论坛论文集／陕西省黄帝陵文化园区管理委员会，西北大学中国思想文化研究所编. -- 西安：西北大学出版社，2019.12

ISBN 978-7-5604-4470-3

Ⅰ.①2… Ⅱ.①陕… ②西… Ⅲ.①黄帝陵-学术会议-文集②中华文化-学术会议-文集 Ⅳ.①K878.84-53②K203-53

中国版本图书馆CIP数据核字（2020）第007010号

"2019年清明祭黄帝陵与弘扬中华优秀传统文化"学术论坛论文集

作　　者：陕西省黄帝陵文化园区管理委员会（陕西省公祭黄帝陵工作委员会办公室）
　　　　　西北大学中国思想文化研究所　编
出版发行：西北大学出版社
地　　址：西安市太白北路229号
邮　　编：710069
电　　话：029-88303059
经　　销：全国新华书店
印　　装：西安华新彩印有限责任公司
开　　本：787毫米×1092毫米　1/16
印　　张：34.5　　插　页：8
字　　数：578千字
版　　次：2019年12月第1版第1次印刷
书　　号：ISBN 978-7-5604-4470-3
定　　价：108.00元

开幕式：左起为高阳、张岂之、徐启方、郭立宏

徐启方 副省长

张岂之教授

高阳副秘书长

郭立宏教授

大会会场

与会代表全体合影

在 2019 年清明祭祀人文初祖黄帝学术论坛开幕式上的致辞

陕西省副省长　徐启方

（2019 年 4 月 3 日）

尊敬的岜之先生，尊敬的各位专家学者、朋友们：

大家上午好！

再过两天，就是我们中华民族的传统节日——清明节，己亥年清明公祭轩辕黄帝典礼将在我省黄陵县桥山祭祀广场隆重举行。作为公祭轩辕黄帝的一项重要活动，我们和来自港、澳、台地区的专家学者们齐聚古城西安，共同围绕"清明祭黄帝陵与弘扬中华优秀传统文化"主题展开学术研讨。受国中省长委托，在此，我谨代表陕西省政府，对学术论坛的举办表示热烈的祝贺！对各位专家学者的莅临表示诚挚的欢迎！对长期以来关注支持陕西发展的学界朋友表示衷心的感谢！

轩辕黄帝是中华文明的开拓者和奠基人，是炎黄子孙共同敬仰的"人文初祖"。5000 年前，轩辕黄帝率领先民在这块神奇的土地上辛勤劳作，辟鸿蒙、开草昧，文德武功，恩惠天地，开创了辉煌的原始文明，肇造了灿烂的民族文化，培育了伟大的民族精神，为中华民族的融合和华夏文明雄立东方奠定了坚实的基础。黄帝陵作为轩辕黄帝的陵寝，已经成为中华文明的精神标识，成为中华文化源远流长的符号，成为凝聚海内外炎黄子孙情感的精神纽带。

黄帝祭祀传承着中华民族同根同祖的理念，发挥着促进民族认同和凝聚团结的重要作用。从黄帝逝世时起，华夏民族就开始了祭祀黄帝活动。自西汉以后，黄陵桥山就成为历代王朝举行国家大祭的场所，如今的黄帝陵祭祀已成为中华民族重要的仪式。陕西省委、省政府始终高度重视公祭轩辕黄帝典礼活动,今年,我们组织国内相关领域的专家反复研讨,对公祭典礼进行整体规划,4月5日,各位专家将会在现场看到全新版的公祭轩辕黄帝典礼,感受华夏儿女对黄帝时代中华传统文化的继承与创新。

作为中华民族和华夏文化重要发祥地之一,陕西有蓝田猿人、半坡遗址、轩辕黄帝陵等远古历史,有秦、汉、唐等10多个政权上千年建都史,有中国共产党领导的以延安为中心的伟大革命史。陕西现代文化也正在蓬勃发展,"文学陕军""西部影视""长安画派""陕西民歌"等一系列陕西文化品牌孕育繁荣并走向全国,华阴老腔、皮影戏、西安鼓乐等表演越来越多地出现在老百姓的身边,丝绸之路国际艺术节、电影节的成功举办,推动着文化陕西越来越成为陕西一张"金名片"。

习近平总书记指出,"文化是民族生存和发展的重要力量"。人类社会每一次跃进,人类文明每一次升华,无不伴随着文化的历史性进步。中华文化历史悠久、兼容并蓄,浩瀚优秀的传统文化,代表了先祖的勤劳和智慧,是中华民族的宝贵财富。真诚希望各位专家、各位嘉宾能够畅所欲言、各抒己见,深入开展学术交流和研讨,发掘和利用好丰富灿烂的历史文化资源,帮助我们大力推进文化建设、增强文化自信,更好地以文化人、以史资政。我相信,本次学术论坛的成功举办,一定会不断彰显陕西在中华文明发展史中的历史地位,对传承中华民族优秀文化、建设中华民族精神家园,一定会产生重要而深远的影响。

最后,预祝本次学术论坛取得圆满成功!祝各位专家学者、各位嘉宾工作顺利、身体健康、万事如意!

谢谢大家!

目 录

黄帝与黄帝文化

清明祭祖与中华优秀传统文化	张岂之 / 2
《世本·作篇》所载有关黄帝时代制作之事所显示的意义	董金裕 / 7
世之所高，莫若黄帝	
——谈庄子有关黄帝的论述	鲁 谆 / 15
《黄帝内经》与道教产生的医学思想渊源再论	盖建民 / 22
从文献释黄帝	孟祥才 / 31
黄帝名号的由来与考古发现	
——兼论古史辨派的贡献与局限	王震中 / 39
司马迁称"黄老言"之用意考	蒋国保 / 48
从黄帝的历史传说看中华文明的特征	
——与世界其他主要文明神话传说的比较	刘炜华 / 60
炎帝早于人文初祖黄帝	
——论高陵杨官寨遗址是炎帝而非黄帝的邑城	杨东晨 杨建国 / 68
从汉字"中国"看中华文明起源	钱耀鹏 / 79
论司马迁的黄帝观	张茂泽 / 85
炎黄文化的滥觞与中华文明的起源	高 强 / 95
河洛、海岱、陕北龙山时代城址与文明起源	李桂民 / 109
试析黄老道家的起源及其母性主义内涵	
——以《道德经》为中心	吴小强 邵 薇 / 120
关于黄帝文化研究中文献资料整理的几点理解与认识	王继训 / 138
黄帝及其神话传说研究述略	刘 晓 / 144
试论黄帝精神与中华民族精神的延续	苏 峰 / 163

文化传承与创新

"儒道经典智慧"与21世纪的人类文明
　　——由《论语》及《道德经》的讲学起论 ……… 林安梧 / 169
周代祀典与中华人文精神 ……………………………… 彭　林 / 182
《国语》中所见春秋思想文化 …………………………… 刘宝才 / 189
汉代儒学的转化
　　——以人性问题为论 ……………………………… 陈福滨 / 202
唐文治先生"性理学"重建儒家话语典范意义初识 …… 邓国光 / 215
论董仲舒与张载的天人之学 …………………………… 林乐昌 / 241
礼法合治、德主刑辅、王霸结合
　　——汉代国家治理模式的确立及其现实意义 …… 韩　星 / 254
融"静"于"敬"
　　——朱熹《四书章句集注》之心性涵养工夫 …… 陈逢源 / 272
从三司度支判官到体国经野之任
　　——王安石主政前的思想倾向 …………………… 范立舟 / 297
文化偶像形成
　　——13世纪前半期朱熹形象的塑造 ……………… 肖永明 / 324
论明清老学的主要特点与成就 ………………………… 刘固盛 / 357
战国诸子对天下治理合法性的探讨 …………………… 陈荣庆 / 376
明末清初朱陆异同论争的一个侧面："陆—王"学术史脉的形构
　　……………………………………………………… 田富美 / 387
宋襄公"称"霸的文化意涵
　　——从经学史考察 ………………………………… 朱浩毅 / 405
道的内在心性化与外在具体化
　　——论孟、荀对人道阐述的不同路向 …………… 郑　熊 / 419

文化创新与民族复兴

从庶民主要的宗教信仰，探究中华传统文化之核心价值 … 方俊吉 / 435
"一带一路"与人类命运共同体的文化反思 …………… 葛承雍 / 446

在中西文化比较中揭示中国文化的当代价值……………………张西平 / 453
从"天下大同"到"人类命运共同体"的思想意义 ……………刘文瑞 / 473
弘扬民族精神对建设中国特色社会主义的意义…………………周亚平 / 490
从中华文化发展说两岸关系………………………………………刘源俊 / 495
论传教士与五四激烈反传统思潮的关系…………………………武占江 / 501
《张岂之教授论学书信选》读后
  ——兼论"张岂之学派" ……………………………………许　宁 / 511
文化中医与中华文明………………………………………………高少才 / 520

附　录

靖边访古……………………………………………………………赵世超 / 527
朱子《家礼》的现代价值与意义…………………………………王维生 / 532
士不可不弘毅，任重而道远
  ——"中华国学陕西公益"系列活动经验总结 …………曾文芳 / 535

编后记 / 540

黄帝与黄帝文化

研究成果

清明祭祖与中华优秀传统文化

张岂之

（西北大学名誉校长，西北大学中国思想文化研究所所长、教授）

一、中华文明发端于炎帝、黄帝时代

西汉时期史学家司马迁（前145年—前90年）在《史记》一书中说，关于神农以前的事他无法了解，所以不写燧人、伏羲、神农三皇之事。他在《史记》中写了《五帝本纪》①，篇首即叙述黄帝的历史，并涉及炎帝的事迹。

黄帝姓公孙，名轩辕。《国语·晋语》记载："昔少典氏娶于有蟜氏，生黄帝、炎帝。"在氏族部落的繁衍过程中，炎帝部落与东南的黎族部落发生冲突，炎帝战败，向黄帝求援。黄帝和炎帝联合，与蚩尤率领的九黎部落发生"涿鹿之战"，蚩尤战败。后来，黄帝与炎帝部落发生"阪泉之战"（今河北涿鹿东南），炎帝败北，黄帝终于统一了黄河流域的大片土地，成为中原大地部落联盟的首领。

炎黄时代距今五千多年，当时有许多发明创造：创制部落联盟制度；观察天文星象，确定历法算数；提倡原始农业（南稻北粟）；发明医药等。我们从新石器时代的出土陶器上，可以看到某些刻画的符号，这是先民们用来记事的，是文字的雏形。战国、秦汉时期的著作认为文字是仓颉发明的。传说仓颉是黄帝的史官，他的出生地是今陕西省白水县史官村。有了文字，中华文明创造才能通过文字载体而世代传承。

二、中华文明具有会通特色

"会通"一词出于《易传·系辞上》："圣人有以见天下之动，而观其会

---

① 关于"五帝"，古代有多种说法。司马迁所写的"五帝"是：黄帝、颛顼、帝喾、尧、舜。

通，以行其典礼。"近代学者高亨在《周易大传今注》中说："此言圣人有以见到天下事物之运动变化，而观察其会合贯通之处，从而推行社会之典章制度。""会通"精神是中华古代文明的特征之一。

两宋之际的史学家郑樵重视会通精神，主张史书应裁减史料，汇聚古今，融通为一，形成一个整体，从而避免古今悬隔、人事迭出、叙述不当的弊端。

我国古代学术上的会通精神不限于对史料的正确运用，而且还倡导不同学术观点和方法的相互借鉴。举例来看，在中国春秋战国时期，道家主张君子向大自然回归，儒家荀子批评这种主张是"蔽于天而不知人"（《荀子·解蔽》）。儒家主张仁义道德是天地万物的普遍法则，道家批评这种观点是"无知"。经过儒、道两大学派的论辩，儒家意识到在知人时不可不知天，道家也意识到儒学有独特的长处。在战国中晚期，道家的后学，就试图调和道家自然天道观与儒家道德教化论，这称之为"会通"。

三、会通之学与域外文化

两汉之际，佛教从印度传入中土。中国的佛教寺院为传播教义，经常向僧俗讲解佛教经典，由担任讲师的高僧介绍佛典的主要观点，允许听众提问题，规定讲师只能加以回答，不能向听众提反问。此外，佛教界还经常举行无遮大会，允许不同宗派、不同观点的人对大会主持提出的论题进行讨论。

"佛教的儒学化"，指的是佛学与儒学的会通。禅宗六祖慧能提出"佛向性中作，莫向身外求"（《坛经》），强调身外无佛，"我"（主体）就是佛。禅宗的这个观点，印度大乘的有宗和空宗都不敢说；印度大乘佛教尽管宣传"空"这"空"那，但它没有公然说佛无、法（佛教经典）无。中国的禅宗以"佛向性中作"否定了佛教三宝中的佛、法二宝，巧妙地保卫了僧宝。这等于强调了人的个体意识，把对佛的信仰转移到人的心性之中，借以说明人的本质就是自我的发现和个性的发展。由此可以看到，从佛向"人"自身的转移，这就是佛教中国化的标志。

四、书院推动学术思想的会通

学术思想的"会通"，并不完全取决于人的思想观念，而与具体的历史条件相联系。从中国历史看，唐末五代十国（907—979）开始设立书院，至南宋时迅猛发展。当时，国家经济中心已转移至南方，人民生活水平有所提高，兴起了由私人主持的讲学场所，其中不同理论观点的论辩推动了学术思想的发展。南宋时期的朱熹理学，会通儒、佛、道，陆象山"心学"和书院制度也有密切的关系。

朱熹（1130—1200）原籍在徽州，后迁居福建，一生活动都在南方，他为儒家思想寻找活水"源头"，正如他在诗里所说："半亩方塘一鉴开，天光云影共徘徊。问渠那得清如许，为有源头活水来。"朱熹用将近四十年的时间，将"三教"（儒、佛、道）会通在以儒家为主的思想体系里，成为"新儒学"或理学，这是中国思想文化史上的一大创造。

五、宋明理学的特色

先秦诸子、两汉经学、魏晋玄学、隋唐佛学、宋明理学，是中国古代思想文化结出的学术会通果实。在宋元明七百年间，理学家辈出，将中国古代思想文化推进到新的高度。

宋明理学的范畴，如：道、无极、太极、阴阳、五行、动静、性命、善恶、诚、德、仁义礼智信、主静、鬼神、死生、礼乐、无思、无为、无欲、几、中、和、公、明、顺化等，这些组合成为理学的思想体系，体现出中国儒、佛、道和"百家之学"的丰富多彩，而且将中国哲学中的抽象理论思维不断向前推进。北宋神宗熙宁（1068—1077）时兴起的关学（河南、陕西之间有函谷关，关以西称为"关中"）学派，其创始人是张载（1020—1077），原为大梁（今河南开封）人，后侨居凤翔府横渠镇（今陕西省眉县横渠乡），学者称为横渠先生。

张载在关中一面潜心学问，著书立说，一面广招门徒，传授其学，倡导"为天地立心，为生民立命，为往圣继绝学，为万世开太平"，这成为中华优秀传统文化中的经典名言。2020年是张载的千年诞辰。

张载倡导的本体论认为，宇宙是一个有机的、充满生气的整体，处于不停的运动变化中。他进而论述了"一物两体"学说，认为，一物内如果没有对立双方的共存，就没有此物本身；矛盾双方共处于一个统一体中。张载认为，阴阳交感，化生万物，这才是"道"的体现。他又提出"理一分殊"论，宇宙万物都是"气"聚合而成的不同形态；人是万物中的一物。人与万物不同，在于人能"穷神知化""穷理尽性"。张载倡导君子道德修养的三阶段，即"穷理""尽性""中正"。总之，张载系统地论述了人与宇宙、人与万物、人与人的关系，成为独树一帜的关学创始人。

近十年来陕西地区和外地学者共同努力，搜集、整理关学著作，于2015年由西北大学出版社编辑出版包括张载著作在内的《关学文库》，这是一部集萃关学的著作集，可供学者们对关学做深入研究时参考。

六、结束语

2017年1月底，新春佳节前夕，中共中央办公厅、国务院办公厅印发《关于实施中华优秀传统文化传承发展工程的意见》（以下简称《意见》），全文四大部分，论述了实施中华优秀传统文化传承发展工程的具体要求、主要内容、重点任务、组织实施、保障措施。其中"主要内容"共有三项：1. 阐释中华优秀传统文化的核心思想理念；2. 宣传中华传统美德；3. 发掘中华人文精神。

《意见》论述了中华优秀传统文化与国民教育的紧密联系，提出："把中华优秀传统文化，全方位融入思想道德教育、文化知识教育、艺术体育教育、社会实践教育各环节。"应"推动高校开设中华优秀传统文化必修课，在哲学社会科学及相关学科专业和课程中增加中华优秀传统文化的内容"。

我们应深入学习上述文件，准确领会，努力使之落实。

《世本·作篇》所载有关黄帝时代制作之事所显示的意义

董金裕

（政治大学中文系名誉教授）

一、前　言

我国的第一本正史，也被多数人认为是第一本信史者为《史记》，《史记》的第一篇文章为《五帝本纪》，《五帝本纪》所记述的第一个人为黄帝。据此，则黄帝应该是实有其人的。对于这种说法，历代学者几无异言，然自民国以来，却有人对此抱持怀疑的态度。其实，司马迁在记述黄帝之事时，早已有过一番斟酌顾虑，他说：

学者多称五帝，尚矣。然《尚书》独载尧以来，而百家言黄帝，其文不雅驯，荐绅先生难言之。①

可见司马迁对于黄帝的传说，仍抱持一些怀疑的态度，可是他终究还是把黄帝列为《五帝本纪》之首，这当然是有他的裁量判断的，他说：

余尝西至空峒，北过涿鹿，东渐于海，南浮江淮矣，至，长老皆各往往称黄帝、尧、舜之处，风教固殊焉。总之，不离古文者近是。予观《春秋》《国语》，其发明《五帝德》《帝系姓》章矣，顾弟弗深考，其所表见皆不虚。书缺有间矣，其轶乃时时见于他说。非好学深思，心知其意，固难为浅见寡闻道也。余并论次，择其言尤雅者，故著为本纪书首。②

一方面根据自己的实地探访所得，另一方面又参考了一些古籍的记载，既有文献可征，必然有其可采信者，于是以审慎的态度，"择其言尤雅者"，为

---

① 《史记·五帝本纪》，台北：艺文印书馆影印清乾隆武英殿刊本，第40页。
② 《史记·五帝本纪》，台北：艺文印书馆影印清乾隆武英殿刊本，第40－41页。

黄帝的史事做了比较翔实的记载。而且大概已预先猜测到后世有人会对他的说法有所怀疑，所以还预先说"非好学深思，心知其意，固难为浅见寡闻道也"。由此益发可见司马迁实有其真知灼见。

那么司马迁究竟参考了哪些古籍？据上引之文，当然是《春秋》《国语》《五帝德》《帝系姓》等。① 这些著作，我们今天都可以看得到，如加以核对，即不难发现，其实司马迁尚别有所据，依《汉书·司马迁传》所载：

> 自古书契之作而有史官，其载籍博矣。至孔氏纂之，上断唐尧，下讫秦缪。唐、虞以前，虽有遗文，其语不经，故言黄帝、颛顼之事未可明也。及孔子因鲁史记而作《春秋》，而左丘明论辑其本事以为之传，又纂异同为《国语》。又有《世本》，录黄帝以来至春秋时帝王公侯卿大夫祖世所出。春秋之后，七国并争，秦兼诸侯，有《战国策》。汉兴伐秦定天下，有《楚汉春秋》。故司马迁据《左氏》《国语》，采《世本》《战国策》，述《楚汉春秋》，接其后事，讫于天汉。②

可知司马迁记述黄帝之事，所采用的古籍，除了他自言的上述几种之外，最主要的还是《世本》。

按《汉书·艺文志》著录有：

> 《世本》十五篇。③

自注云：

> 古史官记黄帝以来讫春秋时诸侯大夫。④

据此，则《世本》应该是我们探讨古史的重要资料，可惜此书到南宋以后即已亡佚。⑤ 然而此书既然这么重要，所以从南宋以来，就开始有人为它作

---

① 司马贞《史记索隐》云："《五帝德》《帝系姓》皆《大戴礼》及《孔子家语》篇名。以二者皆非正经，故汉时儒者以为非圣人之言，故多不传学也。"台北：艺文印书馆影印清乾隆武英殿刊本，页40。按今传《大戴礼记》有《五帝德》及《帝系姓》两篇，《孔子家语》则仅有《五帝德》而无《帝系姓》。
② 《汉书·司马迁传》，台北：艺文印书馆影印清乾隆武英殿刊本，第1258页。
③ 《汉书·艺文志》，台北：艺文印书馆影印清乾隆武英殿刊本，第882页。
④ 《汉书·艺文志》，台北：艺文印书馆影印清乾隆武英殿刊本，第882页。
⑤ 《世本八种·出版说明》，台北：西南书局，1974年1月初版，第2页。

辑佚的工作。① 尤其是到了清朝中叶，由于考据学的勃兴，为古书辑佚的风气很盛，《世本》的辑本遂多达十余家，今尚可见者共有八家。② 此八种辑本各有所长，但也不免有其所短，论者以为其中以茆泮林的辑本最为谨严。③

按《世本》原有十五篇，其中有一篇名为《作篇》，专记历代之制作。本论文即依茆泮林所辑《世本·作篇》所载有关黄帝时代的制作之事，略加分类、探讨，以阐述其事所显示的意义。

二、《世本·作篇》所载有关黄帝时代的制作之事

据《世本·作篇》的记载，黄帝时代所发明的事物甚多，这些发明，基本上已经涵盖了人类生活的绝大部分需求。为了方便了解，试将其所载分门别类录之于下：

---

① 《世本八种·出版说明》云："最早辑录《世本》的人，应推南宋高似孙（说见前），到了明代，澹生堂祁氏也钞辑过《世本》二卷，未刻，底本原为孙星衍所藏，后归秦嘉谟，为秦氏《世本辑补》所据蓝本之一，原本今亦不可得见。"台北：西南书局，1974年1月初版，第3页。

② 《世本八种·出版说明》云："清代中叶以后，朴学蔚起，从事《世本》纂集工作的，不下十余家。……现存清人辑本，据我们所知共有八种，兹略按时代排列，汇为一编，为研究古史的读者提供一些参考资料：（一）王谟辑本（《汉魏遗书钞》）；（二）孙冯翼辑本（《问经堂丛书》）；（三）陈其荣补订孙本（《槐庐丛书》）；（四）秦嘉谟《世本辑补》（琳琅仙馆刊本）；（五）张澍稡集补注本（《二西堂丛书》）；（六）雷学淇辑本（《畿辅丛书》）；（七）茆泮林辑（五）本（《十种古逸书》）；（八）王梓材《世本集览》（《四明丛书》。仅有序、目、通论、缘起，无正文）。"台北：西南书局，1974年1月初版，第3-4页。

③ 《世本八种·出版说明》云："各本中，王梓材的《世本集览》意在创作，不欲恢复世本之旧观，是另外一个类型的；而且正文未刊，无从具体了解其内容。其余七种，篇目大致相同，而以秦本最为赅备。但秦本过于务博，以'与其过而弃之，毋宁过而存之'（秦序引刘子骏语）为宗旨，……未免失之于泛。……王（谟）、孙、陈、张、雷、茆诸家，体例基本相同，引书之谨严，以茆氏为最，雷本次之。张澍本每多以意删改引文，致失原文之真；虽逐条注释，而考订不精，往往转增读者的疑惑，在各本中较为逊色。王谟本成书最早，在清代辑本中开风气之先，引书虽然忠实，而失之于简。孙本成书亦早，但年代无序，去取失宜，似乎是随笔采录，未经详校。陈其荣于孙本之芜杂，稍加整理；然而刊误未尽，增补无多，本身亦有讹舛，不足以方驾茆、雷。"台北：西南书局，1974年1月初版，第4-5页。按柳诒徵《中国文化史》所据亦为茆泮林之辑本，可能也是认为茆本最为谨严之故。

（一）有关天文历算方面者

羲和占日。常仪占月。羲和作占月。后益作占岁。臾区占星气。大挠作甲子。容成造历。隶首作算数。

（二）有关食衣住行方面者

黄帝造火食。黄帝见百物始穿井。雍父作舂杵臼。

以上为有关饮食方面者。

黄帝作旃冕。伯余作衣裳。胡曹作衣。胡曹作冕。于则作扉履。

以上为有关衣着方面者。

胲作服牛。相土作乘马。作驾。共鼓、货狄作舟。

以上为有关交通方面者。

（三）有关文字图画者

仓颉造文字。沮诵、仓颉作书。史皇作图。

（四）有关音乐者

黄帝乐名《咸池》。伶伦造律吕。女娲作笙簧。随作笙。随作竽。夷作鼓。

（五）有关武器方面者

挥作弓。夷牟作矢。

（六）有关医药方面者

巫彭作医。

以上所据者只是茆泮林的辑本，如果再参照其他家的辑本，则黄帝时代的制作之事更多。

对于这些种类繁多的制作，由于辑佚本所依据的材料不一，说法难免会有所出入，我们在阅读时，必定会感到困惑，譬如占月者到底是羲和还是常仪？作衣裳者到底是伯余还是胡曹？作冕者到底是黄帝还是胡曹？作笙者到底是女娲还是随？还有达到什么程度才算是占月、作衣裳、作冕、作笙？类似此种问题，并无法从辑本中找出明确的答案。①

---

① 钱穆云："制作发明最难讲，因为后来传说纷纭，一件器物，这个说是某人发明的；那个又说是另外一个人发明的，甚至有三四个不同的说法。时代既弄不清楚，性质又不明了。现在要一定断定那一说是，那一说非，真是非愚则诬。"见钱氏著：《黄帝》，台北：东大图书有限公司，1978 年 4 月台初版，第 17 页。

此外，根据辑本所引各种材料来看，这些事物的发明者不是黄帝本人，就是黄帝之臣，或者是黄帝之臣的属下，①总之，都是黄帝时代的人，亦即是说，到了黄帝在位的时代，人类生活中所需的绝大部分事物，一下子都被发明出来了。难道黄帝之前的人类是生食的吗？都是没有衣物蔽体的吗？都不会服牛乘马吗？都没有文字图画、音乐、武器、医药吗？依情理推断，显然未尽符合事实。

还有，这些发明者是否确如辑本所云都是黄帝时代的人？如果我们与其他古籍的记载相比对，即不难发现说法并不一致。当然，以上所述及的发明者，也许是人名，也许是官名，也许是氏族名，我们现在已难以详考。所以羲和如果是人名或官名，则黄帝时代有羲和，根据《尚书·尧典》所载，尧在位的时代也有羲和；②又或许羲和是氏族名，则黄帝时代有羲和这一氏族，根据《尚书》孔颖达疏的说法，尧在位的时代也有羲和的氏族。③但占日、占月的到底是黄帝时的羲和之官（或羲和家族），还是尧在位时的羲和之官（或羲和家族）？又羲和到底是一个或两个家族？凡此总是会令人感到十分疑惑。

以上这些疑点固然有些是勉强讲得通，但总的来看，究竟并不能让人完全信服，也难怪司马迁在撰写《五帝本纪》时要感慨着说："百家言黄帝，其文不雅驯，荐绅先生难言之"了。也因此今人对于这些有关黄帝时代的制作之事，一般都采取比较审慎的态度，认为未必可以尽信。这种多闻阙疑的态度，可以说是非常可取的，但是在怀疑之外，我们是否也须进一步追问，为什么会有那么多的制作之事都归属到黄帝时代？其中是否显示了某些值得我们注意的意义？

---

① 《世本八种·茆泮林辑本》引宋衷注曰："隶首，黄帝史也。""容成，黄帝史官。""史皇，黄帝臣也。"皆属黄帝之臣。又引宋衷注曰："女娲，皇帝臣也。""随，女娲氏之臣。"则随为黄帝之臣的属下。台北：西南书局，1974年1月初版，第110、111、114页。

② 《尚书·尧典》："（帝尧）乃命羲和，钦若昊天，历象日月星辰，敬授人时。"台北：艺文印书馆影印嘉庆二十年江西南昌府学开雕《重刊宋本尚书注疏附校勘记》，第21页。

③ 《尚书·尧典》孔颖达疏："重黎之后羲氏、和氏，世掌天地之官。"则羲、和应为两个氏族。台北：艺文印书馆影印嘉庆二十年江西南昌府学开雕《重刊宋本尚书注疏附校勘记》，第21页。

三、有关黄帝时代制作之事所显示的意义

依《世本·作篇》所载,在黄帝时代已经有了种种与我们人类日常生活息息相关的事物被发明出来,虽然其所记载者仍存在着许多疑点,未必可以为我们所尽信。但吾人如肯就此现象进一步思考,则其事至少可以显示以下三点意义:

（一）代表着黄帝时代文物已趋于完备

原始人类为了应付生理的自然需求,譬如冷了要求保暖,于是或许有人摘下树叶,或许有人剥下兽皮、树皮,而披在身上御寒,我们或许可以说这些人就是衣服的发明者,但实际上,不管树叶或兽皮、树皮都不能算是衣服。如此再经过了一段时间的演进,陆续的有人把树叶或兽皮、树皮连缀或裁剪成可以遮蔽我们身体四肢的形状,真正的衣服才算有了雏形。因此许多事物的发明者可能不止一人,而且也必须经过长时期的酝酿改良,才能够成型。所以有那么多的制作之事说是在黄帝时代被发明出来,实际上可能是意味着,人类的文明经过了一段时间的演变,到了黄帝时代,文物已经达到了某种程度,基本上可以满足我们日常生活中的各种初步要求。以此观点来看,则记载中有那么多的事物在当时被发明出来,也就不足为奇了。

（二）代表着黄帝时代对各种文物的整理之功

如上所述,许多事物的发明者其实不只是一个人,而且这些事物也必须经过长时期的演变才能够成型,则在事物刚被发明之时,极可能甲地有此物,乙地也有此物,只是形制会有所不同,也各有其方便与不足之处。到最后又会有人出来加以统整,或从比较美观的角度,或采较为实用的立场,以去其短而取其长。由于经过统整而改良出来的新事物,更切合于大家的使用,因此乃普遍得到众人的肯定欢迎,而乐于遵循采用。这个从事统整改良工作的人,虽然不是该事物最初始的发明者,但他的统整改良其实仍是一种发明,《荀子·解蔽篇》云:

> 故好书者众矣,而仓颉独传者,壹也；好稼者众矣,而后稷独传者,壹也。好乐者众矣,而夔独传者,壹也；好义者众矣,而舜独传

者,壹也。①

以上所举之例即是最好的说明。因此我们可以想象,黄帝可能在征服了天下之后,为了照顾人民的生活;也可能是天下已经趋于安定,有些人有了余裕来思考如何改善生活;于是纷纷对过去所发明、长期累积下来的事物,加以统整改良,以有益于民生日用。大家在感激之余,遂将发明的功劳归诸这些做统整改良工作的人,而这些人也就成了新的发明者了。

(三)代表着后世之人对黄帝功德的感念

《论语·子张》记载子贡尝曰:

> 纣之不善,不如是之甚也,是以君子恶居下流,天下之恶皆归焉。②

依同样的道理,从相反的方向,即"天下之'善'皆归焉"的立场思考,则一个人在其生前如果能成功立业,施恩德于民,那么大家在感念之余,也往往会把各种功劳贡献归属到他的身上,甚至于加以附会渲染,以张扬其事。历史上的许多英雄人物,在其生前死后常常会有一些类似神迹的传说,在全国各地广泛流传,即是最好的例证。按《史记·五帝本纪》所载,黄帝既平定了各地的乱事,使天下复归于安定;且又确实设置了各种制度,有裨于生民。③其所成就,必然会受到大家的推崇,于是便很自然地成为一种箭垛式的人物,而把各种有利于民生的制作之事,都归属于他在位的时代,也就成为理所当然之事了。

四、结 语

综上所述,《世本·作篇》所载有关黄帝时代的各种制作之事,虽不可尽

---

① 《荀子集解·解蔽篇》,台北:世界书局《新编诸子集成》第二册,1972年10月新一版,第267页。

② 《论语·子张》,台北:艺文印书馆影印嘉庆二十年江西南昌府学开雕《重刊宋本论语注疏附校勘记》,第173页。

③ 《史记·五帝本纪》:"天下有不顺者,黄帝从而征之,平者去之,披山通道,未尝宁居。……置左右大监,监于万国。万国和而鬼神山川封禅与为多焉。获宝鼎,迎日推筴。举风后、力牧、常先、大鸿以治民。顺天地之纪,幽明之占,死生之说,存亡之难。时播百谷草木,淳化鸟兽虫蛾,旁罗日月星辰水波土石金玉,劳勤心力耳目,节用水火材物。"皆可见黄帝平治天下之功。台北:艺文印书馆影印清乾隆武英殿刊本,第27–28页。

信，但至少已显示了我国历史发展至黄帝时代，文物已大略完备；并且开始对以往所发明的事物做大规模的整理，以更切合于民用；而大家在感念黄帝的功德之余，遂亦不免将一些或许未必属于那一个时代的发明附会进去；以致在古籍的记载中，会有那么多的事物在黄帝时代被发明出来，而黄帝之所以会被后人推尊为中华民族的共同始祖，似亦可以从中获得消息。

对于黄帝的功德，以及他在整个民族发展史上的地位，吾人固然应该心存感激，并表尊崇，但也要了解其中有许多事物在黄帝之前，已经在各个地方、各个人的手上创造发明出来，亦即是说黄帝的成就实际上是前有所承的。即使到了黄帝时代，开始对这些事物做大规模的统整改良，除了黄帝的倡导之外，实亦有赖于黄帝的诸多臣属共同奉献心智，才能克尽厥功，亦即是说人类文明的演进，是经过许许多多的人，长期在前人的基础之上不断继往开来，而逐渐发展出来的。柳诒徵先生在其《中国文化史》中曾说：

> 自燧人以迄唐、虞洪水之时，其历年虽无确数，以意度之，最少当亦不下数千年。故合而观其制作，则惊古圣之多；分而按其时期，则见初民之陋。牺、农之时，虽有琴瑟、罔罟、耒耜、兵戈诸物，其生活之单简可想。至黄帝时，诸圣勃兴，而宫室衣裳舟车弓矢文书图画律历算数始并作焉。故洪水以前，实以黄帝时为最盛之时。后世盛称黄帝，有以也。然黄帝之制作，或恃前人之经验，或赖多士之分工，万物并兴，实非一手一足之烈。故知社会之开明，必基于民族之自力，非可责望于少数智能之士。而研究历史，尤当涤除旧念，着眼于人民之进化，忽认开物成务，为一人一家之绩也。①

一方面认为有关黄帝时代的制作之事，并非全属子虚乌有，盛称黄帝时代的文物之备；另一方面也指出当时的诸多制作被发明出来，绝非黄帝一人之功，而有赖于前人成果的累积，以及当时众人的合力创造，既不抹杀以往的成就，而尤着眼于未来的开发。能明白其中的道理，抱持这样的态度，则今后我们才有可能在前贤的伟烈之上，踵事增华，以为大家创作更切于民用的事物，来嘉惠后人，而达到文化上承先启后的目标。

---

① 《中国文化史》，台北：正中书局，1968 年 4 月 8 版，第 26 – 27 页。

世之所高，莫若黄帝

——谈庄子有关黄帝的论述

鲁 谆

（《光明日报》原副总编辑，原中国炎黄文化研究会副会长）

在先秦典籍中，《庄子》有关黄帝的论述比较多。现存33篇中，写到黄帝和与其紧密联系神农氏的，达14篇，相关段落约万字。司马迁说："故其著书十余万言，大抵率寓言也。""其学无所不窥，然其要本归于老子之言。"（《史记·老子韩非列传》）庄子想象力丰富奇特，语言生动活泼，哲理独特深邃，在中国哲学史和文学史上占有重要地位。《内篇》7篇一般认为是庄子亲作。《外篇》15篇和《杂篇》11篇，哪些是庄子所作，哪些出自后学之手，说法不一；对黄帝的评说，也有互相矛盾之处。尽管如此，《庄子》不可能脱离他所处的时代，不可能不反映从三皇五帝直到春秋战国的中国历史文化，有关黄帝的论述，具有重要价值，是其他文献无法取代的。本文仅就此，谈一点粗浅学习体会。

一

在黄帝研究中，《庄子》最有影响被引用最多的，应是《盗跖》的一段话："世之所高，莫若黄帝，黄帝尚不能全德，而战涿鹿之野，流血百里。尧不慈，舜不孝，禹偏枯，汤放其主，武王伐纣，文王拘羑里。此六子者，世之所高也，孰论之，皆以利惑其真而强反其情性，其行乃甚可羞也。"列举了黄帝和尧、舜、禹、汤、周武王、周文王等"圣君"，认为他们在世人中有崇高声望，黄帝是其他六位不可比的。同时又对六位逐一加以批评，说他们被私利诱惑，违反了人的纯真情性，行为可耻。尽管如此，黄帝在中国古代至高无上的地位，这个历史记忆，鲜明地见诸这部传世文献，无疑是一大贡献。

《盗跖》另一段也说："黄帝不能致德，与蚩尤争于涿鹿之野，流血百里。"关于涿鹿大战,先秦文献有的记载更详细。《逸周书》:"蚩尤乃逐帝,战于涿鹿之阿,九隅无遗。赤帝大慑,乃说于黄帝,执蚩尤杀之于中冀,以甲兵释怒。"与肯定黄帝通过涿鹿大战推动历史前进的认识不同,《庄子》对黄帝持批评态度,理由是导致"流血百里"。但这也从一个侧面表明,中国历史上这第一次大规模战争,确有其事,总体可信。

黄帝继承神农氏,并与炎帝结盟。把二者进行对比分析,是有道理的。《盗跖》批评黄帝"不能致德""不能全德",推崇神农氏"至德之隆也"。《胠箧》把轩辕氏与神农氏,都说成"至德之世":"子独不知至德之世乎?昔者容成氏……大庭氏……轩辕氏……伏牺氏、神农氏,……若此之时,则至治已。"所说轩辕氏并非黄帝,可能指黄帝先祖所属氏族。其他篇对于神农与黄帝的评说,各有不同。《缮性》把神农与黄帝捆在一起,加以批评:"逮德下衰,及燧人伏羲始为天下,是故顺而不一。德又下衰,及神农黄帝始为天下,是故安而不顺。德又下衰,及唐虞始为天下……离道以善,险德以行,然后去性而从于心。心与心识知,而不足以定天下……"认为神农黄帝,上承燧人伏羲,下传唐尧虞舜,德性衰落,一代不如一代。《山木》也把神农与黄帝连在一起,却加以颂扬:"若夫乘道德而浮游则不然,无誉无訾,一龙一蛇,与时俱化,而无肯专为;一上一下,以和为量,浮游乎万物之祖,物物而不物于物,则胡可得而累邪!此神农黄帝之法则也。"所谓"乘道德而浮游"等语,反映了老子"道法自然"理念,而神农和黄帝都是体悟"道"的。

从对于神农、黄帝的不同评说也可看出,《外篇》与《杂篇》非出自一人之手。除占主导的道家思想外,还夹杂着其他学派思想。而"世之所高,莫若黄帝"这句经典名言,表明早在先秦时期,黄帝就在人们心目中具有无可比拟的崇高地位,后世公认黄帝为中华民族人文初祖,绝非偶然,是有深厚历史渊源的。

二

《盗跖》:"神农之世,卧则居居,起则于于,民知其母,不知其父,与麋鹿共处,耕而食,织而衣;无有相害之心。此至德之隆也,然而,黄帝不能致德,与蚩尤战于涿鹿之野。"这段话用"民知其母,不知其父"八个字,对母系氏族社会的本质特点作了形象而精辟的概括,并点出中国母系氏族社会的时代背景。虽没有明说黄帝时代是母系还是父系氏族社会，但在赞颂神农之世"无有相害之心""此至德之隆也"后，紧接着批评"黄帝不能致德"，从前后语气看，应认为黄帝时代开始过渡到父权社会，出现贫富分化，社会矛盾加剧。《庄子》将中国母系氏族社会向父系氏族社会历史性转变的传说，如实记载下来，是又一大贡献。

《胠箧》对神农之世也做了描绘："昔者容成氏……神农氏，当是时也，民结绳而用之，甘其食，美其服，乐其俗，安其居，邻国相望，鸡狗之音相闻，民至老死而不相往来。若此之时，则至治已。"说容成氏到神农氏结绳记事，是符合历史事实的。对先民生活状况的描述，则显然作了过分美化。"甘食""美服""乐俗""安居"并"至治"等，在生产力极其低下条件下，是不可能实现的。这都不过借以宣扬老子"鸡犬之声相闻，民至老死不相往来"的思想。同样按上下句推理，黄帝时代不再"结绳"，也不再"民至老死不相往来"，这正反映了仓颉造字，社会有了本质变化和巨大进步。

《庄子》对黄帝时代的音乐，写得非常精彩。《天运》："北门成问于黄帝曰：'帝张《咸池》之乐于洞庭之野，吾始闻之惧，复闻之怠，卒闻之而惑；荡荡默默，乃不自得。'"黄帝之臣北门成对黄帝说，你在洞庭原野演奏《咸池》乐曲，初听感到惊惧，再听觉得放松，最后听得迷惑起来，心神恍恍惚惚，把握不住自己。难能可贵的是，黄帝对《咸池》三个乐章，从音阶、音色、节奏、旋律以至境界的起伏变化，作了绘声绘色的细致描述。先是"一清一浊，阴阳调和，流光齐声""蛰虫始作，吾惊之以雷霆"；继而"其声能短能长，能柔能刚"；最后"林乐而无形……幽昏而无声……无言而心悦，此谓之天乐"。"故有焱氏为之颂曰：'听之不闻其声，视之不见其形，充满天地，苞裹六极。'"等等。在此基础上，借黄帝之口做出总结："乐也者，始于惧，惧故祟；吾又次之以怠，怠故遁；卒之于惑，惑故愚；愚故道，道可载而与之俱也。"人听音乐，听到了心迷神惑以至愚昧无知的地步，"道"就与之会通融合了。这正是老子所倡导的"明道若昧"的境界。（见《道德经》第四十一章）可见，黄帝时代的音乐，已发展到相当高的水平。在古代，乐与礼紧密相连。黄帝说："吾奏之以人，徵之以道，行之以礼义，建之以太清。"《咸池》之乐蕴含着礼义，演奏音乐是行礼义之教，以使人"悟道"。

《至乐》也写到音乐的作用："《咸池》《九诏》，张之洞庭之野，鸟闻之而飞，兽闻之而走，鱼闻之而下入，人卒闻之，相与还而观之。"同样的乐曲，鸟听后高飞，兽听后远走，鱼听后下沉，而人听后又回来观看，不同对象产生不同效果。

《天下》所记载的，则不仅是黄帝时代，还包括其后几个时代的乐曲，并把礼和乐二者连接起来并提："墨子泛爱兼利而非斗，其道不怒。又好学而博，不异，不与先王同，毁古之礼乐。""黄帝有《咸池》，尧有《大章》，舜有《大韶》，禹有《大夏》，汤有《大濩》，文王有《辟雍》之乐，武王、周公作《武》"。批评墨子毁弃古代的礼乐，肯定黄帝以及尧、舜、禹、汤、文、武和周公，都有各自的乐曲，一脉相承地发扬礼乐文明。

《庄子》批评黄帝时代德性下衰，以仁义扰乱人心，从一个侧面反映出黄帝文化的内涵。中国传统文化特别是儒家文化中，德的核心是仁义。礼乐是仁义的外在形式，仁义是礼乐的内在本质。仁义礼乐紧密结合，互相呼应。这在黄帝时代开始萌发，有了最初的体现。

《五帝本纪》载："轩辕乃修德振兵"。修德，包括"治五气，蓺五种，抚万民，度四方"等。振兵，表现在"教熊罴貔貅䝙虎，以与炎帝战于阪泉之野"。"与蚩尤战于涿鹿之野，遂禽杀蚩尤。而诸侯咸尊轩辕为天子，代神农氏。"随后，"天下有不顺者，黄帝从而征之"。"合符釜山，而邑于涿鹿之阿"，实现东至于海，西至空同，南至于江，北逐荤粥的华夏最初统一。与司马迁称颂黄帝"修德振兵"不同，《缮性》指责"德又下衰，及神农黄帝始为天下，是故安而不顺"。尽管批评黄帝治理天下，德性进一步衰落，但却"安而不顺"，表明在作者眼里，黄帝不能顺应"自然无为"的"道"，仍得以实现天下安定。这正是黄帝的伟大功德。

《在宥》："昔者黄帝始以仁义撄人之心。"并说尧舜为仁义而不辞劳苦，结果不见成效。到了三代，天下更受惊扰，风气愈加衰颓。礼法解决不了问题，就用斧锯刑杀来制裁，仁义不过是"桎梏凿枘"。"故曰'绝圣弃知而天下大治'"。《天运》写到老聃见到子贡时说："黄帝之治天下，使民心一，民有其亲死不哭而民不非也。"《天道》："夫天地者，古之所大也，而黄帝尧舜之所共美也。"这都表明，黄帝时代开始一面动用刑罚，一面提倡仁义，国家雏形出现，从而使人心淳一，天下安定。尧舜则继承并发展了黄帝文化。

三

除了通过批评黄帝和孔子及其门徒，以宣扬道家思想外，《庄子》更多的是，借黄帝来正面阐述并发展老子思想，展现庄子思想与老子思想的不同。

"道"是什么？《内篇·大宗师》在提到黄帝时，作了发挥："夫道，有情有信，无为无形；可传而不可受，可得而不可见；自本自根，未有天地，自古以固存；神鬼神帝，生天生地；在太极之上而不为高，在六极之下而不为深，先天地生而不为久，长于上古而不为老。……黄帝得之，以登云天。"所谓有情有信，说明"道"是实际存在的。"道"，时间上，先于天地，永恒存在；空间上，太极之上，六极之下，都存在。也即无时不在，无处不在。"道"，又可传不可受，可得不可见。语言和感官无法表达，只能用心灵去领会体悟。继伏羲等"得道"后发生神奇变化，黄帝"得道"后，登上了云天。在庄子看来，"道"深奥玄妙，是人生的最高境界。

怎样才能"得道"？《知北游》通过黄帝之口，阐明如何"知道""安道""得道"。托名"知"（意为聪明智慧）的人，去北方游历，到了玄水边，遇见"无为谓"（意为无为无言），问他："何思何虑则知道？何处何服则安道？何从何道则得道？"问了三次，都得不到回答。返回南边，登上狐阕之丘，再问狂屈（意为狂妄无知），也得不到回答。于是回到帝宫问黄帝。黄帝回答："无思无虑始知道，无处无服始安道，无从无道始得道。"没有思索，没有考虑，才能懂得道；没有居处，没有行动，才能安于道；没有途径，没有方法，才能获得道。一句话，自然无为，才能"得道"。知又问黄帝，我和你"知道"，他俩不"知道"，那么究竟谁对呢？黄帝说，无为谓是对的，狂屈也差不多，我和你终究不接近。又说："夫知者不言，言者不知，故圣人行不言之教。道不可致，德不可至。仁可为也，义可亏也，礼相伪也。""知道"的人不说话，说话的人不"知道"，所以圣人行不言之教。道不可招致，德不可达到，仁可以实施，义可以亏损，礼互相虚伪。并借黄帝之口，宣扬《道德经》第四十八章名言："故曰：'为道者日损，损之又损，以至于无为。无为而无不为也'。"

为什么"问道"？《徐无鬼》关于黄帝具茨山遇牧马童子的故事，流传甚广。黄帝曰："异哉小童！……请问为天下。"小童曰："夫为天下者，亦若此而已矣,又奚事焉!"黄帝又问。小童曰:"夫为天下者,亦奚以异乎牧马者哉!亦去其害马者而已矣!"短短一小段,三次写到"为天下"三字,黄帝"问道",无疑是为了治理天下。小童告诉他,治理天下就像牧马一样,只需去掉害马就可以了。这里借黄帝"问道",宣扬老子的"无为而治"思想。

黄帝空同山"问道"广成子故事,影响更大。《在宥》描写得十分生动。第一次求见时,黄帝已立为天子十九年,令行天下。见广成子后说,"我闻吾子达于至道,敢问至道之精。吾欲取天地之精,以佐五谷,以养民人。吾又欲官阴阳,为之奈何?"黄帝"问道",是为了"以佐五谷,以养民人",显然是"为天下"。广成子说,自从你治理天下以来,"云气不待族而雨,草木不待黄而落,日月之光益以荒矣",并轻蔑地说,你这佞人之心如此浅陋,我怎能跟你谈"至道"呢?

三个月后,黄帝再去空同山求见广成子,问的问题不同了。"敢问,治身奈何而可以长久?"修身怎样才能长久?广成子一听,"蹶然而起,曰:'善哉问乎!来!吾语女至道。'"顿时站起来说,问得好!我来告诉你"至道"。"必静必清,无劳汝形,无摇汝精,乃可以长生。""目无所见,耳无所闻,心无所知,汝神将守形,形乃长生。"并说,我持守"至道"的纯一与和谐,修身一千二百岁了,我的形体长久未衰。最后,"黄帝再拜稽首,曰:'广成子之谓天矣!'"广成子又说,"道"无穷尽,而人都以为有终结;得到我的"道",上可以做皇帝,下可以为君王;失去我的道,只能上见日月之光,下见尘土。"吾与日月参光,吾与天地为常。……人其尽死,而我独存乎!"一句话,得到广成子的"至道",就能长生不死,也即成仙了。

《田子方》则着重讲"真人"。借齐国贤人孙叔敖不计较爵禄的故事,并联系到黄帝:"仲尼闻之曰:'古之真人,知者不得说,美人不得滥,盗人不得劫,伏戏、黄帝不得友。死生亦大矣,而无变乎己,况爵禄乎!'"古时的"真人",智者不能游说他,美女不能淫乱他,强盗不能劫持他,伏羲黄帝不能和他交友。死生这样的大事也不能影响他,何况爵禄呢!"真人"的精神可以穿越大山而不受阻,进入深渊而不淹没,处境卑贱而不厌倦,这种精神充满天地,越帮助他人,自己越富有。这里,借伏羲黄帝都不能与其交友,以突显孙叔敖不计功名利禄的"真人"境界。

总之,从有关黄帝的论述中可以看出,庄子继承发展了老子以"道"为核心的思想，以及"道"具有实体性、规律性和超时空性等学说。老子主张"无为而无不为""贵以身为天下""爱以身为天下""爱民治国""以百姓心为心"，本质上是政治哲学。庄子对老子哲学的发展，在突出"道"的心灵境界，要在治身，着重于生命哲学。同时也表明，春秋战国时期"百家言黄帝"，儒道两家都尊崇黄帝，在传播黄帝文化中发挥了重要作用。

《黄帝内经》与道教产生的医学思想渊源再论

盖建民

（四川大学道教与宗教文化研究所所长，教育部长江学者特聘教授）

摘　要：学术界一般认为，道教产生的思想渊源主要有：道家、阴阳家、易学思想、神仙家、墨家思想，原始宗教和谶纬思想。本文认为，道教尊道贵生，以长生信仰为终极追求，《黄帝内经》蕴含的古代医学养生思想也是道教产生的重要思想来源之一，以《黄帝内经》为标志建立起来的中国传统医学理论体系，为汉末以来道教义理的建构、发展，修仙方术的完善提供了较为直接的医学思想渊源和思维模式。

关键词：道教；医学思想；渊源

道教与中国传统医学有着极为密切的联系，葛洪有云："古之初为道者，莫不兼修医术"。① 陈寅恪先生在 1933 年《中央研究院历史语言研究所集刊》发表的《天师道与滨海地域之关系》一文中，指出"天师道世家皆能医药之术"，并由此比较了儒释道的异同："中国儒家虽称格物致知，然其所殚精致意者，实仅人与人之关系。而道家则研究人与物之关系。故吾国之医药学术之发达出于道教之贡献为多。其中固有怪诞不经之说，而尚能注意于人与物之关系，较之佛教，实为近于常识人情之宗教。然则道教之所以为中国自造之宗教，而与自印度所输入之佛教终有区别者，或即在此等处也。"② 从历史发展来分析，道教的创立不仅汲取了古代原始宗教、神仙家、先秦诸子百家的哲学

---

①　王明：《抱朴子内篇校释·杂应》北京：中华书局，1985 年，第 271 - 272 页。
②　陈寅恪：《天师道与滨海地域之关系》，《中国现代学术经典·陈寅恪卷》石家庄：河北教育出版社，2002 年，第 461 页。

思想、易学、术数等多元思想，而且由于道教追求养性延命的宗教特质，其在创立发展过程中必然要汲取和借重中国传统医学思想和技术手段，以医传道，借医弘道，这是早期道教创立过程中的一个显著特征。① 传统医学为道教的萌生、发展提供了肥沃的思想养料。这首先表现为以《黄帝内经》为标志建立起来的中国传统医学理论体系，为汉末以来道教义理的建构、发展，修仙方术的完善提供了较为直接的医学思想渊源和思维模式。

关于《老子想尔注》的作者及其性质，学术界一般认为："当是陵（指张陵）之说而鲁（指张鲁）述之；或鲁所作而托始于陵，要为天师道一家之学。"②《老子想尔注》在对《老子》五千文进行宗教化诠释中，有不少地方就借用了传统医学理论思想和术语，现就《老子想尔注》残卷的内容来分析，敦煌发现的残卷仅存第三章"不见可欲使心不乱"到第三十七章，不及原书的一半，但文中借用传统医理和术语进行阐释的就多达七八处。兹摘录数例如下：

例如对"弱其志，强其骨"的注释：

> 志随心有善恶，骨随腹仰气。强志为恶，气去骨枯；弱其恶志，气归髓满。③

关于"挫其锐，解其纷"，则释云：

> 锐者，心方欲□（图）□（恶）……怒欲发，宽解之，勿使五藏忿怒也。……积死迟怒，伤死以疾，五脏以伤，道不能治，故道诫之重，教之于宁。五脏所以伤者，皆金木水火土气不和也。和则相生，战则相克，随怒事情，（辄）有所发。发一脏则故克所胜，成病煞人。人遇阳者，发囚刻王，怒而无伤；虽尔，去死如□（发）耳。如人衰者，发王克囚，祸成矣。④

本段运用了五行生克理论说明发怒会伤及五脏，"成病煞人"。

关于"和其光，同其尘"的注解也是如此：

---

① 盖建民：《道教医学》北京：宗教文化出版社，2001年，第40–104页。
② 王明：《太平经合校》北京：中华书局，1960年，第4页。
③ 饶宗颐：《老子想尔注校证》上海：上海古籍出版社，1991年，第6页。
④ 饶宗颐：《老子想尔注校证》上海：上海古籍出版社，1991年，第7页。

情性不动,喜怒不发,五脏皆和同相生,与道同光尘也。①

关于"我欲异于人,而贵食母":

仙士与俗人异,不贵荣禄财宝,但贵食母。食母者,身也,于内为胃,主五藏气。俗人食谷,(谷)绝便死;仙士有谷食之,无则食气;归胃,即肠重囊也。腹之为实,前章已说之矣。②

此段注解是运用胃肠的功能特点来阐释辟谷之术的道理。

关于"其中有信",《想尔注》做了一番详解:

古仙士实精以生,今人失精以死,大信也。……夫欲宝精,百行当修,万善当著,调和五行,喜怒悉去。……行善不积,源不通,……百病并生。斯三不慎,池为空坑也。③

此段注文从养身防病的角度说明宝精的意义。

关于"知白守其黑,为天下式",则借"肾藏精,在五行属水,色黑"的医理来阐释:

精白与元炁同,同色,黑,太阴中也,于人在贤(肾)精藏之。安如不用为守黑,天下常法式也。④

类似这样从医理角度对《道德经》进行诠解的还有不少。又如,关于"或接或随(堕)"则释云:

身常当自生,安精神为本,不可恃人自扶接也。夫危国之君,忠臣接之,不(否)则亡。夫病人,医至救人,不制则死。⑤

还有关于"不失其所者久"也是借用医理加以诠释:

又一说曰:喜怒五行战伤者,人病死,不复待罪满也。今当和五行,令各安其位勿相犯,亦久也。⑥

从上述所征引的注文中我们不难看出:《老子想尔注》的作者非常善于"援医入道",借医理来阐发其宗教观念和思想,换句话说,传统医学思想成

---

① 饶宗颐:《老子想尔注校证》上海:上海古籍出版社,1991年,第7页。
② 饶宗颐:《老子想尔注校证》上海:上海古籍出版社,1991年,第26-27页。
③ 饶宗颐:《老子想尔注校证》上海:上海古籍出版社,1991年,第27-28页。
④ 饶宗颐:《老子想尔注校证》上海:上海古籍出版社,1991年,第36页。
⑤ 饶宗颐:《老子想尔注校证》上海:上海古籍出版社,1991年,第37页。
⑥ 饶宗颐:《老子想尔注校证》上海:上海古籍出版社,1991年,第42页。

为早期道教五斗米道宗教经典的一个重要思想渊源。

同样，在早期道教的另一部重要经典《太平经》中也包含有许多医学内容和医药学思想。

《太平经》从"治身安国致太平"①的宗旨出发，"援医入道"，汲取传统医学思想对治身之法做了多方面的阐述。

首先，《太平经》强调道人要习医，要掌握治邪除病之法。云：

> 天之格法，比如四时五行有兴衰也。八卦乾坤，天地之体也，尚有休囚废绝少气之时，何况人乎？人者，乃想天地，四时五行六合八方相随，而壹兴壹衰，无有解已也。故当豫备之，救吉区之源，安不忘危，存不忘亡，理不忘乱，则可长久矣。是故治邪法，道人病不大多。假令一人能除一病，十人而除十病，百人除百病，千人除千病，万人除万病。一人之身，安得有万病乎？故能悉治决愈之也。②

《太平经》这里是以"安不忘危，存不忘亡"的预防医学思想说明道人习医对于防病治病的重要意义。而且《太平经》本着治国与治身相统一的思想，认为道人习医治身也是"致太平"的一个重要措施和内容。正因为如此，所以《太平经》一书中有许多内容都涉及医药知识，如第五十卷中就载有"草木方诀第七十""生物方诀第七十一""灸刺诀第七十四"这类纯粹本草学、针灸学内容，以及符咒治病的"神祝文诀第七十五"等等。

其次，《太平经》一书中常常以传统医理思想来弘扬道法。例如《太平经》在阐述进行斋戒存神的必要性时，就云：

> 真人问曰："凡人何故数有病乎？"神人答曰："故肝神去，出游不时还，目无明也；心神去不在，其唇青白也；肺神去不在，其鼻不通也；肾神去不在，其耳聋也；脾神去不在，令人口不知甘也；头神去不在，令人眩冥也；腹神去不在，令人腹中央甚不调，无所能化也；四肢神去，令人不能自移也。夫神精，其性常居空闲之处，不居污浊之处也；欲思还神，皆当斋戒，悬象香室中，百病消亡；不斋不

---

① 王明：《太平经合校》北京：中华书局，1960年，第730页。
② 王明：《太平经合校》北京：中华书局，1960年，第294页。

戒，精神不肯还反人也。①

显然这里运用了传统医学的脏腑理论来论证的。类似的例证在《太平经》中还可以找到很多，如卷九十六《忍辱象天地至诚与神相应大戒第二百五十三》云：

> ……人之至诚，有所可念，心中为其疾痛，故乃发心腹不而食也。念之者，心也，意也。心意不忘肝最仁，故目为其主出涕泣，是其精思之至诚也。精明人者，心也。念而不置者，意也，脾也。心者纯阳，位属天。脾者纯阴，位属地。至诚可专念，乃心痛涕出，心使意念主行，告示远方。意，阴也，阴有忧者当报阳，故上报皇天神灵。脾者，阴家在地，故下入地报地。故天地乃为其移，凡神为其动也。子欲知其大效，吾不欺真人也。真人但安坐深幽室闲处，念心思神，神悉自来。②

从上述所引的内容中，我们可以清楚地看到《太平经》在论述其宗教理论时，传统医学理论思想是其一个有力的论说武器。

《太平经》以医理来明道法还突出表现在它运用传统医学的"五运六气"理论来阐述"以自防却不祥法"上。兹录"以自防却不祥法"如下：

> 顺用四时五行，外内思正，身散邪，却不祥，悬象而思守，行顺四时气，和合阴阳，罗网政治鬼神，令使不得妄行害人。立冬之后到立春，盛行用太阴气，微行少阳之气也。常观其意，何者病为人使，其神吏黑衣服，思之闲处四十五日上至九十日，令人耳目聪明。立春盛德在仁，气治少阳，王气转在东方，兴木行，其气弱而仁，其神吏青衣，思之幽闲处四十五日，至九十日，令人病消。以留年行不止，令人日行仁爱。春分已前，盛行少阳之气，微行太阳之气，以助少阳，观其意无疑，深思其意，百邪服矣。立夏日盛德火，王气转在南方，太阳之气以中和治。其神吏用之得其意，口中生甘，神吏赤衣守之，百鬼去千里。夏至之日，盛德太阳之气，中和之气也，其神思之可愈百病。季夏六月，盛德合治，王气转在西南，回入中宫，其神吏

---

① 王明：《太平经合校》北京：中华书局，1960年，第27页。
② 王明：《太平经合校》北京：中华书局，1960年，第426－427页。

黄衣思之，令人口中甘，每至季思之十八日。立秋日盛德在金，王气转在西方，断成万物，其神吏白衣，思之四十五至九十日，可除病，得其意，令骨强老寿。秋分日少阴之气，微行太阴之气也，逆疾顺之。立冬之日，盛德在水，王气转在北方，其神吏黑衣。令人志达耳聪，守之四十五日至九十日，百病除。此五行四时之气，内可治身，外可治邪，故天用之清，地用之宁。①

五运六气说认为人体的生理状况与自然界的气候变化有着密切关系。气候变化的因素关系到两个方面：一是在天的风、热、湿、燥、寒、火六气，一是在地木、火、土、金、水五方五行的气流。六气分主三阴三阳，即风主厥阴，热主少阴，湿主太阴，火主少阳，燥主阳明，寒主太阳，是谓六气；而五行则是由木火土金水五气组成，每一气形成一运，即木运、火运、土运、金运、水运。三阴三阳六气又分属五运：厥阴风气属木，少阴热气属君火，少阳火气属相火，太阴湿气属土，阳明燥气属金，太阳寒气属水。五运六气说还认为初运木主春，二运火主夏，三运土主长夏，四运金主秋，冬运水主冬。因此可以根据主运主气变化的规律来推测一年中自然气候和疾病流行情况。依据五运六气学说，每年气候一般变化是：春风、夏热、长夏湿、秋燥、冬寒。每年一般的发病情况是：春季肝病较多，夏季心病较多，长夏脾病较多，秋季肺病较多，冬季肾病较多。五季轮转，周而复始。根据上述对五运六气说的简单介绍并对照《太平经》中的"以自防却不祥法"的具体内容，我们就不难发现《太平经》是套用了五运六气的理论思维框架进行论述的。换句话说，传统医理思想和思维模式为"以自防却不祥法"中的思神术的建构提供了思想源泉。

值得一提的是，《太平经》中有反对恶人乱穿凿地、保护生态的思想，也是借用医理来阐述的：

……恶人穿凿地太深，皆为创伤，或得地骨，或得地血，泉是地之血也，石为地之骨也。地是人之母，妄凿其母，母既病愁苦，所以人固多病不寿也。凡凿地动土，入地不过三尺为法：一尺者，阳所照，气属天也；二尺者，物所生，气属中和也；三尺者及地身，气属

---

① 王明：《太平经合校》北京：中华书局，1960年，第721-722页。

阴。过此而下者，伤地形，皆为凶也。①

这表明道门惯常运用医理来弘道。当然，这在道教炼养理论中表现得尤为明显。为了进一步阐明传统医学对道教发展的影响和作用，下面我们以道教戒律和道教咒语为例再做剖析，以进一步阐明道教长生发展的传统医学思想渊源。

道教十分重视戒律在修道致仙中的意义。《老子想尔注》即指出："欲求仙寿天福要在信道，守戒守信……"② 道教戒律的建构也常常以医学理论、术语来作为理论框架。《云笈七签》卷四十《说戒》就专门以"说百病""崇百药"为题为道教戒律做了别具一格的阐述，形成独具特色的道教戒律体系。

说百病。老君曰：救灾解难不如防之为易，疗疾治病不如备之为吉。今人见背不务防之而务救之，不务备之而务药之。故有君者不能保社稷，有身者不能全寿命。是以圣人求福于未兆，绝祸于未有。盖灾生于稍稍，病起于微微。人以小善为无益故不肯为，以小恶为无损故不肯改。小善不积，大德不成；小恶不止，以成大罪。故摘出其要，使知其所生焉，乃百病者也。③

在这里，道教以传统医学"治未病"的预防医学思想对道教戒律的必要性和重要意义做了透彻分析，指出奉道守戒可以有效地预防诸如"喜怒无常""忘义取利""好色坏德"之类的"百病"滋生。道教还进一步宣称"能念除此百病，则无灾累，痛疾自愈，济度苦厄，子孙蒙祐矣"。④

同样，在"崇百药"一节中也运用传统药理思想对道教戒律的内涵予以充分阐释。

崇百药。老君曰：古之圣人，其于善也无小而不得，其于恶也无微而不改。而能行之可谓饵药焉。所谓百药者：体弱性柔是一药，行宽心和是一药，动静有礼是一药，起居有度是一药，近德远色是一药，除去欲心是一药，推分引义是一药，不取非分是一药，虽憎犹爱

---

① 王明：《太平经合校》北京：中华书局，1960年，第121页。
② 饶宗颐：《老子想尔注校证》上海：上海古籍出版社，1991年，第31页。
③ 胡道静等主编：《道藏》第22册，文物出版社、天津古籍出版社、上海古籍出版社，1988年，第276页。
④ 胡道静等主编：《道藏》第22册，文物出版社、天津古籍出版社、上海古籍出版社，1988年，第277页。

是一药，好相申用是一药，为人愿福是一药，救祸济难是一药，教化愚蔽是一药，谏正邪乱是一药，……不多贪财是一药，不烧山木是一药，空车助载是一药，直谏忠信是一药，喜人有德是一药，赴与穷乏是一药，代老负担是一药，除情去爱是一药，慈心愍念是一药，好称人善是一药，因富而施是一药，因贵为惠是一药。①

这就借助人们熟知的传统医学方药形式，将道教戒律的丰富内涵喻之以味药，一一开列出来，便于信众奉持。而且，道书还结合传统医学的病因、病理学思想，强调指出"崇百药"的重要意义，云：

老君曰：此为百药也。人有疾病皆有过，阴恶掩不见，故应以疾病。因缘饮食、风寒、温气而起由。其人犯违于神致魂逝魄丧，不在形中，体肌空虚，精炁不守，故风寒恶炁得中之。是以圣人虽处幽暗，不敢为非，虽居荣禄不敢为利。度形而衣，量分而食。虽富贵不敢恣欲，虽贫且贱不敢犯非。是以外无残暴内无疾痛，可不慎之焉？②

道教咒语也常常贯穿医理思想于其中。例如"召四神咒"云："东炁合肝，南炁合心，西炁合肺，北炁合肾。天雷隐隐，四户分明，雷公电母，风伯雨师，闻乎即至，不得久停。"③

又如"咒水治病咒"："神水洋洋万里，精光五雷布炁，断绝不祥，归脾入胃，透胆穿肠，百病速去，通流膀胱。急急如律令。"④

从咒文中"神水"及"精光五雷布炁"运行途径来看，从脾→胃→肠→膀胱，大体上是符合人体消化系统的走向的。这类融摄有医理于其中的道教咒语在道书中为数甚多。限于篇幅兹不一一细述。

如果说在汉代道教始创时期，道教与传统医学的紧密联系多是出于宣传教义、广纳教徒以扩大教势，明显地表现出一种以医传教的外在功利性目的的

---

① 胡道静等主编：《道藏》第22册，文物出版社、天津古籍出版社、上海古籍出版社，1988年，第277-278页。

② 胡道静等主编：《道藏》第22册，文物出版社、天津古籍出版社、上海古籍出版社，1988年，第278页。

③ 胡道静等主编：《太上三洞神咒·卷七》，《道藏》第2册，文物出版社、天津古籍出版社、上海古籍出版社，1988年，第102页。

④ 胡道静等主编：《太上三洞神咒·卷七》，《道藏》第2册，文物出版社、天津古籍出版社、上海古籍出版社，1988年，第101页。

话，那么，随着魏晋时期葛洪神仙道教体系的建立，上清派、灵宝派的形成以及南北朝时期道教本身的进一步改造、完善，这种联系就成为道教自身发展所必不可缺少的内在要求了。

东晋时期葛洪神仙道教理论的建立，它使得道教基本教义从早期"去乱世、致太平"的救世学说发展成为专注于企求"长生久视"和"度世延年"，这在道教理论发展史上意义重大。这一转变的完成，使长生不死、羽化登仙成为道教的基本信仰和修炼追求的最终目的。这一时期道教逐渐将医学这一手段运用的重心从"以医传教"转向"借医弘道"，① 因此，随着魏晋南北朝时期道教的进一步发展，特别是上清派和灵宝派的相继出现，使道教与传统医学的关系更加紧密。上清派、灵宝派的修持理论（尤其是上清派），乃是汲取传统医学理论思想和思维模式进行建构的，这就更有力地说明传统医学为道教的长生发展提供了重要的思想源泉和思维模式。

---

① 盖建民：《道教医学》北京：宗教文化出版社，2001年，第1章。

从文献释黄帝

孟祥才

(山东大学教授,山东舜文化研究会副会长)

自古以来,中国史学就有信古、疑古和释古的不同派别。其实,严格说来,绝对的信古和疑古是不存在的,信中有疑,疑中见信,应该是一种常态,而信和疑的目的都是为了释古,即恢复历史的本来面目。然而,由于历史的不可重复性,绝对恢复历史的本来面目是不可能的,对于没有直接文献记载的原始社会历史真相的恢复就更加困难。不过,后现代派断定所有历史真相都不能恢复的观点显然太绝对化。历史真相毫发毕现的复原虽然是不可能的,但对历史真相无限接近的还原则是可以做到的。历史学家的任务,是通过对有关文献、文物、考古资料的梳理和研究,最大限度地接近历史的真实。

炎帝神农氏和黄帝轩辕氏是传说中的中国古代圣王。在关于三皇的五种说法中,有三种说法将炎帝神农氏排列其中,一种说法将黄帝轩辕氏排列其中。在关于五帝的三种说法中,有一种说法将炎帝神农氏排列其中,两种说法将黄帝轩辕氏排列其中。而在炎帝和黄帝都存在的谱系中,他们是前后相续,紧密连在一起的。由于炎帝和黄帝在传说资料中较三皇五帝中的其他人出现的频率较高,事迹也远比其他人丰富,所以他们就成为中国人民心目中约定成俗的人文始祖,在全世界的华人中达成了共识。

问题在于,直到现在我们还没有炎帝和黄帝时代的直接文献资料,也没有与他们确切对应的考古发现。我们对他们时代社会历史状况的描摹,还只能靠记载传说的文献和推定的疑似考古遗迹,因此,我们对这个时代历史的认识,可能距真相还有相当大的距离。本文仅以文献记载的传说资料做根据,对这一时代的历史做一猜测性的还原。

一

在拙文《中国古代文献记载的炎帝神农其人》中,我曾就炎帝神农氏的定位写下这样一段话:

> 显然,后世历史学家笔下那个集诸多发明于一身的炎帝神农氏并不是一个人,而是一个时代,他是历史学家为了梳理中国远古的历史谱系而经过许多人的努力创造出来的。但他的活动却闪动着真实历史的影子,他是一个符号,一个时代众多英雄领袖人物的复合体。可以这样说,历史上即使真的存在炎帝神农氏这样一个真实的人,他与后世历史学家笔下的那个炎帝神农氏也不能画等号。不过,后世历史学家笔下的那个炎帝神农氏所代表的一个时代应该真实地存在过。①

我想,对黄帝轩辕氏似乎也应作如是观。

与炎帝一样,黄帝在中国古代文献中出现的时间也比较晚,《诗经》和《尚书》中还没有他的影子。在《左传·僖公二十五年》有"遇黄帝战于阪泉之兆"的记载,在《国语·鲁语上》中,有"黄帝能成命百物,以明民共财"的记载,在《战国策·秦策一》有"黄帝伐涿鹿而禽蚩尤"的记载。其后在《管子》《六韬》《孙子》《商君书》《庄子》《韩非子》《尉缭子》《鹖冠子》《公孙龙子》《吕氏春秋》等先秦典籍和《新语》《新书》《淮南子》等汉初典籍中,黄帝的身影更是不断闪现。司马迁整合前人的零星记载和其他传说资料,写下《史记》开篇第一章《五帝本纪》,作为中华文明史的开端。而黄帝就作为五帝之首,赫然灿然地被推尊为中华文明史的开山之祖:

> 黄帝者,少典之子,姓公孙,名曰轩辕。生而神灵,弱而能言,幼而徇齐,长而敦敏,成而聪明。轩辕之时,神农氏世衰。诸侯相侵伐,暴虐百姓,而神农氏弗能征。于是轩辕乃习用干戈,以征不享,诸侯咸来宾从。而蚩尤最为暴,莫能伐。炎帝欲侵陵诸侯,诸侯咸归轩辕。轩辕乃修德振兵,治五气,艺五种,抚万民,度四方,教熊罴貔貅䝙虎,以与炎帝战于阪泉之野。三战,然后得其志。蚩尤作乱,不用帝命。于是黄帝乃征师诸侯,与蚩尤战于涿鹿之野,遂禽杀蚩

---

① 霍彦儒主编:《炎帝·姜炎文化与民生》,三秦出版社2010年版,第39—40页。

尤。而诸侯咸尊轩辕为天子，代神农氏，是为黄帝。天下有不顺者，黄帝从而征之，平者去之，披山通道，未尝宁居。东至于海，登丸山，及岱宗。西至于空桐，登鸡头。南至于江，登熊、湘。北逐荤粥，合符釜山，而邑于涿鹿之阿。迁徙往来无常处，以师兵为营卫。官名皆以云命，为云师。置左右大监，监于万国。万国和，而鬼神山川封禅与为多焉。获宝鼎，迎日推策。举风后、力牧、常先、大鸿以治民。顺天地之纪，幽明之占，死生之说，存亡之难。时播百谷草木，淳化鸟兽虫蛾，旁罗日月星辰水波土石金玉，劳勤心力耳目，节用水火材物。有土德之瑞，故号黄帝。

黄帝二十五子，其得姓者十四人。

黄帝居轩辕之丘，而娶于西陵之女，是为嫘祖。嫘祖为黄帝正妃，生二子，其后皆有天下：其一曰玄嚣，是为青阳，青阳降居江水；其二曰昌意，降居若水。昌意娶蜀山氏女，曰昌仆，生高阳，高阳有圣德焉。

《五帝本纪》的这段文字，成为后来所有关于黄帝事迹的生发母本。其后的不少文献不断记述黄帝的事迹，同时按照自己的意愿进行改铸。如南朝的葛洪在《抱朴子》一书中，就将黄帝描绘成博采百家、"乘龙以高跻"的神人：

昔黄帝生而能言，役使百灵，可谓天授自然之体者也，犹复不能端坐而得道。故陟王屋而授丹经，到鼎湖而飞流珠，登崆峒而问广成，之具茨而事大隗，适东岱而奉中黄，入金谷而谘涓子。论道养则资玄素二女，精推步则访山稽力牧，讲占候则询风后，著体诊则授雷岐，审攻战则纳五音之策，穷神奸则记白泽之辞，相地理则述青乌之说，救伤残则缀金冶之术，故能毕该秘要，穷道尽真，遂乘龙以高跻，与天地乎罔极也。

到了宋代，关于黄帝传说的文献记录基本趋于完备。司马光的《稽古录》，尤其是刘恕的《资治通鉴外纪》，在保留《史记·五帝本纪》基本资料的基础上，又综合西汉以来的新材料，对黄帝的事迹进行了再一次比较全面的梳理和整合：

黄帝，有熊国君少典之子，姓公孙名轩辕（母曰附宝，其先即炎帝母家有蟜氏之女，孕轩辕二十四月而生。《晋语》曰"少典娶于有蟜氏，生黄帝炎帝。"）生于寿丘，长于姬水，改姓姬。

神农氏世衰，诸侯相侵伐，暴虐百姓而弗能征。轩辕习用干戈，以征不享，诸侯咸来宾从。蚩尤最为暴，莫能伐。炎帝欲侵凌诸侯，诸侯咸归轩辕。轩辕修德治振兵，治五气，艺五种，抚万民，度四方，教熊罴貔貅䝙虎，与炎帝战于阪泉之野。三战，然后得其志。蚩尤作乱，不用帝命。黄帝征师与蚩尤战于涿鹿之野，蚩尤为大雾，军士昏迷，轩辕作指南车以示四方，遂禽杀蚩尤，戮于中冀，名其地曰绝辔之野。诸侯咸尊轩辕，代神农为天子（元年丁亥，或云乙丑、辛丑、丙子），是为黄帝。黄者中和美色。黄帝始制法度，万世不易。有土德之瑞，故天下以为号，一曰轩辕氏（《三统历》曰"有轩冕之服天下，号曰轩辕氏"），有熊氏（皇甫谧曰："新郑古有熊国，黄帝之所都，受国于有熊，居轩辕之丘，故因以为名，又以为号。"），帝鸿氏，归藏氏。内行刀锯，外用甲兵，制陈法，设五旗，五麾天下，不顺者从而征之。

东至于海，西至于空桐，南至于江，北逐荤粥而邑于涿鹿之阿。迁徙无常，处以师兵为营卫，成命百物以明民共财，受地形象天文，以云纪官，举风后、力牧、太山、稽、常先、大鸿，得六相，而天下治，神明至。风后明乎天道故为当时（风后或作蚩尤，《轩辕本纪》曰"黄帝举风后为相，力牧为将"）。太常察乎地利，故为禀者。奢龙辨乎东方，故为土师。祝融辨乎南方，故为司徒。大封辨乎西方，故为司马。后土辨乎北方，故为李。史官苍颉造文字。帝受河图，见日月星辰之象，始有星官之书。其师大挠，探五行之情，占斗刚所建，始作甲子、甲乙，谓之干；子丑谓之枝，枝干相配以名日。命容成造；历，隶首作数。伶伦自大夏之西，阮隃之阴，取竹于嶰豀之谷，以生空窍厚钧者，断两节间，长三寸九分，而吹之以为黄钟之宫。制十二筒以听凤凰之鸣，而别十二律。其雄鸣为六，雌鸣亦六，以比黄钟之宫生六律六吕。候气之应以立宫商之声，治阴阳之气，节四时之度，推律历之数，起消息，正闰余，作五声，以正五钟之官，以正人位。又命伶伦与荣猨，铸十二钟以和五音，以仲春之月，乙卯之日，日在奎始奏之，命曰咸池。在冕垂旒充纩，为衣玄赏黄，旁观翚翟草木之华，乃染五色为文章，以表贵贱。作舟车以济不通，旁行天下。方制万里，画野分州，得百里之国万区。以分星次，经土设井以塞争端，立步制亩以防不足，使八家为井，井开四道而分八宅，凿井于中，一则不泄地气，二则无费一家，三则同风俗，四则齐巧拙，五则通财货，六则存亡更守，七则出入相同，八则嫁娶相媒，九则无有相贷，十则疾病相救，是以情性可得而亲，生产可得而均，欺凌之路塞，斗讼之心弭。井一为邻，邻三为朋，朋三为里，里五为邑，邑十为都，都十为师，师十为州。分之于井而计于州，则地著而数详。人民不夭，百姓无私，市不预贾，城郭不闭，邑无盗贼，相让以财。风雨时，无谷登，虎豹不妄噬，鸷鸟不妄搏，远夷之国莫不献其贡职。黄帝之子二十五人，宗其四母之子得姓者十四，十别为十二姓，姬酉祁己滕箴任荀僖姞儇依。二人为姬，二人为己，正妃西陵之女，曰嫘祖，生二子，一曰玄嚣，是为青阳名挚；二曰昌意，居若水为诸侯，娶蜀山氏之女曰昌仆，生颛顼于若水。黄帝崩，葬桥山。（在位一百年，或云一百一十年，或传以为仙，或言寿三百岁。）①

显然，这次综合是将远古至宋代已知的全部资料按著者的理解进行了比较合理的编排，从而完成了黄帝作为一个开创中国文明的空前伟人的塑造。这种编排被后人基本继承下来，使其作为一位功德盖世的人文始祖的形象牢固地嵌刻在了中华民族的心坎上。

二

黄帝之所以被推尊为中华民族的人文始祖，是因为他是传说中的中国物质文明、精神文明和制度文明的创始人。

你看，他是无数物质文明的创造者："黄帝穿井"②，发明耒耜，"斫木为耜，揉木为耒"③，他的田官叔均"始作牛耕"④。作舟车，"昔在黄帝，作舟车以济不通，旁行天下"⑤。造指南车，"黄帝与蚩尤作，大雾，一军昏惑，黄

---

① （宋）刘恕：《资治通鉴外纪》卷一。
② 《周易注疏》卷八。
③ （宋）胡瑗：《周易口义·系辞下》。
④ （明）王夫之：《诗经稗疏》卷二。
⑤ （宋）傅寅：《禹贡说断》卷一。

帝乃法斗机，作指南车以别四方"①。作明堂，"明堂，王者之堂也。其制始于黄帝之合宫，有虞谓之总章，夏谓之世室，商谓之重屋，周谓之明堂，以为听政之所耳"②。制造炊具，发明熟食，"黄帝始造釜甑，火食之道就矣"，"黄帝始蒸谷为饭，烹谷为粥"，"黄帝作灶，死为灶神"③。建造宫室，"《白虎通》云，黄帝作宫室，以避寒湿"④。发明衣服，"黄帝黼黻衣大带"，"冕服起于黄帝"，他的夫人发明养蚕术，"黄帝元妃西陵氏始蚕"⑤，为制作衣被提供重要原料。他还是兵器的发明者，"黄帝采首山之铜，始铸为刀"，"弧矢之作，始于黄帝。……黄帝第五子青阳生挥为弓正，观弧星始制弓矢"⑥。他又是"量"等度量工具的发明者，"黄帝设五量"⑦。黄帝同时是商业文明的开创者："又聚天下之民财以交易之，为之市。"⑧他更是各种制度文明的创造者：是他首次将中国的版图划为九州，同时建立起从中央到地方的行政体制，"黄帝受命风后，受图割地布九州"⑨，"方制万里，画野分州，得百里之国万区。以分星次，经土设井以塞争端，立步制亩以防不足，使八家为井……井一为邻，邻三为朋，朋三为里，里五为邑，邑十为都，都十为师，师十为州"⑩。是他建立起官吏制度，"黄帝立左右监之官，以监观万国，监诸侯之长也"⑪，"以云纪官，举风后、力牧、太山、稽、常先、大鸿，得六相，而天地治，神明至。风后明乎天道，故为当时。太常察乎地利，故为禀者。奢龙辨乎东方，故为土师。祝融辨乎南方，故为司徒。大封辨乎西方，故为司马。后土辨乎北方，故为李"。最后。黄帝是一切精神文明的创造者，诸凡文字、历法、算学、乐器

---

① （宋）蔡卞集解：《毛诗名物解》卷二《志林》。
② （宋）范处义：《诗补传》卷二十六。
③ （明）冯复京：《六家诗名物疏》卷六、卷一九、卷四一。
④ （明）冯复京：《六家诗名物疏》卷一五。
⑤ （明）冯复京：《六家诗名物疏》卷一七、卷二九、卷四六。
⑥ （明）冯复京：《六家诗名物疏》卷一七、卷二〇，清文渊阁四库全书。
⑦ 《孔子家语》卷二十四。
⑧ （宋）胡瑗：《周易口义·系辞下》，清文渊阁四库全书。
⑨ （宋）毛晃：《禹贡指南》卷二，清文渊阁四库全书。
⑩ （宋）刘恕：《资治通鉴外纪》卷一，清文渊阁四库全书。
⑪ （宋）时澜：《增修东莱书说》卷二十一，清文渊阁四库全书。

和乐曲，无不出自黄帝及其君臣。并且，"礼名起于黄帝"①，军礼创始于黄帝与蚩尤作战之时，而封禅之礼也是他所首创："黄帝封泰山，禅亭亭……黄帝作宝鼎三，象天地人。"② 他还有著作传世："伏牺、神农、黄帝之书，谓之《三坟》是也。"③ 更有大量的医学、针灸著作也都归到他的名下，除《灵枢》《素问》外，仅载在《隋书·经籍志》中托于黄帝名下的医学著作就不下十五种之多。如此多的发明创造集中到一个人身上，黄帝简直就成了他那个时代的爱迪生，这显然是不可能的。所以，我们也只能将他看作由野蛮到文明过渡时代的符号，看作我们民族集体口述历史的一个篇章。事实上，所有这些创造都是我们的祖先在数以千年计的悠长岁月里逐步完成的，由于这些创造中的每一项很可能都是经过了几代人的努力，具体的发明者根本不可能留下名字，他们也不可能意识到需要留下名字。而当我们的祖先意识到这些发明创造的里程碑意义、深感需要为这些发明者留下名字的时候，他们的名字早已湮灭。因为黄帝作为那个时代的氏族酋长或部落联盟的首领，曾经领导先民进行过艰苦卓绝的斗争和一系列的改革，由是凝聚成为抹不掉的民族记忆，成为传说的重点加工对象，于是，这些发明创造便顺理成章地集中到他的名下。

在所有的传说中，炎帝神农氏和黄帝轩辕氏都是前后相续的两个圣帝名王。虽然炎帝是姜姓，黄帝是姬姓，可他们的母亲又都是有蟜氏之女，《国语》还记载他们是一母所生的亲兄弟："少典娶有蟜氏之女，生黄帝、炎帝。"显然这两个人代表的氏族或部落具有密切的亲缘关系。在历史上，他们应该有着亲密合作的时期，也有着兵戎相见的岁月。他们之间发生过两次大的战争，一次是黄帝与炎帝战于"阪泉之野"，一次是黄帝与蚩尤战于"涿鹿之野"。上面引述的宋刘恕的《资治通鉴外纪》卷一对此也有较详细的记载。这些记载纵然难以绝对确切地反映事实真相，但一定有着真实历史的影子。这两个氏族或部落在分分合合中，不断融合着周围的氏族和部落，不断扩大着占地广阔的部落共同体，共同铸造着未来的华夏族，从而在黄河长江中下游的肥田沃野上将中国的历史推进到文明之域。

---

① （明）孙瑴编：《古微书》卷十七，清文渊阁四库全书。
② 《汉书·郊祀志》，北京，中华书局1962年版。
③ 孔颖达：《周易正义》，《十三经注疏》，北京，中华书局1980年版。

最为有趣的是，炎帝和黄帝都是集诸多创造发明于一身的人物，而且很多创造发明是重叠的。如，他们同为中国农业文明和商贸事业的开创者，耒耜的制造者，市场交易的首创者；同是熟食的发明者，饮食文化的开拓者；同是不朽经典《易》的创作者之一；同是各种制度、历法、文字、音乐、医药、兵器等的创造者。这说明，他们基本上属于同一个时代，在我国历史由野蛮时期转化为文明社会的进程中，前后接力般地推进了历史的发展，为迎接文明社会的第一缕阳光的初照作出了不可磨灭的贡献。

黄帝名号的由来与考古发现
——兼论古史辨派的贡献与局限

王震中

（中国社会科学院学部委员，历史学部副主任、研究员）

黄帝又号称轩辕氏和有熊氏，这些名号的由来以及它们之间的关系，是炎黄文化研究中重要的亦是难解的课题。它既涉及接近历史真实的问题，亦涉及古史传说中的人物究竟是神还是人的问题。在这里我通过考古发现，包括青铜器族徽铭文，尤其是陕西的仰韶文化彩陶中蛙形纹样的发现，阐述黄帝名号的由来，并以此回答黄帝等传说人物是人还是神的问题，顺便对顾颉刚"层累地造成的中国古史观"的贡献与局限，谈一点我的看法。

一、黄帝名号由来的传统说法

黄帝号称轩辕氏，又号称有熊氏，要解释黄帝名号，需要把黄帝、轩辕氏、有熊氏这三者放在一起来考虑。关于"黄帝"，《左传》昭公十七年郯子说："昔者黄帝氏以云纪，故为云师而云名；炎帝氏以火纪，故为火师而火名；共工氏以水纪，故为水师而水名；大皞氏以龙纪，故为龙师而龙名。我高祖少皞挚之立也，凤鸟适至，故纪于鸟，为鸟师而鸟名：凤鸟氏，历正也；玄鸟氏，司分者也……"。

通过郯子的这一段话可以得知，炎帝的得名是与火有关的，这比较容易理解。但是，黄帝氏以云纪是解释不了黄帝何以称为黄的问题，说黄帝的得名与云有关，难以理解。在战国以来的说法中，黄帝被称为中央之帝，以土德王。如《史记·五帝本纪》说黄帝"有土德之瑞，故号黄帝"。《说文》曰："黄，地之色也，从田光声。"《论衡·验符篇》说："土色黄，汉土德也"；又说："黄为土色，位在中央，故轩辕德优，以黄为号"。这种土德说来自五行的观念。

《史记》《论衡》的这些说法，解释了"黄帝"中"黄"的问题，是用"金木水火土"五行中"土"的颜色解决这一问题，但是，五行起源于新石器时代之后，用它不能解释五千年之前的事情。在20世纪年30年代，古史辨派根据有的先秦文献中"黄帝"与"皇帝"通用，"黄"与"皇"古音相通，来证明黄帝是神，不是人。杨宽先生在《中国上古史导论·黄帝与皇帝及上帝》（《古史辨》第七册上编）中曾提出"黄帝即皇天上帝"的看法。例如，《庄子·齐物论》"是皇帝之所荧也"。《释文》："皇帝，本又作黄帝。"又《至乐篇》曰："吾恐回与齐侯言尧、舜、皇帝之道，……"《释文》："皇帝，司马本作黄帝。"《吕氏春秋·贵公》："丑不若黄帝。"毕沅校曰："黄帝，刘本（明刘如宠本）作皇帝，黄、皇古通用。"《易传·系辞》："黄帝、尧、舜，垂衣裳而天下治。"《风俗通义·音声篇》作"皇帝"。可见黄帝与皇帝通用的例子甚多。此外，《尚书·吕刑》："蚩尤惟始作乱……皇帝清问下民……"此皇帝即上帝，所以，说黄帝即皇帝亦即皇天上帝，有训诂学上的依据。

从黄帝与皇帝通假以及皇帝亦即上帝来看，黄帝一名含有皇天上帝，即含有天的意思。这一点，古史辨派是想证明黄帝是神不是人，而我则认为这是由于远古时期人名、酋长名、族名和神名可以同一。对此，我们后面再详细说明。只是仅就"黄帝"一名进行探索是不够的，还需要把"黄帝""轩辕氏""有熊氏"三者联系起来进行考虑。

二、"轩辕氏"与青铜器族徽铭文"天鼋"

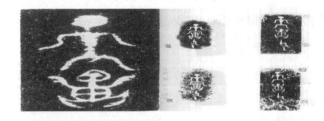

郭沫若在《殷周青铜铭文研究》卷一和《两周金文辞大系图录考释》（下）中，依据《国语·周语》说"我姬氏出自天鼋"，黄帝族也是姬姓，把这个青铜器族徽铭文释为"天鼋"，并提出此"天鼋"就是轩辕黄帝的"轩辕"。天鼋与轩辕乃同音通假，原本为天鼋。天鼋之"鼋"乃青蛙，有人把青铜器族徽铭文"天鼋"之"鼋"释读为龟鳖之类。于省吾《释黾、鼋》（载于《古文字研究》第七辑）一文把它释为青蛙。于省吾说：在"天鼋"族徽铭文中,"天"字下面的"黾"动物的双腿,画得盘曲而较长。为此,于省吾先生认为青铜器铭文中的"黾"不能释为龟,而应释为蛙黾之黾(mǐn)。他说:"我认为黾即天黾二字的合文。'天'之为天,毋庸赘述。《说文》谓'黾,鼃(蛙)也。'黾与龟都是象形字。但在古文字中的构形迥然不同。龟形短足而有尾,黾形无尾,其后两足既伸于前,复折于后,然则黾字本象蛙形,了无可疑。"也就是说,青铜器上被释为"黾"这一族徽铭文,从该字的构形上看,它是青蛙而非龟鳖。

三、天黾与仰韶等文化中的蛙纹

在仰韶文化中,有一重要的纹样是蛙纹,它在陕西地区的仰韶文化、河南地区的仰韶文化,以及甘肃、青海地区马家窑文化中都曾流行。它是一个很特别,并有一定分布区域的彩陶纹样。

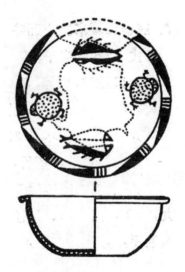

陕西临潼姜寨出土蛙纹彩陶盆　　姜寨蛙纹彩陶盆俯视图

河南陕县庙底沟遗址出土蛙纹彩陶罐　　甘肃天水市师赵村遗址出土蛙纹彩陶钵(马家窑文化)

甘肃省博物馆展出的马家窑文化马厂类型的"人形蛙纹"

青铜器"天鼋"铭文是轩辕黄帝族在商周时期的族徽；仰韶文化和马家窑文化中的青蛙纹样是轩辕黄帝族在新石器时代晚期的图腾纹样。

四、"有熊氏"与青铜器铭文中的"天兽"族徽

有熊氏与"天兽"族徽

邹衡先生认为这就是黄帝族另一支——有熊氏——在青铜器铭文中的表现。《史记·五帝本纪》和《大戴礼记·五帝德》记载黄帝与炎帝在阪泉之野作战时，曾用了以兽为名的六支不同图腾的军队：熊、罴、貔、貅、豹、虎等。黄帝又号称有熊氏，所以，有熊氏是以熊、罴等猛兽为图腾的总称。除"天鼋"和"天兽"这两类族徽外，青铜器中还有一种是仅画一个"天"（或）的族徽，邹衡先生在《论先周文化》说他曾找到有这样族徽的铜器50余件，并通过《天姬自作壶》的铭文证明天族是姬姓。

五、对黄帝、轩辕氏、有熊氏的新解释

在郭、邹两位这一发现的基础上，我曾进一步指出："天"这样的族徽是与"天鼋""天兽"族徽相关联的，很可能"天"的族徽是黄帝族中由尊称发展而来的总称，而"鼋"和熊、罴、虎之类则是黄帝族中重要的分支徽号，

就像黄帝既号称轩辕氏又号称有熊氏一样，它并非由一支组成。再联系先秦文献中"黄帝"与"皇帝"通假的情形，我对"黄帝"一名的由来提出新的解释："黄帝"之"黄"并非因五行中黄土之"土德"得名（《史记·五帝本纪》说：黄帝"有土德之瑞，故号黄帝"），而是源于"天鼋""天兽"之"天"，也即源于"皇天上帝"之"天"，"黄帝"即"天帝"。这样的"天"曾是远古黄帝族（姬姓族）中最重要的图腾。在图腾神的意义上，"黄帝"（皇帝）有皇天上帝即神的含义；但又是以图腾为人名，属于图腾名与人名的同一。

由"黄帝"即"天帝"（皇天上帝）显示出其神性；而由文献中的轩辕氏和有熊氏来自其天鼋图腾和天兽（熊、罴、貔、貅、豹、虎等）图腾，显示出其人名、族名、图腾名可以同一。《国语·晋语》中说："昔少典氏娶于有蟜氏，生黄帝、炎帝。黄帝以姬水成，炎帝以姜水成。成而异德，故黄帝为姬，炎帝为姜。"这里的黄帝、炎帝只是人名。那么，在"黄帝""轩辕氏"（天鼋）、"有熊氏"这三个名号的问题上，是人名（酋长名）与族名和神名（图腾神和宗神）相同。

六、古史辨派的贡献与局限

（一）顾颉刚"层累地造成的中国古史观"

1923年，顾颉刚先生在《读书杂志》第九期上发表《与钱玄同先生论古史书》文章。在该文中他提出了著名的"层累地造成的中国古史"的观点，轰动学术界。顾颉刚在说他的"层累地造成的中国古史"有三个方面的含义：

第一，"时代愈后，传说的古史期愈长"，"周代人心目中最古的人是禹，到孔子时有尧、舜，到战国时有黄帝、神农，到秦有三皇，到汉以后有盘古等"。

第二，"时代愈后，传说中的中心人物愈放愈大"，比如舜"在孔子时只是一个'无为而治'的圣君，到《尧典》就成了一个'家齐而后国治'的圣人，到孟子时就成了一个孝子的模范了"。

第三，"即不能知道某一件事的真确的状况，但可以知道某一件事在传说中的最早的状况。我们即不能知道东周时的东周史，也至少能知道战国时的东周史；我们即不能知道夏、商时的夏商史，也至少能知道东周时的夏商史。"

(《古史辨》第一册)。

顾颉刚说他在整理《诗经》《尚书》《论语》里的古史传说时,"把这三部书中的古史观念比较着看,忽然发现了一个大疑窦——尧、舜、禹的地位问题!《尧典》和《皋陶谟》我是向来不信的,但我总以为是春秋时的东西;哪知和《论语》中的古史观念一比较之下,竟觉得还在《论语》之后。我就将这三部书中说到的禹的语句抄录出来,寻绎古代对于禹的观念,知道可分作四层:最早的是《商颂·长发》的'禹敷下土方,……帝立子生商',把他看作一个开天辟地的神;其次是《鲁颂·閟宫》的'后稷……奄有下土,缵禹之绪',把他看作最早的人王;其次是《论语》上的'禹、稷躬稼'和'禹……尽力乎沟洫',把他看作一个耕稼的人王;最后乃为《尧典》的'禹拜稷首,让于稷、契',把后生的人和缵绪的人都改成了他的同寅。尧、舜的事迹也是照了这个次序:《诗经》和《尚书》(除首数篇)中全没有说到尧、舜,似乎不曾知道有他们似的;《论语》中有他们了,但还没有清楚的事实;到《尧典》中,他们的德行政事才灿然大备了。因为得到了这一个指示,所以在我的意想中觉得禹是西周时就有的,尧、舜是到春秋末年才起来的。越起得后,越是排在前。等到有了伏羲、神农之后,尧、舜又成了晚辈,更不必说禹了。我就建立了一个假设:古史是层累地造成的,发生的次序和排列的系统恰是一个反背。"①

顾颉刚《与钱玄同先生论古史书》发表后,引起了学术界的质疑和讨论,其中有刘掞藜、胡堇人等人也在《读书杂志》上发表了对顾颉刚的质疑和批评的文章。针对刘、胡二人的批评,顾颉刚又写了长篇文章《讨论古史答刘胡二先生》,发表在《读书杂志》第十二至十六期上。在该文中,顾颉刚论述了禹的天神性、禹与夏的关系、禹的来源、尧舜禹的关系以及后稷非舜臣、文王非纣臣等问题。还提出了"四个打破"的问题。

(1)打破民族出于一元的观念。认为"商出于玄鸟,周出于姜嫄,任、宿、须句出于太皞……他们原是各有各的始祖","自春秋以来,大国攻灭小国多了,疆界日益大,民族日益并合,种族观念渐淡,而一统观念渐强,于是许多民族的始祖的传说亦渐渐归到一条线上,有了先后君臣的关系,《尧典》

---

① 顾颉刚:《古史辨》第一册《自序》,上海古籍出版社1982年版,第52页。

《五帝德》《世本》诸书就因此出来"。

(2) 打破地域向来一统的观念。认为"《禹贡》的九州,《尧典》的四罪,《史记》的黄帝四至乃是战国时七国的疆域,而《尧典》的羲、和四宅以交趾入版图更是秦汉的疆域。中国的统一始于秦,中国人民的希望统一始于战国,若战国以前则只有种族观念,并无一统观念"。"若说黄帝以来就是如此,这步骤就乱了","所以,我们对于古史,应当以各时代的地域为地域,不能以战国的七国和秦的四十郡算作古代早就定局的地域"。

(3) 打破古史人化的观念。认为"古人对于神和人原没有界限,所谓历史差不多完全是神话"。"人与神是混的,如后土原是地神,却也是共工氏之子","人与兽是混的,如夔本是九鼎上的罔两,又是做乐正的官;饕餮本是鼎上图案画中的兽,又是缙云氏的不才子","兽与神是混的,如秦文公梦见了一条黄蛇,就作词祭白帝"等等,举不胜举。所以,这种史"决不是信史"。"自春秋末期以后,诸子奋兴,人性发达,于是把神话中的古神古人都'人化'了",这就"在历史上又多了一层的作伪","所以我们对于古史,应当依了那时人的想象和祭祀的史为史,考出一部那时的宗教史,而不要希望考出那时以前的政治史,因为宗教是本有的事实,是真的,政治是后出的附会,是假的"。

(4) 打破古代为黄金世界的观念。认为古代很快乐的观念在春秋以前的人是没有的,"我们要懂得五帝、三王的黄金世界原是战国后的学者造出来给君王看的,庶不可受他们的欺骗"。这"四个打破"可以说是"层累说"的进一步发展,有了这"四个打破"才能更明确地说明中国古史之层累地造成说。

(二)"层累说"和"四个打破"的贡献

第一,"层累地造成的中国古史观"和"打破民族出于一元的观念",它摧毁了"自从盘古开天地,三皇五帝到于今"的传统的古史系统;也使得《史记·五帝本纪》中"黄帝—颛顼—帝喾—尧—舜"之间自古一系的祖孙关系难以成立。按照《史记·五帝本纪》中的排列顺序,黄帝为五帝之首,其余四帝都是黄帝的后裔。颛顼是黄帝之子昌意的儿子,即黄帝之孙。帝喾的父亲叫蟜极,蟜极的父亲叫玄嚣,玄嚣与颛顼的父亲昌意都是黄帝的儿子,所以,帝喾是颛顼的侄辈,黄帝的曾孙。尧又是帝喾的儿子,而舜则是颛顼的六世孙。事实上,在上述五帝系统中,除了黄帝与帝尧在族属上是一系外,其余都很难说，特别是帝舜，孟子说他是"东夷之人也"，他是由东夷的诸冯（今山东诸城）迁徙到中原的。我认为，黄帝、颛顼、帝喾、尧、舜原本代表着不同的部族，他们先后来到中原或活动于中原地区，之后又都融合而形成华夏民族，在融合成为华夏民族的过程中，他们在中原地区的称雄有先有后，《五帝本纪》中"黄帝—颛顼—帝喾—尧—舜"的排列，就透露出称雄的先后顺序。

《五帝本纪》中五帝在历史舞台上称雄先后的时间顺序应该没什么大的问题，但认为黄帝与其他四帝即五帝之间在血统血缘上都是一脉相承的关系，是有疑问的。我们将五帝所表现出的先后时代关系称为符合历史实际的"实"，而将其一脉相承的血缘谱系称为不符合历史实际的"虚"。我们知道，上古时期中华大地上的新石器文化星罗棋布，新石器文化遗址数以万计，创造这些新石器文化的氏族部落部族林立，即使后来组合成几个大的部族集团，各大族团之间起初也是互不统属，根本不可能是万古一系。因而对于司马迁等人把原本属于不同部族或族团的"黄帝、颛顼、帝喾、尧、舜"等的族属描写成一系的做法，需要予以纠正。撰写《史记·五帝本纪》的司马迁以及《大戴礼记·五帝德》的作者和《尚书》中《尧典》《皋陶谟》《禹贡》的作者们都生活在具有"大一统"观念的时代，他们将原本属于分散的材料，原本属于不同系统的部族的领袖人物或部族宗神，经过作者的取舍、加工、合并、改造等一番功夫，或者是安排构筑在一个朝廷里，或者描写成具有血亲关系的做法，应该说脱离了历史的实际。今天我们面对《五帝本纪》中的"黄帝—颛顼—帝喾—尧—舜"这一谱系时，不必拘泥于这些传说人物是否具有血缘上的祖孙关系，而不妨把他们看成是不同的部族族团称霸一方时的先后早晚关系。

第二，古史辨派推动了我国近代以来第一次大规模的古籍整理，特别是以确认成书年代为基本内容的古籍整理。徐旭生是反对古史辨派的，但是，1957年他评价古史辨派"最大的功绩就是把古史中最高的权威，《尚书》中的《尧典》《皋陶谟》《禹贡》三篇的写定归还在春秋和战国的时候。……由于疑古学派（广义的）历史工作人员和考古工作人员双方的努力，才能把传说时代和狭义历史时代分开"。①

第三，顾颉刚和他的古史辨派推动了对以《禹贡》为首的上古历史地理

---

① 徐旭生：《中国古史的传说时代》（增订本），第22页。

的深入研究。在这方面涉及"大一统"的问题，我认为中国历史上的大一统有两个层次、两种形式的大一统。一种就是顾颉刚说到的秦汉以来的大一统，这是中央集权的郡县制为机制的大一统；另一种是夏商西周三代王朝"多元一体复合制王朝国家结构"的大一统，用《诗经》里的话讲就是"普天之下莫非王土，率土之滨莫非王臣"，战国时期大一统思想渊源来自夏商西周三代王朝多元一体的复合制结构。

第四，它强调审查史料，去伪求真，是史学研究的必备条件。

第五，它促进了学术界对考古学的重视。

（三）"层累地造成的中国古史观"的局限

第一，就是学术界所说的"疑古过度"的问题，即把一些战国时成书的年代推定为汉代乃至更晚。

第二，就是把古史传说人物一概作为神和神的"人化"来对待的问题。

在"层累说"中，其核心问题是黄帝、颛顼、帝喾、尧、舜、禹等传说人物究竟是人还是神的问题。但是，对于远古的人来说，人名、族名、神名可以同一。上面我们以轩辕黄帝为例已经说明这个问题。通过远古社会人名（酋长名）、族名、神名可以相同一，就可以解决这些传说人物究竟是神还是人的问题，也由此我们说古史辨派只注重他们是神的一面，并没接近历史的真实。在这个问题上，尹达先生曾指出：神话般的古史传说中包含着"历史的素地"，切不可一概抹杀；杨向奎先生也说："历史中有神话，神话中富于历史"；我也曾认为古史传说中有"实"亦有"虚"，是虚实交织混合在一起的，需要参照考古发现做一些剥离的功夫①。而古史辨派把它们一概作为神和神的"人化"来对待，这对于重建中国上古史是没有帮助的，这属于古史辨派最大的局限。

---

① 王震中：《三皇五帝传说与中国上古史研究》，载于《中国社会科学院历史研究所学刊》第七集，商务印书馆 2011 年 11 月。

司马迁称"黄老言"之用意考

蒋国保

(苏州大学哲学系教授)

摘　要：司马迁《史记》所称"黄老言""黄老之言"，固然虚指黄帝、老子本人的言论与学说，但亦实指流行于战国到秦汉之际的"刑名法术之学"，更是特指汉初尤其是文（帝）景（帝）前后所有的在理论上归本于《老子》、主张持"清静""无为""因顺"原则以处事乃至治世的黄老学——托名黄老的政治哲学。汉初的"黄老言（黄老学）"，以形式论，是对《老子》解释与发挥的产物。解释《老子》而产生的"黄老言"（新道学），当以《老子河上公章句》为代表作；发挥《老子》而产生的"黄老言"（新道学），则当以《黄帝四经》为代表作。就《黄帝四经》来看，由发挥《老子》而产生的"新老学"（新道学），又有托名（托名黄帝）与不托名（既不托名黄帝亦不托名老子）之别。可见，汉初的"新道学"其实可分为三种形式：托名老子的"新老言"、托名黄帝的"新老言"、无任何托名的"新老言"。这三类"新老言"，就本质讲都是对原始老子学说做合乎汉初社会、政治需要之解释与发挥的产物，可名曰"新老学"或"新道学"。它之在汉初被习称为"黄老言""黄老之言"，想必是因为它（汉初之政治哲学）毕竟托名黄帝、老子的缘故。

关键词：司马迁；黄帝；老子；黄老；术；政治哲学

从汉高祖刘邦立汉（前206年）到汉武帝刘彻于建元元年（前140）"罢黜百家，独尊儒术"，共六十六年。在汉初的这六十六年中，为了在战乱后尽快恢复社会生气，汉王朝实行"与民休息"的治国方策。而为了支撑这一治国方策，汉王朝又提倡"黄老之治"，在哲学上崇尚"黄老之学"。这已成为学界的共识。问题是，对此"黄老之学"具体何所指，学者的认识存在分歧，或谓指产生于战国后期的"稷下之学"，或谓产生于秦汉之际的新道学，或谓产生于汉初的"黄老学"。如何消解这些分歧，给予汉初"黄老之学"以新的解释，是深入研究汉初"黄老之学"理应探讨的问题。本文对这个问题的探讨，是借考证司马迁所称"黄老之言（黄老言）"的真实用意来展开。

一

司马迁称"黄老言"的言论，散见于《史记》各篇。现择其要者转录如下：

《外戚世家》："窦太后好黄帝、老子言，帝及太子诸窦不得不读《黄帝》《老子》（此书名号照录原书，据我的理解，此书名号不当标，理由见下文所论），尊其术。窦太后后孝景帝六岁建元六年崩，合葬霸陵。"①

《曹相国世家》："孝惠帝元年，除诸侯相国法，更以参为齐丞相。参之相齐，齐七十城。天下初定，悼惠王富于春秋，参尽召长老诸生，问所以安集百姓，如齐故俗，诸儒以百数，言人人殊，参未知所定。闻胶西有盖公，善治黄老言，使人厚币请之。既见盖公，盖公为言治道贵清净而民自定，推此类具言之。参于是避正堂，舍盖公焉。其治要用黄老术，故相齐九年，齐国安集，大称贤相。……参代何为汉相国，举事无所变更，一遵萧何约束。……参见人之有细过，专掩匿覆盖之，府中无事。……卒，谥懿侯。……百姓歌之曰'萧何为法，若画一，曹参代之，守而勿失。载其清净，民以宁一。'"②

《老子韩非列传》："申不害者，荆人也，故郑之贱臣。学术以干韩昭侯，昭侯用为相。内修政教，外应诸侯十五年。终申子之身，国治兵强，无侵韩者。申子之学本于黄老而主刑名。著书二篇，号曰申子。韩非者，韩之诸公子也。喜刑名法术之学，而其归本于黄老。"③

《儒林列传》："孝惠、吕后时，公卿皆武力有功之臣。孝文时颇征用，然孝文帝本好刑名之言。及至孝景，不任儒术，而窦太后又好黄老之术，故诸博

---

① 董治安主编：《两汉全书》第六册，山东大学出版社，2009年，第3240页。又，以下凡引该书第六册，径注书名及册码页码。
② 《两汉全书》第六册，第3264—3265页。
③ 《两汉全书》第六册，第3317页。

士具官待问,未有进者。……及窦太后崩,武安侯田蚡为丞相,绌黄老、刑名百家之言,延文学儒者数百人……天下之学士靡然乡风矣。"①

《儒林列传》:"窦太后好《老子》书,召辕固生问《老子》书,固曰:'此是家人言耳。'太后怒曰:'安得司空城旦书乎?'乃使固入圈刺豕。"②

《孟子荀卿列传》:"自邹衍与齐稷下先生,如淳于髡、慎到、环渊、接子、田骈、邹奭之徒,各著书言治乱之事,以干世主,岂可胜道哉!……慎到,赵人;田骈、接子,齐人;环渊,楚人,皆学黄老道德之术,因发明序其指意。故慎到著十二论,环渊著上下篇,而田骈、接子皆有所论焉。"③

《乐毅列传》:"太史公曰:始齐之蒯通及主父偃读乐毅之报燕王书,未尝不废书而泣也。乐臣公学黄帝、老子,其本师号曰河上丈人,不知其所出。河上丈人教安期生,安期生教毛翕公,毛翕公教乐瑕公,乐瑕公教乐臣公,乐臣公教盖公。盖公教于齐高密、胶西,为曹相国师。"④

《汲郑列传》:"黯学黄老之言,治官理民,好清静,择丞史而任之。其治,责大指而已,不苟小。黯多病,卧闺阁内不出。岁余,东海大治。称之。上闻,召以为主爵都尉,列于九卿。治务在无为而已,弘大体,不拘文法。"⑤

《日者列传》:"夫司马季主者,楚贤大夫,游学长安,通《周易》,术黄帝、老子,博闻远见。观其对二大夫贵人之谈言,称引古明王圣人道,固匪浅闻小数之能。及卜筮立名声千里者,各往往而在。"⑥

二

通过以上九则论述,对司马迁称"黄老"以及"黄老言",我们大致能考出这么几层含义:

(1)"学黄老""术黄老""治黄老""读黄老""好黄老"五者并提。"学黄老""术黄老""治黄老",都是意指"用黄老术",即采用黄(帝)老

---

① 《两汉全书》第六册,3373 页。
② 《两汉全书》第六册,3776 页。
③ 《两汉全书》第六册,3405 页。
④ 《两汉全书》第六册,第 3455 页。
⑤ 《两汉全书》第六册,第 3767 页。
⑥ 《两汉全书》第六册,第 3827 页。

（子）处事之原则、方略与手段处事；而"读黄老""好黄老"，都是指通过学习以认同与树立黄老的思想观念。树立起来的思想观念，用于实践时便成为指导行动的原则。指导行动的原则一旦作为实际行动的操作手段，就成为保证行动效果的方法。在我们看来，这种统一（原则与方法的一致性），本质上是指一种思想观念变为行动或曰实践时的操作手段（方法），而用司马迁的用语来说，就意味着"言（学问）"与"术"的统一：当他以"黄老言""黄老之言"来称谓汉初的政治哲学时，他是从思想观念（原则）层面来说的，而当他以"黄老术""黄老之术"来称谓汉初的政治哲学时，他是从操作手段（方法）的层面来说的。他之所以既说"读黄老""好黄老"又说"用黄老""术黄老""治黄老"，就是为了区分这两层，"读黄老"，"好黄老"，自然是为了认同与树立黄老之思想观念，而一旦将这一认同作为行动操作手段，就变为"用黄老""术黄老""治黄老"，完成了从"言（学问）"到"术"的转变。

（2）"用黄老""术黄老""治黄老"，又都是具体指"学黄老道德之术"。"学"在这里不应做"学习"解，而应作"效仿"解①，则汉初人所要效仿的"黄老术"，在司马迁的称谓里其实特指"黄老道德之术"。现在的问题是："黄老道德之术"具体是指什么性质的处事方式？"黄老道德之术"这种说法，"黄老"是用来限定"道德"，而"道德"是用来限定"术"的，由此限定可说明它是指由黄（帝）老（子）倡导的"道德"处事方式。道德的处事方式，按儒家讲，就是凡事重视道德教化，以道德引导与道德感化的办法行事。黄老的"道德之术"，当然不可能指这种处事方式，那它指什么方式？它当是指《老子》所倡导的处事方式，因为《老子》上部分论"道"下部分论"德"，又别称"道德"，在道教兴起时，更尊称为《道德经》。这样解的话，又引起另一个问题：原本只是《老子》所倡导的处事方式，为何被司马迁说成是黄帝、老子两人的处事方式，难道黄帝亦有既论"道"又论"德"的著述，而且它在汉武帝时代尚存，司马迁得以阅读？从《外戚世家》篇中的"窦太后好黄帝、老子言，帝及太子诸窦不得不读《黄帝》《老子》，尊其术"这一记载来判断，在司马迁生活的汉武帝时代，似有可能存在着冠名"黄帝"的著

---

① 方以智解"学"云："学有效义，有觉义，音亦相转"。见庞朴：《东西均注释》，中华书局，2001年，第171页。

作。但是，现在无任何史料可以证明在汉初仍流传有黄帝本人的著作，退一步，即便假定在汉武帝时代确实有以黄帝冠名的著作（《黄帝》）存在，例如《汉书·艺文志》所载《黄帝四经》《黄帝说四十篇》等，它也不可能就是黄帝本人的著作，更不可能将它别称为"道德"，因为它根本不可能在内容与形式上与《老子》之论"道""德"完全相同。这样说来，《外戚世家》篇中所谓"读《黄帝》《老子》"，只能去其书名号来理解，即理解为读黄帝、老子书。《儒林列传》又载："窦太后好《老子》书，召辕固生问《老子》书"，这句中老子亦不应标书名号。两相对比，不难体悟："好黄帝、老子言"与"好老子书"，在司马迁的称谓里，是用不同的提法表达一个意思，这个意思就是：窦太后所好实际上只关乎老子书——《老子》，与黄帝书——《黄帝》无关。为什么要这样理解？因为既然在汉初本不存在作为黄帝本人的著作《黄帝》，那么除了这么理解，别无更合理的解释。而从这个解释可以间接地推出一点：在汉初，朝野所好的"黄老言""黄老书"，其实只是"老（子）言""老（子）书"。将"老（子）言""老（子）书"，混称为"黄老言"或"黄老之言"，是汉初人的习惯，司马迁自然也难以背离这个习惯。司马迁在《五帝本纪》中称赞黄帝处事能"顺天地之纪、幽明之占、死生之说、存亡之难。"① 从这个称赞不难推想，在司马迁看来，黄帝之顺应"天地之纪"与老子之顺应"自然"，无论在精神上还是在效用上，都是相通的，可以相提并论。这可能是他守汉初人之称谓习惯，将公孙轩辕——黄帝与老聃——老子合称为"黄老"的认识论根源。

（3）将"黄老"与"刑名"并提，凡涉及刑名法制之学术与方术者，要么直接称之为"黄老之言""黄老之术"，要么间接判为"学本于黄老""归本于黄老"。例如申子"主刑名"，司马迁说他"学本于黄老"；而韩非子"喜刑名法术之学"，司马迁却说他"归本于黄老"。那么，这两种提法——"学本于"与"归本于"，有区别否？可能有学者会认为，这两种提法之异，只关乎遣词技巧，与思想上的不同认识无关，但我认为这不关乎遣词而关乎认识，

---

① 《两汉全书》第五册，第2339页。又，该书编以逗号标点这四句，不妥，因为这样标使句首之"顺"字只关乎首句，与后三句无挂搭，导致后三句失解——不知如何去解。

也就是说司马迁是想以这两种提法，表达这样不同的意思：申子原本学的就是黄老学问，他之"主刑名"，是他"学本于黄老"之必然的选择；韩非子则不同，他原本学的就是"刑名法术之学"，然其所学的"刑名法术之学"在理论上却"归本于黄老"。这样来区分申子与韩非子学问上的差异，在司马迁也许只是客观地陈述一个事实，而我们却可以从这个陈述体认一个信息：黄老之术、黄老之言，在汉初是一个十分宽泛的术语，它在外延上，不但包括《老子》之言，《老子》之术，还包括《黄帝》之言、《黄帝》之术①，甚至包括一切"刑名法术之学"。由此看来，司马迁所谓"黄老言""黄老之言"，固然虚指黄帝、老子本人的言论与学说，但亦实指流行于战国到秦汉之际的"刑名法术之学"，更是特指文（帝）景（帝）前后所有的在理论上归本于《老子》、主张持"清静""无为""因顺"原则处事乃至治世的黄老学——托名黄老的政治哲学。汉初的政治哲学，托名黄帝是虚说，托名老子是实说，所以它只是"老（子）学"的"术"化——政治化，即将《老子》所论说的一般哲理阐释发挥为政治统治（制人经世）之一般的、甚至是具体的原则与方法。因此可以断言：就本质讲，汉初"黄老之学"是对原始老子学说作合乎汉初社会、政治需要之发挥与发展的产物，它与"庄（子）学"无关，属于"新老学"。学界有一种观点，将"黄老之学"称为"新道（家）学"，并认为"新道（家）学"不是产生于汉初，而是产生于东汉。这种认识我以为不正确，因为作为一种以"清净""无为"为根本政治原则的政治哲学，汉代"黄老学"只能是汉初"与民休息"之社会需要的产物，它绝不能产生于东汉，甚至在汉武帝"罢黜百家，独尊儒术"之后的西汉社会中，它也无可能产生。

（4）汉初黄老学，臻于盖公，而盖公之学，可追溯至河上公（河上丈人）。盖公学问之详情，不明。然据《曹相国世家》所载"既见盖公，盖公为言治道贵清净而民自定，推此类具言之"，不难推见其政治哲学乃是以"君主清净无为"作为根本理念来展开的，在理论上归本于《老子》。至于河上公，因为现今尚存其"《老子》注"（《老子道德经河上公章句》），欲把握其学问

---

① 所谓《黄帝》言、《黄帝》术，其实是托名黄帝的他人之"言"与"术"，这早在两汉时代已有定论，证据是：《艺文志》记载《黄帝说四十篇》就注明系"迂诞依托"；而对有些冠名黄帝的书，也注明系"六国人著"。

之全貌，反倒比把握盖公学问之大致更容易。河上公不采取当时通行的"传"体式注《老子》，而采取当时不流行的"章句"体式解《老子》，这表明他开始注释前就已经确定其注释《老子》非偏重于名物典章之训诂，而是偏重于思想上的发挥性解释。他对《老子》的发挥性解释，首先体现在以政治视角解《老子》，将本是纯哲理的《老子》，从整体上解释成一种政治哲学，甚至可以说是一种政治学。这从他将《老子》八十一章分别加上章名不难体悟。他解《老子》添加的章名依次是：《体道第一》《养身第二》《安民第三》《无源第四》《虚用第五》《成象第六》《韬光第七》《易性第八》《运夷第九》《能为第十》《无用第十一》《捡欲第十二》《厌耻第十三》《赞玄第十四》《显德第十五》《归根第十六》《淳风第十七》《俗薄第十八》《还淳第十九》《异俗第二十》《虚心第二十一》《益谦第二十二》《虚无第二十三》《哭恩第二十四》《象元第二十五》《重德第二十六》《巧用第二十七》《反朴二十八》《无为第二十九》《俭武第三十》《偃武第三十一》《圣德第三十二》《辨德第三十三》《任成第三十四》《仁德第三十五》《微明第三十六》《为政第三十七》《论德第三十八》《法本地三十九》《去用第四十》《同异第四十一》《道化第四十二》《遍用第四十三》《立戒第四十四》《洪德第四十五》《俭欲第四十六》《鉴远第四十七》《亡知第四十八》《任德第四十九》《贵生第五十》《养德第五十一》《归元第五十二》《益证第五十三》《修观第五十四》《玄符第五十五》《玄德第五十六》《淳风第五十七》《顺化第五十八》《守道第五十九》《居位第六十》《谦德第六十一》《为道第六十二》《恩始第六十三》《守微第六十四》《淳德第六十五》《后己第六十六》《三宝第六十七》《配天第六十八》《玄用第六十九》《知难第七十》《知病第七十一》《爱己第七十二》《任为第七十三》《制惑第七十四》《贪损第七十五》《戒强第七十六》《天道第七十七》《任信第七十八》《任契第七十九》《独立第八十》《显质第八十一》。这些章名，大部分从章名本身就能体认出它之政治含义，而少数的章名，诸如《体道》《赞玄》《象元》《归元》《玄符》等，看似哲学的题目，若认真对照《老子》研读之，也很容易把握其政治性的含义。既然河上公以这些政治含义的题目来归纳《老子》各章（八十一章）旨意，我们还有什么理由否认河上公确实是将《老子》从整体上解释成政治哲学，甚至可以说是一种政治学。其次体现在解释本身之去"玄"归"实"。这里所谓"去'玄'归'实'"，是指在解释时竭力消解《老子》的哲学思辨特性,而将解释的意向彻底落实在现实(汉初现实)政治需要上。何以见得?不妨看他如何称"圣人"。在《老子》中,"圣人"这一概念,无例外地用以泛指处事能因循自然①的高人,它在外延上固然包括德行兼备的君主,但绝非仅仅指人世间政治权力最高的统治者——君王②。待到河上公解《老子》,他一方面袭用《老子》圣人因循自然、法道行事的思想,说"圣人法道"③、"圣人守大道"④,另一方面则将"圣人"改作特称,只强调圣人"为百官之元长"⑤。正因为在河上公那里圣人是特称,用以指最高统治者——君王(百官之元长),所以《老子》的圣人"为无为"、因循自然的一类论述,在河上公的解释里,统统被发挥为"人君不可以有为治国与治身也"⑥。而圣人(君王)以"道"治国治身,又被具体说成圣人"以大道制御天下,无所伤割;治身则以大道制情欲,不害精神"⑦。诸如此类的发挥性解释,在河上公的《老子》注中比比皆是,充分证明其解《老》的确彻底贯彻了他事先所确立的政治视角。

三

河上公对《老子》之政治视角的发挥,无疑也属于时人(汉初人)习称的"老子言",因为在《老子道德经河上公章句》中,连河上公自己也数次将其关于《老子》思想之概括性的话语直接冠以"老子言",例如他对《老子》第六十七所云"天下皆谓我大,似不肖"做这样发挥性的解释:"老子言:

---

① 《老子》有云:"道法自然",则因循自然,就《老子》哲学论,亦即行事能:"循道""法道""守道"。

② 这个论断,有《老子》原话可据:第二章有云:"圣人处无为之事,行不言之教";第三章有云:"圣人之治,虚其心,实其腹,弱其志,强其骨";第五章有云:"圣人不仁,以百姓为刍狗";第七章有云:"圣人后其身而身先,外其身而身存。非以其无私邪?故能成其私";第十二章有云:"圣人为腹不为目,故去彼取此"。

③ 《两汉全书》第一册,第417页。
④ 《两汉全书》第一册,第417页。
⑤ 《两汉全书》第一册,第413页。
⑥ 《两汉全书》第一册,第413页。
⑦ 《两汉全书》第一册,第417页。

'天下谓我德大，我则详愚，似不肖也'。"① 这样解释，应该说与老子原话的本义，有很大出入，属于他自己的话语，然而他却毫不犹豫地将自己的这一话语冠以"老子言"。现在必须指出的是，汉初的"黄老言"（黄老学），除了指河上公所谓的"老子言"——有关《老子》的政治视角的解释与发挥之言论，还应该指依据《老子》思想创立的政治学说以及政治哲学，更应该指本依据《老子》却托名"黄帝"的那种政治哲学或曰政治学说。既然汉初"黄老言"（黄老学）应该包括这三类"老子言"，那么在揭示了前一类诠释性的"老子言"之后，我们当对后两类的"老子言"予以揭示。可通过什么典籍来揭示呢？我认为可以通过帛书《黄帝四经》来揭示。为什么？因为在我看来，将出土的那四种"老学"（道学）之帛书文献名为《黄帝四经》也许不合理②，但以那四种文献来揭示汉初"黄老言"之真实面貌，却再合理不过，因为它夹抄在《老子》甲乙抄本之间，说明它虽非直接注《老子》之文献，却与《老子》关系密切；它虽各自独立，又连抄成一体；虽抄在一起，却有的托名黄帝，有的虽依据《老子》却既不托名老子也不托名黄帝。由此可见，《黄帝四经》比《老子道德经河上公章句》更能反映汉初"黄老言"（黄老学）的真实面貌。

《黄帝四经》收《经法》《十大经》《称》《道原》四篇，其中《称》与《道原》两篇不分节，而《经法》《十大经》均分节。《经法》依次分九节：《道法》第一、《国次》第二、《君正》第三、《六分》第四、《四度》第五、《论》第六、《亡论》第七、《论均》第八、《名理》第九；《十大经》则依次分十五节：《立命》第一、《观》第二、《五正》第三、《果童》第四、《正乱》第五、《姓争》第六、《雌雄节》第七、《兵容》第八、《成法》第九、《三禁》第十、《本伐》第十一、《前道》第十二、《行守》第十三、《顺道》第十四、《名刑》第十五。仔细推敲这四篇，可以发现它们有相同的思想特征：（1）都是将《老子》清净、无为、因循之理念化为治国安民的统治术，变《老子》玄思哲学为现实政治哲学；（2）都是将老学理念的"道"范畴，作为其政治

---

① 《两汉全书》第一册，第440页。
② 那四篇中，只有一篇托名黄帝，其余三篇，均未托名黄帝，甚至也没有出现"老子"或"老子言"字样；但在以老学理念的"道"作为其政治哲学的最高范畴这一点上，却惊人的一致，所以就思想内容而言，名之为《道言四篇》似乎更合理。

哲学的最高范畴，既强调"道生法"①，又强调"道同事同、道异事异"②，还强调"上虚下静而道得其正"③；（3）都以圣人为知"道"、守"道"、顺"道"者，而其所谓圣人，又特指人主或曰王、圣王。然而那四篇体裁上的不同，不用推敲，一阅即明：《十大经》托名黄帝，以黄帝与其臣子（数位）对话的形式表达其思想；其他三篇非但不托名黄帝、老子，也不采取对话形式，而是直接论述其思想。

四

根据上面的分析考量，对汉初的"黄老言"（黄老学）的主要思想特征，我们可以这么归纳：（1）它是以老子哲学"道"范畴为最高范畴、以老学清静、无为、因顺理念为根本政治原则的政治哲学，甚至可以说是政治学；（2）它在外延上既包括借解《老子》以发挥老学思想之言（例如《老子道德经河上公章句》所谓"老子言"），也包括依据《老子》或根据老学精神直接论证其治国安民主张之言（例如《黄帝四经》中的《经法》《称》《道原》三篇），还包括实依据《老子》却托名黄帝的政治之言（例如《黄帝四经》中的《十大经》）；（3）它在内容上以老子道学来贯通、融合诸家（主要是法家、儒家、墨家、名家、阴阳家），可以名为新老学（新道学）；（4）它主张政治意义上的"为无为"，本质上拒斥《庄子》消极"无为"思想，所以它不依据《庄子》，只依据《老子》。由此可断，它是将原始老学"术"化（政治化）的产物，可名曰"新老学"；而就它以"道"为理论架构的最高范畴来说，也可以名曰"新道学"。需要强调的是，当我们笼统称汉初"黄老言"（黄老学）为"新道学"时，我们首先应警惕老庄混同，在思想上要清醒地认识到汉初的"新道学"（黄老言或曰黄老学）不是新在对老（子）庄（子）思想之政治视角的解释与发挥，而只新在对老子思想之政治视角的解释与发挥。

就形式而论，汉初"新老学"，是对《老子》解释与发挥的产物。解释《老子》而产生的"黄老言"（新道学），当以《老子道德经河上公章句》为

---

① 陈鼓应：《黄帝四经今注今译》，商务印书馆，2016年，第415页。
② 此系对《十大经》所云"道同者，其事同；道异者，其事异"之省称。
③ 陈鼓应：《黄帝四经今注今译》，商务印书馆，2016年，第440页。

代表作；发挥《老子》而产生的"黄老言"（新道学），则当以《黄帝四经》为代表作。而就《黄帝四经》来看，由发挥《老子》而产生的"新老学"（新道学），有的托名黄帝，有的则无任何托名。可见，整体把握的话，汉初的"新道学"可分为三种形式：托名老子的"新老言"、托名黄帝的"新老言"、无任何托名的"新老言"。无任何托名的"新老言"与托名老子的"新老言"，都归本于《老子》，很容易判断；而托名黄帝的"新老言"，如何也归本于《老子》却不容易把握。从这层意思来分的话，汉初"新老言"（新道学），归根到底，在形式上也只有托名老子与托名黄帝之别，所以汉初学人为方便计便将那三类"新老言"省称"黄老言"。

非黄帝本人言论却托名黄帝的典籍，《汉书·艺文志》记载了二十种，其中归于道家类四种：《黄帝四经四篇》《黄帝铭六篇》《黄帝君臣六篇》①、《杂黄帝五十八篇》②；归于阴阳家一种：《黄帝泰素二十篇》③；归于小说家一种：《黄帝说四十篇》④；归于兵家之阴阳派一种：《黄帝十六篇》⑤；归于数术之天文家一种：《黄帝杂子气三十三篇》；归于数术之历谱一种：《黄帝五家历三十三卷》；归于数术之五行家二种：《黄帝阴阳二十五卷》《黄帝诸子论阴阳二十五卷》；归于数术之杂占家一种：《黄帝长柳占梦十一卷》；归于医经一种：《黄帝内经十八卷》；归于经方二种：《泰始黄帝扁鹊俞拊方》二十三卷、《神农黄帝食禁》七卷；归于房中一种：《黄帝三王养阳方》二十卷；归于神仙类四种：《黄帝杂子步引》十二卷、《黄帝岐伯按摩》十卷、《黄帝杂子芝菌》十八卷、《黄帝杂子十九家方》二十一卷。从这二十种冠名黄帝的典籍，可以推测出：托名黄帝的学说，原本非特称，它非专门用来称谓道家学说——"新老学"或曰"新道学"；而是泛称，它固然用以称谓"新道学"（新老学），还用以称谓道家之外的其他各家之托名的学说。就以上二十种典籍在《汉书·艺文志》中被分别归于道家、阴阳、五行、养生、神仙诸家来断，产生于六国称

---

① 此目下有自注云："起六国时，与《老子》相似"。这句注意思是说，六篇中，最早产生于六国称霸时，下限不明，从道理上可以推至汉初。
② 此目下有自注云："六国时贤者所作"。
③ 此目下有自注云："六国时韩诸公子所作"。
④ 此目下有自注云："迂诞依托"。
⑤ 此目下有自注云："图三卷"。

霸时代黄帝言——新老言（黄帝学），是一种将道家与阴阳、五行、养生、神仙诸家相融合的学说；而就《汉书·艺文志》于儒家、法家、墨家书目中不列冠名黄帝的典籍来断，六国时代的黄帝言——新老言，似乎不包括将道家与儒家、法家、墨家相融合的内容。如果这个推断合乎事实，可以成立，就可以进一步推断出一个结论：六国时代的"黄帝言"与《十大经》所反映的汉初"黄帝言"，存在着明显的区别：一个（六国时代的"黄帝言"）注重以道家（老庄）融汇儒法墨之外的各家，一个（汉初"黄帝言"）主要以老子融汇儒法墨三家。《十大经》有云："审于行文武之道，则天下宾也"①；又有云："始于文而卒于武，天地之道也"②。汉初"黄老言"（新道学）为何偏重融儒法墨（学）于老（学）之原因，由《十大经》强调治世安民当实行"文武之道"，想必不难推想。

---

① 陈鼓应：《黄帝四经今注今译》，商务印书馆，2016年，第418页。
② 陈鼓应：《黄帝四经今注今译》，商务印书馆，2016年，第424页。

从黄帝的历史传说看中华文明的特征

——与世界其他主要文明神话传说的比较

刘炜华

(澳门科技大学副教授)

本文通过将黄帝传说与世界其他主要文明神话传说,包括古希腊罗马文明的神话传说、希伯来《圣经》传说,古波斯祆教传说、古印度文明的罗摩衍那和摩诃婆罗多史诗等进行比较,认为黄帝的传说体现了中华文明的历史性、人伦性、尚德性、创新性及和合性的特征。

一、历史性

黄帝是人还是神,这在中国古代尤其是先秦时期,基本不是个问题。到了近代,尤其是"古史辨"派"疑古"思想大行其道之后,越来越多的人怀疑黄帝的身份,认为黄帝是虚构出来的神话人物。考察古书上的一些记载,黄帝的行为似乎也非常人可为。传说中的黄帝年代距今已有四千多年,比商代文字出现的时期还要早很长时间。这个时期可能没有历史著作,但不可能没有历史。历史叙述在口耳相传中也可能会发生变异,甚至发生对历史人物的神化。道教兴起之后,对于黄帝神性的描述越来越生动,但这些叙述并不能用来否认黄帝作为人的存在。何况,将黄帝视为神的叙述基本没有进入过中国的主流文化传统,在中国的主流文化传统中,黄帝基本被视为中华民族的人文始祖,是历史中的人。由于当时没有文字记载,黄帝的事迹只能通过口头传播。即使在传播过程中,人们有意无意地将黄帝进行神化,但也不能否定黄帝的历史地位。所以,本文认为黄帝是中华民族早期的带有神话色彩的历史传说人物。

一向被视为正史的二十四史之首——史圣司马迁的名著《史记》,第一卷《五帝本纪》开篇就是《黄帝本纪》:"黄帝者,少典之子,姓公孙,名曰轩辕。生而神灵,弱而能言,幼而徇齐,长而敦敏,成而聪明。……"在《五帝本纪》的结尾部分，太史公曰："学者多称五帝，尚矣。然《尚书》独载尧以来；而百家言黄帝，其文不雅驯，荐绅先生难言之。孔子所传宰予问《五帝德》及《帝系姓》，儒者或不传。余尝西至空桐，北过涿鹿，东渐于海，南浮江淮矣，至长老皆各往往称黄帝、尧、舜之处，风教固殊焉，总之不离古文者近是。予观《春秋》《国语》，其发明《五帝德》《帝系姓》章矣，顾弟弗深考，其所表见皆不虚。《书》缺有间矣，其轶乃时时见于他说。非好学深思，心知其意，固难为浅见寡闻道也。余并论次，择其言尤雅者，故著为本纪书首。"可见，司马迁已经认识到，有关典籍中关于黄帝的记述可能存在问题，他又通过"西至空桐，北过涿鹿，东渐于海，南浮江淮"的实地调查，发现"至长老皆各往往称黄帝、尧、舜之处，风教固殊焉，总之不离古文者近是"，也论证了《春秋》《国语》《大戴礼记》和《孔子家语》中《五帝德》《帝系姓》有关篇章的真实性。

孔子"不语怪、力、乱、神"，但他学生宰我听说有"黄帝三百年"的说法，就问老师"黄帝者人邪？亦非人邪？何以至于三百年乎？"孔子在简要回顾了黄帝的生平后说，"生而民得其利百年，死而民畏其神百年，亡而民用其教百年，故曰三百年。"（见《大戴礼记·五帝德》，同样记载可见于《孔子家语·五帝德》）可见孔子认为黄帝不过活了一百年左右，但黄帝的精神和教化却延续了二百年至三百年，以至于出现了"黄帝三百年"的说法。孔子和司马迁都提到黄帝是少典之子，顾野王的历史地理学著作《舆地志》和其他史籍中还记载黄帝的母亲是附宝。可见不管对黄帝的事迹记述多么神奇，这些史家基本认为黄帝是由父母所生的人。

黄帝传说的历史性和人文性在其他文明的传说中并不多见。比如，古希腊神话中的宙斯是泰坦神克洛诺斯和女神瑞亚的孩子，是万神之神。犹太文明中的亚当由上帝创造。而中国的黄帝则是由父母所生的历史人物，充其量后来在一定程度上被神化了。

二、人伦性

不仅有人当黄帝的父母，也有人当黄帝的妻子和子孙。《史记·五帝本纪》记载，"黄帝居于轩辕之丘，而娶于西陵之女，嫘祖为黄帝正妃"，又记载"黄帝二十五子，其得姓者十四人"。

而黄帝的子孙中出现了多位天子，"黄帝居于轩辕之丘，而娶于西陵之女，是为嫘祖为黄帝正妃，生二子，其后皆有天下：其一曰玄嚣，是为青阳，青阳降居江水；其二曰昌意，降居若水。昌意娶蜀山氏女，曰昌仆，生高阳，高阳有圣德焉。黄帝崩，葬桥山。其孙昌意之子高阳立，是为帝颛顼也。……帝喾高辛者，黄帝之曾孙也。高辛父曰蟜极，蟜极父曰玄嚣，玄嚣父曰黄帝。自玄嚣与蟜极皆不得在位，至高辛即帝位。高辛于颛顼为族子。……帝喾娶陈锋氏女，生放勋。娶娵訾氏女，生挚。帝喾崩，而挚代立。帝挚立，不善（崩），而弟放勋立，是为帝尧。……虞舜者，名曰重华。重华父曰瞽叟，瞽叟父曰桥牛，桥牛父曰句望，句望父曰敬康，敬康父曰穷蝉，穷蝉父曰帝颛顼，颛顼父曰昌意：以至舜七世矣。自从穷蝉以至帝舜，皆微为庶人"。（《史记·五帝本纪》）"夏禹，名曰文命。禹之父曰鲧，鲧之父曰帝颛顼，颛顼之父曰昌意，昌意之父曰黄帝。禹者，黄帝之玄孙而帝颛顼之孙也。禹之曾大父昌意及父鲧皆不得在帝位，为人臣。"（《史记·夏本纪》）以下是根据司马迁的记载，整理得到的《黄帝家族谱系表》。

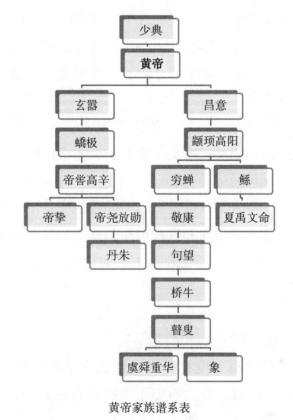

黄帝家族谱系表

古希腊诗人赫西俄德的《神谱》（至少一般认为《神谱》是赫西俄德的作品）记述了古希腊诸神时间的关系。混沌世界（Chaos）生地母盖亚（Gaia），盖亚生天神乌拉诺斯（Uranus），盖亚和乌拉诺斯交合后生泰坦（Tians），泰坦诸神的领袖天神克洛诺斯（Cronus）与其姊泰坦女神（Titaness）瑞亚（Rhea）结合生海神波塞冬（Poseidon）、众神之王宙斯（Zeus）、冥王哈德斯（Hades）及天后赫拉（Hera）。宙斯与赫拉及其他神或人又生下了众多神祇。希腊诸神之间关系的最大特点就是"乱"。众神之王宙斯除了有姐姐赫拉作正妻外，还四处留情，拥有众多的女神和凡间女子作情人，也生下了大量的孩子。爱神阿佛洛狄忒（Aphrodite）是火神赫淮斯托斯（Hephaestus）的妻子，却与其丈夫之兄战神阿瑞斯（Ares）通奸，此外还有神界和凡间的众多情人，比如神使赫耳墨斯（Hermes）和凡人阿多尼斯（Adonis）等。阿多尼斯半年与情人爱神在一起，半年要在地府与另一情人冥后珀耳塞福涅（Persephone）在一起。希腊神话中不仅姐弟可以成为夫妻，比如克洛诺斯与瑞亚、宙斯与赫拉，而且伯伯与侄女可以结合，比如冥王哈德斯就与弟弟宙斯和姐姐农神得墨忒耳（Demeter）所生的孩子珀耳塞福涅（Persephone）结成夫妇；甚至连母子也可以结合，比如地母盖亚与天神乌拉诺斯。除了这些不伦之恋外，希腊神话中还充斥着大量的人伦惨剧。比如克洛诺斯杀死了其父老天神乌拉诺斯，并割掉了他的生殖器，取代其成为诸神首领；后来宙斯又杀死了其父克洛诺斯，成为新一代神王。而老神为了防止自己被新神推翻，往往要弄死自己的孩子，比如克洛诺斯曾吃下自己的五个孩子和以为是宙斯的石头，宙斯害怕自己的恋人墨提斯（Metis）生下夺取自己权力的儿子，竟将怀孕的墨提斯吞入腹中。

在其他文明的神话传说中也存在亲人相杀的例子。比如希伯来《圣经·创世纪》中就记载亚当的长子该隐（Cain）嫉妒弟弟亚伯（Abel）蒙神悦纳而将其杀害。波斯祆教的《波斯古经》（Avesta）认为善神阿胡拉·马兹达（Ahura Mazda）和恶神阿赫里曼（Ahriman）都是第一位神祖尔万（Zurvan）的儿子。而世界的历史就是这对兄弟及其属下之间的善恶对抗。古印度史诗《摩诃婆罗多》描述的则是象城王国俱卢族（Kauravas）和般度族（Pandavas）之间的战争，这个战争发生的双方是持国（Dhritarashtra）的一百个儿子和其弟般度（Pandu）的五个儿子，也就是堂兄弟之间的战争。

中国历史传说尤其是关于圣王的传说则很少有西方神话中这些乱七八糟的

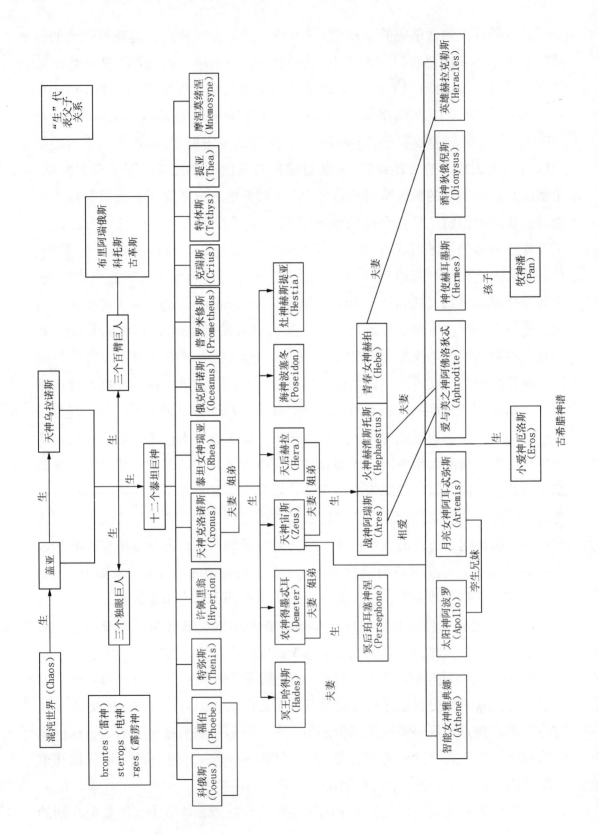

古希腊神谱

关系，历史传说人物之间的关系往往很简单，圣王更是基本没有不伦之恋和不伦之杀的记录。以黄帝谱系为例，黄帝获得天子的地位是因为他的功绩，之后天下领导权的转移有两种可能，一种是前代君主驾崩，后任君主即位；另一种是前代君主禅位给后代君主。不论哪种方式，继任者都必须是德才兼备的人物，比如"静渊以有谋，疏通而知事"的颛顼，"普施利物，不于其身。聪以知远，明以察微"的帝喾，"其仁如天，其知如神"的帝尧等等。(《史记·五帝本纪》) 中国传说中的圣王不会为了获得权势而将上代帝王诛杀，也不会为了保住权势而处心积虑地压抑新生势力，相反还可能给予有领导才能的人诸多的锻炼机会和条件，比如尧不仅"以二女妻舜"而且"使舜摄行天子政"，逐渐培养成熟的接班人。

三、尚德性

在希腊神话中，克洛诺斯弑杀其父乌拉诺斯取而代之，后来宙斯又弑杀其父克洛诺斯成为新一代神王。这些神祇没有什么道德感，也没有什么羞耻感。但希腊人却将他们历代供奉在神庙之中。在中国很难想象有如此无德无耻的神会得到人间香火。但希腊人却不管这些，不管什么人用多么卑鄙的手段获得权位都可以得到认可，只要证明获得权位的人有力量、有计谋就可以。这也影响了西方的审美倾向，西方雕塑绘画非常注重人物力量的体现，往往以袒露结实的肌肉为美；而中国传统美术作品中的人物却往往衣带飘飘，以神韵为美，让人通过画面来体会主体的内心世界。

黄帝的功绩可以用"修德振兵"来概括，主要有以下几项：一、与炎帝、蚩尤、荤粥交战，维护天下和平；二、加强天文观测，根据时令安排农业生产；三、巡守天下，"东至于海，登丸山，及岱宗。西至于空桐，登鸡头。南至于江，登熊、湘。北逐荤粥，合符釜山，而邑于涿鹿之阿。迁徙往来无常处，以师兵为营卫"。四、设置左右大监维护万国和平；五、祭祀鬼神山川和封禅天地；六、提拔贤才治理民众；七、"劳勤心力耳目，节用水火材物"。黄帝"披山通道，未尝宁居"，他的功业奠定了中华民族的文明基础，其德至大。《逸周书·谥法解》说"德象天地曰帝"。黄帝正是因为他的巨大功德而被尊为天子，被尊为五帝之首。

黄帝以后的几位天子颛顼、帝喾、尧、舜、禹，也是因为其功德而非暴力获得帝位，获得后世的敬仰。帝王如果没有德，其所受的历史待遇就要下降不少。比如，帝喾去世后，帝挚继承了天子之位，但他"不善"，没有什么功德。如果他也能有帝喾或尧那样的功德，司马迁的《五帝纪》就可能改为《六帝纪》了，后世也会说"三皇六帝"而不说"三皇五帝"了。在禅让制中，受禅的人前几代往往只是"人臣"或"庶人"，但凭借己之德，也可能获得天下的领导权。

四、创新性

传说中的黄帝及其臣子是众多物品的发明者，这些发明集中记载在古籍《世本》等书中。这些东西包括旃冕、台榭、舟、车、文字、弓矢、二十五弦瑟等等。这些器物不可能由一个人发明，甚至其中的一个器物也不可能由一个人单独发明，而是在历史中逐渐累积的结果。但是我们仍可从中华先民将这些器物的发明权归功于圣王黄帝是对创新精神的重视。这也跟西方神话中往往将某件事物视为天神的赐予不同，中国的创新精神往往兼具人文性和历史性，注意在继承中进行创新。

五、和合性

《史记·五帝本纪》记载"轩辕之时，神农氏世衰。诸侯相侵伐，暴虐百姓，而神农氏弗能征。于是轩辕乃习用干戈，以征不享，诸侯咸来宾从。而蚩尤最为暴，莫能伐。炎帝欲侵陵诸侯，诸侯咸归轩辕。……置左右大监，监于万国。万国和，而鬼神山川封禅与为多焉"。

从这段话我们可以看出，轩辕黄帝与蚩尤、炎帝作战是因为当时"神农氏世衰。诸侯相侵伐，暴虐百姓"，天下混乱，"而神农氏弗能征"，旧有的权威已经不能维持和平秩序。轩辕"修德振兵"是为了解决天下失序的问题。轩辕与蚩尤、炎帝的战争既不像荷马史诗《伊利亚特》中希腊联军和特洛伊为时十年的战争只是为了争夺美女海伦（Helen），也不像古印度史诗《摩诃婆罗多》中俱卢和般度两族的战争是为了争夺象城王国的统治权，轩辕黄帝与蚩尤、炎帝作战的起因和根本目的是为了天下的"和合"。

通过与炎帝的阪泉之战，黄帝统一了华夏族；又通过与蚩尤的涿鹿之战，将蚩尤族赶往了南方；当了天子后，黄帝又"北逐荤粥，合符釜山"，稳定了北疆。黄帝为中原地区的和平发展奠定了基础。为了维护安定和谐的国际关系，黄帝还"置左右大监，监于万国"，以至于"万国和，而鬼神山川封禅与为多焉"。所以说，中华文明不仅重视一国内的和合，也重视各国之间关系的和谐。

黄帝作为中华民族的人文始祖，其德至大。通过与世界其他主要文明的神话传说比较，可以发现黄帝的传说体现了中华文明的历史性、人伦性、尚德性、创新性及和合性的特征。

参考文献：

戴德：《大戴礼记解诂》，王聘珍解诂，北京：中华书局，1983 年。

杜斯特哈赫 选编，阿维斯塔：《琐罗亚斯德教圣书》，元文祺译，北京：商务印书馆，2010 年。

顾野王：《舆地志辑注》，上海古籍出版社，2012 年。

荷马：《荷马史诗：伊利亚特》，罗念生、王焕生译，北京：人民文学出版社，1994 年。

赫西俄德：《工作与时日 神谱》，张竹明、蒋平译，北京：商务印书馆，1991 年。

毗耶娑：《摩诃婆罗多》，金克木等译，北京：中国社会科学出版社，2005 年。

钱穆：《黄帝》第 3 版，北京：生活·读书·新知三联书店，2012 年。

曲辰：《轩辕黄帝史迹之谜》，北京：中国社会科学出版社，1992 年。

司马迁：《史记》，北京：中华书局，2014 年。

施瓦布：《古希腊神话与传说》，北京：中国书籍出版社，2005 年。

宋衷注：《世本八种》，北京：商务印书馆，1957 年。

谢选骏：《神话与民族精神》，济南：山东文艺出版社，1986 年。

于右任：《黄帝功德纪》，1987 年。

炎帝早于人文初祖黄帝

——论高陵杨官寨遗址是炎帝而非黄帝的邑城

杨东晨　杨建国

（陕西历史博物馆研究馆员；中共西安市委党校）

陕西省考古研究院和中美国际田野考古学校，从 2010 年以来，在陕西省西安市今高陵区杨官寨遗址环壕东北角，联合进行了数次考古发掘。根据遗迹结构、堆积状况，推测该灰坑应为一处具有居住性质的新石器时代遗址。因发掘遗迹中包含一座堆积物丰富的河南三门峡庙底沟文化中晚期灰坑，推测应为一处具有居住性质的新石器时代遗存。这个遗存丰富的遗迹发掘后，引起了学界的注意和重视，有学者发表文章论证其是轩辕黄帝的邑城（都城）。2017 年清明节，为配合祭祀人文初祖黄帝，还临时在陕西历史博物馆举办了"杨官寨遗址文物展"等。现在我们据发掘报告和近年报刊陆续发表的文章谈些见解，以与大家进行交流和探讨。

一、高陵区普查遗址与杨官寨遗址的发掘和年代

从考古报告得知，西安市高陵区泾河以北有杨官寨、马南遗址，泾河南与渭河北有马家湾、米家崖遗址等。① 从我们陆续看到的有关资料说明，较早的有以下这些遗址。

（一）麦张村仰韶文化遗址

西安市第三次全国文物普查中，在高陵县（今为区）药惠管委会麦张行政村的麦张自然村（位于原县城东北部）北约 100 米处，发现了一处新石器时

---

① 陕西省考古研究院、中美国际田野考古学校、西北大学文化遗产学院：《陕西省高陵杨官寨遗址 H85 发掘报告》，《考古与文物》2018 年第 6 期第 3 页图一。以下简称"杨官寨发掘报告"。

代遗址。工作人员采集各类、各色泥质陶片多达390多件，纹饰主要有细绳纹、粗绳纹、交错绳纹、弦纹、戳刺纹等，而以细、粗绳纹为主。从采集器物看，"有敛口钵、尖底瓶等仰韶文化常见的器型，泥质红陶和彩陶也是仰韶文化的重要特征。从这两点初步推断麦张村遗址是高陵县（今为区）北部首次发现的新石器时代仰韶文化遗址，填补了当地新石器时代考古的一项空白。如果将其与同县（区）境内的杨官寨、灰堆坡等新石器时代聚落遗址结合起来进行探讨，将为这一地区新石器时代聚落遗址的分布点提供一个全新的概念，该遗址可能属于大型聚落遗址杨官寨和灰堆坡的外围聚落，为研究渭河流域的古代聚落遗址分布等提供了重要资料"。① 这里称的"聚落"，查《辞海》"历史分册"（世界史·考古学），只有部落、部落联盟、部族的术语，未见到聚落。《辞海》释："部落，原始社会的一种社会组织。由两个以上血缘相近的胞族或氏族构成。部落通常有自己的地域、方言、宗教和习俗。"此《报告》称的"聚落"，《辞海》释："即常说的'村落'，人们聚居的地方。"《汉书·沟洫志》"或久无害，稍筑室宅，遂称聚落。"村落之称，似乎没有部落或部落联盟之称准确。《辞海》释"部落联盟"曰:："原始社会后期形成的部落联合组织。通常由若干近亲或近邻部落组成，主要在于共同从事军事活动（出战或自卫）。"高陵已发现（5处）或发掘（1处）的共计6处新石器时代遗址，应是一个"部落联盟"的遗址。从事考古工作者称其为聚落，我们也表示尊重。

（二）西安市高陵区杨官寨遗址

2017年清明节陕西历史博物馆"临时展览"解说词云：2004年初，在陕西高陵县（今为西安市高陵区）发现了杨官寨遗址，并相继进行了考古发掘。面积80多万平方米，距今6000至5000年。其中的24.5万平方米大型环壕聚落遗址，更加令人注目。发现或出土的主要文物，计有彩陶平底瓶、小口瓶、白衣彩陶盘、白衣素面钵等，各为2件，共8件。彩陶钵、盆各5件，涂朱砂人面饰残陶器、镂空人面盆、天狗吠日纹彩陶盆各1件。泥质器物有灰狗鼓腹簪，陶瓮及器座。泥质红陶器有器物座1件、盂1件，单耳杯、单耳带流

---

① 西安市文物保护考古所（邰荣琳执笔）、西北大学文化遗产学院（冉万里执笔）：《陕西高陵麦张村遗址调查简报》，西安：陕西出版集团，三秦出版社，2012年10月第1版，第六辑第10页。

杯、束颈杯、小陶杯、镂空人面残陶环、陶鼓各 1 件；陶刀 17 件，纺轮 19 件，石锛、石凿、石杵、石斧、石环、石琮、石璧、陶环、陶鼓、骨簪、骨笄、骨簇等各 1 件。① 从考古学论，6000 至 5000 年前是属于河南三门峡庙底沟类型的。至今发现的所有半坡类型和庙底沟类型的层位关系，例如"有敛口钵、尖底瓶等仰韶文化常见的器型，泥质红陶和彩陶也是仰韶文化的重要特征。从这两点初步推断麦张村遗址是高陵县（今为区）东北部首次发现的新石器时代仰韶文化遗址，填补了当地新石器时代考古的一项空白。如果将其与同县（区）境内杨官寨、灰堆坡等新石器时代聚落遗址结合起来进行探讨，将为这一地区新石器时代聚落遗址的分布特点提供一个全新的概念，该遗址可能属于大型聚落遗址杨官寨和灰堆坡的外围聚落，为研究渭河流域的古代聚落遗址分布等提供了重要资料"。② 又说："原始宗教祭祀是早期人类社会凝聚和组织群众活动的基本形式。杨官寨的考古发现中，有与此相关的人面像陶器、陶祖等文物。同时期的（陕西）华县太平庄墓地出土的陶鹰鼎，蓝田（县）新街遗址出土的动物形鼎，都可能与宗教祭祀活动有关，这标志着掌控祭祀权阶层的出现。"③ 一般认为，6000 至 5000 年前，仍属于仰韶文化时期。

（三）发掘报告对杨官寨遗址的记述

《发掘报告》云："杨官寨遗址位于陕西省西安市高陵区姬家乡杨官寨四组东侧，坐落于泾河北岸的一级台地上，遗址南端距泾河现河道约 500 米，遗址所在区域地面高出目前泾河河面 20 米左右。根据近年来的调查、勘探和发掘工作，确认遗址面积达 80 万平方米，是关中地区目前所知的少数大型遗址之一。"④ 2010 年以来，考古人员对环壕东北角进行了数次考古发掘，发现了丰富的文化遗存。包括庙底沟文化时期的各类灰坑，儿童瓮棺葬，窑址，房址和相关柱洞，灶坑。根据发掘情况推断该区（H85）域在新石器时代应是一处

---

① 2017 年清明节祭祀黄帝陵期间，陕西历史博物馆奉上级指示，举办了关于黄帝文化的展览，陈列出了杨官寨遗址的部分文物。见说明词。
② 2017 年清明节祭祀黄帝陵期间，陕西历史博物馆奉上级指示，举办了关于黄帝文化的展览，陈列出了杨官寨遗址的部分文物。见说明词。
③ 2017 年清明节祭祀黄帝陵期间，陕西历史博物馆奉上级指示，举办了关于黄帝文化的展览，陈列出了杨官寨遗址的部分文物。见说明词。
④ 《考古与文物》2018 年第 6 期，第 3 页。

人类生活、生产活动频繁的区域。① 近年发掘的杨官寨遗址 H85 灰坑，位于杨官寨遗址环壕东北角探方 T4837 内，东距东北部环壕约 40 米。坑内堆积十分丰富，是研究当时先民生产、生活极具代表性的一座灰坑。② 其年代，碳十四测年标本是按照层位取样，由北京大学考古实验室完成，最早数据为 5655—5585，最晚数据为 4810—4520。③ 这也就是说，最早的年代是 5655 年前，最晚的年代是 4520 年前，即从仰韶文化中期至龙山文化中期。这个年代与 2017 年在陕西历史博物馆"临时展出"的 6000—5000 年相比，"始""末"的年代均晚一些。

二、渭水（河）中下游是仰韶文化区域

自杨官寨遗址发现，并陆续进行调查、发掘以来，从我们见到的文章看，考古界没有专家、学者发表其"主人"的有关文章。即使 2017 年为配合"清明节"在"陕历博"举办的杨官寨、榆林神木县（现改市）石峁遗址文物展，解说词和介绍的学者，也没有明确肯定就是黄帝的都邑或邑城。力主杨官寨是"黄帝都邑"④ 的学者，心情是可以理解的。但从学术研究而论，还要做很多研究工作。为了使研究深入，我们发表一些拙见，以便和同仁探讨和交流。

（一）仰韶文化的年代

所谓仰韶文化，是因河南渑池县仰韶村发现新石器时代遗址而得名。从目前学界、考古界研究成果看，一般认为 6500（或 6000）至 5000 年前为仰韶文化阶段。"仰韶文化的含义的问题，历来在考古学者之间存在着不同的意见。""本书所说的仰韶文化，其范畴包括目前考古学称之半坡类型、庙底沟类型和半坡遗址四期为代表的遗存（或称西王村类型）。这仰韶文化三大类型，实际上是自早至晚顺序发展的三个阶段，有的学者分别以仰韶文化早、中、晚期名

---

① 《考古与文物》2018 年第 6 期，第 3 页。
② 《考古与文物》2018 年第 6 期，第 4 页。
③ 《考古与文物》2018 年第 6 期，第 15 页。
④ 胡义成：《杨官寨遗址是应确定黄陵祭祀为"国际公祭"的考古学主证——论黄陵墓主即西安"黄帝都邑"杨官寨》，载陕西省公祭黄帝陵工作委员会办公室编：《黄帝陵是中华文明的精神标识》，西安：陕西新华出版传媒集团 陕西人民出版社，2016 年 9 月第 1 版，第 156 页。

之。考古学上类型一词，是指一考古学文化内的地方性变体。"① 从陕西省西安半坡、临潼姜寨、彬县（今彬州市）下孟村、铜川市李家沟、渭南市史家村、华阴市横阵、汉中市西乡县何家湾、商洛市紫荆及山西省芮城等遗址或墓地较大规模发掘看，"半坡类型"考古学文化的基本特征是："绝大多数陶器的质地为夹砂及细泥的红陶，也有数量极少的小平底的钵、盆及鼓形罐，杯形小口尖底瓶和葫芦形或蒜头形的小口平底瓶，深腹的罐、瓮等"。② 陕西"商县紫荆发现的墓葬，基本上缺乏随葬品，渭河流域的泾水以西地区，合葬墓较少，较多使用筒形类砂罐，蒜头壶及盆；泾水以东地区盛行合葬制，较多使用鼓腹夹砂罐等"。③ 近年又在西安市南郊马腾空遗址（位于雁塔区等驾坡街办马腾空村）北部，发现一段残存约长 88 米、宽 10 米（深约 2.2 米）仰韶晚期聚落环壕，其内有同期的房址、灰坑、陶窑及墓葬，房址均为半地穴式，大多沿用时间较长。房址内有不同时期的活动堆集，面积最大的约有 70 平方米。发现的 34 座仰韶晚期墓葬，位于房址的周围。墓主仰身直肢葬，头南足北，无葬具与陶器随葬，有少量随葬石铲、石锛、石斧、石钺等石器，以及骨笄、陶环等。仰韶晚期带环壕的聚落，在关中是首次发现。遗址北部环壕的发现，增加了西安地区史前时期环壕聚落的材料，仰韶文化晚期墓地与居址的发现，对研究同时期聚落布局、葬俗、人种、人群等级分化提供了新资料。④

（二）一般认为仰韶文化的代表人物是炎帝

经改革开放后的研究，专家、学者多认为仰韶文化属于炎帝（神农氏）时代，约处于公元前 6000 至公元前 5000 年间。黄帝则是父系氏族社会（前 5000—前 2070）的代表人物，属于考古文化的龙山文化阶段。

炎帝又称神农氏，汉代起又连称炎帝神农氏。从文献记载的先后次序说，《逸周书》（周代）云："神农之时，天雨粟，神农耕而种之。作陶冶斤斧，破

---

① 苏秉琦主编（张忠培、严文明撰）：《中国远古时代》，上海：上海人民出版社，2014 年 5 月第 1 版，第 60、61、61 - 62 页。
② 苏秉琦主编（张忠培、严文明撰）：《中国远古时代》，上海：上海人民出版社，2014 年 5 月第 1 版，第 60、61、61 - 62 页。
③ 苏秉琦主编（张忠培、严文明撰）：《中国远古时代》，上海：上海人民出版社，2014 年 5 月第 1 版，第 60、61、61 - 62 页。
④ 马虎振：《马腾空发现罕见 6 层文化堆积遗址》，《华商报》2019 年 1 月 9 日 A05 版。

木为耜，钼耨以垦草莽，然后五谷兴，以助果蓏之实。"《逸周书·尝麦解》云："命赤帝（炎帝）分正二卿。"春秋时人左丘明《国语》云："昔烈山氏之有天下也，其子曰柱，能殖百谷百蔬。"烈山氏即神农氏。《国语·晋语四》载："昔少典娶有蟜氏，生黄帝、炎帝。黄帝以姬水成，炎帝以姜水成。成而异德，故黄帝为姬，炎帝为姜，二帝用师以相济也，异德之故也。"《左传·昭公十七年》载："炎帝以火纪，故为火师而火名。"《管子·形势解》云："神农教耕生谷，以致民利。"《管子·轻重戊》云："神农作，树五谷淇山之阳，九州之民，乃知谷食，而天下化之。"淇山，即今河南林州市东。《管子·揆度》篇云："神农之教曰：'一谷不登减一谷，谷之沽什倍。二谷不登减二谷，谷之沽再十倍。夷疏满之。无食者予之陈，无种者贷之新。故无什倍之贾，无倍称之民。"到了战国时期，对炎帝的记载又进了一步。屈原《楚辞·远游》；《庄子·外篇·胠箧》及《缮性》；《列子·黄帝》《韩非子·六反》《商君书·划策》《尸子·卷上·君治》等，对炎帝的事迹均有记载。《周易·系辞传》的记载，最为详细："包牺氏没，神农氏作。斫木为耜，揉木为耒，耒耨之利，以教天下，盖取诸益。日中为市，致天下之民，聚天下之货。交易而退，各得其所，盖取诸噬嗑。"

汉朝陆贾《新语》云："至于神农，以为行虫走兽难以养民，乃求可食之物，尝百草之实，察酸苦之味，教民食五谷。"刘安等《淮南子》之《原道训》《天文训》《齐俗训》《氾论训》《修务训》《泰族训》《天文训》等，对神农氏均有多少不等的记载。孔安国《尚书·序》、司马迁《史记》，对炎帝均有记载。《世本·帝系》篇进一步阐明："炎帝即神农氏。"东汉宋衷《世本注》云："炎帝即神农氏，炎帝身号；神农代号也。"即炎帝、神农氏或炎帝神农氏，均指的是炎帝。汉代成书的《山海经》，对炎帝的发明、妻子儿女、商贸活动及战争等均有记载。东汉一朝，对炎帝神农氏的各个方面，又有所丰富和详载。汉至清代亦然。正如徐旭生先生指出的："无论何民族，从它口耳相传的故事的时候起到把历史写在简册上面的时候止，中间所经历的时间总是很长的"，① 李学勤先生亦说："古人口耳相传，把远古朝代的历史传述延续到

---

① 徐旭生著：《中国古史的传说时代》，桂林：广西师范大学出版社，2003年10月第1版，第25页。

了文字发展成比较成熟，书写工具比较方便的时候才被断断续续地记录下来。"①

（三）渭水流域的宝鸡是炎帝的故里

改革开放后，在"文化搭台，经济唱戏"的新形势下，全国各地对历史人物（尤其是三皇五帝）的挖掘、宣扬，达到了"空前"的高度。长江以北与以南的专家、学者、地方爱好者，挖掘出的炎帝（神农或炎帝神农氏）故里，多达一二十处，还提出了"北方炎帝""南方炎帝"的学术观点。在挖掘文献记载外，主要是根据考古发现的碳化粟、稻及蔬菜种子，辅以古部落或古城遗址及生产工具等。

宝鸡与其他地方一样，也是在"文化搭台，经济唱戏"的形势下，先由民间开始研究、挖掘和利用的。1991年，在市委宣传部、市社会科学界联合会的组织领导下，成立了"炎帝与宝鸡"课题组。这可称为由民间到政府机构，由民间传说到学术研究炎帝的开始。时任西北大学校长张岂之教授对课题组的工作予以了肯定；对炎帝故里在宝鸡表示赞同；又对进一步研究予以了指导和鼓励。

宝鸡市接受张岂之校长的建议，决定于1993年召开大型学术研讨会。刘宝才教授和我随张先生赴宝鸡做准备，才得以第一次到宝鸡，并认识了宝鸡有关学者，初步知道一些情况。学术研讨会于8月在宝鸡举行，上升到了国内专家、学者参与的新起点。张校长评价说："当年八月召开的姜炎文化讨论会，才真正地有深度地在学术问题上提出了一些有价值的成果。"② 继1993年"炎帝与姜炎文化学术研讨会"后，1994年又举办了"姜炎文化与现代文明学术研讨会"，1995年又举办了"姜炎文化与周秦文化学术研讨会"，选编论文辑成《炎帝论》。2002年8月，在宝鸡举办了"炎帝与汉民族国际学术研讨会"，对炎帝、姜炎文化、炎帝与华夏族、华夏与汉民族等问题，做了广泛讨论，结集为《炎帝与汉民族论集》。2005年10月，在宝鸡召开了"炎帝与民族复兴国际学术研讨会"，结集为《炎帝与民族复兴》。2006年宝鸡举办了"炎帝·

---

① 李学勤（答）、郭志坤（问）：《古史寻证》，上海：上海科技教育出版社，2002年2月第1版，第35页。
② 炎帝与宝鸡课题组编著：《炎帝·姜炎文化》，西安：三秦出版社，1992年7月第1版，张岂之：《序》。

姜炎文化与和谐社会学术研讨会",结集为《炎帝·姜炎文化与和谐社会》。2009年9月,宝鸡举办了"炎帝·姜炎文化民生高层学术论坛",结集为《炎帝·姜炎文化与民生》。纪念载体有炎帝园、炎帝陵、祭祀大殿、碑刻及广场等。可以说,当时多元炎帝故里说中,宝鸡炎帝故里是得到最多学者认同的一个。之所以如此,一是文献记载的姜水等较为明确;二是近现代史学家、考古学家(徐旭生、郭沫若、翦伯赞、周谷城、白寿彝、邹衡、陈连开及何光岳等,现健在的如张岂之、李学勤、石兴邦、李伯谦及曹定云等)中,大多数人认为"姜水"在宝鸡;三是宝鸡地区有丰富的新石器时代遗址文化为依托;四是市委、市政府的一贯大力支持和投资。但是,令人无奈和遗憾的是:在全国享有盛誉的"宝鸡炎帝故里"之学术研讨会、政府每年的隆重祭祀典礼等,在2010年以后都因人为的原因不再举办,改为由研究会组织"民祭"活动。但是,令学术界人士庆幸的是:黄河流域比宝鸡研究炎帝文化较晚的山西省高平市,则一直坚持研究,市政府也给予了很大支持,毅然扛起了北方祭祀炎帝的大旗。

三、高陵杨官寨遗址应为炎帝部落邑城

关于仰韶文化,专家们认识不一,说法也有不同。我们取前仰韶文化(公元前1万至前6000年)、仰韶文化(前6000—前5000年)之说。从陕西地区说,宝鸡关桃园、老官台及北首岭等遗址属于前仰韶文化阶段。前6000至前5000年前,则属于常说的仰韶文化阶段。从前5000至前2070年,则属于龙山文化阶段。从社会性质论,前两者都属于母系氏族社会,后者则属于父系氏族社会。

(一)关中属于仰韶文化的中心地带区域

苏秉琦先生的考古文化"条块"说中,将现人口分布密集地区的考古文化分为六大区系。其中的第三大区系,就是"以关中、晋南、豫西为中心的中原"。① 从"宝鸡—郑州间是仰韶文化的主要分布地带,连成一片,并保持同

---

① 苏秉琦:《中国文明起源新探》,北京:人民出版社,2013年8月第1版,第24、45页。

步发展。这也包括隔黄河对应的晋西南、晋中和晋东南地区"。① 巩启明《仰韶文化》云："关中豫西晋南是仰韶文化分布的中心区，已发现遗址约2000多处。自1921年发掘仰韶村开始至今已开展过80年的工作，发掘遗址最多，揭露面积最大，发现遗迹遗物最为丰富，典型遗址、典型遗迹单位、典型器物群等在其发展的各个阶段特征都很清晰，为该区划分期别和类型奠定了坚实基础，同时也为整个仰韶文化区系类型及其他问题研究树立了可资对比的标尺。"②

（二）高陵杨官寨遗址是炎帝的聚落邑城

西安市高陵区杨官寨遗址，是炎帝部落的典型邑城。其西的马南，其南的马家湾、米家崖等遗址，应是杨官寨炎帝部落联盟的支族（氏族公社或部落）居住活动地。仅从杨官寨 H85 出土的大量陶器片（总数量10513 片，总重量 169.7 千克），少量的石器、骨器、动物残骨及浮选所得的碳化植物种子③看，基本上与仰韶文化器物相同，植物种子亦然。计有尖底瓶、平底瓶、敛口圆腹罐、高领罐、陶罐、陶瓶、陶瓮、陶盆、陶釜、陶盘、陶刀、陶球、陶环、陶纺轮、陶簪、骨簪、石环、磨石、石球等。④ 出土遗物以陶器为主，石器和骨器数量较少。陶质以泥土为主，夹砂其次，陶色以红陶占多数，还有部分黄褐陶及少量灰黑陶。纹饰主要有绳纹、线纹、弦纹、附加堆纹、指甲纹等，还有少量彩陶及部分素面陶器等。在整体形态特征与（陕西）华县（即今华州市）泉护村一期文化，华阴市兴乐坊第二期文化遗存等较为接近，据此推断其年代应属庙底沟文化中期偏晚阶段。⑤ 氏族部落先民已从事农耕和驯养家畜，发现有粟和黍碳化粒，以及驯养的猪骨等。

庙底沟（在今河南陕县）类型遗址分布广泛，西达青海民和县，南至汉江中上游，北达内蒙古中南部地区，"是仰韶文化势力达到最高峰的时期，并

---

① 苏秉琦：《中国文明起源新探》，北京：人民出版社，2013 年 8 月第 1 版，第 24、45 页。

② 巩启明：《仰韶文化》，北京：文物出版社，2002 年 10 月第 1 版，2005 年 7 月第二次印刷，第 146 – 147 页。

③ 《考古与文物》2018 年第 6 期，第 7 – 12 页。

④ 《考古与文物》2018 年第 6 期，第 7 – 12 页。

⑤ 《考古与文物》2018 年第 6 期，第 7 – 12 页。

对周邻诸原始文化有一定影响，其中心仍在关中、豫西及晋南。在中心地区内有不少大型中心聚落出现，面积都有二三十平方米，有的达一百多万平方米之大。如陕西咸阳尹家村、耀县（今铜川市耀州区）石柱塬、华阴西关堡、华县（今华州市）泉护一期、渭南北刘上层、蓝田泄湖第七层、铜川李家沟二期、宝鸡北首岭晚期。房屋一般是半地穴式的单间，坑穴较浅，双间房已经开始出现"。① 尤其是"1997年，在配合渭潼公路建设的考古项目中，对著名的泉护村遗址进行了自50年代以来的第二次发掘，发现了庙底沟文化成排成列的地穴，延续数百米，个别地穴底部发现有灶坑。这给目前认识关中地区庙底沟文化聚落形态的研究输入了新的'血液'。另外，在这一灰坑中还发现了碳化稻米，第一次将我国新石器时代稻米实物的发现推广到了黄河流域，这对研讨中国稻作农业的发展过程有着十分重要的意义"。②

（三）杨官寨（含其他部落）邑城末年首领应是炎帝榆罔

《白虎通·号》篇载："古之人皆食禽兽肉。至于神农，人民众多，禽兽不足，于是神农因天之时，分地之利，制耒耜，教民农作，神而化之，使民宜之，故谓之神农也。"神农氏即炎帝，有17代或8代二说，应以后者为确。《礼记·祭法疏》引《春秋命历序》云："炎帝传八世，合五百二十岁。"《易·系辞疏》引《帝王世纪》曰："神农氏在位一百二十年而崩。纳奔（又有赤、莽之称）水氏女曰听詙。生帝临魁。次帝承，次帝明，次帝直，次帝厘，次帝榆罔，凡八代。及轩辕氏。"《吕氏春秋·慎势览》云："神农氏十七世有天下。"炎帝八世的具体名字史书有记载，十七世则无具体名称可考。《水经·渭水注》云："岐水东迳姜氏城南，为姜水。《帝王世纪》曰：炎帝母女登游华阳，感神而生炎帝，长于姜水，是其地。"炎帝生于今陕西宝鸡市渭滨区神农乡，不多叙。千余年间的代表人物炎帝下传七世，黄河流域大部分及长江流域一部分均是其辖地。徐旭生《中国古史的传说时代》曰："炎帝氏族也有一部分向东迁移，他们的路途大约顺渭水东下，再顺黄河南岸向东。"③

---

① 巩启明：《仰韶文化》，北京：文物出版社，2002年10月第1版，2005年7月第二次印刷，第146－147页。

② 文物出版社编：《新中国考古五十年》（1949—1999），北京，文物出版社，1999年9月第1版，第430页。

③ 徐旭生著：《中国古史的传说时代》，第52、50页。

这"一部分""炎帝氏族"（应为部族），我们认为应是居于杨官寨（含另五处遗址）之炎帝后裔部落联盟的先民。从社会性质说，已处于龙山文化（前5000—前2070年）时代初期。当时部落联盟族团（亦称最高部落联盟军事集团）首领（又称首长），已是炎帝八世孙榆罔，又称参卢。姓公孙（又以生长于姬水而改姓姬）、名轩辕的部族，居住、生活于沮水（今陕西黄陵县沮河，处于北洛水下游）流域，尊奉榆罔为盟主。徐旭生《中国古史的传说时代》说："炎帝及黄帝的氏族居住陕西，也不知道历几何年何月。此后也不知道什么缘故一部分逐渐东移。黄帝氏族东迁的路线大约偏北，他们大约顺北洛水南下，到今（陕西）大荔、朝邑一带，东渡黄河，跟着中条及太行山（今属山西）边逐渐东北走"。①

黄帝轩辕时代，一般认为是父系氏族社会的初期，约距今5000多年，末代（即八世）炎帝（榆罔）与其同代而稍年长，位高于轩辕（他称帝较晚）。宋代《通鉴外纪》云："帝榆罔元年壬辰，在位五十五年。"他率族军沿黄河南岸东徙，到达陈（今河南淮阳）休养、安民后，又向东夷（今山东）部族地行进，去巡视、安抚势力强大欲叛的蚩尤。不久，表示归服于炎帝的蚩尤，又突然反叛。炎帝族军与蚩尤军大战，不幸战败而西北逃，退驻于轩辕让出的涿鹿城（今属河北省涿鹿县）。榆罔让帝位予轩辕而使其率大军征伐蚩尤，历大战击溃蚩尤，阵斩蚩尤，取得胜利。榆罔失信，又收回许诺，不退位。于是两大部落族团之军又展开大战，榆罔帝以失败而告终。轩辕联合东夷少昊部落，广收炎帝及蚩尤部落之民，组成庞大的华夏民族集团，定都于"有熊之墟"（今河南新郑市）。他又率军南征，数十战而统一天下，迈进了华夏一统的新时代。

综上所述，西安市高陵区杨官寨仰韶文化遗址，应是炎帝（神农）后裔部落或族团的邑城（其他五个氏族公社或部落中心地拱卫着邑城）。也是末世（八代）炎帝榆罔的邑城。黄帝率族军沿今北洛河向东南行进时，榆罔帝军亦从杨官寨出发，沿渭水东行。杨官寨及其他五处遗存，反映了母系氏族社会由繁荣至衰弱的实况和面貌，并延续到龙山文化初期的黄帝时代。因此也可以说，杨官寨及其同期文化，为大一统黄帝文化（即华夏族团文化）的形成作出了积极而重大的贡献！

---

① 徐旭生著：《中国古史的传说时代》，第52、50页。

从汉字"中国"看中华文明起源

钱耀鹏

(西北大学文化遗产学院教授)

在人类文明的历史长河中,中华文明的连续性和特殊性无可否认。中华文明的突出特征及其起源,一直是学术界关注的重要课题之一。就研究资料而言,考古资料的相对优势就在于探寻各种文化现象的历史原点。尤其西周早期的何尊铭文[1],为解析"中国"二字的"物象之本"(《说文解字·第十五上》),综合古文字资料及历史典籍记载等多重证据,有助于深刻认识中华文明。

一、鼗鼓为"中"

汉字的历史变迁并未改变象形的基本属性,即"依类象形"是汉字诞生的基本途径(《说文解字·第十五上》)。由于文字是记录语言、传递信息或交流思想的图像或符号,象形文字本身就隐含着诸多历史文化信息。无论"中国"一词的含义如何复杂,古文字字形的"物象之本"仍应是其根本所在。

就"中"字而言,观点有三:一曰插于圆圈中间的旗子为中[2];二曰建鼓为中[3];三曰圭表为中[4]。其中第一种观点忽略了圆圈之下的飘带象形,而第三种观点则全部忽略了圆圈上下的飘带象形,似乎只有建鼓为中的观点较为合理。然而,纵观战国及两汉时期的建鼓形象,鼓形之上虽有装饰,但其下普遍不见相关饰物,与甲骨文、金文常见的"中"字也有明显的差异。

---

[1] 马承源:《何尊铭文初释》,《文物》1976年第1期。
[2] 古敬恒、孙建波:《小篆对籀文的省改与秦人的思维趋向》,《徐州师范学院学报》1994年第1期。
[3] 马玉香:《东周和汉代建鼓研究》,天津音乐学院硕士学位论文,2008年。
[4] 何驽:《"中"与"中国"由来》,《中国社会科学报》2010年5月18日。

"2019 年清明祭黄帝陵与弘扬中华优秀传统文化"
学术论坛论文集

建鼓一词虽然见于先秦典籍，但词性似曾发生过一些变化。据《左传·哀公十三年》记载："秋七月辛丑，盟，吴、晋争先……赵鞅呼司马寅曰：'日旰矣，大事未成，二臣之罪也。建鼓整列，二臣死之，长幼必可知也。'"孔颖达疏："建，立也。立鼓击之与战也。"《国语·吴语》："吴王（夫差）昏乃戒……十行一嬖大夫，建旌提鼓，挟经秉枹。十旌一将军，载常建鼓，挟经秉枹。"韦昭注："鼓，晋鼓也，《周礼》'将军执晋鼓'；建，谓为楹而树之。"即《左传》和《吴语》所谓"建鼓"，均为动词加名词，其中的鼓则被视为"晋鼓"。但不同于前者的是，《庄子·天运》有云："吾子使天下无失其朴，吾子亦放风而动，总德而立矣，又奚杰然若负建鼓而求亡子者邪！"其中"负"为前置动词，说明建鼓当为名词。两汉时期，建鼓似已完全名词化。

动词加名词的建鼓与名词建鼓的含义是否完全一致，以柱贯之而树立者是否只有晋鼓，便是一个值得讨论的问题。在马王堆三号汉墓出土的遣策中，明显存在建鼓与大鼓之分（简九与简一四）①。和林格尔汉墓中室至后室甬道南壁壁画题记的"大鼓"，尽管贯之以柱，但鼓体之下也有装饰，不同于该墓其他画面中的建鼓②。显然，大鼓与建鼓不宜混为一谈，即名词化的建鼓可能仅是晋鼓的代名词而已。据《说文解字》："大鼓谓之鼖"③，即鼖鼓等同于大鼓。由此推断，春秋晚期动词加名词的建鼓可能至少包含晋鼓和鼖鼓。

据《周礼·地官·司徒》记载，鼖鼓的功用主要在于军事，所谓"鼓人掌教六鼓、四金之音声……以雷鼓鼓神祀，以灵鼓鼓社祭，以路鼓鼓鬼享，以鼖鼓鼓军事，以鼛鼓鼓役事，以晋鼓鼓金奏"。又《周礼·夏官·大司马》："仲春，教振旅，司马以旗致民，平列陈，如战之陈，辨鼓、铎、镯、铙之用。王执路鼓，诸侯执贲（鼖）鼓，军将执晋鼓，师帅执提，旅帅执鼓鼙，卒长执铙，两司马执铎，公司马执镯。"再依郑玄所注：雷鼓为八面鼓，灵鼓为六面鼓，路鼓为四面鼓，鼖鼓为两面鼓（贾公彦疏）④。显然，四面路鼓专属周

---

① 湖南省博物馆、湖南省文物考古研究所：《长沙马王堆二、三号汉墓》，文物出版社，2004 年。
② 内蒙古自治区文物考古研究所：《和林格尔汉墓壁画》，文物出版社，2007 年再版。
③ [汉]许慎撰，[宋]徐铉校定：《说文解字》，中华书局，2013 年版，第 97 页。
④ 张天宇：《周礼译注》，上海古籍出版社，2004 年，第 183 页。

天子，而执蘲鼓者或仅限畿内诸侯，因为畿外诸侯国君及其士兵不大可能同时调入京畿之地参加军演。而且，《周礼》记载显示，除了仲春和仲秋（王载大常），周天子并不参加仲夏和仲冬的军演。因此，较之路鼓，蘲鼓的军事政治意义似乎更为突出。

但问题在于，蘲鼓何以指示中间？《国语》卷十九《吴语》："吴王（夫差）昏乃戒……万人以为方阵……王亲秉钺，载白旗以中陈而立。左军亦如之……右军亦如之……昧明，王乃秉枹，亲就鸣钟鼓、丁宁、錞于振铎，勇怯尽应，三军皆哗釦以振旅，其声动天地。"结合《周礼》所载，吴王所鸣钟鼓之鼓应为蘲鼓。蘲鼓的位置既是中军之中，也是三军之中。较之"鸣金收兵"，"不鼓不成列"（《左传·僖公二十二年》）、"一鼓作气，再而衰，三而竭"（《左传·庄公十年》）等历史现象，更加凸显出蘲鼓在古代军事指挥中的核心作用。所谓"军法以鼓战，以金止，不鼓不战"（《公羊传·僖公二十二年》何休注）。据此来看，蘲鼓可以形象地指示中心、中间之意，即"中"字的本义是由象形加指事共同构建的。这一认识似乎还可从后代城市中心设置钟鼓楼的实例中获得进一步的验证。

二、都鄙为"國"

客观而言，"國"本身就是一个抽象而复杂的概念。甲骨文、金文中较为复杂的"國"字形态结构，当是这一现象的真实反映。也就是说，"國"字似非源于单一的物象之本，可能是由若干物象之本复合而成。初步看来，其物象之本至少应包含都邑、四域、武器（军备）等多种因素。

事实上，古汉语中的國字与城字可以相通。《周礼·考工记》记载："匠人营国，方九里，旁三门，國中九经九纬"，其中的國显然就是指城，所以居住在城内之人也可称之为"國人"。如《周礼·地官·泉府》记载："國人郊人其有司。"贾公彦疏："國人者，谓住在國城之内，即六乡之民也。"又《左传·闵公二年》："狄人伐卫。卫懿公好鹤……國人受甲者皆曰：'使鹤，鹤实有禄位，余焉能战！'"类似的记载不胜枚举。但需要指出的是，以城为"國"者似乎并非所有的城邑，通常是指具有都邑性质的城。由于都邑本身就与"國"字相通，所以都邑作为"國"字的物象之本之一，当在情理之中，即"國"字中小方框应代表都邑。

另外，在古汉语中，國字也通邦字。《说文》释"或"为邦，如同古籍所谓"邦國"；同时又释邦为國。据《周礼·地官·司徒》所载"封人掌设王之社壝。为畿，封而树之。凡封國，设其社稷之壝，封其四疆"，邦字的物象之本便是由疆界的封树和界内的城邑共同构成的。《六书故·工事二》卷二十八："城郭之内曰國，四境之内曰邦。"林沄先生把商代的国家形式概括为"都鄙群模式"①，即商代国家是由都邑及四域之内成群的乡鄙共同构成，这一认识颇有道理。由此来看，除了表示都邑的小方框，包括乡鄙在内的四域似乎也是"國"字不可或缺的物象之本。即小方框四周的短线或"囗"字框，当是封树四域的象征。

"国之大事，在祀与戎。"（《左传·成公十三年》）虽说难以判断"國"字中是否包含祭祀的物象之本，但戎的物象之本则显而易见。换言之，"都鄙"为國并非都邑和乡鄙的简单结合，更需要维系其间社会关系的制度保证，而这种制度保障的关键就在于拥有威慑或捍卫作用的军事力量。就甲骨文、金文的字形本身来看，殊难辨别戈与斧的差异。无论如何，戈也是夏商周时期最为常见的兵器，无疑应是军事力量的物象之本。何况，作为军事力量最高代表的"王"，其物象之本又是斧钺②。以斧钺象征王权，进一步显示出军事因素在"國"中的意义。

总体来看，國字的形态结构虽然较为复杂，但复杂的物象之本背后依然是以象形加指事为基础的复合体。

显然，无论蠚鼓为中还是都鄙为國，汉字"中國"的物象之本都离不开军事因素。这些事实进一步说明，军事因素在中国古代文明起源过程中应当具重要意义，是认识文明起源历程的重要线索。

三、军事贵族化与文明起源

无论国家形式具体如何，夏商周时期都已进入国家阶段。而且，夏商周三代历时之久，为郡县制下的历代中央王朝难以企及。贵族的统治地位并非简单

---

① 林沄：《商史三题》，中央研究院历史语言研究所，2018年，第2-6页。
② 林沄：《说"王"》，《考古》1965年第6期；钱耀鹏：《中国古代斧钺制度的初步研究》，《考古学报》2009年第1期。

地源于世袭制，也源于贵族社会权利与社会责任相互适应。其中，最突出的表现之一就是军事贵族化，即贵族拥有军事特权。

据《周礼·地官·小司徒》的相关记载，平民也可参与军事活动，但一般也仅限于步兵，且每家仅出一名正卒，而军队的核心则是各级贵族以及士一级的职业战士。从商周时期的墓葬来看，青铜兵器、车马器等集中出土于大中型墓葬，而中小型墓葬随葬青铜兵器的数量远不及普通士兵人数。据此分析，普通士兵并不具备随葬青铜兵器的条件，也许只有在军训及战时临时配发使用。

贵族式战争应是军事贵族化的集中反映，春秋时期的战争观念应该可以在一定程度上揭示出商周时期的主要战争形式。东汉何休曰："《春秋》贵偏战而恶诈战，宋襄公所以败于泓者，守礼偏战也"（《春秋穀梁传注疏》卷九·僖公二十三年）。所谓偏战，"偏，一面也。结日定地，各居一面，鸣鼓而战，不相诈"（《公羊传·桓公十年》何休注）。除了守礼偏战的交战原则，贵族还需遵守不重伤者、不擒二毛、不杀黄口、不以阻碍等作战规则（《左传·僖公二十二年》）。宋襄公的泓水之战堪称夏商周时期"守礼偏战"的千古绝唱。

贵族高度重视道德礼仪及各种能力的培养。《周礼·地官》有载："师氏掌以媺诏王。以三德教国子：一曰至德，以为道本；二曰敏德，以为行本；三曰孝德，以知逆恶。教三行：一曰孝行，以亲父母；二曰友行，以尊贤良；三曰顺行，以事师长……掌国中失之事，以教国子弟，凡国之贵游子弟学焉。""保氏掌谏王恶，养国子以道，乃教之六艺：一曰五礼，二曰六乐，三曰五射，四曰五御，五曰六书，六曰九数。乃教之六仪：一曰祭祀之容，二曰宾客之容，三曰朝廷之容，四曰丧纪之容，五曰军旅之容，六曰车马之容。"又据《尚书·周书·君奭》："召公为保，周公为师"，足见西周时期对国子教育的重视程度。贵族既需具备崇礼而尚武的道德精神，也需要兼备超凡的军事技能。否则，便如《周礼·春官·冢人》所言："凡死于兵者，不入兆域。"郑玄注："战败无勇，投诸茔外以罚之。"（《周礼注疏》卷二十二）

春秋时期不过是贵族式战争的尾声，其历史巅峰当在夏商周时期。可以认为，贵族式战争是军事贵族化的产物。考古发现足以证实，所谓"三代以前，姓氏分而为二，男子称氏，妇人称姓……氏所以别贵贱，贵者有氏，贱者有名无氏"（郑樵《通志·氏族略》卷二十五），当非虚言。陶唐氏、有虞氏和夏后氏等无不属于父系世袭的婚姻家庭形态，更是军事贵族化的社会基础。亦即如果没有世袭制的制度保障，军事贵族化就无从谈起。另外，从字形来看，甲骨文、金文中的"父"，似可理解为持戈斧者。即唯有持戈斧者方可称"父"，方可有"氏"。

如果说从仰韶文化时期流行的环壕聚落到龙山时代常见的史前城址，从防御角度揭示出史前战争的发展演变，那么，超大型或大型城址、中小型城址及普通聚落的规格差异，则应揭示出区域性社会分化现象。尤其高等级墓葬区所存在的时间性差异，以及大中型墓葬普遍随葬玉石质斧钺及陶鼓、鼍鼓的现象等，又可以在一定程度上揭示出以世袭制为基础的军事贵族化过程。基于目前的考古发现，可初步认为：军事贵族化过程完成于龙山时代，而萌发于仰韶文化时期。

另据"中"字的物象之本及指事意义分析，先秦史籍中针对周王室的所谓"中国"，似应含有"天子之国"或"礼仪之邦"之意，如同鼍鼓之号令、规范军队的行为方式。如《史记·楚世家》记载：周夷王时王室衰微，"熊渠曰：'我蛮夷也，不与中国之号谥。'"无疑，在分封制下，所谓"中国之号"皆源于周，周乃"中国"之代表。而且，"中国所以异乎夷狄者，以其能尊尊也"（《公羊传·昭公二十三年》何休注）。如果不能以礼仪垂范并号令天下，也就无所谓"中国"了。因此，先秦"中国"的核心当可理解为"礼仪中国"或"制度中国"，应具垂范或教化天下的政治思想含义。

论司马迁的黄帝观

张茂泽

（西北大学中国思想文化研究所教授）

中华文明5000多年历史，从黄帝开始。由于时间相隔久远，黄帝和我们今天的具体历史相联系，目前还有不清楚的环节或方面。比如，夏朝以后的历史我们大体清楚，黄帝到夏朝之间的历史就有很多不清晰的地方。中华文明起源问题，依然是史学界尚未解决的重大课题。黄帝文化研究，正可以作为其中一个专题，弥补、填补和丰富之。

我们现在对黄帝的看法，深受司马迁黄帝观的影响。黄帝和我们今天相差5000多年，但我们说中华文明有5000多年的历史，没有中断发展进程。我们相信这个说法，但历史根据在哪里？黄帝和我们今天的历史联系究竟有哪些？关于源头的历史，即关于黄帝问题，主要根据就是司马迁的记载。司马迁《史记·五帝本纪》是黄帝和我们今天持续联系的中介或桥梁，是我们认同黄帝始祖地位等的基本依据。所以，我们今天研究司马迁的黄帝观，对于我们准确认识和把握黄帝与我们今天10多亿炎黄子孙的历史联系，树立正确的黄帝观，文明缅怀和感恩黄帝等先贤，具有重要意义。

司马迁没有专门系统谈论黄帝，他的黄帝观主要体现在《史记》首篇《五帝本纪》中的《黄帝本纪》中，也间接隐藏在《史记》的《封禅书》《孝武本纪》等材料中。寓论于史，史中有论，描述黄帝的历史，潜在表现着作者的黄帝观念，是史学家的通常做法。司马迁就借助对黄帝一生实践的描述，展示了他对黄帝的看法。以《史记》为主，观察司马迁对黄帝的描述，进而窥测其黄帝观，对于揭明我们今天黄帝观的渊源，丰富我们黄帝观的内容，具有重要意义。

司马迁所言关于黄帝的历史，是作为客观历史事实来描述的。从史学著作角度来看，有几个问题必须关注：史料的问题、内容的问题、宗旨的问题。即关于黄帝的史料有哪些,是否可靠,如何确立其可靠性?黄帝是什么样的人,做了哪些事,有什么样的历史贡献?司马迁描写黄帝最重要的内容,或者说他这样描述的宗旨是什么?

一、关于黄帝的史料问题

即黄帝作为历史人物的可靠性问题。根据司马迁的立场来看,黄帝是真实存在的历史人物。他是我们中华民族的始祖,也是华夏族和许多少数民族的共祖,是中华文明的人文初祖。作为客观史实,必有史料进行证实。

关于黄帝的史料,又涉及两个问题:

首先是《黄帝本纪》的史料问题,涉及关于黄帝的文献材料较少的问题,关于黄帝的文献材料是否可靠问题,有关黄帝的文献材料,相互关系如何处理等问题。司马迁28岁做太史令,开始利用他看得见的原有著作、国家档案材料,编写历史著作。

司马贞《史记索引·序》言,有关黄帝的材料,"年载悠邈,简册阙遗"。在《史记索引·后序》中,司马贞又云:"夫太史公记事,上始轩辕,下讫天汉。虽博采古文及传记诸子,其间残阙盖多。或旁搜异闻,以成其说。"又云:"太史公之书,即上序轩黄,中述战国,或得之于名山坏宅,或取之以旧俗风谣,故其残文断句难究详矣。"意思是说,关于黄帝时代离今天很久远了,关于黄帝的材料少,而且阙遗甚多。只能"旁搜异闻",辅以"旧俗风谣",以弥补材料的不足,这就是实地调研。也就是说,司马迁研究黄帝,既搜集、运用了传世文献材料,也调研、搜集了社会学材料。司马迁以文献和调查互证的方法,拾遗补阙,进行判断。

用今天的眼光看,司马迁所能见到的文献材料,当有以下三类:

其一,经传材料:《大戴礼记·五帝德》《孔子家语·帝系姓》《易大传》;

其二,史书记载:《世本》《国语》《战国策》《楚汉春秋》;

其三,子书材料:《管子》《庄子》;

司马迁自己实地调查所得的材料,也有很多,而且很重要。司马迁在他所写《黄帝本纪》里自述说:"余尝西至空桐,北过涿鹿,东渐于海,南浮江淮矣,至长老皆各往往称黄帝、尧、舜之处,风教固殊焉,总之不离古文者近是。"其实,司马迁足迹所至,比他在这里说的还要广远。比如南边,他不只到了江淮地区，而且涉足今浙江绍兴、湖南永州道县、云南昆明一带，在今四川、湖北、安徽、江苏均有足迹，真可谓行万里路。

司马迁自己也说，他要将这些材料整理一番，以便让这些材料"厥协六经异传，整齐百家杂语"（《太史公序》）。他发现，调查材料"皆各往往称黄帝、尧、舜之处"；所言内容，和经传、史、子所载往往"不离"。

可见，经传、诸子百家、历史书，皆为司马迁在描述黄帝时的材料来源；当然，还要加上调查材料。在方法上，太史公早已经用了文献和调查材料相结合的证明方法。他将文献材料和实地调查材料进行比较，两相对照，可以互证，类似于近代王国维先生发明的二重证据法。司马迁确认黄帝史料的可靠性等问题的方法，即使用20世纪的学术眼光看，也是有科学性的。

王国维先生曾经提出二重证据法研究历史，即地上文献和地下考古发掘的材料相结合。成中英先生也曾谈到三重证据法，即在二重证据法的基础上，再加上实地调查材料。司马迁在2000多年前就使用了二重证据法，只不过是文献和实地调查相结合的方法，用以研究黄帝问题。这个方法后来顾炎武还用来研究经典，推动经学进入考据学的新时代。这些都说明，这个方法是有科学性的，所以能得到不少学者的认同和运用。

另外，还有个问题，关于《尚书》不记载黄帝，只是到战国时期才出现"百家言黄帝"局面，这就使"荐绅先生难言之"；孔子似乎谈及黄帝，但"儒者或不传"。这些问题，需要有合理的解释。就是说，既然黄帝是真实存在的，但为什么《尚书》不记载？为什么《论语》《孟子》《荀子》这些反映先秦大儒思想的著作却不及一言？这是需要说明的。

首先，战国中期，黄老兴起而与儒家竞争的问题。诸子并兴，百家争鸣。各家学术思想分歧外，又皆"务为治"，势必争夺话语权，争夺意识形态主导地位。儒家树立圣王典型，就是尧舜禹。他们由三代而上溯到尧舜禹，以"天下为公，选贤与能"的禅让制美称之。道家以自然无为为宗，批判儒家的理想志向、政治关怀、礼法规矩、贬抑禽兽等，而追溯出比尧舜更为古远的黄帝来。在历史悠久上，在上古的时代上，压儒家一头，势所必然。

其次，战国中后期，因为战乱频仍，而人心思安，国家统一为大家所期盼。战国中期兴起的黄老之学，无为而无不为，试图以道为核心范畴，会合诸家而成为会通诸子的新型思想体系。在这个思想体系中，道是本原，儒家的德治或仁政以及礼仪制度，法家的以法治国等，都是手段；无为是手段，无不为是目的。

其三，秦朝横扫六合，一统天下，却二世而亡。西汉初年，汉承秦制，而如何维护和巩固大一统问题，需要因时制宜。小农经济是小生产，家庭为基本生产单位，是农村公社的基层组织形式。多民族大一统政治局面，难以获得这种经济形式的直接支持。国家统一的维护和巩固，只能从政治制度、思想文化方面着手。但汉武帝初即位，"窦太后治黄老言，不好儒术"（《孝武本纪》）。直到汉武帝亲政后，西汉王朝才采取了一系列措施。中央集权，地方则弱化封建郡国，强化郡县；罢黜百家，独尊儒术，确立经学官方地位；以孝治天下，确立三纲五常制度和观念等。

同时，出现了"尊黄"思潮，即尊崇黄帝的思潮。推崇黄帝、老子的道德家，汉武帝亲政后虽然不再是官方提倡的学说，但在学界和民间依然有强大影响力。在黄老之学指导下，西汉初年出现了"文景之治"的盛世，这对于吸引人们关注黄帝，提高黄帝文化的地位，扩大黄帝文化的影响，势必推波助澜，提供极强的现实说服力。《黄帝内经》《黄帝阴符经》等十几种假托黄帝的著作出世，如天神崇拜中的黄帝崇拜，都是集中表现。

汉武帝虽然表彰六经，但他也喜"敬鬼神之祀"，求神君，言神事，受方士影响，深信黄帝益寿不死，铸鼎登仙，于是崇奉包括东南西北中五帝在内的黄帝。沿秦直道北巡朔方，回来时，转道上郡阳周县（今陕西黄陵县）祭祀黄帝冢等。

司马迁的父亲司马谈，著《论六家之要旨》，贬斥儒家"博而寡要，劳而少功"，表彰道德家，也就是黄老之学于道为最高。黄老之学在汉初本就占主导地位，其无为而治思想，不仅有文景之治的实践说服力，而且得到了各诸侯国的支持。因为无为而治被解释为君主无为、臣下有为，正适应了地方各诸侯国分权自立，发展自身的需要。司马迁本有黄老的家学渊源。可惜他遇到七国之乱后的汉武帝，无为而治说被朝廷抛弃，儒家学说逐步确立统治地位。司马迁欲挽狂澜于既倒，努力用历史著作的形式表彰黄帝，既表达了当时人们缅怀过去辉煌的情感，满足了当时人们追本溯源的精神家园需要，也未尝没有凸显黄帝，为黄老学张目的意思。

上述原因，在司马迁那里，确实难以三言两语说清楚。换言之，这时，司马迁需要以黄帝来弘扬道德家学问。朝廷即使表彰六经，罢黜百家，在民族国家精神家园建设上，也依然需要黄帝作为一种国家统一、文化自信的符号，作为民族始祖、华夏旗帜而发挥维护巩固多民族国家统一的重要作用。前人未曾言，后人未必不可以言；前人未曾行，后人未必就不可以行，这恰恰是历史创新的表现。司马迁将黄帝作为《史记》开篇，可谓是重大史学创新。以他为代表，当时的人们高高举起了黄帝文化旗帜；黄老之学未必再兴，但在政治上，在精神家园建设上，却适应和满足了时代需要，发挥了积极作用。直接的后果是，黄帝作为中华民族始祖和共祖的地位，黄帝作为中华文明人文初祖的历史地位得以确立，黄帝作为华夏旗帜的符号意义开始呈现。

二、司马迁认为黄帝是人而非仙

司马迁《五帝本纪·黄帝本纪》原文如下：

> 黄帝者，少典之子，姓公孙，名曰轩辕。生而神灵，弱而能言，幼而徇齐，长而敦敏，成而聪明。轩辕之时，神农氏世衰。诸侯相侵伐，暴虐百姓，而神农氏弗能征。于是轩辕乃习用干戈，以征不享，诸侯咸来宾从。而蚩尤最为暴，莫能伐。炎帝欲侵陵诸侯，诸侯咸归轩辕。轩辕乃修德振兵，治五气，蓺五种，抚万民，度四方，教熊罴貔貅貙虎，以与炎帝战于阪泉之野。三战，然后得其志。蚩尤作乱，不用帝命。于是黄帝乃征师诸侯，与蚩尤战于涿鹿之野，遂禽杀蚩尤。而诸侯咸尊轩辕为天子，代神农氏，是为黄帝。天下有不顺者，黄帝从而征之，平者去之，披山通道，未尝宁居。
>
> 东至于海，登丸山，及岱宗。西至于空桐，登鸡头。南至于江，登熊、湘。北逐荤粥，合符釜山，而邑于涿鹿之阿。迁徙往来无常处，以师兵为营卫。官名皆以云命，为云师。置左右大监，监于万国。万国和，而鬼神山川封禅与为多焉。获宝鼎，迎日推策。举风后、力牧、常先、大鸿以治民。顺天地之纪，幽明之占，死生之说，存亡之难。时播百谷草木，淳化鸟兽虫蛾，旁罗日月星辰水波土石金玉，劳勤心力耳目，节用水火材物。有土德之瑞，故号黄帝。
>
> 黄帝二十五子，其得姓者十四人。黄帝居轩辕之丘，而娶于西陵

之女，是为嫘祖。嫘祖为黄帝正妃，生二子，其后皆有天下：其一曰玄嚣，是为青阳，青阳降居江水；其二曰昌意，降居若水。昌意娶蜀山氏女，曰昌仆，生高阳，高阳有圣德焉。黄帝崩，葬桥山。其孙昌意之子高阳立，是为帝颛顼也。

司马迁《黄帝本纪》，除去今人用的标点符号，共493字。主要有几个方面：

第一，黄帝实有其人。司马迁描述了黄帝的生平，他的出生，娶妻生子，和炎帝是兄弟关系，和炎帝、蚩尤发生了两次战争，最终统一天下，并设官治理，建立起国家雏形，成为历史上首位天子。同时，黄帝"时播百谷草木"，发展农业，观天文历象，制定历法，披山通道，发展交通，发明众多生产生活器具，以及文字、医药、音乐、舞蹈等，又是中华文明的人文初祖。最后，他明确描述"黄帝崩，葬桥山"，点明黄帝并非像那些方士们所言，汉武帝相信的那样，铸鼎飞升，长寿成仙。

关于黄帝，传说很多，但《诗》《书》不载，缙绅难言。黄帝记载，由传说而正说，由野史而正史。黄帝本身，也由传说中的神仙转化而为现实的人，司马迁功莫大焉。根据司马迁的描述，后人从此知道黄帝实有其人，他有生有死，有先祖，有后裔，有家庭，有国家，完全是一个现实的、活生生的人。这就用具体历史事实，廓清了当时笼罩在黄帝身上的方术迷雾，体现了司马迁高度的理性精神和勇于直言的史家风范。

司马迁在《太史公序》中表彰黄帝的巨大历史功绩和历史地位，说："维昔黄帝，法天则地，四圣遵序，各成法度。厥美帝功，万世载之。"这就说明，黄帝不仅是人，而且历史地位崇高，是民族始祖兼国家始祖、文明始祖了。

第二，黄帝是始祖，也是汉帝国各民族的共祖。黄帝之前有炎帝、伏羲、燧人氏、有巢氏等，何以历史一定要从黄帝开始写起？这里面隐藏着司马迁的深意。历史必须有开始，而黄帝作为开始，有最强的说服力。除了黄老之学的家学渊源、现实政治影响外，多民族大国的精神家园也需要祖先崇拜的大力支持。黄帝是华夏始祖，是颛顼、帝喾、尧、舜的祖先，也是夏朝人、商朝人、周朝人的祖先，当然更是秦朝人、汉朝人的祖先。黄帝还是汉帝国两大民族的共祖，北方匈奴就是有虞氏的苗裔，而有虞氏就是夏朝时期的一个部落，是大禹的后裔。宗法血缘的祖先崇拜，演变发展为民族国家的祖先崇拜，这是我国古代祖先崇拜适应多民族统一国家的需要而发生的重大进展。

黄帝始祖、共祖地位的确立，标志着黄帝作为古代中华民族共同体意识的重要内容而得以确立起来；黄帝作为团结华夏各族的一面旗帜，得以飘扬起来。

三、"章明德"

黄帝之前，还有伏羲、女娲、神农。黄帝同时也有炎帝、蚩尤，为什么就要确认黄帝是始祖地位？司马迁认为，他编著《史记》，富有深意，"非好学深思，心知其意，固难为浅见寡闻道也"。司马迁这样写历史，"其意"是什么？也可以转换为这个问题：以黄帝为篇首的宗旨是什么？我认为，其宗旨就是"章明德"。司马迁究天人之际，通古今之变，他的历史观，其实是一种道德史观。故黄帝作为篇首，必提"修德"，这是点明历史主题。

他在《五帝本纪》中说："自黄帝至舜、禹，皆同姓而异其国号，以章明德。故黄帝为有熊，帝颛顼为高阳，帝喾为高辛，帝尧为陶唐，帝舜为有虞。帝禹为夏后而别氏，姓姒氏。契为商，姓子氏。弃为周，姓姬氏。"这说明司马迁描述黄帝，虽然重视黄帝作为华夏部族血缘祖先的地位，但又不局限于此，而是更强调血缘背后的普遍必然因素，这就是"修德"。

何谓明德？前人注解《史记》有言，德高而记述之，德薄而忽略之。黄帝德高，故得以记录入史。其高德在何处？黄帝"修德振兵"，司马迁有明言。所修之德有哪些内容？司马迁全文描述的内容，当可视为黄帝所修之德的内容。

概括地说，黄帝站在中华大地上，创造人类文明，带领华夏先民走出野蛮时代，跨入文明社会门槛，不仅造福当时民众，而且福荫子孙后代。黄帝事业宏伟，福德深厚。他的德是造福民众的福德，他的业是创造文明的伟业。他的福德通过他的文明伟业表现出来，他的文明伟业得到他福德的有力支持。后来儒家经典《大学》提出"明明德"，与亲民等修、齐、治、平事业相联系，不能说和黄帝的福德、伟业毫无关系。

具体看，黄帝的德业包括以下几个方面：

第一，发展生产（发展农业，发明劳动工具，掌握、积累天文历法等农学知识），改进民生（生活用具），造福民众；

第二，展开军事行动，除暴安良，救民于水火，保卫和平，维护公平；

第三，足迹遍中原，建立统一国家，创建国家制度，设官管理，维护社会稳定；

第四，创造文字、音乐、舞蹈等，发展文化，奠定中华文明基础；

第五，一生"未尝宁居"，勤政爱民，成为后来治国者的榜样；

第六，黄帝的子孙繁衍为中华民族，黄帝创造的文明发展为中华文明，黄帝本人也成为中华民族和中华文明的精神标识，福佑中华民族成为全球人口最多的民族共同体，福佑中华文明成为唯一没有中断自然发展进程的人类文明。轩辕黄帝带领先民认识改造蛮荒世界，大力创造文明，为后来中华文明的繁荣昌盛打下了坚实基础。黄帝时代的先人们用自己的智慧与双手，向人类未知的领域挺进，成功解决了人类在文明初创时期严峻的生存和发展问题。在黄帝带领下，中华文明从容迈出了第一大步，为中华文明光辉灿烂的发展奠定了牢固基石。

司马迁记载周人兴起的材料，可以作为"德"包含发展生产意义的旁证材料。他记述周人祖先后稷发明农业，使周人可以定居生活，认为后稷"有令德"；公刘继承后稷事业发展农业生产，使周人居有积仓，行有糇粮，当时的诗人"歌乐颂其德"。

联系到《尚书》"天视自我民视，天听自我民听"说，即上天根据民心民意确立君王是否有德的思想，可知，司马迁此说是渊源有自的。

问题是，何以发展农业生产就是有德？原来，古人讲一个人是否有德，关键在于他人的评价。他人评价一个人是否有德，并不空洞。首先，治国者发展生产，提高了民众的生活水平，老百姓得到了实惠，自然高兴。老百姓饮水思源，会发现是治国者给予的恩惠，故称这种恩惠为恩德。因为得到这种恩德，故能反过来赞颂治国者有德。在治国理政活动中，道德的逻辑运动模式是："治国者发展生产——提高民众生活水平——民众得到实惠——民众称这种实惠为恩德——于是民众反过来赞颂治国者有德"。

根据这种有德模式，道德有两个根本标志：

首先，道德，必然与社会生产发展有关，和民众生活实惠有关，和民族国家的组织制度、社会和谐、民众安全的实践活动紧密相连，而不只是道德概念的抽象运动，不只是源于西学的伦理道德，不是和认识、审美、政治经济相分离的单一抽象的伦理道德。我们要意识到，在我国古人那里，道德是文明、人性的同义词，它们有相同的外延；区别和联系在于，人性是内在基础和前提，文明是外在表现和结果，而道德、事业则是人们在生产生活中，使道德和文明相结合的枢纽。

黄帝时代是中华文明的奠基时期，黄帝"修德"，表明以黄帝为代表的华夏先民，创造奠基中华文明，实在是因为他们内有修德而外有事业，道德和事业互相统一，道德修养是做好事情的基础；这实际上是当时华夏先民人性的自觉、确证的初步，这也是后来中国哲学思想上儒道各家人学的历史基础。

其次，一个人道德的有无，由他人特别是由老百姓说了算。老百姓是一个人有无道德的评价主体，绝非自己或少数人说了算。

另外，司马迁说黄帝"修德"，如何"修"的？后来《庄子》书中有些说法，不一定可靠，但也不能说完全无据。因为《庄子》一书多为寓言，可能不都是事实。我们可以这样思考，黄帝有厚德大业，则必然有修养。只是他是如何修养的，由于史料阙如，我们今天已经难以尽知，难以言说。

为什么肯定黄帝必然修德？有什么依据没有？因为从历史上看，道德从来不是自然发展进步的；从人生历程来看，一个人的道德从来不是自发成长、提高的。换言之，道德绝不是本能冲动自发的自然物，而是理性自觉的文明产物。仓廪实而知礼节，衣食足而知荣辱，道德会受到物质生产生活进步的影响。生产力进步，生活水平提高，人类愈益接近文明水准，理应越来越有道德。但历史事实告诉我们，并不尽然。在历史长河中，每个人的道德并没有自然进步；在个人人生历程中，每个人的道德并没有自发提高。这是为什么呢？按照古人的见解，这是因为道德的产生、提高，是人性修养的产物，而不是自然诞生的东西。

根本原因在于：

第一，道德是人，社会的人适应自身生存发展需要的产物，是人的需要实现、欲望满足的前提和保障。荀子礼有三本说中，礼是对人欲望的节制，是规范和欲望相持而长，保持平衡的产物。道德和欲望同生共长。欲望自发产生，自然生长；与此不同，道德则是理性地产生、理性地成长的。

第二，道德是真理的现实表现，是真理在人生中的实现，也可以说是人本性的自觉和实现。道德需要努力才能具备，这个努力就是理想的树立和实现；

换言之，就是修养，故谓为道德修养；提高了道德修养，理想的实现就有了坚实基础。

第三，道德是良知、真我自觉和实现的表现。一个没有良心的人，他不可能有真正的道德。一个人没有致过良知，他即使有道德也是假的，经不住现实生产生活的考验。

生产生活，满足欲望，自觉挺立良知，认识运用真理，都在社会实践中进行，都需要在社会实践中进行修养努力，方能有得。历史可以自然发展，但道德不能自发提升，必须修养，人才能成为真正的、理想的人。这是后来儒道佛三家的共识。

也可以说，儒道佛这一共识，具有重大历史意义：首先，这是对黄帝"修德"文化的丰富和进一步发展；其次，就实践而言，这一共识正是社会生产发展、历史进步的根本推动力。在今天，我认为，这正是中华优秀道德传统中的精华部分，是建构人类命运共同体不可缺少的必要内容，今天应大力传承，进一步弘扬广大之。

黄帝和我们今天的联系有哪些？

概言之，根据司马迁的黄帝观，黄帝实有其人。他是华夏族和许多少数民族的始祖和共祖，是中华文明的人文初祖。这是说黄帝和我们炎黄子孙有血缘联系，黄帝后裔代代相传，连绵不断，炎黄子孙身上大都流淌着黄帝的血缘基因。他创造的文明（如农业、文字、国家等）是中华文明的奠基，和今天中华文明（汉语言文字、多元一体和而不同思维方式、多民族大国治理等）的复兴有历史联系。他创造文明的核心因素，在于"修德"，这和中华民族非常重视道德修养的传统有密切联系。中华民族重视道德，一脉相承，一以贯之。我们今天传承和弘扬修德传统，在"修德"的基础上搞好民众生产生活等等，正是黄帝文化在5000多年后的公元21世纪继续传承，继续发展。

炎黄文化的滥觞与中华文明的起源

高 强

（宝鸡文理学院图书馆馆长、教授）

炎黄文化有狭义、广义、中义之分，狭义的炎黄文化指的是炎黄时代的文化；中义的炎黄文化指的是炎黄时代创造的并经后世传承、阐释和重构的文化；广义的炎黄文化指的是中国传统文化。[①] 学界普遍认为，城市、文字、冶炼金属、礼仪中心等是文明起源的主要标志，而炎黄时代与中国文明的起源关系密切[②]。所谓炎黄时代大致相当于新石器时代中晚期，这个时期是炎黄文化的滥觞期，也是中华文明的起源期。本文拟从农业、制陶、冶铜、玉器、祭祀、文字、筑城及聚落等方面考察炎黄文化的滥觞与中华文明起源之间的关系。

一、炎黄时代的农耕与蚕桑

"农业是整个古代世界的决定性的生产部门"[③]，炎帝神农氏、黄帝轩辕氏的名号均与农耕有关。先说炎帝神农氏。《说文解字》云："炎者，火光上也，从重火。"《淮南子·天文训》云："南方火也，其帝炎帝。"《白虎通·五行》："其帝炎帝者，太阳也。"高诱注《吕氏春秋·孟夏纪》："以火德王天下，是为炎帝。"《帝王世纪》："以火承木，位在南方，主夏，故谓之炎帝。"将炎帝同火德及南方联系起来，应为阴阳五行说的产物。"炎"字与火有关，与刀耕火种有关，"帝"字与祖考和祭祀有关。炎帝为神农，亦即农神，炎帝

[①] 参见高强：《炎黄文化研究的回顾与思考》，霍彦儒主编：《炎帝与民族复兴》，陕西人民出版社2006年版，第254-255页。

[②] 参见朱乃诚：《中国文明起源研究》，福建人民出版社2006年版。

[③] 恩格斯：《家庭、私有制和国家的起源》，《马克思恩格斯选集》第4卷，人民出版社2012年版，第165页。

神农氏是中国早期农业的开创者。再说黄帝。《史记·五帝本纪》："有土德之瑞，故号黄帝。"《淮南子·天文训》："中央之土，其帝黄帝。"《论衡·验符篇》："黄为土色，位在中央，故轩辕德优，以黄为号。"《白虎通·号》："黄帝，中和之色，自然之性，万世不易。黄帝始作制度，得其中和，万世常存，故称黄帝也。"将黄帝同土德及中央联系起来，亦为阴阳五行说的产物。"黄帝"应与土地崇拜有关，黄帝是中国农耕文明的奠基人。

文献记载炎帝神农氏的主要贡献有培育粟谷、制作耒耜、耕而作陶、发明医药、日中为市等。《逸周书》佚文曰："神农之时，天雨粟，神农耕而种之。"《管子·形势解》曰："神农教耕，生谷以致民利。"《管子·轻重戊》曰："神农作，树五谷淇山之阳，九州之民乃知谷食，而天下化之。"《新语·道基》曰："至于神农，以为行虫走兽，难以养民，乃求可食之物，尝百草之实，察酸苦之味，教民食五谷。"《淮南子·修务训》曰："神农乃始教民播种五谷，相土地宜。"《淮南子·主术训》曰："昔者神农之治天下也，……甘雨时降，五谷蕃植，春生夏长，秋收冬藏，月省时考，岁终献功，以时尝谷，祀于明堂。"炎帝神农氏在培育粟谷的同时还发明了农耕工具——耒耜。《周易·系辞》曰："包牺氏没，神农氏作，斫木为耜，揉木为耒，耒耨之利以教天下。"《白虎通·号》曰："古之人民皆食禽兽肉。至于神农，人民众多，禽兽不足，于是神农因天之时，分地之利，制耒耜，教民农作，神而化之，使民宜之，故谓之神农也。"耒耜的出现使农业生产由点耕进入到锄耕，极大地提高了生产力水平，促进了农业发展和社会进步。至今在陕西宝鸡、湖北随州、湖南炎陵、山西高平等地还流传着炎帝神农氏发明粟谷、耒耜、医药的故事①，这与文献记载相吻合。

考古发现可以印证炎黄时代是中国耜耕农业的起源和初步发展时期。中国是稻作农业的发源地，在江西万年仙人洞和吊桶环、湖南道县玉蟾岩遗址发现了距今10000年前的栽培稻遗存②，但在当时采集、狩猎仍为主要生活方式。到了新石器时代中期，农业在经济生活中逐渐占据主导地位，河姆渡遗址发现

---

① 参见李学勤、张岂之总主编，贾芝主编：《炎黄汇典·民间传说卷》，吉林文史出版社2002年版。

② 刘诗中：《江西仙人洞和吊桶环发掘获重要进展》，《中国文物报》1996年1月28日；袁家荣：《玉蟾岩获水稻起源重要新物证》，《中国文物报》1996年3月3日。

的稻谷、稻壳等遗存,如换算成新鲜稻谷,当在10万公斤以上①。长江流域不仅广泛发现栽培稻实物,而且还发现两处距今6000年前的水稻田遗迹。一处是江苏吴县（今属苏州市区）草鞋山遗址,由浅坑样小田块连片而成,并有蓄水井、大水塘、水沟等构成农田灌溉系统②。另一处是湖南澧县城头山遗址,田地中存留稻谷、稻茎叶和根须,明显有播撒种植的迹象,田边有人工开挖的圆形水坑、小水沟等灌溉设施③。这是世界上已知最早的水稻田遗迹。陕西渭南东阳遗址发现距今5800年前的人工栽培水稻,证明仰韶文化时期黄河流域已有水稻种植。④

  中国是粟作农业的起源地。在甘肃秦安大地湾、河北武安磁山、河南新郑沙窝李、许昌丁庄、陕西宝鸡北首岭、山东滕县（今滕州市）北辛、内蒙古敖汉旗兴隆沟、辽宁沈阳新乐遗址都发现了炭化粟或黍。农具是判断农业起源和发展水平的重要标志之一,在浙江余姚河姆渡遗址、河南舞阳贾湖遗址、陕西宝鸡关桃园遗址中发现了骨耜。河姆渡遗址发现距今7000年左右的一批骨耜和木耜⑤,成为追溯我国南方地区稻作农业起源的重要依据。贾湖遗址发现一件距今7000年前用猪肩胛骨制作的骨耜,因长期使用,磨损较甚⑥。关桃园遗址发现距今7300年前的8件骨耜和距今7000年左右的16件骨耜,不仅填补了北方地区农业生产工具的空白,而且为探讨我国北方旱作农业的起源和发展水平提供了最直接的实物证据⑦。

  《周易·系辞》曰:"黄帝、尧、舜垂衣裳而天下治。"《世本·作篇》曰:

---

  ① 严文明:《中国稻作农业的起源》,《农业考古》1982年第1期。
  ② 谷建祥等:《对草鞋山遗址马家浜文化时期稻作农业生产的初步认识》,《东南文化》1998年第3期。
  ③ 湖南省文物考古研究所:《澧县城头山古城址1997—1998年度发掘简报》,《文物》1999年第6期。
  ④ 《光明日报》2018年4月13日第8版。
  ⑤ 浙江省文物管理委员会、浙江省博物馆:《河姆渡遗址第一期发掘报告》,《考古学报》1978年第1期。
  ⑥ 李学勤、张岂之总主编,吴汝祚主编:《炎黄汇典·考古卷》,吉林文史出版社2002年版,第74页。
  ⑦ 陕西省考古研究院、宝鸡市考古工作队编著:《宝鸡关桃园》,文物出版社2007年版,第326页。

"伯余作衣裳""胡曹作衣""黄帝作冕"。《路史·后纪》曰：黄帝"命西陵氏劝蚕"。《皇王大纪》曰：黄帝"元妃西陵之女嫘祖，亲蚕为丝，以率天下"。《隋书·礼仪志》曰："后齐为蚕坊于京城北之西……置先蚕坛于桑坛东南，……坛高五尺，方二丈。……每岁季春，谷雨后吉日，使公卿以一太牢祀先蚕黄帝轩辕氏于坛上，无配，如祀先农。礼讫，皇后因亲桑于桑坛。""后周制，皇后乘翠辂，率三妃……至蚕所，以一太牢亲祭，进奠先蚕西陵氏神。"《清史稿·礼志》曰："雍正十三年始祭先农神炎帝、先蚕神黄帝。""乾隆七年，始敕议亲蚕典礼。……是岁定皇后飨先蚕礼，立蚕室，豫奉先蚕西陵氏神位。""其行省所祭，惟乾隆五十九年，定浙江轩辕黄帝庙蚕神暨杭、嘉、湖属蚕神祠，岁祭列入祀典，祭器视先农。"黄帝与嫘祖被尊为先蚕，受到供奉和祭祀。

穿衣吃饭是人类最基本的需求，"男耕女织"是中国传统社会最基本的生活方式。在古代中国，农业是主业，养蚕制衣是副业。"作衣裳"是不亚于农耕的重大发明，"垂衣裳"是步入文明的重要标志。在距今七八千年的贾湖遗址，发现有纺线用的石纺轮、陶纺轮，缠线用的骨板，缝纫用的骨针和骨锥。在距今7000年的河姆渡遗址，发现属于织机构件的木机刀、木经轴、木卷布棍、梳经棒和骨梭形器等，可以构成一种席地而织的原始腰机，即踞织机。在吴县草鞋山遗址发现3块距今6200年左右的炭化葛布残片，这是中国目前出土最早的纺织品实物。在山西夏县西阴村遗址，出土了一个距今5800年的经人工割裂的半截茧壳，这是中国已知最早的蚕茧实物。在距今5500年的河南荥阳青台遗址发现了炭化桑蚕丝织物，是经缫丝形成的长丝束织造的两种织品，后者还被染成绛色，是中国目前发现年代最早的丝织品实物，表现出缫、织、染三者兼备的丝织工艺已达到较高的技术水平①。在河南巩义双槐树遗址，出土了一件5000多年前的兽牙"蚕"雕，造型准确，做工精致，腹足、胸足、头部组合明晰，同现代的家蚕极为相似，应为我国发现的最早的成蚕雕刻艺术品。在浙江吴兴钱山漾遗址，出土了一些距今4700年的绢片和丝带，经鉴定是家蚕丝织成。此外，在山西芮城西王村、北京平谷上宅、河北正定南

---

① 张松林、高汉玉：《荥阳青台遗址出土丝麻织品观察与研究》，《中原文物》1999年第3期。

杨庄、辽宁葫芦岛砂锅屯遗址,均发现了陶蚕蛹或玉蚕。这些考古发现证明,黄帝垂衣裳和嫘祖养蚕缫丝的说法并非空穴来风。炎黄时代农桑业的兴起,是"以农立国"的中国进入文明时代的重要标志。

二、炎黄时代的制陶与冶铜

陶器的出现对于人类生活而言,无异于一场革命。原来人们只能用火熏烤食物,有了陶器就可以蒸煮食物和储存食物。陶器的出现不仅极大地改善了先民们的物质生活,而且还为原始艺术乃至刻画符号提供了重要载体,极大地丰富了先民们的精神生活。《逸周书》记载神农"作陶冶斤斧";《皇王大纪》记载神农"作为陶冶,合土范金";《事物纪原》曰:"陶始于炎帝明矣"。中国的陶器起源于距今10000年前,早于炎黄时代。进入新石器时代中期后,中国的制陶技术趋于成熟,泥条盘筑法取代了泥片贴筑法,快轮制陶技术在龙山文化时期得到普及。仰韶文化的彩陶、大溪文化的白陶、马家窑文化的彩陶、龙山文化的黑陶十分精美。人面鱼纹盆、网纹船型壶、人首彩陶瓶、涡纹彩陶罐、鸟衔鱼细颈壶、几何纹彩陶盆、舞蹈纹彩陶盆、鹳鱼石斧缸、白陶鬶、狗形鬶、陶鸮鼎、蛋壳黑陶高柄杯、彩绘蟠龙纹陶盘等,都是中国新石器时代中晚期陶器的杰出代表。

陶器是人类第一次干涉并改变了自然物质的性能而创造出的一种新物质,人类从此尝到了创造的甜头,增加了创造新事物的信心,从而为冶金术的出现做了思想上的准备①。如果说陶器是火与泥土结合的产物,那么铜器就是火与矿石邂逅的结果,泥土为铜器的诞生扮演了助产士的角色(泥土是铜器铸造的主要方式——"范铸法"的原料)。仰韶时期的先民们在烧制高温陶器的过程中,已经开始尝试冶铜。《史记·封禅书》曰:"黄帝采首山铜,铸鼎于荆山下。"虽然至今尚未在史前遗址中发现铜鼎之类的容器,但在陕西临潼姜寨遗址发现了距今6000年前的圆形和管状残铜片各一件,经鉴定为黄铜,系铸造而成,是用铜锌共生矿冶炼出来的合金②,这是迄今中国所见最早的冶铜遗

---

① 吴汝祚主编:《炎黄汇典·考古卷》,第98页。
② 北京钢铁学院冶金史组:《中国早期铜器的初步研究》,《考古学报》1981年第3期。

物。在陕西渭南北刘遗址发现了距今 6000 年左右的 1 件黄铜笄。在甘肃东乡林家马家窑文化遗址出土了距今 5000 年前的单范铸造的青铜刀，这是中国目前发现的最早的一件青铜器。此外，在山西榆次源涡镇遗址、河北武安赵窑遗址发现了距今 5000 年左右的铜炼渣，在辽宁凌源牛河梁遗址发现了距今 5000 年前的红铜环。到了龙山时期，发现冶铜遗存的遗址已经遍布整个黄河流域和长江中下游地区。在石峁遗址发现了距今 4000 多年前的铜刀，在陶寺遗址发现了距今 4000 年的铜齿环、红铜铃和玉铜手镯。这说明炎黄时代已经有了铜的冶炼和使用，中国在龙山文化时期就已进入铜石并用时代。

三、炎黄时代的玉器和祭祀

玉在中国文化中有着十分特殊和重要的意义，所谓"君子如玉"。张光直认为，西方考古学讲石器时代、铜器时代、铁器时代，比起中国来中间缺一个玉器时代，这是因为玉器在西方没有在中国那样的重要。玉器时代在中国正好代表着从石器到铜器的转变，亦即从原始社会到国家城市社会中间的转变阶段。① 玉器的产生与石器的选料、制作有关，中国目前所见最早的玉器是内蒙古赤峰兴隆洼遗址出土的距今 7000 年前的 2 件玉玦，以及辽宁阜新查海遗址出土的玉管饰和玉匕首器。在陕西宝鸡关桃园遗址发现 1 件距今 7000 年左右的玉环，这是黄土高原地区发现的最早玉器②。在上海崧泽、南京北阴阳营、吴县草鞋山、邳县（现改邳州市）刘林、安徽凌家滩、泰安大汶口及湖北石家河文化遗址都出土了一批玉制或玛瑙质地的环、玦、管、璜等饰品。辽河流域红山文化遗址发现的玉雕龙、淮河流域凌家滩遗址发现的玉龟、玉版驰名中外，大汶口遗址出土的玉钺，器形规整，制作精细，光洁无瑕，堪称早期玉器之精品。良渚文化的玉器种类繁多，数量很大，制作精湛，是中国史前玉器的巅峰之作。经发掘出土的良渚文化玉器达万件，仅余杭良渚遗址群中的反山墓地就出土了 1100 余件组，如按单件计算则多达 3200 余件。良渚玉器可分为礼仪用玉、佩挂用玉和镶嵌穿缀用玉三大类，有琮、璧、钺、管、珠、镯、坠、鸟、鱼、蝉、龟等。反山墓地出土的一件玉琮，通高 8.9 厘米，孔外径 5 厘

---

① 张光直：《中国青铜时代》，三联书店 2013 年版，第 314 页。
② 陕西省考古研究院、宝鸡市考古工作队编著：《宝鸡关桃园》，第 327 页。

米，孔内径 3.8 厘米，重约 6500 克，上有浅浮雕的"神人兽面纹"，神人头戴羽冠，面呈倒梯形，双手持璧，双腿盘坐，脚为三爪鸟足，精美传神，被誉为"琮王"。该墓出土的一件玉钺，通长 17.9 厘米，上端宽 14.4 厘米，刃宽 16.8 厘米，最厚 0.9 厘米，上部钻有一孔，两面刃部上角均有与"琮王"相同的"神人兽面纹"，两面刃部下角还有一浅浮雕的"神鸟"，被称为"钺王"。

苏秉琦认为，"玉器是决不亚于青铜器的礼器"①。没有社会分工，生产不出玉器，没有社会分化，也不需要礼器性的玉器②。这些制作精美的玉器，绝不是一般氏族成员可以佩戴和使用的普通饰物。玉璧、玉琮、玉龟、玉版等无疑是显示权力与威严的与天地沟通的祭祀礼器，"神人兽面纹"表现的可能是本族群的始祖英雄兼保护神③。2015 年 12 月，在湖北天门谭家岭遗址发现了 240 件距今 4300 年左右的石家河文化玉器，有玉虎、玉佩、玉如意、连体双人头像、鬼脸座双头鹰等，采用了高超的圆雕、透雕等技艺，代表了当时中国玉器制作的最高水平④。陕西石峁遗址出土了玉铲、玉钺、玉璜等，沈长云认为，"面对数量如此巨大的石峁史前玉器，特别是各种款式的玉制兵器，人们不禁想到古文献提到的'黄帝之时，以玉为兵'的传说。尽管这所谓玉兵在今天看来并不是用于战争的真正兵器，而只可能是某种驱邪的巫术所使用的仪式用品，但却并不妨碍它作为一种新的器类的出现所具有的区分时代的标志性意义。若承认这一点，那么玉兵的出现与黄帝部族在历史舞台上兴起的时间也应当认为是一致的，而玉兵及其他玉器在石峁及周围地区的大量涌现，也正可以说成是黄帝部族活动在陕北地区的证据"⑤。石峁遗址和陶寺遗址虽然出土了少量铜器，但远不及玉器突出，说明直到铜石并用时代，玉器仍是主要的礼器，是炎黄时代的鲜明标识，也是中国早期文明的重要表征。

"国之大事，在祀与戎。"⑥ 黄帝、颛顼、帝喾、尧、舜及有夏一朝的统治

---

① 苏秉琦：《华人·龙的传人·中国人——考古寻根记》，辽宁大学出版社 1994 年版，第 132 页。
② 苏秉琦：《中国文明起源新探》，三联书店 1999 年版，第 134 页。
③ 中国社会科学院考古研究所编著，任式楠、吴耀利主编：《中国考古学·新石器时代卷》，中国社会科学出版社 2010 年版，第 801 页。
④ 《石家河遗址发现 240 件史前玉器》，《文汇报》2016 年 1 月 6 日。
⑤ 沈长云：《黄帝之时 以玉为兵》，《光明日报》2015 年 10 月 12 日 16 版。
⑥ 《左传·成公十三年》。

者们，可能都兼具最高巫师的身份①。要举行宗教祭祀活动，除了要有祭祀礼器外，还要有祭祀场所。在辽宁牛河梁遗址发现了距今5000年前的女神庙和积石冢，以及200×200米的巨大平台，形成了一个方圆50平方千米的宗教圣地②。在距牛河梁遗址东南50余千米的东山嘴，发现了红山文化时期祭社的方形祭坛和祭天的圆形祭坛，后者或可称为原始的"天坛"③。在安徽凌家滩遗址发现了位于墓地中心最高处的三层祭坛，面积约600平方米。在湖北石家河文化遗址发现了1175平方米的祭坛，还有数十个祭祀用的红陶套缸。在良渚文化遗址发现了约20处祭坛，其中瑶山祭坛级别最高，可能是早期的王陵。山西陶寺遗址发现了一个面积约为1400平方米的大型建筑，据推测有可能是兼观天象授时与祭祀功能为一体的多功能建筑④。在河南杞县鹿台岗龙山文化遗址仅仅521平方米的发掘面积里，就发现了3个可能分别祭祀天地、太阳和土地神的祭坛⑤。此外，陕西宝鸡北首岭遗址出土的陶塑人头像和半身人像、宝鸡福临堡遗址出土的陶塑半身人像、半坡遗址出土的陶塑人头、牛河梁遗址出土的泥塑头像、东山嘴遗址出土的陶塑裸体孕妇像、内蒙古发现的红山文化整身塑像、陕西高陵杨官寨遗址出土的镂空人面纹覆盆、陕西神木石峁遗址发现的玉人头像和石雕人像，以及河南贾湖遗址出土的龟甲、辽宁阜新查海遗址出土的近20米长的石堆龙、河南濮阳西水坡遗址出土的蚌壳堆塑龙虎、陕西长安客省庄遗址出土的卜骨等，均与宗教信仰和巫傩祭祀有关。

四、炎黄时代的刻画符号

如果说语言的产生是"人猿相揖别"的重要标志的话，那么人类社会正

---

① 赵世超：《瓦缶集》，人民出版社2003年版，第311页。

② 辽宁省文物考古所：《辽宁牛河梁红山文化"女神庙"与积石冢群发掘简报》，《文物》1986年第8期。

③ 王震中：《中国文明起源的比较研究》（增订本），中国社会科学出版社2013年版，第165页。

④ 中国社会科学院考古研究所山西队、山西省考古研究所、临汾市文物局：《山西襄汾县陶寺城址祭祀区大型建筑基址2003年发掘简报》，《考古》2004年第7期。

⑤ 匡瑜、张国硕：《鹿台岗遗址自然崇拜遗迹的初步研究》，《华夏考古》1994年第3期。

是"由于文字的发明及其应用于文献记录而过渡到文明时代"①。文字的产生被认为是文明诞生的重要标志之一。中国目前所知最早的成熟文字是商代的甲骨文。甲骨文的单字有四千多个,"因为只是一种占卜的工具,不可能使用到所有的字,所以当时的文字肯定要超过五千甚至六千。有五六千个单字的一个文字系统,绝对不可能是一个原始的文字系统,……我们可以推知甲骨文以前一定还有一个很长的历史阶段是我们没有充分认识,或者基本上不认识的"。②像甲骨文这样成熟的文字系统必然经历了一个相当漫长的形成过程,因此我们有理由把探索中国文字起源的目光投向更久远的炎黄时代。

中国古籍多言黄帝臣仓颉造字。《世本·作篇》曰:"黄帝使仓颉作书。"《说文解字》序:"黄帝之史仓颉,见鸟兽蹄远之迹,知分理之相别异也,初造书契。"《淮南子·本经训》曰:"昔仓颉作书,而天雨粟,鬼夜哭。"足见文字的出现是一件惊天地、泣鬼神的大事。是否真有仓颉造字之事?我们现在只能大致推测,炎黄时代已有文字的雏形,而仓颉大概就是文字形成过程中一位非常重要的加工整理者,"故好书者众矣,而仓颉独传者,壹也"。③炎黄时代的文字或许就是刻画在龟甲、骨片和陶器上的符号。

目前发现最早的刻画符号出土于距今 8000 年左右的河南贾湖遗址和甘肃大地湾遗址中,各有 10 余种,数量不多。在随后的仰韶文化和龙山文化时期,刻画符号的分布范围越来越广泛,关中地区的北首岭、半坡、姜寨等仰韶文化遗址,长江中游的宜昌杨家湾等大溪文化遗址以及淮河流域的安徽双墩遗址都发现了数量可观的刻画符号。在山东的大汶口文化遗址、黄河中下游地区的龙山文化遗址、甘青地区的马家窑文化遗址、长江中游的屈家岭文化遗址、长江下游的良渚文化遗址中都有刻画符号出现。如何认识史前刻画符号与文字的关系?有些学者认为这些刻画符号不是文字④,因为只有作为记录语言的工具的

---

① 恩格斯:《家庭、私有制和国家的起源》,《马克思恩格斯选集》第四卷,人民出版社 1972 年版,第 21 页。
② 李学勤:《中国古代文明十讲》,复旦大学出版社 2003 年版,第 98－99 页。
③ 《荀子·解蔽》。
④ 裘锡圭:《究竟是不是文字——谈谈我国新石器时代使用的符号》,《文物天地》1993 年第 2 期;高明:《论陶符兼谈汉字的起源》,《北京大学学报》1984 年第 6 期;汪宁生:《从原始记事到文字发明》,《考古学报》1981 年第 1 期。

符号才算是真正的文字，而陶器符号并无语言基础，它们或者是当时陶工为了某种用途临时做的记号，或者是制陶时为了某种需要而做的随意刻画。有些学者认为这些陶器符号就是原始的文字。唐兰认为，"大汶口文化陶器文字是我国现行文字的远祖"，"这种文字是可以用两千年后的殷商铜器和甲骨上的文字一一对照的"①。郭沫若指出："彩陶上的那些刻符记号，可以肯定地说就是中国文字的起源，或者中国原始文字的孑遗。"②于省吾说："我认为这是文字起源阶段所产生的一些简单文字。仰韶文化距今约有6000多年之久，那么，我国开始有文字的时期也就有了6000多年之久，这是可以推断的。"③李孝定认为仰韶文化中的陶器符号里有象形、会意、假借等方面的字，而无形声字，完全符合文字发生与演变的规律，它们和甲骨文字属于完全相同的系统，是中国早期较原始的文字④。

龙山时期陆续发现了一些多字陶文和刻符，如江苏吴县澄湖遗址出土的良渚文化黑陶罐上有并列刻画的4个符号，浙江余杭南湖发现的黑陶罐上有紧密相连的8个符号，浙江平湖庄桥坟遗址出土的良渚文化石钺上有6个连刻在一起的符号。哈佛大学沙可乐博物馆收藏的良渚灰黑陶罐贯耳壶上，有6个或9个符号并列而刻，饶宗颐认为，"此一黑陶之刻文，已非同于一般孤立之符号，而应是相当成熟之文字记载，与甲骨文为同一系统"⑤。在江苏高邮龙虬庄遗址出土的陶片上有8个刻文和符号，在山东邹平丁公遗址出土的陶片上有11个书写符号。田昌五认为"在商代之前，很可能有一个以陶器为书写材料的'陶书时代'"⑥。山西陶寺遗址出土的陶扁壶残器上有3个朱书符号，其中1个被多数学者隶定为"文"字。张政烺明确指出："这个字同大汶口文化陶

---

① 唐兰：《从大汶口文化的陶器文字看我国最早文字的年代》，《光明日报》1977年7月14日。
② 郭沫若：《古代文字之辩证的发展》，《考古学报》1972年第1期。
③ 于省吾：《关于古文字研究的若干问题》，《文物》1973年第2期。
④ 李孝定：《再论史前陶文和汉字起源问题》，《中央研究院历史语言研究所集刊》第五十本，第463页。
⑤ 饶宗颐：《哈佛大学所藏良渚黑陶上的符号试释》，《浙江学刊》1990年第6期。
⑥ 《专家笔谈丁公遗址出土陶文》，《考古》1993年第4期。

文、殷墟甲骨文和现在通行的汉字属同一系统。"① 李学勤认为："中国史前文化中大量存在的陶器、玉石器上面的符号，确有可能与文字起源有关。其中一部分只是符号，另一部分则应视为原始文字。"② 张光直认为："虽然史前陶器符号并非文字，但作为单个的符号，它们至少是中国最早文字的来源之一。"③ 中国文字的起源如同中国文明的起源一样，是多元的，非单线式的，有不同的系统，有的发展成为后来的汉字，有的则自生自灭了。刻画符号有可能就是甲骨文的远祖。很显然，在中国文字形成的链条上还有不少缺环，尤其是从龙山文化晚期到夏代及商初的原始文字还有待发现。

五、炎黄时代的聚落与筑城

《新语·道基》曰："天下人民野居穴处，未有室屋，则与禽兽同域。于是黄帝乃伐木构材，筑作宫室，上栋下宇，以避风雨。"随着农业的长足发展、人口的不断增长和财富的逐渐累积，大型聚落和超大型聚落开始出现。甘肃大地湾遗址约50万平方米，陕西杨官寨遗址约80万平方米，山东大汶口遗址80多万平方米，河南双槐树遗址110多万平方米，湖北石家河遗址120万平方米，安徽凌家滩遗址160万平方米，陕西耀县石柱塬遗址面积达300万平方米，是目前仰韶文化分布区面积最大的遗址④。许顺湛认为："陕西关中平原分布着一千多处仰韶文化遗址，这在整个仰韶遗址分布区内也属第一。""聚落群最大的是'宝鸡仰韶聚落群'，共有98处聚落遗址，属于沿渭河而形成的一条龙聚落群，其中特级聚落群5处，一级聚落群2处，二级聚落群18处。"⑤ 陕北地区龙山时期有28处聚落群，1396处聚落，其中特级聚落15处，一级聚落29处，这是任何辖区都无法相比的⑥。陕北龙山时期聚落不仅密度大，而且面积大，其中延安芦山峁遗址总面积达200万平方米以上，神木石峁遗址面积

---

① 高炜：《陶寺出土文字二三事》，《中国社会科学院古代文明研究中心通讯》第3期，2002年1月。
② 李学勤：《文字起源研究是科学的重大课题》，《中国书法》2001年第2期。
③ 张光直：《美术、神话与祭祀》，三联书店2013年版，第79页。
④ 张宏彦：《陕北的史前文化与"黄帝文化"的考古学观察》，《光明日报》2007年4月5日。
⑤ 许顺湛：《五帝时代研究》，中州古籍出版社2005年版，第300页，第329页。
⑥ 许顺湛：《五帝时代研究》，中州古籍出版社2005年版，第300页，第329页。

达420万平方米，是目前国内所见最大的史前城址。

不仅聚落越来越大，聚落里的房子也越来越大。大地湾遗址发现一座宏伟建筑，即F901大房子，占地面积约290平方米，坐南朝北，前有殿堂，后有居室，东西各有厢房。前堂地面经过多层特别处理，坚硬平整，其硬度不亚于现在的100号水泥。这座集议事、祭祀于一体、开明堂、宫殿之先河的建筑，应为大型聚落的中心。河南新密古城寨城内，在夯土台基址上发现有三面庑廊呈"凹"字形的大型宫殿建筑。在内蒙古敖汉旗兴隆洼、河南灵宝西坡、山西洪洞耿壁、陕西扶风案板、延安芦山峁等遗址都发现了面积超过100平方米的"殿堂式"大型房址，其中西坡遗址的大房子占地面积达372平方米，主室地面分为5层，非常讲究，显系大型聚落中心。陕西杨官寨遗址是国内目前所知庙底沟时期唯一一个发现有完整环壕的聚落遗址，这显示出杨官寨遗址在庙底沟时期的聚落群中具有特殊的地位，可能是一较大区域内的中心聚落①。距今5000多年的河南巩义双槐树遗址，发现了残存的三重环壕，应该是一个大型聚落中心。

与此同时，大型防御建筑——城出现了。城邑不仅是军事设施，也是大型聚落的政治、经济、宗教、文化中心。中国早期城邑的城墙建筑，有黄河流域黄土地带的夯土版筑、长江流域的堆筑夯拍及河套地区的石块砌筑三种形式。目前中国发现的史前城址近百座，最早的是距今6000年前的湖南澧县城头山古城。城垣平面呈圆形，城内面积约7.6万平方米。黄河中游地区较早的城址是郑州西山古城，距今约5000年左右，城内面积约3万平方米，还有山东西康留、五莲丹土、安徽固镇垓下城址等。龙山时期城邑普遍出现，有山东章丘城子崖、寿光边线王、日照两城镇、河南登封王城岗、淮阳平粮台、新密古城寨、江苏连云港藤花落、湖南澧县鸡叫城、湖北天门石家河、江陵阴湘城、石首走马岭城、荆门马家垸城、公安鸡鸣城、浙江良渚古城、四川新津宝墩城、温江鱼凫城、山西陶寺城址、陕西神木石峁古城等70余座。其中良渚古城面积290万平方米，应为当时浙江北部、江苏南部地区的中心聚落。陶寺城址面积280万平方米，应为龙山晚期山西南部、河南西部地区的中心聚落。

---

① 陕西省考古研究院：《陕西高陵杨官寨遗址发掘简报》，《考古与文物》2011年第6期。

最令人震撼的是陕西神木石峁遗址发现的龙山时期的特大型城址。碳十四系列测年及大量器物标本显示，石峁城址兴盛时代不晚于公元前2300年，大致废弃于公元前1800年前后。石峁城包括外城、内城及皇城台三个层次的石砌城址，皇城台的功能相当于后世城址中的"宫城"，布局有序，坚固雄厚，巍峨壮丽，大型宫室云集，建筑考究，装饰华丽，是整个城址的中心和贵族居住区，也是宫庙基址、祭祀等礼仪性建筑所在。内城将"皇城台"包围其中，城墙依山势大致呈东北—西南向分布，面积约210万平方米；外城是利用内城东南部墙体向东南方向再行扩筑的一道弧形石墙形成的封闭空间，城内面积约190万平方米。内外城城墙总长度约10千米，宽度在2.5米以上，若以残存最高处5米计算，总用石料量12.5万立方米，其动用的劳动力资源远非本聚落人群可以承担。石峁城址的石砌墙垣不仅是处于守卫上的需要而构筑的防御性设施，更具有神权或王权的象征意义，它的出现暗示着在公共权力督导下修建公共设施等活动已经成为石峁这一北方地区早期都邑性聚落的重要特征。① 其中外城东门址体量巨大、结构复杂、筑造技术先进，包含内外两重瓮城、砌石夯土墩台、门塾、马面等城防设施，出土了玉铲、玉钺、玉璜、牙璋、陶器、壁画、石雕头像和奠基性人头骨堆等重要遗物。就目前考古发现而言，基本可以确认石峁遗址是一个超大型的聚落，这个聚落可能是整个内蒙古中南部、山西北部、陕西北部的中心聚落，也是苏秉琦所说的"古城"。②《汉书·郊祀志》曰："黄帝为五城二十楼"。《汉书·食货志》曰："神农之教曰：有石城十仞，汤池百步。"学界过去认为这是夸张虚矫之词，而大量史前城址的发现，尤其是石峁城址的发现，证明《汉书》等史籍所言不虚，进一步证明了"炎黄已有城矣"的可信性。沈长云认为："毫无疑问，黄帝应当是西北地区，包括今陕、晋北部、内蒙古中南部广大地区的部族集团的首领，或其奉祀的祖先。""石峁古城就是活跃在这一地区的黄帝部族的居邑。"③

《国语·鲁语》曰："黄帝能成命百物，以明民共财。"随着人口和财富的增加，氏族内部的社会分工和社会分层加剧，部族之间的矛盾冲突加剧。黄帝

---

① 孙周勇、邵晶：《石峁是座什么城？》，《光明日报》2015年10月12日16版。
② 《考古与文物》编辑部：《神木石峁遗址座谈会纪要》，《考古与文物》2013年第3期。
③ 沈长云：《黄帝之时 以玉为兵》，《光明日报》2015年10月12日16版。

与炎帝结盟，战胜蚩尤，"合符釜山"，"监于万国，万国和"。① 古国初具规模，文明初现端倪。田昌五认为，古籍中记载的黄帝、炎帝和蚩尤之间的循环战争，标志着中国文明的开端②。城的出现，是防御自然灾害的需要，更是抵御其他族类侵害的需要。严文明认为，龙山时代大体上相当于古史传说的五帝时代，当时有了城也就有了国，从而也就有了最初的文明③。

大量考古发现初步证明，相信今后还会有更多的考古发现继续证明，距今5000年左右时，中华大地上已经出现一批古国，中国开始迈入文明门槛。炎黄时代是中国耜耕农业的起源和发展期，奠定了中国几千年农业文明的基础。炎黄时代是中国冶铜、文字、城邦乃至国家的滥觞期，是中华文明的初创期，是中华民族的童年期。炎黄时代是一个英雄辈出、草创文明的伟大时代，炎黄二帝是开创和代表这样一个伟大时代的人文初祖。从炎黄时代起，炎黄文化就与中华文明和中华民族如影随形、相伴至今。

---

① 《史记·五帝本纪》。
② 田昌五：《古代社会断代新论》，人民出版社1982年版。
③ 严文明：《龙山时代城址的初步研究》，《中国考古学与历史学之整合研究》，中央研究院历史语言研究所，1997年。

河洛、海岱、陕北龙山时代城址与文明起源

李桂民

(聊城大学历史文化与旅游学院教授、国学院副院长)

考古学上的龙山时代,大致对应于传说中的五帝时代,也就是传说中的黄帝、颛顼、帝喾、尧、舜时期。这一时期的一个突出特点是,黄河、长江、辽河等大河流域进入了广泛的筑城建邑时代。高耸的城墙、发达的手工业制作和聚落形态的变化等因素,引发了学界对中国文明起源的探讨。在对历史的认识上,由于局限于文字记载的历史,而忽视口耳相授的历史传统,长期以来,中国远古文明遭到低估,正是借助于考古发现,才使得历史的边界得以延伸。因此,重视文献中关于传说时代的记载,肯定远古传说的历史价值,对于中国文明的起源研究有着重要意义。随着考古学成果的不断增多,传说和考古发现之间的契合点越来越多,促进了考古发现的历史学探讨。本文主要依据考古发现,拟对河洛、海岱和河套地区龙山时代城址的聚落结构和社会形态试作探讨,不当之处,祈请方家批评指正。

一

龙山时代是史前城址大量出现的时期,"龙山时代"一词由严文明最早提出,严先生起初把时间界定在公元前2600年到公元前2100年,后来又把上限进一步扩展,划定在公元前3000年①。这种划分正合了中国五千年文明史的说法,相当于笔者所谓的五帝时代或黄帝时代。

目前中原地区已发现的史前城址有10多座,分别是山西襄汾陶寺和河南

---

① 严文明:《龙山文化和龙山时代》,《文物》1981年第6期;严文明:《龙山时代考古新发现的思考》,载张学海主编:《纪念城子崖遗址发掘60周年国际学术讨论会文集》,济南:齐鲁书社,1993年版,第39页。

郑州西山、登封王城岗、辉县孟庄、淮阳平粮台、郾城郝家台、安阳后冈、新密古城寨、新密新砦城址、平顶山蒲城店、濮阳戚城、温县徐堡、博爱县西金城、方城平高台等，其中仰韶文化晚期的郑州西山古城是中原地区目前时代最早的城址，最晚的是新密新砦城址，面积最大的则是襄汾陶寺城址。从时间上看，这些城址并非都在龙山时代范围之内，早的如郑州西山古城，晚的如新密新砦城址，尽管有学者提出郑州西山古城是黄帝城①，但是未免有点把黄帝的时代提得太早。新密新砦城址的时间在公元前1850到公元前1680年之间，已经属于二里头文化，其他城址有的下限也已经进入夏代时间范围。

海岱地区是中国文明起源的另一重要区域，在龙山时代，这里的文明发展程度并不亚于中原地区。海岱地区，包括山东全省、河北东南部、河南东部、安徽北部、江苏北部等区域，所发现的早期城址分别属于大汶口文化和龙山文化。迄今为止，已见报的史前城址至少达28座，其中属于大汶口晚期的城址有6座，分别为山东滕州西康留、阳谷王家庄、五莲丹土、日照尧王城大汶口城和安徽固镇垓下、固镇南城孜等；城址属于龙山文化的有20多座，主要有安徽连云港藤花落和山东阳谷景阳冈、阳谷王家庄、阳谷皇姑冢、茌平教场铺、茌平尚庄、茌平乐平铺、茌平大尉、东阿前赵、东阿王集、章丘城子崖、寿光边线王、邹平丁公、临淄桐林、五莲丹土龙山早期城、五莲丹土龙山中期城、日照两城镇、日照尧王城龙山城、费县防故城、沂源东安故城、滕州庄西里、滕州尤楼等。

陕西北部在考古文化区划分上属于北方地区，和内蒙古中南部、山西北部和河北西北部可归属同一文化区，在这一区域内，发现了数十座史前城址，既有仰韶时代晚期又有龙山时代的城址。陕西北部发现的史前城址主要有佳县石擂擂山、神木石峁、榆林寨峁梁、吴堡后寨子峁、府谷寨山、延安芦山峁等。石擂擂山城址发现于1987年，遗址坐落在擂山之上，山周围依山用未经任何雕凿的石块、石片砌成形状不规则的城垣。外城环绕山体中下部，西南城墙外还有护壕。外城为不规则的圆角四方形，周长大约有1千米，城内面积将近6万平方米。石擂擂山城址的内城建在山顶，内城已经破坏严重，发掘出的西南部城墙长70米，为圆角方形，面积大约3000平方米，石墙厚度大约在

---

① 许顺湛：《郑州西山发现黄帝时代古城》，《中原文物》1996年第1期。

0.7~1.2米，高度1~2米，清理出的石墙最高处3.4米①。

石峁城址在陕北地区发现的城址当中影响最大，该城址位于陕西神木县（现改市）高家堡镇的秃尾河流域，城址包括皇城台、内城和外城三部分，其中皇城台为石砌护坡台城，墙体不高出地面，为圆角方城，台顶面积8万多平方米。东北角残存石墙200米，高3~7米，南方和西南角亦有残存城墙存在。内城依山势而建，保存较好地方高于山脊1米多，现存长度5700多米，宽约2.5米。外城是利用东南部内城墙体，向东南方向扩筑的一道弧形墙体，现存长度约4200米，宽约2.5米，保存较好部分有1米多高②。

芦山峁遗址是陕北地区考古的另一项重大发现，该遗址目前公布的材料不多。芦山峁遗址面积超过200万平方米，核心区至少有四座夯土台基，分别是寨子峁、小营盘梁、二营盘梁和大营盘梁。"大营盘梁人工台地南北长约160米，东西宽约100米，是由坡状的自然山梁人工垫土夯筑而成的夯土大台基，边缘地带垫土厚度大于10米，中心稍薄。台基顶部三座院落均有夯土围墙墙体残高10~60厘米，墙体顶部宽度150~200厘米"③。

榆林寨峁梁遗址是陕晋北部保存较为完整的石墙聚落，城墙由砂岩石块垒砌而成，北城墙和东城区已经毁坏，现存城墙分布在山峁西侧和南侧，约长200米，南城墙残高0.8米，宽约1米，修建前地表经过简单处理，城墙外修有护坡石墙④。

陕西吴堡后寨子峁遗址研究者较少，这和材料公布少有着直接关系。后寨子峁遗址位于陕西省吴堡县辛家沟乡李家河村西北约400米的后寨子峁山梁上。后寨子峁由三座山梁连接而成，平面略呈"人"字形，后寨子峁遗址面积约21万平方米，发掘面积近3000平方米，主要为庙底沟二期至龙山早期的遗存。后寨子峁遗址的布局大致可以分为三部分，即三个山梁各为一部分，其

---

① 陕西省考古研究所：《陕西佳县石擩擩山遗址龙山遗存发掘简报》，《考古与文物》2016年第4期。

② 陕西省考古研究院、榆林市文物考古勘探工作队、神木县文体局：《陕西神木县石峁遗址》，《考古》2013年第7期。

③ 陕西省考古研究院等：《陕西延安芦山峁遗址发掘取得重要收获》，《中国文物报》2018年11月26日第7版。

④ 陕西省考古研究院、榆林区文物考古勘探工作队、榆阳区文管办：《陕西榆林寨峁梁遗址2014年度发掘简报》，《考古与文物》2018年第1期。

中地势较低的一、二号山梁均发现有石砌的围墙，而地势较高的三号山梁则未发现石围墙①。另外，陕西府谷寨山石城据公布资料东西城门间距大约为900多米，南北间距约为600多米，总面积60万平方米，另一说110万平方米，具体情况则有待材料的继续公布。

二

城址的出现是聚落形态的一个重大变化，各地的城址出现都早于龙山时代，只不过龙山时代是城址大量出现的时期。本文考察的河洛、海岱和陕北地区目前已发现大量的史前城址，实际数量则远不止这些。陕北在考古学上虽然并不单独构成一个文化区，但我们之所以把这一地区单独考察，主要是因为在这里发现了远古中国最大的城址，这里显然是北方地区城址聚落的中心地区。

城址的背后有着权力的身影，无论是外在显性的城址，还是进一步对居住房屋和墓葬的考察，都是为了揭示社会的复杂程度。龙山时代的社会出现了阶层分化，这个结论问题不大，但这种分化是否意味着国家的产生却是见仁见智的问题。

河洛、海岱和陕北地区的城址主要是出于防御的目的建立的，但三者之间又有所不同，河洛和海岱的城址不仅有军事防御的考虑，还有防洪的目的，而陕北的龙山时代城址往往选址在山峁之上，其城墙的建造目的显然是出于军事需要。

河洛、海岱和陕北地区的龙山城址还有一个显著不同，就是前两者是土墙，后者则是石头城。这种不同主要是由自然环境的不同带来的，但不论是堆筑、夯筑，还是把石块背上山垒砌，都是非常庞大的任务。尽管城墙有土、石之别，但其社会发展程度并无显著不同。从城址面积分析，这些城址并不是建造越晚面积就越大，不过，晚建的城址一般面积相对大一些，因此，决定城址面积大小的并不是时间，而是城址的性质，也就是说面积大的城址一般处于区域中心的位置。

海岱地区城址的城墙主要采用夯筑和堆筑方式，大汶口文化时期的城墙基

---

① 王炜林、马明志、杜林渊：《陕西吴堡县后寨子峁遗址发现庙底沟二期至龙山文化早期遗存》，《中国文物报》2005年9月21日第1版。

本采用堆筑，但到了龙山文化时期，夯筑并没有完全代替堆筑，往往堆筑和夯筑并存，如景阳冈城址主要采用堆筑技术建成，部分墙体则采用了版筑。海岱地区的藤花落城址为内外城模式，发掘整理者认为"内外城基本上为同一时期，可能建造或废弃年代上稍有先后，但两者之间存在着统一的使用年代"①。王芬则认为藤花落城址是单城制，她说："内圈城址的营建时间可以早到大汶口文化晚期的偏晚阶段，使用期延续到龙山文化早期；外圈城址的营建时间约在龙山文化早期后段，一直使用到龙山文化中期偏晚阶段。"② 藤花落遗址外城面积较大，平面形状为圆角长方形，由城墙、城壕、城门组成，城周长1520米，南北长435米，东西宽325米，面积1.4万平方米，墙体宽21～25米，残高1.2米。内城位于外城内南部，平面形状为圆角方形，其周长806米，南北长207～209米，东西宽190～200米，面积约4万平方米③。

　　海岱地区目前时间最早的史前城址是阳谷王家庄城址，始建年代在大汶口文化早期，距今已6000年。海岱地区城址的大量出现是在龙山文化时期，而且面积也逐渐扩大，海岱地区龙山时代面积最大的城址是阳谷景阳冈城址，为38万平方米。景阳冈城址虽然面积较大，但其城址即遗址，与其一样的还有王家庄、城子崖、皇姑冢、王集、大尉、乐平铺、尚庄、两城镇等城址，其中两城镇城址龙山文化早、中、晚期带城壕面积分别为20、25、80万平方米。不过，海岱地区至今没有发现像良渚、陶寺、石峁等那样超大规模的城址聚落。

　　陶寺文化发现于20世纪50年代④，陶寺遗址正式发掘于1978年，陶寺遗址的早中期城墙发现于2000年，2002年又最终确定了陶寺文化早期城址的存在。陶寺遗址早期城墙位于遗址东北部，小城墙的周长大约3600米，面积大约56万平方米。从中原地区已经发现的城址来看，陶寺中期城址是面积最大

---

① 南京博物馆、连云港市博物馆：《藤花落——连云港市新石器时代遗址考古发掘报告》，文物出版社，2014年版，第65页、446页。
② 王芬：《藤花落龙山文化城址试析》，《江汉考古》2017年第5期。
③ 南京博物馆、连云港市文物管理委员会、连云港市博物馆：《江苏连云港藤花落遗址考古发掘纪要》，《东南文化》2001年第1期。
④ 山西省文物管理委员会：《晋南五县古代人类文化遗址初步调查简报》，《文物参考资料》1956年第9期；杨富斗：《山西襄汾县发现的两处遗址》，《考古》1959年第2期。

的，城址面积达到 280 万平方米，遗址面积 430 万平方米，城址约占遗址面积的 65%。很显然，陶寺遗址是一处等级更高的政治中心，在中原地区是否还存在着面积更大的城址，这个问题很难得出绝对性的结论，因为结论需要建立在既有成果的基础之上。

陶寺文化主要分布在汾河下游及其支流的浍河、滏河流域，陶寺遗址早中期的时间是公元前 2300 年到公元前 1900 年，晚期城址遭到废弃。很多学者认为陶寺遗址是尧的都城所在，这种推论具有很大的合理性。不过，陶寺遗址的下限已经进入夏的范围之内，显然已非尧都所能完全包罗，只不过陶寺文化晚期此地已经沦为一般聚落。目前河南和晋南地区的龙山文化遗址已经发现近两千处，之所以存在这么密集的聚落遗址，这和古中原地区优越的自然环境有着直接关系。

尽管中原地区发现了较多的城址，但获得的墓葬资料并不充分，目前只有陶寺遗址发现了厚葬，这对于全面了解这一时期的社会结构和发展程度颇为不利。不过，襄汾陶寺遗址墓地很具有典型性，是龙山文化时期发现集中墓地的三处遗址之一。陶寺遗址发现墓葬一千多个，大型墓葬 9 座，中型墓葬大约 80 座，约 90% 为小型墓。大型墓地的主人都为男性，随葬品丰富，多达一二百件之多。有的墓葬出土玉石礼器、鼍鼓、特磬、彩绘制品等。小型墓大多没有葬具和随葬品，或有笄等一两件随葬品①。山西临汾的下靳墓地是临汾盆地另一集中墓地，墓葬总数推断在 1500 座以上，1998 年下靳考古队清理出墓地 480 座，不见大型墓，最早的墓地相当于陶寺文化早期，也就是庙底沟二期文化晚期，应属于一个区域政治中心②。

海岱地区龙山文化发现的墓葬材料较少，大型墓葬材料更少。目前发现大型墓的主要有尹家城、西朱封、两城镇等城址，大型墓都有木质葬具，随葬品较多，但多为陶器，有的墓葬有玉、石、骨、蚌器等出土。海岱地区龙山文化大型墓室结构上有二层台，分别为生土或熟土二层台，但也有极个别的生土和熟土二层台并存，其两层椁上下相迭结构也非常罕见。陶鬶是山东龙山文化富

---

① 中国社会科学院考古研究所山西队等：《1978—1982 年山西襄汾陶寺墓地发掘简报》，《考古》1983 年第 1 期。
② 中国社会科学院考古研究所下靳考古队：《山西临汾下靳墓地发掘简报》，《文物》1998 年第 12 期。

有特色的器物，尹家城和西朱封大型墓中都有出土，有些随葬品制作精美，和日常用器一样大小或小于日常用具，显然随葬品中存在礼仪型陶器组合，器物主要有蛋壳陶高柄杯、鼎、甗、鬶、盆、罐、罍、杯等。这种不同规模的墓葬显示出海岱地区龙山文化时期，社会已经存在一定程度的分化，有学者认为："在西朱封的3座大型墓葬中，除陶器外，普遍发现有玉、石器和骨、蚌器等随葬品，有的数量还很多，种类有玉坠、玉串饰、玉簪、玉环、绿松石、玉刀、玉冠、玉钺、石镞、骨匕、骨镞、蚌勺、璋牙、砺石和泥塑品等。其中，除了骨匕、蚌勺、砺石是一般生活用品外，其他物品都比较少见，特别如玉冠、玉钺等，是反映死者身份地位的标志物，它不仅说明墓主人的富有程度，而且从这里面还提示我们分析是否含有表示死者'等级'的意义。"① 这些迹象显示，在龙山时代，在黄河流域及其周边地区，其社会文明发展程度基本上是同步的。

三

龙山时代许多城址，尤其是陶寺、石峁城址被广泛认为是都邑性聚落。陶寺中期城址功能分区最为明确，分为宫殿区、墓葬区、仓储区、祭祀区和手工作坊区等，而且在陶寺遗址周围，分布着众多中小聚落遗址，陶寺俨然成为晋南乃至豫西周边地区的区域中心聚落遗址。

尽管城址结构与后世的城市还存在着区别，但社会的复杂化已经不容置疑。在考古学界，一般以城市、青铜器和文字的出现作为国家出现的标准。不过，作为文明起源标志之一的青铜器在龙山时代尚缺乏坚实证据支撑。陶寺遗址曾经出土过铜铃、铜齿轮、铜环和铜容器口沿残片，其中铜铃和铜环为红铜制品，另两件则属于砷铜，河南临汝煤山出土的坩埚残片也属于红铜，新密新砦发现的2件早期铜器也是红铜，明确为青铜的是登封王城岗四期灰坑中出土的一件青铜器残片②，这件残片可能属于铜鬶腹底部，为铅锡青铜，只不过碳14测年数据为3850±165年，这个时间已经进入夏代纪年范围了。龙山时代一般被认为已经进入铜石并用时代，不过，在考古发掘中，目前并没有发现一定

---

① 于海广：《山东龙山文化大型墓葬分析》，《考古》2000年第1期。
② 李先登：《王城岗遗址出土的铜器残片及其他》，《文物》1984年第11期。

数量的青铜礼器或兵器,大规模青铜礼器和兵器的发现则是二里头文化考古的重要成果。

　　文字是文明起源的另外一个标志。商代甲骨文的发现,极大改变了中国上古史的面貌,由于甲骨文是一种比较成熟的文字,属于商代晚期,文字的出现肯定更早,究竟可以上溯到什么阶段,是学界颇为关注的问题。近百年的考古发现提供了大量有关文字起源的信息,不仅仰韶、大汶口等文化发现了大量陶器刻符,而且文字起源的上限还不断被刷新,其中贾湖刻符、陶寺遗址"文"字刻符、丁公陶文等,都曾引起学界普遍关注。

　　中国文字的起源已经有诸多学者做过梳理,这里不拟把这些资料尽数罗列,只不过要说明的是,对文字出现的时代要有清醒的认识。陶寺遗址发现的和甲骨文类似文字,用朱砂书写在一个陶扁壶上,一个被认为是"文"字,另一个字释读则有不同看法,另外在陶寺遗址发现的骨耜上的符号,亦有学者认为已经是文字①。骨耜发现于墓主头部北面的壁龛中,没有使用过痕迹,时间相当于公元前 2100—2000 年,早于陶扁壶上的文字,只不过时间明显偏晚,已经接近或进入夏代纪年范围。对于生活在其上的族群虽然目前难以得出绝对结论,但是考古发现和文献记载的契合,证明了中国古史传说并非向壁虚构,而是建立在一代代人口耳相传基础之上的。从龙山时代遗址发现的卜骨看,上面目前没有发现记录占卜的文字,考古学者也不再像发掘殷墟那样幸运。史前时期大量的刻符,并不是随意的刻画,而是有着特殊的含义,这种刻符寓意功能对于文字的产生起到了促进作用。尽管有些刻文和商代甲骨文具有一致性,使我们对中国文字的起源有了更清楚的了解,不过,如果说中国有八千年的文字史,这种观点虽然具有一定根据,但距离得到公认还很遥远。通过龙山时代聚落考古的成就可以看到,尽管发现了诸多刻符,有的甚至还被称作文字,但依然看不出这一时期的刻符具有记录语言的功能。文字的出现不应当是孤立的,而是人们对大量刻符约定俗成的运用,当然文字的使用在中国早期还属于少数人的专利,但文字的产生本身就意味着告别了史前时代。不过,从中国历史的发展看,我们还无法乐观地看到这种结论。因此,尽管在龙山时代,社会

---

　　① 何驽:《陶寺遗址ⅡM26 出土骨耜刻文试析》,《考古》2017 年第 2 期。陈治军:《陶寺遗址发现"家有"骨刻辞的意义》,《殷都学刊》2017 年第 3 期。

发展已经取得了巨大成就，也展示了不同于以往的诸多新气象，社会发展文明程度越来越高，但社会形态并没有能够突破族邦阶段而真正进入国家。

在考古学不发达时代，对于中国文明的认识有着极大局限，也就是局限于北方的黄河流域。之所以如此，是因为不仅在黄河流域发现了中国最早的成熟文字，而且远古传说也主要是黄河文明的反映。从这点来看，黄河流域是中国史学意识最早萌发的地区。就文字的产生而言，应当肯定商人在文明发明中的地位，但在更早的考古文化中发现的陶器刻符，曾具有类似文字的功能。在文字产生以后，不同地区对于文字的发展都有着贡献，不过就史前刻符而言，很多地区的陶器刻符并没有发展成真正的文字，或者说与商代的文字甲骨文并没有直接关系，中国现有的文字具有一脉相承的特点。

就龙山时代的社会形态而言，国内外有很多不同的理论，而且国外的理论影响最大，尤其是塞维斯等人提出的"酋邦"理论，为众多学者所接受。不过，笔者在叙述这一历史阶段时，更倾向于使用"族邦"的概念。田昌五曾经用族邦来描述先秦社会，王震中在一篇访谈中肯定了族邦概念反映了先秦社会的宗族特性的独到之处，但又指出这一模式忽视了当时统领诸邦的王邦（王国）及王权的作用，也忽视了夏商周三代多元一体的王朝国家结构的二元性中王邦为主要矛盾中的主要方面，因而从族邦到帝国的框架是有缺憾的①。在学界文明起源探讨的启发下，笔者曾经提出族群、族邦、国家的发展模式，用族邦来对应龙山文化时期的发展阶段，并提出了族邦阶段的四个特征，即族邦处于文明形成前期的过渡期；宗族是社会的基本单元，异族作为宗族的附庸而不是有机组成部分；有了初步的社会分层和天下之中的认识；公共权力的有限性和领土边界的模糊性②。

综观龙山时代的考古发现，给人留下深刻印象的是大小不等的众多城址、高台宫殿和大小不等的房子、大中小不同内涵的墓葬以及祭祀礼器的出现等方面。从聚落结构看，保留着聚族而居的传统。就目前发现最大的石峁城址来说，尽管拥有400多万平方米的庞大体量，却未必能够给学界带来远超像陶寺

---

① 王震中、王祁：《从文明起源到古史重建——王震中先生访谈录》，《南方文物》2017年第2期。

② 李桂民：《黄帝史实与崇拜研究》，中国社会科学出版社，2014年版，第35页。

遗址的丰富内涵。韩建业认为石峁古城的巨大规模受到东方城建思想的影响，宏大建筑所体现的强大组织能力，或者只是北方集体主义的表现，多处青年女性人头坑，为对待战俘残暴性的流露，未必是社会等级分化的证据。考古发现的墓葬、房屋等，尚未有显著差别。北方地区地处边缘，最终只是将文化要素融入中原，并没有能够长期引领中国文化发展，只有居"天下之中"的中原，才具有兴盛时期影响全局、低谷时博采众长的条件①。

陶寺早期的城址，城内北部为普通居民区，西南为下层贵族区，东南为宫殿区，早期城址外西南、东南、东北分别为墓葬、仓储和祭祀区。陶寺文化中期修建了大城，大城东北部和早期小城内主要是宫殿区，新建的小城内为王陵区和祭祀区，大城西南部为手工作坊区，西北部为普通居住区。晚期城墙、宫殿区、祭祀区和手工作坊区等都遭到破坏，普通居住区在Ⅱ区西北部，晚期墓葬分散在遗址各处，显然失去了中心聚落的地位。从遗址文化因素上看，陶寺文化中期变化较大，早期的炊器釜灶、深腹罐、陶斝等变成双鋬鬲、单把鬲和甗等为主，这种变化似不应简单地视为北方因素的影响所致。

从目前公布的材料来看，石峁遗址虽然发现了较高规模墓葬，但由于盗掘严重，尚未发现像陶寺遗址那样的厚葬。对于陶寺文化遗址，有观点认为是夏都，还有的观点认为是尧都等，观点并不一致。不过，把陶寺遗址和传说中的尧相联系，是考古学界的主流观点。鉴于陶寺遗址内部功能区的转换，其族属应进一步研究，尤其是晚期发生的毁墓现象，一般认为是一种蓄意的报复，在这块土地上所发生的重大历史事件，很值得进一步探讨。

龙山时代的考古发现还显示，尽管发现了权力象征的玉钺等，却没有发现大规模的兵器。中国最早的青铜器礼兵器群，发现于二里头文化遗址中②，"蚩尤作兵"至今没有得到考古学的证实，这和战争成为经常性职业的龙山时代很不相符。没有大规模的兵器，就很难得出当时有大量的军队存在，鉴于文明起源关键要素的阙如，断言龙山时代中国已经进入国家阶段，未免有点言之过早。目前来看，将其社会形态定位为族邦较为合适。在对中国文明起源的探

---

① 韩建业：《龙山时代的中原和北方——文明化进程比较》，《中原文化研究》2017年第4期。

② 许宏：《金玉共振：中国青铜时代伊始玉兵器的演变态势》，《百色学院学报》2014年第3期。

讨上，不应忽视中国社会结构中的宗族特性，这种特性到了商周时期依然根深蒂固，其余风遗韵绵延甚久。同时也应看到，龙山时代无论是聚落结构，还是社会组织，都已经发生了很大变化。龙山时代的先民创造了杰出的物质文明，已经进入了初期文明社会，"天下之中"的中原地区，以其优越的地理位置保持着领先地位。因此，继续加大对中原地区考古的力度，对于中华文明探源有着重要的意义。

试析黄老道家的起源及其母性主义内涵
——以《道德经》为中心

吴小强 邵 薇

（广州大学档案馆馆长、教授；广州大学人文学院讲师）

摘 要：黄老道家是一种古老的思想学说，源自黄帝时代，老子总结、发展了道家学说。黄老道家的思想核心是母性主义价值观，即以生命为本，崇尚生命价值高于一切，"无为""贵柔"是其生命存在的基本态度和主要方式。由母性主义价值观引申至社会政治、经济、文化、生活诸领域，表现为"道法自然"的价值取向与路径选择。

关键词：黄老道家；母性主义；生命为本；道法自然

黄老道家思想源远流长，上承黄帝，下启老子，辉煌汉初，光耀唐宋，不绝如缕，余绪至今，曾经在中国古代社会产生了巨大影响，是中华民族生生不息、奋发自强的主要思想源泉之一。笔者不避浅陋，试就黄老思想渊源及其母性主义和生命意识略作探究，以求教于学林方家。

一、黄老道家思想源流考辨

黄帝、老子并称，就已知文献记载而言，当始于战国中期至秦汉时代。司马迁评价汉初名相陈平："陈丞相平少时，本好黄帝、老子之术。方其割肉俎上之时，其意固已远矣。"① 西汉初期，黄老道家成为社会显学，并上升为统治集团的执政理念，从汉惠帝、吕后到汉文帝、汉景帝，均推崇黄老道家，造就了著名的"文景之治"。汉文帝皇后、汉景帝生母窦太后就是黄老道家的笃信者和实践者，史书载："窦太后好黄帝、老子言，景帝及诸窦不得不读《老

---

① 司马迁：《史记·陈丞相世家》，北京：中华书局，1982年，第2062页。

子》尊其术，太后后景帝六岁，凡立五十一年，元光六年（前129）崩，合葬霸陵。"① 窦太后尽管失明，其思想却影响了孝文、孝景、孝武三代皇帝。

黄老道家作为皇权统治思想虽然盛于汉初，但其思想渊源却十分古老，甚至可以追溯到中华文明始祖黄帝时代。我们从司马迁的后人褚少孙先生的记载中或许能略窥一二："夫司马季主者，楚贤大夫，游学长安，通《易经》，术黄帝、老子，博闻远见。观其对二大夫贵人之谈言，称引古明王圣人道，固非浅闻小数之能。"② 褚少孙所说的"二大夫"指的是汉文帝时期的宋忠、贾谊。司马季主对他们谈卜者与道家同根同源的关系，其原话是："述而不作，君子义也。今夫卜者，必法天地，象四时，顺于仁义，分策定卦，旋式定棋，然后言天地之利害，事之成败。昔先王之定国家，必先龟策日月，而后乃敢代，正时日，乃后入家，产子必先占吉凶，后乃有之。自伏羲作《八卦》，周文王演三百八十四《爻》而天下治。越王勾践放文王《八卦》以破敌国，霸天下。由是言之，卜筮有何负哉！""且夫卜筮者，埽除设座，正其冠带，然后乃言事，此有礼也。言而鬼神或以飨，忠臣以事其上，孝子以养其亲，慈父以畜其子，此有德者也。而以义置数十百钱，病者或以愈，且死或以生，患或以免，事或以成，嫁子娶妇或以养生：此之为德，岂直数十百钱哉！此夫老子所谓'上德不德，是以有德'。今夫卜筮者利大而谢少，老子之云岂异于是乎？"③ 这段对话对于探究黄老道家思想的深厚渊源颇有启发，即卜筮与道家同出一源，义理相通。可以说，自黄帝以降，历尧舜禹及夏商周三代，迄于两汉乃至后世，卜筮之术长盛不衰，其与黄老道家和汉末兴起的道教有着千丝万缕的联系，这是我们理解黄老道家思想渊源的重要认识基础。1973年湖南长沙马王堆汉墓出土的帛书《老子》、1993年湖北郭店楚墓出土的楚简《老子》、1975年湖北云梦睡虎地秦墓出土的秦简《日书》及后来各地陆续发现的汉简《日

---

① 班固：《汉书·外戚传》，北京：中华书局，1962年，第3945页。
② 司马迁：《史记·日者列传》，北京：中华书局，1982年，第3221页，第3218-3219页。
③ 司马迁：《史记·日者列传》，北京：中华书局，1982年，第3221页，第3218-3219页。

书》等考古资料,也在一定程度上支持了卜筮与黄老道家同源的观点。①

黄老道家究竟起源于何时?伟大的思想家、教育家孔子为我们提供了线索。《史记·五帝本纪》:"黄帝崩,葬桥山。"《史记集解》引皇甫谧曰:"在位百年而崩,年一百一十一岁。"《史记索隐》:"案:《大戴礼》宰我问孔子曰:'荣伊言黄帝三百年,请问黄帝何人也?抑非人也?何以至三百年乎?'对曰:'生而人得其利百年,死而人畏其神百年,亡而人用其教百年。'则士安之说略可凭也。"②《孔子家语·五帝德》载孔子对黄帝的评价:"治民以顺天地之纪,知幽明之故,达生死存亡之说。播时百谷,尝味草木,仁厚及于鸟兽昆虫。考日月星辰,劳耳目,勤心力,用水火财物以生民。民赖其利,百年而死;民畏其神,百年而亡;民用其教,百年而移。故曰'黄帝三百年'。"③孔子所言黄帝功德"顺天地之纪,知幽明之故,达生死存亡之说",与道家思想相契合,换言之,道家思想源自黄帝。

一般认为,老子(约前580—约前500年)是道家的创始人,提出了道家思想的基本理论,司马迁特为老子立传。透过太史公的记述,也可以发现老子与黄帝的关联。《史记·老子韩非列传》:"老子者,楚苦县厉乡曲仁里人也,姓李氏,名耳,字聃,周守藏室之史也。孔子适周,将问礼于老子。老子曰:'子所言者,其人与骨皆已朽矣,独其言在耳。且君子得其时则驾,不得其时则蓬累而行。吾闻之,良贾深藏若虚,君子盛德,容貌若愚。去子之骄气与多欲,态色与淫志,是皆无益于子之身。吾所以告子,若是而已。'孔子去,谓弟子曰:'鸟,吾知其能飞;鱼,吾知其能游;兽,吾知其能走。走者可以为罔,游者可以为纶,飞者可以为矰。至于龙吾不能知,其乘风云而上天。吾今

---

① 参阅丁四新:《郭店楚墓竹简思想研究》,北京:东方出版社,2000 年;吴小强:《秦简日书集释》,长沙:岳麓书社,2000 年;尹振环:《楚简老子辨析——楚简与帛书〈老子〉的比较研究》,北京:中华书局,2001 年;[美]艾兰(Sarah Allan)、[英]魏克彬(Crispin Williams)原编,邢文编译《郭店〈老子〉——东西方学者的对话》,北京:学苑出版社,2002 年;[美]韩禄伯(Robert G. Henricks)著,邢文改编,余瑾翻译:《简帛老子研究》,北京:学苑出版社,2002 年;李零:《简帛古书与学术源流》,北京:生活·读书·新知三联书店,2004 年等。

② 司马迁:《史记·五帝本纪》,北京:中华书局,1982 年,第 10 - 11 页。

③ 杨朝明、宋立林主编:《孔子家语通解》,济南:齐鲁书社,2015 年,第 275 页。

日见老子，其犹龙邪！'"①潘雨廷认为孔子将老子比喻为龙，"凡潜龙之游，见龙之走，飞龙之飞，莫不可乘风云而上天。孔子视老子犹龙，此不知之知，实已得老子之旨而能终身受益。"②龙，是华夏族的图腾，也是黄帝的象征，闻一多先生曾经敏锐地指出："龙图腾，不拘它局部的像马也好，像狗也好，或像鱼，像鸟，像鹿都好，它的主干部分和基本形态却是蛇。这表明在当初那众图腾林立的时代，内中以蛇图腾为最强大，众图腾的合并与融化，便是这蛇图腾兼并与同化了许多弱小单位的结果。""图腾的合并，是图腾式的社会发展必循的途径。"③山东嘉祥县武氏墓群石刻博物馆藏（旧称武梁祠石室）东汉桓帝、灵帝时期所刻伏羲、女娲、黄帝等远古圣王像，其中伏羲、女娲为人面蛇身交尾形象，此种形象在汉代画像石上十分常见；而传说黄帝驭龙升天，龙应为炎黄二帝联盟的共同图腾。闻一多将龙解释为大蛇图腾部落兼并其他图腾部落而形成的图腾崇拜符号，是很有说服力的。《尸子》称"伏羲始画八卦，列八节而化天下"。④易、道同源，《周易》与道家应当都源自伏羲、黄帝时代。

其实，关于道家源自黄帝，并非新说，前人已有此论。广东先贤江瑔《论道家为百家所从出》一文提出："道家者，上所以接史官之传，下所以开百家之学者也。""夫史官之初设，所以制文字，掌文书。（按《周礼·天官》序官，'史十有二人'，注：'史，掌书者。'又疏：'史，主造文书也。'）盖立史官以制文字，文字既成，复专为史官所司。然文字之兴，肇于黄帝之世，（按：制文字者为仓颉，仓颉为黄帝史臣）而黄帝固为道家之始祖。是时百学未兴，道家即岿然以立，然则谓有史官即有道家可也，谓有文字即有道家亦无不可也。"江瑔列举了自黄帝以下历代圣王、贤相、名士应用道家思想的著名事例："自是厥后，为人君者皆以道家之术治天下。如尧之让天下，舜之无为而治，禹之节俭，汤之身为牺牲，武王之大赉（赏赐），皆深得道家之精意。即在下者如巢、许、务光之徒，敝屣（鞋）天下，自乐其乐，亦默传道家之

---

① 司马迁：《史记·老子韩非列传》，北京：中华书局，1982年，第2139－2140页。
② 潘雨廷：《易与佛教、易与老庄》，上海：上海古籍出版社，2005年，第167页。
③ 闻一多：《伏羲考》，上海：上海世纪出版集团，2009年，第21－22页。
④ ［周］尸佼撰，［清］汪继培辑，黄曙辉点校：《尸子》，华东师范大学出版社，2009年，第43页。

遗风。其他著书立说以行于世者,如殷之伊尹,周之鬻子、太公,齐之管仲,皆盛于时。可见其学之盛,而其来已久。盖自黄帝以后,老子以前,上下二千年,惟道家之学,扶舆(升腾)磅礴,而无他家立足于其间。然则是时舍道家外,殆无学之可言矣。""是可见老子以前,道家独盛;老子以后,百家朋兴。而诸子之学,虽支分派别,源远流歧,而溯其授受之薖荋,咸萌芽于道家,实了然无可疑。故司马谈《论六家要旨》,首推道家;司马迁撰《史记》,'先黄老而后《六经》'。盖溯其学术所自来,而不能强为倒置也。"① 张荣芳先生评价江瑔关于中国百家之学,咸出于道家的观点,"这是发人所未发的深刻见解"。②

班固《汉书·艺文志》:"道家者流,盖出于史官,历记成败存亡祸福古今之道,然后知秉要执本,清虚以自守,卑弱以自持,此君人南面之术也。合于尧之克攘,《易》之嗛嗛,一谦而四益,此其所长也。及放者为之,则欲绝去礼学,兼弃仁义,曰独任清虚可以为治。"③ 显然,江瑔的论述是对班固观点的引申与发展。班固"道家者流,盖出于史官"是对黄帝以来历史事实的客观记录,道家代表人物老子任周守藏室之史,即东周王朝的史官。西汉太史公司马谈、司马迁父子既是世袭史官,又为道家。司马谈论"六家之要指",明确指出道家为百家之宗的历史地位:"道家使人精神专一,动合无形,赡足万物。其为术也,因阴阳之大顺,采儒墨之善,撮名法之要,与时迁移,应物变化,立俗施事,无所不宜,指约而易操,事少而功多。"④ 江瑔关于道家出自黄帝史官、先秦百家出自道家的论断是可以成立的。

庞朴从字源学角度分析,认为道家出自原始社会的巫祝、后来的史官,说"无"字被选定为道家的哲学范畴,有其深远的思想渊源。在甲骨文中,"无"字是一个舞蹈者形象,"无"与"舞"本是一个字,原始社会中"能事无形以舞降神"的巫,就是后来的史官,亦即道家者流之所出,这些巫(史官)"心

---

① 江日亨主编:《江瑔著作汇编》,香港:中国评论学术出版社,2017年,第79 - 80页,第84页。
② 张荣芳:《江瑔》,广东人民出版社,2016年,第42页;江日亨主编:《江瑔著作汇编》,香港:中国评论学术出版社,2017年,第6页。
③ 班固:《汉书·艺文志》,北京:中华书局,1962年,第1732页。
④ 司马迁:《史记·太史公自序》,北京:中华书局,1982年,第3289页。

目中的无,不仅不是虚空或没有,而是主宰万物、支配一切……神圣的有。这样的无,正是后来道家思想的源头"。一般认为,《老》《易》同源,"《易经》作为巫用以事神和探测神意的工具,完全体现了'无'的原则"。①

老子在黄老道家思想的演变过程中无疑是一位非常重要的代表人物,他承前启后,对黄帝以来的道家思想进行了系统、全面的分析、归纳与总结,提出了自己的思考与观点,可以说,《道德经》就是老子这种总结与思考的结晶,也是 2000 年来道家思想学说的集大成者。司马迁记载了老子撰写《道德经》的经过:"老子修道德,其学以自隐无名为务。居周久之,见周之衰,乃遂去。至关,关令尹喜曰:子将隐矣,强为我著书。于是老子乃著书上下篇,言道德之意五千余言而去,莫知其所终。或曰:老莱子亦楚人也,著书十五篇,言道家之用,与孔子同时云。盖老子百有六十余岁,或言二百余岁,以其修道而养寿也。"太史公强调:"老子,隐君子者也。"②

根据先秦古书的成书规律,《道德经》应当出自多代多人之手,而非老子一人。有学者指出,人们通过对近些年考古出土的各种先秦文献的研究证明,古代思想家的著作最终编成书,往往不是作者本人所为,而是由他的弟子、再传弟子、甚至是没有干系的人编辑而成的,《老子》一书大概也可以归于这一类。③ 此说甚为合理。尽管如此,汉代人习惯将道家称为"黄老之术",以黄帝、老子并称,一定是有其理由的。可以说,黄帝、老子,是道家思想发轫、形成与发展的标志性人物。

二、作为母性生命力象征的"道"

《道德经》或《老子》一书,最重要、最核心的哲学概念是"道"。据统计,全书有 74 次提及"道",作者将"道"看作是超越经验世界的宇宙本原和最高哲学本体,亦是人类一切活动的根本出发点和最后归宿。"道"既是抽象的,形而上的,同时也是物质的,与物质世界和人类生存密切关联的。

---

① 孙以楷主编,孙以楷、陆建华、刘慕方著:《道家与中国哲学》(先秦卷),北京:人民出版社,2004 年,第 59-60 页。
② 司马迁:《史记·老子韩非列传》,北京:中华书局,1982 年,第 2141-2142 页。
③ 刘昭瑞:《〈老子想尔注〉导读与译注》,南昌:江西人民出版社,2012 年,第 8 页。

"道"是宇宙的起源和生命力的源泉,体现了人类母性特征和生命意识的觉醒。《道德经》第42章:"道生一,一生二,二生三,三生万物。万物负阴而抱阳,冲气以为和。"(马王堆帛书《老子》甲本作"中气以为和")即是对"道"所蕴含的强大生命力的高度概括。

与《论语》《孟子》等儒家经典不同的是,《道德经》未提及"大丈夫"等男性化的概念,却反复提到"母""牝"等女性化形象,这是今人读《道德经》时不得不察的文本现象。例如,《道德经》第1章:"道,可道,非常道;名,可名,非常名。无名,天地之始;有名,万物之母。故,常无,欲以观其妙,常有,欲以观其徼。此两者同出而异名。同谓之玄,玄之又玄,众妙之门。"①第6章"谷神不死,是谓玄牝。玄牝之门,是谓天地根。绵绵若存,用之不勤。"第55章:"含德之厚,比于赤子:毒虫不螫;猛兽不据;攫鸟不搏;骨弱筋柔而握固;未知牝牡之合而朘作,精之至也;终日号而不嗄,和之至也。知和曰常,知常曰明,益生曰祥,心使气曰强。物壮则老,谓之不道,不道早已。"第61章:"大国者下流,天下之交,天下之牝。牝常以静胜牡,以静为下。"

"无""有""母""牝",这4个关键字是老子"道"的核心概念,构成了《道德经》的理论骨骼与精髓。关于"无"与"有",《道德经》内有许多表述,例如:第14章"视之不见,名曰夷;听之不闻,名曰希;搏之不得,名曰微。此三者,不可致诘,故混而为一。其上不皦,其下不昧,绳绳不可名,复归于无物。是谓无状之状,无物之象,是谓恍惚。迎之不见其首,随之不见其后。执古之道以御今之有,能知古始,是谓道纪。"第25章"有物混成,先天地生。寂兮寥兮,独立不改,周行而不殆。可以为天下母。吾不知其名,字之曰道,强为之名曰大。大曰逝,逝曰远,远曰反。故道大,天大,地大,人亦大。域中有四大,而人居其一焉。人法地,地法天,天法道,道法自然。"(案:郭店楚简《老子》作"天大,地大,道大,王亦大。域中有四大,而王处一焉。")第21章:"孔德之容,惟道是从。道之为物,惟恍惟惚;恍兮惚兮,其中有象;恍兮惚兮,其中有物。窈兮冥兮,其中有精。其精甚真,

---

① 本文所引《道德经》原文,均出自任继愈:《老子绎读》,北京图书馆出版社,2006年。

其中有信。自古及今，其名不去，以阅众甫。吾何以知众甫之状哉？以此。"第16章："致虚极，守静笃。万物并作，吾以观复。夫物芸芸，各复归其根。归根曰静，是曰复命；复命曰常，知常曰明。不知常，妄作——凶。知常容，容乃公，公乃王，王乃天，天乃道，道乃久，殁身不殆。"第51章"道生之，德畜之，物形之，势成之。是以万物莫不尊道而贵德。道之尊，德之贵，夫莫之命而常自然。故道生之，德畜之，长之育之，亭之毒之（案：使结果、成熟），养之覆之，生而不有，为而不恃，长而不宰，是谓玄德。"第23章"希言自然。故飘风不终朝，骤雨不终日。孰为此者？天地。天地尚不能久，而况于人乎？故从事于道者：道者同于道，德者同于德，失者同于失。同于道者，道亦乐得之；同于德者，德亦乐得之；同于失者，失亦乐得之。信不足焉，有不信焉！"

在上述"道"的概念中，"无状之状，无物之象"的"恍惚"，"执古之道以御今之有，能知古始"的"道纪"，"道法自然"的"自然"，"致虚极"的"虚极"等，皆为对"道"的诠释。其中"道生之"的观点特别需要重视，老子点明了"道"的特质是"生"，即生养、化育宇宙万物。

关于"母"与"牝"，老子在《道德经》中反复使用，多次论及。如"万物之母"（第1章）、"天下母"（第25章）、"玄牝"（第1章）、"牝牡之合"（第55章）、"天下之牝"（第61章）等。"母"如本字，其义甚明。"牝牡"则与自然界"雌雄"相对应，"牝"指雌性的，阴性的、大地的、女性的、生殖的。《经籍纂诂》解释"牝"为"雌也""阴也""地也"；"牝者，阴类也""在阴为牝，在阳为牡。""坤为牝"，"牝者，阴牲。""豀谷为牝。""《国语·越语》：'凡陈之道，设右以为牝，益左以为牡'注。""左牡而右牝。"并说明"牝，于人为口，《老子》'是谓元牝'注。"[1]"元牝"即"玄牝"，因清人避清圣祖康熙皇帝玄烨名讳而改"玄"为"元"。"牝"原指雌性生殖器官，引申为阴性类事物，包括女性在内。《后汉书·杨震列传》载，杨震上疏："《书》诫牝鸡牡鸣，《诗》刺哲妇丧国。"李贤注："牝，雌也，牡，雄也。《尚书》：'古人有言，牝鸡无晨，牝鸡之晨，唯家之索。'"

---

① [清]阮元等撰集：《经籍纂诂》上册，北京：中华书局，1982年，第1105页。

"《诗·大雅》曰：'哲夫成城，哲妇倾城。'"①

汉代河上公将老子"是谓玄牝"解释为："言不死之道，在于玄牝。玄，天也，于人为鼻。牝，地也，于人为口。天食人以五气，从鼻入藏于心。五气清微，为精神聪明，音声五性。其鬼曰魂，魂者雄也，主出入人鼻，与天通，故鼻为玄也。地食人以五味，从口入藏于胃。五味浊辱，为形骸骨肉，血脉六情。其鬼曰魄，魄者雌也，主出入人口，与地通，故口为牝也。"② 这种解释带有较为明显的道教色彩。

陈鼓应认为，"玄牝"即"微妙的母性，指天地万物总生产的地方（张松如《老子校读》）。按这里用以形容'道'的不可思议的生殖力。'牝'，即是生殖，'道'（'谷神'）生殖天地万物，整个创生的过程却没有一丝形迹可寻，所以用'玄'来形容。'玄'即幽深不测的意思。"他还引用苏辙的观点："谓之'谷神'，言其德也。谓之'玄牝'，言其功也。牝生万物，而谓之玄焉，言见其生而不见其所以生也。"（《老子解》）又引车载说："谷神"，是"道"的写状，"不死"，就是道的永恒性说。"谷神不死"，是指"常道"。"牝"，指能够生物的东西；"玄"，就总的、共同的、统一的方面说；"玄牝"，是指一切事物总的产生的地方。（《论老子》，第50页）③ 将"牝"解为生殖，是十分准确的。任继愈曾经明确指出："'牝'是一切动物的雌性生殖器官。此理推广到一切事物，指应当生长之处。'玄牝'是象征着深远的、看不见的生产万物的生殖器官。"他还以云南剑川县古山洞"玄牝之门"的民俗学资料来印证自己的观点。④ 海外学者韩禄伯认为："道"是一个母性的、物质的存在，因而，老子在第1、20、25、52和59章等处多次将"道"指称为"母"，也

---

① ［宋］范晔撰，［唐］李贤等注：《后汉书·杨震列传》，北京：中华书局，1965年，第1761－1762页。

② 王卡点校：《老子道德经河上公章句》，北京：中华书局，1993年，第21－22页。

③ 陈鼓应：《老子注译及评介》，北京：中华书局，1984年，第85－86页。

④ 任继愈："抗战时期我在滇时，据友人云南大学历史系李埏教授说，云南省剑川县有古洞，门口刻有女性生殖器，题为'玄牝之门'，可见古人对'玄牝'的理解。老子把物质的不断变化这一作用当作万物发生的根源。参看《朱子语类》卷一百二十五。"见《老子绎读》，北京图书馆出版社，2006年，第14页。

就是一件极其自然的事情了。①

老子将道比喻成"玄牝",显然十分推崇"牝"的生殖力,这实际上是对原始社会女性生殖崇拜文化的哲学化抽象和形而上的概括。在中外各国文明演化历程中,曾经普遍存在生殖崇拜文化现象。以中国为例,汉代画像石上的伏羲、女娲蛇身人面交尾图,即是对创造生命神奇力量的生动刻画。此外,汉族女娲造人神话,壮族《姆六甲造人》,彝族《阿细的先基》,蒙古族《人类的起源》《天神造人》,藏族《始祖神话》《灵猴繁衍之人种》等等,"都具有体现人类诞生的文化因子"。②《史记·殷本纪》载:"殷契,母曰简狄,有娀氏之女,为帝喾次妃。三人行浴,见玄鸟堕其卵,简狄取吞之,因孕生契。"③在殷商始祖殷契之母简狄的身上,不难发现老子关于"天下母"的生动演绎。

"牝"除了具有生殖器官和生殖力量的含义以外,还有变化、造化的意义。"牝"字右边为"匕",其原义为变化。《说文解字》:"匕,变也,从到人,凡匕之属皆从匕。"段注:"变者,匕也,凡变匕当作匕,教化当作化,许氏之字指也。今变匕尽作化,化行而匕废矣。《大宗伯》以礼乐合天地之化,百物之产。注曰:能生非类曰化,生其种曰产。按虞荀注《易》,分别天变地化,阳变阴化,析言之也。许以匕释变者,浑言之也。""到者,今之倒字,人而倒,变匕之意也。呼跨切,十七部。"④段氏所谓"人而倒,变匕之意",即孕妇倒下生产的意思,也是"匕""牝"的本意。

《易·系辞上传》:"一阴一阳之谓道。继之者善也,成之者性也。仁者见之谓之仁,知者见之谓之知,百姓日用而不知,故君子之道鲜矣。显诸仁,藏诸用,鼓万物而不与圣人同忧,盛德大业至矣哉!富有之谓大业,日新之谓盛德。生生之谓易,成象之谓乾,效法之谓坤。极数知来之谓占,通变之谓事,阴阳不测之谓神。"《周易正义》:"言道之功用能鼓动万物,使之化育,故云'鼓万物';圣人化物不能'全'以为体,犹有经营之忧。道则虚无为用,无

---

① [美]韩禄伯(Robert G. Henricks)著,邢文改编,余瑾翻译:《简帛老子研究》,北京:学苑出版社,2002年,第35页。
② 廖明君:《生殖崇拜的文化解读》,南宁:广西人民出版社,2006年,第3页。
③ 司马迁:《史记·殷本纪》,北京:中华书局,1982年,第91页。
④ [汉]许慎撰、[清]段玉裁注:《说文解字注》,上海古籍出版社,1988年第2版,第384页。

事无为；不与圣人同用有经营之忧也。""圣人为功用之母，体同于道，万物由之而通，众事以之而理，是圣人极盛之德，广大之业至极矣哉。于行谓之德，于事谓之业。"关于"生生之谓易"的解释，《周易集解》引荀爽曰："阴阳相易转相生也。"《周易正义》："生生，不绝之辞。阴阳变转，后生次于前生，是万物恒生谓之'易'也。前后之生，变化改易，生必有死；《易》主劝诫，奖人为善，故云'生'，不云'死'也。"①《周易》之道与老子所阐释的"道""谷神""玄牝"等意义相通，相互印证，都是对生命创造之源泉的探究与礼赞。

三、"贵柔守雌"的女性主义价值观

老子在《道德经》中论述的"道"是无形的（"无"）、空虚的（"谷神"）、难以捉摸的（"恍惚"），又是有形的（"有""天地"）、可以看得见的（"道生之"、万物生发）。"道"是母性的（"天下母"）、雌性的、阴性的（"玄牝"），是孕育、生产宇宙万物的巨大女性生殖器官。在老子看来，天地之间最接近"道"的有形物质，非水莫属。《道德经》第 8 章："上善若水。水善利万物而不争，处众人之所恶，故几于道。居善地，与善仁（帛书为'天'），言善信，正善治，事善能，动善时。夫唯不争，故无尤。"老子盛赞水的美德和作用，"水善利万物而不争"，"故几于道"，所以最近似"道"，认为它充分彰显了"道"的本质。第 43 章："天下之至柔，驰骋天下之至坚。无有入无间。吾是以知无为之有益。不言之教，无为之益，天下希及之。"第 78 章："天下莫柔弱于水，而攻坚强者莫之能胜，其无以易之。弱之胜强，柔之胜刚，天下莫不知，莫能行。是以圣人云：受国之垢，是谓社稷主。受国不祥，是为天下王。正言若反。"《红楼梦》中贾宝玉把女儿比作水，是大有深意的。贺樟榕认为，《老子》具有明显的崇阴尚柔倾向。②

老子爱女性，推崇女性不可思议的强大生命力。在老子看来，女性的特质

---

① [清]阮元校刻：《十三经注疏》（上册），北京：中华书局影印，1980 年，第 78 页；亦见黄寿祺、张善文撰：《周易译注》，上海世纪出版股份有限公司、上海古籍出版社，2004 年，第 503－504 页。

② 贺璋瑢：《〈老子〉哲学的性别意识探略》，《华南师范大学学报》，2012 年第 1 期。

是柔软、弱小、温润、谦卑,这种特质反映了宇宙之源和生命之根"道"的本质。因此,老子提出"贵柔守雌"的世界观、价值观,从而将这种具有显著女性化特征的"道",或曰女性主义的价值观、社会观、宇宙观推而广之,应用到对自然界和社会认识的各个领域。就人类社会而言,老子的女性主义价值观主要体现在以下几个方面:

(一)"贵柔守雌""无为而治"的执政理念

正如班固所言,道家本为"君人南面之术"。《道德经》的政治思想核心和施政纲领是以柔治国。第10章:"载营魄抱一,能无离乎?专气致柔,能婴儿乎?涤除玄览,能无疵乎?爱民治国,能无知乎?天门开阖,能为雌乎?明白四达,能无为乎?生之、畜之;生而不有;为而不恃;长而不宰,是谓玄德。"第28章:"知其雄,守其雌,为天下豀(案:沟溪)。为天下豀:常德不离,复归于婴儿。知其白,守其黑,为天下式(案:占卜之器)。为天下式,常德不忒(案:差错),复归于无极。知其荣,守其辱,为天下谷。为天下谷,常德乃足,复归于朴。朴散则为器,圣人用之,则为官长。故大制不割。"最完美的国家管理是顺乎人性,不出于勉强。

君王必须以民为本,爱民律己,克制欲望,尊重百姓的愿望,轻徭薄赋。第37章:"道常无为,而无不为。侯王若能守之,万物将自化。化而欲作,吾将镇之以无名之朴。无名之朴,夫亦将不欲。不欲以静,天下将自定。"第49章:"圣人无常心,以百姓心为心。善者吾善之,不善者吾亦善之,德善。信者吾信之,不信者吾亦信之,德信。圣人在天下,歙歙为天下浑其心,[百姓皆注其耳目],圣人皆孩之。"第58章:"其政闷闷(注:宽大),其民淳淳。其政察察,其民缺缺。祸兮,福之所倚;福兮,祸之所伏。"第60章:"治大国若烹小鲜。以道莅天下,其鬼不神。非其鬼不神,其神不伤人。非其神不伤人,圣人亦不伤人。夫两不相伤,故德交归焉。"

在国家管理和社会治理方面,老子主张实行愚民政策,赞赏小国寡民的政治理想。第3章:"不尚贤,使民不争;不贵难得之货,使民不为盗;不见可欲,使民心不乱。是以圣人之治,虚其心,实其腹,弱其志,强其骨,常使民无知无欲。使夫智者不敢为也。为无为,则无不治。"第12章:"五色令人目盲;五音令人耳聋;五味令人口爽(案:伤);驰骋畋猎令人心发狂;难得之货令人行妨。是以圣人为腹不为目。故去彼取此。"第19章"绝圣弃智(案:

郭店楚简《老子》作"绝智弃辩"），民利百倍；绝仁弃义，民复孝慈；绝巧弃利，盗贼无有。此三者以为文不足，故令有所属：见素抱朴，少私寡欲。"第80章："小国寡民。使有什伯之器而不用；使民重死而不远徙；虽有舟舆，无所乘之；虽有甲兵，无所陈之。使人复结绳而用之。甘其食，美其服，安其居，乐其俗，邻国相望，鸡犬之声相闻，民至老死，不相往来。"

（二）"恶兵厚生""无欲无事"的治国方略

老子特别尊重生命，对君王那种好大喜功，为满足私欲而发动战争、折腾百姓的做法极其反感，倡导和平，反对战争。《道德经》第30章："以道佐人主者，不以兵强天下，其事好还（案：报应）：师之所处，荆棘生焉；大军之后，必有凶年。善有果而已，不敢以取强。果而勿矜，果而勿伐，果而勿骄，果而不得已，果而勿强。物壮则老，是谓不道。不道早已。"第31章："夫唯兵者不祥之器，物或恶之，故有道者不处。君子居则贵左，用兵则贵右。兵者不祥之器，非君子之器，不得已而用之，恬淡为上，胜而不美。而美之者，是乐杀人。夫乐杀人者，则不可得志于天下矣。吉事尚左，凶事尚右。偏将军居左，上将军居右，言以丧礼处之。杀人之众，以悲哀莅之，战胜以丧礼处之。"第46章："天下有道，却走马以粪；天下无道，戎马生于郊。祸莫大于不知足，咎莫大于欲得。故知足之足常足矣。"第57章："以正治国，以奇用兵，以无事取天下。吾何以知其然哉？以此：天下多忌讳而民弥贫；民多利器，国家滋昏；人多伎巧，奇物滋起；法令滋彰，盗贼多有。故圣人云：我无为而民自化，我好静而民自正，我无事而民自富，我无欲而民自朴。"

老子十分看重生死，崇柔厚生。第50章："出生入死。生之徒十有三，死之徒十有三，人之生，动之于死地，亦十有三。夫何故？以其生生之厚。盖闻善摄生者，陆行不遇兕虎，入军不被甲兵。兕无所投其角，虎无所措其爪，兵无所容其刃。夫何故？以其无死地。"第76章："人之生也柔弱，其死也坚强。万物草木之生也柔脆，其死也枯槁。故坚强者死之徒，柔弱者生之徒。是以兵强则灭，木强则折。坚强处下，柔弱处上。"柔弱灵活是生命力量的体现，而坚强僵硬则意味着生命源泉的枯竭。

（三）"质真若渝""不言之教"的社会管理

《道德经》代表了中国古代哲学家对大自然法则的深刻认识和对人类命运的高度感悟，其中充满了辩证法思想。它认为事物将不断向相反方向变化发展,这是客观世界永恒的规律。《道德经》第 40 章:"反者道之动,弱者道之用。天下万物生于有,有生于无。"世界上没有完美的事物,而"不完美"则是人类社会的常道。第 2 章:"天下皆知美之为美,斯恶矣;皆知善之为善,斯不善矣。故有无相生,难易相成,长短相形,高下相倾,音声相和,前后相随。是以圣人处无为之事,行不言之教,万物作焉而不为始,生而不有,为而不恃,功成而弗居。夫唯弗居,是以不去。"第 18 章:"大道废,有仁义。慧智出,有大伪。六亲不和,有孝慈。国家昏乱,有忠臣。"第 38 章:"上德不德,是以有德。下德不失德,是以无德。上德无为而无以为。下德为之而有以为。上仁为之而无以为。上义为之而有以为。上礼为之而莫之应,则攘臂而扔之。故失道而后德,失德而后仁,失仁而后义,失义而后礼。夫礼者,忠信之薄而乱之首。"第 36 章:"将欲歙之,必固张之;将欲弱之,必固强之;将欲废之,必固兴之;将欲夺之,必固与之。是谓微明,柔弱胜刚强。鱼不可脱于渊,国之利器不可以示人。"

第 22 章:"曲则全,枉则直,洼则盈,敝则新,少则得,多则惑。是以圣人抱一为天下式。不自见,故明;不自是,故彰;不自伐,故有功;不自矜,故长。夫唯不争,故天下莫能与之争。古之所谓曲则全者,岂虚言哉?诚全而归之。"第 41 章:"故建言有之:明道若昧,进道若退,夷道若纇(案:崎岖),上德若谷,大白若辱,广德若不足,建德若媮(案:怠惰),质真若渝,大方无隅,大器晚成,大音希声,大象无形。"第 45 章:"大成若缺,其用不弊。大盈若冲(案:空虚),其用不穷。大直若曲,大巧若拙,大辩若讷。躁胜寒,静胜热,清净为天下正。"老子指明,曲折才是自然界的常道,不完美则是人类社会的永恒法则。

(四)"自知知足""报怨以德"的个人修养

老子主张以"道"原则和"德"的精神进行个人修身养生,这也是黄老道家的重要内容。主要表现在以下几个方面:

1. 懂得"无"即"道"的原理,顺应"无"的约束,不做违背"无"的事情。《道德经》第 11 章:"三十辐共一毂,当其无,有车之用。埏埴以为器,当其无,有器之用。凿户牖以为室,当其无,有室之用。故有之以为利,无之以为用。"关于"道"的特点,已见上文。

2. 正确认识人类学习的局限性,对知识和公众舆论持有必要的警惕心,保持独立精神。第 20 章："绝学无忧。唯之以阿，相去几何？善之与恶，相去若何？人之所畏，不可不畏，荒兮，其未央哉！众人熙熙，如享太牢，如春登台。我独泊兮，其未兆，如婴儿之未孩，儽儽（案，通"累"）兮，若无所归！众人皆有余，而我独若遗，我愚人之心也哉，沌沌兮！俗人昭昭，我独昏昏。俗人察察，我独闷闷。澹兮，其若海，飂（案，疾风）兮，若无止。众人皆有以，而我独顽似鄙。我独异于人，而贵食母。"第 48 章："为学日益，为道日损，损之又损，以至于无为。无为而无不为。取天下常以无事，及其有事，不足以取天下。"

3. 要有"知人"和"自知"的智慧，以"守柔""知足"与"不争"作为为人处世的三大根本原则。第 33 章："知人者智，自知者明。胜人者有力，自胜者强。知足者富，强行者有志，不失其所者久，死而不亡者寿。"第 52 章："见小曰明，守柔曰强。用其光，复归其明，无遗身殃，是谓习常。"第 24 章："企者不立；跨者不行；自见者不明；自是者不彰；自伐者无功；自矜者不长。其在道也，曰余食赘行，物或恶之，故有道者不处。"第 44 章："名与身孰亲？身与货孰多？得与亡孰病？是故，甚爱必大费，多藏必厚亡。知足不辱，知止不殆，可以长久。"第 81 章："信言不美，美言不信。善者不辩，辩者不善。知者不博，博者不知。圣人不积，既以为人己愈有，既以与人己愈多。天之道，利而不害。圣人之道，为而不争。"

4. 以平常之心面对人生际遇，不求完美，做到宠辱不惊、功成身退。第 9 章："持而盈之，不如其已；揣而锐之，不可长保；金玉满堂，莫之能守；富贵而骄，自遗其咎。功成身退，天之道。"第 13 章："宠辱若惊，贵大患若身。何谓宠辱若惊？宠为下，得之若惊，失之若惊，是谓宠辱若惊。何谓贵大患若身？吾所以有大患者，为吾有身，及吾无身，吾有何患！故贵以身为天下，若可寄天下；爱以身为天下，若可托天下。"

5. 向天地学习，以德报怨，从小事、容易的事做起，勇敢地接受困难的挑战。第 7 章："天长地久。天地所以能长且久者，以其不自生，故能长生。是以圣人后其身而身先，外其身而身存。非以其无私邪？故能成其私。"第 63 章："为无为，事无事，味无味。大小多少，报怨以德。图难于其易；为大于其细。天下难事，必作于易；天下大事，必作于细。是以圣人终不为大，故能成其大。夫轻诺必寡信，多易必多难。是以圣人犹难之，故终无难矣。"

四、余论：黄老道家的后世影响

《道德经》共上下两篇，81 章，约五千言，是以有韵诗歌形式写成的先秦哲学经典，开创了黄老道家思想学说演变的里程碑。道家思想的产生与发展是一个不断变化的过程，其影响和意义不可谓不深远。老子思想对春秋时期的孔子、文子、孙武子、范蠡等著名人物均有显著的影响。战国时期的列子、庄子、鹖冠子、韩非子、吕不韦等，都从不同层面、不同角度丰富和发展了老子学说。其中庄周对老子思想的继承与拓展最为卓著。《庄子·天道》："夫帝王之德，以天地为宗，以道德为主，以无为为常。无为也，则用天下而有余；有为也，则为天下用而不足。故古之人贵夫无为也。上无为也，下亦无为也，是下与上同德。下与上同德则不臣。下有为也，上亦有为也，是上与下同道。上与下同道则不主。上必无为而用天下，下必有为而天下用，此不易之道也。"①庄子认为"无为"指的是君主，而臣下则不必无为。这较之《道德经》的阐述更为明朗准确。有学者指出，最早的"无为"论主要指君道，不包括政治运作的全部过程。这是因为，世袭制下的君主，绝大多数不配有为；专制君主的"有为"造成的弊端太多。孟子说"上有所好，下必甚焉"，韩非说"上一下十"，是中国社会的规律。②

从秦灭六国到西汉初期，黄老道家盛极一时，张良、萧何、陈平、曹参、汉文帝、汉景帝、窦太后、淮南王刘安及司马谈、司马迁父子等，均信奉黄老之术。司马迁评价说："老子所贵道，虚无，因应变化于无为，故著书辞称微妙难识。庄子散道德，放论，要亦归之自然。申子卑卑，施之于名实。韩子引绳墨，切事情，明是非，其极惨礉少恩。皆原于道德之意，而老子深远矣。"③太史公对老子的看法应当比后人更接近于历史的真实。

1973 年发现的长沙马王堆汉墓帛书《道德经》和《黄帝书》，对今人了解汉初黄老道家学说的面貌提供了可靠的古代文献版本。例如《黄帝书·经·观》："群群（混混）□□□□□为一囷。无晦无明，未有阴阳。阴阳未定，

---

① 曹础基：《庄子浅注》，北京：中华书局，2014 年，第 227－228 页。
② 尹振环：《"无为"的由来》，《光明日报》，2004 年 4 月 13 日，理论周刊版。
③ 司马迁：《史记·老子韩非列传》，北京：中华书局，1982 年，第 2156 页。

吾未有以名。今始判为两，分为阴阳。离为○四【时】，□□□□□□□□□□，因以为常。其明者以为法，而微道是行。行法循□□□牝牡。牝牡相求，会刚与柔。柔刚相成，牝牡若刑（形）。下会于地，上会于天。得天之微，时若□□□□□□□□寺（待）地气之发也，乃梦（萌）者梦（萌）而兹（孳）者兹（孳），天因而成之。弗因则不成，弗养则不生。夫民之生也，规规生食与继，不会不继，无与守地；不食不人，无与守天。"①《黄帝书·经·果童》："黄帝【问四】辅曰：唯余一人，兼有天下。今余欲畜而正之，均而平之，为之若何？果童对曰：不险则不可平，不谌则不可正。观天于上，视地于下，而稽之男女。夫天有【恒】榦，地有恒常。合□□常，是以有晦有明，有阴有阳。夫地有山有泽，有黑有白，有美有亞（恶）。地俗德以静，而天正名以作。静作相养，德瘧（虐）相成。两若有名，相与则成。阴阳备物，化变乃生。"②《黄帝书》对老子的"道""玄牝"进行了新的阐释。李学勤指出："《黄帝书》在马王堆帛书中，本与《老子》（乙本）合钞成一卷，并且位于《老子》之前，其在当时的地位可以相像。因为有这一卷帛书的出现，学者才能了解文献内常见的'黄老'之学的真实面目，同时印证西汉早期确系尊崇'黄老'，司马谈论六家要旨专尚'黄老'，代表着那一时期的风气。"③ 多数观点认为，《黄帝书》成书于先秦，其思想有别于庄子，更为积极。

东汉末年兴起的道教，是以《道德经》为主要理论来源和思想基础。东汉由"三张"创立了道教，初称五斗米道。《三国志·张鲁传》："张鲁字公祺，沛国丰人也。祖父陵，客蜀，学道鹄鸣山中，造作道书，以惑百姓，从受道者出五斗米，故世号米贼。陵死，子衡行其道。衡死，鲁复行之。"④ 道教对后代、特别是唐朝产生了巨大影响，李唐王朝尊老子为始祖，唐玄宗、宋徽

---

① 魏启鹏：《马王堆汉墓帛书〈黄帝书〉笺证》，北京：中华书局，2004年，第102页、第124页，序第2页。
② 魏启鹏：《马王堆汉墓帛书〈黄帝书〉笺证》，北京：中华书局，2004年，第102页、第124页，序第2页。
③ 魏启鹏：《马王堆汉墓帛书〈黄帝书〉笺证》，北京：中华书局，2004年，第102页、第124页，序第2页。
④ 陈寿：《三国志·张鲁传》。

宗、明太祖、清世祖均曾为《老子》作注。鲁迅称"中国根柢全在道教"。①
李约瑟博士也认为:"中国如果没有道家,就像大树没有根一样。"②

老子及其思想对朝鲜、日本等汉文化圈国家也产生了深远影响。《道德经》早在中国唐朝便传播到高丽,产生了相应的译本,到了朝鲜朝时期,巨儒粟谷李珥的《醇言》开启了对《道德经》进行注释的先河,在他之后从多种角度诠释《道德经》的注释书层出不穷。总体而言,朝鲜学者在对老子学的接受方面,表现出"以儒解老"的特点,朝鲜的老庄哲学主要是在性理学的学问范围内,通过与性理学的相互传感而形成的,③ 这与朝鲜始终把儒学放在正统地位的历史文化背景息息相关。在日本,道家思想的接受与儒学在镰仓时代和室町时代的传入是同步的,儒道两家共同与日本国教(即佛教)形成对立,道家思想在释降儒升的更迭中争得了生存空间。《道德经》等道家文献传播到日本,并在江户时代盛行于世,掀起了道家思想和文献传播的高潮,最终起到了推动日本新思想诞生的重要作用。④ 总之,道家思想为朝鲜和日本文化注入了新的活力与源泉,在与儒释两家不断冲突与融合的交替过程之中得到了发展和延续,值得我国学者进行深入探讨和研究。

---

① 鲁迅:《鲁迅全集》第 11 卷,北京:人民文学出版社,1981 年,第 353 页。
② [英]李约瑟著、陈立夫主译:《中国古代科学思想史》,南昌:江西人民出版社,1990 年,第 198 页;转引自孙以楷主编:《道家与中国哲学》(先秦卷),北京:人民出版社,2004 年,第 25 页。
③ [韩]宋恒龙:《韩国道教哲学史》,首尔:成均馆大学,大东文化研究院,1987 年,118－119 页。
④ 王晚霞:《日本江户时代道家思想传播之考察》,南华大学学报(社会科学版),2018 年第 5 期。

关于黄帝文化研究中文献资料整理的几点理解与认识

王继训

（山东财经大学艺术学院）

如何发掘新的、有意义的问题，无疑是当今学术界，也是黄帝文化研究者最为关心的一个问题。何谓"新问题"？我以为对于某一研究问题的进一步拓展，有时并不需要采用以新论题形式革了旧论题的命，另起炉灶；而其见识高下的情形完全可以新的角度不断探讨"旧"的论题。换言之，就是"旧题新论"，就是新写法、新角度、新立意、新问题。"旧题新论"即依据前人研究成果而展开不同角度的新研究。何谓"角度"？我以为就是对具体历史现象的不同视角的观察。同一研究对象，如果采用了不同的观察角度，就有可能得出与他人不尽相同的结论。论题虽旧，其命弥新，关键在于论者独到的眼光与不同的角度。所以从角度这一命题上讲，角度不同，可以透过表象不同进而观察到历史的真相，有时比论题的孰新孰旧更为重要。

一、实物文献（碑刻）

比问题重要的是史料，这是常识。史料不仅是我们准确了解史事的基础，还是引发我们发现更多有意义新问题最有效的方法，通过发掘前人所未能了解的史事，广征博引。认真研读文献，从来都是史学研究者的本分。由于存世文献所反映的历史信息，存在偶然性、片面性、不对称性与碎片化，所以对碑铭等文献的搜寻与利用就显得越来越有意义。这就要求我们必须充分利用石刻文献，做到对实物资料的解读要先于对论题的建构。当然史学固然需要与史料打交道，但要建立在哲学层面的方法论。我们在接受史料的时候，不要武断地采用偏信或者拒斥的态度，而更多的应该是一种反思。

早在 1930 年，陈寅恪先生就倡导一种"一时代之学术，必有其新材料与新问题。取用此材料，以研求问题，则为此时代学术之新潮流"的研究态度。陈先生虽然说的是敦煌学，但用在这里，也不为过。何谓"学术新潮流"？无外乎选用新材料、研究新问题。

何谓"新材料"？我以为就是尚未刊布的石碑、墓志，包括一些私藏与散存，甚至秘不示人的资料；还有能为该领域研究提供新信息的旧材料，即那些以前不为人们所知的新的旧材料，包括过去尚未收录的史料与收藏。

近年来，出版了大量石刻史料的文集，有北京图书馆、北大图书馆、中国历史博物馆、千唐志斋博物馆等地所藏碑石拓片以及出土的墓志铭，其中许多是首次发表的新材料。随着墓志铭的整理与研究，会有不少尚未刊布石刻文献被发现。

自宋代始，史家便利用石刻文献辑佚、校订、补充纸质文献记载的不足，而今，石刻文献研究已经成为当代显学之一，日益引起学术界的广泛关注。

按照有些学者的说法，现有的新材料已经很少了，这种说法是站不住脚的。材料的研究价值，与它整理程度成正比。几十年来，我们在材料整理方面取得了不少成绩，但是否已经把工作全部做完，再没有工作可做了呢？显然不是。还有大量的材料没有被研究者认认真真地注意并加以整理，自然就谈不上研究。有些研究者不注意从总体上把握文献研究的大局，不关注学术史的发展，也不关注最新的学术研究动态，老是喜欢在一些细节上做论证，小修小补，这种做法显然缺乏创新意识，也难以突破前人成果。即使有些新成果刊出，也很难得到学界的共识与认可，周此失彼，事过境迁，逐渐被人们忘却。所以陈先生提出的这个概念就显得弥足珍贵。

我还想强调一点，今后学者们应加大对新发现考古资料进行系统的整理与研究的工作，通过文物材料的形象性与文献材料相互补充、互相印证，可以大大补充文献材料的不足，这其中也不乏值得研究者重新发掘利用的"新史料"，即那些获得新解读与新认识的所谓"旧史料"。还有一些文献原本是相互关联的一个整体，却被人为地拆散开从事不同的研究，我们可以通过实物与文献互证，还原其历史本来面目。过去我们通过书籍互证来鉴定史料的真伪，遗憾的是我们参考的总是事后所成之书，这让我们如何拼凑出触及事实真相的历史全貌呢？答案是肯定的，随着新出土碑刻文献不断地被发现和被揭示，个案与局部研究的深入，我们一定会知其然，而且还会知其所以然的。

碑刻的整理研究，涉及了很多历史内容，限于篇幅所限，论述到此，但还有一点说明，希望抛砖引玉，供有兴趣者以后展开论述，就是"一方水土养一方人"的问题。由于地理位置、自然环境和风土民情的不同，还应该注意到黄帝文化研究鲜明而独特的地域个性。

二、民间文献

民间文献，一般意义上是指有关区域史、地方史研究的材料，比如谱牒、文书、歌谣、传说故事、信件等。近几十年来，运用民间文献从事本领域研究所取得的成果也是毋庸置疑的。但是值得引起我们注意的是，在这一重视的过程中，似乎出现了某些无限拔高和滥用史料的偏颇现象。这其中最为突出的问题，是在运用民间文献时所掺杂的情感因素，以及学术研究的雷同化和碎片化倾向。

近年来，不少地方的文史专家，出于对故乡的热爱之情，在编撰地方志书时，总是希望家乡的好事越多越好。于是在采择历史文献资料的时候，往往不做认真审慎的考察鉴别，而是一见到有利于光大家乡历史文化的材料，就如获至宝，唯恐遗漏。显然，这样的资料，对于研究是有害的。而且其中的大部分，书写格式和内容大致相同，这种雷同性的文书，一叶可以知秋。由于这些民间文献具有明显的区域性特征，以及它的雷同性和散乱性，许多专题性研究往往陷入就事论事、就地论地的狭隘境地，缺乏宏观性的历史审视，甚至出现某些以偏概全、孤芳自赏而又想当然的学术短视。

这里试举一例加以说明：近年来，"黄帝文化热"的出现，就显示出黄帝文化的生命力。中国各地民间流传的大量关于黄帝的传说故事、歌谣民谚，生动形象地反映出老百姓心目中的黄帝是先祖、圣人、守护神，是民族的象征和精神寄托。流传于河南汝阳西泰山地区的"炎黄谣"内容丰富，可读可唱，朴实自然，鲜活生动，它像一块神奇的棱镜多角度地折射出中华人文始祖炎黄二帝在当地百姓心目中的形象。其中有首民谣唱道：炎黄笑，是吉兆；炎黄哭，不收谷。炎黄并肩坐，百姓不挨饿。炎黄瞪眼看，不是发水就是旱。炎黄像看不清，不是大雾就是风。老百姓把炎黄二帝神化了，从内心深处推崇炎黄为先知先觉者。之所以会这样，除了古人不能用气象科学解释有关自然现象外，最根本的原因，是百姓们把自己的经验与积习看成了先祖炎黄在冥冥之中对子民们的点拨。"炎黄是能,百姓跟着不受穷。"虽然听起来土里土气,但确实是西泰山人民话、口头禅。在相当长的时间里,人们把自己的命运和上天、和炎黄二帝联系起来,祈祷自己能过上"不受穷"的好日子。黄帝黄,炎帝炎,杜鹃鸟一叫就开镰。炎帝爷叫咱吃饱饭,黄帝爷给咱太平年。老祖宗就是咱的主儿,多亏他们保佑咱!

西泰山百姓就是这样把炎黄二帝当成了自己命运的主宰者,以无限虔诚的心态祈求老祖宗"保佑咱",让百姓吃饱饭,给百姓太平年。西泰山百姓自古以来就把自己的吉凶祸福与是否尊敬祖先紧紧地联系在了一起,尽管没有什么科学依据,但却是一种传统的心理活动和价值取向。我们虽不能把这些材料无限拔高,但在从事民间文献的搜集整理和学术研究时,我们不妨一方面注意"以小见大"的研究方法,这是很值得我们重视和继承的,也应当避免目前学界所存在的对于民间文献重搜集、轻研究的现象;另一方面,在民间书的搜集、整理和研究上进一步开展交叉学科的深入探索,做到宽视野和跨学科。这些做法并不矛盾。

三、文本文献

黄帝作为历史人物的可靠性问题,我们可以参考文本文献。根据史料来看,黄帝是真实存在的历史人物。他是我们中华民族的始祖,也是华夏族和许多少数民族的共祖,是中华文明的人文初祖。但关于黄帝的文献材料较少,作为客观史实,必有史料进行证实。当包括以下几种:

《大戴礼记·五帝德》《孔子家语·帝系姓》《易大传》《世本》《国语》《战国策》《楚汉春秋》《管子》《庄子》《史记·五帝本纪》《路史》《竹书纪年》《山海经》《绎史》《吕氏春秋》《云笈七签》《列仙传》等等。当然还有几十种假托黄帝的著作问世,如《黄帝内经》《黄帝阴符经》等等。不管如何,这些著作、材料逐渐整合、附会,进而形成体例完整的文本文献。对于这些文本文献,我们应该注意史料的内容、宗旨,进而确定其可靠性与真实性。

传世文献的价值不言而喻,为我们研究这些书籍的源流和沿革提供了重要线索,可以更新对学术史的认知。传世文献整理和研究工作值得关注,这可以拓宽研究方向与视角,进而促使我们对中国古代学术史的重新思考、重新认识和重新评价。李学勤先生在已经出版的《重写学术史》等著作里曾多次讲过其学术史的意义,这主要体现在以下几个方面:第一,可使一些古书的可信性得到基本认可;第二,可使一些古籍的属性和成书时代得到大致的确认;第三,可使许多学术著作的价值得到新的、进一步的认识;第四,可对古代不同时期的学术源流做出新的判断。现在,随着科技的发展,对文本传世文献的保护、整理、资料检阅等方面,都得到了不断创新和完善。

这里涉及史料学的问题了,限于篇幅所限,不再展开说明。

四、结 语

最后有一点想法,不太成熟,请教诸位方家:关于写作方法、模式与范式更新的问题。我以为随着问题意识与方法意识的增强,在传统史料挖掘将尽的情况下,怎样找到新角度新问题。新问题的开拓,实质是对旧模式、范式、旧研究领域的抛弃。近十几年来,大量出现的石刻提供了新线索、新材料。随着史料范围及数量的迅速增长,本领域研究出现了"史料大爆炸",形成"海量史料"的局面,尤其是互联网加快了史料的拓展、储存、检索、利用,这些对黄帝文化研究作用巨大。要真正认识到史料的价值,除继续加深对传世文献的研究外,我们主张历史学界和考古学界一定要结合,对话与沟通。坚持历史与考古的结合,才能把黄帝研究这篇大文章做好。徐苹芳先生也曾说过,对考古发现的古代文献的整理,既是考古工作,又是古籍整理工作,所以必须用考古学的方法,全部如实地记录当时的形态及其在出土时的现场状况,要细心观察和记录原物上所反映的一切信息。

关于理论与史料的关系问题,我们以为仍需要再平衡。试举一例,加以说明。如何正确对待与处理写作与阅读"碎片化"现象。

对碎片化的研究最早见于20世纪80年代"后现代主义"文献中,原意是指完整的东西被破成诸多零块。如今,"碎片化"已应用于政治学、经济学、社会学和传播学等多个不同领域中。其概念界定为:社会阶层的多元裂化,并导致消费者细分、媒介小众化。随着互联网时代的到来,数字技术、网络技术、传输技术的大量应用,大大强化了碎片化现象,比如信息的碎片化,受众的碎片化,写作的碎片化,阅读的碎片化。

碎片化的缺点是我们获取知识与信息越来越容易,乃至我们养成了快速、粗糙、无耐心的阅读习惯。每天阅读信息非常多,却似乎没有记住多少东西。

所以我们要防止把对"碎片化"的批评等同于对"微观研究"的批评。微观研究是史学研究的基础和基本形态，就如同一砖一瓦皆为房屋不可或缺的组成部分，其价值并不会因为取材之"微"而受到影响，但那种脱离现实的所谓宏大关怀、支离无根的"碎片"，才是应该予以批评和反对的。史学的功夫一般来讲恰恰是在微观研究当中磨炼出来的，希望对碎片化的批评，要慎重、理性，不要动辄以碎片化名义，对微观研究扣上帽子，将微观研究等同于碎片化写作的做法，值得商榷与批评。

黄帝及其神话传说研究述略

刘 晓

（西北大学中国文化研究中心）

自近世以来，对于黄帝的研究就成为学界的一大盛事，前辈学者的开辟，后继学者的奋勇，使得黄帝研究得到很大的推进。尤其是近年来，学界对黄帝神话传说的研究涌现出了不少新成果，这对于学术研究本身也具有推动意义，本文就此试论之。

一、黄帝世系问题

黄帝世系指的是历史上诸多以黄帝为本族始祖的族群在血缘世系上对黄帝的追祖和附会，一般所知的黄帝子嗣、五帝系统和帝王追祖等问题都属于黄帝世系的一部分。世系是西周宗法制度的一部分，而解决黄帝世系问题则有赖于对西周世系制度的研究。

目前学界对于黄帝世系的关注还较少，研究主要还是集中于对黄帝子嗣、五帝帝系传承、黄帝与各民族血缘关系等方面。这些成果从侧面有利于推进对黄帝世系形成的深入研究：

第一，黄帝子嗣研究。王泽生《析"二十五子"》从婚姻制度的视角来研究黄帝子嗣问题，以"对偶婚"来解读黄帝之子二十五人，从婚制角度对黄帝二十五子为二十五宗进行了解释，但是未能具体解读黄帝二十五子及其可寻之史迹。① 于盈《炎帝、黄帝部落与炎黄子孙传说》从民族地域角度进行研究，其研究重点集中于黄帝及其后世血缘传递。②

第二，黄帝与五帝关系研究。李先登《论五帝时代》论述了五帝时代存

---

① 王泽生：《析"二十五子"》，《怀化师专学报》，1988 年第 2 期。
② 于盈：《炎帝、黄帝部落与炎黄子孙传说》，《齐鲁学刊》，1990 年第 4 期。

在的可能性和其传承顺序的合理性。① 王晖《出土文字资料与五帝新证》对于五帝的史料与新出土的考古资料进行了比对，考证了五帝的历史存在问题，对于其传承也做了分析，考察详尽。② 黄正术《论"五帝时代"》则持否定态度，认为五帝从有到确定只是在战国至汉初的一二百年间，同时还认为史学上的五帝与神学上的五帝的存在先后关系值得怀疑，进而从五帝时代的时间概念上否定了五帝存在的合理性。③ 何浩《颛顼传说中的神话与史实》对黄帝与颛顼的关系进行了考察，从史料和考古两方面论证了黄帝与颛顼之间存在血缘关系的可能性。④ 韩晖《东皇太一与颛顼关系臆考》中认为颛顼与楚辞中的东皇太一关系密切，应该属于一人，其结论值得深思。⑤ 叶林生《帝喾考》对于从文献记载中的帝喾史迹、帝喾与周民族的关系两个方面分析了其来历，其中略言及黄帝与帝喾之间的关系，尚未深入，仍需进一步考察。⑥ 王树民《五帝时期历史探秘》一文则分析了五帝时期存在的人物及其历史作用，认为五帝时期是中华文明的导源，也是中华民族的雏形时期。⑦ 黄帝与五帝关系是黄帝世系中的基干问题，现今对于黄帝与五帝关系问题的研究主要集中于史学领域，从世系制度和文化形成角度进行研究还有待加强。

第三，黄帝与少数民族研究。蒙文通《周秦少数民族研究》一书对于周秦之际的少数民族、史迹及其活动范围等做了整理和论述，但是未对其民族起源做深入的追溯。⑧ 杨国勇《黄炎华夏考》对黄炎起源、史迹、行迹做了分析，并将黄帝与古代少数民族的关系做了梳理，将黄帝族演变为华夏族的过程做了合理推测，对于考察黄帝族属与古代少数民族关系有帮助。⑨ 衡平《黄帝婚蜀族嫘祖诞盐亭》从地域民族角度对黄帝与本地、本民族的关系角度进行研

---

① 李先登：《论五帝时代》，《天津师大学报》，1999年第6期。
② 王晖：《出土文字资料与五帝新证》，《考古学报》，2007年第1期。
③ 黄正术：《论"五帝时代"》，《安徽大学学报》，2003年第2期。
④ 何浩：《颛顼传说中的神话与史实》，《历史研究》，1992年第3期。
⑤ 韩晖：《东皇太一与颛顼关系臆考》，《柳州师专学报》，1997年第1期。
⑥ 叶林生：《帝喾考》，《甘肃社会科学》，1998年第4期。
⑦ 王树民：《五帝时期历史探秘》，《河北学科》，2003年第1期。
⑧ 蒙文通：《周秦少数民族研究》，上海：龙门联合书局，1958年。
⑨ 杨国勇：《黄炎华夏考》，《山西大学学报》，1982年第4期。

究,对于黄帝与古代蜀族的血缘关系进行了分析。① 龙显昭《颛顼出生地及相关史迹考论》也通过对黄帝之孙颛顼出生地和史迹的相关考证,得出黄帝一族与蜀中各族的关系密切,但其通过地名考证一法未能够将地名迁徙的因素考虑在内。② 李桂民《二重证据法与夏周黄帝族源问题》从族源角度对黄帝族属问题进行了研究,运用考古资料和文献材料重新厘定了夏周源起黄帝的史实,探寻了夏周二族的起源地。③ 萧兵《东北夷传说的再发现——由人类学发掘颛顼史迹》一文通过对黄帝之孙颛顼的考察,对北方各民族的渊源脉系和史迹进行梳理,对理清黄帝与东方及北方少数民族的关系有帮助。④ 张潮《黄帝伏羲后稷同族考》通过将商、周神系进行对比得出黄帝与后稷属于同族的结论,以商、周神系作为研究的切入点,较为新颖。⑤ 黄帝与少数民族关系,也是黄帝世系的一个重要组成部分,已有的成果值得借鉴与学习。然而何以会出现少数民族追祖黄帝的现象,以及这种追祖是如何进行的,对于这两个关键问题的研究还有待进一步加深。

同时,近年来学界对于黄帝世系问题的研究,也已经有了不少成果:

一种是对黄帝世系真伪问题进行研究。早在崔适《史记探源》中就指出《史记·五帝本纪》是一篇伪文,文中以黄帝为始祖的世系也属于后人的篡改。朱希祖《山海经内大荒海内二经古代帝王世系传说》一文指出,"大荒经海内经五篇,神话更多,且古代帝王世系传说特多",将《山海经》中黄帝一脉的世系图表列出,并特别指出"四裔种族,往往出于古帝王,如北狄犬戎祖黄帝"。⑥ 李亚农《西周与东周》一书认为三代同源于黄帝的世系是人工编排而不可信的,是战国知识分子在大一统思想影响下编造出来的传说。⑦ 金景芳《古史论集》则反对李亚农之说,认为三代同源于黄帝的世系虽然存在着细节

---

① 衡平:《黄帝婚蜀族嫘祖诞盐亭》,《四川文物》,1996年第5期。
② 龙显昭:《颛顼出生地及相关史迹考论》,《西华大学学报》,2010年第4期。
③ 李桂民:《二重证据法与夏周黄帝族源问题》,《广西社会科学》,2006年第1期。
④ 萧兵:《东北夷传说的再发现——由人类学发掘颛顼史迹》,《吉林师范大学学报》(人文社会科学版),2005年第1期。
⑤ 张潮:《黄帝伏羲后稷同族考》,《人文杂志》,1995年第1期。
⑥ 朱希祖:《山海经内大荒海内二经古代帝王世系传说》,《民俗》,第116期。
⑦ 李亚农:《李亚农史论集》,上海:上海人民出版社,1918年,第613-623页。

上的缺漏和讹误之处，但不能轻易否定其真实性。① 其后，林祥更《黄帝与夏商周》一文承继金说，对夏商周祖先都出自于黄帝这一具有争议的问题进行了考释，从图腾崇拜角度进行考证，认为夏商周祖先出自黄帝的说法是有依据的，并认为由夏商周世系组成的黄帝世系虽然有漏洞却是基本可信。②

另一种是对黄帝世系进行更为深入的研究，即从世系形成角度的切入。陈怀荃《黄帝、炎帝和我国的英雄时代》从黄帝子孙的分布和脉系的传承角度探讨了其始祖地位的形成，将黄帝之后的二十五子和其裔孙与空间地域结合起来，形成全新的黄帝子嗣分布图，其做法值得借鉴。③ 王文光、翟国强《"五帝世系"与秦汉时期"华夷共祖"思想》一文指出，"五帝世系"出于《史记》的构拟，受到"大一统"思想影响并形成了"华夷共祖"的观念。④ 曾德雄《谶纬中的帝王世系及受命》一文从谶纬受命的角度对《史记·五帝本纪》中的帝王世系做了分析，认为以黄帝为中心的帝王世系不可信。⑤ 张中奎《"三皇"和"五帝"：华夏谱系之由来》一文从文化认同的角度分析了华夏谱系在历史、经学两重作用下的形成过程。⑥ 李桂民《黄帝谱系的形成和演变析论》对黄帝子嗣中玄嚣、昌意两支进行研究，分析了黄帝谱系的形成和演变，但是忽略了对《山海经》《国语》等文献的考察。⑦ 韩湖初《从黄帝谱系看远古华夏的"大统一"》从文献记载和考古发现两方面论证了黄帝谱系的合理性，认为黄帝谱系的"大统一"特征具有物质文化基础。⑧

前辈学者对于三代同源的世系问题所做的探讨，对于研究黄帝世系的形成

---

① 金景芳：《古史论集》，济南：齐鲁书社，1982年，第6页。
② 林祥更：《黄帝与夏商周》，《学术月刊》，1985年第3期。
③ 陈怀荃：《黄帝、炎帝和我国的英雄时代》，《安徽师大学报》，1997年第1期。
④ 王文光，翟国强：《"五帝世系"与秦汉时期"华夷共祖"思想》，《中国边疆史地研究》，2004年第3期。
⑤ 曾德雄：《谶纬中的帝王世系及受命》，《文史哲》，2006年第1期。
⑥ 张中奎：《"三皇"和"五帝"：华夏谱系之由来》，《广西民族大学学报》，2008年第5期。
⑦ 李桂民：《黄帝谱系的形成和演变析论》，《中国石油大学学报》（社会科学版），2005年第2期。
⑧ 韩湖初：《从黄帝谱系看远古华夏的"大统一"》，《华南师范大学学报》（社会科学版），2008年第1期。

十分有益，但是这些研究忽略了黄帝世系所形成的制度背景，即西周的世系制度。因此，对黄帝世系的研究必须建立在对先秦世系研究的基础上。近年来，对这一问题的研究也为学界所关注。段渝《楚人先民的世系和年代》一文对楚国的世系进行了考证，肯定了文献中所见的楚人先民和世系，并将楚国世系和所对应的年代以表的形式列出。① 谢维扬《周代的世系问题及其在中国历史上的影响》一文提出了对世系的界定："世系是指一定社会发展阶段上的、为一定的社会规范所认可的人们血缘关系的承继形式"，并指出了周人世系问题的特殊性，分作对先祖的追溯、氏的传递、姓的传递三个方面，说明父系世系的形成与周代宗族之间的关系，将世系所涉及的基本问题做了梳理和探讨。② 李零《楚国族源、世系的文字学证明》一文从文字学角度对传世文献中所见的楚国世系进行了辨析。③ 王恩田《〈史记〉西周世系辨误》一文对西周王室及各诸侯国的世系进行了分类辨析，将姬姓诸侯与异姓诸侯对比，得出西周世系中存在着多种继承制度，由此也产生了多种世系谱系。④ 田延锋《论秦的祖先世系及其文化建构》从文化建构的角度分析了秦的世系受周的宗法制度影响很大，将先秦世系与周朝宗法关系结合起来分析，是其亮眼之处。⑤ 钱杭《宗族建构过程中的血缘与世系》一文对世系在宗族建构过程中所起的基础作用做了分析，指出了单纯的血缘与世系之间的区别，认为世系与宗族一样是中国传统文化中常见的名词，指出周人职守中瞽矇"世奠系"和小史"奠系世"为周朝世系制度的官联职掌，这为我们研究周朝世系制度及其与黄帝世系形成之间的关系问题开启了门径。其后，钱杭在《世系观念的起源及两种世系原则》一文中对中国古代的世系做了界定，并将世系与父系追祖结合起来，这为考察黄帝世系的形成提供了理论依据。⑥ 又在《〈帝系〉：传说时代的世系观念及其

---

① 段渝：《楚人先民的世系和年代》，《江汉论坛》，1983年第10期。
② 谢维扬：《周代的世系问题及其在中国历史上的影响》，《吉林大学学报》（哲学社会科学版），1985年第4期。
③ 李零：《楚国族源、世系的文字学证明》，《文物》，1991年第2期。
④ 王恩田：《〈史记〉西周世系辨误》，《文史哲》，1999年第1期。
⑤ 田延锋：《论秦的祖先世系及其文化建构》，《宝鸡文理学院学报》，2008年第5期。
⑥ 钱杭：《世系观念的起源及两种世系原则》，《华东师范大学学报》（哲学社会科学版），2010年第1期。

表达方式》一文中对今本《帝系》篇中的帝王世系从宗族世系制度和早期宗族世系观念的角度进行了分析，认为基本符合先秦的宗族世系制度，为我们研究早期文献中的世系提供了范例。① 龙迪勇《世系、宗庙与中国历史叙事传统》一文对世系与宗庙祭祀之间的关系做了探讨，明确了宗法与世系的产生关系，并分析了早期社会和宗庙祭祀中世系的不同叙述规则和方式。②

总体上讲，主要研究成果仍着眼于黄帝世系的真伪问题，少量成果已经关注到黄帝世系的形成问题。已有对世系制度的研究成果为我们从黄帝世系形成的制度动因方面提供了研究基础，有利于探寻黄帝世系得以形成的根本原因。对黄帝子嗣、五帝关系、少数民族关系等方面的研究成果，则从侧面为我们理清黄帝世系提供了可能。

二、黄帝姓氏名号问题

关于黄帝姓氏的最早记载见于《国语·晋语四》司空季子之言："昔少典娶于有蟜氏，生黄帝、炎帝。黄帝以姬水成，炎帝以姜水成。成而异德，故黄帝为姬，炎帝为姜，二帝用师以相济也，异德之故也"。其后，《世本》言："姬姓，黄帝轩辕氏后"，《史记》中则言黄帝"姓公孙"。对于周朝姓氏制度进行考察，以探究黄帝姓氏形成的制度背景和社会背景，是认识黄帝本姓问题的关键。而黄帝之子十二姓的问题，关涉到上古历史、社会、古族以及周朝的族群政策等内容，具有较高的研究价值。

对于黄帝名号的研究，是学界研究的重点：

一种认为是与地名有关的，主张这一观点的有：梁玉绳《史记志疑》里指出黄帝号轩辕是因为轩辕之丘的地名而得。③ 钱穆《黄帝》一书中认为黄帝得名与河南新郑的黄水有关。④ 张光远《黄帝时代的中国文明》一文也认为黄帝与河南新郑的黄水、黄泉河、有熊山有关系，黄帝、有熊氏的称号由此而

---

① 钱杭：《〈帝系〉：传说时代的世系观念及其表达方式》，《天津社会科学》，2010年第2期。
② 龙迪勇：《世系、宗庙与中国历史叙事传统》，《思想战线》，2016年第2期。
③ 梁玉绳：《史记志疑》，北京：中华书局，1981年。
④ 钱穆：《黄帝》，上海：生活·读书·新知三联书店，2005年。

来。① 吴广平《轩辕黄帝的原型破译》从原型破译和图腾文化角度进行研究，文中认为黄帝即太阳神，轩辕即大猿，也是从图腾角度对其进行的解释，未能达其根本。②

一种是认为与"天鼋"星座有关，主张此观点的有：郭沫若首先提出"余谓当是天鼋，即轩辕也"。杨向奎《宗周社会与礼乐文明》一书认为轩辕起自图腾崇拜，是"天鼋"崇拜的延伸。③ 张开焱《轩辕之谜》一文认为轩辕是图腾禁忌，是先人所崇拜的龙蛇之物，并言其出现的时间应该早于黄帝之号，是原始社会产生的，其所述与前人轩辕之号晚起的观点不同，且解释轩辕即"旋圆"略显牵强。④ 王晖《出土文字资料与五帝新证》一文从文字分析的方式，对古文字"天鼋"进行了分析，认为黄帝号轩辕与之相关。⑤ 刘恒《商周金文族徽"天鼋"新释》一文从文字考释的角度对"鼋"进行分析，得出"天鼋"即夏族的冥氏和商朝统治者的代称，认为前人对黄帝轩辕之号与"天鼋"相关的说法基本可信。⑥

一种是从观念解析的角度进行研究：吴泽顺《黄帝轩辕氏系混沌之神考》一文辨析古人的宇宙观而得出了黄帝、昆仑、混沌的关系，认为混沌即中央天帝，也即黄帝。⑦ 齐昀《黄帝与昆仑同源考》也是从古代宇宙观的角度结合《山海经》等古籍记载，分析了黄帝与昆仑的关系，得出黄帝即昆仑的结论。⑧ 王晖《周代天神形象与黄帝部落图腾考》一文指出黄帝与混沌的关系，认为混沌是黄帝乃至整个黄帝部落的图腾崇拜，从图腾的角度对"黄帝"之号做了解释，并运用了民俗学的手法来类比西北地区的混沌崇拜，所论较精，但是未摆脱黄帝起于西北的旧观念。⑨ 田成浩《轩辕名号研究概述》梳理了黄帝别

---

① 张光远：《黄帝时代的中国文明》，《协商论坛》，2006年第3期。
② 吴广平：《轩辕黄帝的原型破译》，《青海师范大学学报》，1995年第1期。
③ 杨向奎：《宗周社会与礼乐文明》，北京：人民出版社，1997年。
④ 张开焱：《轩辕之谜》，《广东民族学院学报》，1996年第3期。
⑤ 王晖：《出土文字资料与五帝新证》，《考古学报》，2007年第1期。
⑥ 刘恒：《商周金文族徽"天鼋"新释》，《历史研究》，2010年第1期。
⑦ 吴泽顺：《黄帝轩辕氏系混沌之神考》，《东岳论丛》，1991年第6期。
⑧ 齐昀：《黄帝与昆仑同源考》，《青海师范大学学报》，1996年第2期。
⑨ 王晖：《周代天神形象与黄帝部落图腾考》，《西安联合大学学报》，1999年第1期。

号轩辕的三种主要观点,即轩辕与黄帝发明轩辕有关,与地名轩辕之丘有关,与星宿天鼋有关,进而再从音韵的角度对轩辕与昆仑、混沌、旋圆、玄元、太阳神、合汗、单阏的关系进行了分析,值得进一步考察。① 王可宾《华与黄帝别解》一文运用文化人类学的方法通过比较中国古代民族酋长称号和美洲民族酋长称号的共同性,得出黄帝乃是部族一贯之名号,所论值得进一步探讨。②

也有学者以综合视角对黄帝名号进行考辨:王宁《黄帝考源》对历来对于黄帝之号的推测进行了梳理,并做出了自己的判断,从字形字义、考古发现、文献记载等方面分析黄帝即蒂、帝俊、夒、轩辕宿的变化,并对黄帝姓氏、传说中的起源之地做了分析,得出了黄帝姓公孙是出于汉武帝时公孙卿之言和黄帝之族乃是从东方迁徙到西北的结论,其中黄帝姬姓出于周人追溯的观点值得进一步研究。③ 刘家齐《黄帝和夏朝年代考》通过对历史文献所记载的夏朝以前的诸帝在位时间的辨析,结合夏朝初始年代的判断,大致确定了黄帝建国在公元前 2584 年的结论,并认定甲子首年是黄帝在位 68 年,其考定方法缺乏基本的史学和人类学判断,拘于文献记载,缺乏佐证,不甚可取。④

对黄帝姓氏的直接研究,取得了相当的成果。丁山《姓与氏》一文中认为姓氏起源当与图腾有关,并解释了姒姓、妫姓、姜姓、风姓的图腾含义。⑤ 于盈《炎帝、黄帝部落与炎黄子孙传说》一文谈及黄帝部族的起源、黄帝之后的姓氏问题,并对黄帝姓氏谱系的形成、黄帝始祖地位的确立做了分析,但未对黄帝之后的十二姓和其他姓氏归于黄帝做更进一步的溯源和分析。⑥ 沈长云《从周族的起源论及黄帝氏族的发祥地》一文论及黄帝之子十二姓,推测姬姓黄帝娶十二姓族之女,故而有子十二姓,但未能探讨十二姓的本源。⑦ 雁侠《中国早期姓氏制度研究》一书分析了炎黄和黄帝二十五子得姓问题,认

---

① 田成浩:《轩辕名号研究概述》,《重庆文理学院学报》,2014 年第 2 期。
② 王可宾:《华与黄帝别解》,《史学集刊》,1993 年第 2 期。
③ 王宁:《黄帝考源》,《重庆文理学院学报》,2012 年第 2 期。
④ 刘家齐:《黄帝和夏朝年代考》,《安徽史学》,1994 年第 2 期。
⑤ 丁山:《姓与氏》,《新建设》,1951 年第 3 卷第 6 期。
⑥ 于盈:《炎帝、黄帝部落与炎黄子孙传说》,《齐鲁学刊》,1990 年第 4 期。
⑦ 沈长云:《从周族的起源论及黄帝氏族的发祥地》,《河北师院学报》,1996 年第 1 期。

为其反映了一些历史真实,并质疑了黄帝二十五子从母得姓之说。①何星亮《图腾名称与姓氏的起源》一文分析了图腾与姓氏起源的关系问题,解释黄帝之子十二姓与上古图腾之间的关系。李桂民《黄帝谱系的形成和演变析论》一文分析了姓氏一元对于黄帝谱系的形成和春秋战国时期民族融合、民族认同之间的关系做了分析,但是并没有具体分析黄帝之后诸多姓氏如何推源于黄帝这一重要问题。②张富祥《中国上古姓族制度研究》一文研究了黄帝之子十二姓的问题,指出这一说法其产生的背景、从母姓的传统,并质疑荀姓等的产生年代。③

近年来,对于黄帝姓氏名号的研究,在学界也出现了新的方向:

关于周朝赐姓制度的研究,为解决黄帝姓氏问题提供了制度支撑。王国维《殷周制度论》提出姓之出现是"周人一统之策",认为姓出自周朝,是周人的创制。④他的这一观点为我们研究周朝赐姓制度提供了宝贵意见,尤其是姓出自"周人一统之策"的观点,对于认识赐姓制度及周朝族群整合策略之间的关系具有重要学术价值。

杨宽《古史新探》一书对于姓、氏进行了界定,他认为"姓是出生于同一远祖的血缘集团的名称","氏是姓的分支"。⑤杨希枚在《〈国语〉黄帝二十五子得姓传说的分析》(上、下)两篇文章中,提出了姓氏三义说,指出姓的古义包含子或子嗣、族或族属、民或属民,认为姓族即宗族,是外婚集团,赐姓也就是赐民,是分封制中不可或缺的三要素之一。⑥黄彰健在《论秦以前的赐姓制度》一文中对杨希枚之说进行了辨析,认为文献中的姓确实是族命的意义,而赐姓、命氏则是利用神道设教所采取的政治手段。⑦葛志毅《先秦赐姓制度考源》一文指出"姓在最初乃是一个母系集团的共同标记",说明了姓所具有的血缘关系指向功能,并认为"姓氏乃是一种特殊地位的标志",说明

---

① 雁侠:《中国早期姓氏制度研究》,天津:天津古籍出版社,1996年。
② 李桂民:《黄帝谱系的形成和演变析论》,《西安石油大学学报》,2005年第2期。
③ 张富祥:《中国上古姓族制度研究》,《南京大学学报》,2013年第1期。
④ 王国维:《观堂集林》,北京:中华书局,2012年。
⑤ 杨宽:《古史新探》,北京:中华书局,1965年。
⑥ 杨希枚:《先秦文化史论集》,北京:中国社会科学出版社,1996年。
⑦ 黄彰健:《论秦以前的赐姓制度》,《大陆杂志》第14卷11、12期。

了姓氏需要君主封赐的问题。但他对先秦文献中追忆上古的赐姓历史一概取用作为证据，认为自上古就有赐姓的存在，则不同于王国维姓出于周人创制的说法。① 李学勤《考古发现与古代姓氏制度》一文将考古发现与传统文献做比较，认为赐姓制度确实存在，并且指出甲骨文中并不存在未见的姓，甲骨文中"妇某"的"某"为名而非姓，这样就坐实了王国维姓为周人创制的观点。② 辛立《周代的"赐姓"制度》一文从婚姻关系角度对"赐姓"问题进行了分析，认为"赐姓"并非赐民，而是赐予异姓以不同的姓，使之有别于周，以作辨别婚姻之用。③ 他的这一观点值得关注，缺点在于过度放大婚姻关系以说明用于封建的赐姓制度。张淑一《先秦姓氏制度研究的历史和现状》一文将从古至今的姓氏制度研究成果进行了梳理。④ 其《先秦姓氏制度考察》一书论证了赐姓制度存在的可能性，对"因生赐姓"的不同解释做了整理。⑤ 陈絜《商周姓氏研究》一书中所说的"这种血缘政治的模式，在中国历史舞台上至少被持续沿用了上千年，并且对秦汉以后的政治制度、伦理道德、民族精神等各个方面，都有着深远影响"，从考古发现角度对商周姓氏所做的考定以及对姓氏制度的演变所做的考释值得肯定。⑥ 吴国武《帝舜姓氏考辨》一文从社会形态、婚姻关系等角度对帝舜之姓做了考证，分析了其不同之姓的产生原因，吴氏之说对于我们研究黄帝之姓有借鉴意义。刘晓《先秦姓氏观念的演进与黄帝姓氏考辨》一文从姓氏制度与姓氏观念的变化角度，通过分析黄帝姬、任、公孙三姓的变化过程，有益于揭示先秦时期姓氏观念的发展脉络。⑦

有关赐姓制度的研究成果包含了对于青铜铭文、传世文献的考察，对于黄帝之姓、黄帝与赐姓之间的关系、黄帝十二姓的形成等问题的研究成果，多集中于图腾理论、婚制理论等角度。

---

① 葛志毅：《先秦赐姓制度考源》，《社会科学战线》，1992年第3期。
② 李学勤：《考古发现与古代姓氏制度》，《考古》，1987年第3期。
③ 辛立：《周代的"赐姓"制度》，《文博》，1988年第5期。
④ 张淑一：《先秦姓氏制度研究的历史和现状》，《中国史研究动态》，2001年第3期。
⑤ 张淑一：《先秦姓氏制度考察》，福州：福建人民出版社，2008年。
⑥ 陈絜：《商周姓氏研究》，北京：商务印书馆，2007年。
⑦ 刘晓：《先秦姓氏观念的演进与黄帝姓氏考辨》，《理论月刊》，2018年第1期。

三、黄帝神话传说的形成问题

黄帝神话传说的形成研究主要是指对战国秦汉之时黄帝神话传说出现在多个领域、多种文献之中,以及神话传说背后所呈现出的多样性问题进行的研究。

第一,从整体上考察黄帝神话传说的形成。《北京师范大学学报》1993年第4期中刊登了有关黄帝神话传说研究的三篇论作:陈子艾《古代黄帝形象演变论析》对黄帝从神到人王的过程进行了文献考察,对黄帝在道教文献中的神仙形象也做了分析。① 刘铁梁《黄帝传说的象征意义及历史成因》从史家为帝王治系、尊祖崇宗心理、宗法制度等方面分析黄帝传说形成的原因,认为其作为人文始祖有不仅在于血缘之传承,更重要的是其背后所代表的象征意义,即文化传承。② 许钰《黄帝传说的两种形态及其功能》以神话学和传说学两种视角对黄帝传说进行了考察,得出黄帝传说存在两种形态,并从思维特点、宗教信仰、民族感情等方面对其形成和功能进行了考辨。③

其后,对于黄帝神话传说的形成研究也成为热点。宋魁旭《黄帝传说论析》从黄帝传说的系统、黄帝形象的演变、黄帝象征意义三个方面来探讨黄帝传说的发展变化,指出黄帝始祖地位在于血缘和文化传承两个方面。④ 程秀莉《由黄帝神话的演变看神话历史化》从文化人类学的角度对黄帝神话的演变进行了分析,得出黄帝神话传说渐趋历史化的结论。⑤ 陈成杰《黄帝神话来源考略》分析了黄帝神话来源主要是黄老学派,是在神仙学说的影响下产生的,本用来政治讽谏,后为公孙卿等人改变利用。⑥ 姚圣良《黄帝传说的发展演变与黄老学的阶段性特点》认为战国秦汉间是黄帝传说发展演变的重要阶段,而黄老学也正是在这一时期产生并兴盛起来的,二者发展变化的轨迹几乎是同步

---

① 陈子艾:《古代黄帝形象演变论析》,《北京师范大学学报》,1993年第4期。
② 刘铁梁:《黄帝传说的象征意义及历史成因》,《北京师范大学学报》,1993年第4期。
③ 许钰《黄帝传说的两种形态及其功能》,《北京师范大学学报》,1993年第4期。
④ 宋魁旭:《黄帝传说论析》,《思想战线》,1994年第3期。
⑤ 程秀莉:《由黄帝神话的演变看神话历史化》,《中南民族学院学报》,2001年第3期。
⑥ 陈成杰:《黄帝神话来源考略》,《湖北大学学报》,1995年第6期。

的，指出黄帝传说的演变为探讨黄老学思想的发展提供了一个新视角。① 田延锋《圣王·正统·神仙——论秦汉时期黄帝传说的政治文化内涵》认为黄帝传说以黄帝的生平、功德、政事、世系为核心构成了一个独特的文化系统，其中圣王、正统、神仙三者被有机地联系在一起，体现了大一统政治所应遵循的基本政治原则：天人关系、政治道德和权力分配原则，并依据黄帝传说所体现的政治原则和政治象征意义，秦汉时期的统治者和儒生、方士进行了积极的政治实践，促成了一种独特政治文化模式的形成。② 蔡晓军《试论早期共祖黄帝传说的层累构建》从层累累积的史学发展角度对黄帝神话传说进行了分析。③ 邹华《殷齐文化与黄帝传说——中国美学上古文化背景考察》指出在中国上古史和上古文化研究中，黄帝已被多数研究者看作上古时期出自西部华夏集团的氏族首领，然而材料分析表明，殷商宗教是黄帝传说的发祥地，而黄帝的前身则是神话传说中的天神帝俊。④ 翟存明《甘肃东部地区黄帝传说的民间叙事品格及当代文化价值》指出了四类黄帝传说：英雄出生，民众的英雄崇拜与传说的国家认同意识；日常生活，民众的孝亲观念与传说的道德价值；科技发明，民众的审美观念与传说的人文价值；崆峒问道，民众的道教情结与传说的宗教价值。⑤

以上研究已经关注到诸子学说，尤其是黄老之学与黄帝神话传说形成之间的密切关系，认识到黄帝神话与黄帝传说之间的区别，并在学理层面为之做出了区分。

第二，对于黄帝神话传说的考察，有的从特定关注点出发，如黄帝与蚩尤、炎帝的关系，以及黄帝神话传说发生地点等角度。高蒙河《蚩尤作乱与炎

---

① 姚圣良：《黄帝传说的发展演变与黄老学的阶段性特点》，《青海社会科学》，2008年第4期。

② 田延锋：《圣王·正统·神仙——论秦汉时期黄帝传说的政治文化内涵》，《宝鸡文理学院学报》，2002年第1期。

③ 蔡晓军：《试论早期共祖黄帝传说的层累构建》，《元史及民族与边疆研究集刊》，2008年。

④ 邹华：《殷齐文化与黄帝传说——中国美学上古文化背景考察》，《烟台大学学报》，2008年第3期。

⑤ 翟存明：《甘肃东部地区黄帝传说的民间叙事品格及当代文化价值》，《宝鸡文理学院学报》，2015年第4期。

黄东进——中国史前史中一个误识的辩证》对蚩尤与炎黄之间的时空地域关系进行了考证，指出炎黄部族的东进，是蚩尤"作乱"的原因，为蚩尤与炎黄之间的战争正名。① 段宝林《蚩尤考》指出了蚩尤与黄帝之间涿鹿之战的神话历史化过程，进而对蚩尤战神形象、蚩尤与黄帝的臣属关系、蚩尤与炎帝属于一人否、蚩尤与苗族的渊源等做了考证梳理，较为全面。② 徐新建《蚩尤和黄帝：族源故事再检讨》通过探讨蚩尤和黄帝的故事文本，并从文学人类学角度对与之相关的族源表述加以分析，认为就多民族传统构成的中华文明而言，不同祖先的历史叙事是族群区分和互动的重要主题。③

有的学者从上古地理角度对炎黄、蚩尤之间的历史进行考证。牛贵琥《蚩尤与涿鹿之战》指出涿鹿之战之所以有多种不同地点，是因为蚩尤部族在战争中多次迁徙，战争的起因是部落间的复仇和争夺财物，土地雷神和玄女是黄帝的部落联盟，蚩尤食沙石是食盐之误传，其考证值得进一步发掘。④ 石朝江《蚩尤与炎黄逐鹿中原考》指出中原位于中国的腹部地区，得中原者得天下，逐鹿中原成为古时王者的梦想，蚩尤逐炎帝出九隅之战、黄帝与炎帝阪泉之战和黄炎与蚩尤涿鹿大战即是在中原大地上先后发生的三场较大规模的部落战争，正是对于中原地区的争夺。⑤

以上多从历史角度解读黄帝与蚩尤之间的关系，也有学者通过神话角度来看待这一问题。刘宗迪《黄帝蚩尤神话探源》指出黄帝与蚩尤之间的战争神话，是攘除水旱之灾时旱巫与水巫之间的较量斗法，通过对"东海黄公"传说的解析得出这一结论，文章所思奇特。⑥ 吴晓东《苗族蚩尤神话与涿鹿之战》从民族文学的角度对此问题进行解析，分析了西南民族"格蚩尤老"的传说与涿鹿之战的关系，通过对蚩尤、战争形式等问题的分析，得出蚩尤神话

---

① 高蒙河：《蚩尤作乱与炎黄东进——中国史前史中一个误识的辩证》，《上海大学学报》，1990年第6期。
② 段宝林：《蚩尤考》，《民族文学研究》，1998年第4期。
③ 徐新建：《蚩尤和黄帝：族源故事再检讨》，《广西民族大学学报》，2008年第5期。
④ 牛贵琥：《蚩尤与涿鹿之战》，《民族文学研究》，2006年第3期。
⑤ 石朝江：《蚩尤与炎黄逐鹿中原考》，《贵州师范大学学报》，2010年第1期。
⑥ 刘宗迪：《黄帝蚩尤神话探源》，《文化研究》，1997年第1期。

乃是历史传说的演变。① 伍新福《论蚩尤》通过对历史事实的分析论证，认为中华文明的创造和中华民族的形成发展，最初均渊源于炎帝、黄帝、蚩尤三大部落集团，应该将蚩尤与炎、黄同列，共尊为中华民族的三位始祖，"炎黄文化""炎黄子孙"之类的提法，有片面性，不利于中华各民族的团结。②

第三，也有学者立足单个问题，对黄帝炎帝之间的阪泉之战进行考察。王彩梅《论炎黄阪泉之战的地理位置及相关问题》指出了炎黄阪泉之战的历史动因和战争发生的合理性，并对阪泉之战发生的年代做了合理推测，归纳了历来关于阪泉的地理位置之争：解州说、阳曲说、保定说、涿鹿说，通过辨析得出阪泉合理地点应该位于今延庆县（现改区）。③ 张玉勤《神农、炎帝、黄帝关系考辨》指出神农炎帝非一人，黄帝与炎帝亦非兄弟，并通过对比三人地域得出属于同宗的结论。④ 刘俊男《炎帝就是蚩尤——兼论太皥神农与炎帝蚩尤之史迹》也认为炎帝与神农是两人，并举证十一条证明炎帝就是蚩尤。⑤ 霍彦儒《炎帝族的起源与迁徙》总结了炎帝起源的三种说法，即"姜水（宝鸡）说""厉山（随州）说"和"洞庭湖（湖南）说"，亦存在着炎帝族"南迁""北迁"的分歧，文章通过讨论得出炎帝起于姜水的结论。⑥ 田成浩《黄炎蚩"两战说"与"一战说"研究综述》围绕黄帝战争传说中阪泉之战与涿鹿之战的争论，学界主要存在"两战说"与"一战说"，其分歧主要集中在三个问题上：蚩尤与炎帝、阪泉氏的关系；阪泉与涿鹿的地理位置；炎黄之间有无战争可能性，文章系统梳理相关文献，厘清这三个问题，客观分析了黄帝战争传说。⑦

对于黄帝神话传说的形成问题，现有的研究成果涉及文化人类学、古史辨

---

① 吴晓东：《苗族蚩尤神话与涿鹿之战》，《民族文学研究》，1998年第4期。
② 伍新福：《论蚩尤》，《中南民族大学学报》，1997年第2期。
③ 王彩梅：《论炎黄阪泉之战的地理位置及相关问题》，《北京社会科学》，1992年第4期。
④ 张玉勤：《神农、炎帝、黄帝关系考辨》，《山西师大学报》，1990年第3期。
⑤ 刘俊男：《炎帝就是蚩尤——兼论太皥神农与炎帝蚩尤之史迹》，《山西师大学报》，1997年第6期。
⑥ 《炎帝与汉民族国际学术研讨会论文集》，西安：三秦出版社，2002年。
⑦ 田成浩：《黄炎蚩"两战说"与"一战说"研究综述》，《内江师范学院学报》，2015年第7期。

派层累古史说等诸多方面,为我们提供了研究角度和研究思路。当然,对于其中具体问题如涿鹿之战也有较多成果,对其进行解读也成为前人研究的重点。

四、黄帝形象的研究

黄帝形象研究,主要是指对春秋至两汉黄帝在文献中形象变化的研究。何新《诸神的起源:中国远古神话与历史》一书第二章对于黄帝"一身三神"及其事迹进行了分析,提出黄帝事迹与伏羲事迹重合的问题,并且力证黄帝与伏羲属于一人,都属于太阳神。第十章提出了炎帝即帝尧的说法,并进而论及炎黄二帝同源的问题,证其皆是。① 常玉芝《由商代的"帝"看所谓"黄帝"》从"帝"字在殷商甲骨文中的用法分析黄帝的形象是天神而非人王。② 高强《人格的黄帝与神格的黄帝》从神和人两个角度对黄帝名号和黄帝形象进行分析,人格的黄帝包括远古圣王、华夏始祖、人文初祖,神格的黄帝包括皇天上帝、五方帝、道教神仙,但是未能将黄帝的形象演变做梳理。黄悦《汉代神话历史管窥——以黄帝为例》从血缘先祖、文明的创制者、神话地理观念下居"中"的理想统治者三个方面对黄帝形象的建构过程进行了分析。③ 许兆昌、杨龙《〈史记·五帝本纪〉中黄帝形象的知识考古》从政治、经济和宗教三个主要方面分析了黄帝形象的塑造。④ 李凭《黄帝历史形象的塑造》从《史记·五帝本纪》的文本层面入手,对黄帝历史形象的塑造进行研究,认为黄帝形象的形成与汉武帝时代大一统的历史需要紧密相关。⑤ 卫绍生《黄帝传说的三个系统》指出黄帝作为人文始祖、中医之祖、道教之神,存在着三个传说系统,对三个传说系统的分析可以得出黄帝由人变为神的轨迹。⑥

近年来,学界已经关注到春秋战国以来诸子及各种思潮在黄帝形象演变过程中的作用。李笑岩《先秦时期黄帝形象新诠——以诸子文献和〈汉志〉著

---

① 何新:《诸神的起源:中国远古神话与历史》,北京:三联书店,1986年。
② 常玉芝:《由商代的"帝"看所谓"黄帝"》,《文史哲》,2008年第6期。
③ 黄悦:《汉代神话历史管窥——以黄帝为例》,《中国文化研究》,2011年第1期。
④ 许兆昌,杨龙:《〈史记·五帝本纪〉中黄帝形象的知识考古》,《史学集刊》,2012年第5期。
⑤ 李凭:《黄帝历史形象的塑造》,《中国社会科学》,2012年第3期。
⑥ 卫绍生:《黄帝传说的三个系统》,《寻根》,2013年第5期。

录为中心》将《汉书·艺文志》所载与黄帝有关的著述以及先秦传世文献及相关出土文献对照,分析了黄帝在先秦诸子笔下形象的加工、改造和依托。① 李桂民《先秦诸子的黄帝观述论》从先秦祖灵崇拜、诸子立言的角度对黄帝圣王、神人形象进行了分析,《两汉黄帝崇拜发微与黄帝形象的神人融通》从两汉的神学思潮、思维方式、祭祀制度三个层面分析了黄帝形象在神人两面之间的融通。② 钱国旗、李传军《黄帝形象的历史塑造及其文化意义》从儒、道、方术三个层面分析了黄帝圣王、神王、仙人形象在文献中的生成。③ 对于黄帝形象的研究,已经注意到黄帝具备血缘先祖、文明创制者、神仙等多种身份,对其研究也从单纯的分析黄帝是天神还是人王走向了其形象的多元化考察。

在研究黄帝神话传说及其形象演变的过程中,还会涉及黄帝行迹的问题,对此学界也有不少研究成果。沈长云《从周族的起源论及黄帝氏族的发祥地》探讨了黄帝氏族的起源地问题,以黄帝姬姓为先决条件,利用姬周民族的发源地来探索黄帝氏族的起源问题,但忽略了黄帝本姓问题,也就无法探讨黄帝起源地问题。④ 李自宏《大地湾文化与黄帝时代——从考古19实物与史料看古成纪地区在我国远古史上的地位》从考古发现角度提出甘肃清水县为黄帝第一初居地。⑤ 高蒙河《蚩尤作乱与炎黄东进——中国史前史中一个误识的辩证》以炎黄起于陕西西部为基点,来论述炎黄与蚩尤之间的冲突属于炎黄东进殖民。⑥ 马世之《颛顼活动地域地理新证》中对于与黄帝、颛顼相关的地名若

---

① 李笑岩:《先秦时期黄帝形象新诠——以诸子文献和〈汉志〉著录为中心》,《河北师范大学学报》(哲学社会科学版),2011年第4期。

② 李桂民:《先秦诸子的黄帝观述论》,《西北大学学报》(哲学社会科学版),2005年第6期。李桂民:《两汉黄帝崇拜发微与黄帝形象的神人融通》,《学术探索》,2010年第4期。

③ 钱国旗,李传军:《黄帝形象的历史塑造及其文化意义》,《社会科学辑刊》,2008年第3期。

④ 沈长云:《从周族的起源论及黄帝氏族的发祥地》,《河北师院学报》,1996年第1期。

⑤ 李自宏:《大地湾文化与黄帝时代——从考古19实物与史料看古成纪地区在我国远古史上的地位》,《兰州大学学报》,1999年第3期。

⑥ 高蒙河:《蚩尤作乱与炎黄东进——中国史前史中一个误识的辩证》,《上海大学学报》,1990年第6期。

水、空桑、帝丘进行了考察，对于辨析黄帝行至有所助益，① 但其《天上白玉京 五城十二楼——浅析黄帝时代的西山古城》一文认为20世纪90年代中期郑州地区仰韶文化晚期城址西山古城从时间上应属黄帝时代，认为西山古城是史称黄帝筑城造"五邑"之一，其论述忽视了《史记·五帝本纪》中黄帝"迁徙往来无常处，以师兵为营卫"的文献记载。②

除此之外，黄帝与中国文化方面的研究也是当前的研究热点。一方面是对黄帝在中国文化中的内涵和价值进行研究，如石川祯浩《20世纪初年中国留日学生"黄帝"之再造——排满、肖像、西方起源论》，论述了20世纪初年黄帝在中华文化中的地位。③ 刘宝才、韩养民《黄帝文化志》对黄帝文化进行了系统的梳理，④ 刘宝才《黄帝文化中的神仙故事》论述了黄帝文化中所存的神仙故事及其内涵。⑤ 陈战峰《清末黄帝形象和文化的内涵与价值》论述了黄帝在清末文化中的价值和内涵，分析了其形象的产生原因。⑥ 苏宇《黄帝是中华民族的光辉旗帜》论述了在新时代黄帝在中华民族文化中的伟大地位，以及如何利用黄帝建立文化自信的问题。⑦ 郭树伟《论汉代黄帝形象的养生学文化内涵》则从养生学的角度，论述了黄帝形象在养生学中的文化内涵。⑧ 高强《炎黄文化与中华民族凝聚力论纲》旨在分析炎黄文化与中华民族凝聚力的关系，及如何利用炎黄文化来加强民族凝聚力。⑨ 孙庆伟《最早的中国：黄帝部落的文化初觉》则从考古学的角度分析了黄帝部落在文化发展史上的地位。⑩

---

① 马世之：《颛顼活动地域地理新证》，《黄河科技大学学报》，2006年第3期。
② 马世之：《天上白玉京 五城十二楼——浅析黄帝时代的西山古城》，《文物建筑》，2007年第1辑。
③ 石川祯浩：《20世纪初年中国留日学生"黄帝"之再造——排满、肖像、西方起源论》，《清史研究》，2005年第4期。
④ 刘宝才、韩养民：《黄帝文化志》，西安：陕西人民出版社，2008年。
⑤ 刘宝才：《黄帝文化中的神仙故事》，《华夏文化》，2015年第3期。
⑥ 陈战峰：《清末黄帝形象和文化的内涵与价值》，《长安大学学报》，2016年第3期。
⑦ 苏宇：《黄帝是中华民族的光辉旗帜》，《陕西日报》，2017年4月7日。
⑧ 郭树伟：《论汉代黄帝形象的养生学文化内涵》，《中原文化研究》，2017年第3期。
⑨ 高强：《炎黄文化与中华民族凝聚力论纲》，《西北大学学报》，2018年第5期。
⑩ 孙庆伟：《最早的中国：黄帝部落的文化初觉》，北京日报，2019年1月21日。

刘晓《记忆附加与黄帝人文始祖传说的形成》一文则分析了黄帝是如何在中华文化创制史上被附会成人文始祖的。①

一方面是对黄帝祭祀问题的研究。张茂泽《黄帝和黄帝祭祀》对黄帝祭祀的相关问题进行了阐释。② 方光华《黄帝陵祭典千年回顾》则系统回顾了黄帝陵祭典的历史来源及发展脉络。③ 张岂之《黄帝陵与中华文明》从文明史的角度分析了黄帝陵在中华民族历史上的重要地位。④ 赵世超《"黄帝陵·文化自信"——清明学术交流会总结发言》则着重论述了黄帝陵祭祀与现代中国文化自信建立的问题。⑤ 张远山《黄帝轩辕，玉帝玄鼋——黄帝族祭天、威仪、装饰玉器总论》一文，则从制度史的角度对黄帝祭祀的问题进行了分析。⑥ 张东赞《从文化记忆的角度谈黄帝祭祀与群体成员的身份认同》一文，从文化记忆的角度对黄帝祭祀及其在祭祀群体中所起到的身份认同作用进行研究与探讨。⑦

前人对于黄帝研究的成果已有很多，无论从深度还是广度上对于黄帝研究的推进作用都是巨大的。当然，随着研究的进一步深入，从研究视角和研究方法等方面来看，黄帝神话传说还具有进一步的研究空间。

首先，基于前人对世系制度的研究成果，为我们从黄帝世系形成的制度动因方面进行研究提供了基础，有利于探寻黄帝世系得以形成的根本原因。关于黄帝子嗣、五帝关系、少数民族关系等方面的研究成果，则从侧面为我们理清黄帝世系提供了可能。虽然对于先秦文献中黄帝世系的梳理还不完全，但对这一方面的研究有助于我们找寻黄帝世系形成的文献脉络。

其次，有关赐姓制度的研究成果包含了对青铜铭文、传世文献的考察，现

---

① 刘晓：《记忆附加与黄帝人文始祖传说的形成》，《学术交流》，2019 年第 1 期。
② 张茂泽：《黄帝和黄帝祭祀》，《华夏文化》，2015 年第 4 期。
③ 方光华：《黄帝陵祭典千年回顾》，《华夏文化》，2016 年第 2 期。
④ 张岂之：《黄帝陵与中华文明》，陕西日报，2016 年 4 月 4 日。
⑤ 赵世超：《"黄帝陵·义化自信"——清明学术交流会总结发言》，《华夏文化》，2017 年第 2 期。
⑥ 张远山：《黄帝轩辕，玉帝玄鼋——黄帝族祭天、威仪、装饰玉器总论》，《社会科学论坛》，2017 年第 4 期。
⑦ 张东赞：《从文化记忆的角度谈黄帝祭祀与群体成员的身份认同》，《理论界》，2018 年 Z1 期。

在尚未能将何以"因生赐姓"厘定清楚,对"生"的认识有分歧,对"姓"的出现时代有异议,对"赐姓"的内容见识不一。关于黄帝之姓、黄帝与赐姓之间的关系、黄帝十二姓的形成等问题的研究成果,又多集中于图腾理论、婚制理论等片面的角度。因此,从《左传》《国语》所见的"因生赐姓"出发,通过对"因生赐姓"的考释,进而寻找"生"与"姓"在赐姓中的含义,以及"因生赐姓"在西周及春秋时期所起到的现实作用做出界定,这将是解决黄帝之姓及其成为十二姓之祖,并最终成为先秦29姓之祖的关键之处。

再次,关于黄帝神话传说的形成问题,现有的研究成果涉及文化人类学、古史辨派层累古史说等方面,为我们提供了研究角度和研究思路。当然,对于其中具体问题如涿鹿之战的研究也有较多成果,对其解读也成为前人研究的重点。在今后的研究当中,将层累形成的黄帝神话传说与先秦信仰变化、族群共祖形成以及文明开创认知共识的达成等问题结合起来进行考察,或可以将其形成原因和形成过程清理清楚。

复次,对于黄帝形象的研究,已经注意到黄帝具备血缘先祖、文明创制者、神仙等多种身份,对其研究也从单纯的分析黄帝是天神还是人王走向形象的多元化考察。今后,在研究过程中不能将黄帝身份与黄帝形象混淆在一起:黄帝身份形成问题的研究重点应该集中于认知的发展和神话传说的累积,而黄帝形象问题的研究则应该集中于对其形象的界定,从而从多个角度对这种形象塑造进行分析,以便得出多元形象各自塑造的过程和目的。

试论黄帝精神与中华民族精神的延续

苏 峰

(陕西省黄陵县轩辕黄帝文化研究会秘书处)

黄帝是中华民族的始祖,是中华民族的根,是中华文明时代开启的象征,是中华民族凝聚力的标志。黄帝身上体现着一种强烈的民族精神,这种精神超越时空、一脉相承,这种精神在中华民族的形成与发展过程中形成了强大的凝聚力,影响着时代的发展与进步,具有长久的生命力和感召力。长期以来,中华民族在艰苦奋斗的过程中诠释、传承与发展了黄帝这一伟大民族精神,为中国社会发展和人类文明进步提供了强大精神动力。黄帝精神经过五千年的锤炼,不断地吐故纳新、与时俱进,最终延续成为中华民族精神。

第一,自强不息的创造精神。

"天行健,君子以自强不息。"5000年前,轩辕黄帝部族团结其他部族为争取生存空间和改善生产生活条件,进行了艰苦卓绝的斗争和长期的探索。衣、食、住、行、农、工、商、货币八个方面的发明创造,造就黄帝成为一位开创百物,造福民众的时代领袖。黄帝时代延续下来的这种自强不息的创造精神正是中华民族发展的原动力。

中华民族是具有非凡创造力的民族。在几千年历史长河中,中华儿女始终辛勤劳作、发明创造,涌现出了老子、孔子、庄子、孟子、墨子、孙子、韩非子等闻名于世的伟大思想巨匠,发明了造纸术、火药、印刷术、指南针等深刻影响人类文明进程的伟大科技成果,创作了《诗经》《楚辞》、汉赋、唐诗、宋词、元曲、明清小说等伟大文艺作品,传承了《格萨尔王》《玛纳斯》《江格尔》等震撼人心的伟大史诗,建设了万里长城、都江堰、大运河、故宫、布达拉宫等气势恢宏的伟大工程。当下,中华民族自强不息的创造精神正在前所未有地迸发出来,推动我国日新月异向前发展,大踏步走在世界前列。我们要大力弘扬与时俱进、锐意进取、勤于探索、勇于实践的改革创新精神,争当改革的坚定拥护者和积极实践者，用自己勤劳的双手在改革实践中创造更加幸福的生活。

我们相信，只要中华民族继续发扬这种伟大创造精神，中华民族就一定能够创造出一个又一个人间奇迹！

第二，锲而不舍的奋斗精神。

"锲而不舍，金石可镂。"黄帝身为部落首领，但从不以统治者自居，而是身体力行，亲力亲为。司马迁说，黄帝的足迹，"东至于海，登丸山，及岱宗。西至于空桐，登鸡头。南至于江，登熊湘。北逐荤粥，合符釜山……"黄帝的游历，一方面密切了黄帝与其部族成员的关系，扩大了其部族的影响，从而使黄帝部族的势力范围得到了进一步拓展；同时，黄帝这种锲而不舍的奋斗精神也为子孙后代树立了一座精神丰碑。

在几千年的历史长河中，中华儿女始终革故鼎新、自强不息，开发和建设了祖国辽阔秀丽的大好河山，开拓了波涛万顷的辽阔海疆，开垦了物产丰富的广袤粮田，治理了桀骜不驯的千百条大江大河，战胜了数不清的自然灾害，建设了星罗棋布的城镇乡村，发展了门类齐全的产业，形成了多姿多彩的生活。历史只会眷顾坚定者、奋进者、搏击者，而不会等待犹豫者、懈怠者、畏难者，世界上没有坐享其成的好事，要幸福就要奋斗。今天，中华民族所拥有的一切，凝聚着中华儿女的聪明才智，浸透着中华儿女的辛勤汗水，蕴涵着中华儿女的巨大牺牲。我们要始终保持艰苦奋斗、戒骄戒躁的作风，以时不我待、只争朝夕的精神，奋力走好新时代的长征路。

我们相信，只要中华民族始终发扬这种伟大奋斗精神，就一定能够达到创造人民更加美好生活的宏伟目标！

第三，万众一心的团结精神。

"精诚所至，金石为开。"轩辕黄帝时代结束了蛮荒混沌，开启了中华民族灿烂文化的先河，从而成为中华文明的源头。他通过涿鹿之战、阪泉之战建立了与炎帝、蚩尤部落的联盟，通过外交手段统一了由万姓诸侯联合而成的新部落联盟体系，并建立了"内行刀锯，外用甲兵"的社会管理秩序。

在几千年历史长河中，中华民族始终不离、不散、不裂、不断、不亡，尤其是近代以来，面对外敌的入侵，依然团结一致，共同对外，其中一个很重要的原因，是与中华民族的始祖轩辕黄帝时期万众一心的团结精神分不开的。黄

黄帝与黄帝文化

帝既是中华民族屹立于世界民族之林的精神旗帜，又是中华文明继续发展的力量源泉，也是中华儿女相互认同的精神纽带，还是民族团结统一的文化标志。几千年来，中华儿女始终团结一心、同舟共济，建立了统一的多民族国家，发展了56个民族多元一体、交织相融的融洽民族关系，形成了守望相助的中华民族大家庭。今天，中国所取得的令人瞩目的发展成就，是继承和发扬轩辕黄帝时期万众一心的团结精神的结果，是全国各族人民同心同德、同心同向努力的结果。历史和现实告诉我们，正是这种伟大团结精神才形成了一个伟大的民族，缔造了伟大的国家，汇聚起了战无不胜、攻无不克的强大力量。正是这种伟大团结精神，才使我们民族更加团结，创造了伟大的中华文明、中华文化。正是这种伟大的团结精神，才让我们对民族国家的未来无比自信，无比自豪。

我们相信，只要中华民族始终发扬这种伟大的团结精神，中华儿女就一定能够形成勇往直前、无坚不摧的强大中国力量！

第四，民族复兴的梦想精神。

"山再高，往上攀，总能登顶；路再长，走下去，定能到达。"5000年前，轩辕黄帝的梦想是平息内部纷争，统一华夏部落，努力做到近无内忧、远无外患，带领先民过上衣食无忧的幸福生活，经过不懈努力黄帝的梦想实现了。古代世界上有四大文明古国：古中国、古印度、古巴比伦和古埃及，都曾显赫一时，时至今日，除古中国外，其他古文明最终都失落在悠久的历史长河之中，只留下少许的历史残片。唯有中华民族、中华文明一脉相承，绵延几千年，仍统一完整地屹立在世界的东方。道理很简单，就是因为我们不仅有长城内外辽阔的土地，非常完整的文化记忆，更重要的是我们有轩辕黄帝这个伟大的"人文始祖"，这个多民族公认的"精神领袖"，这面中华民族精神的旗帜。

中国梦是民族的梦，也是每个炎黄子孙的梦，实现中华民族伟大复兴是近代以来中华民族最伟大的梦想。

在几千年历史长河中，中华民族始终心怀梦想、不懈追求，我们不仅形成了小康生活的理念，而且秉持天下为公的情怀。盘古开天、女娲补天、伏羲画卦、神农尝草、夸父追日、精卫填海、愚公移山等我国古代神话也深刻反映了中华儿女勇于追求和实现梦想的执着精神。近代以来，实现中华民族伟大复兴成为中华民族最伟大的梦想，中华儿女百折不挠、坚忍不拔，以同敌人血战到底的气概、在自力更生的基础上光复旧物的决心、自立于世界民族之林的能

165

力，为实现这个伟大梦想进行了170多年的持续奋斗。

今天，中华民族比历史上任何时期都更接近、更有信心和能力实现民族伟大复兴。只有创造过辉煌的民族，才懂得复兴的意义；只有历经过苦难的民族，才对复兴有如此深切的渴望。昨天的中华民族是"雄关漫道真如铁"；今天的中华民族是"人间正道是沧桑"；明天的中华民族是"长风破浪会有时"。这三句诗将中华民族的昨天、今天和明天，熔铸于百余年中国波澜壮阔、沧桑巨变的历史图景里，镌刻于几代人为民族复兴奋斗的艰辛历程中，发人深省、催人奋进。

我们相信，只要13亿多中华儿女始终发扬这种伟大梦想精神，我们就一定能够实现中华民族的伟大复兴！

精神是文化的支撑，文化是民族的灵魂和血脉。中华文化5000年，黄帝文化是源头。黄帝文化既是根源文化和传统文化，也是现实文化。在中华民族多元一体格局形成与发展的过程中，黄帝精神始终起着构建共同心理的作用，黄帝文化一直彰显着凝聚纽带的魅力。

回顾中华历史，源远流长，灿烂辉煌；展望祖国未来，前程似锦，方兴未艾。5000年前，轩辕黄帝奠华夏之初基，开文明之先河。几千年来，中华民族团结自强，世代相承，历尽沧桑，昌盛不衰，以其悠久而光辉的历史文化彪炳于世。黄帝既是中华民族屹立于世界民族之林的精神旗帜，又是中华文明继续发展的力量源泉，也是中华儿女相互认同的文化标志。发扬黄帝文化，传承黄帝精神是一项长期的工作，是海内外中华儿女的共同心愿，是13亿中华儿女义不容辞的责任和义务，更是表达出整个中华民族追根寻祖的文化认同。

文化传承与创新

文化传承与创新

"儒道经典智慧"与21世纪的人类文明
——由《论语》及《道德经》的讲学起论

林安梧

（台湾慈济大学人文社会学院原院长、山东大学特聘教授）

摘　要：本讲稿旨在阐明儒道经典智慧，本根同源，相须相资，于当今人类文明可起一重要的交谈作用。首先，反思20世纪80年代于台湾民间讲学《论语》《老子道德经》的情景，又对比三家而论，说儒道两家是"生生法"的成全，而不是佛教"无生法"的解脱。儒家强调"本心主体的自觉"，而道家强调"天地场域的自然"，儒家强调"摄所归能"，由客返主，道家重在"付能于所"，付主于宾。儒家强调"我，就在这里"，道家主张"我，归返天地"。然则，儒道两家皆主张：贯通天地人三才。佛教求"苦业之解脱"，儒道两家说则认为苦乐相生，主张"生生之德的成全"。最后则指出在现代化之后，我们当展开文明对话，解开话语的定执，克服现代化之后的困境，找回遗忘了的存在。最后呼吁摆脱霸权思维，奉持王道，天下为公，道法自然。

关键词：儒；道；生生；能；所；天地；参赞；自然；自觉

一、楔子：
从闽南语是古汉语说"承天命、继道统、立人伦、传斯文"

从1986年冬天，我除了在大学任教以外，还开启了在台湾的民间书院讲学的历程。起先在慈惠堂开启《论语》讲座，隔年又讲了《老子道德经》，继续又连着讲《金刚般若波罗蜜经》，《大学》《中庸》《孟子》《易经》《太上老君常清净经》如此三教经典往复循环，约有十部经典，至于今日，居然过了三十多年。中间或有中辍，但基本上是持续的。使用的语言，基本上是以台湾话为主，也就是闽南话为主，而国语（普通话）为辅。其实咱台湾的语言主要是汉语，与别处相比它活存的语言是比较古老的语言。目前，台湾讲的闽南话是古汉语，而且它用了很多古典的语汇。我在很多场合都说了，但是很多年轻朋友还是不知道，所以我今天还是要说几句。

其实我们日常用了很多古汉语、文言，你每天在用，你都不知道。譬如我常说"尔有闲否"，"尔知也否"，"尔知也乎"。你去市场的时候，问卖菜的说"一斤寡济？"（台语读成 jit ging gua jei），这个"寡济"是"少多"，是一斤少多、是多少。"少"是写成"寡"，多寡的寡；这个"多"是济济多士的济，济南的济；"一斤寡济"用语非常古雅，它是中原古汉语，但我们习焉而不察。我们汉族来自中原，但是我们现在是在整个华夏本土最东南的一个岛屿，它所留存的是最古老的汉语语言，这是非常有意思的。我常常与很多年轻朋友说："这表示咱台湾人有一个责任，就是要承天命、继道统、立人伦、传斯文"，这一点是很重要的。这正预示着这样的一个方向，我们的前辈从郑成功开台以来，其实到现在为止，广大的民众都是"承天命、继道统、立人伦、传斯文"的。

二、进门：
70年代启动学习《论语》，也开始读《道德经》

回想起在20世纪，我是60年代进学的。70年代初，我是念高中一年级的时候受到当时国文老师杨德英先生的启发，所以启动了学习《论语》这样的一个应该说是"爱好"，所以本来最喜欢的是数理，后来就走向了人文。那是在1972年，距离现在四十多年了，那么因为读了《论语》连带着读了很多古书。我记得当时高一的书包里面常常放着许多书，这个《论语》一定会有，《史记》精华，还放老子《道德经》。所以对于古书从那时候起就很喜欢，现在能够背的古书大概有很多是高一的时候背的，比如《论语》。那么后来又因为因缘殊胜，在民间的讲学自然而然地就会在很多地方用闽南语讲学，也就是用台湾话讲学。所以像我讲得最多的经典是老子《道德经》，截至目前已经讲了超过60遍，这可能跟台湾的一些高道比起来这也不算太多，但是60遍也要花30年以上的功夫了。

我自己深深地感受到老子《道德经》这部才五千个字的经典，到现在还是"日日新，又日新"。而且进入到21世纪，这已经是人类进到现代化之后的一个世纪，它会对整个人类文明起着一个非常重要的交谈与对话、辩证的效用，包括《论语》也是。蔡根祥教授是我的大学同学，刚刚他提到"《论语》也讲'无为而治'"。① 是！"无为"这个概念是儒家、道家所共享的，但是儒、道两教的"无为法"和佛教的"无为法"却是不相同的。因为佛教重点在出世与解脱，与儒道是不同的。但于具体的生活世界，它们却是混在一起的，这点我觉得还要说一下。

三、儒家、道家是"生生法"的成全，而不是"无生法"的解脱

道家、儒家所说的"无为"是回到一个总体的源头，这是"生生法"，它不是"无生法"，这跟佛教不相同，因为佛教是为求"解脱"。但儒道两教他不是要由这个世间来解脱，他是要创造这个世间，让它更好，把这个世间创造得更好一些，所以《易经》里面说："范围天地之化而不过，曲成万物而不遗"②，《易经》可以说是儒道共享的，"儒道同源"。《易经》应不只是儒家专属，而是整个中国民族智慧之源，我想这是在座的很多朋友都能同意的，所以我个人是主张"儒道是同源而互补"的。

再说，老子《道德经》这两个字："道"与"德"。讲学多年，很多朋友直接就问我，林教授你说"道德、道德要如何了解？"我说："道"是总体，是本源，"德"是个体，是本性，道为根源，德为本性，如其根源，顺其本性，就是"道德"。在我们华族的智慧里讲"道德"，它不是一个戒律的规定，而是来自生命源头的生生、参赞。"参赞"讲的就是参与助成，在我们的思考里面，在咱们华人的思考里面，就有一个最高善的要求，有一个至善的要求。我们有一个最高阶的向往，同时也有一个最低底线，这是华人的一个基本思考。咱河洛话讲"你做人卡超不多哩"，这就是说你不能够低于那个底线，低

---

① 《论语·卫灵公》篇记载，子曰："无为而治者，其舜也与！夫何为哉？恭己正南面而已矣。"

② 语出《易经·系辞上传》第四章。

于底线老百姓都会有意见。我告诉你那已经不是一般观念的形态问题,他有个底线,这个底线其实是他有个更高的向往的标准,那就是根源、理想。

我们就把那根源理想作为一个起点来生长,然后要求共生、共长,共存,共荣,而能够共好这是我们这个民族最可贵的,这叫作"性善论"。"人之初,性本善"①,性之为本善,这不是生物学意义上的善,而是道德学意义上的理想,是总体的根源,是永恒的向往,是"大学之道在明明德,在亲民,在止于至善"②。止于至善以后,"知止而后有定",这虽然是儒教的经典,同时也是道教共同承认的经典,儒、道是同源而互补的,这一点我还是要强调的。

我并不主张以儒家做主流,道家做辅助,甚至说是支流,当然我也不赞成像我的老朋友、老学长陈鼓应教授所提的"道家主干说"③。我就常跟陈鼓应教授说"道家主干说"多了一个字,他说哪个字?我说多了"家","道主干说"是对的,万物都归向道,道是一切的本源,所以"道主干说"是可以说的。

你可以看到《论语》里面讲的"道"跟"德",老子《道德经》也讲"道德"。《论语》讲:"志于道,据于德,依于仁,游于艺"④,老子《道德经》讲:"道生之,德蓄之,物形之,势成之"⑤。"道德"这二字很清楚,"志于道,据于德";"道生之,德蓄之",你有"志于道",这是为人的主体来说,从主体的自觉来讲"志于道",但要照道体的本源来讲的话当然是"道生之",落实在事物的本性上,那当然是"德蓄之"。人的本性是独特的,它不同于事物,不同于草木瓦石,不同于我们讲的禽兽。禽兽有知觉,草木你仍然可以感受它那生意,而瓦石你也想怜悯它,那是人的觉性,人有个会觉醒的觉性,觉性很重要。

上苍赋给人一个责任,这个责任是你得去参赞天地之化育。参为参与,赞为助成,所以参与助成,天工人其代之,"观乎天文,以察时变;观乎人文,

---

① 语出《三字经》首两句。
② 语出朱熹《大学章句》经一章。
③ 陈鼓应《易传与道家思想》和《道家易学建构》这两部书可以阐明他的观点。
④ 语出《论语·述而》。
⑤ 语出《老子》第五十一章。

以化成天下"①,所以我们的思想里面强调的是"天人合德"。《易经》里面说:"大人者与天地合其德,与日月合其明,与四时合其序,与鬼神合其吉凶"②,这是大家都耳熟能详的。整个中华民族思考的"人",可以说是最健康的,是最经常的,它是经常之道,不是求"苦业的解脱",也不认为人自出生以来就犯了罪的原罪,所以也不是"原罪的救赎"。在我们的思考里面不会有基督宗教一神论地说:"从始祖亚当犯了罪,而要原罪的救赎",我们也不会认为生老病死都是苦,所以要苦业解脱。我们会认为"苦乐相生",生生不息,所以我们不认为这是轮回亦苦。我们认为这是一个生命的永续流传,所以我们一直有个根源性的思考,儒道都是一样的。道家《道德经》所说的"能知古始,是谓道纪"③,这个在佛教里不会有这个话,佛教就根源了义来说,佛教求我法二空,了无挂碍,当下自在,他走的是另外一条路。

四、儒家强调的是本心主体的自觉,
　　而道家强调的是天地场域的自然

我们非常有历史感地强调要一代人传一代人,代代相传。就这样一代人、一代人往下永续流传着,这就是儒道同源互补的常道,即生生之德的经常之道,这和佛教所说"无生之道、缘生之道"是不相同的。我们现在常常把它们混在一块了,我还是要澄清说明一下。

我们谈问题是谈人生长在天地之间,《三字经》说"三才者,天地人",我们说"天地亲君师"。在中国古代,历代的君主专制很重要,就把君提到前面去了为"天地君亲师"。其实这是来自荀子所说的"礼有三本:天地者,生之本也;先祖者,类之本也,君师者,治之本也。"④ 天地其实隐含着天地自然共同体的概念:亲就是血缘人伦共同体的概念,君就是政治社会共同体的概念,师就是文化教养共同体的概念。我们华人思考问题,人是不能够跟这个社

---

① 语出《易经·贲卦彖传》。
② 语出《易经·乾卦文言》。
③ 语出《老子》第十四章。
④ 语出《荀子·礼论》:"礼有三本:天地者,生之本也;先祖者,类之本也;君师者,治之本也。无天地,恶生?无先祖,恶出?无君师,恶治?三者偏亡,焉无安人。故礼,上事天,下事地,尊先祖,而隆君师。是礼之三本也。"

会隔绝的。一个人生存不可能，人不能是孤单性的一个人，我们人一定要跟人之间有个交往的真实的关怀和爱，要和谐就要仁和。"仁"就是真诚关怀跟爱，"和"就是和谐，因为是我们人在共同体里面生存。

不仅如此，人自己这个身躯也是共同体，尔心仁尔身，"心居中虚，以治五官，是之谓天君"①。心为天君这主宰与你身体五官的关系，这就是共同体。身心是个共同体的关系，家也是个共同体的关系，进一步讲，社会、国家乃至天下都是共同体的概念。没有这个共同体的概念（共同体就是个经常之道），没有经常之道的概念，光讲权力、欲望，这是没个准的。比如：选举这是很重要的，要选举，参与的人有一个共同体的想法，你这选举就比较准确；你没有共同体的概念，你这个常道立不起来，你就没办法权衡！

什么叫权衡？衡就是我们讲的秤的秤杆，权就叫秤锤，维持平衡就需要"权"恰当的活动，所以对于共同体的思考很重要。没有共同体的思考，只求个体的人权这个概念，基本上是会出问题的。所以，有人伦的人权，与没有人伦的人权是会不一样的。这点是我跟很多朋友都谈到的概念，所以儒道的可贵是重视共同体，但儒家更重视血缘人伦共同体，文化教养共同体，而道家更重视天地自然共同体，当然道家对其他的共同体也不是不重视，但他有倚轻倚重，这样大家就可以了解了！儒家强调的是本心主体的自觉，而道家强调的则是天地场域的自然，道家更注重处所场域的哲学。

五、儒家强调"摄所归能"，由客返主，
道家重在"付能于所"，付主于宾

儒家强调要"摄所归能"，由客返主，而道家是要"付能于所"，付主于宾，如何能"万物将自宾"，这是道家常提的。大家有共同体的想法，有个处所的想法，有个天地的想法，这就是道家。道家的思想不是从"我的"来证成我，而是把"我的"的"的"去掉，它说"我的"的"的"去掉你才能真正地看到"我"，把这个"我"能放回天地，你才能"逍遥游"，才能够"齐

---

① 语出《荀子·天论》。

物论",也因此才能真正"养生主",生命是如此,这一点是很重要的①!儒道两家其实既重视整个生活世界的安排,也重视自己身心的安顿。我常说道家的思想不是"心静才自然凉",因为要照顾到自然凉了心才可能静。心与外境是一体的,心与身是一体的,所以外境处理好多了,心也就好多了。心若健康我们的身就会比较正常,这是一个整体,所以这一点非常重要。

我们对各方面的认知也是如此,所以说"知人者智,自知者明,胜人者有力,自胜者强,知足者富。强行者有志。不失其所者久。死而不亡者寿"。②道家的思考总是要你回到源头重新想过一遍,我们不只是要去了解一个人,而最重要的是你要了解你自己。所以"明"这个字在儒家和道家那里都很重要,中国传统的"知识论"和"功夫论"是密切结合在一起的,讲到中国传统认知的最高层次就是"明",其次就是"知",再次就是"识",复次就是"执","执"陷溺于欲,"识"是了别于物,"知"是定止于心,而"明"才能通达于道,这很重要的!所以求知识愈多只是"执着","执陷溺于欲",就会受苦,但是求知识如果有办法由识的了别回到智,心就能够有所定止,才能够上达天道。

道家落实在人间却是非常柔软的,"上善若水,水善利万物而不争,处众人之所恶,故几于道。居善地,心善渊,与善仁,言善信,正善治,事善能,动善时。夫唯不争,故无尤"。③道家提供非常重要的思考,叫作"以生长取代竞争",以生长,共生共长来化解斗争,而如此一来人类跟天地之间就可能天长地久,"天长地久,天地所以能长且久者,以其不自生故能长生,是以圣人后其身而身先,外其身而身存,非以其无私邪,故能成其私"。④我们求的不是一时一点而已,我们是一个长时间、大空间,天地何以能够长久呢?因为它不偏私其所善,它讲不自生、不偏私,因为不偏私所以天地能长生,所以能作为一个"智虑清明、知通统类"的领导。

---

① 参见林安梧《"解牛""养生"与相关的"治疗学"问题》,刊于《诗书画》杂志第十二期 2014 年 04 月发行。
② 语出《老子》第三十三章。
③ 语出《老子》第八章。
④ 语出《老子》第七章。

六、"域中有四大":
"人法地,地法天,天法道,道法自然"

老子讲圣人不只是修身养性好的人,而是"智虑清明、知通统类"的大领导。"后其身而身先,外其身而身存"就是他可以无私,"以其无私故能成其私",前面讲的私是偏私,后面讲的私是个体性。领导者能够无私,所以老百姓每一个的个体性都可以得到保存,而且能够好好地生长。这是道家最可贵的地方,道家充满了包容性,甚至多元性和差异性。多元差异是现代性社会的特点,大家所共同认可的信念。现代化之后,可以说道家思想应该发声了。有差异、有多元,个体受到重视,这样才能够真正成就一个和谐的共同体。

所以道家在讲这个问题的时候他放得很宽:人不是人而已,人在天地间;天地不是天地,天地要回到"道",道是自然,所以"道大,天大,地大,王亦大",人能贯通"天地人"三才而谓之王,"域中有四大,而王居其一焉,人法地,地法天,天法道,道法自然"。① 人脚踏实地,人学习地的宽广,温柔敦厚,具体的生长,而具体的生长他朝向一个高明而普遍的天。天代表了高明,天有日月星辰,这高明而普遍代表着一个理想,天法道,高明伟大的理想要回到那总体的源头,要不然这高明而伟大的理想会形成另外一个压力。回溯到这个"道",道是根源是总体。道是什么?道这里必须有一个自发的调节和谐次序的自然,自然是什么?我在讲学的过程中很多人问,这个自然是不是都不要人为呢?林教授你给我看看,我这个意思听得懂没有。我说你到公司去看会计小姐,头发有去做,梳妆得非常自然,那请问她有没有梳妆?有啊!这自然并不是人为不参与,自然是人为参与下还能够通而位移的,她是回到了和谐的道法自然的状态。这自然的意思是自自然然,不是 natural,不是 physical;不是这外界自然物理说的自然,是人参与进去,故成那个整体,有个和谐、生生不离的状态,那叫作自然。

这样下来我们就能了解到道家基本的思考,其实就是要回到那存在根源,再从这个"根源"重新开启。老子《道德经》讲的"一"说的就是"总体",讲"道"说的是存在的"根源"。"道生一"这说的就是由根源落实而为整体;

---

① 语出《老子》第二十五章。

"一生二"从根源落实整体里头分为二，二为阴阳，那阴阳再和合为三，这就是"二生三"。"道生一，一生二，二生三，三生万物"①，"道"本为不可说，"一"是从这个不可说而显现了，再者，由此显现指向"可说"就是"二"，这"可说"指向"说"就是"三"，这个"说"指向对象，说出了对象，这就叫"万物"，这个发展过程很有意思。这里面有一个"气"的运化历程，同时隐含着哲学诠释学的开展历程，这都是两千多年前我们先圣先哲已经思考清楚了，非常了不起！

这个"一"讲的是总体，也是具体的生长，具体的生长上通于总体的根源，总体的根源看起来很大，而具体的生长则可以解释成很小，所谓"治大国若烹小鲜"就是这个道理。《老子》强调要"以道莅天下，其鬼不神。非其鬼不神，其神不伤人。非其神不伤人，圣人亦不伤人"。这是道家道教最重要的思想，两不相伤，何害共趋？我想咱们中华民族对这个问题在这里就能找到答案。"夫两不相伤，故德交归焉"② 明明两相伤，那就德背而道离，那就完了！你能够两不相伤，所以德交归焉。这样说下来我们大概就慢慢清楚了，儒、道是同源而互补的，都是生生法。儒家是从生的源头启动，而道家是告诉你回到那生的源头上去。

儒家为"观生"之法，道家为"观复"，"致虚极、守静笃。万物并作，吾以观复。夫物芸芸，各复归其根。归根曰静，是谓复命"，这个归根复命之道，就叫作常道。"复命曰常，知常曰明。不知常，妄作凶。知常容，容乃公，公乃全，全乃天，天乃道，道乃久，没身不殆"，这里隐含着一个观复之道，回到了生生不息的生长源头，而落实来讲它有往复循环。这不是一个单线的对立，而是一个永不停歇的圆环活动，这叫"反者道之动，弱者道之用"。

七、佛教求"苦业之解脱"，儒道两家说"苦乐相生，自有乐处"

"天下万物生于有，有生于无。"这个"无"不是断灭，而是充满了生长的可能，充满着生发的可能性。我们没有像佛教一样求"苦业之解脱"，我们

---

① 语出《老子》第四十二章。
② 以上皆出于《老子》第六十章。

说"苦乐相生,自有乐处",绿树青山,鸢飞鱼跃都是生机。我们不会把绿树青山,鸢飞鱼跃讲成镜中花、水中月,当然就不会讲"一切有为法,如梦幻泡影,如露亦如电,应作如是观"。① 我们说这就是生生不息,我们应该参赞天地之化育。这么说来,回到我们的思考里面,讲了有根源、有本性,有关怀、有爱,有客观的法则,有具体的规范,两千多年前对于道德仁义礼的系谱,老子《道德经》讲得很清楚。

我们要跨过话语的限制,回到存在的根本,在华人的语言后头最重要的是文字。我们的文字相对于全人类的文明来讲,它非常独特,我们不是拼音文字,我们是图像文字。拼音文字是以逻辑为本位的,图像文字是以存在为起始点的。这么思考问题便回到了存在本身,回到了"道",所以"道为根源,德为本性,仁为感通,义为法则,礼为规范",一层一层,你说他"失道而后德,失德而后仁,失仁而后义,失义而后礼,礼者忠信之薄而乱之首也",可!这"失"有的版本说是"先","先道而后德,先德而后仁,先仁而后义,先义而后礼,礼者忠信之薄而乱之首也"也通②!

老子《道德经》就告诉我们"尊道而贵德",道生之,德蓄之,以道为尊,以德为贵,以"道"那个总体的源头作为你尊崇的,最后就近的目标。以你那真实内在的本性,你能够体会地到它是最为宝贵、最为贵重、最为重要的。人不能离开"道"与"德",万物也是,这里就包含着一套道家型的实践哲学。我们到底应该怎么办呢?要一个自然内在的母性关怀:"慈","我有三宝,持而保之:一曰慈,二曰俭,三曰不敢为天下先"③。这里的"慈"讲的就是我们生命真实就有的"爱"与"关怀",它是存在本身豁显出来的,这叫"慈故能勇";我们通过这个"俭"的修养功夫就能包容广大,这就是"俭故能广";互相相让,不敢为天下先,能够谦让地让对方有生长的可能,这就是"不敢为天下先,故能成器长"。你让对方有生长的可能,他就生长得很好,他回过头来就会反哺于你,所以大国小国的关系也应该是如此。

---

① 语出佛教《金刚经》。
② 这一段涉及于《老子》第三十八章。
③ 语出《老子》第六十七章。

八、"慈,故能勇,俭,故能广；
不敢为天下先,故能成器长"

一样的,你一定要有生长空间,你没有生长空间,那当然就会出现问题。你没给一个生长空间的时候,那就可能走到激烈的路上去。这个是很重要的,所以老子讲得很好,"慈,故能勇","俭,故能广；不敢为天下先,故能成器长。今舍慈且勇,舍俭且广,舍后且先,死矣"。你慈心放弃之后,你只想要勇力,你俭约之道放弃之后,你还想要广阔,这个时候则死路一条。但是如果能够以"慈""俭","慈以战则胜,以守则固,天将救之,以慈卫之",有没有发觉到这里有保民安邦之道。老子《道德经》不是消极的,虽然遭到很多人的误解,它是"以身观身,以家观家,以国观国,以天下观天下",是真正深入到存在的源头。

《太上老君说常清静经》说："内观其心,心无其心；外观其形,形无其形；远观其物,物无其物"①,这个所在他是了知的,他是通透的,但是他不是幻化的,他是生生不息的,所以和佛教不相同,这一定要区别一下。佛教是因为吸收了儒家跟道家因而把解脱道改成了菩萨道,所以人间佛教讲要"用出世的精神来做入世的志业"。很明显地,这是因为它受到儒道两教的挑战,这须要来强调,所以要说一下。

九、解开话语的定执,克服现代化
之后的困境,找回遗忘了的存在

人类的文明进入到二十一世纪,我认为有一个重要的象征,就是美国遭受恐怖的攻击,"九一一双子星大楼倒塌"了。当时我看到那个画面就想到这很像基督教《旧约》里面所提到的"巴别塔的崩落"②。它喻示着：人类不能够通过一个话语的系统,想要去控制这个世界。原先西方文明强调的以话语取代认知,认知取代思考,思考取代存在,这"以言代知,以知代思,以思代在"

---

① 请参见林安梧：《〈太上老君说常清静经〉的意义治疗学》,刊于 2009 年 3 月《鹅湖》405 期。

② 请参见《旧约·创世纪》第十一章。

的思考是有问题的！这是闭锁性的、强压性的而使得"存在遗忘"的思考。西方哲学家海德格尔所说的：这种存有的遗忘造成了整个现代性的严重危机。相对来说在我们华夏文化的思考，它是"言外有知、知外有思、思外有在"。西方是以话语为中心的，而我们则是以存在为本位的。

我们强调的不是"存在与思维的一致性"做优先原则，我们强调的是"存在与价值的和合性"做源头，所以我们在谈到存在，谈到源头的时候，一定是跟存在的价值连在一块的。"天行健，君子以自强不息；地势坤，君子以厚德载物。"这《易经》《乾坤》两卦《大象传》的话，它们是连在一块的。它不是把"实然"与"应然"切开了，"实然"与"应然"切开是话语介入，是人用思考去区分的，它不是最为优先的，在未始有之先，是无分别的。这是人类文明哲学未来必须要去面对的问题，就马丁·布伯（Martin Buber）的话语来说，先有："我与你"（I and Thou）的关系，才有"我与它"（I and it）的关系，这极有深意。道家哲学最能够克服"存在"的遗忘，是最强调要回到"存在"自身的哲学，所以道家的修养功夫一直在告诉你"孰能浊以静之徐清，孰能安以动之徐生"，你要能够"浊以静之徐清，安以动之徐生"。

我们在思考这个问题的时候，一定要回到生命之本身，所谓"正德、利用、厚生"为本，这是儒家的正面表述。道家隐喻式的呼吁，有个深切的针砭，这就是老子第80章所提到的："小国寡民，使有什伯之器而不用，使民重死而不远徙，虽有舟舆，无所乘之；虽有甲兵，无所陈之。使民复结绳而用之，甘其食，美其服，安其居，乐其俗，邻国相望，鸡犬之声相闻，民至老死，不相往来。"有人说老子讲这一段那根本是不切实际嘛！我说这是一个隐喻式的呼吁，这里有着深切的针砭。在这里，我们可以看到儒道其实可能表述方式不同，但是你看他的效应是一样的，要"甘其食，美其服，安其居，乐其俗"。现代工具理性的高涨，使得人离开了人自身，人不像个人，人失去了天地，人没法与天地和合为一，这当然就会有问题，所以必须去针砭它。

老子说："信言不美，美言不信。善者不辩，辩者不善。知者不博，博者不知。圣人不积，既以为人己愈有，既以与人己愈多。天之道，利而不害；圣人之道，为而不争"①。总的来说，老子重在要回到自然，而回到自然就是从

---

① 语出《老子》第八十一章。

人法地,具体落实生长,就"人法地,地法天,天法道,道法自然"这样的一个思考。我再用 1996 年在南华大学创校时,写得《道言论》来说一下:"道显为象、象以为形、言以定形、言业相随、言本无言、业乃非业、同归于道、一本空明"①。整个思考里面我们需要的是进入 21 世纪,人类文明应该摆脱国际的霸权思想,进入王道的天下,而达到道家最高的"道法自然",也是儒家的"天下为公",这种思考其实儒家、道家、佛家都是可以参与的。

十、结论:
摆脱霸权思维,奉持王道,天下为公,道法自然

今天主要是就儒跟道这两家,强调儒家重视人伦孝悌,道家重视"自然无为";儒家孝悌强调生生地成全,道家的自然无为强调自然的归复;儒家强调"主体的自觉",道家强调"天地的自然";儒教重在"观生",道家道教重在"观复";儒家重视"敬而无妄",道家强调的是"致虚守静"。这里我们可以看到它是一个有机体,它有着共通的基本要求,儒道是同源而互补的。儒家强调"我,就在这里",进到生命里面去成就它,而道家则主张"我,归返天地",强调要能够放开,任其自然,"生而不有,为而不恃,长而不宰"②。正因为"我,归返天地",所以要"自强不息、厚德载物"③,当然同时又顺成天地、自然无为。

我想文明的发展很不容易,我们华夏民族已有机会参与到人类文明进程当中,展开更多的交谈与对话。台湾也是华夏文化的结晶,我认为台湾应该继承着我们的先辈"承天命、继道统、立人伦、传斯文"而让华夏文明跟这个世界有更多的一块试金石,而不应该自毁道统,自弃天命,毁乱人伦,断绝斯文。我为此深深为忧,但是我也觉得很有希望。我们民间的力量还是承继道统,还是应承着这个天命的,还是要确立这个人伦,还是要传达斯文的。我们在这里一起祝祷,整个人类的文明能够一步一步地解开了、摆脱了霸权的思维,进到王道的天下,进到天下为公,世界大同!

---

① 此可参看林安梧《道的错置:中国政治思想的根本困结》一书的第一章《道论:"道"的彰显、遮蔽、错置与治疗之可能:从"两层存有论"到"存有三态论"》,2003 年,台湾:学生书局。
② 语出《老子》第二章。
③ 语出《易经》乾坤二卦《大象》。

周代祀典与中华人文精神

彭 林

（清华大学人文学院）

《左传》说"国之大事，在祀与戎"，将祭祀与战争并列为国家最重要的两件大事，祭祀是国家在常态状况下最主要的文化活动，标志着中国文化的鲜明个性。但是，近代以来，不少人将祭祀等同于迷信活动，指为中国文化特有的、迂腐而荒唐的突出表现，因而嗤之以鼻。今天，若不破除这一迷思，我们就很难获得对中华文明全面而深刻的理解。

一、祭祀是人类普遍的文化现象

远古时代，人类被雷电、地震、火山爆发、洪水等自然现象所惊骇，用祭祀的形式来祈求神灵的护佑，成为氏族社会最普遍的文化现象。进入文明时代后，不少民族、国家的文化演变为宗教，并构建出各自不同的彼岸世界，祭祀成为沟通人、神的主要形式。

根据雅斯贝斯的轴心时代理论，人类社会在经历早期发展之后，形成了古希腊、古代印度和中国三大文明中心。古希腊文明（前800年—前146年），大致与我国的两周时代相当。印度此时处于雅利安人创建的吠陀时代（前1500——前600年），大致与我国的商代、西周相当。不难发现，祭祀依然是这三大文明最核心的内容。

古希腊人的古典时代有300多个宗教节日，祭祀的神祇有400多个。柏拉图撰作于公元前四世纪中叶的《法律篇》认为，每年的献祭数目，应该不少于365次，"以保证用国家、公民和他们的财产的名义，至少对某个神有一次正式的献祭"；"法律将规定12个节日以纪念12位神"，"每个月，公民们应该祭祀这些神里面的一位"（《法律篇》第八卷，251页）。

奥林匹斯的十二主神：

宙斯：天神之父，地上万物的最高统治者；

赫拉：宙斯的姐姐与妻子，掌管婚姻和生育；

波塞冬：海神，主宰海洋和水域；

德米特尔：大地女神，司丰收。

哈迪斯：冥王，统治冥界；

雅典娜：智慧女神和雅典城的守护女神；

阿波罗：太阳神；

阿尔忒弥斯：月神，又是狩猎之神、妇女之神；

赫耳墨斯：商业和市场之神、传令神、盗贼之神；

阿佛洛狄忒：爱情女神，美神。

赫斐斯托斯：火神，铸造之神。

阿瑞斯：战神。

献祭被认为是神圣的活动，祭祀前，致祭者必须沐浴更衣、戴花环、穿盛装，以示洁净和郑重。献祭的动物，有专门的队伍护送，周围有载歌载舞者环绕。牺牲的血被采集，心、肝等内脏则用火烤，与祭者可以品尝。泛雅典娜节的百牛大祭（100头毛色纯一的公牛）最为隆重。某些重大场合以人为牺牲。

参与祭祀，被认为是人生不可或缺的活动。柏拉图说："一个人应该在'游玩'中度过他的一生——献祭、唱歌、跳舞。这样，他才能赢得众神的恩宠，保护自己不受敌人的侵犯，并在战斗中征服他们。"（《法律篇》第七卷，224页）

在古代印度，祭祀的规模与门类同样非常惊人。据《梨俱吠陀》记载，早期吠陀时代已有祭祀万能的理念，祭祀成风。到后期吠陀，纷繁的祭祀仪式已经走向理论化，体系化，更加风靡于世。古代印度人崇拜的对象，为天、空、地三大主神：

天界神灵（日月星辰之神）：

　　宇宙之王伐楼那

　　天神特尤斯（太阳的神格化）

　　苏里耶（代表太阳具体形象的女神）

　　莎维德丽（代表太阳活动性能的女神）

　　密多罗（代表白天光芒四射的女神）

乌莎（代表清晨朝霞的黎明女神）

空界神灵（雷电风雨之神）：

雷神因陀罗

风暴之神楼陀罗

雨神帕格尼耶

水神阿帕斯

地界神灵（山河草木之神）：

火神阿耆尼

酒神苏摩

地母神波里蒂比

河神萨拉斯瓦蒂

马神陀帝克罗

地狱神阎罗

祭祀仪式所用的颂诗、赞歌、祷词、巫术、咒语等被视为神圣，《梨俱吠陀》收录的1028首赞颂神灵的圣诗，乃是呼唤神明的工具。古代印度规模最大的是在王室中举行的马祭，一匹代表在天空运行的太阳的马，在400名武士护卫下，在外自由奔跑一年后回到京城，国王举行盛大欢迎仪式，然后将马与600头牧牛一起作为牺牲献祭。参加祭仪的有四位婆罗门祭司，国王的四位妻子，以及大批教徒，历时三天之久。

众所周知，中国殷商时代亦崇敬鬼神，殷墟出土的数以万计的甲骨，大多是占卜的遗物。《礼记·表记》说："殷人尊神，率民以事神，先鬼而后礼。"郑注："先鬼后礼，谓内宗庙，外朝廷也。"意即商人将祭祀鬼神，放在优先于治理朝政的位置。可见，祭祀并非中国特有的文化现象。

二、周代祀典的人文特色

西周之初，周公制礼作乐，中国人由此走出鬼神的阴影，确立了以德治为灵魂的政治制度。尽管祭祀的形式依然存在，但被植入了人本主义精神，祭祀的主体不再是具有超自然力的鬼神，气象焕然一新。从《国语》等文献资料看，至迟在春秋时代，鲁国就已出现迥异于殷商的国家祭祀法典，明确规定唯有如下五种人才有资格被列入"祀典"：

> 夫圣王之制祀也，法施于民则祀之，以死勤事则祀之，以劳定国则祀之，能御大灾则祀之，能捍大患则祀之。非是族也，不在祀典①。

"法施于民"，是创造了新的文化形态、生活方式者；"以死勤事"，是以身殉职者；"以劳定国"，是以毕生辛劳奠定国家基石者；"能御大灾"，是带领民众战胜重大自然灾害者；"能捍大患"，是战胜祸国殃民的独夫民贼者。

《国语》详细列举了能列入祀典的人物及其理由：

> 黄帝能成命百物，以明民共财，颛顼能修之。帝喾能序三辰以固民，尧能单均刑法以仪民，舜勤民事而野死，鲧障洪水而殛死，禹能以德修鲧之功，契为司徒而民辑，冥勤其官而水死，汤以宽治民而除其邪，稷勤百谷而山死，文王以文昭，武王去民之秽。

黄帝、颛顼、帝喾、尧、舜，史称五帝。黄帝创造百物，带领民众跨入文明时代，构成群体生活的共同体；颛顼传承、发展之；帝喾用日月星辰的运行规律指导农业生产，使民众安土重迁；尧能以司法公正善待民政；舜辛勤民事而死于南方之野；夏代洪水泛滥，鲧治水失败而死，禹以仁爱为德，完成鲧的未竟之业；商人的始祖契担任主管农业的司徒，民心进一步凝聚；商朝的水官冥，勤于职守，最终死于治水事业；商王汤以宽厚待民、祛除邪恶；周人的始祖稷培植百谷，死于山谷；文王是道德的创立者，以文治昭显于史，武王伐纣，荡涤社会的污秽。

此外，与民生紧密相关的还有农业与土地两大要素，此乃历史上杰出人物的创造力与自然相结合的产物，中国人将其命名为"社"和"稷"，作为中国农业文明的最高象征永久祭祀：

> 昔烈山氏之有天下也，其子曰柱，能殖百谷百蔬；夏之兴也，周弃继之，故祀以为稷。共工氏之伯九有也，其子曰后土，能平九土，故祀以为社。

中国早在七千年之前，就形成了堪称发达的北方的旱作农业文明和南方的水田农业文明。考古工作者在河北武安磁山遗址的窖藏中，发现了十几万斤小米遗存；又在浙江余姚河姆渡遗址发现了十余万斤稻谷的堆积，两者的年代都

---

① 《国语·鲁语上》，上海古籍出版社，1978年，第166页。

是距今七千年。烈山氏是新石器时代的部族,在华夏民族的记忆中,烈山氏之子柱,就已经能种植"百谷百蔬"。此后,从夏到周,农业文明不断发展,养育了一代又一代的华夏儿女,故人们将"稷"作为百谷百蔬之神来祭祀。大地厚德载物,共工氏之时,就已拥有了九州的地域,他的儿子后土,平治九州有方,所以后人设立"社"作为土地之神来祭祀。

《国语》祀典的可圈可点之处,是致祭的所有人物,全都是存在于社会生活中的真实人物,是历史长河中涌现出的民族英雄,与古希腊、古印度祭祀神话人物截然有别。黄帝等带领民众顽强进取,堪称中华民族的脊梁。中国人对前贤往圣的祭祀,主旨不再是对神灵的膜拜,而是激励后人向他们学习,献身祖国,推动社会的进步。

《国语》祀典奠定了中国人的英雄观、历史观。此后的两千年,祭祀对象时有增列,但都遵循着这些原则,祭祀活动始终没有成为怪力乱神的舞台,殊为难能可贵。

三、祭祀自然神祇的主旨:报恩

冬至之日,天子在南郊祭天,称为"郊祭",是古代中国最高的典礼,牺牲仅用一牛,故称"郊特牲"。长期以来,南郊祭天的内涵被解读为突出君权天授,是封建帝王骗人的把戏,因而被抹黑。

中国的祭祀体系中,致祭对象除人自身之外,还包括自然。人类只有依托于自然环境才能生存与发展。因此,人类社会的发展,首先得益于大自然的恩赐,社稷山川,日月星辰,金木水火土五行,它们为民众提供了各种宝贵的物质资源,"皆有功烈于民",所以,亦得列入祀典:

及天之三辰,民所以瞻仰也;及地之五行,所以生殖也;禁九州

名山川泽,所以出财用也。非是不在祀典①。

宇宙中的北辰、北斗、二十八宿等星空背景,是中国人农业生产中不可或缺的二十四节气的参照物,是"民所以瞻仰"的天体;金木水火土五大物质体系,是万民"所以生殖",生生不息的物质基础;而九州的名山大川,是"所以出财用"的丰厚资源。由此可见,中国人眼中的自然并无神性,亦无神

---

① 《国语·鲁语上》,同上。

明体系，而只有物质属性，这是中国文化不同于古希腊、古印度文化的鲜明特点。

南郊祭天的主旨究竟何在？权威的解读见于《礼记·郊特牲》：

> 万物本乎天，人本乎祖，此所以配上帝也。郊之祭也，大报本反始也。

> 天地合，而后万物兴焉。

人之本在祖，万物之本归于天，天是大千世界的本原。郊祭的主旨是，"大报本反始也"，回归其初始、本原的力量。周人南郊祭天同样没有神秘主义的色彩。《郊特牲》说：

> 郊之祭也，迎长日之至也。故知祭天非唯祭日也，大报天而主日也。兆于南郊，就阳位也。

天体之中，太阳最为重要，万物生长无不仰赖之。冬至之日，昼夜从均分开始变为昼长夜短，日照时间越来越长，阳气亦愈益壮盛，是为全社会的大事，所以国君要"迎长日之至"。大，是普遍的意思。报，是报答。"大报天"，即通过祭祀的方式，普遍报答日月星辰等神明对人类施与的恩惠。天上神明，以日为尊，故以之为主，为代表。在南郊祭日，是要突出阳的所在之位。

祭天之礼，着意表达出对自然的敬畏，质朴、真诚，不事侈靡、浮华，供奉的祭品，要在简洁，素净，出于天然。《郊特牲》说：

> 祭天，扫地而祭焉，于其质而已矣。醯醢之美，而煎盐之尚，贵天产也。割刀之用，而鸾刀之贵，贵其义也。声和而后断也。

祭天尚质，则"大羹不和"，"大圭不琢"，"素车之乘"；祭义贵本，则"玄酒、明水"，及"疏布之尚"。作为主祭的国君，则以处处体现出内心的诚敬为崇为尚：

> 君再拜稽首，肉袒亲割，敬之至也。敬之至也，服也。拜，服也。稽首，服之甚也。肉袒，服之尽也。

祭天用的牺牲为骍犊，即一头红色的小牛，取其纯悫，尚不知雌雄之情之义。国君行再拜稽首之礼，在亲手割解牲体时还要肉袒，这些都是最高的礼数。祭祀用的礼器，鼎、俎用奇数，笾、豆用偶数，意在体现大自然的阴阳相成之义。

综上所述，中国的祭祀文化并非愚昧无知的迷信活动，而是西周以来中国民本主义思想兴起的重要体现，彰显了儒家正确的历史观、自然观，值得今人很好地研究与总结。

《国语》中所见春秋思想文化

刘宝才

（西北大学中国思想文化研究所教授）

《国语》是左丘明留下的著作，是中国最早的国别史，也是研究春秋思想文化的重要文献。就研究春秋思想文化的概貌而言，《国语》是最重要的先秦文献。在先秦文献中，《春秋》《左传》《国语》都涉及春秋各国历史，但《春秋》《左传》着重记事，《国语》着重记言，较前两书涉及思想文化的内容更多。《老子》《论语》是思想文化专著，但内容限于道家、儒家，不如《国语》涉及范围广。《管子》《晏子春秋》涉及春秋思想文化基本限于管仲、晏婴的思想，范围更小。所以说，就研究春秋思想文化的概貌而言，《国语》是最重要的先秦文献。

《国语》中所见的春秋时代思想文化的概貌，可以从七个方面加以观察。

一、人神关系

上承西周宗教思想，春秋主流文化仍然承认神主宰人，但较多关注人的作用，以至出现了尽人事远鬼神的思想。

春秋时代出现"人道""天道"相对的观念。"人道"指人间事务。"天道"有神鬼之事和自然现象两种含义，两种含义往往混杂在一起，还没有厘清。人们更多重视"人道"，而将"天道"存而不论，或者仅行其仪式而已。

《周语上》记载说，周惠王十五年（前662）"有神降于莘"。周惠王问神降临人间是怎么回事？内史过回答说，这样的事在三代兴起和衰亡的时候都有过。国家兴起的时候神降临人间，"观其德政而均布福焉"。国家衰亡的时候神降临人间，"观其苛慝而降之祸"。这种说法承认神赐福降祸，又认为神赐福还是降祸要依据国家政治局面的好坏。这种观念认为兴亡之本在人，又与"以德配天"的神学思想混合在一起。

《楚语下》记载：楚昭王问颛顼"绝地天通"是怎么回事。观射父认为，它是一次古代宗教改革。在这次改革中，颛顼命令重和黎分别管理神界事务和人间事务，恢复"民神不杂"的秩序。观射父还说，到了尧舜和三代，重和黎的后代"宠神其祖，以取威于民"，说自己的祖先重将天举上去，黎将地压下来，使天地分离而不相通。依照这种说法，重和黎本来是人，后代把他们神化成了神。春秋时的史墨对于"五行之神"的由来也做过类似的解释，认为"五行之神"原来是人，是上古帝王的臣属，分管五行事务有功，死后被人们推尊为神。这类说法所包含的人创造神的观点，是西周宗教神学中没有的新思想。

《晋语五》记载：晋国境内的梁山崩塌，晋景公召请伯宗商议对策。有个车夫告诉伯宗说，山有朽坏而崩是自然现象。国家是川山的主人，遇到川涸山崩，国君要停止宴乐、穿上素服、坐上素车到郊外去策告于上帝，国内哭吊三日。除此之外就不必做什么了。伯宗把车夫的话告诉了晋景公，晋景公也就举行了个仪式了事。《鲁语上》说，一群海鸟飞来，停留在鲁国东城门外三天不去。臧文仲准备让国人祭祀海鸟，展禽阻止说：海鸟飞来，臧文仲自己不明白是怎么回事就要祭祀，很难被认为是明智之举。其实，恐怕是海鸟预感到大海上要起风暴，飞到这里来是躲避。臧文仲觉得展禽的话有理，便没有祭祀海鸟。这两处记载说明，随着知识的积累，自然现象逐渐被人们认识，自然神崇拜也必然会淡化。

二、阴阳五行

古老的阴阳五行思想，春秋时代有多方面发展，在社会生活和政治生活中产生了显著影响。

《周语下》记单襄公的话说："天六地五，数之常也。经之以天，纬之以地。经纬不爽，文之象也。"他认为，天有阴阳风雨晦明六气，地有金木水火土五行，是不变的事实。人将六气五行配合，依照六气五行的性质办事，就能成就万物，就是有文德。这段论述把阴阳归于天，把五行归于地，以天地关系说明阳与五行的关系，使阴阳说和五行说结合起来，是阴阳五行学说的发展。

范蠡是春秋末期南方的政治家、思想家。范蠡提出，"天道"变化的规律是"阳至而阴，阳至而阳。日困而还，月盈而匡（亏）"。他认为阴阳发展的规律是互相向对立面转化,并将这一规律运用于政治,提出"持盈""定倾""节事"三原则:"持盈",像天那样盈而不溢,盛而不骄;"定倾",在倾危中要谦卑坚守;"节事",像大地生长万物那样顺乎自然,不勉强做条件不成熟的事。善于"持盈""定倾""节事"就能够由弱小转化为强大。在观察吴国的形势时,他强调将"天时"与"人事"两个方面结合起来把握时机。时机不成熟绝不妄动,时机一旦成熟就立即行动。他说"时不至,不可强生;事不究,不可强成。""得时不怠,时不再来;天予不取,反为之灾;赢缩变化,后将悔之。"这些原则是从阴阳转化规律引发出来的,是阴阳五行学说在南方的发展。

三、政治思想

春秋时期,礼被视为政治准则,但在现实中破坏礼制的行为却比比皆是。守旧的人们不理解非礼现象出现的原因,一般只会发出指责与诅咒。也有人反对非礼现象时,对君主提出批评。而真正有意义的是,比较开明的人物围绕礼制来讨论君、臣、民的关系,并提出了新见解。

君主的权力是怎样来的?《郑语》记载,西周末期伯阳父说:"夫成天地之大功者,其子孙未尝不章,虞夏商周是也。"认为祖先有功劳子孙才能做君主,虞夏商周都是这样。《周语下》周太子晋说:"天之所崇,子孙或在畎亩,由欲乱民也。畎亩之人,或在社稷,由欲靖民也。无有异焉。"认为上天保佑的君王,子孙有的沦落为田野之人,这是由于君王扰乱了民众,失去了民众的信任。田野之人有的却登上了庙堂,这是由于他能够安定民众,得到了民众拥护的结果。得到君位与失掉君位都取决于民众,道理没有什么不同。这样的观点突破了宗教神学的君权神授论。

在春秋时代,不少人坚持认为臣对君必须绝对服从,要求臣"事君不二"(《晋语四》)。但也出现另一种观点,认为"义"高于君,臣对君的态度取决于君是否"义"。君主的主张"生利""丰民"就是"义",臣就要执行。君主的主张对民众有害,臣就要谏阻。《鲁语上》记载:在鱼类繁育的夏季,鲁宣公要用密网捕鱼,大夫里革劝阻说:这样做太贪婪,不要这样做。宣公不听,里革便割断了渔网。《晋语九》记载:史黯提出,臣事君的原则是:"谏过而赏善,荐可而替否,献能而进贤,择材而荐之,朝夕颂善败而纳之。道之以文，行之以顺，勤之以力，致之以死。听则进，否则退。"也是反对臣绝对服从君的新思想。

在西周传统政治观念中，民被看作占有和教训的对象。那时讲"保民"就是要像占有土地一样占有民众，讲重民就是要重视教民敬神事君。春秋时出现的新观念则开始正视民的独立地位和重要作用。许多政治家还记得，周厉王被国人推翻以后邵康公发出的警语："防民之口，甚于防川。"在《周语下》《晋语二》《楚语下》可以反复看到这类言论。另一些政治家更从经济生活方面指出民的重要作用。《鲁语上》记载，曹刿说"惠本而后民归之"，"布德于民"，使民"不匮于财"，民众就会归顺。《周语上》记载：周景王铸大钱搜刮民财，单襄公说这样"绝民用而实王府"，很快就会弄得财源枯竭人民离散。《楚语上》记载，楚国的伍举说"民实瘠矣，君安得肥"。这些人意识到，人民不能生存下去，君主也就危险了。也有少数统治者，公然主张劳民愚民。《鲁语下》记载一个贵族老妇人的话说："昔圣王之处民也，择瘠土而处之，劳其民而用之，故长王天下。夫民劳则思，思则善心生；逸则淫，淫则忘善，忘善则恶心生。沃土之民不材，逸也；瘠土之民响义，劳也。"这样公开仇视民众的话，历史上极为罕见。这个老妇人就是鲁国的公父文伯之母敬姜，我们在下文还要提到她。

春秋时代的政治思想中，用人问题和华夷问题也成为讨论的热点。

一些开明人物要求打破亲旧范围选用人才。《周语中》记载，富辰提出"尊贵、明贤、庸（用）勋、长老、爱亲、礼新、亲旧"七条用人原则，被称为"七德"，包括"亲亲"与"用贤"两个方面。他仍然把任用亲贵故旧放在第一位，同时主张"明贤""礼新"，不再排斥贵族以外的人才。《晋语四》记载，晋文公既"昭旧族爱亲戚"，又"明贤良""赏功劳"，把"亲亲"与"用贤"并列起来，比起富辰的主张又有所发展。最突出的是齐桓公，下令乡长举荐人才，将"居处好学、慈孝父母、聪慧质仁""拳勇股肱之力秀出于众"（《齐语》）者都加以任用，已经不分是否亲贵故旧了。

华夷之辩是辩论如何看待华夏族与周边各族的关系。一种观点认为华夏诸国是兄弟，戎狄是华夏诸国的共同敌人，即便华夏诸国间有冲突也要一致对付戎狄。连比较开明的周大夫富辰也继续遵从古训，说"兄弟谗阋，侮人百里"。"兄弟阋于墙，外御其侮。"反复说"狄，豺狼之德也"，"狄，封豕豺狼也"(《周语中》)。周定王也有类似的看法,他说:"夫戎狄,冒没轻儳,贪而不让。其血气不治,若禽兽焉。"(同上)另一种观点认为夷狄与华夏没有先天的不同,有些夷狄族本来与华夏同族同姓,因为所处地域不同和生活习俗的差别而成为不同的民族。《周语》《郑语》《晋语》中都有这方面的材料。三代华夏与周边各族基本处于隔离状态,春秋时代周边各族进入华夏政治家视野,从而成为民族关系思想的新开端。

四、军事思想

春秋时代大国争霸战争频繁,大国利用一切可能的机会扩张军事实力。西周军制规定,天子建立六军,最大的诸侯国建立三军,其他诸侯国只有武装卫队。春秋时代,晋国景公时扩大到六军,齐桓公时的齐国,鲁襄公时的鲁国,春秋末年的吴、越,都建立了三军。齐国"作内政而寄军令",鲁国"作丘甲",郑国"作丘赋",楚国"书土田",都有从经济上支持庞大军队的意图。管仲说"美金以铸剑戟","恶金以铸鉏、夷、斤、斸"(《齐语下》),以优质资源发展军事力量,这是春秋时代军事思想发展的背景。

《国语》对春秋军事思想的记载,以《周语中》所记载的晋新军副帅郤至的话最值得注意。鄢陵之战,晋胜楚败。郤至分析晋国获胜的原因,得出结论说:"是有五胜也:有辞,一也;得民,二也;军帅强御,三也;行列治整,四也;诸侯辑睦,五也。""有辞"即师出有名,"得民"指得到民众支持,"军帅强御"是有坚强的将帅,"行列治整"指士卒训练有素,"诸侯辑睦"指通过外交活动争取到尽可能多的盟国。

这个总结来源于军事斗争经验。例如,鄢陵之战前三年(前579),宋大夫华元倡导"弭战",使晋楚订立盟约,相许互不交兵。而鄢陵之战起于楚国救郑攻晋,晋国可以指责楚国破坏盟约,是为"有辞"。城濮之战时,楚军已经列阵,晋文公却下令晋军退避三舍。晋国的军吏问道:"楚师老(疲弊)矣,必败。何故退?"子犯解释说:"战斗,直为壮,曲为老。"过去楚国对晋文公有恩惠,晋国还没有报答楚国就与楚军打仗,楚军官兵"莫不生气",不能说"楚师老矣"。晋文公退避,如果楚军仍追赶不舍,楚国就没理了,晋军就会士气高涨,也是"有辞"(以上见《晋语四》)。春秋史上,发动攻伐的大国,或者指责对方背盟,或者说要为别国平定内乱,或者说为了给别国解围救亡，而最大的理是讨伐不遵周天子之命的诸侯，全都属于"有辞"。"有辞"可以鼓动自己的士气，打击对方的气势，是很重要的，所以要进攻别国而找不到借口，有时只得暂时罢休。《鲁语上》记述，齐孝公伐鲁，鲁国在危机之中派乙喜去慰劳齐军。乙喜见到齐孝公，一面谢罪，一面表示鲁国并不恐慌。齐孝公问他，鲁国"室如悬磬，野无青草，何恃而不恐"？乙喜回答说："恃二先君之所职业。"他追溯历史说，鲁先君周公和齐先君太公都是周室的功臣，辅佐武王取得天下。成王赐给周公和太公土地时，周公和太公用牺牲祭祀天地神祇，立誓以为质信，相约世代和好互不侵害。现在齐国来讨伐鲁国，鲁国服从了也就饶过，一定不会灭掉鲁国。齐孝公听后只好媾和回师。鄢陵之战时，统帅晋军的八卿都是能干的军事人才，所以说晋国"军帅强御"。至于具备什么品质才能称得上是坚强的将师，当时一般认为必须具备智、仁、勇三种品质。张老向晋悼公推荐魏绛为新军副帅，说他有智、仁、勇的品。郤至也自以为有智、仁、勇品质。楚子西欲召用白公胜为将，叶公子高认为白公胜爱而不仁，诈而不智，竞而不勇，所以不能为将。

战争中要不要遵守礼仪规矩，春秋时是有争论的。鄢陵之战时，郤至在与楚军奋力作战中，三次与楚君的战车相遇，每次都下车奔走退让。有人说他这是"勇以知礼"，郤至也自夸"勇而有礼"。但是单襄公却指出，战争就是一方吃掉一方，"尽敌为上"——彻底干净消灭敌人最好。"弃毅行容，羞也"，在战场上抛弃果敢，遵行那些无谓的礼仪，是一种可耻行为（《周语中》）。宋襄公作战中坚持遵守旧礼导致失败，子鱼批评他根本不懂得打仗的道理。

五、伦理观念

春秋以前有孝、德等伦理范畴，春秋时代出现了更多的伦理范畴，同时开始考虑各个范畴之间的关系，从而表现出建立伦理思想体系的意图。春秋以前伦理从属于宗教，春秋时伦理与宗教的联系则趋于松弛。

《周语下》有一段单襄公赞扬晋悼公的话，一口气提出了敬、忠、信、仁、义、智、勇、教、孝、惠、让十一个伦理范畴，其中忠、信、仁等都是以前没有的。他将众多范畴都视为文的内涵，表现出以文统帅众多范畴，使伦理思想系统化的努力。也有人用别的范畴概括众多伦理范畴。周内史兴说："礼所以观忠、信、仁、义也。"（《周语上》）以礼概括了忠、信、仁、义四种品德。晋大夫箕郑强调信,说君主不以爱憎代替善恶是"信于君心",不乱用百官尊卑名号是"信于名",政令不朝三暮四是"信于令",役使人民不违时令是"信于事"。其他也有的人强调忠信,或者强调德义。这些看法多是针对具体人物或事件而发,反映出伦理思想与社会生活之间的联系,同时也反映出社会伦理思想还没有形成稳定体系。

《国语》中提出的值得重视的新伦理范畴一个是忠。春秋以前,君臣之间有父子关系,或者有叔侄、兄弟、甥舅关系,作为宗法伦理的孝也就是君臣伦理。春秋时代宗法制被破坏,君臣未必同属一族一家,君臣之间未必有血缘联系,需要有一个的新伦理范畴来界定君臣关系,于是从孝分化出了忠。臣事君怎样才算忠?上文已经提到史黯所讲的臣道,讲怎样才是忠于君,同时忠也是君道。《齐语》中说:齐桓公当盟主忠于诸侯,为诸侯办事、为诸侯着想。他灭掉了谭和遂两个小国,把两国的土地分给诸侯。他取消对东莱的鱼盐禁运,免征关税,他修筑要塞防止戎狄侵扰各诸侯国,为诸侯办事、为诸侯着想。叔向也有"以忠谋诸侯"(《晋语九》)的说法。作为一种伦理范畴,春秋时代的忠既不同于以前的孝,也不同于后代所要求的臣单方面的忠君。

春秋时代,贤也成为一个伦理范畴。贤的本义是体力技能优异。《晋语九》记载,赵简子有个家臣牛谈,因为力气大而被认为贤,此时并不涉及伦理。当称治军、治国人才为贤时,便与伦理发生了关系。《晋语四》记载,晋文公选择可任元帅的贤才,赵衰推荐郤縠,说郤縠虽是五十岁的人了,但仍然孜孜不倦地学习"先王之志法",所以郤縠必然是德义高尚的人,是堪任元帅的贤人。张老认为魏绛是可以做卿士的贤人,理由是魏绛有智、仁、勇、学四种品质。前者以德、义作为贤的内容,后者以智、仁、勇、学作为贤的内容,都表明贤具备了伦理范畴的含义。《晋语五》记载:晋臣臼季见到冀缺夫妇相敬如宾,推断冀缺是个敬德的人,称他为"贤人",与敬德联系起来的贤也包含着伦理意义。

男女之别的伦理观念早已根深蒂固,在《国语》中有着充分反映。鲁国的大夫及其夫人们进见庄公夫人哀姜时都拿着币(帛)作为见面礼,从而被载入《春秋》当中。《鲁语上》评论说,按照礼仪规矩,妇女相见只能拿枣栗做礼品,"今妇执币,是男女无别",《春秋》记载此事是表示谴责。季文子与他的本家叔母敬姜相见,季文子站在门槛外,敬姜站在门槛里,都不跨过门槛。"仲尼闻之,以为别于男女之礼矣。"还有一处记载说:公父文伯死了,其母敬姜告诫其妾不得涕泣,不得十分哀痛忧愁。为什么呢?他说:"吾闻之:好内,女死之;好外,士死之。今吾子夭死,吾恶其以好内闻也。"但另一方面,春秋时代对妇女的束缚还不像后代那样严酷,还没有像后代那样强调贞节,贵族妇女还有机会参与到国事当中来。美妇人夏姬多次改嫁,申公巫臣仍然郑重地正式聘娶其为妻,申叔跪还庆贺巫臣有"桑中之喜"。鲁桓公夫人姜氏在庄公在位的前二十年时期,成为鲁国的重要政治人物,死后谥号曰文,得到了肯定性的评价。

《周语中》还有一条非常值得重视的材料,单襄公说:"夫人性,陵上者也,不可盖也。求盖人,其抑下滋甚,故圣人贵让。且谚曰:'兽恶其网,民恶其上。'《书》曰:'民可近也,而不可上也。'《诗》曰:'恺悌君子,求福不回(谓不以邪求福)。'在礼,敌必三让,是则圣人知民不可加也。故王天下者必先诸民,然后庇焉,则能长利。'"这条材料值得重视,首先是因为其中出现了"人性"的概念。"人性"是伦理的理论依据,提出"人性"概念是伦理思想的深化。据笔者所知,古文献中的"人性"一词,最早出处就是这里。这是单襄公在鲁成公十六年(前575)说的话,在孟子出生前三百年,而我们知道《孟子》是最早载有"人性"一词的儒家经典。其次,这条材料对人性提出了一个明确的看法,认为人性"陵上"。陵,古同凌,是侵犯欺侮的意思,正面说是反抗的意思。韦昭注曰"在人上者,人欲胜陵之也"。所以谚语说:"兽恶其网,民恶其上。"实际上,人性"陵上"就是反抗"盖人""抑下"的统治者。谁骑在自己头上作威作福就反抗谁,这是人的本性。这个观点不算深刻,但作为中国最早的人性论不可忽视。再次,这条材料从人性"陵上"引出"贵让",提醒王者、君子要把民放在前边。单襄公活动于政治舞台的年代在公元前6世纪初期,是老子的上一代人。单襄公的"贵让"之说当是《老子》"处下""不争""不敢为天下先"人生哲学的滥觞。

六、礼仪风俗

《国语》涉及的礼仪风俗内容广泛,记述较详的有祭祀、占卜、冠礼和社交赋诗。

祭祀,在春秋时代仍被视为国之大事。各级统治者以至于士与庶人,都举行祭祀活动。等级越高的人，祭祀越频繁，祭祀的对象越多。楚大夫观射父向楚昭王讲："古者先王日祭、月享、时类、岁祀。诸侯舍日，卿、大夫舍月，士、庶人舍时。""天子遍祀群神品物，诸侯祀天地、三辰及其土之三川，卿、大夫祀其礼（指五祀及祖所自出），士、庶人不过其祖。"（《楚语下》）观射父所讲的历史上的这些古老祭祀制度，他本人是认同的，但春秋时代已难严格实行。

占卜，在春秋时代仍然流行。《国语》中多有占卜的记载，包括龟卜和筮占。晋成公从周归国时晋人进行了占筮，见于《周语下》；重耳从秦归晋时晋大夫董因进行了占筮，重耳又亲自进行了占筮，见于《晋语四》。这三次都是占问国君继位的大事，可见春秋时代人们对占卜的崇信。值得注意的是，人们解释占筮结果时理性的作用在增强。重耳占筮得"贞《屯》悔《豫》"，就是《屯》卦变为《豫》卦。筮史依据卦象断为不吉，因为《屯》卦是震下坎上，《豫》卦是坤下震上，震象车，坎象险，坤象地，连起解释为车在地面行走而遇到危险之象。但司空季子将卦辞、卦名、卦象结合起来解释，认为非常吉利。他解释说，《屯》《豫》二卦都有"利建侯"的卦辞，"不有晋国，以辅王室，安能建侯？"《屯》卦名有丰厚的含义，《豫》卦名有快乐的含义，"不有晋国，何以当之？""震，车也。坎，水也。坤，土也。"有兵车有土地有河流，乃"得国之卦也"。同一占卜结果，筮史与季子判断的吉凶正相反。重耳归晋后胜利登上君位，证明季子的判断是正确的。季子政治经验多，对形势的认识比较清楚，他的断占实际上是依据政治经验和分析形势做出的理性判断。

冠礼，贵族男子年满二十举行的加冠仪式。《晋语六》记述有赵文子举行冠礼过程中赟见诸卿大夫时，各位长者祝贺勉励他的话。栾伯说：美哉！过去我跟随你的父亲做事，有华而不实的毛病，希望你避免我犯过的毛病。荀庚说：美哉！可惜我已经年老，看不到你将来建立功业了。范文子希望他力戒骄傲。郤绮提醒他向老年人学习。韩厥勉励他要"始与善"，做人有一个良好的开端。智武子着重以"文"和"忠"勉励赵文子。郤犫说：压制年轻人的大夫很多，我喜欢你、扶持你。郤至说：你不如谁就别和谁比，求其次就可以了。赵文子最后赟见张老，张老说：栾伯要你务实是有益的，范叔教你戒骄可以使你成长，韩子告诫你要善始可以使你完成。他们三人的教诲已经把做人的道理讲得很完备，能否实行在于你自己有没有志气。郤犫的话不足为训。智子教你的"忠""文"之道，是前辈留给你的财富。这些记载表明，冠礼具有传承人生经验的意义。

春秋时代，有一批诗歌是贵族圈子里人人熟悉的，赋诗成为一种流行的表达方式。《晋语四》记载，在一次宴会上，秦穆公赋《小雅·采菽》，重耳赋《小雅·黍苗》作答。秦穆公赋《小雅·小宛》，重耳赋《小雅·沔水》作答。秦穆公赋《小雅·六月》，重耳下堂拜谢。《采菽》是周天子欢迎来朝者的乐歌，有天子赐给诸侯命服并为其祝福的内容。秦穆公赋《采菽》，表示愿意帮助重耳回国即位。《黍苗》有"芃芃黍苗，阴雨膏之"的诗句，重耳赋此诗表示依托和感激秦穆公。《小宛》有"宛彼鸣鸠，翰飞戾天。我心忧伤，念其先人"的诗句，秦穆公赋此诗表示追念先君，一定要援助重耳。《沔水》有"沔彼流水，朝宗于海"的诗句，重耳赋此诗表示归晋以后要朝宗秦国。《六月》是歌颂尹吉甫辅佐周宣王中兴的诗，穆公最后赋此诗勉励重耳，所以重耳立即下堂拜谢。秦穆公与重耳通过赋诗对答互相沟通，达成了一项政治协议。《鲁语下》记载，敬姜为了给儿子选定妻室而宴飨宗老，赋《邶风·绿衣》的第三章："绿兮丝兮，女所治兮。我思古人，俾无訧兮"，表示儿子已经长大，她要为子选定妻室，替已故的丈夫尽责，请求宗老帮助。当时的人评论说，敬姜通过赋诗求助，表达得委婉又很明白，是很妥帖的做法。

有时候甚至仅仅提到一首诗的题目，便可以把意思表达出来。鲁襄公十四年（前559）鲁帅诸侯军伐秦，到了泾水边上，诸侯军不明鲁军的决心，互相观望犹豫不定。鲁军统帅丕豹说："豹之业，及《匏有苦叶》矣，不知其他。"晋国的叔向一听，立即命令晋军备船过河。因为《匏有苦叶》诗中有云："匏有苦叶，济有深涉，深则厉，浅则揭。"意思是，葫芦的叶子已经枯干，葫芦已经成熟，济水有渡口，水深就脱掉衣服系着葫芦泅渡，水浅就提起衣裳涉水而过。叔向熟悉这首诗，听到丕豹说《匏有苦叶》就知道他决心渡过泾水作战了。

《鲁语下》还有关于宴会用乐的一段记载，说丕豹出使晋国，晋悼公为他举行欢迎宴会，先奏《肆夏》之乐三首，丕豹不拜；又奏《文王》三首，丕豹亦不拜；接着奏《鹿鸣》《四牡》《皇皇者华》三首，每奏一首丕豹都起来拜受。晋悼公让掌宾客之礼的行人问他，这样做是什么礼节。丕豹回答说：《肆夏》三首是天子宴飨元侯用的乐歌，《文王》三首是两国君主相见用的乐歌，自己只是一个使臣，不敢拜受。《鹿鸣》是君主宴飨群臣的乐歌，《四牡》是君主慰劳群臣的乐歌，《皇皇者华》是君主勉励臣下的乐歌，这三首与自己身份相符，不敢不拜受。丕豹发现晋悼公使用乐歌不当，并能妥帖应对，给鲁国挣了面子。

七、古史传说

春秋时代流传的古史传说，是研究春秋以前古史的资料，也是春秋时代文化的组成部分。《国语》记载的古史传说主要是史前的，也有属于三代的。

《晋语四》关于炎黄及其族系的记载，是最早见于文献的史前炎黄及其族系的较详记载。其中说，少典娶于有蟜氏，生黄帝、炎帝。黄帝在姬水流域长大，为姬姓。炎帝在姜水流域长大，为姜姓。姬、姜两姓世代通婚。黄帝有二十五个儿子，为四个母亲所生。二十五个儿子中，十四人居官有德而得到赐姓。十四人中有两人同赐为姬姓，两人同赐为己姓，其余十人各得一姓。十四人共为姬、酉、祁、己、滕、箴、任、荀、僖、姞、儇、依十二姓。《楚语下》和《郑语》关于祝融及其后代的记载，是见于古文献的与其相关的最早记载。《楚语下》和《郑语》记载说，黄帝后代高阳氏的颛顼继金天氏少皞之后兴起之时，重是高辛氏帝喾的火正，能尽其职，"以淳耀敦大，天明地德，光照四海"，故被称为祝融。祝融的后代分为八姓，即己、彭、董、秃、妘、曹、斟、芈。夏代时己姓的一支樊封于昆吾。商代时彭姓的一支篯封于大彭，另一支韦封于豕韦。昆吾后代中有一支在帝舜时以豢龙为职，被赐姓为董，封于鬷川，亡于夏代孔甲以前。彭姓中还有一支为秃姓，亡于商代。妘姓居于鄢、郐、路、偪阳，曹姓居于邹、莒，在周代时的采服、卫服之地。斟姓无后。芈姓的后代就是楚国。

治水是史前的大事。《周语下》记载，炎帝的后代共工氏与帝喾争王而最终灭亡。共工氏灭亡的原因与治水失败有关。共工氏用"壅防百川，堕高堙庳"的办法治水，危害天下，导致败亡。尧舜时，治水成为更加紧迫的大事。尧在位时舜为尧臣，鲧为崇国之君。舜派鲧治水，鲧仍然用共工的错误办法治水，又遭到失败，被尧诛杀于羽山。《晋语八》说，鲧被诛杀以后变成一只黄熊，钻进羽山下的水潭中去了。夏商周三代都祭祀鲧，《鲁语上》有"禹能以德修鲧之功"的说法，《吴语》中更有"鲧禹之功"的说法。这些记载说明，春秋时人承认禹治水是鲧治水事业的继续。关于禹治水的事迹,《周语下》有一大段记述,中心意思是说禹治水摒弃了违背水土性质的错误办法,采用了"疏川导滞"的办法,所以取得了成功。记载还说,共工氏的后代为四岳(主持祭祀四岳的官),辅佐禹治水有功,被封于吕,以姜为姓,以有吕为氏,重新取得了贵族地位。我们的史前先民经历好多世代的努力,遭遇反复失败,付出了汗水和生命的代价,直到禹时才取得成功。治水成功解除了史前中国人的生存危急,也是认识自然的一次胜利,成为中华民族宝贵的精神财富。治水成功的禹受到后人的崇拜,治水失败付出了生命代价的共工氏和鲧,也值得永远纪念。

《国语》还记载有这样几则传说:一则是防风氏的传说。《鲁语下》记载,春秋末年在会稽山发现一节大骨,头要用一辆车子才装得下。吴国使者到了鲁国说起此事,孔子说:"丘闻之:昔禹致群神于会稽山,防风氏后至,禹杀而戮之,其骨专车。"一则是商的先祖的传说。《鲁语上》说:"契为司徒而民辑,冥勤其官而水死,汤宽治民而除其邪。"契是商的始祖,在舜的时候做司徒,能够使民和睦。冥(也就是殷代甲骨文中说的王亥)是契的六代孙,在夏代时为水官,以身殉职死于水。另一则是殷高宗武丁与傅说的传说。《楚语上》记载,武丁是一个敬德慎行的人,能够与神明相通。他即位后三年不语,"默以思道"。他白天思贤,夜里梦见贤人。他把梦中的贤人形象告诉臣下,派人四方访寻,果然找到了贤人傅说。武丁让傅说做了上公,要求傅说经常纠正自己的错误,把他的忠言当作治病良药。还有一则关于肃慎氏的传说。《鲁语下》说,孔子周游列国到陈国的时候,陈惠公的庭院中突然掉下来一只被射杀的猛禽,身上还带着一支枯木箭杆石矢箭头的箭,有一尺八寸长。孔子见到了,说:"隼之来也远矣!此肃慎氏之矢也。"接着讲,武王克商以后,与九夷、百蛮相通,要求各地进贡特产以表示臣服。那时肃慎氏进贡的就是一尺八寸长的"枯矢石砮"箭。武王在箭杆上刻上了"肃慎氏之贡矢"几个字,赐给女儿大姬。大姬嫁给舜的后代虞胡公,虞胡公被封于陈,那支"肃慎氏之贡矢"就被带到了陈国。如果在陈国的故府里去找,大约还可以找到。陈惠公派人去找,果然在金匮中找到了。

从《国语》的记述可见,春秋时代主导思想文化的人物仍然是周王室和诸侯国的职官，主要是卿士、大夫、史官、卜官、筮史等文职官员，也有将帅等武职官员。《国语》中还见不到老子的踪影，出现于书中的孔子仅是一个博古专家，他们的思想还没有受到广泛关注。分地域来看，讨论思想文化的人，以传统文化资源丰厚的周王室和鲁国的职官最多。给人印象最深的人物单襄公是周王室的卿士，展禽是鲁国的士师。这些主导思想文化的人物的知识教养离不开天命神学和礼乐文化。但在传统观念不能有效应对现实问题的时候，一些正视现实的人物必然突破传统寻找解决问题的办法。思想文化领域由此出现了复杂状态，有开明与守旧的对立，当然开明人士之间也有差别，甚至同一个人物对此一现象的见解比较理性，对彼一现象的理解却陷入了盲从。这种复杂状态，使春秋时代成为中古代思想文化发展的一个过渡期，即从古代宗教文化到诸子文化的过渡期。在这个过渡期，古代宗教信仰的幽光逐渐消退，代之而起的理性光芒则在晨曦中初现。

汉代儒学的转化
——以人性问题为论

陈福滨

（辅仁大学哲学系所教授）

前 言

儒学起于对生活秩序之要求；观孔子崇周文而言礼，即可知之；但孔子立说，自"礼"而返溯至"仁"与"义"。于是"仁、义、礼"三观念会为一系；外在生活秩序源于内在德性自觉；故其基本方向为一"心性论中心之哲学"。及孟子言"性善"，言扩充"四端"；于是点破德性自觉为人之"本质"，驳告子"自然之性"之观念。入汉，说经诸儒生，受阴阳家之影响；董仲舒所倡天人相应之说，实此一普遍风气之特殊表现；天人相应之说即兴，价值根源遂归于"天"；德性标准不在于自觉内部，而寄于天道；以人合天，乃为有德。于是，儒学被改塑为一"宇宙论中心之哲学"①。而中国古代哲学家在长期探讨人性问题的过程中，程度不同地触及人性问题的若干方面，其中争辩最激烈、最集中、最长久的，莫过于对人性是"善"还是"恶"的问题之探讨。

一、先秦儒家对人性问题的主张

孔孟儒学，原以心性为主；孔子在人性论的观点上认为"性相近也，习相远也"（《论语·阳货》）。意指人性本来是相近的，之所以会有异，乃因习染所造成的；强调人有相近的人性，相远的习染，以"性"与"习"相对；此"性相近"的观点，带有明显的抽象人性论的观念。孔子的学生子贡言："夫子之言性与天道，不可得而闻也。"（《论语·公冶长》）孔子对人性问题，并

---

① 劳思光：《中国哲学史》卷二，香港：崇基书局，1971年，第8页。

没有进一步的论述,也未涉及人性本质的善、恶问题。

告子在人性论①的观点上主张"性无分善恶"论,其现存思想资料仅有《孟子》一书中保留的关于人性问题的论述。什么是性?告子言:"生之谓性。"(《孟子·告子上》)这里的性是就包括人在内的万物而言,性指生的自然性质,指"生而具有",人生而有的本能、欲望。告子又云:"性,犹湍水也,决诸东方则东流,决诸西方则西流。人性之无分于善不善也,犹水之无分于东西也。"(《孟子·告子上》)如急流的水不分东西,东边决口则东流,西边决口则西流,人性也同样不分善恶。同时告子以为人性本无分善恶,本无仁义之性,人可经过修养而具有仁义道德,其又云:"性犹杞柳也,义犹杯棬也;以人性为仁义,犹以杞柳为杯棬。"这是就人性和道德属性之关系来论说的;由以上观之,告子的人性论乃是主张"性无分善恶"的思想。

先秦儒家道德取向的哲学,在人性的探讨方面,最易突显为辩论之课题者,首推孟子的"性善"与荀子的"性恶"。善恶问题原是心灵生命中对"应然"问题的反省;而孟子的性善取向于"道德我"的"应然"面向,荀子的性恶则取向于"真实我"的"实然"事象;孟子"应然"保证了"善端";荀子"实然"的了解,则揭示了伦常的败坏②;两位思想家对人性都有着自己的看法。

---

① 自古言"性"的进路,大约可以分为两类:一、告子"生之谓性"、荀子"自然之资者谓之性";"性"天成也,须靠外铄得以修养。二、以儒家为主流的人性论,儒家的"人性论"约可分为两路:(一)一路由《中庸》"天命之谓性"的形上体证所代表,此一路糅合了《诗经》"维天之命,于穆不已"与《易经》之"继善成性"等观点。《系辞传》中"一阴一阳之谓道,继之者善,成之者性",即继天命、阴阳所赋予的,影响宋明理学,如李翱《复性书》及孟子思想中人人皆可为尧舜。而这种由天道到人道,由人道还其于天道,受天资之谓性的思想,故"天命之谓性"的思想至宋得到发挥。(二)一路则由孟子的道德自觉与道德实践的体证所代表,是由内在道德感直接说性,即心言性,以"善心"言"善性"。孟子先言人有四端之心,以心言性,即心和性皆放至形而上的概念,不否定人有情欲,但因心的思考可去除外在蒙蔽,故孟子说:"心之官则思,思则得之,不思则不得。"荀子却将心放在高高在上的,具有认知、判断的;故荀子之心为认知心,得到一个大清明或"虚一而静"的境界,故落入于"形下"而言:"人之性恶,其善者伪也。"然孟荀实为殊途同归,百虑一致,强调内在自觉及外在规范的把握。

② 邬昆如:《性善性恶的反省与检讨——汉儒的人性论》,《台大哲学论评》第12期,1989.01,第55页。

（一）孟子：性善论

孟子是先秦时代人性学说的重要开拓者，也是儒家学派人性论的奠基者，他的"性善"论，对后世学者产生了极大影响。关于性善之说，孟子的理论大半见于其与告子的争辩中；此外，《公孙丑篇》中的材料为有名的四端说，是他性善理论的重要陈述；孟子云："人皆有不忍人之心。先王有不忍人之心，斯有不忍人之政矣……所以谓人皆有不忍人之心者：今人乍见孺子将入于井，皆有怵惕恻隐之心，非所以内交于孺子之父母也，非所以要誉于乡党朋友也，非恶其声而然也。由是观之，无恻隐之心，非人也；无羞恶之心，非人也；无辞让之心，非人也；无是非之心，非人也。恻隐之心，仁之端也；羞恶之心，义之端也；辞让之心，礼之端也；是非之心，智之端也。人之有是四端也，犹其有四体也……凡有四端于我者，知皆扩而充之矣，若火之始然，泉之始达。苟能充之，足以保四海，苟不充之，不足以事父母。"（《孟子·公孙丑上》）从这段话的论述中，吾人得知：（一）孟子所欲肯定者，乃是价值意识内在于自觉心，或为自觉心所本有。（二）所涉及"应然"的自觉，是与利害之考虑不同，孟子就价值自觉之四种表现而说"四端"，此价值自觉，通过各种形式之表现，即成为各种德性之根源。（三）由当前之反省，揭露四端，而透显价值自觉之内在，此为"性善"之基本意义。（四）善恶问题皆以自觉主体为根源，点出性善，以明价值根源在于自觉心（即主体）①。另外在涉及人性论观点的《告子篇》中亦有几个重要的观念，驳斥告子"生之谓性"的思想，"告子曰：生之谓性。孟子曰：生之谓性，犹白之谓白与？曰：然。白羽之白犹白雪之白，白雪之白犹白玉之白与？曰：然。然则犬之性犹牛之性，牛之性犹人之性与？"显然告子乃将"性"指"生而具有"者；"孟子曰：乃若其情，则可以为善矣，乃所谓善也。若夫为不善，非才之罪也"性善指的是实现价值之能力内在于性之实质中，人之不能实现价值，并不是由于人之"性"中无此能力，故言："非才之罪也"；"告子曰：性犹湍水……孟子曰：水性无分于东西，无分于上下乎？人性之善也，犹水之就下也。人无有不善，水无有不下。今夫水，搏而跃之，可使过颡；激而行之，可使在山。是岂水之性哉，其势则然也。人之可使为不善，其性亦犹是也。"孟子以为人之有价值意识，似水之

---

① 劳思光：《中国哲学史》卷一，香港：崇基书局，1968年，第97-99页。

有就下之本性,"此处学者所宜留意者是孟子以水之上下喻价值自觉之有向性,本身是一喻而非一证。乃因告子指水无分东西以喻性之无分善恶,故孟子即以水之有分于上下,以喻性之有分于善恶,并非以水证性"。① 在《离娄篇下》孟子曰:"人之所以异于禽兽者几希,庶民去之,君子存之。"这话说明了所谓的性乃指"人之所异于禽兽者",也就是人之本质。到了《尽心篇》,孟子对心性的研究,已经达到了"尽心、知性、以知天"以及"存心、养性、以事天"的领域;亦即开始了走出主观的"主体我"的意识,设法走向客观的"大我"的境界,这也就是以"天"的意识来规范"人"的意识;不但把"天"作为修心养性的最终目标,而且亦开展了在"宇宙"中定位"人生"的思想进路②。

(二) 荀子:性恶论

战国末期的荀子主张"性恶"论,他批评"性善"论,"是不及知人之性,而不察乎人之性伪之分者也"(《荀子·性恶》)。于是提出了与孟子主张人性扩充的"性善"论相对立的强调人性改造的"性恶"论。《性恶篇》:"人之性恶,其善者伪也。今人之性,生而有好利焉,顺是,故争夺生而辞让亡焉。生而有疾恶焉,顺是,故残贼生而忠信亡焉。生而有耳目之欲,有好声色焉,顺是,故淫乱生而礼义文理亡焉。然则从人之性,顺人之情,必出于争夺,合于犯分乱理,而归于暴。故必将有师法之化,礼义之道,然后出于辞让,合于文理,而归于治。用此观之,然则,人之性恶,明矣。其善者伪也。"可见荀子的性恶取向于"真实我"的"实然"事象,是取"事实义"来论说的;其所谓"性"是指人生而具有之本能,但此种本能原是人与其他动物所同具之性质,并非人之本质。人通过"师法之化,礼义之道"以"化性起伪",荀子云:"今人之性恶,必将待师法然后正,得礼义然后治。"可见人性虽恶,但是可以改变、改造的,荀子云:"涂之人可以为禹。曷谓也?曰:凡禹之所以为禹者,以其为仁义法正也。然则仁义法正,有可知可能之理。然而涂之人心,皆有可以知仁义法正之质,皆有可以能仁义法正之具;然则其可以为禹明矣。……其可以知之质,可以能之具。其在涂之人明矣。"这种"可以

---

① 劳思光:《中国哲学史》卷一,第102页。
② 邬昆如:《性善性恶的反省与检讨——汉儒的人性论》,第56页。

知之质，可以能之具"，不是"良知""良能"，而是需要后天人为的学习、训练才能完全具备的，荀子云："性也者，吾所不能为也，然而可化也；情也者，非吾所有也，然而可为也。注错习俗，所以化性也；并一而不二，所以成积也。习俗移志，安久移质。……涂之人百姓，积善而全尽，谓之圣人。"（《荀子·儒效》）然而"性""伪"又如何加以区分呢？荀子云："凡性者，天之就也。……不可学，不可事，而在人者谓之性。可学而能，可事而成之在人者谓之伪。是性伪之分也。"依他看来，一方面"性"与"伪"不同，一方面"伪"又离不开"性"，"性"不"伪"又不为善，"无性则伪之无所加，无伪则性不能自美。性伪合，然后成圣人之名，一天下之功于是就也"（《荀子·礼论》）。本性和人为相合，人为对本性加以改造，而成为圣人；这就是荀子"性恶"论中的几个重要观念。

二、两汉儒学对人性问题的转化

战国时期周人世硕主张人性"有善有恶"论，他的思想对汉代的思想家有着重要影响；王充于《论衡》一书中曾对他的思想有这样的叙述："周人世硕，以为人性有善有恶，举人之善性，养而致之则善长；恶性，养而致之则恶长。如此，则情性各有阴阳，善恶在所养焉。故世子作《养性书》一篇。密子贱、漆雕开、公孙尼子之徒，亦论情性，与世子相出入，皆言性有善有恶。""自孟子以下，至刘子政，鸿儒博生，闻见多矣；然而论情性竟无定是。唯世硕、公孙尼子之徒，颇得其正。"（《论衡·本性》）有善有恶论注重"修养"的观念，主张化恶迁善的可能，它可以"以礼防情""以义制欲""以乐为节"来防止和疏导人之情欲，如此恶性也就变善了。

（一）董仲舒："性有贪仁""性善情恶""以性统情"论

董仲舒论人性，主张"性有贪仁""性善情恶""以性统情"之论。其云："今世闇于性，言之者不同。胡不试反性之名？性之名，非生与？如其生之自然之资，谓之性。性者，质也。诘性之质于善之名，能中之与？既不能中矣，而尚谓之质善何哉？"（《春秋繁露·深察名号》）这是以人生而有之的、自然的质为性，就此而言，和告子的说法接近。但是，这种自然的质是上天给的，"天生民，性有善质，而未能善"（《深察名号》），"人受命于天，有善善恶恶之性"（《玉杯》），"今善善恶恶，好荣憎辱，非人能自生，此天施之在人者也"(《竹林》)。上天赋予人以善质和恶质,而不是完全的善恶。董仲舒沟通天人,提出他自己的人性形成说:上天通过阴阳两气,而使人有贪仁两性,或者说有性和情两方面,其云:"人之诚有贪有仁,仁贪之气两在于身;身之名取诸天,天两有阴阳之施,身亦两有贪仁之性。"(《深察名号》)"天地之所生,谓之性情。……情亦性也,谓性已善,奈其情何?……身之有性情也,若天之有阴阳也,言人之质而无其情,犹言天之阳而无其阴也。"(《深察名号》)天有阴阳两气,施之于人而有贪仁两性;贪性,亦即情,情是性中的一部分;董仲舒的性有广、狭两义,狭义的专指与情相对的性,即善性;广义的则包括情,兼有善恶。广义的人性不仅只包含天所命的善质,而且还含有不善的情;因此,董仲舒不同意孟子的性善论,其言曰:"吾质之命性者异孟子,孟子下质于禽兽之所为,故曰性已善;吾上质于圣人之所善,故谓性未善。"(《深察名号》)董仲舒和孟子对于善的立论看法不同,因此对于人性的看法也不同。董仲舒所谓的"贪"与"仁",即表价值意义之"正"与"反",他是直接以宇宙论意义之规律作为价值标准者,至于孟子的自觉心之本性,他是无从了解的。董仲舒将孔子的"唯上智与下愚不移"(《论语·阳货》)的思想和"中人以上,可以语上也;中人以下,不可以语上也"(《雍也》)的思想,解释为"性三品"之论;把社会上不同的人的人性分为三品,即上、中、下三等;上品即"圣人之性",中品即"中民之性",下品即"斗筲之性",其言曰:"中民之性,如茧如卵,卵待覆二十日而后能为雏,茧待缲以绾汤而后能丝,性待渐于教训而后能为善。善,教训之所然也,非质朴之所能至也。"(《实性》)圣人之性是天生的善,是"不教而善";斗筲之性是天生的恶,是"教也不能为善";圣人"不待教",斗筲之民"不可教",可教者惟"中民之性"而已。

人之性表现于外为"仁",仁之情表现于外为"贪"。"仁贪之气,两在于身",仁是阳气,贪是阴气。此种以阴阳之气论性之见解,是先观人是天地阴阳之气和合所生的,所以人性亦有其阴阳之两面。天有阳以生,有阴以杀,而人亦有阳以仁,有阴以贪。天以生为本,即是扶阳而抑阴;其扶阳者为天之"仁",其抑阴者为天之"义"。《深察名号》云:"衿众恶于内,弗使得发于外者,心也,故心之为名,衿也。人之受气苟无恶者,心何衿哉?吾以心之名得人之诚,人之诚有贪有仁,仁贪之气两在于身。身之名取诸天,天两,有阴阳之施,身亦两,有贪仁之性;天有阴阳禁,身有情欲衿,与天道一也。"这段话有三点含义：一、心有禁制众恶的作用；二、心与气是对立的，心是制者，气是被制者；三、气有善（仁）有恶（贪）。"人之受气苟无恶者"的"气"是人之气质，"心，气之君也"的气也是指气质，因为心是气的主宰，所以"衽众恶于内"的心，就不只是消极的禁制。对于气而言，心是有主宰力量的，然此应具道德含义的心却须后天培养，故云："必知天性不乘于教，终不能衽。"人之性有阴阳，情性与善恶之两方面，这是董仲舒对天地间之观察。天地间之事物，原系相生相成，亦有相杀相克之性。凡物之生，必求自成其生。欲自成其生，本在自继其生，这就是阳，亦即是善。然人之求成其自己之生时，若只求自成其生、贪己之生而杀他生时，则是对他人为不善。因此，在自成其生中，亦有不善之性，是为阴。再者，如此阴杀之性克其阳生之性时，亦可见其善之未备，且可见人性始于阳而卒于阴。换句话说，就是原来虽善，后来却转出不善，此即唐君毅先生所谓辩证的现象。另一方面，如果善阳可转化为恶阴，而恶阴亦可以转化为善阳。此即董仲舒所谓性为气之性，气虽有阴阳之别，而阴阳之气恒可互相转化，因此阳善、阴恶之性也可互相转化了。"气"，自始涵具流行变化之义，所以董仲舒以气言性者，虽分气为阴阳，谓其一面向善而其一面向恶，仍恒重其可转化之义①。

　　人之性有"贪"有"仁"，而且可以互相转化，但不能说人性全善，《深察名号》言："故性比于禾，善比于米，米出禾中，而禾未可全为米也。善出性中，而性未可全为善也。"性虽然未可全为善，但性却是可以待"德教"而后善的，"性如茧、如卵，卵待覆而为雏，茧待缲而为丝，性待教而为善"（《深察名号》）即是此理。然而董仲舒所言性命，即所谓"人受命于天，有善善恶恶之性"。仍不能是自成之质，此性亦不足以见天命之真，必须"受成性之教于王"而后善，《深察名号》云："人之所继天而成于外，非在天所为之内也。天之所为，有所至而止，止之内谓之天性，止之外谓人事，事在性外，而性不得不成德。……今万民之性，有其质而未能觉，譬如瞑者待觉，教之然后善。当其未觉，可谓有善质，而未可谓善，与目之瞑而觉，一概之比也。……天生民性有善质而未能善，于是为之立王以善之，此天意也。民受未能善

---

①　唐君毅：《中国哲学原论·原性篇》，香港：新亚书院研究所，1968 年，第 120 - 122 页。

之性于天,而退受成性之教于王,王承天意以成民之性为任者也。"王之所以能成民之性,是靠"教",所谓"退受成性之教于王"是也,又称"王教之化",善即由王教之化而来,而王教之化与性的关系为:"性者,天质之朴也,善者,王教之化也;无其质,则王教不能化,无其王教,则质朴不能善。"(《实性》)人性有赖于王教教化,始能臻至于善;因此,董仲舒认为,以期万民之性要"善",必须待"王教之化"方能克竟其功。劳思光先生以为:"董氏之意,不过谓:人之成德须有一工夫过程;此何待辩?真正重要问题,实在于为善之可能基础何在;即德性根源何在之问题,……孟子苦心点明德性源于主体之自觉一义,……而董仲舒以儒者自居,对于此种大关目竟懵懵然不解其意义!"①

(二)刘向:性"无善无恶"论

刘向以"性"为"生而然者",主张"无善无恶"之论,刘向人性之说,王充《论衡》及荀悦《申鉴》,皆有评述,虽资料不全,亦可见其大端。荀悦列举诸家论人性之说,独以刘向所论为善,其言曰:"孟子称性善;荀卿称性恶;公孙子曰,性无善恶;扬雄曰,人之性善恶混;刘向曰,性情相应,性不独善,情不独恶,曰,问其理,曰,性善则无四凶,性恶则无三仁人,无善恶,文王之教一也。则无周公管蔡,性善情恶,是桀纣无性,尧舜无情也。性善恶皆混,是上智怀惠,而下愚挟善也,理也,未究也,惟向言为然。"(《申鉴·杂言下》)王充则不以为然,对刘向论性提出批驳,《论衡·本性》云:"刘子政曰:性,生而然者也,在于身而不发;情,接于物而然者也,形出于外。形外,则谓之阳,不发者,则谓之阴。"刘向论性之说,其文集未见,可能散佚,而据荀悦、王充所引,其说虽不相侔,然其基本观点并无二致。

《申鉴》所云:"性情相应",以性与情相通,性善者情亦善,情恶者性必恶,故曰:"相应"。《论衡》所谓:"性,生而然者也;情,接于物而然者也。"分性与情为二,性在于身而不发,情则接于物而发于外,故谓之阳;性不发不与物接,故谓之阴;此两书所引,颇似《中庸》所谓:"喜怒哀乐之未发,谓之中;发而皆中节,谓之和。中也者,天下之大本也;和也者,天下之达道也。致中和,天地位焉,万物育焉。"朱熹注曰:"喜怒哀乐情也,其未

---

① 劳思光:《中国哲学史》卷二,第30页。

发则性也。"与刘向所谓"情,接于物;性,生而然者"之说相似,惟朱熹以未发之性为善,而所发之情,有正戾之别;刘向则迳分在身不发者谓之性,接于物形出于外者谓之情,不发之性谓之阴,形出于外之情谓之阳,性不独善,情不独恶,两者相应;此即为刘向论人性之观点。

（三）扬雄：性"善恶混"论

扬雄推尊孟子,但在心性的根源上,却全未受到孟子由心善以言性善的影响,而另立新说。扬雄论人性主张"人之性也,善恶混。修其善,则为善人;修其恶,则为恶人。气也者,所以适善恶之马也与?"（《法言·修身》）善恶混,指善恶同在,性中既有善又有恶,其说概综合孟子性善,荀子性恶之论,直承董仲舒"人之诚,有贪有仁;仁贪之气,两在于身。天有阴阳之施,身亦有贪仁之性,与天道一也"的思想;但是,董仲舒认为天道是任阳而抑阴的,而扬雄则知孔子未尝言阴阳,故不受董仲舒任阳而抑阴的影响,断言之曰："善恶混"。扬雄认为性中的善与恶,都是潜存的状态,由潜存的状态转而为一念的动机,再将此一念的动机加以实现,这便须靠人由生命所发出的力量方可,于是扬雄拈出了一个"气"字,曰："气也者,所以适善恶之马也与?"扬雄所谓的"修其善,则为善人;修其恶,则为恶人"的"修"乃为有形之步骤,"气"则为无形之因素;"修"为向善向恶之关键,"气"则为导人向善向恶之动力;气的本身是无所谓善恶的,只是像一匹马那样,载着善念或恶念向前走,但是导致其走之方向者,乃人之驾驭耳。然而这样的思想是否把握了先秦以"心性论中心之哲学"的思想?抑或走上汉儒以"宇宙论中心之哲学"的人性论,以致心性之精义不传?扬雄论人性,主张"善恶混"之论,此"混"字据汪荣宝曰："混与溷同。"《汉书·五行志》曰："溷肴亡别。""亡别"即无分别之意,人之性善恶混,实即善恶无别;是性无所谓善,亦无所谓恶,端视后天之修学为转移,与告子之"性无分善恶"之说类同。告子云："性,犹湍水也,决诸东方则东流,决诸西方则西流,人性之无分于善不善也,犹水之无分于东西也。"告子以人性之善恶,亦在于后天之"决",唯此"决"字仅能喻水,不能喻性,人性如何"决"之使向善,告子则语焉不详;扬雄则提一"修"字,较告子之"决"具体而明显。然与孟子、荀子人性论思想较之,扬雄所谓的"善恶混",是以"善恶"为某种经验事实,但是"善"与"恶"各表一取向,何以言"混"？"孟子言行善乃就人之价值意识说性,然并非谓人不可以为恶；但说恶不由此性生出而已。荀子言性恶，乃以人之自然之性说性，着眼在动物性一面，然并非谓人不可以为善。盖徒说人可以为恶，可以为善，则全未接触善恶之意义以及德性之可能等等基本问题，故立说者如孟荀，断不能立于此常识层面也。扬雄喜从荀说，又不解荀子之理论；推崇孟子，亦不解孟子论性之本义，妄求折中，而言善恶混，实正显示其人全不解心性问题耳。"①

（四）王充：性"有善有恶"论

王充论人性，认为人性是"有善有恶"的，以为人性是由气所构成，所以其云"用气为性，性成、命定"（《论衡·无形》），又云"人生性、命，当富贵者，初禀自然之气"（《初禀》）。此不仅可以表示人之性是由气所构成，即人之命亦是由气所构成；所以人性是一种"气性"②，而"气"的观念对于王充的人性论，自然是极其重要的；然而气源出于何处？王充以为气乃是源于天的，故云："人禀元气于天""人禀气于天，气成而形立"（《无形》），"人之善恶，共一元气"（《率性》），因此人性之所以为人性，必与其所肯定的天有密切的关系。天由动行以施气，转由气而生人、物，气就成了生人、物的资具，因此《物势》谓人、物都是"因气而生"；所以，人既然因气而生，则人性自然是由气所构成的了。

人性既然由气所构成，那么由气所构成的人性，何以有善、有恶呢？王充以为，人性之所以有善、有恶，是由于禀气的厚、薄而决定的。《率性》云："禀气有厚泊，故性有善恶也。残则授不仁之气泊，而怒则禀勇渥也。仁泊则戾而少愈，勇渥则猛而无义，而又和气不足，喜怒失时，计虑轻愚。妄行之人，罪故为恶。人受五常，含五脏，皆具于身。禀之泊少，故其操行不及善人。"他又举"酒之泊厚，同一曲糵"而言"人之善恶，共一元气。气有少

---

① 劳思光：《中国哲学史》卷二，第 126 页。
② 王充"气性"一词，是通人、物而说的，而且有时分说，有时合说，性质是相同的。《讲瑞》云："故曾皙生参，气性不世。"这是指人而说的。"麟为麒麟，鹄为凤凰，因故气性，随时变化。"这是指物而说的。而此二者为气性合说。又《道虚》言："案能飞升之物，生有毛羽之兆；能驰走之物，生有蹄足之形。驰走不能飞升，飞升不能驰走；禀性、受气，形体殊别也。"这是指物说的，且系气、性分说。所以，就王充而言，物性只是气性，人性也只是气性了。

多，故性有贤愚"（《率性》）。"至德纯渥之人，禀天气多，故能则天，自然无为。禀气薄少，不遵道德，不似天地，故曰不肖。"（《自然》）阐明禀气之厚、薄，决定人性善、恶之理。

王充在《命义》中，建立了他自己的三命说之后，更谓"亦有三性：有正，有随，有遭。正者、禀五常之性也；随者、随父母之性；遭者、遭得恶物象之故也"。正性，即是性善的本来面貌；随性，是母亲对于胎儿的胎教，胎教的好坏，决定了子女成性的好坏，"《礼》有胎教之法：子在身时，席不正不坐；割不正不食；非正色，目不视；非正声，耳不听。及长，置以贤师良傅，教君臣、父子之道。贤不肖在此时矣。受气时，母不谨慎，心妄虑邪；则子长大，狂悖不善，形体丑恶。"（《命义》）；遭性，是胎儿在母胎时，遭遇了不适合的事，影响了胎儿所受的气，以致生性不良，故言："遭者、遭得恶物象之故也。……《月令》曰：是月也，雷将发声，有不戒其容者，生子不备，必有大凶。……"（《命义》）所以，"气遭胎伤，故受性狂悖"。如此看来，王充的思想有其矛盾之处；人之性，来自天地的元气；然而他却又以性有随父母的施气或施教而成；则人性又成于父母之气了；至于遭气，则更难以明了？如果胎儿在母亲胎中，因着母亲的遭遇而生狂悖之性，如何解读？如果真有影响，可能影响的是胎儿的生理和心理；罗光认为："他所说的人性，不是哲学上所讲的人性，而是人情和脾气了。"① 再者，王充以气言性，颇受汉儒的影响，而不遵孔孟之义；其不仅以气为性之根源，认为性有善恶之分，而且其所谓善，非定然之善，而只是气质之善的倾向，若无道德性本身之性的定然之善去提炼它，则善无定准，恶亦无从转而为善了。

（五）王符、荀悦的人性论

在人性方面，王符颇采"性相近，习相远"之说，唯其所谓"相近"，乃谓人性皆具善与不善之体，其后因习俗教化所染，致有君子小人之异，故云："性相近而习相远，是故贤愚在心，不在贵贱，信欺在性，不在亲疏。"（《潜夫论·本政》）而有关"才性"问题，王符言之甚明，王符反对"以族举德，以位命贤"，认为"人之善恶，不必世族；性之贤鄙，不必世俗"（《论荣》）。

---

① 罗光：《王充的哲学》，《哲学论集》第九期，辅仁大学出版社，1977.06，第46页。

既然如此,该用何种标准来鉴别人才?王符言:"天地之所贵者人也,圣人之所尚者义也,德义之所成者智也。"(《赞学》)是见,德性乃人之所以为人的依据;但是德性必须待才智而成,"人之情性,未能相百,而其明智有相万也。此非其真性之材也,必有假以致之也"(《赞学》)。而才智是靠人之勤奋学习取得的,才智的高下实际上是人与人相互区别的依据;如此,王符虽将德置于才之上,但已表露其重才的倾向。

荀悦论人性则云:"有三品焉。上下不移,其中则人事存焉尔。命相近也,事相远也,则吉凶殊也。故曰:穷理尽性以至于命。"(《申鉴·杂言下》)人性有三品,上品与下品都不会改变,中品就由人事在起决定作用,此乃强调人之后天的努力,据此,荀悦亦针对王符所论,提出"或问:圣人所以为贵者,才乎?曰:合而用之,以才为贵;分而行之,以行为贵。舜禹之才,而不为邪,甚于(缺一字)矣,舜禹之仁,虽亡其才,不失为良人哉"(《申鉴·杂言下》)的看法,所谓"合而用之"指的是德才兼备,才的大小会起决定性作用,所以"以才为贵"。如果就有德而无才或有才而无德的情况而言,则操行的好坏成为决定性的作用,故"以行为贵"。荀悦并且举例说明此一道理,其言曰:"先民有言,适楚而北辕者,曰:'吾马良,用多,御善。'此三者益侈,其去楚亦远矣。遵路而骋,应方而动,君子有行,行必至矣。"(《申鉴·杂言下》)这些都是来自荀悦的人性论所发展出来的见解。

结　语

孟子言性善,言扩充四端,突显了德性自觉为人之本质,并驳斥了告子"自然之性"的观念,荀子亦从自然之性出发,而不解自觉之性,于是有了"性恶"之论。汉儒对孟子"善源于人之自觉性"的本义不能充分了解,于是董仲舒以"性"为"自然之资",主张"性善情恶""以性统情"之说;刘向以"性"为"生而然者",主张"无善无恶"之论;扬雄以为"人之性也善恶混",因着善恶混,故可以"修善修恶";王充则将"性"分为"上、中、下",主张"有善有恶"之论。总而言之,汉代论人性的几位重要思想家,皆就告子、荀子一系所持之"自然之性"而立说;对孟子将价值德性之源,安立于主体之自觉上的思想实无充分了解。劳思光先生言:"但由此一趋势,论'性'之说亦有一变化,盖就'自然之性'而言,则人之材质自有差异;于是，由汉至魏晋乃有喜谈'才性'一派人士；此种'才性'问题，实为心性论问题分裂后之产物。"① 也正因为如此，所以就把孔、孟儒学之"心性"论的思想，推向了"才性"的路径上了。

参考文献：

朱熹集注：《四书章句集注》，台北：鹅湖出版社，1998。

阮元校勘：《十三经注疏》，台北：大化书局，1982。

王先谦：《荀子集解》，台北：广文书局，1965。

董仲舒：《春秋繁露》，台北：台湾中华书局，1975。

扬雄：《法言》，台北：台湾中华书局，1966。

王充：《论衡》，台北：台湾中华书局，1966。

王符：《潜夫论》，台北：世界书局，1975。

荀悦：《申鉴》，台北：世界书局，1975。

劳思光：《中国哲学史》卷一，香港：崇基书局，1968。

劳思光：《中国哲学史》卷二，香港：崇基书局，1971。

唐君毅：《中国哲学原论·原性篇》，香港：新亚书院研究所，1968。

徐复观：《两汉思想史·卷二·扬雄论究》，台北：学生书局，1985。

罗光：《王充的哲学》，《哲学论集》第九期，辅仁大学出版社，1977。

邬昆如：《性善性恶的反省与检讨——汉儒的人性论》，《台大哲学论评》第 12 期，1989。

陈福滨：《董仲舒人性论之探究》，《衡水学院学报》，2018 年第 6 期（第 20 卷），2018。

---

① 劳思光：《中国哲学史》卷二，第 11 页。

唐文治先生"性理学"重建儒家话语典范意义初识

邓国光

（澳门大学中国文学教授）

摘　要： 唐文治先生一代醇儒，于儒学建树良多，其精神终始如一，皆为实现"正人心，救民命"之善愿，为此而奋斗终生。"性理学"乃宋明以来儒学之新阶段，"道统"观念确立，继往开来，不能绕过。唐文治先生学术原本"性理学"，研治终身，今性理学专著存世凡四种，曰《性理学大义》《紫阳学术发微》《阳明学术发微》《性理救世书》，大体俱彰，至于今日，正视"苦难时代"艰苦卓绝之性理学话语之建树，学者继承而知方。唐文治先生一生精研、阐扬与实践"性理学"，尤其是"格物""致良知"两项重大性理学主题之阐释，均成就斐然。其坚持修己治人，饱含"伦理政治"之信念以重建人道之儒者宏愿，出之以心学自觉与提倡，贯通程朱与陆王，涵摄清儒经世之学；唐先生原本《孟子》，根植经义；重建孔子、曾子、子思、孟子一系以修己治人为核心之儒家义理精神，下接程朱陆王道统；会通朱子与阳明，统合尧舜之道、文武之德于圣学道统一脉，阐明修齐治平之王道大义，皆可以身体力行，圣贤气象，具存于兹。其学理之机栝，在"责任伦理"之自觉，此所谓先知先觉，即良知与良能，涵盖生命伦理与责任伦理之要义。经义性理一体，本植于知觉，人心一念之几微，体用由之而出。此意志机制被称之曰"心学"，此先生性理学之大本，经学为其大用，文章学则枢纽于其中，三者共汇构成其学术殿堂，展示人道庄严之所在。其融通汇摄之力量，化解学术专业或门户秉具之排他性，遂形成生命力极度活跃之学理反思，从而建构体系严密而条理分明之义理体统，重建生命之学之话语体系。于今日龙蒸物阜，民心向治之时，唐先生之学术，若得到真诚尊重与实践，则太平可待，大同有期。

关键词：唐文治；性理学；心学；道统；伦理政治；话语体系

引　言

　　现代学术话语之重建，首先必须在知识精英阶层建立基础，而在这当中教育非常关键。以现代中国的文化语境而言，民国时代西式大学体制以官方及民间之全力推动，整个话语体系全新营构，此是实在历史进路。然进路可以是捷径，也可以是大道。照搬西式高等教育体系而从中营造新话语，同时直接留学以高昂经济代价换取现成之他者话语，取巧而且非常方便，唯换来代价，首先显示在异质离地之话语霸权之产生，紧接独断与垄断遮蔽一切。传统学术话语之未能保存于教育体制之中者，人意予时代陌生化与矮化，遭受种种意料之外、有意无意之抹杀跟歪曲。事实是累积二千年中国学术智慧，便因西式教育体制全面移植而产生之话语霸权而涂炭，价值意义全面崩溃，亦即人心已死。唐文治先生全面瞰察百年中西学术与政治，已经充分认识到中国重新踏步康庄大道，务须反本开新，必须重新正视与整理二千年累积下之学术话语，重建人心，必要重振教育。此事不在多建西式大学，而需要在体制之中建立研究与传播传统学术之教育机构，继承宋、明、清以来之教育方式。于是先生在离开理工学科主导之交通大学后，于一九二零年在无锡建立一所以国文国学为主体之书院机构，是为无锡国学专修馆。从此以后，传统学术与其相应话语，方才存在复苏之机缘。于传统学术中，经学理学本属一体，都是修齐治平之学之价值渊源，而落实在生知安，实践行之知行合一之伦理自觉。此上大义，而先生于一九二零年撰《无锡国学专修馆学规》之第五"理学"条，完整宣示云：

　　　　经师之所贵，兼为人师。礼学之所推，是为理学。孔子说《易》曰："穷理尽性。"穷理者，人生莫大之学问，即莫大之事业也。孟子传孔子之绪，曰："理义悦我心。"曰明善、曰集义，皆理学也。宋周子得道统之传，作《太极图说》，发挥阴阳五行之奥曰："圣人定之以中正仁义而主静，立人极焉。"主静者，穷理之根源；人极者，为人之极则也。二程、张子皆理学正宗，朱子集诸儒之大成，旁搜远绍，所谓"为往圣继绝学，为万世开太平"者也。陆象山先生直揭本心，别树一帜。王文成宏畅厥旨，学术、功业震耀当时。嗣后刘蕺山、陆桴亭、张杨园、陆清献、汤文正、张清恪诸先生，莫不行为世表，言为世法。综览历史，理学盛则世道昌，理学衰则世道晦，毫发不爽。吾辈今日惟有以提倡理学，尊崇人范为救世之标准。然而有最宜致慎者，则诚与伪之辨而已。孔子曰："君子进德修业。忠信所以进德也；修辞立其诚，所以居业也。"① 学者所当日三复也。

先生言传身教，更论撰不息，所以因时成教，通变而不失道体，开新而成治化之大用；复因时代际会，周知世界大势之推移，与东西方文化进路，深探落差之由，以求根治之方。欲力挽狂澜，学术在救国之处方，而关键必自人心世道之更生始，救心所以救国也。是故先生兢兢提倡"心学"，欲以救人心，正人极，解民瘼，明王道。仁心经纬，礼义规划，复提倡商政，支持实业，维护农工，恢复地方生机，皆所以济世保民，以期长治久安，其赈济惠民之措施，深得朱子遗意。本道心之微，推拓而至"救世"，由微而著，因隐至显，即本及末，明体达用，皆神理一贯，体统全备，是以高屋建瓴，堂庑自深，规模宏大，气象至厚；乃至身体力行，修德明道，立教成化，再造文明，此先生性理之学，从"生命伦理"自觉始，体仁明耻，步步推拓而为"伦理政治"，期盼礼治仁政之实现，实在体统该备，伟然卓立，无愧一代儒宗者，其出类拔萃，岂区区学科畛隅范限于一端！性理学乃先生学术生命之核心，极天立极，不离乎此；故今谨缕述其治学之始末与进路，客观演示其学术经义之生成与变化，以见重建学术话语之维艰。

一、主一治心：发轫对治时代"心疾"之性理学

先生行实，大略分两面而言，其先从政，其后办学。此两面之特殊"历练"，皆离不开世运与时代。时代问题对于先生之冲击，直接体现于其"性理学"之重视与营构，实在具关键意义。盖"历练"乃生命之学基本条件，先生从政之时，适值内忧外患之至亟，际此目睹时艰，痛彻心怀，由是痛定思痛，反省根源，深刻体会士风颓败、民心涣散、气节沦丧诸痼疾之弊。上梁不正下梁歪，故正君德，端士习，其更重于变法更制，一意取法朱子，建言输

---

① 《易·乾卦》九三《文言传》文。

诚，然亦知狂澜已倒，但盼回天之有日。先生一八九八戊戌年冬，康梁变法失败之后，撰《高子外集序》，痛言时代之"心疾"曰：

> 呜呼！天地之正气微矣！……迨夫世衰道微，学术不明，品行不饬，士大夫习为柔媚脆弱之态，趋承奔竞，呢訾粟斯，苞苴公行，廉耻扫地，由是生心害政；朝廷之上，含垢攘尤；学校之中，奇衰诡异，天人之气否，而三纲五常，浸以沦斁。呜呼！此非特运会之隐忧，抑亦孔、孟、程、朱相传以来名教之隐痛也。……征诸遂古，大禹抑洪水，周公兼夷狄、驱猛兽，孔子作《春秋》，圣贤之学岂必尽同，务在救时而已。今日士大夫之"心疾"，微高子，其谁救？此文治所以终不废主静之说，惜不能起清献而质之也①。

先生特意开出"心学"，以对治时代"心疾"。"心疾"有甚于洪水猛兽，人道失则心疾狂。先生于举世疯狂之机，坚持者乃程朱以来"主静"之方，此先生性理之学因时淑世之意。先生断言其"终不废主静之说"，盖程朱理学，乃承其家学而更发扬之者。故唐先生之认识"性理学"，乃自童蒙家教始。其父唐受祺（1841—1924）精于程朱理学，曾整理清初大儒陆世仪②著作为《太仓陆桴亭先生遗书》二十二种。陆世仪一生气节可嘉，而唐先生一生尊崇气节，家教与家学为其关键。先生《性理救世书》卷三自叙"读书大路"，详述家学缘起云：

> 文治十五岁时，先大夫授以《御纂性理精义》③，命先读《朱子读书法》与《总论为学之方》④，其时已微有会悟。逮年十七，受业于先师王文贞公之门，命专治性理学。明年，赴省试，拟购理学诸书，苦于无赀，先妻郁夫人亟出奁赀助之，现藏之《四书精义》《或问》《二程全书》《朱子大全集》等，皆典质而得之者也。厥后官京

---

① 高攀龙（1562—1626），称景逸先生，东林八君子之一。文见唐先生《高子外集序上（戊戌）》，载《茹经堂文集一编》卷四。

② 陆世仪（1611—1672），字道威，号桴亭，江苏太仓人；学宗程朱，明亡不仕。

③ 《御纂性理精义》十二卷，康熙五十四年（1715）李光地等二十六位儒臣精选《性理大全》成编，其中并收录康熙研读性理书籍之体会，五十六年（1717）成书。

④ 《总论为学之方》见载《朱子语类》卷八，明以圣贤明道为己任。今《朱子语类》以"学"为关键者占六种之多，依次是《小学》《总论为学之方》《论知行》《读书法（上、下）》《持守》《力行》等，精神义理，一以贯之。

师，益广购理学诸书，友人中亦间有以性理书相赠者。迄今数十年，自《正谊堂》及诸先儒全书外，专集计共百余种。虽自维弇陋，而沉浸其中，有终身知之行之不能尽者焉①。

唐先生钟情于性理学，一生不渝，而令人感动之处，是其对学术之真挚投入。在年青时代赴考之际，乘便搜罗性理学著作，竟至以妻子出售妆奁以购置，若非真心切志于学问，何能如此？至于师从王祖畬，更是关键。先生《自订年谱》自叙云：

辛巳（1881），十七岁。春，因姨丈黄公浚之介绍，受业于紫翔王先生之门。间三四日，前往听讲，先生教诲倍至，告之曰："文章一道，人品、学问皆在其中。故凡文之博大昌明者，必其人之光明磊落者也；文之精深坚卓者，必其人之忠厚笃实者也；至尖新险巧，则人必刻薄；圆熟软美，则人必鄙陋。汝学作文，先从立品，始不患不为天下第一等人，亦不患不为天下第一等文。"并教余先读汪武曹《孟子大全》、陆清献《三鱼堂集》，并《唐宋文醇》《熊钟陵制义》等。余日夜淬励于性理、文学，初知门径矣。

自此唐先生不忘师诲，一生以文章培养与提升人品与学问，信守不渝。道义文章，乃先生一生自持，志意以立，风神是铸。先生《自订年谱》又载：

壬午（1882），十八岁。时余学颇精进，书"毋不敬，毋自欺"六字于座右铭，行路不斜视，务收束身心；分日读朱子《小学近思录》《性理精义》《学蔀通辨》《程氏读书分年日程》等，兼钞《王学质疑》《明辨录》，细读之，觉醰醰有味。读《孟子》，乃更有心得，爱摘录《大全》诸书先儒说，并录王师笔记，作《读孟札记》，理学乃日进。

先生因《孟子》从入圣学，根基深固，读书切至，勤札所得，遂更有得于理学之书，而钝学累功，实事求是之功夫，乃为日后学术成就之基础。其志学坚毅，未因际遇而改易，亦自此奠定先生一生道义风骨。先生再一年赴考下第，依然不废理学，《自订年谱》载：

癸未（1883），十九岁。春，……余下第归。秋冬间，仍研理

---

① 唐文治：《性理救世书》卷三。

学，读《二程遗书》《朱子文集》并先儒语录等书，粗有论著，然皆不足存也。

先生深得尽其在我之道，坚韧坚持，精读程朱之书，更求上达，考入新办之南菁书院，自此学问拾级而上，奠定一生学术方向；先生《自订年谱》载：

> 甲申（1884），二十岁。读《周礼》《仪礼》《尔雅》，始从事经学。学政浙江瑞安黄漱兰师，在江阴设立南菁书院，以朴学提倡多士。毕君枕梅为余报名，寄卷应试。

> 乙酉（1885），二十一岁。春，偕毕君枕梅、张君拙嘉名树蓂诸友，同赴江阴南菁书院应试，取超等，住院肄业。谒见黄漱兰师，谆谆然训以"有用之学"，遂受业于院长黄元同先生之门。先生名以周，浙江定海人，为薇香太夫子之季子，东南经学大师也。闻余讲宋儒之学，甚喜，语余曰："顾亭林先生有言：经学即理学。理学即经学，不可歧而为二。圣门之教，先博后约，子其勉之。"复教余训故、义理合一之旨；先假余陈北溪先生《字义》，余钞读之，逾月而毕；又示余所着《经义通故》（后改名《经训比谊》），余亦摘其精要者钞录之；又于藏书楼纵览诸书，自是于经学、小学，亦粗得门径矣！作《宋元明诸儒主一辨》，黄师叹赏不置，谓择精语详，于斯道已得十之七八矣。

唐先生至新办之南菁书院师从黄以周，乃其学术生命重要关键。黄氏循循善诱，唐先生得以接上顾炎武开出之经学气脉，即经学与理学合一。经过如此彻底学术洗礼，先生对性理学之体认，复跨越一大步，体现于其首篇性理学论文《宋元明诸儒主一辨》①。"主一之谓敬"乃程颐所提出之关键理学命题，而"主静"之义，乃其根本，主一主静，乃反求天理本初之切实功夫。收摄用神，斯谓之主，乃心学之修养。此文通观其在宋元明三朝数百年消化之过程。先生首篇理学专题论文，即面对此核心义理，而其见称于黄氏，非徒"择精语详"而已，实因其通盘观察学术流变之识见，方为关键，故黄氏誉其"于斯道已得十之七八矣"。其所以初露头角即显示不凡者，盖此时期先生尝精读陈

---

① 文载《茹经堂文集一编》卷三，收在《唐文治集（一）：文集编年校释》，故未并载本编。

淳《北溪字义》，深通本训诂解读义理之法，其在《性理救世书》卷一所载《论古人造字多根于性理》，即其时之成果，非泛泛论述观念成说而已。

然先生之治理学，非徒止于观念之阐发，同时传刻前贤遗著，以继承将绝之学，提供时代"治心"之良方；先生《自订年谱》载：

> 乙未（1895），三十一岁。三月，李少荃相国名鸿章赴日本马关议和。……痛心曷极。（中略）吾父辑《太仓陆桴亭先生遗书》告成，（中略）合《思辨录》共二十八册，先后募资授刊。

> 丁酉（1897），三十三岁。阅《经世文正续编》及曾文正、胡文忠《全集》。《经世文正编》选择极精，《论学》二卷尤极纯粹，续者远不逮矣。购得苏州《周忠介公顺昌烬余集》三册，系汤文正公斌抚苏时所刻，真难得之书，可宝之至，为集资刊印之。……冬，沈子培师假余无锡《高忠攀龙未刻稿》八册，云得自河南书肆中，盖当时陈稽亭先生辑《高子遗书》所未录者也。其中论学精粹处极多，余喜甚，手自钞录二册，为序其首。

唐先生在京期间，注意经世之学，遍读贺长龄（1785—1848）《皇朝经世文正续编》，通盘了解道咸之治理经验，裨益于拨乱反正，此追步宋儒以道辅君之善愿。尽读明清诸儒性理专书之余，更出资为之梓行传世，用心之公，皆出衷情。

唯时国势崩颓，先生亲历义和团之乱、八国联军入京，以至瓜分之巨祸，《自订年谱》载辛丑（1901）事云：

> 时正与各国议和，余随办和约事宜，仍兼在户部办事，劳顿殊甚。去年拳匪难作，全家迁避后，余有两事至为迫切：一、前数年刻《陆桴亭先生遗书》及《周忠介公集》，板片藏琉璃厂龙云斋，未知曾否燬失？二、内子郁宜人及内弟黄彬瑞灵柩，停城东崇文门外夕照寺，未知曾否损伤？去冬往访，则均无恙，深为庆幸。至是，印《陆子遗书》数十部，分送太仓同乡。

先生与其父唐受祺处于国家多难而为之奔走之时，未能专意著述，然系怀乡先贤陆世仪著作之梓行，保存经世正学之道义苗种，无疑出自真挚之学术责任。先生此时处理总理各国事务衙门之外交事务，复两出外洋，亲历诸种交涉，接属既广，于国耻体会更深，此非常之"历练"，更醒觉"理学"任由歪曲之大弊，于此际而正视"理学"之真际，恢复重建国格之尊严，乃实在之救治之方。先生在一九〇三年序《正谊堂逸书》曰：

> 近世以来士大夫拾理学家之唾余，习为守旧迂谬之莠论，师心自用，臆决唱声，深闭坚拒，牢固而不可破，生心害政，酿成庚子(1900)之大变。不逾年后，异说朋兴，人心益肆，缀学之士标宗树旨，自命曰西学，以号召天下；实则于西学之精微，概乎其未有闻，而徒剽袭自由、平等、民权之说，涂饰当世之耳目，伦常大义，弃如弁髦；推极其弊，将不至胥中国去人伦、无君子不止。悲夫！悲夫！由前之说，所谓"谬种"是也；由后之说，所谓"贼民"是也。二者之说既更进而迭相胜，恂愁者流，内无主宰，复随其流以扬其波，而国家乃实受其敝。……盖自古圣贤所以修己而治人者，曰天德，曰王道；所以"终日乾乾，夕惕若厉"① 者，曰尽性，曰立命；而其所以贯彻终始、经纬天人者，不过曰"理"而已矣。理也者，弥纶于六合，卷舒于一心，析之极其精，扩之极其大，显之以开物而成务，微之以探赜而索隐；得其纪则经纶参赞、辅相天地之所不足，失其绪则如正墙面而立、一物无所见、一步不可行。《孟子》之赞宣圣曰："始条理者，智之事；终条理者，圣之事。"然则，理之为用大矣哉！俯仰前史，名儒名臣，学问经济，指归不同，而其导源于理则一。世之儒者，诚明乎治心之学，操存省察，俾之虚灵而不昧，及万事之临于我前，则必虚心易气，徐察其理，推而究之，以至于未形无有之间，五常五伦之序，秩如也；五性七情之发，邃如也；六府三事、五辰庶绩之用，绎如也。如是，内以之修齐，外以之治平，其有复至于颠倒错乱、败坏家国之事者，吾不信也。惟不明乎理，于是窒塞以为体，似乎有体而无用，而实则体非真体。不明乎理，于是横恣以为用，似乎有用而无体，而实则用非真用。道德晦盲，世变日亟，而大惑不解者，且以理学为诟病。悲夫！悲夫②！

先生至此更明确阐明"治心"之学，其在修齐治平之重要价值。于完全

---

① 《易·乾》九三爻辞。
② 载《茹经堂文集二编》卷五。

丧失文化自信之时代，失心无理，即无复人道之可言。对治之道，唯有提倡正心立极之理学，先生为此而大声疾呼。

此唐先生性理学之第一阶段。自十七岁至四十之间，家学、立志定愿、师门之教、生活阅历诸种因素，辐辏其"性理学"焦点于程朱"主一之谓敬"，此一阶段之代表作，为南菁书院时期所撰之《宋元明诸儒主一辨》，肇始先生后来性理学之论撰辑述，贞定"心学"即治心之学为力挽狂澜之救弊匡时良方，延展为其整体学术之基础，以更完整系统整理之集成与经世意志结合之向度发展，因时立教之道义担当，决定其放弃从政而全情投入圣贤教育之内在动力。

二、明道救世：《性理学大义》之编撰与意义

唐先生于一九〇六年冬丁忧离京，守制南归，自此脱离官场，全心办学；先生为教，明示"救民命、正人心"之宗旨，复兴儒家，因时立教，高扬"国文"，鼓励气节，寻求恢复人格、民格、国格之途，一生不渝。夫"国文"者，涵盖"经学"与"性理学"，体用全幅并举，因时立教，守先待后，先生亲撰讲义；《自订年谱》自述云：

> 丁巳（1917），五十三岁。……夏，编《先儒静坐集说》一卷①；自李延平先生始，至李二曲先生止，其中尤以高忠宪公《静坐说》为最精密；编《近思录札记》《思辨录札记》各一卷，皆二十年前评读之语辑录成书。

三书虽未刊，唯其精义，皆存本编所收性理学四书中，断毋可疑，盖先生于主一、主静，观念早已成熟，静坐其工夫所在。理学家之言静坐，乃程朱涵养功夫，说自李延平始者，盖朱子师门之学相承，李氏"默坐澄心，体认天理"之践行，朱子深有体会。先生汇集李延平至清初李颙静观修养之学为一编，总结前期二十年践履体道工夫所得，若言立教，非急务之所先。惟自此以

---

① 唐文治先生在《答胡敬庵书（二）》（1928）云："十年以前，曾作《先儒静坐集说》，自延平先生起，下逮阳明、忠宪、蕺山、二曲诸先生绪论，合为一编，用备观省。"则应是《先儒静坐集说》为同书，盖尚未刻印，故书名未定；唯前述唐先生《宋明诸儒说主一辨》（1885）中说"静坐"部分，应属大体所在，因《茹经堂文集第一编》已经刊刻，故不别为单行也。

后，当务之为急，先生乃以传道为先，全力整理程朱一系道学之讲义。

以下就三方面通释唐先生通盘整理宋明清性理学之学理与发展大略。先生《自订年谱》载：

> 壬戌（1922），五十八岁。……冬，编《性理学大义》成，定《周子》二卷、《程子》二卷、《张子》一卷，《洛学传授》一卷、《朱子》八卷。每卷各冠以叙文及传状，发明大义；篇中精要处，各加评语、圈点。学者得此讲本，可窥性理学之门径矣。

自一九〇七年至此年，先生编写《性理学大义》，前后十五年间，先生已经编撰《论语》《孟子》《大学》三种"新读本"，在一九一七年编《十三经读本》时统称"大义"。先生名书曰《性理学大义》，与之相应，无疑上接先秦原始儒学之义理体系与气脉，而一贯相承不绝之意存其中。故是书之编纂，非率尔操觚。

《性理学大义》初版自湖南长沙印出，先生于此版之失校颇有微词。其后一九三六年五月再版者，改由无锡民生印书厂承印，并置于"无锡国学专修丛书"第十三种，书分二册出版。全书由五部大义组成，分别是《周子大义》二卷、《二程子大义》二卷、《张子大义》一卷、《洛学传授大义》一卷、《朱子大义》八卷。每种大义均冠置自叙，即唐先生"大义"之纲领。五篇自叙，完整显示周、张、程、朱一系"性理学"之大体；正文则收录有关生平行宜、主要学术论著文献或记载，务令学者能够知人论世并精读原典。其体例明晰，先之以周程张朱一系代表人物之生平与作品，辅以评点，指示性理学之与时代之间之密切关系，彰显淑世关怀与经世要义，以诱导学子康庄正途，训世之旨，非常明确。先生重视精读本文，不为口耳虚张之说，培养德才兼备之人才为至上。惟社会动荡不安，觅书困难，专业文献与书籍流传不易，是以先生必以至佳版本与简明之读本为入门之初阶。先生所著"大义"，例必提示最具代表意义而篇幅不长之范板，而指导纲领置诸篇首。如此体式，异乎针对学术意识之专书专著，盖其本为立教而撰。

唐先生正视程朱导正君德之经世实践，以及匡时救弊、赈灾保教之奋发有为，故收录程颢《请修学校尊师儒取士札子》《论王霸札子》、朱子《壬午应诏封事》《庚子应诏封事》《甲寅行宫便殿奏札》《乞修〈三礼〉札子》，分别冠置于《二程子大义》与《朱子大义》之首，以见程朱经世致用之要义，表明宋儒抗颜而为师之雄伟气象,乃上承孔孟之道统精神。《朱子大义》尤其是收录论学答问之书信,唐先生在《朱子大义》卷二朱子《与张钦夫》题下按语交代云:

> 读《朱子全集》,以问答书为最要。问答书以张、吕、陆、陈四先生为最要。而《答张敬夫先生书》中论中和说,尤为养心之本、入道之方。盖朱子初时谓:"人自婴儿以至老死,虽语默动静之不同,然其大体,莫非已发,特其未发者为未尝发耳。"后与蔡季通先生问辨时,忽悟其非,以为于日用之间,欠却本领一段功夫,乃于程子所谓"涵养须是敬,进学则在致知"二语,切实服膺。盖由前之说,胶于事物,即《通书》所谓"动而无静,静而无动"也;由后之说,心体周流贯彻,即《通书》所谓"动而无动,静而无静"也。(集中《已发未发说》及《中和旧说序》论之甚详)山阴刘蕺山先生以《与张敬夫》三书及《与湖南诸公论中和》第一书辑入《圣学宗要》,其指示学者,可谓深切著明矣。而陆稼书先生则谓蕺山欲伸己见,而巧于抑朱子之说;不知《圣学宗要》先后排次,固极分明,未可轻加訾议也。兹谨将《宗要》所录,第列于与钦夫先生问答书之后,并附录蕺山稼书先生之说,俾学道之士知所用力云①。

据此按语,足见先生《朱子大义》八卷选录文献之宗旨与取材渊源,其有得于刘宗周《圣学宗要》至为明确,端庄正大。而其中先生按语之丰富,究其实,乃集先生于一九二三年所草拟《朱子全集校释》之具体成果。然先生未以此自满,自得发读朱泽沄之著作,虚心比照,而恍然反省,自知尚有进境,遂进而重编《紫阳学术发微》十二卷也。

三、圣学规模:《紫阳学术发微》之编撰与价值

唐先生于朱子心悦诚服,认定朱子深得孔子真传,乃标示为圣学真传,足以为后人范式,以为救世之方。其肯定朱子可学,所以学圣人,圣人乃可学而至。于《紫阳学术发微》卷一卷首按语自陈:

> 朱子平生学术,广大精微,钻仰之而不能尽。……抑文治考孔子

---

① 唐文治:《朱子大义》卷二,载《性理学大义》。

自言进学次第，详于《论语·志学章》，子思子则详于《中庸·衣锦尚絅章》，孟子则详于《浩生不害章》，其自迩登高之序，俱分六级。朱子己丑以后功夫，固不敢拟于孔子，其在《中庸》"不动而敬"与《孟子》"充实光辉"之候，殆无疑也。学者当取本书第三卷"心性学"，与夫《四书章句集注》详细研究之，切己体察，深沉涵养，勉勉循循而不已焉，则所谓"精义入神"者，庶几其有造乎！呜呼！圣贤岂真不可学哉？

此学圣次序，秩然清晰，精义入神，断非虚语，则对治时代"心疾"之良方，循朱子圣学规模，深切而实在实践，拾级而上，自可药到病除，重树人道。故先生于朱子学之整理、研究、流通、传授，付出无比勇气与力量，以为因时立教之根本，长治久安之至道。先生于一九二〇年后，亲主无锡国专，亲授经义与性理之余，更从是年开始，立刻计划撰作《朱子全集校释》，此集大成之全面整理；《年谱》载：

  癸亥（1923），五十九岁。正月，开馆上课，余讲《周易》及《性理学大义》。（中略）十月，命诸生编《朱子全集校释》。余尝闻宝应有王白田先生《朱子文集注本》，爰函属宝应刘生翰臣代为访觅，旋得刘生复书，谓家藏有王白田、朱止泉①两先生《朱集》签注，甲子完备，朱墨烂然，惟编纂不易，祇可过临云云。余乃命馆生王蘧常、唐兰、吴其昌、吴宝凌、戴恩溥五人，赴宝应刘家分钞，七日而蒇事。回锡后，复命王生蘧常悉心编纂，得十余万言，定名《朱子全集校释》云。诸生之自宝应归也，吴生宝凌赠余朱止泉先生《文集》四册。余细读之，见朱止泉先生论朱子于乙丑岁悟道后，专用力于"涵养须用敬，进学则在致知"二语②，因之精义入神；阳明

---

① 朱泽澐（1666—1732），字湘陶，号止泉，江苏宝应人；诸生，江藩《国朝宋学渊源记》载其读程氏《读书分年日程》，又从泰州陈厚耀学天文，能得其意，有志于圣人之道；以朱子实继周敦颐、二程、颜回、孟子，而上溯孔子；有得于王懋竑，谓"道问学莫如朱子，尊德性亦莫如朱子。观朱子中和之说，其于《中庸》之旨深矣。故知居敬穷理祇是一事，穷即穷其所存之心，存即存其所穷之理，初非有二也"。著《朱子圣学考略》《王学辨》等。

② 此程颢语，见载《近思录》并《二程遗书》卷十八；朱子认同并以此为教法。

编《晚年定论》固非，然谓朱子胶于万物而不事涵养者，亦非也。乃知止泉先生于朱子之学，终身服膺寝馈，更胜于白田；且编有《朱子圣学考略》及《朱子分类文选》二书，尤为精密无伦。旋王生购得《分类文选》示余；刘生又访得《朱子圣学考略》，为之大快。十二月，国学专修馆行第一届毕业礼。先期练习讲演，印《讲演集初编》。招新生一班，与陆君勤之议设"理学社"，陆续捐资，选刻先儒遗集。

  甲子（1924），六十岁。宝应刘生来书云："朱止泉先生裔孙忆劬名某，刊刻《止泉先生外集》。"闻之欣慰，即拟序文寄去。三月，刻陈确庵先生《周易传义合阐》十二卷，是书为安道先生《遗书》第一种，于《程传》及朱子《本义》多所发明，向无刻本。前数年，闻太仓同乡陆君星五名鸿曜购得钞本，余借钞之，如获异宝。遂拨理学社捐款刻之，逾年告成。六月，刘生启瑞又来书，云朱君忆劬拟刻《朱子圣学考略》，请为作序，并属王生蘧常代为校字，大为快慰，谨拟序寄去。旋吴生其昌在天津图书馆钞得朱止泉先生《宗朱要法》一卷，即寄刘生，属其附刻于《圣学考略》后。

唐先生耳顺之年，尚致力于流通前贤性理学著述，在无锡国专别设"理学社"，专门刻印理学专书，以广流传，扩大其在世道人心之正面影响。同时奋力整理朱子遗文与学术，于搜集过程中，先生门人刘翰臣搜罗朱泽澐之两种重要朱子学著作《朱子圣学考略》《朱子分类文选》。先生发现朱氏《朱子圣学考略》于朱子学术理解之深刻，迈越前人，反省力度极其强烈，于《重刻朱止泉先生朱子圣学考略序》详叙全新之学术反思云：

  文治少年有志程朱之学，年十七读陈清澜先生《学蔀通辨》，知阳明先生《传习录》之非。十八岁以后读《朱子大全》，并陆稼书先生《读朱随笔》、吴竹如先生评《朱子集语》，爱其剖析之精。然反而求之于朱子之书，若涉大水，其无津涯，偶称述之，不过为口耳讲

---

① 傅增湘在日记云："刘翰臣，名启瑞，乃丹庭先生之堂弟也。渠以癸卯（1903）乡试，出谢鲁卿房中。当时荐卷，余力为赞助，并谓可登魁选，以此感激知遇，乃呼余为师，使人殊为惶作。"见《藏园日记钞》，傅熹年整理摘录，载《文献》2004年第2期。

贯之助，未尝得"躬行实践"之方也。中年服官，荏苒无进德。岁在癸亥，忽忽年五十九矣。讲学于无锡国学专修馆，及门诸子编辑《朱文公集校释》，乃始闻宝应朱止泉先生有《朱子圣学考略》一书，亟求之，则闻其家仅存二帙，刻本钞本各一。爰乞金坛冯梦花同年转假刻本读之，然后知止泉先生真得朱子之心传者也。

先生表出朱氏深切体会，谓真得朱子之心传，则非徒字面虚说，乃建基于长期研习之累积与反省，终体会到"躬行实践"之关键工夫，诸家难免有隔，而朱氏体认践履之功。此先生重新体会朱子性理学之精义，指标所在，是为学圣，方才会心有得，而其中微妙，在文辞表达之虚实，如何慧解得真，真切体会圣贤境界。序文详述云：

  文治往者读宝应王白田先生所纂《朱子年谱》，叹其采择精博，于出处进退之际，载之綦详。今读《圣学考略》，则又为朱子文字之《编年考》。一邑一时而得两大贤，后世为朱子学者，舍二先生，其谁与归？然向非其信道之笃，体验之纯，又曷克臻此？窃尝谓有天地以来，形上为道，形下为器，虚与实而已。吾人为学，有所偏主，不流于虚寂之途，则入于胶柱之域。先儒谓："陆子尊德性，朱子道问学。"不知此乃紫阳自谦之辞。后人误会之，专求朱学于章句文字之间，而不知省察于操存践履之际，以是而接于事物，则偏执而不通，以是而求为圣贤，则拘墟而不能上达。夫苟第以章句而已，则《大学》"明明德""明命"之注，与夫《中庸》"戒慎恐惧，见隐显微"、《孟子·尽心章》《舜居深山章》之注，其开示后学，为何如哉？然则专求朱学于实者，固当以此书药之；而求朱学于虚，如阳明先生者，又恶能有所借口乎？世道沦胥，邪说暴行，盈天下学者，心粗气浮，不复知圣学为何事。然则此书者，岂独为传道之南针，抑亦救人心之嚆矢矣！

唐先生阐发朱学中虚实两层精义，更表明强别"陆子尊德性，朱子道问学"之分际为误读，视朱子自谦之虚词为方便说法之实义，导致歪曲整个学术史，则学圣之道大晦，其弊不可胜言。如此彰显朱子学统，认定为复兴圣人之学之责任有在，是以"救心"之说，乃为救万世长远之道，乃建基于实在之理解。此因研读朱泽澐书，先生遂经此全面反省，乃调整撰写讲义之理路，摆脱陈腔滥调。从而展示实践圣人之道之真实意义。先生《自订年谱》载：

> 乙丑（1925），六十一岁。托沈君健生在长沙印《性理学大义》，惜校对乏人，鲁鱼之误甚多，可惜也。

> 丁卯（1927），六十三岁。冬，编《紫阳学术发微》，共分十二类，参考书共引用四、五十种。此后治朱学者，当可得其门而入矣。

唐先生运用分类治经之法门，精益求精，重撰《紫阳学术发微》，分类阐述，更客观与完整展示朱子学术精神，以期后学得其门而入，知方学圣，变化气质，不为向来虚词澜说误导于末枝末节之中，奄奄自毙。此书乃唐先生实有心得之成果，非徒汇聚成篇，故全书面目大异《性理学大义》中之《朱子大义》八卷。《紫阳学术发微》十二卷在三年后始能成书，先生《自订年谱》云：

> 庚午（1930），六十六岁。……八月。辑《紫阳学术发微》成。初，于教授《性理大义》中，朱子诸篇不能挈其纲要①，后取王白田、朱止泉、秦定叟诸先生书读之，略事分门纂述，粗有成书。本年，购得夏弢甫先生《述朱质疑》，更觉秩然有条理，爰仿其意编辑是书，后附陆桴亭、顾亭林诸先生之评论。朱子学者得九家，为《九贤朱子学论》②，颇足发明朱学源流。书成后，即付印。

冯振先生提纲挈领云：

> 先生此书共十二卷。一、为学次第；二、己丑悟道；三、心性学；四、论仁善国；五、经学；六、政治学；七、论道释二家；八、辨金溪学；九、辨浙东学；十、晚年定论评；十一、十二，朱学通论（上、下）。于紫阳毕生学术，提要钩元，洪纤毕备。自李榕村、王白田两先生后，未有能道此者，可谓体大而思精矣。

唐先生研究朱子学，不遗余力，因整理期间得读夏炘《述朱质疑》，遂得精进而重编《朱子大义》而成《紫阳学术发微》，尽弃《朱子大义》八卷之格局，非小修小补，乃重树朱子学以入圣道之体统。先生在《紫阳学术发微自序》交代从《大义》至《发微》之间之学术进境云：

---

① 《性理学大义》中《朱子大义》凡八卷。
② 《九贤朱子学论》即书中《九贤朱学通论》上下二篇。

文治既编《朱子大义》八卷，比年以来，教授学者。复博搜旧藏及见在所得紫阳学各书，繁细不捐，显微毕烛，略得要删之法，辑《紫阳学术发微》十有二卷①。

先生谦虚，不事张扬，故谦云"略得要删之法"，此法实在得来不易。以下阐明《紫阳学术发微》会心有得之重旨与格局。卷一"朱子为学次第发微"序言，开宗明义：

文治按：朱子平生学术，广大精微，钻仰之而不能尽。其有专心研虑，提其要而挈其网者，厥惟王氏懋竑《朱子年谱》、朱氏泽澐《朱子圣学考》、童氏能灵《朱子为学次第考》、夏氏炘《述朱质疑》，四书最为精析。而《述朱质疑》揭取精华，尤便讲授。兹特辑夏氏书前五卷之最要者，成《朱子为学次第发微》，而附童氏书二条于后，合为一卷。

关键在"为学次第"之具体实践范例，作为后学师法圣贤之德方。王懋竑《朱子年谱》、朱泽澐《朱子圣学考略》两书固然是研究朱子学之必备，因其提供大量文献考据信息，然夏炘②之《述朱质疑》，则是唐先生编撰《紫阳学术发微》之关键推动力，正因其实在展示朱子学圣之进路，此乃学圣之具体要义。唐先生明确交代引录夏炘《述朱质疑》"前五卷之最要者"之重要篇章，皆朱子理解孔子之内在义脉之演变，必须实事求是方能考知。先生固有得于《述朱质疑》，更从而长大与推拓，遂衍成集朱子学大成之规模与格局。此首先显示于反思向来朱陆异同所辐射开之程朱陆王分野之成说。《紫阳学术发微》卷三述朱子"心性学"，唐先生卷首按语云：

承学之士，要知讲心性之学者，重在深造自得，默会于幽间静壹之中，庶几德性问学，广大精征，是篇所录，莫非入道体验之功，倘或道听途说，借资谈助，则去道也远矣！若夫故为元妙之论，以为朱子最上乘教法，则更非所敢知也。

先生纠正过去"尊德性"与"道学问"二分理学门户之误读，要以深造

---

① 唐文治：《紫阳学术发微》自序。
② 夏炘（1789—1871），字心伯、弢甫，安徽当涂人；道光五年（1825）举人，任吴江婺源教谕十八年，讲学为事，推尊朱子学。

自得为方为入道之门，故《紫阳学术发微》之气象，远迈《朱子大义》之浑沦失统，皆因重新领悟"治心"之要领，明确亲行孔子圣道为原则，确定师法圣贤之自觉意识，方为关键。故《紫阳学术发微》之为唐先生朱子学成熟标志，实在是"反孔"狂潮中之推行圣学之中流砥柱。其终编两章终结有清一代九家朱子学精义与得失，皆体现其追步孔子集大成之会通精神，亦反映新时代严谨治学之征实精神。先生在一九四一年撰《朱子学术精神论》，以"孝"与"仁"概括朱子学术精神，亦即是修己治人之伦理政治之实践，圣人气象，并非虚言。

四、救心正俗：《阳明学术发微》之编撰与意义

唐先生性理之学，至理解与认同王学后，经历脱胎换骨之思想变化，《阳明学术发微》乃是其表征；此书亦是现代阳明学之重要标志。先生之撰写此书，实非易事。其整理《紫阳学术发微》时，已经同步整理《阳明学术发微》，于阳明学投入大量心力，其《自订年谱》记载：

> 庚午（1930），六十六岁。二月，辑《阳明学术发微》。自明季，讲学之风流弊日甚，于是王学为世所诟病，实则阳明乃贤智之过，其倡"致良知"之说，实足救近世人心。日本服膺王学，国以骎强。余特发明其学，都凡七卷，其中"四大问题"及"阳明学通于经学"二卷，颇为精审，较之二十年以前喜辟阳明，自觉心平而气和矣①。

此乃唐先生于王学研究之全新成果，其卓越见解，至今仍精确不磨。唐先生于王学如此重视，乃与其建构"心学"体系以救国信念息息相关。

唐先生中年因时立教，全心整理朱子文集，得读朱泽澐《朱子圣学考略》而一变，以读夏炘《述朱质疑》而知朱子圣学条理与规模，尊朱所以学圣；晚年因见日本刻薛方山《考亭渊源录》，而追惟朱学之为治平之学与维系国运盛衰兴亡之枢纽，比照当下国情之种种难堪与不济，乃至推原祸首，归咎上下失心败德，难免自罹其咎。以故忧生伤叹，更思欲以圣学治心，力挽狂澜，此

---

① 冯振在《茹经先生自订年谱》介绍说："先生此书共七卷，一、讲学事迹；二、圣学宗传；三、阳明学四大问题；四、良知经学；五、六，通贯朱学；七、龙溪述学髓。荟萃精英，钩元提要，实功利派之要药也。"

唐先生于苦难时代之真切关怀，遂以性理学救心大义，对治时代之心疾，重树人道。先生既亲证朱子与阳明学俱见重东瀛之事实，自辛丑和约后，随团至日本处理道歉与赔偿等善后事宜，其间比照国势民俗落差，其救弊起衰之责任意识，担当自任之重，乃更贞定无悔，提倡圣道，终生不渝。此其儒者本色，迥非一时血气亢奋之豪言，复遭遇国土沦丧，则当下之急，以实际行动以救国难，乃形逼切，故提倡王学，大声疾呼。

一九三〇年二月，唐先生六十六岁，成《阳明学术发微》七卷。唐先生自信"顽廉懦立"，王阳明心性学足以担负其救国之意志重建。在《阳明学术发微》中，诠释王学义理，涉及思想体系之学术渊源、思想体统之内外互联等重大学理。如果周照到整个时代之学术生态，了解到日本安冈正笃（1898—1983）在二十年代出版《王阳明研究》之事实，则其时面对日益严重之外侮威胁下，而先生正值人生与学术成熟与通透时期，其生命之学归穴孔孟圣心，观念极为明确，其奋力结撰《阳明学术发微》，从时代与道统承传意义而言，实在迥出世俗庸下之虚论与陈腔滥调之上。先生在书中自序交代撰写缘起，呈现处身大时代变化中其自身质性变化与心性透悟，生命之学由之透露真实意义。先生目击时艰，方真识洞见时代之败坏，根源在人心之溃烂、道德之沦亡，于是寻求对治良方，其治方在端正人心之教化层次入手，方能正本清源，为此而体认王阳明"良知"教之重要作用。遂痛定思痛，摆脱长期贬抑王学之思维定式，本公心重心理解与体会阳明学，结合自身从《孟子》研究所体会之心学义理，呈现其精粹所在，期望提契时代之集体良知自觉，从而转移风俗，并提升整体伦理意识，以实现"救心"大义；唐先生自序云：

> 夫今日欲救中国之人心，必自"致良知"始矣。"若药不瞑眩，厥疾不瘳"，善国良药，岂远乎哉？爰取阳明先生全书，择其尤精要者，辑为《阳明学术发微》，世之读此书者，苟能善其心以善其身，善其身以善其国，庶几其臻于上理与[①]？

全书安排，首以序文自叙缘起，卷一"阳明讲学事迹考"，知人论世之本

[①] 唐文治《阳明学术发微》，《茹经堂丛书》本。按：所谓《茹经堂丛书》非一时印成，至今尚有未付印者，印行具体时间尚无法考悉。惟据唐文治先生自撰《茹经先生自订年谱》，以及《茹经先生著作年表》所记，则知《阳明学术发微》于庚午年（1930）已写成，出版时间应稍后于是年。

谊，而用意在阐明阳明学之以生活与磨炼中践行自律道义之重要性，而阳明学自身变化即在时代变迁之中体现无遗；卷二"阳明圣学宗传"，录阳明晚年所撰《拔本塞源论》及《〈良知答问〉答陆元静（澄）》两文。唐先生以"圣学宗传"定调阳明学，则孔孟直下之道统正脉在是，即唐先生所云"上理"，直接回归孔门义理坦途，乃无容疑惑轩轾者。王守仁一生追求圣人境界，生死之际，即经历种种生命磨难与考验，体悟"致良知"之为践履自觉，通成圣之德，从而开发人心。人心之自觉原非易事，人道之再现，更须长期奋斗，尤其处于苦难时代，唐先生贞定王学为淑世方剂，足以对治沦丧，遂奋撰《阳明学术发微》，是儒者救人心、复国性、挽救整个时代之道义担当。时代鲜廉寡耻，无疑为事实。拯救陷溺于恶浊之世道人心，对症下药，必以王守仁"致良知"之教，若着实体现，则奏效可期。其内容自顺此意结撰，以图实现如此神圣之救弊心愿。王阳明本《大学》而体认诚意，再而致知，再而格物，一体之仁，皆即知即行，圣人之心，由是大显，以故唐先生性理之学，从前期程朱主敬，进而之于格物，此先生所以在倥偬国难之际，依然与逃难诸生席地讲论"格物"定论者也。

唐先生在《阳明学术发微》综述良知启动与掩息，溯源《易》理，阐明正反相生之义，溯源《易系辞传》"一阴一阳之谓道，继之者善也，成之者性也"之重要启示，先生按语云：

  吾国民盍急猛省乎！猛省之道，读经而已矣。《六经》皆启发良知之书也，而《周易》为尤要。……夫世界内生物，不外乎知觉、运动：有运动而无知觉者，禽兽是也；知觉分数少而昏且浊者，凡民、愚民、横民是也；知觉分数多而灵且良者，圣贤是也。阳明良知之学，宜乎千古而常新矣！后之读此书者，能警觉而自修焉，是吾国之幸矣夫[①]！

唐先生措意者在开启民智、保育民心，提升教育等养正心术之道德诚意，从而提升国民道德自律、自觉、自爱，则王守仁良知教，唤醒全民内在知觉，进而读经，培养智慧与干才。对于致良知问题，唐先生从经学确定其立说基础，然后类说九种良知之为体用根本之九种形态，分析之精密，体会之深刻，

---

① 唐文治：《阳明学术发微》卷四。

考证之确切，可谓一时无两，即使今日东洋终身研治阳明学之学者，亦唯董理良知四项而已。唐先生考实阳明致良知乃根本于经义，与经学不违，以实在之考实帮助阳明学充分吸收经学之能量。

唐先生纳阳明良知教于经教之中，提升伦理意志之自觉程度，与及既善而行之伦理行为之强度与力度，以克服种种知而不能行之"意志乏力"状态，阳明心学之有助提升知觉之苏生与自觉，乃践行圣道之关键意志力量，则治本之道，便是全民读经。先生讲经义强调"心学"，其沟通经学与王学之识见，一以贯之，在正心救国，皆出以由衷之诚意，人心由之而通感。先生《自订年谱》载：

> 己卯（1939），年七十五岁。四月，赴大夏大学演讲，余讲王阳明先生"致良知"及"知行合一"之学，可以正心救国，听者至为肃静。

"听者至为肃静"一语，亡国之痛尽出言表。处日治环境，先生依然公开宣扬学术救国救世，则是如何之勇气！同年，先生又撰《理学宗传辨正抄本跋》①，七十七岁时又讲《朱子学术精神论》②，至一九四八年，唐先生八十四岁，再撰《政治道德论》，明确宣示云：

> 此余所撰《紫阳学术发微》《阳明学术发微》二书，又《茹经堂五训》及《劝善编》，学者不可不熟读也③。

乃可以政治道德之"责任伦理"一词，综摄唐先生"性理学"之精神。政治道德乃"伦理政治"之根本，百川汇海，成就先生"政治学"之体统。

五、复兴道统：《性理救世书》之编撰与意义

《性理救世书》涵盖唐先生"性理学"全体，结穴之所在，书名取义，先"大义"，次"发微"，归宗"救世"。救世者，本诗人大义④，圣贤用心，先生之自觉，结合经学与理学两大学术气脉，对治时代"心疾"之学术责任。唐先生完成朱熹与王守仁之学术诠释之后，集大成式之性理学体系几近于成

---

① 此文刊《茹经堂文集四编》卷六。
② 刊《茹经堂文集四编》卷三。
③ 刊《茹经堂文集六编》卷一。
④ 孔颖达《毛诗正义》云诗人救世。

熟;《年谱》载:

> 甲戌(1934),七十岁。……七月,本学期,余讲授《性理学大义》,于周子《太极图说》《通书》、张子《西铭》、程子《论性篇》及明儒王龙溪、钱绪山、王心斋诸先生学派,皆有详论,拟编为《性理学发微》。

唐先生《性理救世书》原名《性理学发微》,书凡三卷,卷一是"救心大本第一",卷二是"学派大同第二",卷三是"读书大路第三"。三卷分别立大本,汇大同,行大路,取义甚端庄,气象雄伟。

卷一"救心大本第一"是唐先生对"性理学"全方位之察识,包括以下专题:首先立四大根本,即正人心化风俗、政治、气节、孝弟慈,然后是严君子小人之辨,即知人之学。然后帮助中文字义所含之义理内涵;复再三理字本训、理气关系、理欲关系,至具辨性情与心之关系,则性理原则具在。末论《宋史·道学传》之史传褒贬,阐明《宋史》"道学"一词乃正面意义。值得注意者,所言"大本",其意义向度已经在专题安排上立定,即人心风俗而"政治","气节"而"孝弟慈",蕴涵《大学》修身、齐家、治国、平天下要义。开端"正人心"至第十节辨"心",终归此心之大义,救世救国之元动力,先在"救心",乃唐先生性理学核心,先生于此卷序具述云:

> 正学不明于世久矣!偶有治性理学者,举茫然不知所谓,遂相与非笑之訾毁之,而人心乃如江河之日下。哀哉!抑思孔子系《易传》,揭性命之理;子思子述《中庸》,阐天命之性;孟子生战国之世,发明性善宗旨;古圣贤所以兢兢于此者,无非欲以性理之学,推行之于政治,所谓"既竭心思焉,继之以不忍人之政,而仁覆天下"也。救世之要,先救心术①。

"救世之要,先救心术",不啻喤喤巨响,直贯历代圣贤经世心事。唐先生强调"心"义,体现于"心术"之正念,以"心"提摄"性理"义脉,从而明确肯定王守仁致良知之统制意义。

卷二"学派大同第二",顾名思义,即性理学之汇流,犹如先秦诸子之殊途同归,皆所以经世,而性理学之归于大同,既所以实现更具体之尧舜之道,

---

① 唐文治:《性理救世书》卷一。

盖大同之出自《礼记·礼运》者，乃孔孟所言尧舜之世也。此卷综列二十五专题，分属程朱陆王，以显示其差异，即其独特性之所在，而立言宗旨则意在沟通及勾勒其淑世之关键作用，即挽救时代人心陷溺之作用。顺次帮助，首先开列宋代性理开山之一系六论如下：周敦颐《太极图》《通书》、程颢《论性》、程颐《颜子所好何学》、张载《西铭》，及杨龟山、罗豫章、李延平先生学派论。以上六论乃朱子前之始源道脉，接下五论，乃以朱子为中心之成熟体系：

（一）朱子学为今时救世之本论；

（二）朱子、陆子学派异同论；

（三）张南轩先生学派论；

（四）吕东莱、薛艮斋、陈止斋、叶水心先生学派论；

（五）赵仁甫、许鲁斋、吴草庐先生学派论。

以上朱子一系，开宗明义，即以为是"救世之本"。接下乃明王守仁一系：

（一）阳明学为今时救国之本论；

（二）王龙溪、钱绪山先生学派论；

（三）王心斋先生格物论。

以上王学一系，开宗明义，即以为是"救国之本"。救国乃指当下之急，救世乃指长治久安之治理，相辅则大善，执一则废百，故必通汇二脉，乃得大同基础。接下叙述明清两系之通体流变如下：

（一）高景逸、顾泾阳先生学派论；

（二）孙夏峰、汤潜庵先生学派论；

（三）刘蕺山、张杨园、黄梨洲先生学派论；

（四）陆桴亭、陈确庵、江药园、盛寒溪先生学派论；

（五）李二曲先生学派论；

（六）颜习斋、李恕谷先生学派论；

（七）陆稼书先生学派论；

（八）李厚庵先生学派论；

（九）张孝先生学派论；

（十）朱止泉、王白田先生学派论；

（十一）唐镜海、罗罗山、倭艮峰、曾涤生、吴竹如先生学派论。

综此一卷所述，继承《宋元学案》《明儒学案》之体裁而加精炼，于综述同时按时序类聚，宋元明清四代理学心学之分和流变，展示道统承传结构之内在活跃程度，透露高层位学术思想之可塑特点，则反本开新，或拨乱反正，皆可能可为者，故先生在"学派大同第二"序云：

> 汉儒重师承，宋儒重道统，皆拘泥之论。士生天地间，当以孔孟为法，其合于孔孟者，皆正学也，不必列师承道统之目也。其不合于孔孟者，则异学也，无所谓师承道统也。……然而朱、吕之不同也，朱、陆之不同也，薛、陈、罗、王之不同也，陆、张、颜、李之不同也，即在一派之中，各分异派，而实则同出于孔孟。文治特为兹编，以见宗派归于一原，勿迷所向可矣。……明周海门辑《圣学宗传》①，先以古圣。文治仿《理学宗传》《儒宗理要》例②，断自周程。以孔孟之道，载在《六经》，当研究经学也③。

先生叙述学术流变，先以古昔，明鉴大体，周照本末，大地江流，终归大海，归宗孔孟，此一贯之宗旨，学术"大同"，造福人世，止于至善。唐先生精通《尚书》与《礼记》，标明《尚书·洪范》至《礼记·礼运》"大同"之旨，乃会心有得者，重整性理学体系之根基。王学谱系并列程朱谱系，消融门户之余，圣道贯一，更集中注意力于终极之"大同"，此思想扭转之枢机也。

卷三"读书大路第三"收录六十二篇读书心得，依据时序，追寻学术流别，乃枢机之运。所录读书记，皆唐先生一生漫长之治学经验。先列综述、学案、总集等之作，次列程朱一系之理学入门读书记，次列程子至朱子师傅一系专集读书记等六种；次列朱子书及朱子学重要论著七种；次列与朱子相交之宋儒专集六种；次列元明朱子学者专书五种；然后是王学专书三种，商略王学三

---

① 周汝登（1547—1629），字继元，号海门，浙江嵊县（今嵊州市）人，学者称海门先生。《圣学宗传》十八卷，成书于万历三十三年（1605），以"王学"谱系为殿后，遥接三皇五帝之统。

② 孙奇逢（1585—1675）。明亡后，清廷屡召不仕。其《理学宗传》十六卷，为儒门人物之传记学案，以人物为主。张能鳞（明末清初。顺治四年进士），其《儒宗理要》二十九卷，选录周、张、二程、朱等五子作品与语录，以作品为主。唐先生编撰本书，融摄二者之优长。

③ 唐文治：《性理救世书》卷二。

种；依次为护持程朱或陆王者十四种；殿后乃晚清朱子学一系六种。以上读书记系统呈现自宋以来性理之生发与流变图谱，非只于门面论述与介绍之理学史文字，盖皆唐先生连亘数十年研读之笔记记录与心得。唐先生终生读书求道，程朱之学是其根底。理学家愿意导人读书门径者，莫如朱子。唐先生一本公心，弘扬绝学，以切身经历指导读书，六十二篇读书记，即使一年一篇，亦须耗六十年。积存六十年之心得，无私奉献，正体现朱子磊落胸怀与品德，此《性理救世编》开示读书大路所蕴涵之强烈拯世之用心。

唐先生融摄"王学"于"朱子学"系统之中，于明清学术史并非新颖，而其有别于其他者，乃是建基于中年时代的亲历与磨炼，唐先生在《阳明学术发微》已经详明。《性理救世编》卷三第三十九篇"读《王文成全书》记"附录其门人魏守谟①《阳明学流入日本考略》，盖先生于其文后云：

> 余维孔门立教，智勇相济，文武相资。惟文人兼武，故能统摄武人，而无迂缓柔懦之患。惟武人兼文，故能信从文人，而无叫嚣攘夺之风。《传》曰："有文事者，必有武备。"合之两是，离之两非。朱子当南渡后，慷慨发愤，每上封事，辄以复仇雪耻为言。盖朱子以圣贤而兼英雄之姿，阳明则以英雄而进圣贤之域，其实无二致也。方今孔孟圣教遗经，远迄东西洋，古本宝书，捆载以去，而吾国人转土苴视之，国势弱而人心亡，可哀也已！因读《阳明集》，特附记之。

唐先生谓"朱子以圣贤而兼英雄之姿，阳明则以英雄而进圣贤之域，其实无二致也"，乃试图以学术挽救时代苦难之宏愿。于现代学术语境之中，"程朱理学"与"陆王心学"已强别为"方法论"层面之思维定式，予定调为"道问学"与"尊德性"两脉之思想史理路。然唐先生深造自得，不枉从时俗，而更通汇两家，成就更巨大之文化心灵之自觉与愿力，唐先生充分掌握清代朱子学与性理学之成就，融通经学与性理学精神，融摄朱子学与王学，正视阳明学于提升国民心理质素之重要作用，从而建构一套本末兼该、博大精深而意向明确之经世性理学体系，集道统的大成，其远远超迈时流，并非刻意标新立异，乃源出其由衷之淑世情怀。

---

① 魏守谟即魏建猷（1909—1988），无锡国专毕业后，在日本留学，一九三六年毕业；后曾任华东师范大学历史系教授及系主任。

非但王学受重于东国,程朱之学亦流传未替。《年谱》同年又载事云:

> 十二月,放假。自朱子纂《伊洛渊源录》后,明薛方山应旂作《考亭渊源录》,陆清献《三鱼堂集》尝征引之,余访求数十年,不能得。今冬,忽得之于上海富晋书肆,共二十四卷,编辑精详,宗旨纯粹,乃东人翻刻明板,其卷端徐阶、薛应旂序,亦系手迹翻刻,洵可宝贵。因叹外人尊崇理学如此,国安得不兴盛哉!

唐先生以学术救国心切,故于宋明儒者著作之东传甚为注意。为重见明儒薛方山①《考亭渊源录》而兴奋不已,亦同时感慨邻邦护持传统学术之效果,而洞悉富强之精神资源所在,是以提醒学者舍本逐末之恶果,而表明正视"性理学"智慧之重大意义。先生为获得《考亭渊源录》而欣喜,不但录诸年谱之中,并在《性理救世书》专条演述此礼失求诸野之深层感慨云:

> 《考亭渊源录》,余访求数十年不能得。甲戌岁(1934),门人钱生萼孙告余,上海书坊有此书,余因以重价购得之,则日本天保九年(1838)刊本,卷首徐阶序及薛氏自序,皆系手书翻刻者。礼失而求诸邻邦,可耻尤可悲也。(中略)余家藏日本版理学书凡三种,是编外,尚有《罗豫章先生集》及《学蔀通辨》,而《〈豫章集〉跋文》谓"日本家挟程朱之书",呜呼!彼其国所以强盛也乎②?

唐先生因其中言"日本家挟程朱之书",遂更激发在其复兴性理以之救国意志。

结　语

唐先生无愧于20世纪之一代醇儒,一生89年生命历程,气节风骨,自身体现于"性理学"之铸炼,国魂之恢复,以及学术话语之重建,至为关键,而身体力行,堪足垂范。综先生性理学四书,《性理学大义》是唐先生"性理学"之启端,《紫阳学术发微》《阳明学术发微》两书,深造有得,超越一切陈腔滥调,是唐先生重铸"性理学"之正脉,从而集大成于《性理学发微》

---

① 薛应旂(1500—1575),字仲常,号方山,江苏武进人。嘉靖十四年(1535)进士,官至浙江提学使,著有《宋元资治通鉴》《考亭渊源录》《四书人物考》等。

② 唐文治:《读〈考亭渊源录〉记》,载《性理救世书》卷三。

（先生最后定名为《性理救世书》）。唐先生重构与活化"性理学"之奋进和成就，拒绝一切"排他意识"，统摄大成，就其四部专书而于接通传统智慧以启动"修己治人"之义理气机，从而正人心，立人道，树立恢宏学术气魄，继天立极，可得而实践。考察唐先生体证"性理学"过程，其重建儒学智慧之恒常意义，无疑是当下值得尊重与弘扬之学术典范。

论董仲舒与张载的天人之学

林乐昌

（陕西师范大学哲学与政府管理学院教授）

摘　要：西汉董仲舒与北宋张载是各自时代的儒学代言人。在儒学史上，西汉董仲舒最早提出系统的天人之学，而北宋张载则第一次使用"天人合一"这四个字，将其作为一个思想命题明确地提了出来，并建构了"天人合一"的理学体系。天论和天道论，是董、张天人之学的重要内容。因此，在探究董、张的天人之学时，有必要分别考察他们二人的天论、天道论及其特色，然后梳理儒家天人合一观念从董仲舒到张载的演变脉络。

关键词：董仲舒；张载；天人之学；天论；天道论；天人合一

引言：董、张是各自时代的儒学代言人

本文的议题，是比论西汉董仲舒（前197—前104）与北宋张载（1020—1077）的天人之学。之所以把他们二人联系在一起进行比较研究，主要基于以下考虑。

第一，董仲舒与张载二人都高度关注儒家的天人之学。司马迁提出，史学家的职志是"究天人之际"（《汉书》卷62《司马迁传·报任安书》）[①]。其实，"究天人之际"也是儒家哲学乃至整个中国古代哲学的主题。董仲舒与张载的天人之学各具特色，他们二人站在各自时代的思想制高点，为儒学代言。在儒学史上，西汉董仲舒最早提出系统的天人之学，而北宋张载则第一次使用"天人合一"这四个字，将其作为一个思想命题明确地提了出来，并建构了"天

---

① 参见余英时著：《论天人之际：中国古代思想起源试探》，北京：中华书局，2014年版。

人合一"的理学体系。我们需要把董仲舒与张载的天人之学置于思想史的发展过程中,进行比较研究,以揭示他们天人之学的特色,并梳理他们天人之学的演变趋势。

第二,西汉董仲舒对北宋张载有过某些思想影响,而且张载对董仲舒也做过评价。《西铭》,是张载著名的短论。其第一句强调"乾称父,坤称母"(《正蒙·乾称篇第十七》)。现代海外新儒家的代表方东美曾指出,这个说法是"根据汉儒董仲舒所讲的'父天母地'的思想,再追溯到《尚书·周书·泰誓》'惟天地万物父母'"而来的①。无论"乾称父,坤称母",还是"父天母地",二者之间的联系是显而易见的。这表明,董仲舒对张载的天人之学有过一定影响。此外,张载在比较汉儒扬雄与董仲舒时曾指出:"雄(指扬雄——引者注)所学虽正当,而德性不及董生之博大,但其学差溺于公羊谶纬而已。"(《经学理窟·周礼》)虽然张载评价董仲舒的言论不多,但他认为董仲舒的道德学问"博大",因而对他是很推崇的。

第三,董仲舒与张载二人的生平活动都长期依托于关中地域。张载 15 岁时,其父张迪病故于四川涪州(今重庆涪陵)。张载与母亲、弟弟扶父亲灵柩经过陕西郿县(今眉县),将父亲安葬于终南山北麓之后,遂定居于郿县横渠。张载 38 岁登进士第,除短暂到外地为官之外,他主要生活和讲学于关中,并创建了关学。清初,关中理学家王心敬编撰《关学续编》,其卷二新增"汉儒二人",第一人便为"江都董先生"。在叙述董仲舒"凡相两国"之后,王心敬指出:

> 自武帝初立,魏其、武安侯为相而隆儒矣。及仲舒对策,推明孔氏,抑黜百家,立学校之官,州郡举茂材孝廉,皆自仲舒发之。武帝晚年,以仲舒对问皆有明法,乃赐仲舒第,令居长安。凡朝廷建置兴革,多使使就问,或使廷尉张汤就家问之。年七十余,以寿终长安。

在这段话之后,王心敬加按语说:"仲舒先生原籍广川(今河北衡水景县——引者注),晚以时应帝问,就家长安,卒也遂葬京兆(今陕西西安——引者注)。今长安城中所传下马陵者即其处。其后子孙乃徙茂陵。则是仲舒老关

---

① 方东美著:《新儒家哲学十八讲》第十八讲《大气磅礴的张横渠》,台北:黎明文化事业公司,1993 年版,第 302 页。

中,卒关中,并葬关中也。"① 王心敬把董仲舒纳入关学谱系并不妥当,但他指出董仲舒终老关中并安葬于关中,与关中地域渊源深厚,则是事实。

无论是西汉的董仲舒,还是北宋的张载,他们作为各自时代的儒学代言人,天论和天道论都是他们二人宇宙论哲学和天人之学的重要内容。因此,本文在探究董仲舒与张载的天人之学时,将分别考察他们二人的天论、天道论及其特色,然后梳理儒家天人合一观念从董仲舒到张载的演变脉络。

一、董仲舒的天论、天道论及其特色

(一)董仲舒的天论及其特色

多数研究汉代儒学的学者都承认,"天"是董仲舒儒学体系的最高原则②。甚至有学者主张,在中国思想史上,董仲舒的特别之处就在于,他"第一次建构出天的本体系统";"天,是董仲舒思想体系运转的轴心所在"。"董仲舒之学是天学"③。

董仲舒说:"天者,百神之君也,王者之所最尊也。"(《春秋繁露·郊义》)从这句话不难看出,"天"在他的学说体系中是居于至高无上的地位的。对于董仲舒所论"天"之含义,究竟应当怎样理解?学术界有两种影响比较大的解释:一是徐复观的"天"之"一义"说,二是金春峰的"天"之"三义"说。

先看徐复观的"天"之一义说。徐复观认为,董仲舒完成了"天"哲学的大系统。他认可《汉书·五行志叙》用"始推阴阳,为儒者宗"来评价董仲舒。徐复观强调,按照董仲舒的意思,天之端来自《春秋》之元,而元实际是元气之元④;董仲舒把阴阳五行四时之气,认作"天"的具体内容;而且

---

① 王心敬著:《关学续编》卷二《汉儒·江都董先生》,王美凤编校:《关学史文献辑校》,西安:西北大学出版社,2015 年,第 81 页,并参见该书第 66 页。笔者按:一般认为,董仲舒墓在西安南城墙和平门内以西 600 米处的下马陵。另据北宋《太平寰宇记》卷 27 记载,"董仲舒墓,在(兴平)县东北二十里",是武帝刘彻茂陵的陪葬墓。

② 周辅成著:《论董仲舒思想》,上海:上海人民出版社,1961 年版,第 1 页。

③ 余治平著:《唯天为大:建基于信念本体的董仲舒哲学研究·导言》,北京:商务印书馆,2003 年版,第 3 页。

④ 徐复观著:《两汉思想史》第 2 卷,上海:华东师范大学出版社,2001 年版,第 218、219 页。

他还认为，阴阳二气是天的基本作用①。

再看金春峰的"天"之三义说。金春峰把董仲舒讲天之意义，归结为三个方面：(1) 神灵之天，(2) 道德之天，(3) 自然之天②。其一，"天"是指神灵之天。金春峰认为，这里所谓天，是有目的有意志的主宰一切的人格神。这种说法，源自先秦以来的传统天命观。其二，"天"是指支配宇宙的道德原理。金春峰引董仲舒《春秋繁露·王道通三》的话来说明"天"的这一意义："人之受命于天也，取仁于天而仁也。"③ 但准确地说，董仲舒这句话说的是作为道德价值的"仁"是以天为根源的。其三，"天"是指作为宇宙的总称及自然运行的规律，简称自然之天。董仲舒论自然之天的突出特点是，揭示了天的"十数"。在《天地阴阳》篇中，董仲舒指出："天、地、阴、阳、木、火、土、金、水，九，与人而十者，天之数毕也。"最后的"天"，指包括前面十种基本成分在内的宇宙的总称。这样的天，包含万物，广大无极，是万物的总根源。其结构表现为由阴阳、四时、五行相配合而组成的神秘图式，而这一图式的基础是"气"或"元气"。关于"元"指"元气"，金春峰的看法与徐复观是一致的。金春峰认为，董仲舒所讲的气，是神秘化了的，但其基本性质则仍是一种物质实体。对于董仲舒"天"之三义之间的关系，金春峰指出，三种"天"在原则上是可以统一的，但实际上却存在着矛盾，例如，自然之天既然是由气构成的，那么，它何以会具有道德的属性？④ 值得注意的是，后来余治平比较重视董仲舒以"天"作为道德价值根源的意义。他引用的董仲舒这方面的言论主要有："人之德行，化天理而义。""仁之美者，在于天。天，仁也。"⑤

综上所述，与徐复观的"天"之一义说相比，金春峰的"天"之三义说比较全面。徐的说法突出了董仲舒的自然之天，这与孔孟儒学之间产生了很大差异。余治平则强调董仲舒对"天"的道德价值的根源意义。这是对金春峰

---

① 同上书，第182页。
② 金春峰著：《汉代思想史》（增订第3版），北京：中国社会科学出版社，2006年修订第3版，第122页。
③ 同上书，第123页。
④ 金春峰著：《汉代思想史》（增订第3版），第129页。
⑤ 余治平著：《唯天为大：建基于信念本体的董仲舒哲学研究》，第289页。

论说董仲舒道德之"天"的重要补充。

（二）董仲舒的天道论及其特色

在董仲舒之前，儒家绝少讲阴阳五行，绝少讲阴阳之气，也没有把阴阳之气与天道联系在一起。董仲舒是儒家重视讲阴阳五行或阴阳之气的开端，其《春秋繁露》关于阴阳五行的论述是春秋战国以来儒家著述中最为系统、最为详尽的。说董仲舒哲学体系的特点是以阴阳五行为基础的，可能也不为过①。就董仲舒的天道论而言，可以说也是以阴阳之气为基础的。董仲舒指出："天道之大者在阴阳。"（《汉书》卷56《董仲舒传》）可见，他主要是以阴阳说天道的。徐复观曾对《春秋繁露》各篇的要义做过仔细分析。他认为，自《离合根》第十八起，以下的四十一篇，"皆以天道的阴阳四时五行，作一切问题的解释、判断的依据"②。首先，关于天道与阴阳的关系。董仲舒的天道与阴阳之间，有很密切的关系，包括阴阳对立、阴阳消长、阴阳转化、阴阳中和等四个方面③。其次，关于天道与四时、五行的关系。如所周知，孔子最早以四时言天道之运行，但未言及四时与阴阳的配合；《易传》以阴阳言天道之变化及其机制，但未言及阴阳与四时的配合；至邹衍，在其有关阴阳五行的言论中，还看不出阴阳五行与四时的关系。直到《吕氏春秋·十二纪·纪首》，才开始以四时为中心，并把阴阳、五行与四方配合成一个完整的有机体。而董仲舒则继承邹衍之说，把阴阳、四时、五行与四方构造成更为紧密的整体④。

二、张载的天论、天道论及其特色

有明确的"理学纲领"作为强有力的支持，是张载天论和天道论的一个重要特色。

在《正蒙·太和篇》中，张载提出："由太虚，有天之名；由气化，有道

---

① 金春峰著：《汉代思想史·修订第三版序》，第4页；余治平著：《唯天为大：建基于信念本体的董仲舒哲学研究·导言》，第4页。

② 徐复观著：《两汉思想史》第2卷，第192页。

③ 陈福滨对天道与阴阳之间四个方面的关系，分析得很细致。参见陈福滨：《董仲舒的天道思想与天人关系》，陈福滨著：《智与思：陈福滨哲学论文自选集》，台北：辅大书房，2016年版，第250—254页。

④ 详见陈福滨：《董仲舒的天道思想与天人关系》，陈福滨著：《智与思：陈福滨哲学论文自选集》，第255—259页。

之名；合虚与气，有性之名；合性与知觉，有心之名。"（《正蒙·太和篇第一》）可以把这四句话简称作"《太和》四句"。朱熹高度评价"《太和》四句"，指出："'由太虚，有天之名'至'有心之名'，横渠如此议论，极精密。"（黎靖德编：《朱子语类》卷60《孟子十·尽心上》）

多年前，笔者曾提出以"《太和》四句"作为张载的"理学纲领"①，但当时尚缺乏支持这一判断的文献依据。随着张载理学新文献的发现及整理，使问题得到了解决。北京中华书局版《张载集》外佚著《礼记说》辑本，是张载理学新文献之一。依据《礼记说·中庸第三十一》发现，"《太和》四句"原来是对《中庸》首章前三句的解说（《张子全书》卷14《礼记说·中庸第三十一》）。朱熹认为，"读书先须看大纲"，如《中庸》首章前三句，便是"大纲"（黎靖德编：《朱子语类》卷62《中庸一·纲领》）。朱熹所谓"大纲"，与这里所谓"纲领"语义相同。作为解说《中庸》纲领的张载理学新文献《礼记说》，既还原了"《太和》四句"的语境，又提供了具有关键意义的文献资料，使"《太和》四句"作为张载"理学纲领"的性质和地位得到确证。同时，"《太和》四句"中所涉及的"天""道""性""心"四大概念排列有序，界定清晰，能够充分展现出张载天人之学体系的特征。任何一种学说中的纲领性论述，远比其一般性论述来得重要，因而应当格外倚重其纲领性论述。

（一）张载的天论及其特色

关于《中庸》首章前三句"天命之谓性，率性之谓道，修道之谓教"，古今学者多看重其中由"性""道""教"三个概念组成的序列。而张载却特意把《中庸》首章第一句第一个字"天"纳入其概念序列，并置于首位，将《中庸》由"性""道""教"三个概念组成的序列，改造为由"天""道""性""心"四个概念组成的序列。后来，朱熹解读《中庸》首章前三句说："此先明'性''道''教'之所以名，以其本皆出乎'天'。"（朱熹著：《四书或问·中庸或问》）这与张载的思路符合。张载以道家"太虚"概念释

---

① 林乐昌：《张载两层结构的宇宙论哲学探微》，北京：《中国哲学史》2008年第4期，第86页；《论张载理学对道家思想资源的借鉴和融通——以天道论为中心》，北京：《哲学研究》2013年第2期，第38页。

"天",是为了纠正秦汉以来儒者"知人而不知天"的"大蔽"(脱脱等撰:《宋史》卷427《道学一》),重建儒家"天"观。"由太虚,有天之名"句中的"由"字,有"自""从""因"等义,其引申义为依据、凭借。在此句中,当以"借用"释"由"字(王夫之著:《读四书大全说》卷2《中庸》)。在张载看来,秦汉以来儒者把原本形而上的超越之"天"有形化、实然化、经验化了;而道家的"太虚"概念则具有非实然性、超验性、无限性等优点,因而有必要借用道家的"太虚"概念以改造被汉儒实然化和经验化了的"苍苍之天",从而使"天"重返超越和神圣的本体地位①。

(二)张载的天道论及其特色

张载"理学纲领"的第二句是"由气化,有道之名"。此"由"字,与第一句"由太虚,有天之名"的"由"字一样,也是借用的意思。古今不少学者都把"由气化有道之名"这句话中"道"的意涵归结为"气"或"气化"。张载对"道"的界定,的确借助了阴阳家和道家的气或气化。但问题在于,借用气化的主体是谁?只能是上一句的"天"。《中庸》第20章曰:"诚者,天之道",认为"道"是归属于"天"的。《正蒙》的第三篇的篇名为"天道",也正是此意。认为"天"高于"道",这是儒家天、道关系理论的传统②。朱熹解释"由气化,有道之名"说,"道""虽杂气化,而实不离乎太虚"(黎靖德编:《朱子语类》卷60《孟子十·尽心上》)。可见,"道"既不可单独归结为"气"或"气化",也不可单独归结为"天"或"太虚",它是"太虚"与"气"的统一体。就张载的"天道"概念看,它具有一本(以天或太虚为本体)、两层(宇宙本体论和宇宙生成论两个层次)、三合(天或太虚与阴气、阳气三者整合)的特征③。可见,在张载理学纲领"天""道"

---

① 张载为何以道家"太虚"释"天",如何诠释"天"或"太虚"的意涵?参见林乐昌:《论张载理学对道家思想资源的借鉴和融通——以天道论为中心》,《哲学研究》2013年第2期,第38-40页。

② 李泽厚认为,"儒道两家的差异在一定意义和范围内表现在'天''道'这两个范畴的高低上"。在道家,"'道'高于'天';儒家则相反,'天'高于'道'"。参见李泽厚:《荀易庸纪要》,李泽厚著:《中国古代思想史论》,北京:人民出版社,1985年版,第131页。

③ 林乐昌:《论张载理学对道家思想资源的借鉴和融通——以天道论为中心》,《哲学研究》2013年第2期,第45页。

"性""心"四大概念序列中,"气"仅仅是辅助性概念,不宜将其拔高为张载天道论的首要概念。把"气"视作张载哲学体系中的本体概念或最高概念,无法从张载的"理学纲领"或其他理论学说中获得支持。

张载综合了儒家之"天"与阴阳五行家、道家、汉儒之"气",为儒家天道论注入了气论内容。孔子、子思、荀子曾言及自然天道,但却都不曾言及自然生成之气。张载重构儒家天道论,除借鉴道家思想资源之外,所依据的儒家经典资源主要有两种。一是《中庸》所谓"天之道"。张载依照《中庸》"道"归属于"天"的定位,在其理学"四句纲领"中明确将"道"置于"天"之下。二是《易传·系辞》所谓"一阴一阳之谓道"。据此,张载以阴阳及其作用机制说道,并兼以道家和汉儒的"气化"说道,从而提出"由气化,有道之名"。所谓"阴阳",起于西周晚期,是数术的别名,属后世堪舆地形家之事,其基本含义是光明和黑暗①。至战国时期,开始讲求天之气,而不再讲求地之形。这是"阴阳"的另一套说法。②汉儒普遍受阴阳家的影响,喜用"气"解释一切。傅斯年指出,阴阳之教,五行之论,渊源于战国晚期的齐国,后来这一派在汉代达到极盛③。余英时也指出,"'气'这一概念并非汉代思想家的发明",但"'气'的观念在思想史上扮演特别重要的角色则是在汉代"④。清儒皮锡瑞针对汉儒指出,孔子"删定六经,以垂世立教,必不以阴阳五行为宗旨"。并据此认为,汉儒只是孔子儒学的"别传",而非"正传"(皮锡瑞著:《经学通论·易经》)。从历史脉络看,无论是先秦孔子儒学,还是北宋张载理学,都必不以阴阳五行或阴阳之气为宗旨;其间惟汉儒之学作为孔学的别传则是例外,后来还成为明清气学的理论源头之一。

张载继承《中庸》和《易传·系辞》的天道论,并兼取阴阳五行家和道家的气论,明确地把阴阳气化纳入儒家的天道理论。张载虽然综合"天"与

---

① 李零著:《兰台万卷:读〈汉书·艺文志〉》,北京:生活·读书·新知三联书店,2011年版,第183页;李零著:《死生有命,富贵在天:〈周易〉的自然哲学》,北京:生活·读书·新知三联书店,2013年版,第26页。

② 饶宗颐:《阴阳五行思想有"形""气"二原与"德礼"关联说》,《中国史学上之正统论》资料二附录,上海:上海远东出版社1996年版,第285、287页。

③ 傅斯年著:《战国子家叙论·史学方法导论·史记研究》,上海:上海古籍出版社,2012年版,第67页。

④ 余英时著:《东汉生死观》,上海:上海古籍出版社,2005年版,第81页。

"气"以说"道",但他并没有把"天"和"道"都归结为"气"。在张载的话语系统中,"气"只是用以表述宇宙动能、自然元素、生物禀赋、生命活力等意涵的经验性词语,只是在生成之道的表现形式的意义上才加以使用的;"气"并不具有价值意义,更无法作为宇宙本体。清儒皮锡瑞指出:"《汉书·艺文志》'阴阳''五行'分为二家。其后二家皆窜入儒家。"但这只是儒家的别传,而非正传。皮氏强调,孔子儒学与汉儒不同,"必不以阴阳五行为宗旨"(同上)。同理,北宋的张载理学也必不以阴阳五行或阴阳之气为宗旨。

三、天人合一:从董仲舒到张载

(一)董仲舒的天人合一观念

在董仲舒的学说中,虽然还没有明确使用"天人合一"这四个字,但天人合一观念在其学说中已经形成了一个比较完整的系统。按照徐复观的分析,董仲舒把历史、人事与天连接在一起,是通过两条线索实现的:一是夸大"元"的观念,二是加强灾异的观念①。在董仲舒那里,实现天人合一的机制是"感应"。有学者正确地指出,董仲舒是感应思想的集大成者,在其学说中已经建立起一套完备的天人感应系统②。天人以感应相合,其中包括以类相合、人副天数等方式。董仲舒还用"祥瑞""灾异"作为天人感应在实际生活中的应用。在此意义上,可以说董仲舒的天人之学的特点是灾异论的天人感应,或天人感应的灾异论③。当然,董仲舒所谓灾异论的天人之学是有其政治目的的,就是要限制君权,把权力运作纳入正轨。他说:"国家将有失道之败,而天乃先出灾害以谴告之;不知自省,又出怪异以警惧之;尚不知变,而伤败乃至。以此见天心之仁爱人君,而欲止其乱也。"(《汉书》卷56《董仲舒传》)

曾经有学者把古代天人合一的模式归纳为三种:

第一种是天人合德型:这是儒家的模式。

第二种是天人为一型:这是道家的模式。

---

① 徐复观著:《两汉思想史》第 2 卷,第 217 页。
② 余治平著:《唯天为大:建基于信念本体的董仲舒哲学研究·导言》,第 5 页。
③ 周辅成著:《论董仲舒思想》,第 27、80 页。

第三种是天人感应型：这是阴阳家及董仲舒以气化之天为主，杂以传统的神性之天乃至世俗的神秘信仰揉而为一①。

把董仲舒的天人合一观念纳入以上第三种"天人感应型"，大体上是不错的，但这并不等于说他的天人合一观念就完全没有"天人合德"的内涵。董仲舒说过："人之血气，化天志而仁；人之德行，化天理而义。"（《春秋繁露·为人者天》）他还说："人之受命于天也，取仁于天而仁也。是故人之受命天之尊，父兄子弟之亲，有忠信慈惠之心，有礼义廉让之行，有是非逆顺之治，文理灿然而厚，知广大而博，惟人道为可以参天。"（《春秋繁露·王道通三》）董仲舒的这些论述，就应当属于"天人合德型"的天人合一观念②。

（二）张载的"天人合一"命题及其思想

轴心时期（孔子时代）的"天人合一"观念开始从王权垄断向个人转型，从而使这一观念向所有追寻精神价值和生命意义的个人开放③。与转型期的方向一致，张载在历史上第一次使用"天人合一"这四个字，将其作为一个思想命题明确地提了出来，并对这一命题做了明确的界说。在张载的理学纲领中，他首先确定了"天"在宇宙中具有至高无上的超越地位，从而为儒家重塑天观；同时，他还为理学纲领引入"心"这一概念，强调人的能动作用，从而激活了人体悟"天"这一宇宙最高存在的心灵活动。这就为他所明确提出的"天人合一"和"事天诚身"境界的实现，提供了可能性。

在《正蒙·乾称篇》中，针对佛教"诚而恶明"的倾向，张载强调指出："儒者则因明致诚，因诚致明，故天人合一。"（《正蒙·乾称篇第十七》）这一界说，着重从道德修养和精神境界的角度为儒者提出实现"天人合一"的方法。值得注意的是，张载"天人合一"思想所依据的经典除了《周易》经传之外，显然对《中庸》更加倚重。不难理解，《中庸》对张载的学术生涯曾经

---

① 张亨：《"天人合一"的原始及其转化》，张亨著：《思文之际论集：儒道思想的现代诠释》，台北：允晨文化实业股份有限公司，1997年版，第279-280页。

② 周辅成、余治平都承认，董仲舒的天人之学当中含有道德的天人合一成分。参见周辅成著：《论董仲舒思想》，第98-99页；余治平著：《唯天为大：建基于信念本体的董仲舒哲学研究》，第289页。

③ 余英时著：《论天人之际：中国古代思想起源试探》，第119、138页。

产生过特别的影响，也包括对张载"天人合一"思想的影响①。上引张载所说"因明致诚，因诚致明"，来源于《中庸》21章"自诚明""自明诚"的学说。此外，张载依据《中庸》25章所谓"诚"者"性之德也，合内外之道也"的表述，将"合内外"确立为实现"天人合一"的基本模式。仍与《中庸》有关，张载还从另一角度对"天人合一"思想做了重要的补充说明。他说："天人异用，不足以言诚；天人异知，不足以尽明。"（《正蒙·诚明篇第六》）这表明，张载强烈反对在"用"和"知"这两个向度上使天人关系发生背离。这就启发我们，应当从"用"和"知"这两个向度全面考察张载的"天人合一"思想。

第一，从"知"的向度考察张载"天人合一"思想及其特色。《宋史》张载本传说他"以为知人而不知天，求为贤人而不求为圣人，此秦汉以来学者大蔽也"。张载在论述天道性命相贯通时指出："故思知人不可不知天"，"知人知天与穷理尽性以至于命同意"（《正蒙·诚明篇第六》《横渠易说·说卦》）。清初理学家冉觐祖注解"天人异知"说："知人而不知天，是谓'天人异知'。"② 如果人能够"知天"，便意味着天人不再"异知"。在张载看来，"知天"比"知人"更根本。张载批评秦汉以来儒者"不知天"，是指他们对"天"的理解出现了偏误。这表现为，把原本超越的宇宙本体之"天"实然化、经验化了。张载反对"姑指日月星辰处，视以为天"（《横渠易说·系辞上》），他批评说："'日月得天'，得自然之理也，非苍苍之形也。"（《正蒙·参两篇第二》）强调不能把"天"理解为苍苍之天，而应当理解为支配自然界的义理之天。他还告诫学者："气之苍苍，目之所止也；日月星辰，象之著也。当以心求天之虚。"（《张子语录·语录中》）这是说，已少有儒者能"以心求"超越的宇宙本体之天了，更多的情形是以耳目感官把握由气构成的"苍苍"之天。

第二，从"用"的向度考察张载"天人合一"思想及其特色。广义地看，"知天"也包括"知大道"。张载曾说，他撰写《西铭》的意图，就是"只欲

---

① 林乐昌：《论〈中庸〉对张载理学建构的特别影响》，台北：《哲学与文化》2018年第9期。

② 转见于林乐昌著：《正蒙合校集释》上册，中华书局2012年版，第287页。

学者心于天道"(《张子语录·语录上》)。张载批评佛教"不知本天道为用",主张"得天而未始遗人"。如何"本天道为用"？考察张载的有关论述可知,这需要经由个人修养的实践、社会治理的实践和人类参与自然生成过程的实践等多种途径。

总之,"天人合一"是张载天人之学体系的总体性命题,既具有道德修养实践意义和精神境界意义,也蕴涵了对社会秩序和自然伦理的诉求,是儒学史上天人之学的重要理论源头。当然,张载所谓"天人合一",不可能自发地在个人修养、人间社会和自然生态中变为现实。因此,这一观念主要用以昭示人们：只有经由不懈的修为和实践,人类才能够在精神领域、社会领域和自然领域逐步趋近于这一理想境界。

结　语

董仲舒与张载的天人之学既有共同之处,也各具特色。他们二人思想体系的共同之处主要表现在,都使用了"天—人"框架,也都有突出的天人合一观念,并程度不同地坚持了儒家的道德价值。他们二人都使儒学形态发生了很大改变,在此意义上,可以把他们的学说称为"新儒学"。虽然二人的学说都可以被称为"新儒学",但他们二人的儒学思想又的确具有多方面的区别。

第一,董、张二人各自倚重的经典不同。董仲舒倚重的经典是《春秋》,而张载倚重的经典则是《易》《庸》。

第二,董、张二人的天论不同。董仲舒的天论,主张"天之数"为十,其天具有复杂的结构。而张载所谓天,是宇宙之间的最高实在,是"至一"(《张子语录·语录中》)的主导力量。"至一",亦即唯一。张载之天,作为宇宙间唯一的最高存在,是没有内在结构的。董仲舒的天论,更强调的是天的自然意涵,但张载突出的则是天对宇宙的主导作用,以及天是一切道德价值的终极根源。

第三,董、张二人的天道论不同。他们二人的天道论,都重视阴阳之气,但阴阳之气在二人各自的天道当中的地位不同。董仲舒主张"天道之大者在阴阳",而张载则提出"太虚即气"命题,认为天道是由太虚(天)本体与阴阳二气这三方面构成的统一的宇宙生成力量。与董仲舒不同,张载主张,天道之大者在天,而不在阴阳。

第四,董、张二人的天人合一观念不同。董仲舒的天人合一观念是以阴阳五行为理论基础的,强调以"感应"而合。因而,张亨将其归结为"天人感应型"的天人合一。这种"天人感应型"的天人合一主要是政治论的,亦即灾异论和天谴论的,其用意是制约王权。正如本文前面所分析的,董仲舒的天人合一观念除了有其政治性质之外,其实也含有道德的天人合一的成分。董仲舒这种天人合一主要是通过"感应"机制发挥作用的。在天人合一观念上,张载则回避自然"感应"论,强调道德工夫论,主张天与人必须经由主体的诚明工夫才具有相合的可能。除了工夫论之外,张载的天人合一概念也涵盖精神境界论,以及信仰论和政治论的意涵。张载天人合一的信仰论和政治论的意涵,主要表现为他对"事天爱民"(《横渠易说·上经·乾》)的诉求。天人之学当中的天论与天道论,是一种宇宙观。对于宇宙观的形成能够起关键性作用的,是掌握抽象知识和思维方式的能力①。张载的抽象思维方式,显然超越了汉儒偏于感性的阴阳五行思维方式。

总之,从西汉的董仲舒到北宋的张载,他们的天人之学都对儒学作出了巨大的贡献。但是也应当看到,他们二人的天人之学之间毕竟存在着比较大的差异,这也导致了儒家天人之学的一次大的历史转折。

---

① [美]伦纳德·蒙洛迪诺著:《思维简史:从丛林到宇宙》,龚瑞译,北京:中信出版集团,第48-49页。

礼法合治、德主刑辅、王霸结合

——汉代国家治理模式的确立及其现实意义

韩 星

（中国人民大学国学院）

摘 要：西汉儒者都十分重视反思秦法治模式的经验教训，试图确立长治久安的国家治理模式。陆贾提出治以道德为上，行以仁义为本的文武并用，德刑相济思想；贾谊、韩婴重视礼义教化，强调礼法（刑）结合，先礼后法；董仲舒提出引礼入法、礼法合治、德刑兼用、德主刑辅、王霸结合、以王统霸，初步确立了汉代国家治理模式。这一治理模式对于今天国家治理体系和治理能力的现代化具有重要的现实意义。

关键词：礼法合治；德主刑辅；王霸结合；国家治理模式；现实意义

春秋战国时期由礼崩乐坏到天下大乱，以儒家为主的诸子百家"皆务为治"①，汲汲救世，形成了诸多富有价值的治理思想，集中体现了中华民族的精神和智慧。这些思想除了法家外都没有得到实践的机会，而法家由商鞅在秦国确立的法治模式以富国强兵为核心，成效显著，使秦从一个西方后进的诸侯国迅速发展壮大，最后灭六国，统一天下。但秦统一以后以法家的"法治"理论作为治国的指导思想，凭借暴力镇压来强化其专制集权，实行严刑峻法，使"民不敢犯"；厉行"督责之术"，使社会矛盾日益激化；徭役繁兴，征收"太半之赋"，残酷地压榨农民；推行文化专制主义政策，焚书坑儒，打击其

---

① 本文为中国人民大学引进人才项目《汉代经学与核心价值体系的构建》（编号：30212101）的阶段性成果。司马迁说："夫阴阳、儒、墨、名、法、道德，此务为治者也。"（《史记·太史公自序》）

他思想学派，禁锢人民的思想自由。最后走向极端，造成了"海内愁怨，遂用溃畔（叛）"（《汉书·食货志》），导致二世而亡。经过秦汉之际短暂的战乱，继秦而起的西汉王朝，无论是统治者，还是思想家，都十分重视总结秦"二世而亡"的经验教训，反思秦法治模式的经验教训，试图确立能够长治久安的国家治理模式，并逐渐形成了礼法合治、德主刑辅、王霸结合的国家治理模式。一般认为，礼法合治与德主刑辅的历史演变脉络大致是形成于周，确立于汉，完成于唐。唐以后略微调整，但基本格调则没有大的变化。本文以汉初儒者为考察对象，通过对这一国家治理模式的确立过程进行梳理，以见其历史影响与现实意义。

一、陆贾治以道德为上，行以仁义为本的文武并用，德刑相济思想

汉高祖即位之初，就命令陆贾"试为我著秦所以失天下，吾所以得之者何"（《史记·郦生陆贾列传》）的历史经验。为此，陆贾写了《新语》一书，高祖看了，"未尝不称善"。他直接提出的主张是文武并用，德刑相济，而以德为主。他在向刘邦解释"马上"得天下不可以"马上"治之的道理时，提出了效法商汤、周武的"逆取""顺守"，"文武并用"的建议。陆贾讲"文武并用"，这就是不能像秦那样专任刑罚，而要注意讲求"德治"，实行"仁义"。陆贾亲身经历了秦朝的兴亡，对于秦朝"尚刑而亡"的教训记忆犹新。他说："德盛者威广，力胜者骄众。齐桓公尚德以霸，秦二世尚刑而亡。故虐行则怨积，德布则功兴。"（《道基》）所以，他极力主张改变秦朝那种"专任刑罚"的统治方式，"治以道德为上，行以仁义为本"（《本行》）。因为"儴（因）道者众归之，恃刑者民畏之，归之则附其侧，畏之则去其域"（《至德》），实行德治就能取得民心民力，而恃刑却容易失掉民心。他告诫统治者："立事者不离道德"（《术事》），统治者应该"握道而治，据德而行"（《道基》），人民才会"怀其德归其境，美其治而不敢违其政"（《无为》），出现天下太平的局面。显然，这些都是先秦儒家德治思想的延续。不过，在陆贾道德学说中也引进了道家的尚柔思想，主张以柔道治国，实行无为而治。他说：

怀刚者久而缺，持柔者久而长；躁疾者为厥速，迟重者为常存；
尚勇者为悔近，温厚者行宽舒；怀促急者必有所亏，柔懦者制刚强。

(《辅政》)

这与老子讲的"天下之至柔，驰骋天下之至坚"(《老子》43章)是非常相似的。他以道家的观点，批判秦王朝的法繁刑酷。他说："事欲繁而天下欲乱，法欲滋而奸逾炽，兵马益设而敌人逾多"(《无为》)。秦并非不欲为治，其所以亡国，就在于"举措暴众而用刑太极故也"(同上)，"秦以刑罚为巢，故有覆巢破卵之患，以赵高、李斯为杖，故有倾仆跌伤之祸"(《辅政》)。他针对当时的社会政治经济状况，提出实行"无为"政治："夫道莫大于无为，行莫大于敬谨"。而"无为"并非无所事事。"敬谨"也并非拘守旧制。他主张的"无为"是为了"同一治而明一统"(《怀臣》)，"无为而无不为"(《无为》)。可见，其"无为"只是一种手段，"无不为"才是真正要达到的目的。

而陆贾德治思想的中心内容仍然是儒家的仁义之道。他说：

　　圣人……所以能统物通变，治情性，显仁义也。夫人者，宽博浩大，恢廓密微，附远宁近，怀来万邦。故圣人怀仁仗义，分明纤微，忖度天地，危而不倾，佚而不乱者，仁义之所以治也。行之于亲近而疏远悦，修之于闺门之内而名誉驰于外。(《道基》)

在陆贾看来，仁义符合于天地之道，把仁义原则贯彻到家庭、社会、国家政治生活等方面去，就会家庭和睦，社会安定，天下太平。他说：

　　……骨肉以仁亲，夫妇以义合，朋友以义信，君臣以义序，百官以义承。曾、闵以仁大孝，伯、姬（齐）以义建至贞。君以仁治，臣以义平。乡党以仁恂恂，朝廷以义便便。(同上)

陆贾认为仁义的道理就存在于六经之中，"《春秋》以仁义贬绝，《诗》以仁义存亡；乾坤以仁义和合，八卦以仁义相承；《书》以仁叙九族，君臣以义制中；《礼》以仁尽节，《乐》以礼（义）长降"(《道基》)。统治者应该运用这种仁义的道理去教化人民，使他们自觉地服从统治，这是最好不过的统治方法。他提出教化的两种方法，一是通过在上者的作风进行潜移默化的教育："上之化下，犹风之靡草也，王者尚武于朝，则农夫缮甲于田。故君之御下民，奢侈者则应之以俭，骄淫者则统之以理。未有上仁而下残，上义而下争者也。"(《无为》)二是通过学校教育："兴辟雍庠序而教诲之，然后贤愚异科，长幼异节，上下有差，强弱相扶，大小相怀，尊单相承，雁行相随，不言而信，不怒而威。"(《至德》)用"五经""六艺"来对人们施行教化，以做到"正上下之仪,明父子之礼、君臣之义,使强不凌弱,众不暴寡,弃贪鄙之心,兴清洁之行"(《道基》),人民接受了仁义教化之后,就能够做到"所以劝善"之效,自觉服从统治,从而形成"无不可以之政,无不可治之民"(《明诚》)。这样,就能造就一个美好的社会。

在提倡道德仁义,重视教化的同时,陆贾也并没有完全否定法治的作用,他认为国君应"进退循法,动作合度"(《思务》),"举措动作不可失法则"(《无为》),在法律方面要做到"执一统物",即"执一政以绳百姓,持一概以等万民"(《怀虑》)。还强调"立法不明还自伤",要立法严明。这些观点,与先秦法家的传统观点并无二致。

因此,他认为,在治理国家的过程中,德与刑是不可或缺的手段,"民畏其威而从其化,怀其德归其境"(《无为》)。不过,在陆贾的思想中,德与刑不是同等的,他强调德不厌重,刑不厌轻,"故设刑者不厌轻,为德者不厌重,行罚者不患薄,布赏者不患厚,所以亲近而致远也"(《至德》)。

总之,在贾陆看来,文和武,德和刑,各有用途,必须并重,使相济为用。在陆贾的努力下,汉初统治者尽管政策上实行"无为而治",但逐渐地认识到了儒家礼义教化的价值,认识到单纯依靠暴力的危险性,也懂得了治国之道在于软硬兼施、德刑并用这样一个简单的道理。

二、贾谊、韩婴的礼法结合

文帝时,贾谊写《过秦论》等,"言三代与秦治乱之意,其论甚美,通达国体,虽古之伊、管未能远过也"(《汉书·贾谊传》)。他的思想路向明显地与荀子有一脉相承之处,荀子既隆礼又重法,是礼法结合的先行者,贾谊沿着荀子的路子,主张礼法并用,德主刑辅,并在理论上比荀子把握得更准确,在实践上要求把这种思想制度化,具体地贯彻到实际政治中去。

贾谊十分重视礼义教化,他是从反思秦王朝速亡的教训开始其思想的,认为秦之速亡,就在于取得政权以后仍然以法治诈力为统治的指导思想和方法,缺少礼义教化。他说:

商君遗礼义,弃仁恩,并心于进取,行之二岁,秦俗日败。故秦人家富子壮则出分,家贫子壮则出赘。借父耰锄,虑有德色;母取箕帚,立而谇语。抱哺其子,与公并倨;妇姑不相说,则反唇而相稽。

其慈子者利，不同禽兽者亡几耳。然并心而赴时，犹曰蹶六国，兼天下。功成求得矣，终不知反廉愧之节，仁义之厚。信并兼之法，遂进取之业，天下大败。（《治安策》）

贾谊还引用管子的话说："礼义廉耻，国之四维；四维不张，国乃灭亡。"（同上）他还谴责秦不讲礼义廉耻，只是孜孜求利，以致民俗日败。他认为，汉兴以来，秦的遗风余俗"犹尚未改"，"弃礼义，捐廉耻"之风日甚一日。社会上以是否富贵为评价时人的标准，"今世贵空爵而贱良，俗靡而尊奸富。民不为奸而贫，为里骂；廉吏释官，而归为邑笑；居官敢行奸而富，为贤吏；家处者犯法为利，为材士。故兄劝其弟，父劝其子，则俗之邪至于此矣"（《新书·时变》）。

面对以黄老之术造就的"文景之治"，统治阶层沉浸于喜悦之中，以为"天下已治"。而唯独贾谊意识到了隐伏的巨大危机，并时常为之"痛惜""流涕""长太息"。贾谊在认识上为什么与别人截然不同呢？其根源在于他向往的是礼治秩序。秦朝礼义荡然无存，而"汉承秦制"，汉初统治者并无意于用儒家的礼义治国，黄老之术中虽然包罗了不少儒家思想的成分，但儒家礼治观却被排斥在外。贾谊痛惜的正是这种状况，所以，他竭力主张大兴礼乐，以礼治的精神对秦朝遗留下来的一切制度进行改革。

为了实现这一主张，他知道有必要向统治者阐释礼的精义，在《新书·礼》一文中，他告诉统治者，礼是治国之本，"礼者，所以固国家，定社稷，使君亡（无）失其民者也。主主臣臣，礼之正也；威德在君，礼之分也；尊卑大小，强弱有位，礼之数也"。礼又体现着事物的道理，"故仁人行其礼，则天下安而万理得矣"。同时，礼也是道德、风俗和行为的准则，"道德仁义，非礼不成；教训正俗，非礼不备；分争辩讼，非礼不决；君臣、上下、父子、兄弟，非礼不定"。这些有些耳熟的言论，乃是对儒家经典语句的复述，但对汉初的统治者而言，恐怕还是会感到陌生和新奇的。他还特别强调在君臣关系当中要贯彻礼义道德的原则，认为只有君待臣以礼，臣才能事君以忠。他说：君主"遇之有礼，故群臣自喜。厉以廉耻，故人矜节行"；君主行义，臣下就会"顾行而忘利，守节而服义"（《汉书·贾谊传》）了。此外，皇帝对百姓，也应该按照"礼，天子爱天下"的原则，用仁爱之道，宽以待民，"矜而恕之"，"化而则之"。贾谊把社会各阶层之间的关系都与礼义道德联系起来，要求做到"君仁臣忠,父慈子孝,兄爱弟敬,夫和妻柔,姑慈妇听"(《新书·礼》)。这就是他心目中最理想的礼治社会。

贾谊强调的是礼法结合。在他看来,"礼"是优于"法"的,以礼治国,则可治之安之,此也正是贾生上《治安策》的目的。他在《治安策》中讲:"以礼义治之者,积礼义","积礼义而民和亲","今或言礼谊之如如法令,教化之不如刑罚,人主胡不引殷、周、秦事观之也"?礼优于法,贾谊的思想倾向于儒学则无可辩驳了。在荀学的传统中,所谓礼法结合,即礼与法的实质是相同的,殊途而同归。礼之用,即"立君臣,等上下,使父子有礼,六亲有纪","等级分明,而天子加焉,故其尊者不可及也"(《治安策》)。如此即达到了与实行法制同样的目的。可见,贾谊本儒,但近于法家。具体表现为礼法结合,以礼为先。

在对儒学的继承中,贾谊很重视礼在治国中的重要地位,认为国家之治须以礼义为先。但他绝不否认法的作用,而是认为礼法必须结合。贾谊这里所谓的"法",显然是指刑法。所以,以礼为先,礼法结合,其实提倡的就是儒家一贯所坚持的"德主刑辅"思想。他说:

> 夫礼者,禁于将然之前;而法者,禁于已然之后。是故法之所用易见,而礼之所为生难知也。若夫庆赏以劝善,刑罚以惩恶,先王执此之政,坚如金石;行此之令,信如四时;据此之公,无私如天地耳,岂顾不用哉?然而曰:"礼云礼云"者,贵绝恶于未萌,而起教于微眇,使民日迁善远罪而不自知也。孔子曰:"听讼犹人也,必也使毋讼乎?"为人主计者,莫如先审取舍。取舍之极定于内,而安危之萌应于外矣。安者,非一日而安也;危者,非一日而危也;皆以积渐然,不可不察也。人主之所积,在其取舍。以礼义治之者积礼义;以刑罚治之者积刑罚。刑罚积而民怨背;礼义积而民和亲。故世主欲民之善同,而所以使民善者或异。或道这以德教,或驱之以法令。道之以德教者,德教洽而民气乐;驱之以法令者,法令极而民风哀。哀乐之感,祸福之应也。①

---

① 《汉书·贾谊传》。《大戴礼记·礼察篇》全抄此文,见王聘珍撰《大戴礼记解诂》,中华书局1983年版,第22-24页。

在这里，贾谊已经超越了春秋战国儒法两家围绕礼法问题的理论争辩。针对汉初社会风俗的败坏，贾谊认为不仅要进行一系列制度上的改革，更重要的还在于必须做一番移风易俗的努力，但这不能仅靠刑法，而有赖于以礼为教。礼法性质不同，功能有异，然可以相通相济，可以把礼法作为治国安邦的两大基本方法来运用。他认为礼与法作用的时间不同，功用也不同，礼重于教化，促人向善，防患于未然。法重在惩治，令人畏缩，罪人于已然。礼与法相辅相成，各有各的功用，二者缺一不可，在治国过程中只有二者结合，其政便能"坚如金石"，进而逻辑地延伸到德教和法令，比较导之以德教和驱之以法令的不同效果。所以，贾谊重回过头来力倡德治和德教，强调"夫民者，诸侯之本也。教者，政之本也。道者，教之本也，有道，然后教也。有教，然后政治也。"总体上看，贾谊是强调先礼后法，德主刑（法）辅的。他的这一观点，在当时已经贯彻到实际立法之中，《汉书·贾谊传》说：文帝时"诸法令所更定，及列侯就国，其法皆谊发之。"后来，又经过《大戴礼记》的收录和传播，对后世也产生了很大的影响，从而成为"礼法社会"的主要内容之一。

像贾谊和汉初其他学者一样，韩婴也是从反思秦的败亡入手的，对秦的苛政暴刑持批判态度，他总结秦速亡的根本原因是仁义不施。他的思想是礼法结合、王霸兼用的思想。他说："秦之时，非礼义，弃诗书，略古昔，大灭圣道，专为苟妄，以贪利为俗，以告猎为化，而天下大乱。"（《韩诗外传》卷5）要吸取秦不讲礼义，天下大乱导致败亡的教训，强调礼义对治理国家的至关重要意义。"在天者莫明乎日有，在地者莫明于水火，在人者莫明乎礼义。""礼义不加乎国家则功名不白。故人之命在天，国之命在礼。"（同上书卷1）认为"礼义"是国家安危存亡之所系。在强调礼义治国的同时，韩婴也重视法家的法治思想。他说："修礼以齐朝，正法以齐官"（同上书卷3），认为"法则度量正乎官，忠信爱利刑乎下"，这样，百姓"爱之如父母，畏之如神明"（同上），才能达到治国安民的目的。

韩婴将道家的道德和儒家的仁义做了沟通，在治国方面兼容了法家的思想。他说：

> 威有三术：有道德之威者、有暴察之威者，有狂妄之威者，此三威不可不审察也。何谓道德之威？曰："礼乐则修，分义则明；举措则时，爱利则刑；如是、则百姓贵之如帝王，亲之如父母，畏之如神

明;故赏不用而民劝,罚不加而威行,是道德之威也。"(《韩诗外传》卷6)

这里的"道德"相对于原始道家的"虚无"义和拒斥社会性价值规范来说,它已以礼、乐、义为充实而具有实质性内容;相对于原始儒家尊崇仁义礼乐而拒斥法家来说,它已容纳了法家的刑罚、体制等思想。韩婴之所以将仁义礼法纳入"道德"的限阈,是因为他把道家的"道德"与儒家的仁义和法家的法治视为互为表里、互相促进的相辅相成的互动关系。

另外,他一方面认为"礼"是实施"道"的前提条件,"故礼恭然后可与言道之方,辞顺然后可与言道之理,色从然后可与言道之极(《韩诗外传》卷4)。另一方面,他认为法家的刑罚也必须以"道"为导向,才能发挥其治理的作用,即"严令繁刑,不足以为威;由其道则行,不由其道则废"(《韩诗外传》卷4)。

《韩诗外传》卷3引孔子的话:"昔者先王使民以礼,譬之如御也。刑者,鞭策也。今犹无辔衔,而鞭策以御也。欲马之进则策其后,欲马之退则策其前,御者以劳,而马亦多伤矣。今犹此也,上忧劳而民多罹刑。"这里,把礼比作辔衔,刑比作鞭策。认为二者像御马一样,同是治国必须采取的手段,应结合使用,不可偏废。这可与《孔子家语·执辔》中的思想进行对照:

"闵子骞为费宰,问政于孔子。子曰:'以德以法。夫德法者,御民之具,犹御马之有衔勒也。君者,人也,吏者,辔也,刑者,策也。夫人君之政,执其辔策而已。'子骞曰:'敢问古之为政。'孔子曰:'古者天子以内史为左右手,以德法为衔勒,以百官为辔,以刑罚为策,以万民为马,故御天下数百年而不失。'"

这里把德法比作衔勒,百官比作辔,刑罚比作策,与上面略有差别,但把万民比作马则是共同的,其基本思想还是德主刑辅,以德礼治国。应该说明的是,这里的"德法"相当于礼,其中的"法"不是法家的"法",应该是比较古老的用法,是法度、法则之义。

三、董仲舒礼法合治、德主刑辅、王霸结合,构建汉代国家治理模式

董仲舒在新的历史条件下继承西周以来的德治思想,结合儒家、法家在春

秋战国时期德刑、礼法之争辩的理论成果，提出了德刑兼用、德主刑辅的主体治国方案；以《春秋》为基本思想材料，在政治实践上提出引礼入法（制）、礼法合治，以礼主法的思路，使儒学从理论形态走入实践领域；重申上古以来的王道政治，并结合春秋战国王霸之辨的理论成果，提出王霸结合的总体治国模式，初步完成了汉代国家治理模式的构建。这一模式被后世历代封建王朝予以强化和发展，直到清末才告终结。

（一）引礼入法、礼法合治

董仲舒主张礼法合治，礼主法辅。在他看来，"礼者，继天地、体阴阳，而慎主客、序尊卑、贵贱、大小之位，而差外内、远近、新故之级者也"（《春秋繁露·奉本》）。实行礼乐教化，天下就会"甘于饴蜜，固于胶漆"（《春秋繁露·立元神》）。同时，统治者还必须用法，"正法度之宜"（《汉书·董仲舒传》），并使"有功者赏，有罪者罚"，"赏罚用于实，不用于名，……则百官劝职，争进其功"（《春秋繁露·考功名》）。

董仲舒的《春秋》决狱是把儒家经义应用于法律实践的第一人和代表人物，通过引礼入法比较集中地体现了汉代礼法融合的趋势。《春秋》贯彻着"尊尊""亲亲"的礼制精神，包含遏止礼崩乐坏，维护"君君、臣臣、父父、子子"宗法等级秩序的微言大义。在文字上，《春秋》言简意晦，很便于随意引申附会，因而受到董仲舒等的大力推崇，认为可以用《春秋》的经义解释法律和指导司法实践，以符合强化封建统治的需要。

《汉书·艺文志》载有《公羊董仲舒决狱十六篇》，后来或称"春秋决狱""春秋决事比"，皆为以《春秋》大义断狱的案例。《汉书·董仲舒传》载：他老病家居后，"朝廷如有大议"，汉武帝还"使使者廷尉张汤就其家而问之，其对皆有明法"，所问为何？《后汉书·应劭传》中载明了："董仲舒老病致仕，朝廷每有政议，数遣廷尉张汤亲至陋巷，问其得失。于是作《春秋决狱》二百三十二事。动以经对，言之详矣。"

《春秋决狱》一书早已失传，从现存的三四例中可以看出礼对于法的影响。如"春秋为亲者讳"。"春秋之义，父为子隐，子为父隐。"例见《通典》卷69。"春秋之义，……妇人无专制擅恣之行"，即妇女应严格遵循"夫为妻纲"的教条，若有违悖，从重惩罚；若合乎礼教，即使违法也可宽宥。案例见《太平御览》卷640。"春秋之义，善善及子孙，恶恶止其身"（《后汉书·刘恺传》),即功赏可以扩及子孙亲属,而对于一般罪行只限于惩罚犯罪者本人,不应株连。还有"春秋之义,诛首恶而已","春秋之义,以功覆过"(《汉书·田延年传》)等等。

最重要的是"春秋之义,原心定罪"。何为原心定罪?董仲舒解释这一原则说:"春秋之听狱也,必本其事而原其志。去邪者不待成,首恶者罪特重,本直者其论轻。"(《春秋繁露·精华》)他这里虽说是"本其事",即从犯罪的行为、事实出发,但强调重点却是"原其志",即在于判断行为者的主观动机是否合乎"三纲五常"的礼制秩序。如果一个人"志邪",即动机是"恶"的,那就应该立即予以惩罚,而不必等待其发展成为犯罪行为;对其中的"首恶"处罚更要加重。相反,如果从行为和事实来看属于违法犯罪,但其"本直",即动机是"善"的,那就应该从轻发落。董仲舒"决狱"所运用的正是这一原则。

需要指出的是,董仲舒根据先秦儒家思想所倡导的"原心定罪"原则,是有针对性的。汉武帝时期,基本上执行的是秦时轻罪重刑的政策,强调"盗伤与杀同罪",不问具体情节、动机一律从重。加上治狱之吏"上下相驱,以刻为明"(《汉书·刑法志》),断狱从重成习。在这种情况下,董仲舒提出"原心定罪",具有一定的进步意义。从法学的角度来看,"原心定罪"强调定罪量刑应考虑违法者的目的、动机也是合理的。但董仲舒把"心""志"当作认定犯罪、施用刑罚的唯一根据,也同样是不合适的。① 春秋决狱将礼的精神与原则引入司法领域,成为断罪的根据,不仅仅是引礼入法,在相当程度上也是以礼代法,出现了儒家思想法律化、儒家经典法典化的现象。在司法实践中,首先是把有关维护君权、父权的"尊尊亲亲"原则作为刑律的补白。"君亲无将,将而诛焉"(《春秋公羊传》庄公三十一年)、"亲亲相隐""大义灭亲"等均被司法官吏奉为司法的指导原则。这些原则已被当时最高统治者所承认,具有法律效力。据《史记·儒林列传》载:"(吕)步舒至长史,持节使决淮南狱,于诸侯擅专断,不报,以《春秋》之义证之,天子皆以为是。"

引经决狱从两汉始,经过七百余年,至唐朝才逐渐衰落。引经决狱是引礼

---

① 高恒:《董仲舒对孔子法律思想的继承和发展》,《孔子法律思想研究(论文集)》,山东人民出版社,1986 年版,第 293-294 页。

入法，礼法并用的深化。在实践中，法无明文规定者，以礼为准绳；法与礼相抵触者，依礼处断。随着法制的不断完备和礼的规范的全面法律化，春秋决狱之风才最后被终止。

（二）德刑兼用、德主刑辅

董仲舒在西周"明德慎刑"的基础上以《春秋》为基本指导思想来构建"德刑兼用、德主刑辅"的主体治国模式。他认为《春秋》王道有其精神实质，这就是仁义之道，或叫德治精神。他在《王道》中描绘了理想的王道政治图景，具体地阐述了王道的内涵，其中包括爱民、教民、富民、修文德来远和尊祖祭祀等多方面内容。其中主要有两个方面的内容：其一是行教化，所谓德教。董仲舒继承发展了先秦儒家的德教思想，他从"天道""人性"方面为封建君主实行德教找出了种种理论依据。他认为人具有趋利避害的本性，促使其见利忘义，做出违反社会秩序的事情。防止违法犯禁的主要方法，就是预先进行教化，防患于未然："夫万民之从利也，如水之走下，不以教化堤防之，不能止也。"（《汉书·董仲舒传》）他提出教化是上天授予君主的任务：

王者承天意以从事，故任德教而不任刑。（《汉书·董仲舒传》）

天令之谓命，命非圣人不行；质朴之谓性，性非教化不成；人欲之谓情，情非度制不节。是故王者上谨于承天意，以顺命也；下务明教化民，以成性也；正法度之宜，别上下之序，以防欲也：修此三者，而大本举矣。（《汉书·董仲舒传》）

天生民性有善质而未能善，于是为之立王以善之，此天意也。民受未能善之性于天，而退受成性之教于王，王承天意以成民之性为任者也。（《春秋繁露·深察名号》）

董仲舒还提出了"性三品"说，其中"圣人之性"无须教化，"斗筲之性"不可教化，唯"中人之性"才是教化的对象。董仲舒将教化喻为堤防，一旦教化不行，必将奸邪溃壅，故君主"南面而治天下，莫不以教化为大务"（《春秋繁露·深察名号》）。并进一步下强调德教的重要性，认为治国必须讲教化，"圣人之政，不能独以威势成政，必有教化"（《春秋繁露·为人者天》），教化的作用是刑罚所不可比的：

道者，所由适于治之路也，仁义礼乐皆其具也。故圣王已没，而子孙长久安宁数百岁，此皆礼乐教化之功也。（《汉书·董仲舒传》）

> 古者教训之官，务以德善化民，民亦大化之后，天下常无一人之狱矣。（《汉书·董仲舒传》）

> 是故教化立而奸邪皆止者，其堤防完也；教化废而奸邪并出，刑罚不能胜者，其堤防坏也。古之王者明于此，是故南面而治天下，莫不以教化为大务。（《汉书·董仲舒传》）

道德教化是预防犯罪的第一道防线，必须首先注重教化。他在分析当时社会犯罪情况说了一段颇有现实意义的话：

> 大富则骄，大贫则忧。忧者为盗，骄者为暴，此众人之情也。圣者则于众之情，见乱之所从生。故其制人道而差上下也，使富者足以示贵而不至于骄，贫者足以养生而不至于忧。以此为度，而调均之，是以财不匮而上下相安，故易治也。今世弃其度制，而各从其欲，欲无所穷，而俗得自恣，其势无极。大人病不足于上，而小民羸瘠于下，则富者愈贪利而不肯为义，贫者日犯禁而不可得止，是世之所以难治也。（《春秋繁露·度制》）

这就是说，贫富若是超过了某一限度，就都有可能走向犯罪之路，而破坏这个"度"的主要责任者又在"上"。因此，在董仲舒看来，无论是对于高高在上的"大人""富者"，还是处于底层的"小人""贫者"，都需要进行道德教化。因为，"凡百乱之源，皆出嫌疑纤微，以渐寝稍长至于大"。所以，圣人治国，就要"章其疑者，别其微者，绝其纤者，不得嫌以蚤（早）防之"（同上）。礼义的作用可在于防微杜渐，所以必须先以道德进行广泛的社会性教化。"教，政之本也；狱，政之末也。其事异用，其用一也。"（《春秋繁露·精华》）

其二是施仁政，所谓德政。董仲舒说实行德政是上天对人君的要求，所以人君应该"以德配天"。"故德侔天地者，称皇帝，天佑而子之，号称天子。"（《春秋繁露·三代改制质文》）如果不从天意实行德治，就要受到惩罚。他说："天之生民，非为王也；而天立王，以为民也。故其德足以安乐民者，天予之，其恶足以贼害民者，天夺之。"（《春秋繁露·尧舜不擅移汤武不专杀》）结合当时的社会现实，他认为天下之害莫甚于贫富对立，"大富则骄，大贫则忧。忧则为盗，骄则为暴"（《春秋繁露·度制》），贫富过度，都会引起纷乱。所以，统治者应推行仁政，防止两极分化，不与民争利。董仲舒还具体提出了一些仁政的政治法律措施，如"限民名田，以赡不足，塞并兼之路"（《汉书·食货志》）；"薄赋敛，省徭役，以宽民力"；"盐铁皆归于民"；"去奴婢"；"除专杀之威"等等。

但董仲舒在强调道德教化的同时，并没有否定刑罚的作用，只是将刑罚置于次要和从属的地位，不可专而任之。"刑之不可任以成世也，犹阴不可任以成岁也"，否则谓之"逆天，非王道也"（《春秋繁露·阳尊阴卑》）。与儒家正统的看法不同的是，董仲舒认为德治不是万能的，既使其达到了至善至美的境地，也不能完全替代刑罚。从阴阳之道而言，无阴不成阳，无刑不成德，"庆赏刑罚之不可不具也，如春夏秋冬不可不备也"（《春秋繁露·四时之副》）。在形式上，一阳一阴，德刑互为依赖，缺一不可，单行其一亦不可，而必须同时运用。他说：

> 圣王之治天下也……爵禄以养其德，刑罚以威其恶，故民晓于礼谊而耻犯其上。（《汉书·董仲舒传》）

> 庆赏罚刑，事异而同功，皆王者所以成德也。（《春秋繁露·四时之副》）

> 天地之数，不能独以寒暑成岁，必有春夏秋冬；圣人之道，不能独以威势成政，必有教化。（《春秋繁露·为人者天》）

因此，从总体上看，董仲舒是主张德刑兼用的。不过他认为必须以德教为主，刑罚为辅，形成了"德主刑辅"的思想。他把德、刑与阴阳、四时相比附，说阳为德，阴为刑；春夏为德，秋冬为刑。而赋予德、阳、春的含义是"养生""生育养长"等，赋予刑、阴、冬的含义是"刑杀""杀罚"。例如，他说："阳为德，阴为刑；刑主杀而德主生。是故阳常居大夏，而以生育养长为事；阴常居大冬，而积于空虚不用之处。以此见天之任德不任刑也。"（《春秋繁露·基义》）"故圣人法天而立道，亦博爱而亡私，布德施仁以厚之，设谊立礼以导之。春者天之所以生也，仁者君之所以爱也；夏者天之所以长也，德者君之所以养也；霜者天之所以杀也，刑者君之所以罚也。"（《汉书·董仲舒传》）

在实行的次序上，首先必须实行德教，其次才是刑罚，即所谓"前德而后刑"或"先教而后诛"："天以阴为权，以阳为经；阳出而南，阴出而北；经用于盛，权用于末；以此见天之显经隐权，前德而后刑也"（《春秋繁露·阳尊阴卑》），而不能以德废刑。可见，董仲舒的"德主刑辅"观与先秦儒家的刑德关系观相比，已发生了微妙的变化，即刑在实质方面的作用得以提高。

在实行的侧重上，他认为必须"大德而小刑"，"厚其德则简其刑"。在这方面，董仲舒是引进阴阳五行学说来解释德刑这种关系的，因而，具有相当浓厚的神秘化倾向。他把"大德小刑"原则说成是"天意""天道"的体现，是永恒持久的最高准则，他说：

> 天道之常，一阴一阳。阳者，天之德也；阴者，天之刑也。（《春秋繁露·阴阳义》）

> 天道之大者在阴阳，阳为德，阴为刑。（《汉书·董仲舒传》）

即将天之阴阳与人类社会之德刑加以比附，然后以此为前提进一步说证"大德小刑"：

> 天出阳为暖以生之，地出阴为清以成之。不暖不生，不清不成；然而计其多少之分，则暖暑居百而清寒居一。德教之与刑罚，犹此也。故圣人多其爱而少其严，厚其德而简其刑，以此配天。（《春秋繁露·基义》）

> 天之亲阳而疏阴，任德而不任刑也。（《春秋繁露·基义》）

这便是以"天"的阳多阴少、阳主阴辅来比附德多刑少、德主刑辅，并提高到以人配天，即天人合一的高度。由于要与阴阳运行规则相适应，德主刑辅成为后代立法的指导思想，使礼乐与刑法成为一个相反相成的综合体系。

在刑罚的使用上，他提出赏罚适时、适度的主张。他说："庆赏罚刑，当其处不可不发，若暖暑清寒，当其时不可不出也；庆赏罚刑各有正处，如春夏秋冬各有时也。"（《春秋繁露·四时之副》）所以在德刑的使用上"刑"应当"顺于德"。他说："阳为德，阴为刑，刑反德而顺于德。"（《春秋繁露·阳尊阴卑》）所谓"顺于德"，是说在使用刑罚时必须符合德的要求，有助于德的实施。换句话说，刑罚的使用必须以"德"作为指导。

（三）王霸结合，以王统霸

董仲舒是通过阐述《春秋》公羊学的"微言大义"来立其王道理论，然后再结合霸道的，终极模式是王霸结合，以王道为主，统摄霸道。

西汉时，《公羊春秋》盛行，学者们开始注重其中的"微言大义"。《春秋公羊传·哀公十四年》云："君子曷为《春秋》？拨乱世，反诸正，莫近诸

《春秋》。"这就是说,孔子作《春秋》是为了拨乱反正,即以王道文化传统贬损、匡正现实政治。董仲舒也要这样做。他在传习《公羊春秋》时揭示《春秋》主旨是"论十二世之事,人道浃而王道备"(《春秋繁露·玉杯》),即《春秋》的精神在于明王道。他解释说,《春秋》中"春,王正月"一句意味"上承天之所为,而下以正其所为,正王道之端"(《汉书·董仲舒传》),《春秋》所谓"元年"意味着"视大始而欲正本",亦即人君"正心以正朝廷,正朝廷以正百官,正百官以正万民,正万民以正四方"(同上)。《春秋》明王道的根本之义就是"正","是故《春秋》之道,以元之深正天之端,以天之端正王之政,以王之政正诸侯之即位,以诸侯之即位正竟内之治:王者俱正而化大行"(《春秋繁露·二端》)。经过这样由天而人,由上而下的层层的"正",便是天下大化,王道大行的理想得以实现的保证。

具体到董仲舒的王道内容,是有一个体系的,这是由《春秋》为后王主法说,王者一统说,王道德治说,文质互救说,五德终始和三统三正等相合而成的。对此,学人已多有详论,这里从略。

董仲舒详细申明《春秋》王道大义是有其明确的政治目的,就是"奉天法古"(《春秋繁露·王道通三》),以王道之正解决当时社会面临的政治、经济问题,即正不正,反之王道之正。为了实现这一宏伟目标,就要对当时各种思想进行整合,使之符合既定的目标要求。因此,他仔细总结《春秋》正不正的十条重要经验,提出"十指",包括美贵贱、别嫌疑、异同类、别贤不肖、强干弱枝、大本小末、赏善诛恶、考灾异等,其基本精神就体现了王霸结合。然而董仲舒的王霸结合不是无条件的,而是以仁德来统摄王霸的。① 他说:"春秋之道,大得之则以王,小得之则以霸……霸王之道,皆本于仁。仁,天心,故次以天心。苏舆注:《春秋》之旨,以仁为归。仁者,天之心也。"② 这样看来,董仲舒的王霸结合是站在儒家立场上对法家有价值的东西进行的整合。

不过,我们也发现,董仲舒对法家的态度有矛盾的现象,如他一方面在

---

① 金春峰说:"在董仲舒的政治思想中,占据核心地位的是仁德思想。"见氏著:《汉代思想史》(修订增补本),中国社会科学出版社1997年版,第195页。

② 苏舆撰:《春秋繁露义证》,中华书局1992年版,第161页。

《天人三策》的第一次对策时说："天之任德不任刑也。……王者承天意以从事，故任德教而不任刑。刑者不可任以治世，犹阴之不可任以成岁也。为政而任刑，不顺于天，故先王莫之肯为也。"这就把法家"任刑"的思想完全否定了。对策又说："秦继其后，独不能改，又益甚之，重禁文学，不得挟书，弃捐礼谊而恶闻之，……故立为天子十四岁而国破亡矣。"这是对以法家思想为依据的秦的法治实践的完全否定。但是，在《春秋繁露》里，却有大量的法家思想，如《春秋繁露·王道》说："道同则不能相先，情同则不能相使，此其数也。由此观之，未有去人君之权，能制其势者也。"《保位权》也说："圣人之治国也，……务致民令有所好，有所好然后可得而劝也，故设赏以劝之。有所好必有所恶，有所恶然后可得而畏也，故设法以畏之。既有所劝，又有所畏，然后可得而制。""责名考质，以参其实。赏不空行，罚不虚出，是以群臣分职而治，各敬其事，争进其功，显广其名，而人君得载其中，此自然致力之术也。"《春秋繁露·考功名》还说："挈名责实，不得虚言，有功则赏，有罪则罚……赏罚用于实，不用于名。"

对于这种矛盾情况，研究者各据一偏，或说董仲舒是"弃绝"法家的思想，或说"法家的法术势思想成了礼义王道的当然组成部分"。① 这也是一种矛盾的说法，并没有解释董仲舒何以会有这种矛盾。我以为，董仲舒之攻击、排斥法家，主要是在《天人三策》中，是针对当时社会"汉承秦制"而亦承其弊的"破"，目的是为了行"王道"，是想借用政权的力量来实现。他在《春秋繁露》中系统阐述其政治思想时，则是"立"，即从建设未来治国理想模式角度考虑时，不得不承认法家思想还是有其合理价值的，要实现王道，是必要有法家"硬的一手"的。所以，看似矛盾，实则并不矛盾，这就叫作此一时彼一时。

四、现实意义

当今中国，无论是政府管理，还是社会治理，都面临诸多问题。有人将之

---

① 分别见王葆玹：《今古文经学新论》，中国社会科学出版社，1997年版，第240－247页；金春峰：《汉代思想史》（修订增补本），中国社会科学出版社，1997年版，第206页。

解释为转型社会的必然特征，有人将之概括为"中等收入陷阱"。不管怎么解释，这些问题都说明当代中国面临着严重的社会治理危机。如何解决？结合当今现实，笔者认为应该重视儒家治道经验和教训的总结和整理，重视对儒家治道资源的开发和利用。"礼法合治，德主刑辅"是汉初以儒家为主形成的治国理政模式，在历史上为国家的长治久安，社会的和谐稳定起了持久而积极的作用，也为当今推进国家治理体系和治理能力的现代化提供了重要的思想资源。现代化不是无源之水，无本之木，对于我们这个有着几千年历史的文明古国，要在继承传统的基础上开辟未来。传统社会治理主要是以儒家为主，兼容道、法、墨等各家各派形成的综合性很强的社会治理体系，这就是德、礼、政、刑一套立体道德网络综合治理体系。

这里我想特别强调的是复兴儒家礼治治理模式，并与德治、法治密切相结合。礼在古代中国是普遍适用的社会规范体系，是一个道德与法律、道德与信仰、道德与哲学、道德与政治等交错重叠的网络状结构体，礼治在中国传统治道当中起着巨大而全面的社会整合作用。在西方文化当中，社会治道体系是以宗教与法律为主体，辅之以世俗道德教育，是形而上之谓道和形而下之谓器的二元分立。中国传统治道体系是道统、礼乐和法律的三位一体，是形而上之谓道，形而中之谓人，形而下之谓器的三元和合，其思想根源是天地人三才的和合。所以，礼治在德治与法治中起着上通下贯、中道制衡的作用。德治和法治相结合，如果没有礼治作为主体，居中制衡，向上沟通道德，使道德能够落实，向下沟通法律，使法律有所统摄，结果德治和法治相结合就很难落实，就形不成综合性的治理模式。今天，我们应该研究几千年来古圣先贤、历代大儒修身齐家治国平天下的治国理念和治理模式，在继承的基础上创新，推进国家治理体系和治理能力的现代化。

参考文献：

孙希旦：《礼记集解》，中华书局，1989年。
陈澔：《礼记集说》，中国书店，1994年。
王聘珍：《大戴礼记解诂》，中华书局，1983年。
朱熹：《四书章句集注》，中华书局，1983年。
苏舆撰：《春秋繁露义证》，中华书局，1992年。

《史记》，中华书局标点本。
《汉书》，中华书局标点本。
《贾谊集校注》，王明洲、徐超校注，人民出版社，1996年。
梁启超：《先秦政治思想史》，东方出版社，1996年。
梁启超：《中国古代学术思想变迁之大势》，上海古籍出版社，2001年。
顾颉刚：《秦汉方士与儒生》，上海古籍出版社，1998年。
罗根泽：《诸子考索》，人民出版社，1958年。
瞿同祖：《中国法律与中国社会》，中华书局，1981年。
杨鸿烈：《中国法律思想史》（上下），台湾商务印书馆，1984年。
侯外庐等：《中国思想通史》（第二卷），人民出版社，1957年。
《周予同经学史论著选集》（增订版），朱维铮编，上海人民出版社，1996年。
金春峰：《汉代思想史》（修订增补本），中国社会科学出版社，1997年。
王葆玹：《今古文经学新论》，中国社会科学出版社，1997年。
徐复观：《两汉思想史》（一、二、三卷），华东师范大学出版社，2001年。
俞荣根：《儒家法思想通论》，广西人民出版社，1992年。
熊铁基：《秦汉新道家略论稿》，上海人民出版社，1984年。
阎步克：《士大夫政治演生史稿》，北京大学出版社，1996年。

融"静"于"敬"
——朱熹《四书章句集注》之心性涵养工夫①

陈逢源

(台湾政治大学中文系)

摘 要：朱熹接续道南心法，扩及湖湘学脉，从"中和"悟入，建立道德本体，确立一生学问宗旨，融"静"于"敬"进路，既是学术的跃升，也关乎儒学实践工夫的确认，"静"用以存天理之大本，所谓在中，"敬"乃是心体操持存养，求其时中，由静而动，又由动求静，事事戒慎，时时而进，于初始处下工夫，于合宜处体会，融通体用，以求"吾之心正，则天地之心亦正"的成效。张栻以伊川"主一之谓敬""无适之谓一"的说法，撰成《主一箴》，朱熹援此撰成《敬斋箴》，分享操持成果，《四书章句集注》以"主一无适"言"敬"，代表两人于此之共识。朱熹一方面标举"礼""恭""义"德目，乃是由"敬"而出，另一方面深化"敬"之内涵，以二程《视箴》《听箴》《言箴》《动箴》建构孔门心法正传，儒学修养遂有明确方向。

关键字：朱熹；《四书章句集注》；道南；湖湘；敬

一、前 言

宋明理学之精彩，来自形塑以孔子为核心的道统体系，致广大而

---

① 本文乃执行科技部计划"衍绎与变易——明代四书学著作分系与断限考察"，计划编号：MOST106-2410-H-004-153-MY3，所获致的部分成果，助理李松骏、吴凯雯同学协助搜辑，在此一并致谢。

尽精微，学养并重，开展人生于世可以依循的准则，关键人物即是朱熹（1130—1200）。朱熹与儒学互相证成，《宋元学案》称为间世巨儒①，钱穆先生《朱子新学案》以孔子（前551—前479）与朱熹相互对举②，包弼德（Peter K. Bol）更是直接将朱熹称为"理学传统中的孔子"③，回归于历史，乃是深有洞见的观察，缺乏此一认知，难有周全之见。从朱学、陆学之辨，理学、心学之分，汉学、宋学之别，民国以来还包括唯心、唯物之辨；"孟学""荀学"之分；"尊德行""道问学"的检讨；"禅""非禅"争议④，不同学人，各有主张，时代思想改变，"朱学"成为不同思潮共同的"他者"（the other）⑤，后人各有所重，结果往往陷于一偏，才会产生分歧，原因乃是朱熹学术汇聚众流，集其大成，学术性格迥异他人。钱穆先生指出"门户之见，实为治朱学者一绝大之障蔽"⑥，言之深刻，值得深究。唯有以更宏观的视野来看，才能了解"朱学"作为明清以下学术中轴的地位；更深入的分析，才能得见"朱学"综纳百代，融铸而进的思考；更细腻的检讨，才能得见"朱学"体用兼备的架构，凡此皆须更为复杂的考察，朱熹于心性操持的反省，关乎儒学的实践工夫，乃是成德最核心问题，也是了解朱熹思想的关键。"静"与"敬"为朱熹揭示修养工夫，《朱子语类》"持守"一门，"敬"与"静"分说，于"敬"云：

　　"敬"字工夫，乃圣门第一义，彻头彻尾，不可顷刻

---

① 黄宗羲撰 全祖望补修：《宋元学案》（台北：华世出版社，1987年9月）卷48《晦翁学案上》，第196页。
② 钱穆撰：《朱子新学案》（台北：联经出版事业公司，1998年5月）中《朱子学提纲》，第1-2页。
③ （美）包弼德撰 王昌伟译：《历史中的理学》（杭州：浙江大学出版社，2010年1月），第1页。
④ 参见拙撰：《序论——经学与理学交融下的观察》，《"融铸"与"进程"：朱熹四书章句集注之历史思维》（台北：政大出版社，2013年10月），第6-7页。
⑤ 杨大春撰：《语言·身体·他者：当代法国哲学的三大主题》（北京：生活·读书·新知三联书店，2007年11月），第332-336页。
⑥ 钱穆撰：《朱子新学案》，第260页。

间断。

"敬"之一字，真圣门之纲领，存养之要法。一主乎此，更无内外精粗之间。

敬则万理具在。

人能存得敬，则吾心湛然，天理粲然，无一分着力处，亦无一分不着力处。①

于"静"云：

"明道教人静坐，李先生亦教人静坐。盖精神不定，则道理无凑泊处。"又云："须是静坐，方能收敛。"

心要精一。方静时，须湛然在此，不得困顿，如镜样明，遇事时方好。心要收拾得紧。……

静便定，熟便透。

人身只有个动、静。静者，养动之根；动者，所以行其静。动中有静，如"发而皆中节"处，便是动中之静。②

"敬"与"静"皆是修养的方法，"敬"是要义，是纲领，"静"是根本，是精一，孰者为要，朱熹并未予于分判，揣摩其中，朱熹标示重要之余，却又有诸多的提醒，云："然今之言敬者，乃皆装点外事，不知直截于心求功，遂觉累坠不快活"③，又云："今虽说主静，然亦非弃事物以求静。既为人，自然用事君亲，交朋友，抚妻子，御僮仆。不成捐弃了，只闭门坐。"④ 甚至有人求朱熹手书"涵养须用敬，进学则在致知"以为观省之用，朱熹认为"持敬不用判公凭"，始终不肯写⑤，其原因恐是害怕理解有误，反而执拗偏狭。"敬"与"静"显然有更为复杂的内涵，工夫不明，心体不易掌握，是非无法判定，道德难有归属。笔者整理朱熹与张栻（1133—1180）两人论仁内容，撰成《从"心统性情"到"克己复礼"：朱熹〈四书章句集注〉言"仁"之义

---

① 黎靖德编：《朱子语类》（台北：文津出版社，1986 年 12 月）卷 12《持守》，第 210 页。
② 黎靖德编：《朱子语类》卷 12《持守》，第 216－219 页。
③ 黎靖德编：《朱子语类》卷 12《持守》，第 209 页。
④ 黎靖德编：《朱子语类》卷 12《持守》，第 218 页。
⑤ 黎靖德编：《朱子语类》卷 12《持守》，第 215 页。

理脉络》①，于心体当中，得见朱熹言"仁"之思考，由"中和"而及"仁体"，乃是朱熹重要学术进程②，扩而及于《四书章句集注》当中，期许于"静"与"敬"之间有更为深入的观察。

二、心体之"中和"

《中庸》云："喜怒哀乐之未发，谓之中；发而皆中节，谓之和。中也者，天下之大本也；和也者，天下之达道也。致中和，天地位焉，万物育焉。"心体之中，如何可以成为天下大本，情绪之和，何以为天下达道，如何化解内外体用之间的鸿沟，必须要了解心体内涵，才能掌握经典正确诠释，朱注云：

> 其未发，则性也，无所偏倚，故谓之中。发皆中节，情之正也，无所乖戾，故谓之和。大本者，天命之性，天下之理皆由此出，道之体也。达道者，循性之谓，天下古今之所共由，道之用也。此言性情之德，以明道不可离之意。……自戒惧而约之，以至于至静之中，无少偏倚，而其守不失，则极其中而天地位矣。自谨独而精之，以至于应物之处，无少差谬，而无适不然，则极其和而万物育矣。盖天地万物本吾一体，吾之心正，则天地之心亦正矣；吾之气顺，则天地之气亦顺矣。故其效验至于如此。此学问之极功，圣人之能事，初非有待于外，而修道之教亦在其中矣。③

此章之难解，来自内、外、体、用，存养省察以及圣神功化之极的联结，从而建立性、道、教三者相续的脉络，由天而及人，心体与天地万物一体，正是宋明理学精神之所在，所谓"戒惧而约之"即是"敬"，所谓"至静之中"则为"静"，"敬"与"静"成为了解心体修养的重要概念，事事戒慎，时时而进，于初始处下工夫，于合宜处体会，融通体用，贯通动静，方有"吾之心

---

① 拙撰：《从"心统性情"到"克己复礼"：朱熹〈四书章句集注〉言"仁"之义理脉络》，《"黄帝陵·文化自信"清明学术交流会论文集》（西安：陕西省人民政府、西北大学举办，2017年4月），第208-234页。

② 牟宗三撰：《心体与性体（三）》（台北：正中书局，1969年6月）直言朱熹"《中和新说》与《仁说》则是其义理系统所由建立之纲领也"。第230页。

③ 朱熹撰：《中庸章句》，《四书章句集注》（台北：长安出版社，1991年2月），第18页。

正,则天地之心亦正"的成效,朱熹于《中庸或问》言之更详,云:

> 盖天命之性,纯粹至善,而具于人心者,其体用之全,本皆如此,不以圣愚而有加损也。然静而不知所以存,则天理昧而大本有所不立矣;动而不知所以节之,则人欲肆而达道有所不行矣。唯君子自其不睹不闻之前,而所以戒谨恐惧者,愈严愈敬,以至于无一毫之偏倚,而守之常不失焉,则为有以致其中,而大本之立,日以益固矣;尤于隐微幽独之际,而所以谨其善恶之几者,愈精愈密,以至于无一毫之差谬,而行之每不违焉,则为有以致其和,而达道之行,日以益广矣。①

"静"是用以存天理大本,"敬"则是操持存养的态度,从不睹不闻之前,以求心体无丝毫偏倚,"敬"贯动静,已是"中和新说"的观点。朱熹综纳"静""敬"的诉求,十分明显,而追溯朱熹学术发展,从学李侗(1093—1163)获致道南心法,归纳《延平答问》书信内容,包括检讨前贤说法,辨析经文义理,议论所及,兼及时政与禅学,其中关键处,还是回归儒学修养工夫,云:

> 某曩时从罗先生学问,终日相对静坐,只说文字,未尝及一杂语。先生极好静坐,某时未有知,退入室中,亦只静坐而已。先生令静中看喜怒哀乐未发之谓中,未发时作何气象。此意不唯于进学有力,兼亦是养心之要。元晦偶有心恙,不可思索,更于此一句内求之,静坐看如何,往往不能无补也。②

朱熹期许进学与养心并进,获致心与理一充盈的感受,其中重点即是"静"中看"喜怒哀乐未发之中,未发时作何气象",并且揭示乃师从罗从彦(1072—1135)的方法。依《宋元学案·豫章学案》载"先生严毅清苦,在杨门为独得其传。龟山初以饥渴害心令其思索,先生从此悟入。故于世之嗜好泊如也。"静看未发气象,成为养心法门,也是朱熹初入儒学体证的方式,黄宗羲(1610—1695)按语云:

---

① 朱熹撰:《中庸或问》,《四书或问》(《朱子全书》本 上海:上海古籍出版社、合肥:安徽教育出版社,2002年12月),第558-559页。

② 朱熹编,陆建华、严佐之校点:《延平答问》(《朱子全书》本 上海:上海古籍出版社、合肥:安徽教育出版社,2002年12月),第322页。

龟山三传得朱子，而其道益光。豫章在及门中最无气焰，而传道卒赖之。先师有云："学脉甚微，不在气魄上承当。"岂不信乎！①

由李侗上推罗从彦，脉络溯及杨时（1053—1135），而归本于二程，以道相传，心法持守，乃是理学史中道南学脉，朱熹于此深有自觉，云：

李先生教人，大抵令于静中体认大本未发时气象分明，即处事应物自然中节，此乃龟山门下相传指诀。然当时亲炙之时，贪听讲论，又方窃好章句训诂之习，不得尽心于此，至今若存若亡，无一的实见处，辜负教育之意。每一念此，未尝不愧汗沾衣也。②

静坐收拾身心成为朱熹修养的方法③，然而李侗过世之初，朱熹操持结果并不理想，甚至十分焦虑，书信当中，屡屡透露其中不安，于是转而旁求张栻，获得湖湘之学的启发，此于《中和旧说》交代甚详，云：

余早从延平李先生学，受《中庸》之书，求喜怒哀乐未发之旨，未达，而先生没。余窃自悼其不敏，若穷人之无归。闻张钦夫得衡山胡氏学，则往从而问焉，钦夫告余以所闻，余亦未之省也。退而沈思，殆忘寝食，一日喟然叹曰：人自婴儿以至老死，虽语默动静之不同，然其大体，莫非已发，特其未发者为未尝发尔。自此不复有疑，以为《中庸》之旨，果不外乎此矣！④

朱熹谦言不敏，未发之际，邪暗郁塞，愈求而愈不可见，促使朱熹重新思索"中和"内涵，于是往求张栻，获致先察识后存养工夫。人生于世，语默动静不同，莫非已发，所谓"未发"乃是"未尝发"，于是工夫从"未发"转入"已发"。天地之间，流行发用，浑然一体，修养落实于日用之间，并不是于一时、一处之地用力。性是未发，心为已发，强调"持敬主一"，先察识，后操存，据已发而见其未发，入手可以掌握，格物致知有施用的地方。朱熹觉得方法笃实可行，容易操作，轻松自然。朱熹三十七岁从张栻转入湖湘学脉，

---

① 黄宗羲原著，全祖望补修：《宋元学案》卷39《豫章学案》，第1270-1271页。
② 朱熹撰，陈俊民校编：《朱子文集》第四册 卷40《答何叔京二》，第1699页。
③ 参见陈荣捷撰：《朱子与静坐》，《朱子新探索》（台北：台湾学生书局，1988年4月），第299-308页。
④ 朱熹撰，陈俊民校编：《朱子文集》（台北：德富文教基金会，2000年2月）第八册，卷75《中和旧说序》，第3786页。

以"敬"取代"静",相对日后思想的进程,此一转折被称为"中和旧说",又称为"丙戌之悟","敬"成为朱熹修养的重要法门。① 言其源头,湖湘学脉从张栻溯及胡安国(1074—1138),上而及于谢良佐(1050—1103),英明果决,生机活泼,论仁以觉,论敬常惺惺,追求"天命流行,生生不已之机"的本体经验,成为朱熹认可真正传承二程的学术宗主。人生于世,皆为已发,应对进退之间,在万起万灭当中,进行操存辨察的工夫,成为朱熹认可的儒门心法。试行湖湘学术的心得见于《与张钦夫三》《与张钦夫四》《答张敬夫三》《答张敬夫四》,然而朱熹于下注"此书非是,但存之以见议论本末耳。下篇同此"。② 原因乃是日后又有不同体悟。朱熹于乾道五年(1169)四十岁时讲论之际,顿悟中和之旨,"已发""未发"同为心体,只是状态不同,不应视为本体与日用之别,于"已发"时察识,不能忽略"未发"时涵养。所谓之"中",是指"性"无偏颇;所谓之"和",是指"情"无乖戾,心统性情,"性""情"既分,无所偏私,得其合宜,才可说是达乎道体。朱熹于此确立心体架构,修养法门,此为"己丑之悟",即是理学史中"中和新说"。为求厘清,朱熹重新整理二程说法,写成《已发未发说》云:

> 未发之中,本体自然,不须穷索,但当此之时,敬以持之,使此气象常存而不失,则自此而发者,其必中节矣。此日用之际,本领工夫,其曰"却于已发之处观之"者,所以察其端倪之动,而致扩充之功也。一不中,则非性之本然,而心之道或几乎息矣,故程子于此,每以"敬而无失"为言。又云:"入道莫如敬,未有能致知而不在敬者。"又曰:"涵养须是敬,进学则在致知。"以事言之,则有动有静;以心言之,则周流贯彻,其工夫初无间断也。但以静为本尔。(周子所谓"主静"者,亦是此意,但言静则偏,故程子又说敬)向

---

① 陈来撰:《朱熹哲学研究》(台北:文津出版社,1990年12月),第110页。
② 朱熹撰,陈俊民校编:《朱子文集》卷30《答张钦夫三》《答张钦夫四》,第1157－1159页。及卷32《答张敬夫三》《答张敬夫四》,第1241－1244页。此四书即论中和旧说四札,束景南撰《朱熹年谱长编》(上海:华东师范大学出版社,2001年9月)系于乾道二年(1166),第355－358页。陈来撰:《朱熹哲学研究》(北京:中国社会科学出版社,1993年3月)考其语脉顺序,应是第一书、第四书、第二书、第三书。第103－104页。

来讲论思索，直以心为已发，而所论致知格物，亦以察识端倪为初下手处，以故缺却平日涵养一段功夫，其日用意趣，常偏于动，无复深潜纯一之味，而其发之言语事为之间，亦常躁迫浮露，无古圣贤气象，由所见之偏而然尔。①

朱熹指出湖湘之学的问题，察识端倪，少了涵养工夫，容易躁迫浮露，朱熹举二程言论"未发之前谓之静则可，静中须有物始得，这里最是难处，能敬则自知此矣"。又云："敬而无失，便是'喜怒哀乐未发谓之中'也。敬不可谓之中，但敬而无失，即所以中也。"又云："中者，天下之大本，天地间亭亭当当，直上直下之理，出则不是，惟敬而无失最尽。"② 由"敬"而及"静"的进路，明确见于二程主张，道南与湖湘心法未必不能融通，欣喜之余，朱熹甚至将心得寄予湖湘学者，强调"未发之前，不可寻觅，已觉之后，不容安排，但平日庄敬涵养之功至，而无人欲之私以乱之，则其未发也镜明水止，而其发也无不中节矣，此是日用本领工夫。至于随事省察，即物推明，亦必以是为本"③，涵养工夫更为深密，心体更为明朗，以求心如明镜之体，日用之间，应世省察，皆能中节，虽然未获湖湘学者普遍认可，但与张栻取得共识，此为朱熹学术发展重要进程，也是理学史中佳话。④ 原本道南学脉强调"静""养心""观气象"的诉求，重新唤起朱熹思考，虽然标举湖湘学脉"敬"之工夫，但融通动、静，贯通"未发""已发"，从"已发"扩及"未发"，内涵已超乎原本"察识"的框架，然而相对以往学者关注朱熹义理的讨论，细究其中，有值得玩味之处。朱熹小注当中特别指出"静"与"敬"主张，分别由二程及周敦颐（1017—1073）而出，心法所在，具有学脉延伸意义。再者，标举敬之法门，内涵扩及于静，也有会通道南与湖湘学术的意义。显然理解心体样态，实践心法过程中，朱熹辨析义理其实有更为复杂的思考，化解道南与

---

① 朱熹撰，陈俊民校编：《朱子文集》第 7 册 卷 67《已发未发说》，第 3377 页。
② 朱熹撰，陈俊民校编：《已发未发说》，《朱子文集》第 7 册 卷 67，第 3376 页。
③ 朱熹撰，陈俊民校编：《与湖南诸公论中和第一书》，《朱子文集》第 7 册 卷 64，第 3229-3230 页。
④ 参见拙撰：《"万事尽纷纶，吾道一以贯"：朱熹与张栻交谊及义理思考》，《"朱熹思想的当代价值国际学术研讨会——纪念朱熹诞辰 888 周年"论文集》（成都：四川师范大学中华朱子研究会，2018 年 11 月），第 44 页。

湖湘心法的歧出，进而形塑二程学术的脉络，无疑是朱熹念兹在兹的想法，用意所在，乃是确立二程思想真正内涵，证成学术昂然地位。事实上，远在乾道三年（1167）朱熹走访张栻进行学术交流，已可窥见此一想法。朱熹撰《少师保信军节度使魏国公致仕赠太保张公行状》，言及张浚（1097—1164）训诸子门人"学以礼为本，礼以敬为先"，乃是标举"敬"的工夫；强调为学"学者当清明其心，默存圣贤气象"，则是以"默"来体现心体的清明，正是"敬"与"静"主张①。近人束景南指出对于一代名将，朱熹与张栻乃是借由谢良佐所传湖湘一脉"主敬"法门，以及杨时所传道南一脉"主静"心法，呈现张浚人格周全圆满的样态②，有此细节，可以得见朱熹从张栻获致"湖湘"心法。另一方面，张栻也借由朱熹思考"道南"学术价值，两人交换学术心得，在同中有异，异中有同之中，打破门户之见，进行"道南"与"湖湘"两大学脉化异求同融通的思考。虽然尚非修养心法，也无关乎心体中和的判断，但道南与湖湘学术主张，已明见于此。可见朱熹往会张栻，有其更为核心的目的，以及期待完成的工作。以此而论，"中和旧说"尚属于湖湘学术的操持心得，至于"中和新说"既是朱熹个人思想的跃升，究其内涵则是道南与湖湘学脉会通的结果。"敬"贯动、静的主张，心体更为明朗，朱熹《程子养观说》云：

> 程子曰："存养于未发之前则可"，又曰："善观者却于已发之际观之"，何也？曰：此持敬之功，贯通乎动静之际者也。就程子此章论之，"方其未发，必有事焉"，是乃所谓静中之知觉，《复》之所以见天地之心也。"及其已发，随事观省"，是乃所谓动上求静，《艮》

---

① 朱熹撰，陈俊民校编：《少师保信军节度使魏国公致仕赠太保张公行状下》，《朱子文集》第9册，卷95，页4672-4673。

② 束景南撰：《朱熹年谱长编》于乾道三年"九月八日，至潭州，与张栻岳麓讲学两月"下言"四万余言《张浚行状》在长沙十月中写成，此非一般行状之文，而为对南宋历史与现实之总结。其中称述张浚思想学问大旨单引二条，一为'学以礼为本，礼以敬为先'，二为'学者当清明其心，默存圣贤气象，久久自有见处'。前一条'以敬为先'（主敬）为伊川、上蔡至湖湘学一脉相传之指诀；后一条'清明其心，默存气象'（主静），为明道、龟山至李侗一脉相传之指诀，当亦是由二人商量讨论后写入"。页374。两人既反省南宋形势，也分享学术心得，朱熹虽是旁求湖湘学术的指引，其实并未放弃道南学术之精神，由此可以得见。页374。

之所以止其所也。然则静中之动，非敬其孰能形之？动中之静，非敬其孰能察之？故又曰："学者莫若先理会敬，则自知此矣。"然则学者岂可舍是而他求哉！①

朱熹从二程主张当中确立观察，"存养于未发之前"乃是道南学术的要义，至于"善观者即于已发之际观之"则是湖湘学术"察识"的工夫。于静中知觉，乃是察其本体，所谓在中，至于随时观省则是动上求静，乃是求其时中，然而"敬"可以贯通动静，由静而动，又由动求静，动静之间不是截然两分。朱熹对于"已发""未发"的了解更为清晰，关乎心体性、情／动、静之间的思考更为细腻，朱熹《乐记动静说》云：

《乐记》曰："人生而静，天之性也；感于物而动，性之欲也。"何也？曰：此言性情之妙，人之所生而有者也。盖人受天地之中以生，其未感也，纯粹至善，万理具焉，所谓性也。然人有是性，则即有是形，有是形则即有是心，而不能无感于物，感于物而动，则性之欲者出焉，而善恶于是乎分矣；性之欲，却所谓情也。……情之好恶，本有自然之节，惟其不自觉知，无所涵养，而大本不立，是以天则不明于内，外物又从而诱之，此所以流滥放逸而不自知也。敬能于此觉其所以然者，而反躬以求之，则其流也庶乎其可制矣。不能如是，而惟情是徇，则人欲炽盛而天理灭息，尚何难之有哉？此一节，正天理人欲之机，间不容自处，惟其反躬自省，念念不忘，则天理益明，存养自固，而外诱不能夺矣。②

朱熹对于由天而性，由性而情的脉络，并不以气化形成来说明，也未言及形上思维，纯粹将心体修养置于动静之中观察。所谓人受天地之中以生，即是天地之性，有纯粹至善的存在，因此必须着力的是静中看喜怒哀乐未发之谓中，未发时作何气象，此乃道南心法的精神；然而人有是性，性而有形，形而有心，心则有感，当心感于物而动，性之欲出焉，也就有善恶之分。朱熹并不以性、情、欲来了解心体的运作，而是以性为核心，性之欲即是情，原本性情

---

① 朱熹撰，陈俊民校编：《程子养观说》，《朱子文集》第 7 册，卷 95，页 3378。
② 朱熹撰，陈俊民校编：《乐记动静说》，《朱子文集》第 7 册，卷 67，第 3371 - 3372 页。

是自然的发动,然而情无涵养的结果,天地之性既昏,外物从而诱之,最终则是放逸淫邪,人欲炽盛而天理灭息。对于天理人欲的转折,朱熹标举"敬"觉其所以然,求其性之所在,可以抑制由性而欲,难以抑遏的发展。所谓之"敬"乃是湖湘心法,但觉其所然的说法,则已经兼举道南精神。朱熹所追求的是无断绝、无割裂,可以全然掌握心体流动的修养主张,动得其宜,静得涵养,敬贯动静,天地之性,大本存焉。朱熹于此印证,更能得见儒学精神所在,只是新、旧之间,一方面必须回归经典检视,另一方面也必须与湖湘学人辩证。朱熹于乾道七年(1171)撰《记谢上蔡论语疑义》,屡屡言及"如上蔡之说,非不奇伟,然多过中,少余味矣""大抵上蔡气象宏阔,所见高明,微有不屑卑近之意,故其说必至此然后已,亦一病也""亦不必须一概说到圣人地位也""似亦太高矣""此语欲有所矫,而不知其过于正"等①,反省谢良佐过而未能中的缺失。另外,朱熹并且邀集张栻、吕祖谦(1137—1181),汇聚三人见解,撰成《胡子知言疑义》,针对"心以成性""性无善恶""恶亦不可不谓之性""心无死生""先识仁体""性体心用"诸说,交换意见②。朱熹主张"心统性情",张栻主张"心主性情",心体成为操持的主体,必须厘清性体所在。"性无善恶"的说法,混淆义理之性与气禀之性,让天理人欲混同,乃是错误的理解。谢良佐开启湖湘学术,胡宏《知言》更是湖湘学人圣经,然而化解道南与湖湘心法歧出,回归于二程学术的究竟,建立儒学修养工夫真确可行的方式,朱熹进行湖湘学术全面的检讨,往复商量。朱熹撮举相关书信,编成《论性答稿》,于后云:

> 此篇出于论定之初,徒以□一时之见,骤正累年之失,其向背出入之际,犹有未服习者,又持孤论以当众贤,心亦不自安,故自今读之,尚多遗恨。如广仲之言,既以静为天性之妙,又论性不可以真妄动静言,是《知言》所谓叹美之善,而不与恶对者云尔。应之宜曰:"善恶者,真妄也,动静者,一先一后,一彼一此,皆以对待而得名者也。不与恶对,则不名为善;不与动对,则不名为静矣。既非妄,

―――――

① 朱熹撰,陈俊民校编:《记谢上蔡论语疑义》,《朱子文集》卷70,第3520-3523页。

② 朱熹撰,陈俊民校编:《胡子知言疑义》,《朱子文集》第7册,卷73,第3696-3705页。

又非真，则亦无物之可指矣。今不知性之善而未始有恶也，真而未始有妄也，主乎静而涵乎动也。顾曰'善恶、真妄、动静，凡有对待，皆不可以言性'，而对待之外，别有无对之善与静焉，然后可以形容天性之妙，不亦异乎？"当时酬对既不出此，而他所自言亦多旷阙，如"论性无不该，不可专以静言"，此固是也；然其说当云："性之分虽属乎静，而其蕴则该动静而不偏，故《乐记》以静言性则可，如广仲遂以'静'字形容'天性之妙'则不可。"如此，则语意圆矣。如论程子"真静"之说，以真为本体，静为未感，此亦是也；然当云："下文所谓未发，即静之谓也；所谓五性，即真之谓也。然则仁义礼知信云者，乃所谓未发之蕴，而性之真也欤！"如此，则文义备矣。①

朱熹辨析精微，湖湘学术强调"性"超然存在，善恶、真妄、动静都是相对概念，无法解释绝对的存在，道德主体既然不能以对待言之，所以性不可言恶，也不可言之为善。同样道理，性无所不在，也就不可专言之为静，于是性具有形上地位，却是孤悬于事理之外，可以想象却无法操持，笼罩一切，却又难以确指，高远玄虚，有违圣人之教。朱熹特别予以澄清，性为天理之端倪，其始纯善尚未及于恶，其始纯真尚未及于妄，性主乎静而涵乎动。二程以真为本体，静为未感，说明性体存在样态，然而必须进一步补充说明，性体之静，指的是"未发"，至于仁义礼知信五常具足，足以证明性体为真。性幽微却不玄虚，该乎动静而不偏倚，乃是心体当中义理真实的存在样态，朱熹由此确立心、性内涵，也确立从道南入于湖湘，又融通道南与湖湘心法结果。朱熹于乾道六年（1170）与吕祖谦讨论《中庸》首章之旨，撰成《中庸首章说》云：

"喜怒哀乐未发，谓之中；发而皆中节，谓之和。中也者，天下之大本也；和也者，天下之达道也。致中和，天地位焉，万物育焉"，何也？曰：天命之性，浑然而已，以其体而言之，则曰"中"；以其用而言之，则曰"和"。"中"者，天地之所以立，故曰"大本"；

---

① 朱熹撰，陈俊民校编：《记论性答藁后》，《朱子文集》第8册，卷75，第3787－3788页。

"和"者,化育之所以行,故曰"达道"。此天命之全也。人之所受,盖亦莫非此理之全。喜怒哀乐未发,是则所谓"中"也;发而莫不中节,是则所谓"和"也。然人为物诱,而不能自定,则大本有所不立;发而或不中节,则达道有所不行。大本不立,达道不行,则虽天理流行,未尝间断,而其在我者或几乎息矣。惟君子知道之不可须臾离者,其体用在是,则必有以致之以极其至焉。盖"敬以直内",而喜怒哀乐无所偏倚,所以致夫中也;"义以方外",而喜怒哀乐各得其正,所以致夫和也。敬义夹持,涵养省察、无所不用其戒谨恐惧,是以当其未发而品节已具,随所发用而本体卓然,以至寂然感通,无少间断,则中和在我,天人无间,则天地之所以位,万物之所以育,其不外是矣。①

结合道南与湖湘学脉的思考,以体用言中和,成为朱熹诠释《中庸章句》义理的核心。并且,朱熹标举"敬以直内""义以方外",强化原本"敬"之内涵,敬义夹持的工夫落实中和的持养,方式更为明确。然而比较其中,朱熹于此重视人之所具,《中庸章句》则是留意理之流行,并且保留"敬""静"心法,重点或有不同,然而由天及人的义理脉络,心体观察,操持工夫,已经完成。

三、敬义夹持

朱熹融通道南与湖湘学脉,于"静""敬"心法确立中和境界的观察,开展心体修养的操持,乃是理学成立关键,既是朱熹学术重要开展,也是修养工夫极为宝贵的思考成果。从静看未发时气象,到先察识后涵养,由"未发"到"已发",又以敬贯通"已发""未发",心体既明,融通动静,确保由性而情能致其中和之境。凡此可见,朱熹修养深入心体之中,工夫更臻于密,前后虽有不同思考,然而"敬"始终为核心要义,乃是朱熹与张栻共同的主张。张栻以伊川"主一之谓敬""无适之谓一"说法,撰成《主一箴》,以为自省②,朱熹依其旨趣,乾道八年(1172)撰成《敬斋箴》,云:

---

① 朱熹撰,陈俊民校编:《中庸首章说》,《朱子文集》第 7 册,卷 67,第 3374 页。
② 张栻撰:《张栻集》(北京:中华书局,2015 年 11 月),第 1318–1319 页。

正其衣冠，尊其瞻视；潜心以居，对越上帝。足容必重，手容必恭；择地而蹈，折旋蚁封。出门如宾，承事如祭；战战兢兢，罔敢或易。守口如瓶，防意如城；洞洞属属，罔敢或轻。不东以西，不南以北；当事而存，靡他其适。弗贰以二，弗参以三；惟精惟一，万变是监。从事于斯，是曰持敬；动静无违，表里交正。须臾有间，私欲万端；不火而热，不冰而寒。毫厘有差，天壤易处；三纲既沦，九法亦斁。于乎小子，念哉敬哉！墨卿司戒，敢告灵台！①

朱熹要求细目更多，远比张栻更为严格，然而"敬"之工夫，确立心体操持专一不迁，乃是共同意见。"正其衣冠"四句是"静"，"足容必重"四句则是"动"，"出门如宾"四句是"动"，"守口如瓶"四句是"静"，"不东以西"四句是"惟一"，"弗贰以二"四句是"惟精"。最终所求乃是动静之间，私欲不起，避免伦常隳坏，"动静无违"是"中和新说"的内涵，"惟精惟一"更是淳熙十六年（1189）撰《中庸章句序》"道统"核心义理所在②。持敬工夫的确立，成为朱熹诠释经典依据，朱熹坚守奉行，此一细节，见于门人沈僩记录，云：

或问："《敬斋箴》后面少些从容不迫之意，欲先生添数句。"曰："如何解迫切！今未曾下手在，便要从容不迫，却无此理。除非那人做工夫大段严迫，然后劝他勿迫切。如人相杀，未曾交锋，便要引退。今未曾做工夫在，便要开后门。然亦不解迫切，只是不曾做，做着时不患其迫切，某但常觉缓宽底意思多耳。"李曰："先生犹如此说，学者当如何也！"③

沈僩为庆元四年（1198）戊午朱熹六十九岁以后所闻，朱熹强调心思专一，严谨以守，工夫已成信念，能够信守原则，行为自然不会走作。对于门人的询问，是否可以稍事宽缓，朱熹始终未松口，对于工夫的重视，以及可以达致效能，充满信心。历经静观省察，因为修养工夫的确立，儒学内涵才能明朗，经典诠释才能精准，融通动静的思考，体证有得，成为形构四书义理体系

---

① 朱熹撰，陈俊民校编：《朱子文集》第 8 册，卷 85《敬斋箴》，第 4202－4203 页。
② 朱熹撰：《中庸章句序》，《四书章句集注》，第 14 页。
③ 黎靖德编：《朱子语类》卷 105《论自注书》，第 2635 页。

的重要条件。① 乾道八年（1172）草成《大学章句》《中庸章句》，时间的相近，更可见其中对应关系②。心体操持与经典诠释乃是一体之两面的结果，未能实感于心，文理说明不免陷于迷离光景。事实上，《中庸》"喜怒哀乐之未发"乃是承"是故君子戒慎乎其所不睹，恐惧乎其所不闻。莫见乎隐，莫显乎微，故君子慎其独也"而来，隐微显著之间，明著于心，君子戒慎恐惧，朱注云：

> 道者，日用事物当行之理，皆性之德而具于心，无物不有，无时不然，所以不可须臾离也。若其可离，则为外物而非道矣。是以君子之心常存敬畏，虽不见闻，亦不敢忽，所以存天理之本然，而不使离于须臾也。……隐，暗处也。微，细事也。独者，人所不知而己所独知之地也。言幽暗之中，细微之事，迹虽未形而几则已动，人虽不知而己独知之，则是天下之事无有著见明显而过于此者。是以君子既常戒惧，而于此尤加谨焉，所以遏人欲于将萌，而不使其滋长于隐微之中，以至离道之远也。③

"敬"乃是从《中庸》文本"戒慎""恐惧"而来，君子心存敬畏以见天理之本然，乃是朱熹理解《中庸》非常重要的方向。其原因在于性德具于心，性道一体，成为贯天人、通内外的原因。本然之理是无物不有，无时不然，然而稍有轻忽，不免人欲滋长，离道弥远，最终天人隔绝，因此心体操持更要留意幽暗隐微之处，避免差错偏失。朱熹理解"慎独"，是将其视为贯彻持"敬"的重要方式。④ 事实上，朱熹理解《中庸》有特殊的诠释脉络，朱注云：

> 盖人之所以为人，道之所以为道，圣人之所以为教，原其所自，无一不本于天而备于我。学者知之，则其于学知所用力而自不能已矣。故子思于此首发明之，读者所宜深体而默识也。⑤

---

① 拙撰：《从体证到建构：朱熹〈四书章句集注〉的撰作历程》，《朱熹与四书章句集注》（台北：里仁书局，2006年9月），第101-104页。
② 束景年撰：《朱熹年谱长编》，第479页。
③ 朱熹撰：《中庸章句》，《四书章句集注》，第17-18页。
④ 依据出土郭店楚简《五行》，"慎独"指是内心专一，参见来国龙撰：《儒家"慎独"探原》，《饶宗颐国学院院刊》第五期（2018年5月），第37页。
⑤ 朱熹撰：《中庸章句》，《四书章句集注》，第17页。

朱熹揭示子思之用意，乃是将《中庸》置于孔子、曾子、子思、孟子圣圣相承，心法相传的系谱当中。作为道统神圣经典文本，朱熹也将原本道南心法"深体而默识"置于其中，标示过往操持心法的印记，能够存养省察，更成为分判君子、小人的依据。朱注云：

　　盖中无定体，随时而在，是乃平常之理也。君子知其在我，故能戒谨不睹、恐惧不闻，而无时不中。小人不知有此，则肆欲妄行，而无所忌惮矣。①

朱熹绾合本体与修养工夫，君子持敬于动静之间，无时不中，则能保天命之性。相反如果肆欲妄行，无所忌惮，最终丧德败身，此乃是修养最清楚的分判原则。君子以"敬"来觉察天理流行，以及人生于世无可违弃的责任，是对于生命存在的凝视，朱熹甚至于《中庸》末了言其成效，云：

　　承上文又言君子之戒谨恐惧，无时不然，不待言动而后敬信，则其为己之功益加密矣。……言进而感格于神明之际，极其诚敬，无有言说而人自化也。②

朱熹绾合"敬""诚"，君子感格神明之际，最终可以不待言动，人皆信服。朱熹一方面极言其成效，另一方面在《中庸》"中"与"诚"的概念当中，借由"敬"贯通动静，涵养操持的方法，衔接体用，达致心体诚明的结果。因此君子在人与天，天与人之间，谨慎自持，敬慎其事，以求时时之中，以达明明之诚，成为朱熹诠释《中庸》最重要的进路。《中庸》内涵贯通天人，境界幽微，由一理而及万事，又由万事而及一理，朱熹以实际可行的修养工夫，得见儒学核心要义，才有"皆实学也"的判断③。"敬"与"诚"成为相关德目，也存在于《大学》诠释当中，"所谓诚其意者；……君子必慎其独也"，朱注云：

　　言欲自修者知为善以去恶，则当实用其力，而禁止其自欺。使其恶恶如恶恶臭，好善则如好好色，皆务决去，而求必得之，以自快足于己，不可徒苟且以殉外而为人也。然其实与不实，盖有他人所不及

---

① 朱熹撰：《中庸章句》，《四书章句集注》，第19页。
② 朱熹撰：《中庸章句》，《四书章句集注》，第40页。
③ 朱熹撰：《中庸章句》，《四书章句集注》，第17页。

知而己独知之者，故必谨之于此以审其几焉。①

诚意是自修首要条件，慎独可见诚意之实，然而"谨之于此以审其几"，所谓之"几"，则必须与《中庸章句》参看，才能了解涵养之际。其重点在于遏人欲之将萌，求已发之和，因此于"所谓修身在正其心者"，朱注云：

> 盖是四者，皆心之用，而人所不能无者。然一有之而不能察，则欲动情胜，而其用之所行，或不能不失其正矣。心有不存，则无以检其身，是以君子必察乎此而敬以直之，然后此心常存而身无不修也。②

"忿懥""恐惧""好乐""忧患"四者之来，乃是心体之发用，肆情之后的结果，不能察识涵养，不免流于偏邪，有失于正，而心不正则导致身不修。朱熹于章旨云："盖意诚则真无恶而实有善矣，所以能存是心以检其身。然或但知诚意，而不能密察此心之存否，则又无以直内而修身也。"③"真无恶而实有善"的说法一如善性的存在，性存则善，性消则恶，以性的消长来看善恶，然而于"诚"与"敬"之间，朱熹更加重视"敬"的作用。如果未能"密察"此心的存在，"诚意"不免浮泛无。于此叮咛，可以理解"诚意"必须在"敬"的前提下成立，敬的作用是"存是心以检其身"，贯通动静的思索，并未改变，《大学》八目：格物、致知、诚意、正心、修身、齐家、治国、平天下。朱熹在"诚意""正心"之间，强化由"敬"而"诚"的涵养进路，确保心性体系脉络，具有操持涵养的过程。对于"敬"的重视，朱熹更将主张安排于四书架构当中，"敬"除尊礼之辞外，更具有心体操持含意，《论语·学而篇》"道千乘之国"章，朱注云：

> 敬者，主一无适之谓。敬事而信者，敬其事而信于民也。……程子曰："此言至浅，然当时诸侯果能此，亦足以治其国矣。圣人言虽至近，上下皆通。此三言者，若推其极，尧舜之治亦不过此。若常人之言近，则浅近而已矣。"杨氏曰："上不敬则下慢，不信则下疑，下慢而疑，事不立矣。敬事而信，以身先之也。《易》：'节以制度，不伤财，不害民。'盖侈用则伤财，伤财必至于害民，故爱民必先于

---

① 朱熹撰：《大学章句》，《四书章句集注》，第 7 页。
② 朱熹撰：《大学章句》，《四书章句集注》，第 8 页。
③ 朱熹撰：《大学章句》，《四书章句集注》，第 8 页。

节用。然使之不以其时，则力本者不获自尽，虽有爱人之心，而人不被其泽矣。然此特论其所存而已，未及为政也。苟无是心，则虽有政，不行焉。"胡氏曰："凡此数者，又皆以敬为主。"愚谓五者反复相因，各有次第，读者宜细推之。①

朱熹以"主一无适"言"敬"，确立"敬"乃是心思专一无二，说法源于二程②，却是张栻《主一箴》的核心主张，也是两人思考修养工夫的共识。然而相对于心法操持，此处主要强调"敬"之效能，引程子之言证明圣人言近旨远，重点在"外"显的效应；引杨时之言，回归于心之为要，强调"内"在的存心，引胡寅（1098—1156）之言以"敬"为主，以"敬"为核心，具有提纲挈领作用。按语则提醒各有进程次第，"敬"必须与其他相互证成，朱熹于经旨当中，一方面深化"敬"之意义，另一方面也巧妙安排道南与湖湘学术关注重点，在内外、大小之间，务求绵密周延，一如《论语·为政篇》"临之以庄则敬"。朱注引张栻云：

> 此皆在我所当为，非为欲使民敬忠以劝而为之也。然能如此，则其应盖有不期然而然者矣。③

"敬"乃是出于自我操持的要求，而非有求于外的结果，由此提醒"敬"由己出的原则，既是补充的说明，也是对于内涵澄清，主动被动，体用之间，不苟如此。"敬"作为心之所主，乃是朱熹思考要旨所在，《论语·雍也篇》"雍也可使南面"章，朱注云：

> 言自处以敬，则中有主而自治严，如是而行简以临民，则事不烦而民不扰，所以为可。若先自处以简，则中无主而自治疏矣，而所行又简，岂不失之太简，而无法度之可守乎？……程子曰："子桑伯子之简，虽可取而未尽善，故夫子云可也。仲弓因言内主于敬而简，则为要直；内存乎简而简，则为疏略，可谓得其旨矣。"又曰："居敬

---

① 朱熹撰：《论语集注》卷1《学而篇》，《四书章句集注》，第49页。
② 朱熹编 程颢、程颐原撰：《（和刻本汉籍）二程全书》（附索引）（京都：中文出版社，1979年6月）卷16载"主一无适，敬以直内""敬只是主一也"，又"所谓敬者，主一之谓敬，所谓一者，无适之谓一"。第115、119、132页。
③ 朱熹撰：《论语集注》卷1《为政篇》，《四书章句集注》，第59页。

则心中无物，故所行自简，居简则先有心于简，而多一简字，故曰太简。"①

于此言明"敬"存于心，才是关键所在。由"敬"而"简"与由"简"而"简"，从外在而言，并无差别，然而就心体层面而言，中所无有，所谓之"简"只是疏略而已，殊非修养方向，同行而异情，乃是理学关注焦点。辨析精微，正是朱熹留意修养心法之后的深刻体会。

"敬"作为修养的工夫，朱熹实际操持，也联结"敬"所代表的道德内涵，进行经典文本的检覈工作，以求具体明确，《论语·学而篇》"礼之用"章，朱注引范祖禹（1041—1098）云：

> 范氏曰："凡礼之体主于敬，而其用则以和为贵。敬者，礼之所以立也；和者，乐之所由生也。若有子可谓达礼乐之本矣。"愚谓严而泰，和而节，此理之自然，礼之全体也。毫厘有差，则失其中正，而各倚于一偏，其不可行均也。②

内外体用之间，毫厘之差，失其中正。朱熹特别叮咛提醒，乃是个人于心法操持中所获致的心得，也是实际省察的结果。《论语·八佾篇》"子入大庙"章，朱注云：

> 孔子自少以知礼闻，故或人因此而讥之。孔子言是礼者，敬谨之至，乃所以为礼也。○尹氏曰："礼者，敬而已矣。虽知亦问，谨之至也，其为敬莫大于此。谓之不知礼者，岂足以知孔子哉？"③

以敬谨的心态，来强化礼的内涵，敬与礼结合，《论语·为政篇》"《诗》三百"章，朱熹引二程与范祖禹云：

> 程子曰："'思无邪'者，诚也。范氏曰："学者必务知要，知要则能守约，守约则足以尽博矣。经礼三百，曲礼三千，亦可以一言以蔽，曰：'毋不敬'"。④

《诗》一言以蔽之是"思无邪"，出于孔子对《诗》教的了解，至于礼的部分，范祖禹以"毋不敬"来概括，则是对于礼内涵的掌握，此一诠释已经

---

① 朱熹撰：《论语集注》卷3《雍也篇》，《四书章句集注》，第83-84页。
② 朱熹撰：《论语集注》卷1《学而篇》，《四书章句集注》，第52页。
③ 朱熹撰：《论语集注》卷2《八佾篇》，《四书章句集注》，第65页。
④ 朱熹撰：《论语集注》卷1《为政篇》，《四书章句集注》，第54页。

溢出经文范围，却反映心性思考的逻辑。礼与敬的结合，宋儒已有共识，创意诠释保留在朱熹注解当中，敬甚至成为礼的前提，一如《论语·八佾篇》"林放问礼之本"章，朱注引范氏曰："夫祭与其敬不足而礼有余也，不若礼不足而敬有余也。"① 凡此可见宋儒对于敬的重视，一如《论语·乡党篇》对于孔子言行观察，朱熹屡屡以"敬"来形容孔子敬天、敬君、敬人、敬事、敬祖考的辞气容貌②。圣人气象是宋儒学术核心，"敬"出于中，乃是最为关键之处，《论语·子路篇》"樊迟问仁"章，朱注云：

> 恭主容，敬主事。恭见于外，敬主乎中。③

"庄"表现于容貌，属于外在，"敬"表现于处事，却出于内心。朱熹借由"恭"与"敬"来申明一种内外一体，动静融通的样态，一如《孟子·告子上》"公都子曰"章，朱注云：

> 恭者，敬之发于外者也；敬者，恭之主于中者也。④

"恭"与"敬"成为内外表里之词，"敬"作为心中持守的工夫，朱熹更扩大层面，联结"敬"与"义"。《论语·卫灵公篇》"君子义以为质"章，朱注引二程云：

> 程子曰："义以为质，如质干然。礼行此，孙出此，信成此。此四句只是一事，以义为本。"又曰："'敬以直内，则义以方外。''义以为质，则礼以行之，孙以出之，信以成之。'"⑤

"君子敬以直内，义以方外，敬义立而德不孤。"出于《易·坤卦·文言》⑥，朱熹引二程之言，申明"敬""义"夹持的工夫，义求其宜，内外之间，更有处世的指导作用。"敬"／"礼"，"敬"／"恭"，"敬"／"义"是不同层面的延伸结果，然而作为修养的重要法门，"敬"存之于心，乃是朱熹注解反复申明重点。《论语·子罕篇》"子在川上"章，朱注引二程云：

---

① 朱熹撰：《论语集注》卷2《八佾篇》，《四书章句集注》，第62页。
② 朱熹撰：《论语集注》卷5《乡党篇》，《四书章句集注》，第117－122页。
③ 朱熹撰：《论语集注》卷7《子路篇》，《四书章句集注》，第146页。
④ 朱熹撰：《孟子集注》卷11《告子下》，《四书章句集注》。
⑤ 朱熹撰：《论语集注》卷8《卫灵公篇》，《四书章句集注》，第165页。
⑥ 王弼、韩康伯注，孔颖达疏：《周易注疏》（《十三经注疏》本 台北县：艺文印书馆，1985年12月）卷1，第20页。

天地之化，往者过，来者续，无一息之停，乃道体之本然也。然其可指而易见者，莫如川流。故于此发以示人，欲学者时时省察，而无毫发之间断也。○程子曰："此道体也。天运而不已，日往则月来，寒往则暑来，水流而不息，物生而不穷，皆与道为体，运乎昼夜，未尝已也。是以君子法之，自强不息。及其至也，纯亦不已焉。"又曰："自汉以来，儒者皆不识此义。此见圣人之心，纯亦不已也。纯亦不已，乃天德也。有天德，便可语王道，其要只在谨独。"愚按：自此至篇终，皆勉人进学不已之辞。①

川水流逝，时间流转，人物代谢，为学不已，成为宋儒理解的内容。二程标举孔子慨然体道的心情，以"谨独"来落实工夫的想象，心思如流水，时时省察，毫无间断。《论语·卫灵公篇》"子张问行"章，朱注云：

言其于忠信笃敬念念不忘，随其所在，常若有见，虽欲顷刻离之而不可得。然后一言一行，自然不离忠信笃敬，而蛮貊可行也。……程子曰："学而鞭辟近里，著己而已。博学而笃志，切问而近思；言忠信，行笃敬；立则见其参于前，在舆则见其倚于衡；只此是学。质美者明得尽，查滓便浑化，却与天地同体。其次惟庄敬以持养之，及其至则一也。"②

同样道理，如果能够忠信笃敬，念念不忘，虽蛮貊之邦亦可行。由此可见，"敬"之为德，可以跨越时间与空间。庄敬持养，心体贯通的结果，甚至可以与天地同体，大化同工，如此则是致其"中和"的结果。《论语·宪问篇》"子路问君子"章，朱注引二程云：

程子曰："君子修己以安百姓，笃恭而平天下。惟天下一于恭敬，则天地自位，万物自育，气无不和，而四灵毕至矣。此体信达顺之道，聪明睿知皆由是出，以此事天飨帝。"③

儒学工夫由心而发，恭敬乃心之所主，却能上同于天，下和于民，然而当天下一于恭敬，则是天地位，万物育。于此境界，可以印证朱熹于《中庸章

---

① 朱熹撰：《子罕篇》，《论语集注》卷5，《四书章句集注》，第113页。
② 朱熹撰：《卫灵公篇》，《论语集注》卷8，《四书章句集注》，第162页。
③ 朱熹撰：《宪问上》，《论语集注》卷7，《四书章句集注》，第159–160页。

句》末"推而言之,以驯致乎笃恭而天下平之盛,又赞其妙,至于无声无臭而后已焉"的说法①,义理针织密缝,体系融贯一致,四书一体,由此可见。事实上,朱熹修养心体的思考,也与道统脉络绾合。《孟子·告子上》"牛山之木尝美矣"章,朱注云:

> 孔子言心,操之则在此,舍之则失去,其出入无定时,亦无定处如此。孟子引之,以明心之神明不测,得失之易,而保守之难,不可顷刻失其养。学者当无时而不用其力,使神清气定,常如平旦之时,则此心常存,无适而非仁义也。程子曰:"心岂有出入,亦以操舍而言耳。操之之道,敬以直内而已。"○愚闻之师曰:"人,理义之心未尝无,惟持守之即在尔。若于旦昼之间,不至梏亡,则夜气愈清。夜气清,则平旦未与物接之时,湛然虚明气象,自可见矣。"孟子发此夜气之说,于学者极有力,宜熟玩而深省之也。②

孔子、孟子相传心之为要,二程、李侗叮咛工夫所在,朱熹以未发时气象来理解孟子夜气。前者是道统传心证明,后者是道南心法所在。朱熹强化道统精神,申明心体操持重要,特意绾合先秦儒学与宋代儒学,建立学术正脉所在,援引意义深矣。此外,朱熹由道统之传,又深入孔门之间,对于儒学工夫进行更细腻的解读,《论语·颜渊篇》"仲弓问仁"章,朱注引二程云:

> 敬以持己,恕以及物,则私意无所容而心德全矣。内外无怨,亦以其效言之,使以自考也。○程子曰:"孔子言仁,只说出门如见大宾,使民如承大祭。看其气象,便须心广体胖,动容周旋中礼。惟谨独,便是守之法。"或问:"出门使民之时,其敬如此,则前乎此者敬可知矣。非因出门使民,然后有此敬也。"愚按:克己复礼,乾道也;主敬行恕,坤道也。颜、冉之学,其高下浅深,于此可见。然学者诚能从事于敬恕之间而有得焉,亦将无己之可克矣。③

朱熹援引二程说法,正是申明"中和新说"的内涵,"敬"于已发之处察识,然工夫必须贯通动静,涵养于未发之际,才能真正浑化于心。朱熹并且与

---

① 朱熹撰:《中庸章句》,《四书章句集注》,第40页。
② 朱熹撰:《告子上》,《孟子集注》卷11,《四书章句集注》,第331页。
③ 朱熹撰:《颜渊篇》,《论语集注》卷6,《四书章句集注》,第133页。

颜渊克己复礼参照，说明主敬行恕虽下一等，但行之有得，同样可以修养有成。对于修养的思考，"克己复礼"对治心性工夫，似乎更为直接明确。"敬"之与"克"，仁义之间，相互配合，朱熹于操持修养当中，循经典诠释脉络，由"敬"而延伸，内外养护，遂有更进一步的发展。朱熹于《论语·颜渊篇》"颜渊问仁"章，甚至摘录二程之言，以标示修身之要，云：

> 程子曰："颜渊问克己复礼之目，子曰：'非礼勿视，非礼勿听，非礼勿言，非礼勿动'，四者身之用也。由乎中而应乎外，制于外所以养其中也。颜渊事斯语，所以进于圣人。后之学圣人者，宜服膺而勿失也，因箴以自警。其《视箴》曰：'心兮本虚，应物无迹。操之有要，视为之则。蔽交于前，其中则迁。制之于外，以安其内。克己复礼，久而诚矣。'其《听箴》曰：'人有秉彝，本乎天性。知诱物化，遂亡其正。卓彼先觉，知止有定。闲邪存诚，非礼勿听。'其《言箴》曰：'人心之动，因言以宣。发禁躁妄，内斯静专。矧是枢机，兴戎出好，吉凶荣辱，惟其所召。伤易则诞，伤烦则支，己肆物忤，出悖来违。非法不道，钦哉训辞！'其《动箴》曰：'哲人知几，诚之于思；志士励行，守之于为。顺理则裕，从欲惟危；造次克念，战兢自持。习与性成，圣贤同归。'"愚按：此章问答，乃传授心法切要之言。非至明不能察其几，非至健不能致其决。故惟颜子得闻之，而凡学者亦不可不勉也。程子之箴，发明亲切，学者尤宜深玩。①

朱熹以"中和"之辨悟入，朱注特别援取二程《视》《听》《言》《动》四箴，附于注解当中，操持心法直究孔子、颜渊，而完善于二程。心法相承，一如朱熹与张栻融通道南、湖湘而上溯于二程，"敬"之内涵融通动静，存乎中应乎外，遂有更为清楚的内容。

四、结　论

"敬"之一德成为理学核心工夫，成为建构儒学体系之重要内涵，乃是朱熹操持心法心得，《朱子语类》载云：

> 尧是初头出治第一个圣人。《尚书·尧典》是第一篇典籍，说尧

---

① 朱熹撰：《颜渊篇》，《论语集注》卷6，《四书章句集注》，第132页。

之德，都未下别字，"钦"是第一个字。如今看圣贤千言万语，大事小事，莫不本于敬。收拾得自家精神在此，方看得道理尽。看道理不尽，只是不曾专一。或云："'主一之谓敬。'敬莫只是主一？"曰："主一又是'敬'字注解。要之，事无小无大，常令自家精神思虑尽在此。遇事时如此，无事时也如此。"

圣贤言语，大约似乎不同，然未始不贯。只如夫子言非礼勿视听言动，"出门如见大宾，使民如承大祭"，"言忠信，行笃敬"，这是一副当说话。到孟子却又说"求放心"，"存心养性"。《大学》则又有所谓格物，致知，正心，诚意。至程先生又专一发明一个"敬"字。若只恁看，似乎参差不齐，千头万绪，其实只一理。道夫曰："泛泛于文字间，祇觉得异。实下工，则贯通之理始见。"曰："然。只是就一处下工夫，则余者皆兼摄在里。圣贤之道，如一室然，虽门户不同，自一处行来便入得，但恐不下工夫尔。"①

切己操持，化解歧出，圣贤相传，道理一贯，朱熹期勉深矣，或许有人认为朱熹存在之理，提不住道德上"应当"之义②，然而"敬"正是朱熹展现提住道德"应当"的决心。事实上，朱熹接续道南心法，扩及湖湘学脉，从"中和"悟入，操持检证，体证的结果，对于心体工夫的思考，对于道德本体的建立，始终并未间断，反复追索，志深而远，遂有经纬天地的规模。"敬"之为德，融通动静，主一诚笃，既代表道南与湖湘心法的会通，也是归纳儒学要义成果，更是形塑二程学术精彩，化解义理迷离分歧的良方。朱熹建构二程为核心的儒学体系，回应南宋学脉分立，学术纷扰的问题，人所共见③，而思以存天理，去人欲之路径，确立人生于天地当中的道德自觉，乃是在个人体证当中，逐渐成形，转折之复杂，内涵之丰富，必须回归于朱熹学术进程，以及《四书章句集注》当中考察。本文梳理检覈，有如下心得：

一、朱熹从学李侗获致道南心法，由"静"中看"未发"时气象，期许进学与养心并重，确立一生学术方向，心性体证，适足以证成儒学内涵，儒学重构与修养工夫乃一同进行的工作。

---

① 黎靖德编：《持守》，《朱子语类》卷12，第206、207页。
② 牟宗三撰：《心体与性体（一）》，（台北：正中书局，1968年5月），第111页。
③ 余英时撰：《朱熹的历史世界——宋代士大夫政治文化的研究》（台北：允晨文化实业公司，2003年6月），第430－445页。

二、朱熹旁求张栻进行道南与湖湘学术整合工作,由"未发"入于"已发",开启融通动静的思考。"静"用以存天理大本,"敬"则是操持存养态度,从不睹不闻之前,以求心体无丝毫偏倚。"敬"贯动静,遂有个人体证成果。

三、朱熹以《敬斋箴》自省,并且援取张栻《主一箴》主张。《四书章句集注》以"主一无适"言"敬",标举"礼""恭""义"德目,乃是由"敬"而出,心性修养出于自我操持要求,并非有求于外。

四、孔子、孟子相传心之为要,二程、李侗叮咛工夫所在,朱熹以未发时气象来理解孟子夜气,以道统系谱确立二程为学脉正传。心体既明,遂有天地位,万物育,上同于天,下和于民的儒学蓝图。

五、朱熹深化"敬"之内涵,以孔、颜之传"非礼勿视,非礼勿听,非礼勿言,非礼勿动"为心法,续以二程《视箴》《听箴》《言箴》《动箴》,建构儒门心法正传,修养遂有操持方向。

事实上,朱熹操持心法颇为谨慎,于《答熊梦兆》云:

> 静坐不能遣思虑,便是静坐时不曾敬;敬则只是敬,更寻甚敬之体?似此支离,病痛愈多,更不曾得做功夫,只了得安排杜撰也。①

"敬"与"静"之交互作用,于此可见。朱熹于学脉继承当中,获致修操心法,于诠释经典当中,印证道统心传。汇聚众流,集其大成,一生追索,辨析精微,以"敬"为持守关键,涵养于已发、未发之际。"敬""义"夹持,求其中和,方法可行,持守无弊,大有助于后人修德参考。

---

① 朱熹撰,陈俊民校编:《答熊梦兆》,《朱子文集》第六册,卷55,第2647页。

从三司度支判官到体国经野之任
——王安石主政前的思想倾向

范立舟

（杭州师范大学人文学院教授）

梁启超推崇王安石的人格风范，称"其德量汪然若千顷之陂，其气节岳然若万仞之壁"。① 并欣赏南宋陆九渊对荆公的评价："不屑于流俗声色利达之习，介然无毫毛得以入其心，洁白之操寒于冰霜，公之质也。"② 在梁启超那里，王安石的政治节操是洁白无瑕的，他的政治素质就体现在忧患意识上，对自己的社会责任有深刻的认识，"夫所谓儒者，用于君则忧君之忧，食于民则患民之患，在下不用则修身而已"。③ 由此而产生出强烈的社会责任感，最初出任地方官的动机就是"使得因吏事之力，少施其所学"。④ 每到一地，他都"思兴利去害而有为"，由此改变"官乱于上，民贫于下，风俗日以薄，才力日以困穷"⑤ 的不良局面。那种苟且的态度和不思进取的状态是他最为反感的，"士之进退不以义，而惟务苟合而已"⑥ "夫因循苟且，逸豫而无为，可以侥幸一时，而不可以旷日持久"。⑦ 嘉祐三年（1058）秋冬之际朝廷发布任命王安石为"提点江南东路刑狱、祠部员外郎王安石为度支判官"⑧ 的诏令，长

---

① 梁启超：《王安石传》，海南出版社，1993年，第1页。
② （宋）陆九渊：《陆九渊集》卷十九《荆国王文公祠堂记》，钟哲点校，中华书局，1980年，第232页。
③ （宋）王安石：《王安石全集》卷二十六《子贡》，秦克、巩军标点，上海古籍出版社，1999年，第227页。
④ （宋）王安石：《王安石全集》卷二《上执政书》，秦克、巩军标点，第17页。
⑤ （宋）王安石：《王安石全集》卷一《上时政书》，秦克、巩军标点，第14页。
⑥ （宋）王安石：《王安石全集》卷二《上龚舍人书》，秦克、巩军标点，第24页。
⑦ （宋）王安石：《王安石全集》卷一《上时政书》，秦克、巩军标点，第14页。
⑧ （宋）李焘：《续资治通鉴长编》卷一百八十八，嘉祐三年冬十月甲子条，中华书局，1985年，第4531页。

期担任地方政务的王安石得以晋级中央,担任主管全国财赋收支机构(三司)的属官。基层政务由于直接面对人民的要求,担负的社会责任更重,它使得官员的思路往往更加开阔,作风也更务实。在北宋那种官僚制度下,地方官是中央政府权威体制下在地方的代表,它的职权既包含中央政府在官员管理上的政治集权,也包含地方政府的经济和行政分权,是政治集权与经济和行政分权的结合体。这种权威体制有助于中央政府在地方的管控,也有利于地方官以政绩推动地方的稳定和经济增长,这也有助于中央权威体制本身的稳定和利益的增长。

一、由罢榷茶的讨论到抑兼并的认识

就在嘉祐三年(1058)秋冬之际王安石担任三司度支判官前后,朝廷对废除榷茶法产生动议,王安石也参与了讨论,并发表过意见。这些意见,是理解王安石经济思想的重要媒介。北宋关于罢榷茶讨论的背景性因素是:

初,官既榷茶,民私蓄贩皆有禁,腊茶之禁,尤严于他茶,犯者其罚倍,凡告捕私茶皆有赏。然约束愈密,而冒禁愈蕃,岁报刑辟,不可胜数。园户因于征取,官司旁缘侵扰,因而陷于罪戾,以至破产逃匿者,岁比有之。又茶法屡变,岁课日削,至和中,岁市茶淮南才四百二十二万余斤,江南三百七十五万余斤,两浙二十三万余斤,荆湖二百六万余斤,唯福建天圣末增至五十万斤,诏特损五万,至是增至七十九万余斤,岁售钱并本息计之,才百六十七万二千余缗。官茶所在陈积,县官获利无几,论者皆谓宜弛禁便。先是,天圣中,有上书者言茶盐课亏,帝谓执政曰:"茶盐民所食,而强设法以禁之,致犯者众;顾赡养兵师经费尚广,未能弛禁尔。"景祐中,叶清臣尝上疏乞弛禁,下三司议,皆以为不可行。至是,著作郎何鬲、三班奉职王嘉麟又皆上书请罢给茶本钱,纵园户贸易,而官收税租钱与所在征算归榷货务,以偿边籴之费,可以疏利源而宽民力。嘉麟为《登平致颂书》十卷、《隆衍视成策》二卷上之。淮南转运副使沈立亦集《茶法利害》为十卷陈通商之利。宰相富弼、韩琦、曾公亮等决意嚮之,力言于帝。癸酉，命绛、旭及知杂御史吕景初，即三司置局议之。①

一个月后，"三司言'茶课缗钱岁当二百四十四万八千，嘉祐二年才及一百二十八万，又募人入钱，皆有虚数，实为八十六万，而三千九万有奇是为本钱，才得子钱四十六万九千而已，其辇运之费丧失与官吏、兵夫廪给杂费又不与焉。至于园户输纳，侵扰日甚，小民趋利犯法，刑辟益蕃，获利至小，为弊甚大。宜约至和之后一岁之数，以所得息钱均赋茶民，恣其买卖，所在收算。请遣官询察利害以闻。'诏遣司封员外郎王靖等分行六路，及还，皆言如三司议"。② 于是，朝廷正式下诏罢除已经施行两百年的榷茶法："自唐建中始有茶禁，上下规利，垂二百年。如闻比来为患益甚，民被诛求之困，日惟咨嗟，官受滥恶之人，岁以陈积，私藏盗贩，犯者实繁，严刑重诛，情所不忍。是于江湖之间幅员数千里为陷穽以害吾民也。"③ "自是唯腊茶禁如旧，余茶肆行天下。"④

---

① （宋）李焘：《续资治通鉴长编》卷一百八十八，嘉祐三年九月辛未条，第4526–4527页。

② （宋）李焘：《续资治通鉴长编》卷一百八十九，嘉祐四年春正月戊辰条，第4549页。

③ （宋）李焘：《续资治通鉴长编》卷一百八十九，嘉祐四年春正月己巳条，第4549–4550页。

④ （宋）李焘：《续资治通鉴长编》卷一百八十九，嘉祐四年春正月己巳条，第4550页。李晓认为，北宋榷茶制度的基本特征是：官府首先严密控制茶叶生产，几乎完全垄断了茶叶资源，然后高价把茶叶批发给商人，再由商人转向各地销售。官府和商人构成了茶叶流通领域里的两大经营主体，双方围绕茶利的瓜分，结成了既相互利用又相互斗争的关系。榷茶制度在茶叶生产和流通之间横插上一道官营的环节，切断园户与商人的有机联系，使得介乎生产和消费之间的茶叶流通过程分成了两个阶段，园户→官府→商人→消费者这样的流通路径，关键在于官府的把持和经营，官府并没有结束茶叶的流通，它所把持的只是茶叶流通的第一个阶段，即把各地园户生产的茶叶从分散状态统一收购集中起来，倒卖给商人；茶叶流通的第二个阶段的任务，即把茶叶再销售到消费者手上，则是由商人完成的。这两个阶段环环相扣，靠严酷的法律得以维持，使官府和商人比肩携手联合充当了茶叶流通领域的经营主体。商人必须向官府入纳钱、物才能购得生利的茶叶，官府也只有靠向商人售茶才能使其利润得以实现。李晓继而认为，榷茶制度下官府和商人的相互利用，对稳定北宋封建国家的统治具有一定积极作用。北宋王朝始终存在着边防危机警报长鸣、阶级矛盾日益尖锐、财政状况不断恶化的三大统治难题。榷茶法在具体的运作过程中一定程度地缓解了这些难题。不过，国家和豪商巨贾利用榷茶制度对茶叶流通领域的联合垄断，阻碍了新的经济因素的生长。参见氏著《北宋榷茶制度下官府与商人的关系》，载《历史研究》，1997年第2期。

王安石虽然没有直接参与罢榷茶的动议，但他是非常赞成罢除榷茶法的。他发觉北宋推行的榷茶制度有着重大的缺陷。"永惟东南害，茶法盖其首。私藏与窃贩，狴狱常纷纠。输将一不足，往往死鞭杻。败陈被杂恶，强卖曾非诱。已云困关市，且复搔林薮。将更百年弊，谓民知可否。"① 就像荆公新法推行后所表现的那样，他主张国家政权积极干预经济生活，并力图增进中央政府所掌控的财税资源，但不赞成国家对经济生活采取过多的、过分的干预政策。在盐、铁、茶、酒的专卖问题上，他的主张总体而言是倾向于少干预勿放任。嘉祐三年十月下旬，王安石已经被召入为三司度支判官，榷茶事本归三司管理，于是王安石以度支判官的身份直接说出了自己的意见：

> 国家罢榷茶之法，而使民得自贩，于方今实为便，于古义实为宜，而有非之者。盖聚敛之臣，将尽财利于毫末之间而不知与之为取之过也。夫茶之为民用，等于米盐，不可一日以无，而今官场所出皆粗恶不可食，故民之所食大率皆私贩者。夫夺民之所甘，而使不得食，则严刑峻法有不能止者，故鞭扑流徒之罪未常少弛，而私贩、私市者亦未尝绝于道路也。既罢榷之法，则凡此之为患，皆可以无矣。②

王安石又引述汉代思想家扬雄的话说："为人父而榷其子，纵利，如子何？"③ 他认为商品的国家专卖制度本质上是一种与民争利的行为，所涉及的商品种类很多，在当时的具体情境下，"虽未能尽罢榷货，而能缓其一，亦所以示上之人恤民之深而兴治之渐也"。④ 国家治理在许多情况下需要施展工具理性，但是价值理性则永远应是根本，"彼区区聚敛之臣，务以求利为功，而不知与之为取，上之人亦当断以义，岂可以人人合其私说然后行哉"？⑤ 他秉持"以义理天下之财"的理念，既有的经济资源能够满足社会的需求，之所

---

① （宋）王安石：《王安石全集》卷四十一《酬王詹叔奉使江东访茶法利害见寄》，秦克、巩军标点，第355页。
② （宋）王安石：《王安石全集》卷三十一《议茶法》，秦克、巩军标点，第274-275页。
③ （宋）王安石：《王安石全集》卷三十一《议茶法》，秦克、巩军标点，第275页。
④ （宋）王安石：《王安石全集》卷三十一《议茶法》，秦克、巩军标点，第275页。
⑤ （宋）王安石：《王安石全集》卷三十一《议茶法》，秦克、巩军标点，第275页。

以出现短缺，是因为国家制度上存在缺陷，"是以国家之势，苟修其法度，以使本盛而末衰，则天下之财不胜用"。① 而榷茶法则一方面强烈地刺激了民间走私贸易的增长，"鼎、澧、归、峡产茶，民私贩入北境，利数倍"。② 这就是王安石已经意识到的"私贩、私市者亦未尝绝于道路"，司马光也知道"聚结朋党，私贩茶盐，时遇官司，往往斗敌，在于两浙，最为剧贼"③，反而成为社会的不稳定因素，破坏内部的和谐。另一方面榷茶法也极大地助长了豪商巨贾的经济势力乃至政治势力。"剜剥园户，资奉商人，使朝廷有聚敛之名，官曹滋虐滥之罚，虚张名数，刻蠹黎元。建国以来，法弊辄改，载详改法之由，非有为国之实，皆商人协计，倒持利权，幸在更张，倍求奇羡。富人豪族，坐以贾赢，薄贩下估，日皆朘削。"④ 随着榷茶法的施行，茶商商业资本的力量也空前壮大，不乏拥资巨万者。陈恕为三司使，"将立茶法，召茶商数十人，俾各条利害"。⑤ 仁宗景祐三年（1036）朝廷还曾经"命知枢密院事李谘、参知政事蔡齐、三司使程琳、御史中丞杜衍、知制诰丁度同议茶法，仍许召商人至三司，以访利害"。⑥ 大茶商势力的膨胀，是宋代官僚、地主、商人三种统治势力一体化的表现形式，是构成北宋统治力量的重要组成部分。

二、"法度""先王之道"与变易之道

王安石嘉祐四年（1059）入朝为三司度支判官，此时他已誉满天下，"安石未贵时，名震京师，性不好华腴，自奉至俭"。⑦ 名臣文彦博也曾欣赏并荐举过王安石，"文彦博为相，荐安石恬退，乞不次进用，以激奔竞之风"。⑧ 至

---

① （宋）王安石：《王安石全集》卷三十一《议茶法》，秦克、巩军标点，第275页。
② （宋）汪应辰：《文定集》卷二十三《显谟阁学士王公墓志铭》，文渊阁四库全书本，第1138册，第808页。
③ （宋）司马光：《温国文正公文集》卷十六《论两浙不宜添置弓手状》，《四部丛刊》景宋绍兴本。
④ （宋）李焘：《续资治通鉴长编》卷一百十八，景祐三年三月丙午条，第2779－2780页。
⑤ （元）脱脱：《宋史》卷二百六十七《陈恕传》，中华书局，1977年，第9202页。
⑥ （清）徐松辑：《宋会要辑稿》食货三〇之八，中华书局，1957年影印本。
⑦ （元）脱脱：《宋史》卷三百二十七《王安石传》，第10550页。
⑧ （元）脱脱：《宋史》卷三百二十七《王安石传》，第10541页。

于一般的士大夫，更是好评如潮：

> 始某为儿童时，闻江西文章之盛，近世所未有，初未之信也，其后齿日益壮，乃始敛缩，从所谓乡先生者求为声律句读之学。问语及当世之闻人，并与其德业之隆，声称之盛，为天下素所信而归焉者，或齐或楚，或赵或魏，与夫闽、越、交、广穷荒绝徼之外，虽不必遍知其人，然可倒指而数者甚众。至其言文章之盛，则未始不在吾江西也。于是尝试叩其姓氏，则不过三数人而已，则同郡欧阳公，临川王文公，而阁下曾公也。某虽不言，心独异之。后数年，始游京师，至则尽得阁下与二公之文，伏而读之，遂以前日所闻者为信然，而恨不得即乎其人也。如欧阳公之《本论》，王文公《杂说》，阁下《秘阁十序》，皆班班播在人口，虽不言可知，又知而不必言也。若夫世之人闻焉而不能知，知焉而不能详者，某请因言之。盖尝以谓使真理不言而喻，妙道无迹而行，则世复何赖于言，而言亦无以应世矣。惟其形容之不能写，精微之不能尽，中有以类万物之情，外有以贯万物之变，旁有以发其耳目之聪明，而截然自造于性命道德之际，此言之所以不可已，而文章所为作也。盖自孟子以来，号著书者甚众，而汉独一扬雄而已，唐自元和间，复得韩愈、柳宗元之徒，垂千百年，历三四人，至吾宋而又得夫所谓三人者，何其作之鲜邪！①

刘弇此文尽管撰述的时间较晚，但文中所表达的意见则能够代表嘉祐年间（1056—1063）朝野上下对王安石的看法。欧阳修、曾巩和王安石的文章不仅是那个时代的范本，而且更为重要的是文章"中有以类万物之情，外有以贯万物之变，旁有以发其耳目之聪明，而截然自造于性命道德之际"的湛深的哲理。而王安石也以道自任，"议论高奇，能以辨博济其说，果于自用，慨然有矫世变俗之志，于是上万言书"。② 在万言书里王安石先是简要地概括了当时严峻的政经环境，并直接地指出造成这种严峻环境的缘由乃是"不知法度"，而国家并非缺乏法度，是"方今之法度，多不合乎先王之道故也"。③ 王安石

---

① （宋）刘弇：《龙云集》卷二十一《上知府曾内翰书子固》，民国豫章丛书本。
② （元）脱脱：《宋史》卷三百二十七《王安石传》，第 10541 页。
③ （宋）王安石：《王安石全集》卷一《上皇帝万言书》，秦克、巩军标点，第 1 页。

从"法度"上着眼,对仁宗皇帝大胆提出了"改易更革天下之事,合乎先王之意"①的变法主张,他认为只有通过"改易更革",才能扭转王朝的政治危机。而所谓的使法度符合"先王之意",就是要实现适应实际情况的"改易更革"的意图。"今之失,患在不法先王之政者,以谓当法其意而已。夫二帝、三王相去盖千有余载,一治一乱,其盛衰之时具矣。其所遭之变,所遇之势,亦各不同,其施设之方亦皆殊,而其为天下国家之意,本末先后,未尝不同也。"②犹如邓广铭所指出的那样,王安石在担任地方官期间,总是大肆兴利除弊,具有积极的务实精神;而当时的官绅士大夫阶层中人,却都已养成了一种袭故蹈常的风气,因循苟且。如何最大幅度地降低袭故蹈常的官僚士大夫的反对声浪,使改易更革事业开展起来,是一项对政治智慧的考验。王安石试图在法"先王之意"的旗号下,来减少阻力,"法其意,则吾所改易更革不至乎倾骇天下之耳目,嚣天下之口,而固已合乎先王之政矣"。③然而,推进"先王之政"、施行"先王法度"的官员却非常地匮乏:

今以一路数千里之间,能推行朝廷之法令,知其所缓急,而一切

---

① (宋)王安石:《王安石全集》卷一《上皇帝万言书》,秦克、巩军标点,第2页。
② (宋)王安石:《王安石全集》卷一《上皇帝万言书》,秦克、巩军标点,第1页。
③ (宋)王安石:《王安石全集》卷一《上皇帝万言书》,秦克、巩军标点,第1页。按:所谓"法先王"者,乃是儒家所塑造的王道政治伦理的典范。孔子"祖述尧舜,宪章文武",他推崇的尧、舜等先王都是"圣王",即道德至圣之王。先王的政治伦理典范意义可归纳为三个方面:第一,先王是王道政治领袖人格的象征。第二,先王是王道政治伦理的化身,具备着最高的道德人格。第三,先王是王道政治的立法者,也是理想法度的标志。孟子说过:"遵先王之法而过者,未之有也。"先王创制了一整套"礼义法度",其基本原则如"亲亲""尊尊""一天下,财万物"、行"什一之税",以及"禅让"和"征诛"等等,都是垂法后世的。孔、孟还认为,先王不仅仅为后世创制立法,而且他们本人的言行便是法的化身、法的标志。而荀子则认为,历史过程、政治制度、社会结构、文化观念、风俗习惯等等,总是在变化之中保持着联系性和继承性,在古今之间、先王与后王之间,存在着"道"的连贯性,虽然历史的发展有兴衰废举的交替,但"道"是始终不变的。荀子的"先王"是指夏、商、周三代以前的尧、舜、禹,"后王"是指周王朝的开国之王周文王和周武王。较之三代,"后王"的制度规范具体而完善,还会适应时代的变化,因此,"法后王"更能够适应时代的要求。"法先王"不是一种复古倒退思想,荀子就说过"法先王"的真实意图是"善言古者必有节于今"。"周虽旧邦,其命维新","维新"思想在中国古代政治中影响深远。阐旧邦、开新命是儒家的一种政治智慧。"法先王"从表面上看具有"复古"意识,但本质中蕴含着极强的"维新"意义。

能使民以修其职事者甚少，而不才苟简贪鄙之人，至不可胜数。其能讲先王之意以合当时之变者，盖阖郡之间，往往而绝也。朝廷每一令下，其意虽善，在位者犹不能推行，使膏泽加于民，而吏辄缘之为奸，以扰百姓。臣故曰：在位之人才不足，而草野闾巷之间，亦未见其多也。夫人才不足则陛下虽欲改易更革天下之事，以合先王之意，大臣虽有能当陛下之意而欲领此者，九州之大，四海之远，孰能称陛下之指，以一一推行此，而人人蒙其施者乎？臣故曰：其势必未能也。孟子曰："徒法不能以自行"，非此之谓乎。①

所有的法度，无论善恶，最终还必须通过人来治理，这便是"徒法不能以自行"。王安石强调合乎先王本意的法度建设，但也十分重视人才在建设和推动法度上的重要意义，社会和国家的治理说到底最终要通过人来进行，特别是贤者和智者；社会中的确会产生这样的具有高尚道德和高度智慧的人；社会应当有而且确实有办法将这些贤者和智者选拔出来，赋予他们以决断政治事务的最终权力。包括王安石在内的人治论者从经验中看到，人的智力和洞察力事实上是有差别的，人的道德水平和责任感也是有差异的。人们不仅需要贤者和智者来指引，而且人们也往往非常信赖、高度尊敬这些贤者和智者。贤者和智者的判断往往确实比常人的判断更为准确。王安石并不完全否定法律规则的重要性，总是强调遵循规则、制度和法律，但是能够正确执行法度，推进国家治理意图的人才实在太匮乏。造成人才匮乏的原因是"陶冶而成之者，非其道故也"。② 那么解决之方在何处呢？"所谓陶冶而成之者何也？亦教之、养之、取之、任之有其道而已。"③ 于是，王安石借古论今，从"教之、养之、取之、任之"四个方面具体地阐述了"陶冶人才"的方针和措施。所谓"教之"，是指学校教育而言。学校是培养和造就人才的重要基地，所以把"教之之道"作为陶冶人才的首要环节，可谓目光如炬。"朝廷礼乐、刑政之事，皆在于学。

---

① （宋）王安石：《王安石全集》卷一《上皇帝万言书》，秦克、巩军标点，第2页。
② （宋）王安石：《王安石全集》卷一《上皇帝万言书》，秦克、巩军标点，第2页。
③ （宋）王安石：《王安石全集》卷一《上皇帝万言书》，秦克、巩军标点，第3页。

学士所观而习者,皆先王之法言德行、治天下之意,其材亦可以为天下国家之用。"① "方今州县虽有学,取墙壁具而已,非有教导之官,长育人才之事也。唯太学有教导之官,而亦未尝严其选。朝廷礼乐刑政之事,未尝在于学,学者亦漠然。自以礼乐刑政为有司之事,而非己所当知也。学者之所教,讲说章句而已。讲说章句,固非古者教人之道也。"② 在王安石看来。当时教育的最大问题是有二:一是无优秀的教学人员;二是不讲求经世致用之学。振兴由国家直接控制的官学,严格选拔教学人员,施之以礼乐刑政等切合国计民生的教育科目,是完成"教之之道"的不二法门。所谓"养之",是指物质待遇而言。必要的物质待遇,是保障人才成长的先决条件。"饶之以财,约之以礼,裁之以法也。何谓饶之以财?人之情,不足于财,则贪鄙苟得,无所不至。先王知其如此,故其制禄,自庶人之在官者,其禄已足以代其耕矣。"③ 但仅是物质上的富裕并不能使人才的言行合乎正义的主张,于是要"约之以礼"。"人情足于财而无礼以节之,则又放辟邪侈,无所不至。先王知其如此,故为之制度。婚丧、祭养、燕享之事,服食、器用之物,皆以命数为之节,而齐之以律度量衡之法。"④ "礼"尽管是一种外在规范性的力量,"包括社会组织、政治体制、社会秩序等上层建筑"。⑤ 犹如《左传·隐公十一年》所说:"礼,经国家,定社稷,序民人,利后嗣者也。"它对人们行为的约束相对而言是软性的和柔和的。除此之外,还要有"法"的强力管控,"何谓裁之以法?先王于天下之士,教之以道艺矣,不帅教则待之以屏弃远方、终身不齿之法。约之以礼矣,不循礼则待之以流、杀之法"。⑥ 所以,"饶之以财,约之以礼,裁之以

---

① (宋)王安石:《王安石全集》卷一《上皇帝万言书》,秦克、巩军标点,第3页。
② (宋)王安石:《王安石全集》卷一《上皇帝万言书》,秦克、巩军标点,第5页。
③ (宋)王安石:《王安石全集》卷一《上皇帝万言书》,秦克、巩军标点,第3页。
④ (宋)王安石:《王安石全集》卷一《上皇帝万言书》,秦克、巩军标点,第3页。
⑤ 冯友兰:《中国哲学史新编》(上册),人民出版社,1998年,第154页。
⑥ (宋)王安石:《王安石全集》卷一《上皇帝万言书》,秦克、巩军标点,第3-4页。

法"。是三位一体的理念,每一项都没有独立存在的价值,唯有三者整体存在才能对人才的产生和成长起到强力的促进作用。所谓"取之",是指选拔人才而言。无论是从学校培养出来的人才,还是从实务中成长起来的人才,都需要有合理选拔和准确认定的程序。"方今取士,强记博诵而略通于文辞,谓之茂才异等、贤良方正。茂才异等、贤良方正者,公卿之选也。记不必强,诵不必博,略通于文辞,而又尝学诗赋,则谓之进士。进士之高者,亦公卿之选也。夫此二科所得之技能,不足以为公卿,不待论而后可知。"① 用科举考试来选择政治治理的人才,在北宋朝野人士中基本上没有异议,而在如何取士和取士标准上,争议就较大。仁宗庆历三年(1043)七月,范仲淹任参知政事,在韩琦、宋祁、欧阳修等人的支持下,于九月上奏的10项改革方案,即《答手诏条陈十事》中提出的"精贡举"方案明确要改革专以诗赋取士的科举制,把考试重点放在儒学经义上。范仲淹早就发现:"国家乃专以辞赋取进士,以墨义取诸科,士皆舍大方而趋小道,虽济济盈庭,求有才有识者十无一二,况天下危困乏人如此,将何以救?在乎教以经济之业,取以经济之才,庶可救其不逮。"② 改革之方在于:"进士先策论而后诗赋,诸科墨义之外更通经旨意。使人不专辞藻,必明理道,则天下讲学必兴,浮薄知劝,最为至要。"③ 慨然有矫世变俗之志的王安石,继承"庆历新政"精贡举之志,坚定地主张对科举制度进行了彻底的改革,将以经义取士的方案付诸实践。不仅通过文辞进身的官员无法有效地履行职责,而且在王安石看来,既不"教之以道艺",也没有经过政府机构"考问其才能",甚至连社会贤达"保任其行义"都被省免,而国家却"辄以官予之","任之以事"。这种"官人以世,而不计其才行"④

---

① (宋)王安石:《王安石全集》卷一《上皇帝万言书》,秦克、巩军标点,第8页。
② (宋)范仲淹:《范文正公政府奏议》卷上《答手诏条陈十事》,载(清)范能濬编集:《范仲淹全集》,薛正兴点校,凤凰出版社,2004年,第478页。
③ (宋)范仲淹:《范文正公政府奏议》卷上《答手诏条陈十事》,载(清)范能濬编集:《范仲淹全集》,薛正兴点校,第478页。
④ (宋)王安石:《王安石全集》卷一《上皇帝万言书》,秦克、巩军标点,第9页。

的做法,实乃"纣之所以乱亡之道,而治世之所无也"。① 那么,如果改变这种不合理的选拔人才制度呢?"所谓取之之道者,何也?先王之取人也,必于乡党,必于庠序,使众人推其所谓贤能,出之以告于上而察之。诚贤能也,然后随其德之大小、才之高下而官使之。所谓察之者,非专用耳目之聪明,而听私于一人之口也。欲审知其德,问以行;欲审知其才,问以言。得其言行,则试之以事。所谓察之者,试之以事是也。"② 王安石的意思是:第一,人才选拔由下向上的渠道必须保证十分的畅通。地方学校是人才选拔的重要基地。通过选拔和考察,然后根据德行与才能的差异,分别加以使用。第二,对人才的考察,必须与他的言论和行为相联系。才华往往通过言论表现出来,也会通过事务实践表现出来。也就是说,要把学校教育纳入人才选拔制度中,人才必须从学校教育中选拔,进而建立严密的人才选拔制度和体系。要由君主直接控制取士权力,君主选拔公卿大夫,然后由公卿选拔四方贤能。选官由基层推荐,上级考察,除了考察言行,还要将官员放到实际工作中进行考察,经长期试用,正式任用那些实属德才兼备的人。所谓"任之",是指人才使用而言。当时中央政府在用人问题上最大的差池是用非其人和用人不专,"又不问其德之所宜,而问其出身之后先;不论其才之称否,而论其历任之多少。以文学进者,且使之治财;已使之治财矣,又转而使之典狱;已使之典狱矣,又转而使之治礼。是则一人之身,而责之以百官之所能备,宜其人才之难为也。夫责人以其所难为,则人之能为者少矣。人之能为者少,则相率而不为"。③ 有鉴于此种情形,王安石提出了"任之之道"的三项原则:一是"宜"。朝廷用人应该以称职为原则,用人所长,德才兼备的为主官,德才次一等的为副职。二是"久"。久于其任,则上下相知,成绩可著,错误可彰,才能真正识别人才,用好人才。三是"专"。"夫人才成于专而毁于杂。"④ "所谓任之之道者,何

---

① (宋)王安石:《王安石全集》卷一《上皇帝万言书》,秦克、巩军标点,第 9 页。
② (宋)王安石:《王安石全集》卷一《上皇帝万言书》,秦克、巩军标点,第 4 页。
③ (宋)王安石:《王安石全集》卷一《上皇帝万言书》,秦克、巩军标点,第 9 - 10 页。
④ (宋)王安石:《王安石全集》卷一《上皇帝万言书》,秦克、巩军标点,第 5 页。

也?人之才德,高下厚薄不同,其所任有宜有不宜。先王知其如此,故知农者以为后稷,知工者以为共工。其德厚而才高者以为之长,德薄而才下者以为之佐属。又以久于其职,则上狃习而知其事,下服驯而安其教,贤者则其功可以至于成,不肖者则其罪可以至于著。故久其任而待之以考绩之法。夫如此,故智能才力之士,则得尽其智以赴功,而不患其事之不终、其功之不就也。"①王安石关于使用人才的问题,提出的具体措施就是"任之适宜""久任其职"和"得行其意"。他鉴于北宋官员的频繁调动,特别强调"久任其职"的重要性。一方面,从消极方面讲,"居职任事之日久,不胜任之罪,不可以幸而免故也"②;另一方面,从积极方面讲,"《书》曰:'三载考绩。三考,黜陟幽明。'此之谓也。然尧、舜之时其所黜者,则闻之矣,盖四凶是也。其所陟者,则皋陶、稷、契皆终身一官而不徙。盖其所谓陟者,特加之爵命、禄赐而已耳"。③ 总之,王安石从人才的培养、待遇、选拔和使用等四个方面,有针对性地提出了一整套培育和选拔人才的设想和制度安排。他认为变法更张的基础性工作在于选拔一批德才兼备的官员,再利用这些干才有效地推进变法事业。

《上皇帝万言书》是十年后大举推进的荆公新法的先行文献,其最核心的思想是在陶冶、培育人才的前提下,通过改革吏治来落实变法的制度成果,这既是王安石长期在基层历练和思考的结果,也是对十四年前由范仲淹主导的庆历新政精神的承袭。作为晚辈,王安石服膺范氏的人格,尽管是两代人,但是两人都是才华横溢的文人,都是有志于改革弊政的政治家。仁宗皇祐元年(1049),范仲淹曾短暂地出知杭州,王安石时任鄞县(今鄞州区)知县,他专程拜谒范仲淹,并且曾写下《上杭州范资政启》,用"粹玉之彩,开眉宇以照人;缛星之文,借谈端而饰物"等语,④ 表达了对范仲淹的仰慕。面见后写下的《谢范资政启》更是不吝誉扬之词,"窃陶大化,瞻若重霄。执讯隆堂,

---

① (宋)王安石:《王安石全集》卷一《上皇帝万言书》,秦克、巩军标点,第4页。

② (宋)王安石:《王安石全集》卷一《上皇帝万言书》,秦克、巩军标点,第4-5页。

③ (宋)王安石:《王安石全集》卷一《上皇帝万言书》,秦克、巩军标点,第5页。

④ (宋)王安石:《王安石全集》卷二十三《上杭州范资政启》,秦克、巩军标点,第194页。

近修于常礼；占辞记室，屡致于尊光。赐逾褒衮之荣，仰极高山之咏。恭想镇海都会，宣国福威，御六气之和，荐百嘉之祐。伏惟本官，道宗当世，名重本朝，思皇廊庙之材，均逸股肱之郡，即还大政以泽含生"。① 皇祐四年（1052）五月，范仲淹病逝于徐州，王安石正在舒州通判任上，他沉痛地写下了《祭范颍州仲淹文》："呜呼我公，一世之师。由初迄终，名节无疵。"② 说范氏为政，"扶贤赞杰，乱冗除荒。官更于朝，士变于乡。百治具修，偷堕勉强"。③ 他坚信自己就是追随范仲淹的追随者。"范仲淹之于庆历，亦犹王安石之于熙宁也。仲淹革弊之规模已具于《天圣上宰相书》及《上皇帝之书》，王安石变法之规模已具于嘉祐中上书，熙宁初入对之日也。"④

《上皇帝万言书》的流布，为王安石带来了极高的声誉，南朝梁刘勰《文心雕龙·奏启》云："奏，进也。言敷于下，情进于上也。"⑤ 又讲到奏章所应具备的气质和内涵："是以立轨运衡，宜明体要；必使理有典刑，辞有风轨，总法家之式，秉儒家之文，不畏强御，气流墨中，无纵诡随，声动简外，乃称绝席之雄，直方知举耳。"⑥ 不但有内容、形式上的基本要求，也相当重视其可能达到的艺术感染力："标以显义，约以正辞，文以辨洁为能，不以繁缛为巧；事以明核为美，不以深隐为奇。此纲领之大要也。"⑦ 王氏在行文过程中稳健地展开学理化的论证。从"患在不知法度"，逐次推导出中心论点："以方今天下之人才不足故也"。王安石性格一向执拗，他将反对自己意见的士大

---

① （宋）王安石：《王安石全集》卷二十四《谢范资政启》，秦克、巩军标点，第200页。

② （宋）王安石：《王安石全集》卷八十一《祭范颍州仲淹文》，秦克、巩军标点，第625页。

③ （宋）王安石：《王安石全集》卷八十一《祭范颍州仲淹文》，秦克、巩军标点，第626页。

④ （宋）吕中：《类编皇朝大事记讲义》卷九《仁宗皇帝·馆阁》，张其凡、白晓霞点校，上海人民出版社，2014年，第193－194页。

⑤ （南朝梁）刘勰撰：《文心雕龙注》卷五《奏启第二十三》，范文澜注，人民文学出版社，1958年，第421－422页。

⑥ （南朝梁）刘勰撰：《文心雕龙注》卷五《奏启第二十三》，范文澜注，第423页。

⑦ （南朝梁）刘勰撰：《文心雕龙注》卷五《议对第二十四》，范文澜注，第438页。

夫言论均视为"迂阔而熟烂"。^① 士大夫"至于大伦大法，礼义之际，先王之所力学而守者，盖不及也。一有及此，则群聚而笑之，以为迂阔"。其胸襟逼仄，其眼光短浅，俨然如小人。王安石对此显然十分不屑。他继续宽慰仁宗皇帝，认为历代帝王革新政治都会遭遇阻挠。改革是漫长的过程，不可能一蹴而就。王安石希望仁宗皇帝坚定革新政治的决心。他在奏议结尾感激君主知遇之恩。在王氏看来，一方面"在位之人才不足，而无以称朝廷任使之意"^②；另一方面"朝廷所以任使天下之之士者，或非其理，而士不得尽其才"。^③ 强烈的政治责任感和自信心使他义无反顾地进言献策，真诚地表达出一个务实的政治家所具备的政治素质和道义责任。宋代历史学家就敏锐地指出："安石变法之规模，亦略见于此书矣。其大意则以立法度、变风俗为急，然安石谓'先王之政法其意而已'，而安石所立之法，则一一牵合于《周礼》，而略《关雎》《麟趾》之意，则其意果合先王乎？安石谓'今之人才，教之、养之、取之、任之皆非其道'，而安石乃以《新经》《字说》坏未用之人才，以检正习学坏已用之人才，其果能得其道乎？至谓'朝廷有所施为变革，一有流俗侥幸之人不悦，则止而不能为'，此后日勇于去君子，勇于塞人言，勇于任民怨，而为行新法之根本也。"^④ 邓广铭认为，《上皇帝言事书》，并没有受到仁宗皇帝和当政宰辅大臣的注意。他认为这是因为《言事书》将如何培育与造就大量的合格的行政官员作为论说的重中之重，而其成就此种目的之路径分析则空言居多，可操作性较低。邓广铭又指出，《上皇帝言事书》的设想与熙宁变法的各项措施相比较，就会发现后者贴近实务而前者较多空想。"所以，《言事书》奏进后不曾得到重视，一个最大原因，应是在于它所悬拟的设计方案与现实的社会政治距离太远，而不应专门责怪当时在位的皇帝和宰辅大臣等人。"^⑤ 陈

---

① （宋）王安石：《王安石全集》卷一《上皇帝万言书》，秦克、巩军标点，第 13 页。

② （宋）王安石：《王安石全集》卷一《上皇帝万言书》，秦克、巩军标点，第 13 页。

③ （宋）王安石：《王安石全集》卷一《上皇帝万言书》，秦克、巩军标点，第 13 页。

④ （宋）吕中：《类编皇朝大事记讲义》卷九《仁宗皇帝·三司使》，张其凡、白晓霞点校，上海人民出版社，2012 年，第 199 页。

⑤ 邓广铭：《北宋政治改革家王安石》，人民出版社，1997 年，第 36 页。

弱水讲到过空想政治的模式，说这种思想是指一种与思想所产生的环境实况不相符的思想，这种思想的目的是在彻底改变与此种思想不符的现实环境，但在原则上却是不可能实现的。而它之所以不可能实现，则经常与其目标的完美性有关。换句话说，目的的完美阻碍了思想家对实际问题的认知和处理。① 陈氏说："儒家政治思想主流中的乌托邦性质对于中国历史产生了极其深远的影响。这种思想所涵蕴的理想以及对如何实现理想的指示，普遍地融入了历代儒者的意识深处，成为他们批评现实世界的起点与超脱现实世界的终点。"② 王安石不久之后就调整了治国思路，回归到以制度建设以及行政落实的务实道路上，基本上抛弃了以彰显人的内在之善为出发点和最后归宿的政治治理原则。

三、《明妃曲》与王安石的政治忠诚

嘉祐四年（1059），三司度支判官任上的王安石写出了千古名篇《明妃曲》。他一向把诗文成就视作"虚名"，而强调"道义"。"欲传道义心犹在，强学文章力已穷。"③ 他倡导经世致用，重视文以载道，建议"先除去声病对偶之文，使学者得以专意经义"。④ 我们知道，文与道的关系是古文运动的重要议题，王安石所表现的基本倾向是文道并重。他主张表现的题材必须有意义，技巧则讲究艺术性。在重"道"的同时，相对也重视"文"本身的特质与作用。王安石的咏史诗，多半具有深刻的思想内涵和清醒的理性精神，展现出很高的人格境界。他的咏史诗，总是以自己的独到见解推翻了长期以来诗家或史家对某些历史人物和历史事件的定论，独抒己见，冷静地表达出对历史人物的客观评价。汉代的王昭君，一位美丽善良的女性，却因为宫廷政治的黑暗

---

① 参见陈弱水：《追求完美的梦：儒家政治思想的乌托邦性格》，载刘岱总主编：《中国文化新论》（思想编），台湾联经出版公司，1991年，第213页。
② 陈弱水：《追求完美的梦：儒家政治思想的乌托邦性格》，载刘岱总主编：《中国文化新论》（思想编），第214－215页。
③ （宋）王安石：《王安石全集》卷五十五《奉酬永叔见赠》，秦克、巩军标点，第449页。
④ （宋）王安石：《临川先生文集》卷四十二《乞改科条制札子》，四部丛刊景明嘉靖本。

而被远嫁异域,历代诗人均对其深表同情。如杜甫咏怀诗①和白居易的《王昭君》。② 杜甫晚年流寓夔州,来到了西陵峡边的昭君村,想象这位远嫁异域他乡,只能在月夜魂归故里的王昭君,诗人产生出强烈的共鸣。白居易的诗多为平易朴实之作,这首诗是少见的蕴藉之作。诗未做一语评论,也未直接抒发同情之语,但满腔的怜悯之情洋溢于字里行间。这两首昭君诗歌,都有很高的艺术水准,思想和情感也并无太大区别,而王安石所做的两首《明妃曲》,则迥然不同,的确是对前人相关诗作的翻案:

一

明妃初出汉宫时,泪湿春风鬓脚垂。
低徊顾影无颜色,尚得君王不自持。
归来却怪丹青手,入眼平生几曾有。
意态由来画不成,当时枉杀毛延寿。
一去心知更不归,可怜着尽汉宫衣。
寄声欲问塞南事,只有年年鸿雁飞。
家人万里传消息,好在毡城莫相忆。
君不见咫尺长门闭阿娇,人生失意无南北。

二

明妃初嫁与胡儿,毡车百辆皆胡姬。
含情欲说独无处,传与琵琶心自知。
黄金杆拨春风手,弹看飞鸿劝胡酒。
汉宫侍女暗垂泪,沙上行人却回首。
汉恩自浅胡自深,人生乐在相知心。
可怜青冢已芜没,尚有哀弦留至今。③

郭沫若喜作翻案文章,在众多的被翻案历史人物中,郭沫若评价最高的

---

① (唐)杜甫:《杜工部集》卷十五《咏怀古迹五首之三》,续《古逸丛书》景宋本配毛氏汲古阁本。
② (唐)白居易:《白氏长庆集》卷十四《王昭君二首》,四部丛刊景日本翻宋大字本。
③ (宋)王安石:《王安石全集》卷四十《明妃曲二首》,秦克、巩军标点,第351页。

首推王安石。也许因为王安石是中国历史上最为大胆和彻底的政治改革家，郭氏对他的褒扬到了无以复加的地步。郭氏对王安石及其事业有极大的同情，认为王安石被"污蔑足足有一千年的岁月"，郭氏把后人解说《明妃曲》的一些分歧视为"引起了阶级意识的斗争"①未免小题大做。不过，荆公此诗一出，唱和者多有，各自表现出不同的思想倾向和情感归依。宋人李壁注王安石诗云：

> 山谷（黄庭坚）跋公此诗云："荆公作此篇，可与李翰林（白）、王右丞（维）并驱争先矣。往岁道出颍阴，得见王深父（回）先生，最承教爱。因语及荆公此诗，庭坚以为'词意深尽，无遗恨矣'。深父独曰：'不然。孔子曰：夷狄之有君，不如诸夏之亡也。人生失意无南北，非是。'庭坚曰：'先生发此德言，可谓极忠孝矣。然孔子欲居九夷，曰：君子居之，何陋之有？恐王先生未为失也。'明日，深父见舅氏李公择曰：'黄生宜择明师畏友与居，年甚少而持论知古血脉，未可量也。'"②

《明妃曲》的第一首，暗示宫廷的冷酷和黑暗，抒发人生失意的感慨，借他人之杯酒，浇本人郁郁不得志的胸中之块垒。第二首诗概括了昭君由失意、悲伤，到在塞外找回了自己人生的意义，"汉恩自浅胡自深，人生乐在相知心"。这是王安石独特的关于人生价值的真知灼见，大胆翻新，奇警异常，令人拍案叫绝。文坛领袖欧阳修写下两首和诗。其中第二首《再和明妃曲》，将王安石有关对帝王昏庸的抱怨和独特人生价值的肯定进一步加以抒发："绝色天下无，一失难再得。虽能杀画工，于事竟何益？耳目所及尚如此，万里安能制夷狄！"③司马光的和诗也将谴责的矛头指向皇帝："目前美丑良易知，咫尺掖庭犹可欺。君不见白头萧太傅，被谗仰药更无疑。"④然而，王回却讥讽王

---

① 参见郭沫若：《郭沫若古典文学论文集》，上海古籍出版社，1985年，第644页。
② （宋）王安石撰、李壁注：《王荆公诗注》卷八《明妃曲二首》，文渊阁四库全书本，第1106册，第47页。
③ （宋）欧阳修：《居士集》卷八《再和明妃曲》，载《欧阳修全集》，第57－58页。
④ （宋）司马光：《温国文正公文集》卷三《和王介甫明妃曲》，四部丛刊景宋绍兴本。

安石昧于夷夏之辨。夷夏之辨确认夷狄与华夏是两种不同的文化，这两种文化不仅在文明程度上有高低，而且在渊源上也有差异。尽管与近代民族主义以民族国家为基础的民族观念不同，夷夏之辨强调中国文化的本位价值以及不可取代性。它所表达的是对华夏文化的强烈认同。在那里，文化高于民族和国家。但是"夷"与"夏"，毕竟是两种不同的文明类型，对华夏文明共同体的忠诚与华夏文化强大优越性的确信不应该动摇。黄庭坚则抬出"孔子欲居九夷"来消解王回坚守的单向度的"忠诚"，是非常理解王安石诗中的本意的。对"夷夏之辨"的坚守，是《明妃曲》受到后世非议的关键因素。黄庭坚对此诗之立意宗旨和艺术水准十分赞赏，反对王回从儒家夷夏之辨的民族观念和忠孝观念出发，特别揭出"人生失意无南北"一句，加以否定性评价的做法。黄庭坚则依据其对儒家夷夏之辨根本宗旨的深刻理解，不以王诗末句为失，使得王回深为叹服。然而，在接下来的岁月里，宋代士大夫对《明妃曲》的理解和批判，既纠结于"人生失意无南北"，也留意于"汉恩自浅胡自深，人生乐在相知心"一句。在道德和政治的维度上，成了士人瞩目的焦点，南宋绍兴四年（1134）范冲与高宗论及王安石：

  宗正少卿兼直史馆范冲入见。冲立未定，上云："以史事召卿。两朝大典，皆为奸臣所坏，若此时更不修定，异时何以得本末？"冲因论熙宁创制，元祐复古，绍圣以降，张弛不一，本末先后，各有所因，不可不深究而详论。读毕，上顾冲云："如何？"对曰："臣闻万世无弊者，道也；随时损益者，事也。仁宗皇帝之时，祖宗之法，诚有弊处，但当补缉，不可变更。当时大臣如吕夷简之徒，持之甚坚。范仲淹等初不然之，议论不合，遂攻夷简，仲淹坐此迁谪。其后夷简知仲淹之贤，卒擢用之。及仲淹执政，犹欲伸前志，久之自知其不可行，遂已。王安石自任己见，非毁前人，尽变祖宗法度，上误神宗皇帝，天下之乱，实兆于安石。此皆非神祖之意。"上曰："极是！朕最爱元祐。"上又论史事。冲对："先臣修《神宗实录》，首尾在院，用功颇多，大意止是尽书王安石过失以明非神宗之意，其后安石婿蔡卞怨先臣书其妻父事，遂言哲宗皇帝绍述神宗，其实乃蔡卞绍述王安石。惟是直书安石之罪，则神宗成功盛德焕然明白。"……上又论王安石之奸，曰："至今犹有说安石是者，近日有人要行安石法度，不知人情何故直至如此?"冲对:"昔程颐尝问臣:'安石为害于天下者何事?'臣对以新法。颐曰:'不然。新法之为害未为甚,有一人能改之,即已矣。安石心术不正,为害最大。盖已坏了天下人心术,将不可变。'臣初未以为然,其后乃知安石顺其利欲之心,使人迷其常性,久而不自知。且如诗人多作《明妃曲》,以失身为无穷之恨。至于安石为《明妃曲》,则曰:'汉恩自浅胡自深,人生乐在相知心。'然则刘豫不足罪过也。今之背君父之恩,投拜而为盗贼者,皆合于安石之意。此所谓坏天下心术。"上曰:"安石至今犹封王,岂可尚存王爵!"①

范冲是参与司马光《资治通鉴》写作的骨干、隋唐史专家范祖禹之子。范祖禹向来以道德自重,品评人物以道德为唯一标准,予取予夺,不假辞色。我们知道,北宋同过去一些专制王朝相比,在政治上的突出特点是施行高度的中央集权的专制制度。这主要表现在下列几个方面:首先,重内轻外。政权安危高于一切。其次,高度中央集权的行政体制。地方政权完全控制在中央,中央官僚制度则设置重叠,互相制约,以利皇帝的操控。第三,采用优礼与钳制相结合的方法控制士大夫。宋代政治特点与政治生活中的特殊现象对当时的士大夫有着深刻的影响,故其生活与思想方式、行为方式与前代士大夫有着显著的差异。盛唐时,士大夫多有立功异域、喋血疆场的渴望,士人参佐戎幕者不少。宋代士大夫则有一种怯外惧外的心理,视边事为畏途,更缺乏远略。而且,宋代以道德标准品评人物的风气甚浓,治国安邦、领军经武之才,较之道德文章反在其下。急功近利者必为小人,老成持重者必为君子。宋代士大夫的书本知识虽较前人丰富,其生活情趣亦较前人清雅,但思想却很局促,气魄也小得多。范冲对《明妃曲》做出独特评价的南宋,由于新的场景,面对着外在的强敌,再说"汉恩自浅胡自深,人生乐在相知心"就容易受到曲解。论者以为,关于王朝政权合法性的建构,一向有"合天下于一"和"居天下之正"之分别。如欧阳修判定中国历史上所存政权合法性的标准,一是看是否"名正",二是看这个政权能否使天下定于一尊。这其实是将价值观念与历史

---

① (宋)李心传:《建炎以来系年要录》卷七十九,绍兴四年八月戊寅条,中华书局,1956年据商务印书馆《国学基本丛书》本原版重印,第1289-1290页。

事实在一定程度上结合起来，在顾及纲常伦理的情况下，从国家统一或分裂的角度来评价各王朝的历史地位。而在南宋儒者那里，政权合法性的依据只能立基于德行之上。要求政治合法性具有"居天下之正"的属性，便赋予民族主义意绪的政治观念。"天无二日，民无二主"的传统政治意识在外族入侵的历史条件下再度得以彰显。从"华夷之辨""夷夏之防"的角度来论政治和历史上的正统归属与政权合法性的依据，是南宋以来政治和历史理论中的新内容。在朱熹将儒家的道德伦理逻辑等同于客观历史演进之逻辑，以先验性的伦理本体"天理"为唯一的价值标准来认识，评判历史复杂的演进过程中所出现的复杂现象的思想体系的建构过程中，范冲不过是一名不知名的前驱者，《明妃曲》也不过是其赖以发声的道具。但是，王安石《明妃曲》的独特价值，正在其借男女感情之事来寄寓君臣遇合之慨，从而表现出一位抱负远大的政治家高卓的见识及其不同于一般文人之见的政治情怀，这又岂是范冲一类的道学头巾气息极其浓郁的士大夫所能理解的。

我们认为，《明妃曲》也涉及关于政治忠诚问题的实质。"夫子之道，忠恕而已矣"这句话，揭示出忠诚伦理在儒家思想体系中的核心地位。儒家的忠诚理念，贯穿了伦理主张和政治要求两者的要求，成为道德理想落实于现实事务的观念架构。儒家注重从道德理想视角对待现实事务，忠诚作为正己正人的理想性的伦理道德规范，凌驾于现实的政治运作之上，是政治统治者调整与控制组织化社会生活的基本原则。儒家认为政治忠诚能够起到维系人际合作、凝聚人心的功能，不失为一种工具性的观念架构。这与现代政治学学术体系中的国家认同（National Identity）密切相关。国家认同指的是在有别的国家存在的情况下，国民对自己国家独特性的想象、认识和期待。就个体层面而言，国家认同是指国民个体在心理上认为自己归属于该政治共同体，意识到自己具有该国成员的身份资格。就国家层面而言，国家认同则是指其独特的属性并得到别的国家的承认。只有同时得到国内个体与他国的认同，国家认同才能得以建构。因此，他国的承认与国内个体的拥护都是国家合法性的源泉。只不过传统儒家的国家认同，将伦理的意味和政治的意味熔为一炉，更加使这种政治忠诚高度凝聚化，忠诚寄寓于道德理想之中，成为道德理想中规则较高的一个位格。秦、汉以后，帝王们意识到"君子之事亲孝，故忠可移于君；事兄悌，故顺可移于长"①，将忠诚之根扎于深厚的宗法传统之中，这就保证了儒家忠诚伦理与忠孝观念相一致。并且逐渐领悟到政治控制价值，将政治权威与伦理榜样相统一的绾为一体，从而自觉地充当起忠诚伦理的政治代理人和政治忠诚的对象。宋代新儒学有鉴于晚唐五代的政治失序，致力于建构新的政治忠诚的对象，并不断地强化政治认同的稳固，理学的兴起，有助于政治忠诚理念的稳定。任剑涛认为，汉代以后儒家礼法制度的完善，保证了儒家忠诚伦理的意识形态不受挑战。儒家忠诚伦理的政治功能，即它作为一种社会控制方式，才可以现实地发挥。这种功能，自汉以后，突出表现在三个方面。第一，维护政治一统。第二，保证思想一统。第三，导致社会一统。② 明乎此，"人生失意无南北"是不能被接受的，更罔论"汉恩自浅胡自深，人生乐在相知心"。现代政治理念告诉我们，政治忠诚并不是国民对政治权力构成或政治领袖的盲从，它应该是一种"批判性忠诚"。我们不否认"忠诚于国家的观念对推动国家认同的发育与强化具有更加关键、更加积极的意义"。③ 但是，"双向义务"忠诚观念更有生命力，更能够调和国家与国民之间的关系，维系国家权力意志和国家权益之间的平衡，那就是强调国与民关系的对等性和政治对应性。孔子就认为忠诚是君臣双方互有条件的义务，"君使臣以礼，臣事君以忠"。④《孟子·离娄下》中更提出"君之视臣如手足，则臣视君如腹心；君之视臣如犬马，则臣视君如国人；君子视臣如土芥，则臣视君如寇仇"。显然，孟子认为代表国家的"君"和作为国民个体的"臣"之间的忠诚必须体现公平的原则和平等的精神。《孟子·梁惠王下》进一步认为："齐宣王问曰：'汤放桀，武王伐纣，有诸？'孟子对曰：'于《传》有之。'曰：'臣弑其君可乎？'曰：'贼仁者谓之贼，贼义者谓之残，残贼之人，谓之一夫。闻诛一夫纣矣，未闻弑君也。'"孟子将"事君以忠"推演为一种合理的反抗意识。作为国民个体的臣

---

① （春秋）曾参撰、（唐）李隆基注、（宋）邢昺疏：《孝经注疏》卷七《广扬名章第十四》，载（清）阮元校刻：《十三经注疏》，中华书局，1980年，第2558页上。

② 参见任剑涛：《在伦理与政治之间：儒家忠诚伦理的分析》，载《齐鲁学刊》，1996年第2期，第18页。

③ 姚大力：《变化中的国家认同——读〈中国寻求民族国家的认同〉札记》，载《近代中国的国家形象与国家认同》，上海古籍出版社，2003年，第141页。

④ （三国魏）何晏集解、（宋）邢昺疏：《论语注疏》卷三《八佾》，载（清）阮元校刻：《十三经注疏》，第2468页上。

矫正代表国家"君"的不义行为,是符合政治伦理的要求的,由此为儒家伦理注入了更为强烈的人际对等性和政治平等性的内涵。但是,由荀子和韩非所倡导的"单向义务"忠诚说,奉行作为国民个体的臣履行对代表国家的"君"的单向度义务,从观念上加强了对臣民的实际道德生活的约束力。韩愈所说的"民者,出粟、米、麻、丝,作器皿,通货财,以事其上者也"①,"民不出粟、米、丝、麻,作器皿,通货财,以事其上,则诛"②,就是这种加强版的政治约束力的写照。这种不平等的、带有强制性和反理性"忠诚"不能有效地凝聚起对国家的真正忠诚,它只能意味着单方面的服从。这种绝对的忠诚、无条件的忠诚的荒谬性,是不言而喻的。黑格尔说:"'封建'和'忠诚'是连在一起的。这种忠诚乃是建筑在不公平的原则上的一种维系,这种关系固然具有一种合法的对象,但是它的宗旨是绝对不公平的。因为臣属的忠诚并不是对于国家的一种义务,而只是一种对私人的义务——所以事实上这种忠诚是为偶然机会、反复无常和暴行所左右的。普遍的不公平、普遍的不法,一变而成为对于个人依赖和对于个人负有义务的制度,所以只有义务的形式构成了公平的方面。"③ 理性的忠诚本质而言是对个人责任的担当,它并不要求以牺牲个人利益为前提。

四、"理财"与"治道"

嘉祐五年(1060),四十岁的王安石已经担任三司度支判官一年以上,他对国家治理的核心问题之一财政措施的设定与落实有了自己的看法,国内学者经常引用的列宁对王安石的评语:"王安石是中国十一世纪时的改革家。"④ 更多时候在阐发他的财政思想时,才能够获得正确的理解。在《上皇帝万言书》中,王安石就提出"因天下之力,以生天下之财;取天下之财,以供天下之

---

① (唐)韩愈:《韩愈文集汇校笺注》卷一《原道》,刘真伦、岳珍校注,中华书局,2010年,第3页。
② (唐)韩愈:《韩愈文集汇校笺注》卷一《原道》,刘真伦、岳珍校注,第3页。
③ [德]黑格尔(George Wilhelm Friedrich Hegel):《历史哲学》,王造时译,上海书店出版社,1999年,第382页。
④ [苏]列宁(Vladimir Ilich Lenin):《修改工人政党的土地纲领》,载《列宁全集》(第10卷),中共中央马克思恩格斯列宁斯大林著作编译局编译,人民出版社,1984年,第152页。

费。自古治世，未尝以不足为天下之公患也，患在治财无其道耳"。① 因此他说："善理财者，民不加赋而国用饶。"② 对于如何整理中央财政事务，让财政收支起到推动国家机器运转、达成国家意志与目标的恒久驱动力量，王安石已是成竹在胸：

> 夫合天下之众者财，理天下之财者法，守天下之法者吏也。吏不良，则有法而莫守；法不善，则有财而莫理。有财而莫理，则阡陌闾巷之贱人，皆能私取予之势，擅万物之利，以与人主争黔首，而放其无穷之欲，非必贵强桀大而后能。如是而天子犹为不失其民者，盖特号而已耳。虽欲食蔬衣敝，憔悴其身，愁思其心，以幸天下之给足，而安吾政，吾知其犹不行也。然则善吾法，而择吏以守之，以理天下之财，虽上古尧、舜犹不能毋以此为先急，而况于后世之纷纷乎？③

"理财"一词，最早见于《周易·系辞下》："天地之大德曰生，圣人之大宝曰位，何以守位曰仁，何以聚人曰财。理财正辞，禁民为非曰义。"在这里，"理财"，即"管理财务"之义。王安石表明的意思是：第一，理财是朝廷的首务，其开阖敛散之权必须操控在中央政府手中，否则太阿倒持，授人以柄，地方豪强一旦掌握了敛散财物的权力，则会严重影响中央政府的威望，减损中央政府的物质资源，抬升地方势力，这就极其不利于社会政治秩序的稳定。第二，中央政府的理财工作要走上正轨，获得稳定、持续的财政资源，一要有合理的法度，二要有守法的人才，二者缺一不可。一般而论，北宋太祖、太宗，惩五代藩镇之横虐，于是以文臣易方镇，收其精兵，制其钱谷，总其刑法，正其衡量。"因四方渐定，诸帅王觐者辄留宿卫，畜其族京师，罢节廉诸府。裂方镇之地，而置转运使，罢刺史而遣士大夫行郡事。置其贰，陈其旅，以分其权。郡长吏不敏，听理不明，则转运使纠其谬，以直民之曲。郡长吏而才，足以自为政，不复摄属于连帅之为患也。故距兹八十年，天下如一家，政事如一

---

① （宋）王安石：《王安石全集》卷一《上皇帝万言书》，秦克、巩军标点，第8页。
② （宋）吕中：《类编皇朝大事记讲义》卷十五《神宗皇帝·理财之意始露》，张其凡、白晓霞点校，第290页。
③ （宋）王安石：《王安石全集》卷三十四《度支副使厅壁题名记》，秦克、巩军标点，第309－310页。

体，关棙动静，臂指伸缩，无有不如意者。"① "列郡以京官权知，三年一易。虽郡县管库等微职，都必命于朝廷。"于是"四方万里之远，奉尊京师。文符朝下，期会夕报。伸缩缓急，皆在朝廷矣"。② 中国历史上完备的中央集权政治，就是从这个时候才真正形成的。与政治领域里的新形势相适应，北宋在经济政策（主要是田制和税收）上也是围绕增进中央财政收入做文章，但是，北宋的经济政策"多伐异而党同，易动而轻变。殊不知大国之制用，如巨商之理财，不求近效而贵远利。宋臣于一事之行，初议不审，行之未几，即区区然较其失得，寻议废格。后之所议未有以愈于前，其后数人者，又复訾之如前。使上之为君者莫之适从，下之为民者无自信守，因革纷纭，非是贸乱，而事弊日益以甚矣。世谓儒者论议多于事功，若宋人之言食货，大率然也"。③ 王安石希望彻底改变这种状况，实施稳定的财政政策，使得中央更多地且更有效地掌控全国的财源。王安石对地方豪强势力的兼并活动向来印象深刻，对土地兼并的警觉和限制是他一贯的主张："人主擅操柄，如天持斗魁。赋予皆自我，兼并乃奸回。"④ 针对当时"势官富姓，占田无限，兼并冒伪，习以为俗，重禁莫能止焉"⑤ 的形势，王安石认为要达至"富国"之目的，必须"变风俗，立法度"⑥，"以权制兼并，均济贫乏"。⑦ 要将财富资源从地主商贾的兼并之家转移到中央政府手中来，惟有如此，政府才能从事军事和民生之大事的筹划、实施。王安石将理财界定为"理天下之财"，有两方面的含义：其一是整理国家财务，即整顿国家的财政收支状况，在摸清国家财政状况的基础上，合理调配财政资源。其二是在前者的基础上将理财扩展为对财富的生产、分配和流通

---

① （宋）张方平：《乐全集》卷三十三《吴兴郡守题名记》，文渊阁四库全书本，上海古籍出版社，1987年影印本，第1104册，第361页。
② （宋）叶适：《水心别集》卷十四《纪纲二》，载《叶适集》，刘公纯、王孝鱼、李哲夫点校，中华书局，1961年，第813页。
③ （元）脱脱：《宋史》卷一百七十三《食货志一•农田》，第4156－4157页。
④ （宋）王安石：《王安石全集》卷五十一《兼并》，秦克、巩军标点，第421页。
⑤ （元）脱脱：《宋史》卷一百七十三《食货志一•农田》，第4164页。
⑥ （清）黄以周等辑注：《续资治通鉴长编拾补》卷四，熙宁二年二月庚子条，顾吉辰点校，中华书局，2004年，第153页。
⑦ （清）黄以周等辑注：《续资治通鉴长编拾补》卷四，熙宁二年二月甲子条，顾吉辰点校，第156页。

等方面进行有序、有效率的组织与管理,这就包含了整理民间资财的元素。王安石在熙宁元年(1068)任翰林学士时所说的"其于理财,大抵无法,故虽俭约而民不富,虽忧勤而国不强"①,以及他在与司马光当廷争论时所说的"善理财者,民不加赋而国用饶"。这种意见超越了单纯财政收入的观点。认为可以通过增加生产、提升劳动生产率来增加社会财富,从而增加财政收入,从而在根本上解决财政困乏的问题:

  尝以谓方今之所以穷空,不独费出之无节,又失所以生财之道故也。富其家者资之国,富其国者资之天下,欲富天下则资之天地。盖为家者,不为其子生财,有父之严而子富焉,则何求而不得?今阖门而与其子市,而门之外莫入焉,虽尽得子之财,犹不富也。盖近世之言利虽善矣,皆有国者资天下之术耳,直相市于门之内而已,此其所以困欤?②

理财的对象是"国财"和"民财",理财的根本宗旨是"以义理财"。"盖聚天下之人而治之,不可以无财。理天下之财,不可以无义。夫以义理天下之财,则转输之劳役不可以不均,用度之多寡不可以不通,货贿之有无不可以不制,而轻重敛散之权不可以无术。"③ 理财的原则是要将天下之财富通过开阖敛散之权操持在中央政府手中,要将地方豪强势力排斥在操控大宗财富之外,不使之构成对中央集权经济层面的威胁。王安石对理财正当性的坚持令人印象深刻:

  治道之兴,邪人不利,一兴异论,群聋和之,意不在于法也。孟子所言利者,为利吾国,如曲防遏籴,利吾身耳。至狗彘食人则检之,野有饿莩则发之,是所谓政事。所以理财,理财乃所谓义也。一部《周礼》,理财居其半,周公岂为利哉?奸人者因名实之近,而欲乱之,眩惑上下,其如民心之愿何?④

---

① (宋)王安石:《临川先生文集》卷四十《本朝百年无事札子》,四部丛刊景明嘉靖本。
② (宋)王安石:《王安石全集》卷五《与马运判书》,秦克、巩军标点,第46页。
③ (宋)王安石:《临川先生文集》卷七十《乞制置三司条例》,四部丛刊景明嘉靖本。
④ (宋)王安石:《王安石全集》卷八《答曾公立书》,秦克、巩军标点,第73页。

在王安石看来，理财就是为政的第一要义。理财可以增加国家的财富，达到富国强兵的目的。这样的利是符合义的要求的。"利者义之和，义固所为利也。"① 义，具有内在的价值，是儒家基本的理论设定。宋代儒学复兴，对此有进一步的论证。在理学家那里，作为当然之则的义之所以具有普遍性的品格，那是因为它体现了"天理"的要求。在理学看来，义既然体现了理的要求，就不应该包含任何功利的内容，这种观点强化了义的超功利性而完全抽离了道德的功利基础，这使得道德原则由超验化更趋于抽象化。王安石则不然，他的思想学说试图建立一种基于"现实原则"的价值判断，追求道义与功利的统一，并以后者为判定基础。如同南宋的永嘉学派所认识到的那样，王安石认为对道德的追求并不一定要将功利排斥出去，相反，"崇义以养利"才是正确的选择，利，义之和也；义，利之本也。排斥了功利，道义就成了"无用之虚语"，能为天下人谋利，才是最高的道德境界。因此，他自始至终认为："为天下理财，不为征利。"② "政事所以理财，理财乃所谓义也。"这样的认识，是王安石变法的主要理论支柱，理财是国家最高的政治事务。与此同时，王安石也意识到，人才是能否有效管理国家财富的重要因素，"合天下之众者财，理天下之财者法，守天下之法者吏"。缺乏得力的人才，理财只是一句空话。"三司副使，方今之大吏，朝廷所以尊宠之甚备。盖今理财之法，有不善者，其势皆得以议于上而改为之。非特当守成法，吝出入，以从有司之事而已。其职事如此，则其人之贤不肖，利害施于天下如何也。观其人，以其在事之岁时，以求其政事之见于今者，而考其所以佐上理财之方，则其人之贤不肖，与世之治否，吾可以坐而得矣。"③ 后来荆公新法全面推展之时，旧党人士将王安石的做法斥责为"挟管、商之术"，而王安石并不讳言管仲、商鞅之术，他在《商鞅》一诗中就说："今人未可非商鞅，商鞅能令政必行。"④ 就"道"而言，王安石当然是坚守孔孟，但在所择之"术"上，他却并不拒绝法

---

① （宋）李焘：《续资治通鉴长编》卷二百十九，熙宁四年正月壬辰条，第5321页。
② （宋）王安石：《王安石全集》卷八《答司马谏议书》，秦克、巩军标点，第73页。
③ （宋）王安石：《王安石全集》卷三十四《度支副使厅壁题名记》，秦克、巩军标点，第310页。
④ （宋）王安石：《王安石全集》卷七十三《商鞅》，秦克、巩军标点，第559页。

家手段，贤人才的缺乏所导致的后果在于即使正确的财政策略颁布也不能得到有效地实施，不切合实际的有缺陷的政策也不会得到合理的纠正，这是问题症结所在。

结　语

嘉祐六年（1061）夏，"度支判官、刑部员外郎、直集贤院、同修起居注王安石知制诰"。① 我们知道，知制诰的职能是代替皇帝起草诏告等文件，北宋前期（元丰改制前），以翰林学士草拟"内制"，② 中书舍人草拟"外制"，③ 称为"两制"。④ 由此离开了任职将近两年的三司度支判官，走向更令人眩晕的舞台中心。王安石主张国家政权积极干预经济生活，并力图增进中央政府所掌控的财税资源，但不赞成国家对经济生活采取过分的干预政策。他试图在"先王之意"的旗号下，来减少朝野的各种阻力。而推进"先王之政"、施行"先王法度"均需要人才来完成。《明妃曲》则涉及的关于政治忠诚问题的实质，认为理性的忠诚本质而言是对个人责任的担当，而不是盲从与单向度的无"私"奉献。王安石将理财界定为"理天下之财"，有两方面的含义：其一是整理国家财务，即整顿国家的财政收支状况，在摸清国家财政状况的基础上，合理调配财政资源。其二是在前者的基础上将理财扩展为对财富的生产、分配和流通等方面进行有序、有效率的组织与管理，这就包含了整理民间资财的元素。王安石对理财正当性的坚持令人印象深刻。三司度支判官是王安石登上权力巅峰的重要阶梯。

---

①　（宋）李焘：《续资治通鉴长编》卷一百九十三，嘉祐六年六月戊寅条，第4677页。

②　（宋）赵升：《朝野类要》卷二《称谓·两制》："翰林学士官，谓之内制，掌王言大制诰、诏令、赦文之类。"

③　（宋）赵升：《朝野类要》卷二《称谓·两制》："中书舍人谓之外制，亦掌王言凡诰词之类。"

④　究言之，内制指皇帝直接由宫廷发出的诏告，外制指中书门下正规机构所撰拟的诏敕。

文化偶像形成
——13 世纪前半期朱熹形象的塑造

肖永明

（湖南大学岳麓书院教授）

一、引　言

　　许多现代学者都对朱熹在中国思想文化史上的地位予以高度评价。如陈荣捷先生认为："朱熹之学，完整齐全。体用兼顾，诚明并重，由太极而阴阳，理气而至于中正仁义、修齐治平"①。钱穆先生则认为朱熹足以与孔子比肩，他们二人在中国思想文化史上的影响无与伦比："在中国历史上，前古有孔子，近古有朱子，此两人，皆在中国学术思想史及中国文化史上发出莫大声光，留下莫大影响。旷观全史，恐无第三人堪与伦比。……自有朱子，而后孔子以下之儒学，乃重获生机，发挥新精神，直迄于今。"② 这些评价，在学界产生了很大影响，也得到了较为广泛的认同。质言之，在主流的叙述中，朱熹是中国思想学术史上堪与孔子比肩的重要人物。朱熹是对儒学予以创造性发展的典范，与儒家学派的创始人孔子，是中国儒学史上并立的两座高峰。

　　但值得注意的是，现代学者对朱熹的评价正好与朱熹晚年的境况形成鲜明的对比。在南宋淳熙十五年（1188），兵部侍郎林栗对朱熹其人其学肆意攻讦，林氏在弹劾朱熹的奏折中称："熹本无学术，徒窃张载、程颐之绪余，以为浮诞宗主，谓之'道学'，妄自推尊"③。至庆元年间，党禁大兴；庆元二年（1196），叶翥、刘德秀等官员攻击道学为欺世盗名的"伪学"，朱熹更是被斥

---

① 陈荣捷：《朱熹门人》，台北：台湾学生书局，1982 年，第 22 页。
② 钱穆：《朱子学提纲》，北京：三联书店，2014 年，第 1 页。
③ 李心传辑，朱军点校：《道命录》，卷 6，上海：上海古籍出版社，2016 年，第 52 页。

为"伪学之魁"。① 同年十二月,沈继祖上书弹劾朱熹,说朱熹"资本回邪,加以忮忍,初事豪侠,务为武断。自知圣世此术难售,寻变所习,剽窃张载程颐之绪余,寓以吃菜事魔之妖术……潜形匿迹,如鬼如魅",甚至对朱熹人格加以攻击,试图把朱熹描绘成一位不忠不孝、不仁不义,欺君罔世、污行盗名的无耻之徒,最后还要求对朱熹"褫职罢祠""加少正卯之诛"②。在党禁之中,朱熹门下出现了种种惨淡景象:"从游之士,特立不顾者,屏伏丘壑;依阿巽懦者,更名他师,过门不入,甚至变易衣冠,狎游市肆,以自别其非党。"③ "学士解散,甚至有不敢名其师者。"④ 朱熹本人也一度心力交瘁,发出了"吾道之衰,一至于此"的慨叹。朱熹在《题自画像诗》中写道:"履薄临深谅无几,且将余日付残编"⑤,由此亦可略窥朱熹晚年的心境。庆元六年(1200),朱熹在党禁横行、道学衰微的氛围中溘然而逝。在朱熹下葬时,甚至还有官员上奏,要求朝廷约束"送伪师之葬"的道学人士。

在这里,我们看到一个与现代学者所描绘的完全不同的朱熹形象。其反差之强烈,令人讶异。当然,庆元党禁是当时道学的反对派利用朝廷的力量对道学人士的政治迫害与打击,他们对朱熹等道学人士人格、学术的攻评不能作为我们了解朱熹的依据⑥。反过来,从时人对朱熹"伪学之魁"的攻击中,我们能看到朱熹在当时道学群体中的地位与影响。站在今人的角度看,朱熹一生讲论、著述、编撰成果丰富,成就巨大,对儒学的发展作出了重大贡献。在中国

---

① 参看毕沅:《续资治通鉴》,卷154,北京:中华书局,1979年,第4137页。
② 参见李心传辑,朱军点校:《道命录》,卷7,上海:上海古籍出版社,2016年,第69-71页;毕沅:《续资治通鉴》,卷154,北京:中华书局,1979年,第4145页。
③ 黄榦:《朱子行状》,《勉斋先生文集》,卷34,《宋集珍本丛刊》,68册,北京:线装书局,2004年,第127页
④ 魏了翁:《参知政事资政殿学士致仕真公神道碑》,《鹤山先生大全文集集》,卷69,《宋集珍本丛刊》,册77,北京:线装书局,2004年,第365页。
⑤ 朱熹:《题自画像诗》,《朱文公文集》,卷9,朱杰人等编:《朱子全书》,上海:上海古籍出版社、合肥:安徽教育出版社,2002年,第541页。
⑥ 田浩先生说:"我们对这些人的思想所知甚少,而这些人常常被描述成一批反智的人物,但石田肇先生在研究明州高氏时指出,高文虎(1134—1212)家族对历史研究有独到的见解,而石田肇先生对周密的研究也显示必须认真看待周密(1232—1308)及其前辈对道学的批评。将来的研究也许会再现攻击道学的认识的学术发展轨迹。"田浩:《朱熹的思维世界》,南京:江苏人民出版社,2009年,第150-151页。

传统社会后期数百年之中,朱熹堪称具有崇高地位的文化偶像。甚至在经过近百年的时代变迁和文化转型之后的今天,朱熹在中国文化中的崇高地位仍然得到知识界的广泛认同。

引人关注的是,朱熹从晚年屡受攻讦、"履薄临深"的凄凉境况,到成为地位崇高、为人崇仰的文化偶像,这是一个怎样的转变过程?毫无疑问,即使不考虑庆元党禁之中反道学派官僚群体对朱熹的种种攻讦,朱熹在生前与身后的地位和影响也是有很大差异的。田浩先生曾经在《功利主义儒家——陈亮对朱熹的挑战》《朱熹的思维世界》等论著中,将朱熹置于与同时代学人的关系和交往的背景下来考查其思想的生发、变动、完善与确立,以及其在 12 世纪的道学运动中,如何从道学群体中的一员演变为其中的代表人物的。田浩先生在系列论著中所强调的是,"宋代道学是一个广义的学术群体,朱熹只是其中的一员"。朱熹在与同时代诸多学者的相互交流商榷、质疑辩驳的过程中才得以建构、完善自己的思想理论体系的,从而使自身的学术地位得到提升,影响得以扩大。虽然朱熹生前的思想理论建构为其身后逐渐成为文化偶像打下了基础、确定了内核,但我们不能夸大他在当时的地位和影响。如果我们将后来作为文化偶像的朱熹,代入到南宋时代,以此来对当时学术发展、人物关系进行讨论,就会做出完全失真的论断。

因此,尽管在朱熹生前,他已经成为道学群体的领袖人物,"代表了道学中的主流"①,但还并不具有文化偶像的地位。今天我们看到的作为文化偶像的朱熹是其身后众多学者以及政治力量长期塑造的结果。这种塑造,从南宋后期就已经开始,至今也仍旧在延续。在宋理宗时期,朱熹这一文化偶像就已经初具雏形。此后,不同时代的众多学者基于自身对朱熹其人其学的理解,努力塑造朱熹的形象,为自己的文化偶像涂漆抹彩;以朝廷为代表的政治权力,更是从自己的需要出发,在这一过程中推波助澜。在某种程度上可以说,朱熹形象的塑造过程,就是一部宋代以降儒学发展史、诠释史,一部彰显学术与政治权力复杂纠葛的政治文化史。本文集中探讨的是,从朱熹逝世前后到 13 世纪中期,在大约半个世纪之中,朱熹的形象是如何被塑造的?

---

① 余英时:《原版序》,载田浩:《朱熹的思维世界》序,南京:江苏人民出版社,2009 年,第 5 页。

二、朱熹生前对文化正统地位的自我期许

在对宋代儒学的研究中，道统论是一个重要的话题，而朱熹的道统论更是引人关注。不少学者对朱熹与道统之间的关系进行了探讨，使我们对这一问题有了更为深入的了解。① 目前的研究表明，虽然朱熹不是"道统"一词的最早提出者，甚至可能"朱熹终身都没有确定具体用哪个词来表达'道统'思想"，但是朱熹有着强烈的道统意识，他把道统说普遍化，对后世产生很大影响，并且首次将道统一词用于孔子、孟子、周敦颐、程子、张载这一具体的学术传承谱系。② 不仅如此，考察其文字和活动，可以看到朱熹对于自己在道统传承谱系中的地位有很高的期许，在很大程度上可以说，他是以文化正统自居的。他的一系列文字和举动，暗含着文化正统的自我定位。

淳熙八年（1181），朱熹挚友、婺学创始人吕祖谦（1137—1181）去世。吕祖谦与朱熹有交情笃厚，二人长期书信往返，间或相聚共同研习交流。《近思录》就是二人合作编辑的产物，朱陆鹅湖之会也得益于吕祖谦的促成。吕祖谦的去世，令朱熹非常悲痛。朱熹在《祭吕伯恭著述文》中说：

> 呜呼哀哉！天降割于斯文，何其酷耶！往岁已夺吾敬夫，今者伯恭胡为又至于不淑耶？道学将谁使之振？君德将谁使之复？后生将谁使之诲？斯民将谁使之福耶！经说将谁使之继？事记将谁使之续耶！若我之愚，则病将孰为之箴？而过将谁为之督耶？③

---

① 陈荣捷先生称："朱子实为新儒学创用道统一词之第一人。"陈荣捷：《朱学论集》，台北：台湾学生书局，1982年，第14页；余英时先生认为，"宋以后所流行的道统论是由朱熹正式提出，而在黄榦手上完成"。余英时：《朱熹的历史世界》，北京：三联书店，2011年，第16页；叶国良：《唐代墓志考释八则》，《台大中文学报》第7卷（1995年4月），第51—76页；田浩：《朱熹的祈祷文与道统观》，《朱熹的思维世界》，第十章，南京：江苏人民出版社，2009年，第251—275页。苏费翔：《宋人道统论——以朱熹为中心》，载苏费翔、田浩著，肖永明译：《文化权力与政治文化——宋金元时期的〈中庸〉与道统问题》，北京：中华书局，2018年，附录，第219—232页。

② 苏费翔、田浩著，肖永明译：《文化权力与政治文化——宋金元时期的〈中庸〉与道统问题》，北京：中华书局，2018年，附录，第219—231页。

③ 朱熹：《祭吕伯恭著述文》，《朱文公文集》，卷87，朱杰人等编：《朱子全书》，上海：上海古籍出版社、合肥：安徽教育出版社，2002年，第4080页。

值得注意的是，朱熹的祭文在表达他对挚友去世的悲痛之情的同时，发出了一系列感叹与诘问，无疑具有自我担当的意味。而"若我之愚，则病将孰为之箴、而过将谁为之督耶"之问，如果置于南宋乾道、淳熙年间并称"东南三贤"朱、张、吕之间相互切磋学问、砥砺品行、质疑问难的历史情境之中，就能体会到朱熹的失落：再也没有人能像张栻、吕祖谦那样与自己过失相规、道义相劝，在学术上对自己进行批评、辩正了。这种失落之情也隐含了朱熹的认识：在道学群体中，已经无人能够具有像他一样的地位和影响，承继道统对他而言是义不容辞的责任。这种道统意识，在与友人刘清之（？—1190）的信中也表达得很明显："去年方哭敬夫，今伯恭又如许，吾道之衰一至于此，不知天意如何？吾人不可不自勉，未死已前，协力支撑也。"①

在完成于淳熙十六年（1189）的《中庸章句序》中，朱熹更加明确地提出了道统论。他认为《中庸》是"子思子忧道学之失其传而作"之书，其中蕴含着圣圣相传的"心法"，而二程兄弟则是这一"心法"在宋代的传承者。他说：

> 自是以来，圣圣相承，若成汤、文、武之为君，皋陶、伊、傅、周、召之为臣，既皆以此而接夫道统之传，若吾夫子，则虽不得其位，而所以继往圣、开来学，其功反有贤于尧舜者。……自是而又再传以得孟氏，为能推明是书，以承先圣之统。……程夫子兄弟者出，得有所考，以续夫千载不传之绪。②

朱熹历数从尧、舜、禹以来的传道谱系，认为二程兄弟"续夫千载不传之绪"，继承了儒家之道。这是对二程在儒家道统传承谱系中地位的确认。值得注意的是，朱熹《序》中也曲折表达了将自己置于道统传承序列之中的意思：

> 熹自蚤岁即尝受读而窃疑之，沈潜反复，盖亦有年，一旦怳然似有以得其要领者，然后乃敢会众说而折其中，既为定著章句一篇，以

---

① 朱熹：《答刘子澄书二》，《朱文公文集·别集》，卷3，朱杰人等编：《朱子全书》，上海：上海古籍出版社、合肥：安徽教育出版社，2002年，第4889页。

② 朱熹：《中庸章句序》，《朱文公文集》，卷76，朱杰人等编：《朱子全书》，上海：上海古籍出版社、合肥：安徽教育出版社，2002年，第3674-3675页。

俟后之君子。①

朱熹以承继二程之学自任,对二程道统地位的肯定,一个重要指向就是强调自己学说的正统性。在朱熹看来,二程接续孔孟以来的道统,而二程之后,道统仍旧在延续。他认为自己对《中庸》一书"有以得其要领",即掌握了其中蕴含的"心法",亦即体会到了儒家圣人相传之道。字里行间,颇有确立自己正统性、以接续道统自任的意味。

当然,在《中庸章句序》中朱熹仍然只是隐晦、曲折地表达接续道统的自我期许,而并未直白地论证自己的道统地位。但这层隐含的意思,影响很大,后来黄榦、陈淳等朱门后学正是沿着这一方向,努力塑造朱熹道统接续者的形象。

田浩先生深入探讨了朱熹如何通过祈祷文与祭祀仪式建立了与孔子之灵的有效感通,从而树立自己作为经典的权威解释者、道统传承者的地位。② 这一角度可以使我们对朱熹在自身文化正统地位上的自我期许有着更深刻、更直接的理解。绍熙五年(1194)十二月,决意退居山林讲学授徒、读书著述的朱熹建成竹林精舍(后改名沧州精舍)。精舍落成后,朱熹举行了隆重的释菜仪式。朱子门人叶贺孙记载了有关这次祭祀的一些细节:

> 新书院告成,明日欲祀先圣先师,古有释菜之礼,约而可行,遂检《五礼新仪》,令具其要者以呈。先生终日董役,夜归即与诸生斟酌礼仪。鸡鸣起,平明往书院,以厅事未备,就讲堂礼。宣圣像居中,衮国公颜氏、郕侯曾氏、沂水侯孔氏、邹国公孟氏西向配北上(并纸牌子)。濂溪周先生(东一)、明道程先生(西一)、伊川程先生(东二)、康节邵先生(西二)、司马温国文正公(东三)、横渠张先生(西三)、延平李先生(东四),从祀。(亦纸牌子)……先生为献官,命贺孙为赞,直卿、居甫分奠,叔蒙赞,敬之掌仪。堂狭地润,颇有失仪。但献官极其诚意,如或享之。③

---

① 朱熹:《中庸章句序》,《朱文公文集》,卷76,朱杰人等编:《朱子全书》,上海:上海古籍出版社、合肥:安徽教育出版社,2002年,第3675页。

② 田浩:《朱熹的思维世界》,南京:江苏人民出版社,2009年,第251-275页。

③ 朱熹:《朱子语类》,卷90,朱杰人等主编:《朱子全书》,上海:上海古籍出版社、合肥:安徽教育出版社,2002年,第3028页。

这次祭祀最为引人注目的是其祭祀对象。除孔子及颜子、曾子、子思、孟子等几位先秦儒学宗师之外，周敦颐、二程、邵雍、司马光、张载等几位创始时期的理学家以及朱熹的老师、理学学者李侗都被列入从祀对象。

朱熹集中地祭祀几位著名的理学家，其意义何在？结合朱熹的《沧州精舍告先圣文》，我们可以看到，这一祭祀，实际上是朱熹宣扬道统的一种方式。书院祭祀对象的选择，所体现的是朱熹对道统的理解。文中说：

> 恭惟道统，远自羲轩。集厥大成，允属元圣。述古垂训，万世作程。三千其徒，化若时雨。惟颜曾氏，传得其宗。逮思及舆，益以光大。自时厥后，口耳失真。千有余年，乃曰有继。周程授受，万理一原。曰邵曰张，爰及司马。学虽殊辙，道则同归。俾我后人，如夜复旦。①

在这里，朱熹着重标举道统，以传承道统为线索，将祭祀对象纳入道统传承谱系，将他们视为道统在不同时期、不同阶段的接续者、体现者。祭祀所要彰显、光大的，是儒家的道统。

实际上，朱熹也在他所倡扬的道统传承谱系中为自己预留了一席之地，宣示了自己学说在当时儒家学派中的正统地位。他将自己的老师李侗确定为祭祀对象之一，就暗含了这层意思。早在退居考亭之初，朱熹就有"吾道付沧州"的愿望。而在沧州精舍的桃符上，朱熹题联"道迷前圣统，朋误远方来"，以继承、倡扬道统为己任。在《沧州精舍告先圣文》中，朱熹更将接续前圣之统的自我斯许表达得明白无遗。在叙述道统源流相承相继、接续不坠之后，朱熹谈到了自己："熹以凡陋，少蒙义方。中靡常师，晚逢有道。载钻载仰，虽未有闻，赖天之灵，幸无失坠。逮兹退老，同好鼎来，落此一丘，群居伊始。探原推本，敢昧厥初？……传之方来，永永无斁！"② 这显然是以道统传人自期的。在当时反道学势力对道学的攻讦日益激烈的严酷环境中，朱熹既然无力改变现实，就只能以接续道统自期了。

庆元六年（1200）3月，朱熹在党禁横行、道学衰微的氛围中溘然而逝。

---

① 朱熹：《沧州精舍告先圣文》，《朱文公文集》，卷86，朱杰人等主编：《朱子全书》，上海：上海古籍出版社、合肥：安徽教育出版社，2002年，第4050页。

② 朱熹：《沧州精舍告先圣文》，《朱文公文集》，卷86，朱杰人等主编：《朱子全书》，上海：上海古籍出版社、合肥：安徽教育出版社，2002年，第4050-4051页。

但两年之后,朝廷解除了党禁,朱熹等道学家名衔得以恢复,一些道学人士也得到朝廷启用。此后直到宋末,道学的地位不断提高。田浩先生描绘了朱熹身后道学、道学人士,尤其是朱熹,逐渐得到朝廷认可、推尊,政治地位不断上升的过程,以及在这一过程中朱熹的门人后学所发挥的作用。① 本文在此基础上,从形象塑造的角度,探讨在学术力量与政治权力的交互作用之下,朱熹在13世纪逐渐成为文化偶像的具体过程。相关的探讨将从朱熹门人后学和朝廷两个方面展开。

三、13 世纪早期朱熹门人对其道统地位的强调

朱熹一生,长期授徒讲学,门人弟子众多。② 朱熹去世之后,其门人弟子在塑造朱熹形象方面做了大量卓有成效的工作。最主要的方式,就是彰显朱熹在道统传承方面的贡献,强调朱熹在道统中的地位,将朱熹塑造为圣圣相承的道统在宋代的接续者。

黄榦是朱熹最为倚重的大弟子,长期跟随朱熹。在确立朱熹道统地位的过程中,黄榦发挥了重要作用,堪称朱熹形象塑造的先行者与主将。③ 在《圣贤道统传授总叙说》中,黄榦全面阐述了其道统说,在历述了尧、舜、禹、汤、文王、武王、周公、孔子、颜子、曾子、子思、孟子、周敦颐、二程的道统传承之后,他把朱熹纳入了道统传承谱系:

> 先师文公之学,见之《四书》,而其要则尤以《大学》为入道之序。盖持敬也,诚意正心修身而见于齐家治国平天下,外有以极其规模之大,而内有以尽其节目之详,此又先师之得其统于二程者也。圣

---

① 田浩:《朱熹的思维世界》,南京:江苏人民出版社,2009 年,第 279 – 301 页。
② 朱熹门人弟子众多,陆游曾说:"朱公之徒数百千人"。此外,像《朱子语类》《宋史·道学传》《朱子实纪》《考亭渊源录》《宋元学案》《儒林宗派》《经义考》等文献亦对朱熹弟子有所记载。较为系统考证朱熹弟子数目的著作要算陈荣捷先生的《朱子门人》,考证出朱熹弟子有 467 人之多;此外,方彦寿《朱熹书院门人考》一书将书院研究和朱子门人研究相结合,考证出在朱熹所创书院中的及门弟子有 276 人。
③ 苏费翔认为,"从朱熹的门徒黄榦开始。'道统'一词十分热门,开始普遍化,而道统体系亦稳定下来。黄榦等人这样的做法,自然是为了提高其先师朱熹的重要性。"见苏费翔、田浩著,肖永明译:《文化权力与政治文化——宋金元时期的〈中庸〉与道统问题》,北京:中华书局,2018 年,附录,第 231 页。

贤相传,垂世立教,粲然明白,若天之垂象,昭昭然而不可易也。①

在这里,黄榦强调朱熹"得其统于二程",明确肯定了朱熹的道统地位。如果说在朱熹那里,自己在道统中的地位只是一种隐晦的自我期许,那么到了黄榦这里,朱熹的道统地位就已经得到确认。这表明朱熹门人对朱熹形象的塑造工作至此已经正式展开。

在作于嘉定七年(1214)的《徽州朱文公祠堂记》中,黄榦也强调朱熹对道统的继承:

> 尧、舜、禹、汤、文、武、周公生而道始行,孔子、孟子生而道始明,孔孟之道,周、程、张子继之;周、程、张子之道,文公朱先生又继之。此道统之传,历万世而可考也。②

这一道统传承的具体谱系虽然与《圣贤道统传授总叙说》的叙述稍有差异,但是将朱熹作为道统接续者却是非常明确的。黄榦强调朱熹各方面的素质、能力和所达到的境界,以及由此所具备的接续道统、光大圣道的能力:

> 迨我文公,禀高明之资,厉强毅之志,潜心密察,笃信力行,精粗不遗,毫厘必辨,至其德盛仁熟,理明义精,历代相传之道,粲然昭著。……然则公之生于世,有功于斯道大矣!至公之殁,海内之士莫不赍咨涕洟,失所依归。③

黄榦在此一方面从道统传承角度突出了朱熹的贡献,"有功于斯道大矣",另一方面又通过对朱熹去世之后海内之士的表现这类感性的描写,突出了朱熹在当时社会的影响、声望和地位。应该说,这两个方面的塑造都是非常有力的。朱熹去世之后海内之士"失所依归"之说,更是给人强烈的印象:朱熹是当时学界领袖,是人们依归的对象。

黄榦对朱熹的这种定位,应该说已经朝着文化偶像的目标趋近了很多。但即便如此,同为朱门后学的陈淳对此仍不满意。陈淳(1159—1223)在给朱熹

---

① 黄榦:《圣贤道统传授总叙说》,《勉斋先生文集》,卷26,《宋集珍本丛刊》,68册,北京:线装书局,2004年,第10页。

② 黄榦:《徽州朱文公祠堂记》,《勉斋先生文集》,卷17,《宋集珍本丛刊》,67册,北京:线装书局,2004年,第718页。

③ 黄榦:《徽州朱文公祠堂记》,《勉斋先生文集》,卷17,《宋集珍本丛刊》,67册,北京:线装书局,2004年,第718页。

儿子朱在的信中认为，黄榦以"有功于斯道大矣"评价朱熹还不够，"恐欠集诸儒大成底意"①，不能凸显朱熹集诸儒之大成的地位。也就是说，在陈淳看来，将朱熹仅仅定位于接续从尧、舜直到本朝周敦颐、二程、张载圣贤相传的道统，仅仅作为道统传承谱系中的一个环节，还不足以彰显其重要性，应当将朱熹的地位置于"集儒大成"的位置。应该说，这是朱熹形象塑造过程中的一大突破。

在嘉定十四年（1221）黄榦为朱熹所作的《行状》中，朱熹"集大成"的地位就体现得相当明显：

> 窃闻道之正统，待人而后传；自周以来，任传道之责、得统之正者，不过数人。而能使斯道章章较著者，一二人而止耳。由孔子而后，周、程、张子继其绝，至先生而始著。盖千有余年之间，孔孟之徒所以推明是道者，既已煨烬残阙离析穿凿而微言几绝矣。周、程、张子崛起于斯文湮塞之余，人心蠹坏之后，扶持植立，厥功伟然，未及百年，踳驳尤甚。先生出而自周以来圣贤相传之道，一旦豁然，如大明中天，昭晰呈露。则摭其言行，又可略斅辄采同志之议，敬述世系爵里出处，言论与夫学问道德行业，人之所共知者，而又私窃以道统之著者终之，以俟知德者考焉。②

这段文字的核心内容，就是将朱熹的地位抬高到超越周、程、张等先儒之上，甚至直接与孔子并肩。因为在黄榦看来，周代以来，在道统传承谱系中"任传道之责、得统之正者"并不多，而能够发明圣道、作出突出贡献的人，就只有一、二人而已。孔子之后，最为突出的就是朱熹。显然，黄榦《朱先生行状》将朱熹的地位又大大提升了，朱熹远远不只是道统传承谱系中的普通环节，他是"道统之著者"，其地位、贡献堪与孔子相比。

从最初《圣贤道统传授总叙说》中对朱熹有资格跻身道统传承系谱的论证，到嘉定十四年（1221）《行状》中对朱熹超越诸儒，成为道统传承谱系中比肩孔子、地位特别重要的阐述，黄榦完成了朱熹形象塑造的三级跳。后世不

---

① 陈淳：《与朱寺正敬之二》，《北溪先生大全文集》，卷23，《宋集珍本丛刊》，17册，北京：线装书局，2004年，第132页。

② 黄榦：《朱子行状》，《勉斋先生文集》，卷34，《宋集珍本丛刊》，68册，北京：线装书局，2004年，第127页。

少学者，包括前文提到的钱穆，将朱熹与孔子相提并论，皆滥觞于此。

黄榦之外，陈淳也对朱熹形象的塑造产生了非常重要的影响。与黄榦相比，陈淳虽然也谈到朱熹对道统的接续，但是在很大程度上，他已经把朱熹处于道统传承谱系之中的问题视为不言自明的前提。他所强调的是，与宋代其他被纳入道统传承谱系的诸位大儒（周敦颐、二程）相比较，朱熹更为突出；与南宋时期其他被学界与朱熹相提并论的学者相比较，朱熹才是当时学界的核心和正统。通过从纵向和横向将朱熹与其他学者的对比，陈淳对朱熹进行了定位。这是他塑造朱熹形象的重要步骤。

在朱熹去世不久以后撰写的《侍讲待制朱先生叙述》一文中，陈淳多次提到明道"不及为书"，伊川"稍著书"，"圣人残编断简，竟未有真能正订"，以此突出朱熹之学。陈淳谈道：

> 自孟子没，圣人之道不传，更千四百余年，得濂溪周子、河南二程子者出，然后不传之绪始续。然濂溪方开其原，甚简质而未易喻，明道又不及为书，伊川虽稍著书，大概方提纲发微，未暇及乎详密，而斯文之未整者犹为多矣。故百年之内，见知闻知亦不乏人，而斯道复传之绪，若显若晦，圣人残编断简，竟未有真能正订，以为后学之定准。而百氏争衡于世者，亦纷乎未决。求其诣之极而得之粹，体之全而养之熟，真可以嗣周、程之志而接孟子以承先圣者，惟吾先生一人。①

在这里，陈淳认为，虽然周敦颐、二程接续了孟子所传之道，但是周、程还只是"开其原，甚简质而未易喻"与"提纲发微，未暇及乎详密"的阶段。当时"斯文之未整者犹为多"，学术理论建构工作仍未完成，圣人之道也处于若显若晦的状态。只有朱熹之学，才"求其诣之极而得之粹，体之全而养之熟"，达到了精微、深邃、广博、纯粹的地步，因此也只有朱熹超越宋代诸儒，直接孟子。

陈淳在这里对周敦颐、二程与朱熹关系的阐述值得注意。与黄榦在《圣贤道统传授总叙说》中"此又先师之得其统于二程者也"的表述不同，陈淳在

---

① 陈淳：《侍讲待制朱先生叙述》，《北溪先生大全文集》，卷17，《宋集珍本丛刊》，17册，北京：线装书局，2004年，第95页。

这里认为朱熹是"嗣周、程之志而接孟子",暗含周、程有其"志"却并未建立完备的理论系统,以此突出朱熹的理论建树。可见,在朱子去世的时候,陈淳就试图将朱熹在圣人之道传承过程中的重要性置于周敦颐、二程之上。他对黄榦《徽州朱文公祠堂记》颇有微词,就源于二人对周敦颐、二程与朱熹的定位差异。①

在对朱熹形象的塑造过程中,除了将朱熹与北宋诸儒相比以突出朱熹集大成的地位之外,陈淳还将朱熹与同时代其他著名学者加以比较,试图重构朱熹与当时学者之间的关系,以突出朱熹在南宋学界的领袖地位。

如在当时与朱熹并称东南三贤的张栻、吕祖谦,与朱熹是交谊深厚、志同道合的讲友。朱熹长期与他们书信往返,甚至千里迢迢晤面会谈,辩学论道,既有相互批评、激烈论辩的一面,也有相互取益、相互称赏的一面。在当时学界,三人都享有盛名。陈亮曾对朱熹、张栻、吕祖谦三人在当时学界的地位有过评价,说:"乾道间,东莱吕伯恭新安朱元晦及荆州(张栻),鼎立为一世学者宗师"。② 辛弃疾在谈到他们三人时也说:"朱、张、东莱鼎立于一世,学者有宗,圣传不坠"。③ 可见,在当时的学者看来,朱熹、张栻、吕祖谦三人学问各有所长,都是一代宗师。但是陈淳试图对这种相提并论的关系进行重构,降低张栻、吕祖谦的地位,突出朱熹的形象。

陈淳于嘉定十年(1217)在严陵期间,郡守郑之悌在原本"五贤祠"中增祀张(栻)、吕(祖谦)二先生。陈淳受邀作《严陵学徒张吕合五贤祠说》,在文中以朱熹为核心对朱、张、吕之间的关系加以叙述:

> 至如乾道庚寅中,南轩以道学名,德守是邦,而东莱为郡文学,是时南轩之学已远造矣。思昔犹专门固滞,及晦翁痛与反复辩论,始翻然为之一变,无复异趣,其亲仁之笃,徙义之勇,克己之严,任道

---

① 类似的叙述见于朱门弟子陈埴(生卒年不详,嘉定间进士,少师叶适,后从游朱熹于武夷山),而且表达得更为直接:"晦翁出于诸老先生之后,有集大成之义,故程子有未尽处至晦翁而始成。"陈埴:《近思杂问附》,《木钟集》,卷10,文渊阁四库全书本,703册,台北:台湾商务印书馆,1964年,第703页。

② 陈亮:《与张定叟侍郎》,《陈亮集》,卷21,北京:中华书局,1974年,第322页。

③ 辛弃疾:《东莱先生祭文》,《东莱吕太史文集》附录卷2,《吕祖谦全集》,杭州:浙江古籍出版社,2008年,第763页。

之劲，卓卓乎不可及。东莱入仕方初，以少年豪才，博览蔑视斯世，无足与偶，何暇窥圣人门户，及闻南轩一语之折则愕然，回解然解，乃屏去旧习，敛躬屈节，为终生钻仰之归，且道紫阳，颂濂洛，以达邹鲁。①

在叙述中，陈淳极力抬高朱熹的地位。他毫不客气地谈到，吕祖谦早年泛观博览，无暇窥圣人门户，直到听闻张栻的指点，才"屏去旧习"，回归正道，"道紫阳，颂濂洛，以达邹鲁"。而张栻虽然较早以道学闻名，但存在"专门固滞"之弊，经过朱熹与之反复辩论，才使得张栻"翻然为之一变"，一改旧说，完全接受了朱熹的观点。显然，在陈淳看来，朱熹之学明显要高于张栻、吕祖谦之学。朱、张、吕之间所进行的不是平等的交流论辩、切磋商讨，而是以朱熹为核心和学术归趋的，朱熹的角色是指导者、传道者。在这里，陈淳无疑大大拔高了朱熹在南宋中期学界的地位，凸显了朱熹的形象。如果考虑到这段文字是陈淳应郡守之邀为张、吕二贤入祀所作的具体情境，则更可见陈淳塑造朱熹形象的意图之强烈。

陈淳对朱熹与张栻、吕祖谦关系的叙述，类似的文字还有不少。

> 湖湘之学，亦自濂洛而来，只初间论性无善恶，有专门之固，及文公为之反复辨论，南轩幡然从之，徙义之果，克己之严，虽其早世，不及大成，而所归亦已就平实，有功于吾道之羽翼。浙中之学，有陈、吕之别；如吕，以少年豪气雄大，俯视斯世，一旦闻周、程、朱、张之说，乃尽弃其学而学焉，孜孜俯首为圣门钻仰之归，未论所至之何如，只此勇于去邪就正一节，深足为至道者之观，亦吾名教中人。②

在陈淳笔下，张栻"有专门之固"，但经过朱熹反复与之辩论，"幡然从之"；吕祖谦则是"一旦闻周、程、朱、张之说，乃尽弃其学而学焉"。两人都是以朱学为归趋，因此三人关系的定位，就是张栻为"有功于吾道之羽翼"，吕祖谦为"勇于去邪就正"，而居于核心和正统则无疑是朱熹。地位之

---

① 陈淳：《严陵学徙张吕合五贤祠说》，《北溪先生大全文集》，卷12，《宋集珍本丛刊》，17 册，北京：线装书局，2004 年，第 70 页。
② 陈淳：《答西蜀史杜序文》，《北溪先生大全文集》，卷33，《宋集珍本丛刊》，17 册，北京：线装书局，2004 年，第 188 页。

高下，判然不同。

事实上，陈淳对朱熹与张栻、吕祖谦关系的叙述，并不符合乾道、淳熙年间学术界的实际情况。当时学界，不同学派代表人物之间既相互批评、相互辩难，又相互吸收、相互促进，呈现出多元互动的勃勃生机，气象恢宏，格局宏大。陈淳的叙述，显然采用的是突出朱熹、淡化甚至矮化朱熹同时代其他学者的方式，以达到其塑造朱熹形象的目的。① 全祖望曾批评陈淳的这种倾向，认为"朱、张、吕三贤，同德同业，未易轩轾。……而北溪辈必谓张由朱而一变，吕则更由张以达朱，而尚不逮张，何尊其师之过也"。②

从 13 世纪初学界的情况看，当时很多学者仍然延续 12 世纪 80 年代以来的传统，将朱、张、吕三先生相提并论，认为他们各有所长。楼钥（1137—1213）在作于嘉定元年（1208）的《东莱吕太史祠堂记》中说："乾道、淳熙间，儒风日盛。晦庵朱公在闽，南轩张公在楚，而东莱吕公讲道婺女。是时以学问著述为人师表者相望，惟三先生天下共尊仰之。"③ 嘉定二年（1209），婺州知州赵善下在祠祀吕祖谦的《祭文》中认为三人"鼎峙相望""相与切磋"。他说："圣学之传，惟曾与轲。……千载而下，独我伊、洛。……其徒丧沦，寂寥靡传。南轩俶倘，哀然为倡。东莱晦庵，鼎峙相望。惟三先生，相与磋切。扶偏黜异，表里洞彻。"④ 诗人韩淲（1159—1224）在晚年所作的《涧泉日记》中称："张敬夫卓然有高明处，虽未十分成就，而拳拳尊德乐道之意，绝出诸贤之上。吕伯恭拳拳家国，有温柔敦厚之教。朱元晦强辩自立处，亦有胆略。盖张之识见，吕之议论，朱之编集，各具所长。"⑤ 了解这种观念环境，有助于我们理解陈淳塑造朱熹形象的种种努力。

---

① 参见肖永明：《事实与建构："朱张会讲"叙述方式的演变》，《湖南大学学报》，2018 年第 1 期。

② 黄宗羲著、全祖望补修：《东莱学案》，《宋元学案》，卷 51，北京：中华书局，1986 年，第 1678 页。

③ 楼钥：《东莱吕太史祠堂记》，《楼钥集》，卷 52，杭州：浙江古籍出版社，2010 年，第 970 页。

④ 赵善下：《祠堂奉安州郡祭文》，《东莱吕太史文集》附录拾遗，《吕祖谦全集》，杭州：浙江古籍出版社，2008 年，第 823 页。

⑤ 韩淲：《涧泉日记》卷中，孙菊园、郑世刚点校：《涧泉日记；西塘集耆旧续闻》，上海：上海古籍出版社，1993 年，第 24 页。

陈淳塑造朱熹形象的努力，还包括对与朱熹学术旨趣不同的学派的批判。他批判陈亮、陈傅良的功利之学与陆九渊之学：

> 如诸陈辈，乃鄙薄先儒理义为虚拙，专驰骛诸史掇摭旧闻为新奇，崇奖汉、唐，比附三代，以便其计功谋利之私，曰此吾所以为道之实者，兹又管晏之舆皂，而导学者于卑陋之归也。若江西之学，则内专据禅家宗旨为主，而外复牵圣言皮肤枝叶以文之，别自创立一家，曰此吾所独悟于孔孟未发之秘旨，而妙契乎尧舜千载不传之正统者，其实诐淫邪遁，与孔、孟、周、程，大相背驰，甚尤甚。①

如果说陈淳对朱、张、吕三者的关系还主要是从高下、主辅角度谈，那么对朱熹与陆九渊、陈亮等人的关系则有了不一样的定位。张是"吾道之羽翼"，吕祖谦"吾名是教中人"，而陈亮、陈傅良却是"导学者于卑陋之归"的俗学之士，陆九渊更是以"诐淫邪遁"之学，"为吾道贼害"者。这种批判，旨在反面衬托朱熹的正统性，使朱熹正统形象更为清晰。

在朱熹去世二十余年中，以黄榦、陈淳为代表的朱门弟子强调朱熹在道统传承谱系中的一席之地，强调朱熹集北宋诸儒之大成、超越周敦颐、二程的理论贡献，突出朱熹在南宋学界的核心、主流、正统地位，为朱熹形象的塑造确定了基调，奠定了基础。当时朱子门人也各自从不同方面对朱熹形象加以塑造。如李方子（1169—1127）称颂朱熹，强调朱熹在道统传承谱系中集大成者的地位："自孟子没千有余年，而后周程张子出焉。历时未久，浸失其真。及先生出，而后合濂洛之正传，绍鲁邹之坠绪。前圣后贤之道，该偏全备，其亦可谓盛矣。"② 他还直接将朱熹与孔子相提并论，甚至将朱熹与天地相比拟："夫子之经，得先生而正。夫子之道，得先生而明。起斯文于将坠，觉来裔于无穷，虽与天壤俱弊也可。"③ 这些说法，虽然在具体表述上与黄榦、陈淳存在差异，但核心内容是基本一致的。应该说，朱门弟子对朱熹形象的塑造，最

---

① 陈淳：《答西蜀史杜序文》，《北溪先生大全文集》，卷33，《宋集珍本丛刊》，17册，北京：线装书局，2004年，第188页。
② 真德秀：《朱子传授》，《西山读书记》，卷31，《景印文渊阁四库全书》，706册，台北：台湾商务印书馆，1964年，第131页。
③ 真德秀：《朱子传授》，《西山读书记》，卷31，《景印文渊阁四库全书》，706册，台北：台湾商务印书馆，1964年，第131页。

为核心的工作就是对其正统地位的强调，这一点既具有极强的导向性，又为当时及后来不同的力量对朱熹形象的塑造提供了可资利用的资源。

三、13世纪前半期朱熹弟子后学对朱学的阐扬与传播

朱熹形象的塑造，离不开对其思想学术的阐扬与传播。在朱熹去世之后的数十年中，其弟子后学为朱学的阐扬、传播做出了巨大的努力，促使朱学向不同区域、不同阶层渗透，社会影响逐渐扩大，为朱熹其人其学最终获得朝廷的认可和褒扬奠定了基础。

陈淳非常关注朱学的阐扬与传播。在嘉定十年（1217），陈淳待试中都，归过严陵。在那里，他切身感受到陆九渊之学的盛行。在与赵季仁的信中，他对两浙一带陆学兴盛的景况不无忧虑：

> 颇觉两浙间年来象山之学甚旺，由其门人有杨、袁贵显，具要津，唱之不读书，不穷理，专作打坐功夫，求形体之知觉运动者以为妙诀，大抵全用禅家宗旨。而外面却又假托圣人之言，牵就释意，以文盖之，实与孔孟殊宗，与周程立敌……朋徒至私相尊号其祖师，以为真有得尧、舜、孔子千载不传之正统。①

在他看来，陆学假托圣人之言却与圣人之道相背离，陆学的传播，使人冒认正统，是对朱熹正统地位的严重威胁。而与之形成对照的是，朱学在严陵一带并未得到广泛传播，士人们并不认同朱熹的著述：

> 其或读书，却读《论孟精义》而不肯读文公《集注》；读《中庸集解》而不肯读文公《章句》《或问》；读《河南遗书》而不肯读《近思录》；读周子《通书》而不肯读《太极图》；而读《通书》只读白本而不肯读文公解本。平时类亦以道学自标榜，时官里俗多所推重，前后无一人看得破。②

---

① 陈淳：《与陈寺丞师复一》，《北溪先生大全文集》，卷23，《宋集珍本丛刊》，17册，北京：线装书局，2004年，第134页。
② 陈淳：《与陈寺丞师复一》，《北溪先生大全文集》，卷23，《宋集珍本丛刊》，17册，北京：线装书局，2004年，第134页。

无一人置得晦翁《大学解》，间或一有焉，亦只是久年未定之本。①

从陈淳充满危机感的描述中，我们可以略窥当时朱子学的影响，了解朱熹著作在当时当地的流传情况。朱熹倾注一生心力而完成的代表作《论语集注》《孟子集注》《中庸章句》《大学章句》不为士人们关注，甚至朱熹晚年特别措意于此的《大学章句》几乎无人问津。显然，这对以光大师说、卫护师门为己任的陈淳而言，的确是一种打击和刺激。此时，正好严陵郡守郑之悌延请他讲学，于是便有"严陵四讲"："因慨念江西禅学一派，苗脉颇张旺，于此山峡之间，指人心为道心，使人终日默坐，以想象形气之虚灵知觉者，以为大本，而不复致道问学一段功夫，以求理气之实，于是举其宏刚大旨，作讲义四篇"。②

陈淳严陵讲学，目的在于阐扬朱学，凸显朱学价值，提高朱学地位。在讲学中，他自称"极口为之明白剖析"，引导士人以朱学为"指南"和"定准"、门径：

有朱文公……上以达群圣之心，下以统百家而会于一，盖所谓集诸儒之大成，而嗣周、程之嫡统，萃乎洙泗濂洛之渊源者也。学者不欲学圣人则已，如欲学圣人而考论师友渊源，必以是为迷途之指南，庶乎有所取正而不差。苟或舍是而他求，则茫无定准，终不得其门而入矣。既不由是门而入，而曰吾能真有得乎圣人心传之正，万无是理也。③

在这里，陈淳反复告诫士子，朱学是圣人之道的正统，学者若想学为圣人，必须要依靠朱学的指引。他用"有所取正""得乎圣人心传之正"来突出朱熹的正统地位。在陈淳看来，他的讲学取得了明显的效果："大小生徒多所

---

① 陈淳：《答赵司直季仁一》，《北溪先生大全文集》，卷24，《宋集珍本丛刊》，17册，北京：线装书局，2004年，137页。
② 陈淳：《答赵司直季仁一》，《北溪先生大全文集》，卷24，《宋集珍本丛刊》，17册，北京：线装书局，2004年，第137页。
③ 陈淳：《师友渊源》，《北溪先生大全文集》，卷15，《宋集珍本丛刊》，17册，北京：线装书局，2004年，第85页。

感发歆羡，以为平生所未闻，邦人至是始释然知邪正二路之由分。"① 显然，陈淳的严陵讲学活动，目的就是通过对朱学的阐发、宣扬、传播，让生徒们分清"邪正二路"，强化朱熹得道统之正的形象。

除黄榦、陈淳等朱门亲传弟子之外，真德秀（1178—1235）、魏了翁（1178—1237）等朱熹后学也努力阐扬、传播朱学，致力于朱熹正统地位的确立。比较而言，黄榦、陈淳虽然在朱门中地位很高，但是就政治地位看，他们与真德秀、魏了翁相差悬殊。真、魏二人曾担任地方要员、朝廷重臣，这使得他们在传播朱学、提高朱熹地位、扩大朱学影响方面具有极大的优势。黄榦晚年曾称赞真德秀，对其寄予厚望，谓"其护法大神也。先师没，今赖有此耳"。②

真德秀曾师从朱熹弟子詹体仁，为朱熹再传弟子。③ 一生以阐扬、传播道学为己任。他长期为官，且入朝多年，曾任户部尚书，并一度担任宋理宗侍读。他利用自己社会声望和政治地位，大力阐扬道学，使道学得以在学界乃至朝廷广为传播。尤其是他通过对朱学的阐发和推衍，撰作《大学衍义》并进呈理宗，通过逐章逐句的讲解和发挥，使理宗接受了朱学的核心理念，甚至称《大学衍义》"备人君之轨范焉"，这为朱熹得到最高权力的认同、表彰打下了基础。

与当时众多朱子门人后学一样，真德秀凸显朱熹在道统中的地位："盖孔孟之道至周子而复明，周子之道至二程而益明。二程之道至朱子而大明。"④ 值得注意的是，真德秀的道统观与黄榦、陈淳存在差异，他并没有在朱熹与北宋诸老以及南宋道学群体的其他学派代表人物之间区分高下，而是将张栻甚至永嘉诸儒置于与朱熹同样的地位。如他认为，"二先生之学，源流实出于一，

---

① 陈淳：《与陈寺丞师复一》，《北溪先生大全文集》，卷23，《宋集珍本丛刊》，17册，北京：线装书局，2004年，第134页。

② 黄榦：《与李敬子司直书》，《勉斋先生文集》，卷3，《宋集珍本丛刊》，67册，北京：线装书局，2004年，第575页。

③ 陈荣捷先生将真德秀定位为朱熹的私淑弟子，反对《宋元学案》等将真德秀列为朱子门人，认为这是"名不副实之至"。见陈荣捷：《朱子门人》，上海：华东师范大学出版社，2007年，第125页。

④ 真德秀：《南雄州学四先生祠堂记》，《西山先生真文忠公文集》，卷26，《宋集珍本丛刊》，76册，北京：线装书局，2004年，第200页。

而其所发明究极者，又皆集诸老之大成。理义之秘，至是无复余蕴"。① 这种差异，应该与其社会地位有关。黄榦、陈淳作为学术群体中的一员，可以从小团体角度对道统加以排他性的表述，但作为地方大员、朝廷重臣的真德秀在当时却不可能过于狭隘地讨论道统。他所采取的方式是从整体上提高道学群体在当时的地位、扩大其影响，在此基础上突出朱熹的重要性。

真德秀还通过建立书院传播朱学、兴建祠堂、为祠堂撰作记文等方式阐述朱学内涵，表彰朱熹的贡献，扩大朱学的影响。有学者指出，"朱子学派在南宋末叶发展成势力最大的学派和朱门弟子善用祠堂及书院来推广朱熹的思想有密切的关系"。②

真德秀阐扬朱学，最为重要的贡献是撰作了熔铸朱学精神的《大学衍义》并使之获得理宗的高度认同。《大学衍义》是在继承朱学、把握朱学精神实质的基础上加以发展、发挥、推衍而成的，作为该书前期准备的《大学集编》即"本之朱子《集注》，附以诸儒论辩，间又断之己意"。③《大学衍义》将《大学》之义按照帝王治理天下的现实需要进行了有针对性的发挥，凸显了其经世的取向。《四库总目提要》概括其体例、结构和内容称：

> 是书因《大学》之义而推衍之。首曰帝王为治之序，帝王为学之本。次以四大纲：曰格物致知，曰正心诚意，曰修身，曰齐家，各系以目。……中惟修身一门无子目，其余分子目四十有四，皆征引经训，参证史事，旁采先儒之论，以明法戒，而各以己意发明之。大旨在于正君心，肃宫闱，抑权倖。④

该书特点在于将君主作为潜在阅读主体，切中时势，把《大学》中的普遍义理落实为治国理政的具体策划，经典中的史事转化成现实政治的借鉴与启示，现实指向性非常强烈，经世的特点表现得很明显。

---

① 真德秀：《劝学文》，《西山先生真文忠公文集》，卷40，《宋集珍本丛刊》，76册，北京：线装书局，2004年，第410页。
② 朱荣贵：《朱门之护法大神：真德秀对朱子学术之继承及发扬》，载《哲学与时代：朱子学国际学术研讨会论文集》，上海：华东师范大学出版社，2012年，第553页。
③ 刘才之：《四书集编序》，真德秀：《四书集编》，《景印文渊阁四库全书》，200册，台北：台湾商务印书馆，1964年，第3页。
④ 见真德秀：《大学衍义》，上海：华东师范大学出版社，2010年，第765页。

《大学衍义》成于绍定二年（1229），于端平元年（1234）呈进理宗。理宗对其中所谈的"帝王为治之序，帝王为学之本"深表认同："卿所进《大学衍义》一书，有补治道，朕朝夕观览。"① 此事标志着道学得到最高权力的认可与褒扬。此后，道学的地位不断提高，朱熹作为道学群体的领袖人物，也获得了朝廷的一系列尊崇、褒奖，其文化正统地位逐渐得到朝廷确认。

　　魏了翁从学于朱熹门人李方子和辅广，为朱门再传弟子，在当时与真德秀同时在朝廷担任要职，影响很大。与真德秀一样，魏了翁充分利用自己的社会影响力，传播道学，褒扬道学之士，扩大道学的影响，提高道学的地位。甚至有学者认为："当时在社会上传播理学，引导朝廷认可理学，并为日后实现官学化奠定基础方面，魏了翁的作用要大于真德秀。"② 这一看法提醒我们需要进一步关注魏了翁在理学地位提升过程中所作出的贡献。

　　魏了翁主要通过奏请先贤谥号、建立先贤祠、刊行道学先贤著作等活动的开展确立道统，传播道学。③ 元代学者虞集高度评价魏了翁在理学遭逢困厄、大道暗而不彰的情形下为周敦颐、二程、张载奏请谥号之举：

　　　　方是时，蜀之临邛有魏华父氏，起于白鹤山之下，奋然有以倡其说于摧废之余，拯其弊于口耳之末。故其立朝惓惓焉，以周、程、张四君子易名为请，尊其统而接其传，非直为之名也。及既得列祀孔庙，而赞书乃以属诸魏氏，士君子之公论固已与之矣。④

　　从"尊其统而接其传"的角度谈，强调的是魏了翁此举在道统确立过程中的作用。但值得注意的是，魏了翁确立道统、传播道学，是着眼于道学的整体，而不仅仅是像黄榦、陈淳等那样特别突出朱熹。这一点与真德秀有相似

---

① 陆心源：《皕宋楼藏书志》，卷40，子部，《皕宋楼藏书志；皕宋楼藏书续志》，北京：中华书局，1990年，第448页。
② （韩国）李范鹤：《魏了翁的先贤谥号奏请和理学官僚的登场——确立道统的政治史意义》，载葛志毅主编：《中国古代社会与思想文化研究论集（二）》，黑龙江人民出版社，2007年，第151页。
③ （韩国）李范鹤：《魏了翁的先贤谥号奏请和理学官僚的登场——确立道统的政治史意义》，载葛志毅主编：《中国古代社会与思想文化研究论集（二）》，黑龙江人民出版社，2007年，第151页。
④ 虞集：《鹤山书院记》，《道园学古录》卷7，《景印文渊阁四库全书》，1207册，台北：台湾商务印书馆，1964年，第111—112页。

之处。

具体到对朱学的阐扬和传播方面，魏了翁也有值得关注的地方。魏了翁曾说自己"少时只喜记问辞章"之学，后在都城邂逅朱熹弟子李方子、辅广，"即招二公时时同看朱子诸书，只数月间，便觉记览辞章皆不足以为学"①，在"字字细读"朱熹所注的《论语》《孟子》等书之后，对朱学有了较深的理解。嘉定二年（1209），因丁父忧从朝廷回蒲江故里，筑室白鹤山下，讲学授徒，传播朱学："以所闻于辅广、李燔（按：应为李方子②）者开门授徒，士争负笈从之。由是蜀人尽知义理之学"。③ 魏了翁还将从辅广、李方子等处获得的朱熹著作在蜀地广为刊行，推进了朱学在蜀地的传播："某之生也后，不及从游于朱文公先生之门，而获交其高弟，尽得其书，以治同志，凡今蜀本所传是也"。④ 不过，魏了翁治学，服膺朱学，却并不拘囿于朱学门户，而是兼取当时不同学派之长，对陆九渊的心学、湖湘学、浙东事功之学都加以研究、汲取，进行了综合创新。他在与友人的书信中自陈自己的为学态度："向来多看先儒解说，不如一一从圣经看来。盖不到地头亲自设历一番，终是见得不真；又非一一精体实践，则徒为谈辩文乘之资耳"；对好友提出"只须祖述朱文公诸书"的为学态度不满，认为"文公诸书读之久矣，正欲不愿于卖花担上看桃李，须树头枝底见活精神也"⑤。尽管如此，但魏了翁对朱熹在儒学传承中的巨大贡献和成就予以高度赞誉：

> 朱文公先生始以强志博见，凌高厉空，自受学延平李子，退然如将弗胜，于是敛豪就实，反博归约，迨其蓄久而思浑，资深而行孰，则贯精粗，合外内，群献之精缊，百家之异指，毫分缕析，如视诸掌……自《易》《诗》《中庸》《大学》《论语》《孟子》，悉为之推明演绎，以至《三礼》《孝经》，下迨屈、韩之文，周、程、邵、张之

---

① 魏了翁：《答朱择善改之》，《鹤山先生大全文集》，卷35，《宋集珍本丛刊》，77册，北京：线装书局，2004年，第106页。

② 参见蔡方鹿：《魏了翁评传》，成都：巴蜀书社，1993年版，第35页。

③ 脱脱：《魏了翁传》，《宋史》，卷437，北京：中华书局，1977年，第12966页。

④ 魏了翁：《朱文公五书问答序》，《鹤山先生大全文集》，卷55，《宋集珍本丛刊》，77册，北京：线装书局，2004年，第273页。

⑤ 魏了翁：《答周监酒》，《鹤山先生大全文集》，卷36，《宋集珍本丛刊》，77册，北京：线装书局，2004年，第109页。

书,司马氏之史,先正之言行,亦各为之论著,然后帝王经世之规,圣贤新民之学,粲然中兴……韩子谓:"孟子之功不在禹下"。予谓:"朱子之功不在孟子下。"①

在这里,魏了翁主要将朱熹置于秦汉以来儒学发展的脉络之中,从知识传承角度来称颂朱熹的贡献,认为朱熹之功堪比孟子。同样是对朱熹的推崇,魏了翁所选择的角度、使用的标准、关注的重点与当时很多学者并不一样。当时一些学者拘囿于门户之见谈道统,或者将儒学窄化为心性义理之学而忽视甚至排斥文献考订、诗文注释。但魏了翁在此主要是从对经典的推明演绎,对历代众多史籍、诗文、著作、嘉言懿行的论列阐述等方面谈朱熹的成就,称赞朱熹学问博综淹贯,知识规模宏大,将朱熹塑造成一位兼通经典、周览篇籍、著述丰赡而又能见之行事的学者。在魏了翁广阔的文化视野中,朱熹也呈现出独特的面貌。

四、南宋朝廷对朱熹其人其学的逐步认可

朱熹弟子后学对朱熹其人其学的推崇、对朱学的阐发与传播,为朱熹文化正统地位的确立奠定了基础。但是在王权支配社会的政治环境中,思想文化、学术理论与政治有着复杂的相互纠缠的关系。具体就宋代而言,一方面,专制王权既需要思想文化的支持与论证,以增强其合法性,也需要作为思想文化主体的士人作为其依托②;另一方面,思想文化、学术理论也需要王权的认可与保护,才能取得正统性、权威性,士人们也才有可能以"得君行道"的方式,实现经世致用的理想,在现实社会运作过程中发挥更大的作用。在这种复杂的关系中,文化正统的确立不可能是一个单纯的文化、学术问题,居于权力金字塔顶端的王权对于文化正统的确立起着决定性的作用。只有得到最高权力的认可、支持,文化正统地位才得以真正确立。因此,在朱熹文化正统形象塑造的过程中,朝廷对于朱熹其人其学的认可就成为非常关键的因素。可以说,朱熹

---

① 魏了翁:《朱文公年谱序》,《鹤山先生大全文集》,卷54,《宋集珍本丛刊》,77册,北京:线装书局,2004年,第262页。

② 余英时先生谈到,"任何社会都不能缺少一个具有实际组织能力的领导阶层,这在宋代只能求之于'士'"。余英时:《朱熹的历史世界》,北京:三联书店,2011年,第205页。

文化正统地位的确立与形象的塑造是学术与政治这两种力量交互作用的结果。

南宋朝廷对朱熹其人其学的认可是一个复杂的过程,与当时的党争有不可分割的联系。庆元党禁后,道学阵营的士大夫官僚不遗余力地推动道学官学化、正统化,确立理学道统。而最高统治权力也根据现实政治运作的需要,对道学和道学士人加以接纳、表彰、认可。在这一过程中,朱熹其人其学最具有代表性。

朱熹去世后不久,党禁渐渐松弛。嘉泰二年(1202),曾经一手策划、推动"庆元党禁"的权臣韩侂胄准备北伐金朝。为了笼络人心,得到更多道学人士的支持,甚至担心"不弛党禁,恐后不免报复之祸"①,韩侂胄授意台谏上奏宁宗,称从施行党禁以来,"阳内阴外,其类已分;真是伪非,其论已定",并建议宁宗弛解"伪学之禁","自是学禁稍稍解矣",一批道学人士先后复职②。

开禧二年(1206)韩侂胄发动北伐,翌年以惨败告终。开禧北伐的失败所带来的政治权力的更替,给道学的发展、传播带来了重大转机。韩侂胄死后,史弥远(1164—1233)于嘉定元年(1208)升任右丞相,此后在宁宗、理宗两朝擅权共26年。从"嘉定更化"开始到"端平变政"之前的这二十多年,是史弥远权势熏天的时期,也正是道学地位发生根本性变化的关键时期。当时社会无论是草野之中,还是朝堂之上,都出现了一种有利于道学尤其是朱熹之学传播、普及的氛围。遍布朝野的朱门弟子后学通过在书院或官学讲学、奏请谥号、建立祠堂、刊刻道学著作等方式传播以朱学为主要内容的道学,朝廷也采取了表彰道学、扩大道学社会影响、提高道学社会政治地位的一系列措施。

嘉定元年(1208),朝廷着手为"庆元党禁"中受迫害者平反昭雪。追复赵汝愚官职,谥忠定。彭龟年、吕祖俭等道学人士先后获得赐谥、录后,其他遭罹党禁之祸的诸贤先后得到召用。③ 以此为开端,道学的地位不断上升。

嘉定更化一个重要举措就是嘉定二年(1209)"诏赐朱熹谥,依条与遗表

---

① 毕沅:《续资治通鉴》,卷156,北京:中华书局,1979年,第4198页。
② 可参看李心传辑、朱军点校:《言者论习伪之徒唱为攻伪之说乞禁止》,《道命录》,卷7,上海:上海古籍出版社,2016年,第88-89页。
③ 参看汪圣铎点校:《宋史全文》,卷30,北京:中华书局,2016年,第2537页。

恩泽"。太常寺最初议谥为"文忠",但考功郎官刘弥正指责此谥"似是而非",认为朱熹"著书立言之功大昌于后""有功于斯文",应当以与韩愈同样的"文"谥朱熹,此建议为朝廷所采纳。

值得关注的是太常博士章徕与刘弥正两人议谥理由的差异。章徕从"道德博文"(文)和"廉方公正"(忠)两方面对朱熹人品学问、道德践履与勤政爱民、忧国爱君两面对朱熹加以高度肯定。① 而刘弥正则说:

> 六经,圣人载道之文也。孔氏没,独子思、孟轲更述其遗言,以持斯世,文幸未坠。汉末诸儒采缀以资文墨,郑司农、王辅嗣辈又老死训诂,谓圣人之心,真在句读而已。隋唐间,河汾讲学,已不造圣贤阃奥。韩愈氏复出,特其文近道耳。盖孔氏之道,赖子思、孟轲而明。子思、孟轲之死,明者复晦,由汉一下闇如也,及本朝而又明。濂溪、横渠剖其幽,二程子宿其光,程氏之徒嘘其焰,至公而圣道粲然矣。公之学,以诚持中,敬持外。其于书,拾流籍则诸子曲说不得干其思。其于道,不敢深索也,恐入于幽;不敢过求也,恐汩其统。读书终贯穿百氏,终也缩;以圣人之格言,自进而入微,由博而归约。原心于眇忽,析理于锱铢,采众说之精而遗其粗,集诸儒之粹而弃其驳。呜呼,醇矣!孟氏以来不多有也。②

与章徕对朱熹的定位相比,这段文字体现出强烈的道统意识,其历史视野之广、文化站位之高,是章徕远不能及的。刘弥正的道统意识,应当与黄榦、陈淳等朱门弟子对朱熹道统地位的强调、对朱学的积极传播与弘扬有关。实际上,刘弥正的父亲刘夙为程颐三传弟子,这一背景让人更容易理解刘弥正的立场和观念。作为一个受道学影响很深而又有机会影响最高权力决策的朝廷官员,刘弥正成功地使朱门弟子的评价成为朝廷定位朱熹的基础和赐谥朱熹的理由,把朱熹提升为儒家道统接续者"朱文公"。

朱熹获得赐谥,是学术与政治权力合作的产物。学术通过政治权力的支持而扩大了社会影响,而政治权力之所以扶持、褒扬学术,其目的也很明显。宋

---

① 李心传辑、朱军点校:《道命录》,卷8,上海:上海古籍出版社,2016年,第91-92页。

② 李心传辑、朱军点校:《道命录》,卷8,上海:上海古籍出版社,2016年,第93-93页。

末吕中《大事记讲义》就谈到,嘉定更化之际,"海内翘首以观维新之化,而圣意拳拳,首举节惠之典于文公,一时学者,知所趋向矣"。① 从政治运作角度看,给朱熹赐谥,是朝廷在权力更替之际为寻求与道学人士合作、聚拢人心所做出的政治上的表态与文化上的标榜。但是此举使得朱熹其人其学成为一时学者的"趋向"所在,对朱熹地位、影响力的提升以及朱学的发展、传播而言,其意义是不言而喻的。

嘉定三年(1210)年,朝廷又"追赠朱熹中大夫、宝谟阁直学士";此外还特赠朱熹门人蔡元定为迪功郎,在制词中对蔡元定的生平予以了论定,说他"问学有源,操修无玷,杜门著书,初无与于世,不幸见诬,亦遭远谪",但如今是非已定,因此特赠以官,以慰其灵②。显然,不管是对朱熹或其弟子进行赐谥、追官,都能表明当时朝廷对以朱熹为代表的道学的态度有了很大转变。

嘉定五年(1212),时任国子监司业的刘爚(1131—1216)奏请以朱熹《论语》《孟子集注》立于太学,获得准许。③ 同时,他"又请以熹《白鹿洞规》颁示太学,取熹《四书集注》刊行之。"④ 刘爚为朱熹与吕祖谦的弟子,在"庆元党禁"中受到冲击。在任职广东时,他就上书权相史弥远,要求把朱熹所注的《四书》作为经筵讲学的内容:"今文公往矣,然其所著书,天下诵之,愿丞相更承先志,言于上,取其所著《大学》《中庸》《论》《孟》之说,以备劝讲,正君定国,慰天下学士大夫之心。"⑤ 这次上奏,将朱注《四书》作为官学内容,使得提升朱熹地位的目标得到进一步落实。据记载,当时深受程朱之学影响的吴柔胜复出,任国子正。他在国子监为学生所讲授的就是朱注《四书》:"始以朱熹《四书》与诸生诵习,讲义策问,皆以是为先。又于生徒中得潘时举、吕乔年、白于长,擢为职事,使以文行表率,于是士知趋

---

① 汪圣铎点校:《宋史全文》,卷30,北京:中华书局,2016年,第2540页。
② 汪圣铎点校:《宋史全文》,卷30,北京:中华书局,2016年,第2550页。
③ 毕沅:《续资治通鉴》,卷159,北京:中华书局,1979年,第4316页。
④ 脱脱:《刘爚传》,《宋史》,卷401,北京:中华书局,1977年,第12171页。
⑤ 真德秀:《刘文简公神道碑》,《西山先生真文忠公文集》,卷41,《宋集珍本丛刊》,76册,北京:线装书局,2004年,第421页。

向，伊、洛之学，晦而复明。"① 朱学进入太学，成为官学教材，这意味着朱学的正统性、权威性得到最高权力的初步确认。

嘉定八年（1215），宁宗谥张栻为"宣公"。翌年（1216），再谥吕祖谦为"成公"。至此，南宋道学群体的三位代表性人物都得到了朝廷的认可与褒奖。耐人寻味的是，在张栻的谥议中谈道："圣贤不传之绪，赖公复续"，"自周公、孔子以至孟子，厥后罕传。虽间有经生文士，性理是谈，体用未明，或相矛盾。宋兴百年，濂溪、二程发明于前，吕、谢、游、杨扶持于后，义理贯彻，复出前儒。公与晦庵朱氏，出而嗣之，相为师友，于是演迤溥博，丕阐于世。得其大者，足以名当世；得其小者，亦足善一身。考论渊源所自，公力居多。"② 谥议高度评价张栻在道统传承中的地位与作用，将张栻与朱熹相提并论，甚至说"考论渊源所自，公力居多"更把张栻的重要性置于朱熹之上。如果对照本文第三部分所谈及的，陈淳于嘉定十年（1217）在严陵期间应邀所作的《严陵学徒张昌合五贤祠说》中对朱熹、张栻二人的评价与定位，他所提出的朱熹之学明显高于张栻、吕祖谦之学的看法，是不是以谥议或谥议所代表的某种倾向为辩解对象呢？

嘉定九年（1216年），魏了翁进一步利用朝廷"更化"、政治环境宽松的时机，奏请为周敦颐、程颢、程颐赐谥。③ 第二年，"再申述前奏，并以横渠张载为请"。④ 到嘉定十三年（1220），朝廷特赐周敦颐谥"元"、程颢谥"纯"、程颐谥"正"。嘉定十六年（1223），又特赐张载谥"明"。魏了翁奏请为道学先贤赐谥的活动，"并不仅限于简单地确保学术和思想上的整体性，而是把理学派进入官场实践理学理念作为其终极目标，所以其活动背后含有强烈的政治

---

① 脱脱：《吴柔胜传》，《宋史》，卷400，北京：中华书局，1977年，第12148页。
② 李心传辑、朱军点校：《道命录》，卷8，上海：上海古籍，2016年，第98页。
③ 魏了翁：《奏乞为周濂溪赐谥》，《鹤山先生大全文集》，卷15，《宋集珍本丛刊》，76册，北京：线装书局，2004年，第723页。
④ 参见《魏华父为周二程张四先生请谥奏》，载李心传辑、朱军点校：《道命录》，卷9，上海：上海古籍出版社，2016年，第104－105页；又见魏了翁：《申尚书省乞检会元奏横渠先生谥状》，载《鹤山先生大全文集》，卷23，《宋集珍本丛刊》，77册，北京：线装书局，2004年，第4页。

文化传承与创新

性动机"。① 但对于以周、程、张诸贤为学术源头和道统传承谱系中的前驱的朱熹而言，也意味着对朱子其人其学的尊崇和褒扬已经朝历史纵深方向拓展。

当然，正如范立舟先生所谈到的，嘉定时期，朝廷并未确定道学在儒学诸派中的绝对主导地位，虽然道学发展的环境变得较为宽松，但道学并未被奉为儒学正宗。②

理宗即位后，因史弥远专权，理宗在道学官员郑清之（1176—1251）劝导之下，深居宫廷，研习道学。③ 在此期间，朝廷旌表道学的力度加大，道学地位日益显隆。

宝庆二年（1226），"诏赠沈焕、陆九龄官，仍赠谥。寻太常寺议，焕谥端宪，九龄谥文达。录张九成、吕祖谦、张栻、陆九渊子孙官各有差。又诏布衣李心传专心文学，令四川制置司津发赴阙"。④ 理宗本人更表现出对道学的尊崇。宝庆三年（1227）春正月，诏曰："朕观朱熹集注《大学》《论语》《孟子》《中庸》，发挥圣贤蕴奥，有补治道。朕方励志讲学，缅怀典刑，深用叹慕。可特赠朱熹太师，追封信国公"。⑤ 同年三月，朱熹之子、工部侍郎朱在进对，奏人主学问之要，理宗说："卿先卿《中庸序》言之甚详"，"卿先卿《四书注解》有补于治道，朕读之不释手，恨不与同时。"⑥ 从中可以看出，理宗对朱熹著作很熟悉，也非常感兴趣，评价很高。"恨不与同时"的表达更带有强烈的情感色彩。

理宗还与臣下讨论朱熹之学。宝庆三年（1227）六月，理宗与时任监行在都进奏院的朱熹再传弟子邹应博讨论"人心惟危，道心惟微"问题。"上问曰'人心惟危，道心惟微，圣人之道果不出此数句？'"在邹应博详细阐发朱熹对人心、道心的论断之后，"上举朱熹《中庸序》中语云：'道心常为一身

---

① ［韩］李范鹤：《魏了翁的先贤谥号奏请和理学官僚的登场——确立道统的政治史意义》，载葛志毅主编：《中国古代社会与思想文化研究论集（二）》，黑龙江人民出版社，2007 年，页 151。
② 范立舟：《理学在南宋宁宗朝的境遇》，《暨南大学学报》，2002 年第 3 期。
③ 毕沅：《续资治通鉴》，卷 164，北京：中华书局，1979 年，第 4464 页。
④ 汪圣铎点校：《宋史全文》，卷 31，北京：中华书局，2016 年，第 2628 页。
⑤ 陈邦瞻：《道学崇黜》，《宋史纪事本末》，卷 80，北京：中华书局，2015 年，第 879 - 880 页。
⑥ 汪圣铎点校：《宋史全文》，卷 31，北京：中华书局，2016 年，第 2637 页。

之主，而人心每听命焉。'"① 从讨论中可以看到，虽然理宗不一定如邹应博所称赞的"该贯朱熹之言"，但他对朱学有相当程度的了解却是可以肯定的。

绍定三年（1230）九月，理宗改封朱熹为徽国公。在《晦庵先生改封徽国公制词》中，理宗对朱熹的推崇又达到了新高度：

> 传孔孟之学，抱伊傅之才。讲道以致知格物为先，历万世而无弊；著书以抑邪兴正为本，关百圣而不惭……非汉唐诸子所可拟议，于伊洛二老尤有发挥。肆予访落止之初，深有不同时之恨。每阅《四书》之奥旨，允为庶政之良规。虽已加礼赠之崇，然未尽宪章之善……有赫其灵，尚淑尔后，可依前赠太师，改封徽国公，谥如故。②

朱熹讲道著书"历万世而无弊""关百圣而不惭"，朱注《四书》"允为庶政之良规"，我们可以看到理宗对朱熹的评价在不断提高。

总体而言，从"嘉定更化"直到"端平变政"，史弥远一直把持朝政，权倾内外长达二十几年。在此期间，朝廷还采取了表彰朱学乃至整个道学的种种措施。虽然这些措施带有明显的政治策略性质，而史弥远作为政治人物的所作所为，在当时就引起了道学人士的不满与愤慨，在后世更为学者所抨击、指责，但正是在学术与政治的这种互动过程中，理学影响得以不断扩大，地位得以不断提高，为最终获得最高权力的全面认可、取得正统地位做好了关键的铺垫工作。

史弥远死后，理宗亲政，励精求治，"端平变政"展开。朱学乃至整个道学获得了更好的发展机遇和环境，其地位进一步提高。端平元年（1234）六月，太常寺少卿徐乔请从祀周敦颐、程颢、程颐、张载、朱熹，以赵汝愚侑食宁宗，此建议全部为理宗所采纳。③ 理宗还对朱熹著作表现出浓厚兴趣：端平元年（1234）十月，真德秀上奏"乞进读文公朱熹《大学章句》《或问》"④，理宗接受了这一建议。第二年（1235），诏经筵所进读《通鉴纲目》。⑤ 嘉熙元

---

① 汪圣铎点校：《宋史全文》，卷31，北京：中华书局，2016年，第2638页。
② 李心传辑、朱军点校：《道命录》，卷10，上海：上海古籍出版社，第115页。
③ 毕沅：《续资治通鉴》，卷167，北京：中华书局，1979年，第4562页。
④ 汪圣铎点校：《宋史全文》，卷32，北京：中华书局，2016年，第2693页。
⑤ 汪圣铎点校：《宋史全文》，卷32，北京：中华书局，2016年，第2697页。

年（1237），诏以朱熹所著《通鉴纲目》送国子监刊进。① 淳祐十年（1250），诏荣文恭王府讲《通鉴纲目》，庄文府讲朱熹《论语集解》。②

最具有标志性的是淳祐元年（1241）正月，理宗下诏表彰、奖崇道学：

> 朕惟孔子之道，自孟轲后不得其传，至我朝周敦颐、张载、程颢、程颐，真见力践，深探圣域，千载绝学，始有指归。中兴以来，又得朱熹，精思明辨，表里浑融，使《中庸》《大学》《语》《孟》之书，本末洞彻，孔子之道，益以大明于世。朕每观五臣论著，启沃良多。其令学宫列诸从祀，以示奖崇之意。③

在这里，理宗从道统传承角度对周、张、二程的功绩大加褒扬，对朱熹的巨大贡献尤为推崇。这是最高权力对道学领袖的高度认可，是道学正统地位确立的标志。而朱熹更是作为使"孔子之道，益以大明于世"的集大成者，被置于道统传承谱系的突出地位。如果说黄榦、陈淳等突出朱熹的论断还属于门人弟子对朱熹"绍道统"地位的私议，理宗的诏令则是官方对朱熹在道统中地位的公开肯定。至此，朱熹作为文化正统的形象塑造工作基本完成，一尊比肩孔子的文化偶像已然形成。

需要指出的是，"端平变政"以后道学地位的不断上升与道统的确立，既与此前理宗登基事件尤其是稍后的"济王事件"之后朝廷希望弥缝与道学官员之间的疏离、寻求道学官员支持的现实政治需要相关联，又与当时社会普遍增强的对道学的认同感有关。同时，理宗对道学的强烈兴趣与熟悉程度也是重要的促成因素。宋末人谈到理宗对道学尤其是对朱熹的尊崇时说道："先皇帝自初践祚，始御讲筵，即未尝以名呼先儒。若周元公颐则曰濂溪，张郿伯载则曰横渠，二程则曰伊川、明道，而尤为尊用朱文公熹之《四书》。自时厥后，或赐之美谥，或赠之封爵。"④ 这则材料值得关注。理宗对道学的尊崇，不能完全视为政治标榜、政治策略，在经过长期熏染之后，他对道学产生了兴趣，对道学的价值也产生了认同。因此，理宗褒扬道学、推崇朱熹，提高朱熹的地位，也是很自然的事情。

---

① 汪圣铎点校：《宋史全文》，卷33，北京：中华书局，2016年，第2724页。
② 汪圣铎点校：《宋史全文》，卷34，北京：中华书局，2016年，第2800－2801页。
③ 毕沅：《续资治通鉴》，卷170，北京：中华书局，1979年，第4630页。
④ 汪圣铎点校：《宋史全文》，卷31，北京：中华书局，2016年，第2636－2637页。

五、余 论

理宗以后，对朱熹的推崇升温，朱熹的形象也越来越高大。在尊崇道统意味特别强烈的书院祭祀中①，朱熹越来越多地成为主角，各地书院崇祀朱熹者难以胜计。

到宋元之际，不少士人学子强调朱熹其人其学的普遍性，认为朱熹其人其学具有超越时代、超越空间的价值。宋末元初朱门后学熊禾（1247—1312）就谈道："孔孟后千五百余载，道未有如文公之尊"②，"二帝三王以来之道至此大明，四书六籍而下之文靡所不至。凡舟车所至，具耳目以皆知。天子庶民，何人不尊其学，光天薄海，无地不有其书。"③"《四书》衍洙泗之传，《纲目》接《春秋》之笔。当今寰海数州之内，何人不读其书？"④ 此说看起来颇为夸张，也可能出于修辞方面的考虑，但反映的应当是当时朱熹后学的认识与感受。学宗朱熹的元初学者刘因（1249—1293）甚至以"跨越古今，开阖宇宙"⑤ 来评价朱熹真迹的词旨笔势。他们对朱学的传播，使得朱熹的声望进一步提升。田浩先生通过对金元之际治程朱理学学者郝经（1223—1275）的研究，认为"元代少数的朱熹信徒对于朱熹声望提高所起到的作用，可能比现代很多研究者想象的更为重要，甚至超过了南宋后期主席的一些主要信徒"。⑥

元代仁宗皇庆二年（1313），《四书章句集注》被确定为科场试士程式，"群经四书之说，自朱子折衷论定，学者传之，我国家尊信其学，而讲诵授受，

---

① 参见肖永明：《书院祭祀的道统内涵》，《哲学与文化》，2008 年第 10 期。
② 熊禾：《重修武夷书院疏》，《勿轩集》，卷 4，《景印文渊阁四库全书》，1188 册，台北：台湾商务印书馆，1964 年，第 800 页。
③ 熊禾：《书坊同文书院上梁文》，《勿轩集》，卷 4，《景印文渊阁四库全书》，1188 册，台北：台湾商务印书馆，1964 年，第 804 页。
④ 熊禾：《重修武夷书院疏》，《勿轩集》，卷 4，《景印文渊阁四库全书》，1188 册，台北：台湾商务印书馆，1964 年，第 800 页。
⑤ 刘因：《跋朱文公杰然直方二帖真迹后》，《静修先生文集》，《景印文渊阁四库全书》，1198 册，台北：台湾商务印书馆，1964 年，第 582 页。
⑥ 苏费翔、田浩著，肖永明译：《文化权力与政治文化——宋金元时期的〈中庸〉与道统问题》，北京：中华书局，2018 年，第 183 页。

必以是为则，而天下之学皆朱子之书"。①"朱氏诸书，定为国是，学者尊信，无敢疑二"，②这标志着朱熹之学已占据官学地位，而朱子作为道统接续者的位置更为稳固。同时，成书于至正五年（1345）的官修《宋史》不仅在对人物、事件的评价之中贯彻了道学的观点，而且以朱熹的道统论为纲领，特辟《道学传》，将朱熹与周敦颐、二程等作为宋代儒学道统中的核心人物，并大大突出其集大成之功。此举进一步从史学角度强化了对朱熹道统地位的肯定与认同。

元末明初学者宋濂谈到对朱熹在道统者中地位的认识时说："自孟子之殁，大道晦冥，世人挺埴而索途者千有余载，天生濂洛关闽四夫子，始揭白日于中天，万象森列无不毕见，其功固伟矣。而集其大成者，唯考亭子朱子而已。"③极度推尊崇尚之情溢于言表。

到明永乐十三年（1415），由朝廷纂修《五经大全》《四书大全》《性理大全》。这三部《大全》，朱学印记十分明显，④《四书大全》更是对朱熹《四书集注》的放大。朝廷希望以此"恢弘道统之源流，大振斯文之萎靡……合众涂于一轨，会万理于一原"。此举进一步确立了朱熹在道统中的地位。

在清初，朱熹仍占据书院祭祀的核心地位。在康熙年间，一些学者甚至认为，朱熹是书院必须祭祀的对象。汪晋征（1639—1709）《还古书院祀朱文公议》说："凡讲学之区，皆当祀朱子以定道脉之大宗也。""今之学者必尊朱而后见其真尊孔也。孔子集列圣之大成，朱子集诸儒之大成，还古既奉孔子，则当奉朱子以配之。"⑤

康熙五十一年（1712），康熙帝诏升朱熹配祀孔庙"十哲"。康熙六十年

---

① 虞集：《考亭书院重建文公祠堂记》，《道园学古录》，卷36，《景印文渊阁四库全书》，1207 册，台北：台湾商务印书馆，1964 年，第 515 页。
② 虞集：《跋济宁李璋所刻九经四书》，《道园学古录》，卷40，《景印文渊阁四库全书》，1207 册，台北：台湾商务印书馆，1964 年，第 561 页。
③ 宋濂：《理学纂言序》，《文宪集》，卷5，《景印文渊阁四库全书》，第 1223 册，台北：台湾商务印书馆，1964 年，第 368 页。
④ 侯外庐、邱汉生、张岂之：《宋明理学史》卷下，北京：人民出版社，1987 年，第 21 页。
⑤ 汪晋征：《还古书院祀朱文公疏》，《休宁县志》，《中国方志丛书》（华中地方第 90 号），台北：成文出版社有限公司，1970 年，第 1299－1300 页。

(1721），命李光地等编纂《朱子全书》《性理精义》在全国颁行。在御制序中，康熙帝称颂朱熹"集大成而绪千百年绝传之学，开愚蒙而立亿万世一定之规"。① 朱熹在儒家道统中的地位从此登峰造极。

朱熹道统地位的确立、文化偶像的形成，得益于多种力量的推动。中唐以后，儒家所面临的佛道之学挑战日趋严重，儒家士人的焦虑与危机感也日益加深，道统成为士人们关注的话题。虽然很多学者并没有只是使用"道统"概念，但道统观念却相当普遍，从北宋初年开始就出现了许多不同版本的道统传授谱系。而到南宋时期，正如苏费翔指出的，人们受异族人压迫，恐惧感特别深，感到儒学传统将来会有危险，因此提倡道统论的理由更为充分。② 在这一氛围中，作为道学群体重要学术领袖的朱熹表现出了强烈的道统意识。他在《中庸章句序》中对"道统"内涵以及道统传承谱系进行了全面阐发，对自己在道统传承谱系中的地位也有一种自我期许。朱熹去世后，其弟子、后学为确立朱子在道统传承谱系中的地位，塑造朱熹文化正统的形象，通过强调朱熹在道统传承中的作用和贡献，从学术方面做出了不懈的努力。而不少位居要津、位高权重的道学官员，也通过种种努力，使道学尤其是朱熹之学得到朝廷的认可和褒扬，朱熹的正统地位得以确立。

来自学术的内在动力与政治权力基于自身需要的选择对朱熹文化正统形象的塑造起到了关键作用。强调朱熹之学远有端绪，接续圣道，同时在多头并进、多元并存的学术竞争中取得正统性、权威性，是朱门弟子后学努力的方向。这一理想的实现，既要依靠朱门弟子对朱学的阐发和传播，也有赖于政治权力的认同与肯定。而政治权力为了聚拢人心，增强统治的合理性，也需要学术力量的支持和论证。南宋时期偏安一隅、异族入侵压力始终存在的情境，更促使代表"治统"的最高权力通过与道统相结合来缓解焦虑，以朱熹为代表的道学成为他们的最佳选择。

朱熹文化正统的形象，是长期塑造的结果。甚至在某种意义上可以说，对

---

① 《御撰朱子全书序》，《景印文渊阁四库全书》，720 册，台北：台湾商务印书馆，1964 年，第 2 页。

② 苏费翔：《宋人道统论——以朱熹为中心》，载苏费翔、田浩著，肖永明译：《文化权力与政治文化——宋金元时期的〈中庸〉与道统问题》，北京：中华书局，2018 年，第 231 页。

朱熹形象的塑造，至今一直在进行。现代研究者都有自己心目中的朱熹形象，但是，我们需要注意的是，不能以经过塑造、建构的形象作为真实的历史，以此对历史做出错误的、歪曲的论断。同时，我们还需要注意到，在朱熹形象塑造的过程中，存在着三个方面的差异。首先，是朱门后学对朱熹的推崇与形象塑造，与其他学派学者是否认可此举或认可程度如何，是存在差异的。不能把朱门弟子后学的观点作为当时学界普遍的看法；其次，学者们对朱熹的推崇，与朝廷对朱熹道统地位的公开认可，是有时间差的。这中间有一个逐渐渗透、不断由学者向权力核心传导的过程。在这个过程中，朱门弟子后学发挥了重要作用，而其他学派道学官员的作用也不容忽视。甚至在某些时候，后者所发挥的才是最为关键的作用。① 再次，最高权力对朱熹正统地位的认同，也并不等于学界对朱熹之学的普遍认同，应当充分考虑各个时代学术生态的多样性和学术取向的多元性，关注主流之外的不同声音。

---

① 田浩先生就认为，在将朱熹提升到从祀孔庙正统地位一事上，与朱熹后学真德秀和魏了翁相比，吕祖谦的弟子乔行简扮演了更加重要的角色。见田浩：《朱熹与道学的发展转变》，载苏费翔、田浩著，肖永明译：《文化权力与政治文化——宋金元时期的〈中庸〉与道统问题》，北京：中华书局，2018年，附录，第282页。

论明清老学的主要特点与成就

刘固盛

（华中师范大学历史文化学院教授）

随着学术界对明清思想史的重新认识，以及编纂《老子集成》时对明清老学文献的新发现，明清老学发展的成就及其在中国古代思想学术史上的历史地位也需要重新评价。对于明清老学的研究，学术界渐渐加以重视，目前已取得了不少有价值的成果①，既有通论性的著作，也有专题、个案的研究，明清老学的真实面貌逐渐被揭示出来。但对于明清老学的总体特征及其思想价值，仍然缺乏深入的认识，对此，本文拟作一些归纳和总结，认为注重对老子思想的政治发挥、儒释道思想在老学中进一步融合、道教老学民间化等是本阶段老学发展的突出特点，下面试论之。

一、侧重老子治道的发挥和运用

《老子》一书蕴含着深刻的政治智慧，老子的道论，既是探讨世界本原的自然哲学，同时也是一种君道，即"君人南面之术"。如张舜徽先生疏证《老

---

① 本文为国家社科基金重大项目"中国老学通史"（项目批准号：14ZDB004）阶段性成果。如李庆《明代的老子研究》（《金泽大学外语研究中心论丛》第1辑，1997年）、江淑君《薛蕙〈老子集解〉性命思想探析》（《国文学报》2009年第46期）、刘思禾《清代老学史稿》（学苑出版社2016年版），系列博士论文韦东超《明代老学研究》（华中师范大学，2004年）、涂立贤《明代官员群体老学研究》（华中师范大学，2017年）、张勤勋《薛蕙老学思想研究》（台湾师范大学，2012年）、黄丽频《清代〈老子〉注义理的继承与开新》（台湾成功大学，2009年）、2012年王闯《道与世降：清代老学的传承与演变》（华中师范大学，2015年，后更名为《清代老学研究》，华中师范大学出版社2016年出版）等，以及洪芬馨、蔡侨宇、翁婉婷、林玉琴、杨雅婷、孟秀娟、王闯、涂立贤、雷振瑞、胡晓利、甄跃达、樊平、葛燕燕、王继学等10余篇关于明清老学个案研究的硕士论文。

子》首章"道可道,非常道"时指出:"盖治人之具,因时而变,非可久长守之者也。惟人君南面之术,蕴之于己,不见于外,乃治国之常道,历久远而不可变者。此乃老子宣扬君道之言,意谓凡人世可用谚语称说之道之名,皆非其至者,以此见君道之可贵。君道微妙玄通,深不可识,故不可称说也。"① 老子之道确实是可以用来治国安民的,汉初的黄老政治,是老子思想发挥政治功能的黄金时期。到后来,虽然儒学独尊,但历代统治者对《老子》书仍然是相当重视的,从皇帝到文武大臣,为《老子》作注者大有人在,因此,对老子政治思想的发挥与运用,是历代老学的重要内容。

如果说发挥老子治国之政术功能,西汉是其高峰时期,但对老子的政治思想或者说治道的关注,在历史上则是绵延不断的。如唐代不仅有唐玄宗御注《老子》,李约甚至还提出了"六经乃黄老之枝叶"的观点,宋代不仅有多位皇帝倡导黄老并进行具体的政治实践,而且黄老在思想界也很流行。到了明清时期,对老子政治思想的重视又达到了一个新的高度,具体表现在以下几个方面。

(一)明清两皇帝注《老》

明太祖朱元璋亲自注解《老子》,其目的非常明确,那就是用老子思想治国。明太祖即帝位后,想到自己出身草莽,读书太少,不懂前代哲王之道,询问身边官员,也不知所从。他带着疑虑披览群书,看到了《老子》,顿觉该书言简意奥,十分受用,遂反复体味,颇有所得。据御序:"又久之,见本经云:民不畏死,奈何以死而惧之?当是时,天下初定,民顽吏弊,虽朝有十人而弃市,暮有百人而仍为之,如此者岂不应经之所云?朕乃罢极刑而囚役之,不逾年而朕心减恐。"这是现学现用,效果明显。明太祖之注是出于迫切的现实需要,因而能够结合其施政治国的理念与措施,体现出理论与实践的呼应。试看《老子》首章"常无欲以观其妙,常有欲以观其徼"的注:"无欲观其妙,谓道既行,而不求他誉,以己诚察于真理,故云常无欲以观其妙。又常有欲以观其徼,非他欲也,乃欲善事之周备耳。虑恐不备,而又欲之,非声色财利之所

---

① 张舜徽:《周秦道论发微》,中华书局1982年版,第162页。

欲。"① 从道之用的角度阐述老子无欲、有欲之义，无欲是以内心之诚明辨真理，有欲指做事尽量追求周备，其解具有新意，也是可取的。又如第 55 章 "古之善为道者，非以明民，将以愚之"句之注："上古圣君，道治天下，安民而已。岂有将货财声色奇巧以示天下，使民明知？若民明知贷财声色奇巧，君好甚笃，则争浮利，尚奇巧之徒盈市朝朝，皆弃本以逐末矣。所以有德之君，绝奇巧，却异财，而远声色，则民不争浮华之利，奇巧无所施其工，皆罢虚务而敦实业，不数年淳风大作，此老子云愚民之本意也，非实痴民。老子言大道之理，务欲使人君君臣臣父父子子，彝伦攸叙。实教民愚，罔知上下，果圣人欤？"② 注文指出老子"愚民"的本意是使民不尚浮华，恢复社会的淳朴之风，圣人治理天下，不会使民众愚昧无知。此解深得老子真意。也许明太祖以皇帝的身份与经历，更能领会出《老子》书所言君道的真谛，故而发出了"斯经乃万物之至根，王者之上师，臣民之极宝"的感叹。

关于《清世祖御注道德经》，作者有两说，一说为顺治皇帝亲注，一说为顺治十三年大学士成克巩篆，顺治钦定。两说孰是，尚难以确定，后者的可能性似更大一些③，但不管怎样，顺治对《老子》是重视的，对该注的内容是认可并接纳的。篇首御序为顺治所写则无疑，据序言："老子道贯天人，德超品汇，著书五千余言，明清净无为之旨，然其切于身心，明于伦物，世固鲜能知之也。……自河上公而后，注者甚众，或以为修炼，或以为权谋，斯皆以小智窥测圣人，失其意矣。开元、洪武之注，虽各有发明，亦未彰全旨。朕以圣言玄远，末学多歧，苟不折以理衷，恐益滋伪误，用是博参众说，芟繁去枝，厘为一注。理取其简而明，辞取其约而达，未知于经意果有合否？然老子之书，原非虚无寂灭之说、权谋术数之谈，是注也于日用常行之理、治心治国之道，或亦不相径庭也。爰序诸简端，以明大旨云。"④ 显然，顺治重视的是老子思

---

① 熊铁基、陈红星主编：《老子集成》第六卷，宗教文化出版社 2011 年版，第 3 页。

② 熊铁基、陈红星主编：《老子集成》第六卷，宗教文化出版社 2011 年版，第 26 页。

③ 王闳：《清代老学研究》（华中师范大学出版社 2016 年版）第三章第一节有具体考辨，可参考。

④ 熊铁基、陈红星主编：《老子集成》第八卷，宗教文化出版社 2011 年版，第 591 页。

想的政治功能。

以皇帝身份注《老》并流传至今的注本有四种，其中唐玄宗、宋徽宗都是历史上有名的崇道皇帝，其注目的更多是出于对老子及道教的信奉和推崇；而明太祖和清世祖注《老》的原因则与玄宗、徽宗两位帝王不同，他们更加重视老子之政术，试图借鉴老子的政治智慧，并运用到治国理政的具体实践之中。

（二）官员注《老》成风

明代不仅朱元璋注解《老子》，发君术之微，还出现了官员群体解《老》的现象。据统计，见诸史志和各类目录著录的明代注《老》者共约160家，其中官员身份者有109人，官员成为明代老学发展的主力。① 代表性的注本有黎尧卿《老子纂要》、张邦奇《释老子》、薛蕙《老子集解》、王道《老子亿》、杨慎《老子疏》、朱得之《老子通义》、邓球《老子注》、赵统《老子断注》、李贽《老子解》、沈一贯《老子通》、焦竑《老子翼》、徐学谟《老子解》、张位《道德经注解》、孙矿《评王弼注老子》、郭子章《老解》、周如邸《道德经集义》、周宗建《道德经解》等。这些注者大都为进士出身，多人官至尚书之位，不乏著名将领。如黎尧卿为兵部尚书，张邦奇官至礼部尚书、兵部尚书，杨慎官至内阁首辅，沈一贯官至礼部尚书兼东阁大学士、吏部尚书，徐学谟为礼部尚书，孙矿官至太子少保、兵部尚书，郭子章官至兵部尚书等等。他们的解释虽各有异同，但注重阐明老子思想的政治价值则是一致的。明代官员群体注《老》是老学史上一个十分突出的现象，也是明代老学发展的一个明显特点。

清代官员解《老》虽不及明代之盛，但有顺治皇帝开风气，注解者仍然不少。如顾如华《道德经参补注释》、花尚《道德眼》、徐永祐《道德经集注》、胡与高《道德经编注》、吴鼐《老子解》、黄文莲《道德经订注》、姚鼐《老子章义》、魏源《老子本义》等。这些注解虽内容各异，但大都重视老子思想的政治功能。尤其是魏源指出老子思想的本义就是黄老之学，把老子的治道提到了一个新的高度，他说："老氏书赅古今，通上下。上焉者羲皇关尹治之以明道，中焉者良参文景治之以济世，下焉者明太祖诵民不畏死而心减，宋

---

① 参见涂立贤：《明代官员群体老学研究》，华中师范大学博士论文，2017年。

太祖闻佳兵不祥之戒而动色"。① 魏源认为老子的思想主旨为治国平天下，是可以用来救世的，这是对老子政治功能的特别强调。

（三）道教界注《老》的现实关怀

具有浓厚的现实关怀，这是道教的优良传统，并在道教老学中体现出来，明清道教界注《老》亦是如此。明代道士王一清的《道德经释词》及清代全真道士宋常星的《道德经讲义》等注可为代表。王一清之注虽谈道教性命之学，但明确指出，"五千言不只专言炼养，盖亦兼言治道，……若概以炼养之意释之，则隘矣，然非老子之旨也。故曰：修之于身，其德乃真；修之于家，其德有余；修之于乡，其德乃长；修之于国，其德乃丰；修之于天下，其德乃普。故知圣人中心行道，不遗世法，老子曷尝专以炼养而言哉"。王一清在其注篇首专列的《叙道德经旨意总论》，对老子的治道加以强调，认为"老子治道，极深研几，圣人南面之术也。若孔子者，世之博大圣人，一见老子言礼之要，叹之犹龙"。他分别列举了司马迁、吴筠、刘向、薛道衡、白居易、欧阳修、苏轼、苏辙、吕希哲、陈瓘、黄茂材、宋太宗、张知白等众人对老子治道的论述，并言："若以其道举之于政，内以修身，外以治国，以无私应世，以无为治心，以无心待物，以无事治民，以不战为策命诸将，以省刑息事敕百司，则下民自然观感兴起，不数载间，其民淳淳，其俗朴朴，则羲轩之化复行，唐虞之治可觊，比隆禹、文，铢视汤、武，淳朴之风重见，圣人大体复明。上古圣王以道治天下，何有加于此哉！百世之下，有同志同气者，亦将有感于吾言，信夫。"② 由此可见，王一清认为老子思想的主旨并不是炼养之学，而是治国之道。

清代全真道龙门派第七代传人宋常星的《道德经讲义》亦是一部解《老》的上乘之作。该注以"真常"解《老》，并将道论与政治、修养有机结合起来。在治国安民方面，突出了无为而治的内涵，如云："大道之用，用之于无为而治，用之于有为，则不治也。无为而治者，各循自然，行其当行，而不自知也。是为至诚知实理，故己私不立，天理纯然，上下相安于无事之中，朝野

---

① 熊铁基、陈红星主编：《老子集成》第十一卷，宗教文化出版社2011年版，第3页。

② 熊铁基、陈红星主编：《老子集成》第七卷，宗教文化出版社2011年版，第276－277页。

共乐于雍熙之化，不见其为之之迹也。"① 强调无为即治，有为则不治，无为而治的关键乃在于"各循自然"。圣人法道，其教养万民，亦自然而然，不求人知，不求人见，功劳至大而不自居其功，这就是"至治之泽，民不能见，不言之教，民不能知"。② 无为而治的结果当然是无为而无不为："求之于性，性理完全；问之于心，心德了明；修之于身，身无不修；齐之于家，家无不齐；治之于国，国无不治；平之于天下，天下无不平矣。"③

二、儒道释思想在老学中深度融合

《老子》之道具有高度的灵活性和广泛的适用性，儒、道、释等各种思想都可以与之结合。因此，自唐宋以来，以儒、道、释解《老》的现象十分常见，并在明清时期得以延续。随着儒、道、释三教思想的融合进一步加深，明清老学中三教交融互通的情况更为突出。从道教界对《老子》的诠释来看，最突出的表现是全真道老学的发展。对于三教关系，王重阳早有"一树三枝"的形象比喻，到明清时期，这种三教同源的思想得到继续发挥，如全真道士何道全作《三教一源》诗曰："道冠儒履释袈裟，三教从来总一家。红莲白藕青荷叶，绿竹黄鞭紫笋牙。虽然形服难相似，其实根源本不差。大道真空元不二，一树岂放两般花。"(《随机应化录》卷下) 随着清代全真道中兴，全真道老学研究有了新的发展，潘静观、宋常星、刘一明等全真高道解《老》都倡导三教融合。如宋常星的《道德经讲义》便对儒家伦理道德加以肯定："未有天人之先，其至诚无妄者谓之道。受命于天，全之于性，得之于心，谓之德。至公无私，生理常存者，谓之仁，有分别，有果决，当行则行者，谓之义。天秩之品节，人事之仪则，有文有质，恭谨谦让者，谓之礼。此五者，乃是治国齐家之达道，修身立命之本始也。"④ 注文肯定了儒家仁、义、礼的合理性与

---

① 熊铁基、陈红星主编：《老子集成》第九卷，宗教文化出版社2011年版，第158页。

② 熊铁基、陈红星主编：《老子集成》第九卷，宗教文化出版社2011年版，第158页。

③ 熊铁基、陈红星主编：《老子集成》第九卷，宗教文化出版社2011年版，第255页。

④ 熊铁基、陈红星主编：《老子集成》第九卷，宗教文化出版社2011年版，第198页。

存在的必要性，并且与老子之道可以保持一致，即："道德仁义，爱民亲贤，皆正道也。自古治国者，未有不以正；君臣父子，无不行之以正；礼乐尊卑，无不导之以正。民心之天德，由正而复，国家之风俗，由正而纯，道德既能行于中外，仁义自然化于乡帮。"① 刘一明解《老》时，同样认为老子之道与儒家伦理并不矛盾，潘静观《道德经妙门约》则借用佛教"空"的概念以及中观学中双遣双非的思维理论，以明真常之道体。②

以儒解《老》方面，朱得之《老子通义》驳斥先儒对老子的误解，阐明孔老思想并不相悖，老子思想与心学可以相通。徐学谟《老子解》从儒家立场出发，认为"孔老并圣"，同宗《周易》，有忧患之意。《老子解·自序》言："《易》之《大传》即三陈九卦，而一禀于忧患之处。孔子因追慨于文、周之所遇，而伤其有不得不然者，故以《易》为衰世之书。而老子之生，去文、周抑又远矣，则其心之忧患，必有甚于殷周改革之际。乃不得已洞究天人之始终，令人沿末以求本，而又重之以三宝之说。若逡逡然宁抑情以就势者，以其极重而不可反，而姑为之推挽，则何嫌于矫枉之过？其视孔子之用简、用约、用让、用先进之意，同乎否耶？"清代李大儒《道德经偶解》专以理学的范畴与命题诠释老子思想，花尚《道德眼》亦从理学的立场解《老》，所谓"其同于吾儒者是之，其异于吾儒者非之，其虽不同于吾儒，而实不害于自异者，亦存而表白之"。③ 吴世尚《老子宗旨》以《易》解《老》，认为儒道两家具有共同的学术源头。郑环《老子本义》指出孔老思想没有根本性的差异，"老子与儒非判然不同也，其异在毫发之间。老子志在羲农唐虞而兼言天道，孔子志在尧舜文武而专言人道，如是而已"。④ 老子兼言天道与人道，孔子则主要讲人道，很多看法是相通的。王绍祖《老子袭常编》亦以儒解《老》，认为老子常道之"常"与儒家五常之常是一致的："开卷言道，即曰常道；篇中

---

① 熊铁基、陈红星主编：《老子集成》第九卷，宗教文化出版社 2011 年版，第 243 页。

② 参刘固盛：《仝三教之真——以全真道老学为视角的考察》，《全真道研究》第一辑。

③ 熊铁基、陈红星主编：《老子集成》第九卷，宗教文化出版社 2011 年版，第 291 页。

④ 熊铁基、陈红星主编：《老子集成》第十卷，宗教文化出版社 2011 年版，第 2 页。

言德，亦曰常德。斯二常者，岂有异于五常者哉？盖仁兼四德，道统五常，实则一常而已。"①

以佛解《老》方面，代表注家有释德清、释镇澄、释德玉等。憨山大师的《老子道德经解》为人所熟知，是以佛释《老》的名著。释镇澄的《道德经集解》为孤本，收入熊铁基先生主编的《老子集成》第七卷。释镇澄在自序中说："先儒言：自有生民以来未有如孔子者。而孔子尝适周问礼于老子，其言斑斑，见于《礼记》，且有犹龙之叹，则孔子之与老氏，师友之间矣。……余尝窃谓孔子尚仁义，助吾戒；老子尚至虚，助吾定；庄子尚玄辩，助吾慧。"② 有了这样的认识，故其注能够做到儒道释三教融会贯通。释德玉为清康熙间高僧，作《道德经顺硃》，其叙言："余阅玄圣言，质而不文，朴而非器，与素王言、西方圣人言合，故取而释之。……若果于此五千言中领会得，则不唯看《易》言、《学》言、《庸》言易，即看《圆觉》言、《楞严》言、《华严》言，亦不难矣。"又赞曰："王者师，民之宝，指李非姓，白发非老，尼父犹称龙，婴儿恒自抱。宪宗尊谥上皇，七圣列封祖老。灼然紫气彻关头，众妙之门人难造。"③ 释德玉对老子评价很高，并认为老子思想与儒、佛相通。以上仅举佛门中人解《老》者，至于文人士大夫、黄冠道士解《老》时参以佛理，亦是十分常见的做法。

这里还要提到林兆恩《道德经释略》对三教思想的特殊运用。林兆恩道号子谷子、心隐子，后又号混虚氏、无名氏，门徒尊称为"三教先生"。他博览三教典籍，意识到儒、释、道三家分而言之，各有所偏，合而言之，则可圆备，于是倡导三教合一，并四处传播其思想，由此形成了三一教。其著作《林子三教正宗统论》《夏午尼经》《夏午经纂》《夏午经训》《九序图》等构成了三一教的主要经典。林兆恩提出，三教之名各异，三教之实则一，其言云："沙界之华，龙天之夏，而为儒者曰'我儒也'，为道者曰'我道也'，为释者

---

① 熊铁基、陈红星主编：《老子集成》第十卷，宗教文化出版社2011年版，第386页。
② 熊铁基、陈红星主编：《老子集成》第七卷，宗教文化出版社2011年版，第442页。
③ 熊铁基、陈红星主编：《老子集成》第八卷，宗教文化出版社2011年版，第742页。

曰'我释也'。教既分为三矣,而余之意,则欲会而归之,以复合于孔老释迦之道之本一也。"(《三教正宗统论·三教合一大旨》)林兆恩对《老子》十分重视,其主要解《老》著作为《道德经释略》6卷。该书之主旨仍在于三教合一,指出"老子之教何尝与孔子异","释迦之不仁而至仁,以与老子不异也",① 类似的观点很多,正如他的门徒所言:"我师龙江先生,每以道一教三,度世度人,总持儒道释之统而序列之,以开天下万世之谜。"②

三、"仙"解《老子》与老学的民间化

明清老学还存在一个比较特殊的情况,即大量"仙"解《老子》的出现,如八洞仙祖《太上道德经解》,吕真人注、顾锡畴解《道德经解》,纯阳吕仙撰、杨宗业校《道德经注》,纯阳子注、刘沅重刊《道德经解》,纯阳真人释义、牟允中校订《道德经释义》,纯阳吕仙衍义《道德经注释》,吕纯阳解、田润校《太上道德经》等等。这些著作所借托之神仙主要就是吕洞宾,八洞仙祖虽然是指八个神仙,但中心人物为孚佑帝君,即吕洞宾。这一现象的出现主要有以下两个原因:其一是道教民间化的结果。明清时期,道教与民间信仰进一步结合,在社会上的影响不断加大,其中的一个重要表现就是扶乩与劝善书的盛行。③ 吕祖信仰是民间信仰的重要内容,对吕祖的信仰和崇拜大约开始于北宋末年,由于全真道奉吕洞宾为纯阳祖师,随着元代统治者对全真道的扶持,吕祖信仰不断加剧,到明清时期达到了一个新的高峰,所谓"古今圣真,未可数计,妙道真传,群推孚佑帝师。非特开南北宗派,传经演典,至大至精,即片语只词,亦必关合道妙,玄微难名。且敕普度,化被四洲"。(《道藏辑要·凡例》)特别是清代中叶出现在湖北江夏的乩坛涵三宫专为吕洞宾降笔扶鸾而设,所以托名吕祖的各类道教经书通过扶鸾的方式大量涌现出来。《道藏辑要》收入不少托名孚佑上帝的作品,亦与此有关,因为其编者蒋予蒲

---

① 熊铁基、陈红星主编:《老子集成》第七卷,宗教文化出版社2011年版,第62页。

② 熊铁基、陈红星主编:《老子集成》第七卷,宗教文化出版社2011年版,第104页。

③ 参任继愈主编:《中国道教史》(下卷),第868页,中国社会科学出版社2001年版。

（蒋元庭）即是鸾坛的参与者。据意大利学者莫尼卡的研究，蒋予蒲1792年夏与其信奉儒教的父亲蒋曰纶加入了觉源（第一觉坛）——专门为吕祖所设之扶鸾坛，江夏涵三宫则是蒋予蒲鸾坛的样板，有着自己的规章制度和修行方式，其成员都有各自的职能。一系列托名吕祖降笔的道经在蒋予蒲的鸾坛上产生出来，并被收入《道藏辑要》。① 其二是吕祖崇拜在老学中的反映。扶乩在宋元时期便和《老子》发生了关联，如刘惟永《道德真经集义·诸家姓氏》录有宋代张冲应、张灵应两著，并注云："以上两家，系鸾笔。"可见宋代已有以鸾笔解《老》者。到明清时期，随着扶乩之风的兴盛，以鸾笔形式解《老》的情况明显增加，其中托名吕洞宾所撰的老学著作大都为扶乩之作，如署名纯阳真人的《道德经释义》就宣称该著是"吕祖降鸾释义"，署名纯阳吕仙的《道德经注释》亦称孚佑帝君"降鸾释义，普化群黎"。此种以神道设教说解《老子》的方式，不一定有助于《老子》哲理的展开，但对道教教义、道教伦理思想在社会上的传播有很大的促进作用。

由此看来，明清老学所出现的这些托名吕祖的扶鸾之作，既可以视为道教与民间信仰混融的结果，也体现出老学民间化的倾向。这里以八洞仙祖《太上道德经解》为例进行简要的讨论。该书过去一般认为是在明代经扶鸾而成，实际上应该是清代的著作。《老子集成》收入该注时，认为作者应是明清雍正之前的人，但并没有确定的说法。《道藏辑要》收录的《天仙金丹心法》为考察该书的成书时代提供了一条线索，因为《天仙金丹心法》同样署名为八洞仙祖合著，且前面还有"宏教弟子柳守元熏沐题词"，这与《太上道德经解》的题署一致。闵智亭道长、李养正先生认为《天仙金丹心法》是清嘉庆十八年至二十年（1813—1815）间全真道士柳守元托八仙而作，系全真道北宗主性命双修之内丹功法。② 上述两书同时提到的柳守元是一个关键人物，闵、李二位视柳守元为一真实的全真道士，但日本学者森由利亚却认为柳守元"并不是实际存在的人物，而是《道藏辑要》的编纂者蒋予蒲所经营的乩坛，觉源坛里

---

① 参莫尼卡著、万钧译：《"清代道藏"——江南蒋元庭本〈道藏辑要〉之研究》，《宗教学研究》2010年第3期。
② 《天仙金丹心法》，中华书局1990年版，闵、李合序。

降临的仙人，是从信仰出发而被想象出来的人物"。① 莫尼卡进一步指出，在蒋予蒲经营的乩坛，吕洞宾富有传奇色彩的弟子和助手柳棨变为了柳守元，"在众多据说在蒋予蒲的扶鸾坛上降笔扶鸾的神仙真人中，柳守元是一个很重要的角色。作为吕洞宾同其门徒的媒介，柳守元不仅帮助蒋予蒲及其道友编纂《全书正宗》，而且还是蒋予蒲编辑的两部著作中许多序跋的托名作者。此外，柳守元也被说成是《道藏辑要》中一系列新道经的作者。如果说蒋予蒲设坛扶鸾而出的大部分道经是改编而成而不是文学创作的话，那么相比之下，托名柳守元所作的道经则是原创作品——这些道经形成了蒋予蒲扶鸾坛成员的新的特征。在这样的背景下，柳守元作为蒋予蒲扶鸾坛的鸾神和监护人，就成为天仙派继创派祖师吕洞宾之后的第二任祖师，享有崇高的地位"。② 森由利亚、莫尼卡的看法不无道理。换言之，柳守元可能并不是一个真实的历史人物，而确是蒋予蒲鸾坛虚构出来的角色，那么，凡是署名柳守元撰或序、跋、题词的道经，都与蒋予蒲经营的觉源鸾坛有关。由此看来，托名八洞仙祖合著、"宏教弟子柳守元熏沐题词"的《太上道德经解》，也极有可能是蒋予蒲鸾坛降笔而作。该注虽托名仙解，却颇有可取之处，正如序中所说："八洞仙祖，阐扬奥旨，不离乎道，不泥乎道，就文解意，浅近无非高深。俾千万世后，能领略此尊经者，以之为己则顺而祥，以之为人则爱而公，以之为天下国家，无所处而不当。而玄纲仙谱，卒亦莫能逾越其范围。"③ 全注语言浅显明白，平正通达，从内容上看，并不重视对老子道论的哲学发挥，而是集中言道德人心教化与治国之理。

关于老学的民间化，还可以清代龚礼所著《道德经经纬》为例。全书81卷，近40万字，并附有数百幅养生修炼图，篇幅堪称老学史上单独注解之冠。龚礼生平不详，但据《自序》记载："礼于咸丰八年避蓝逆之扰，隐居二峨眉

---

① 森由利亚：《清代全真教的天仙戒和吕祖扶乩的信仰——关于〈三坛圆满天仙大戒略说〉的研究》，《天台山暨浙江区域道教国际学术研讨会论文集》，浙江古籍出版社2008年，第214页。

② 参莫尼卡著、万钧译：《"清代道藏"——江南蒋元庭本〈道藏辑要〉之研究》，《宗教学研究》2010年第3期。

③ 熊铁基、陈红星主编：《老子集成》第八卷，宗教文化出版社2011年版，第84页。

之紫云堂,入山已百余里,道路险阻,绝无人径。秋八月已积雪盈丈,四顾无烟火,凄然不可久居。近山有茅庵,甚隘。往叩之,有道者,二鬓眉尽白。与语事理,甚有妙解。室无长物,惟《道德经》一部,朝夕吟诵,时相过从,以豁岑寂。一日出《道德经传》并图,示礼曰:'汝业申韩之学,《洗冤录》载命门中红丝一缕,直贯顶门,汝识其义乎?此《道德经》之经纬也。从人身而推之天地万物,一以贯之矣,故曰经纬。天地万物者,道德也。经纬道德者,人也。经之精理,因字形而解以五行,便能得其精理,不烦博引外求。吾以《传》与图赠汝,谨藏之,从此《道德经》得解矣。'相与探讨数日,甚得开悟。忽一日往寻,庵为雪压,道者已不知所往。礼从此时时研求道德精理。积三年,而知分章置节,八十一章所自著。再三年而因字求义,因义明传,竟能贯串经义,先后不爽锱铢,遂分节作解,因字为注,成《道德经经纬》八十一卷。比之世传邵康节《皇极经世》绪言,邱长春《西游记》,同不同未可知耶?"①龚礼这段经历颇带有传奇色彩,且说明其解有民间的思想源头。《道德经经纬》又署名李正著,柳融传、龚震阳解,并言:"书中姓字皆仍道者所传,从义假合,间亦参掇一二,皆义之所寓也。若必求而实之,则凿矣。"②这种做法也增加了全书的神秘性。全书注解从《老子》每一个字字形的细致分析入手,阐述阴阳生化之理,这种解释方式在老学史上前所未有,可谓是龚礼的独创。在思想上提倡儒道互补,并围绕道教性命之学的主题展开诠释:"礼注此经,皆反身而求,不假外索,或于吾人性命之学,万有一得耳。"③

四、明清老学的地位与价值

过去学术界认为明清老学成就不高,故不太重视。现在看来,这是一种片面的认识,实际上明清老学内容丰富,在思想上仍然具有创造性,并呈现出新的时代特点。从现存老学文献来看,明清时期大量《老子》注疏的学术水平

---

① 熊铁基、陈红星主编:《老子集成》第十卷,宗教文化出版社2011年版,第488页。

② 熊铁基、陈红星主编:《老子集成》第十卷,宗教文化出版社2011年版,第488页。

③ 熊铁基、陈红星主编:《老子集成》第十卷,宗教文化出版社2011年版,第488页。

很高,如沈一贯《老子通》、徐学谟《老子解》、王道《老子亿》、朱得之《老子通义》、薛蕙《老子集解》、释德清《老子道德经解》、李贽《老子解》、吴世尚《老子宗指》、王夫之《老子衍》、张尔岐《老子说略》、宋常星《道德经讲义》、胡与高《道德经编注》、徐大椿《道德经注》等。而且,《老子集成》收录的大量珍本、善本,也主要为该时期的本子,如释镇澄《道德经集解》、洪其道《道德经解》、田艺衡《老子指玄》、印玄《老子尺木会旨》、周如砥《道德经集义》、周宗建《道德经解》、郭子章《老子解》、黄元御《老子悬解》、王泰徵《檀山道德经颂》、王定柱《老子臆注》、刘一明《道德经会义》等等。纵使是形成于民间的扶鸾之作,也具有较高的水准。从思想价值来看,明清老学也具有其重要贡献,这主要表现在:

(一) 对老子思想政治功能的阐述达到了新的高度

关于老子政治思想或者说治国之道的阐发,历代老学都有涉及,但明清时期的《老子》注者仍然提出了一些新的见解,显示出新的时代特色。明太祖和清世祖两帝注《老》,是出于现实的需要,直接把老子的思想运用于政治实践。显然,两帝解《老》的重点在于用老,但在思想层面也不乏真知,如明太祖注《老子》第3章:"是以圣人常自清薄,不丰其身。使民富乃实腹也,民富则国之大本固矣。"① 藏富于民的观点很有超前性,由强化中央集权的明太祖提出,尤为难得。官员解《老》方面,如徐学谟也很有见地,其《老子解》倡导经世致用、反对空谈心性的学术主张;在以气论道的基础上,提出以人的自然本性之"欲"为先天之德,以"知"为基础养成的"不争之德"为后天之德;同时以儒家的经世思想改造道家的贵身理念,一方面继承了"天下为公"的儒家传统,同时有限度地肯定了私的价值和合理性,由此发展出具有一定政治启蒙色彩的公私观。从老学与理学的关系看,徐学谟《老子解》所体现的这些思想特色,显示出晚明时期儒道两家在经世致用的共同目标下进行了新的融合。②

张尔岐《老子说略》的主旨亦体现出对老子政治思想的重视,他说:

---

① 熊铁基、陈红星主编:《老子集成》第六卷,宗教文化出版社2011年版,第3页。

② 具体论述参刘固盛、甄跃达:《晚明儒道关系的转向——以徐学谟〈老子解〉为中心的考察》,《道家文化研究》第32辑。

"《老子》明道德，盖将治身以及天下，与外常伦、遗世事者异趣矣。先儒审辨源流，每有论驳，至清静不争之旨，则莫或异议。"① 认为老子思想的重点在于以清静不争之旨治身治国，尽管历来解《老》者对老子思想存在着各种看法，但在这一点上是被公认的。例如他在《老子》第 77 章注言："天之道，有余者损之，不足者补之，政相类也。"② 对老子之道的阐发可以从多个方面展开，"政相类也"一句，点明了张尔岐注解的倾向。学界已注意到张尔岐解《老》的新意，即对现实政治的回归，如其理解的无为更加具体指向对君主行使政治权力的限制。③ 这是有价值的见解，也是张尔岐对老子政治思想的新发挥。试看第 9 章注："身既治而治人，……则于天下之民，生之畜之，生之而不自以为有，为之而不恃其劳，长之而不任己意以宰制之，是谓深远难名之德。"④ 这显然是针对君主或者在上位者而言，指出其不能滥用权力，随意宰制百姓。那么，用什么办法可以对君权加以限制呢？对此，张尔岐提出了自己的看法。其一，君主提高自我修养。所谓"圣人之为圣人，无所积以自私"⑤（《老子集成》第八卷，第 741 页），"善建、善抱者，善修其德而已"⑥（《老子集成》第八卷，第 734 页）。君主要修道德，做到大公无私。其二，对天的敬畏。第 67 章注言："夫为上者尽慈之道，则百姓亲附，各出死力以卫其上，以战则胜，以守则固，是天将救是人而以慈卫之也。人知是人之以慈卫人也，不知实天之欲救是人而以慈卫之也，则世之残民以逞者，其天之所绝乎？"⑦ 老子的"三宝"之一为慈，"天将救之，以慈卫之"，世人只知道是人为，而

---

① 熊铁基、陈红星主编：《老子集成》第八卷，宗教文化出版社 2011 年版，第 717 页。

② 熊铁基、陈红星主编：《老子集成》第八卷，宗教文化出版社 2011 年版，第 740 页。

③ 王继学：《张尔岐的〈老子〉学思想研究》，山东大学硕士论文，2006 年。

④ 熊铁基、陈红星主编：《老子集成》第八卷，宗教文化出版社 2011 年版，第 721 页。

⑤ 熊铁基、陈红星主编：《老子集成》第八卷，宗教文化出版社 2011 年版，第 741 页。

⑥ 熊铁基、陈红星主编：《老子集成》第八卷，宗教文化出版社 2011 年版，第 734 页。

⑦ 熊铁基、陈红星主编：《老子集成》第八卷，宗教文化出版社 2011 年版，第 738 页。

不知实为天意。因此，张尔岐告诫说，不要用手中的权力横行霸道，伤害百姓，滥用权力者，必遭上天的惩罚。其三，用法律加以约束。第 74 章注云："民之有罪，常有司杀者杀之。若任一人之喜怒而杀人，是代司杀者杀，如人代大匠斲也。代大匠斲，希有不伤手指矣。司杀者，法也。圣人立法，本乎天讨，不可以私意轻重其间，为废法任情警也。"① 把司杀者解释为"法"，很有新意。百姓犯罪，当依法惩处，这是常理。但谁有可能随个人喜怒杀人而免于处罚？恐怕只有君主，但这种情况的出现，也是违背常理的，不会有好的结果。因此，即使是手握生杀大权的君主，也不可胡来，不可"废法任情"，而应去掉私意，遵守法律。总之，张尔岐以学者的身份注《老》，在阐述老子治道时能够注意到对君权的制约问题，确有超越前人之处，也显示出其老学思想的深远。

（二）推动了三教关系的进一步发展

儒道释三教融合是中国思想文化的重要特征，正如牟钟鉴先生所指出："儒、佛、道三教合流的历史很长，覆盖面很宽，对中华精英群体的性格和大众民俗文化以及多民族文化都有普遍而深刻的影响。"② 魏晋以后，儒、道、释各家学说都得以与《老子》沟通，老学史上一直是以儒解《老》、以佛解《老》、以道教理论解《老》同时并存的局面。通过老学这一特殊的窗口，便可以看到儒、道、释是如何在《老子》这部不朽的巨著中找到了互相对话与沟通的共同支点，它们又是如何交融与碰撞的。明清学者在援引儒、佛诠释《老子》时，并不局限于简单的比附，而是注意揭示儒、道、释之间能够互通合一的深层原因。如黄裳从本体论的角度进行阐述："三教之道，圣道而已。儒曰至诚，释曰真空，道曰金丹，要皆太虚一气，贯乎天地人物之中者也。"③ 这是以气沟通三教之道。他又从境界的层面进行分析："夫道究何状哉？在儒家曰隐微，其中有不睹不闻之要。释家曰那个，其中有无善无恶之真。道家曰

---

① 熊铁基、陈红星主编：《老子集成》第八卷，宗教文化出版社 2011 年版，第 739 页。
② 牟钟鉴：《儒佛道三教关系简明通史》，人民出版社 2018 年版，第 3 页。
③ 熊铁基、陈红星主编：《老子集成》第十一卷，宗教文化出版社 2011 年版，第 66 页。

玄关，其中有无思无虑之密。"① 儒、道、释各家的修养方法虽然不同，但追求的理想境界却异曲同工。董德宁则从立言方式进行论证："老子之《道德》五千言也者，辞深而理奥，言近而旨远。其先道德而后仁义，以仁义居道德之中也。厚忠信而薄礼智，以礼智在忠信之内也。而绝圣弃智去其伪，绝仁弃义就其真，天地不仁大恩生，圣人不仁至德化，大道化而为仁义，智慧生而为知识，此数者，是反言之而若正者也。……而用兵伐逆以其慈，修身治国用其啬。先人以后己，退高以就卑。利而不害于物，为而不争于民。如此者，是正言之而若反者也。"② 从老子"正言若反"的否定思维方式出发进行分析，认为老子并不是要绝弃儒家的仁义礼智，理解老子的思想，一定要注意其"立言之大意"，即有的是正言若反，有的是反言若正，而老子的主要思想是以修身治国为主，抓住了这一主旨及老子的立言特点，便知"孔老之合一，儒道之同源"。③

至于王夫之的《老子衍》，则从哲学的高度，对儒道释三教关系进行了特殊的分析和反思。其《自序》中说："昔之注《老子》者，代有殊宗，家传异说，逮王辅嗣、何平叔合之于乾坤易简，鸠摩罗什、梁武帝滥之于事理因果，则支补牵会，其诬久矣；迄陆希声、苏子由、董思靖及近代焦竑、李贽之流，益引禅宗，互为缀合，取彼所谓教外别传者以相糅杂，是犹闽人见霜而疑雪，雒人闻食蟹而剥蜻蛸也。"④ 王夫之对自王弼以来的各家老子注都不满意，显然，他之解《老》，意在另立新说。他指出："舍其显释，而强儒以合道，则诬儒；强道以合释，则诬道；彼将驱世教以殉其背尘合识之旨，而为蠹来兹，岂有既与！夫之察其悖者久之，乃废诸家，以衍其意。盖入其垒，袭其辎，暴

---

① 熊铁基、陈红星主编：《老子集成》第十一卷，宗教文化出版社2011年版，第69页。
② 熊铁基、陈红星主编：《老子集成》第十卷，宗教文化出版社2011年版，第26页。
③ 熊铁基、陈红星主编：《老子集成》第十卷，宗教文化出版社2011年版，第26页。
④ 熊铁基、陈红星主编：《老子集成》第八卷，宗教文化出版社2011年版，第563页。

其恃，而见其瑕矣，见其瑕而后道可使复也。"① 王夫之认为，从老学的角度谈三教关系，要注意厘清彼此之间的异同及各自学说的欠缺。他认为老子思想也存在不足之处，但他并不是简单加以批判或否定，而是主张深入到老子学说的内部，真正认识到其中的瑕疵，再加以综合判断。总体来说，王夫之评述《老子》仍然带有儒家的立场，对老子思想是批评中有肯定："文、景踵起而迄升平，张子房、孙仲和异尚而远危殆，用是物也。较之释氏之荒远奇酷，究于离披缠棘，轻物理于一掷，而仅取欢于光怪者，岂不贤乎？司马迁曰：老聃无为自化，清净自正。近之矣。"② 王夫之同意司马迁对老子的评价，显示出他对道家精神实质的深刻洞察。而他在《老子衍》中对儒、道、释三教关系的分析，则超越了前人的认识，具有新的时代高度。有学者指出，王夫之对《老子》的阐释，其目的在于对自宋以来儒、道、释三家学说混用演绎的还原。在王夫之对代表传统中国文化精髓的儒、释、道三家思想的批判和审视中，让《老子衍》成为探索中国文化从传统到现代转型的一个重要代表，其间跃动着现代性、启蒙性的思想，这对中国儒释道三家哲学一系列概念的认知、对于后来者乃至今日我们理解中国哲学的精义都有着不可忽视的开创意义。③

（三）扩大了老子思想在民间社会的影响

前已指出，明清两代，道教发展下移，与民间信仰的结合日益紧密，与此相关，明清老学中出现了系列托名吕祖的鸾笔解《老》作品。"仙"解《老子》的不断出现，正是老子思想在民间社会影响增加的反映。如署名纯阳子注的《道德经解》应是由刘沅主持的扶鸾作品。刘沅序云："丙辰下第西归，道出留侯庙下，邂逅静一老人，谭次，畀以《道德经解》。予受而读之，如启琅环而遗身世也。"④ 据刘沅自述，他曾遇到一位贩卖草药的野云老人，并拜其

---

① 熊铁基、陈红星主编：《老子集成》第八卷，宗教文化出版社2011年版，第563页。
② 熊铁基、陈红星主编：《老子集成》第八卷，宗教文化出版社2011年版，第564页。
③ 焦宗烨：《王夫之〈老子衍〉与中国文化的近代转变》，台湾《鹅湖月刊》2014年第2期。
④ 熊铁基、陈红星主编：《老子集成》第十卷，宗教文化出版社2011年版，第287页。

为师，跟从他学习道教的修炼方法，体质得以明显改善。这位神秘的野云老人被认为是老君的化身。① 由此看来，静一老人也可以看作是与野云老人类似的形象。对于《道德经解》，刘沅之所以不言自注而称是静一老人所赠，显然是为了增加该注的神圣性与权威性，有利于弘道宣教。刘沅又称："自来污老子者多矣，得是书，可以稍正其妄愚，故与《感应篇》合而存之。"② 把《道德经解》与《太上感应篇》合刻刊行，其突出民间教化的意图十分明显。

又如托名纯阳吕仙所著的《道德经注释》，约成书于光绪丙申年（1896），亦是孚佑帝君飞鸾降笔之作。书前有托名"太极天宫文华殿内左相臣颜子渊谨撰"的序云："今有吕祖，道号纯阳，奥稽五帝，历考三皇，参玄门之妙旨，解道祖之灵章。安邦定国之文，微而益显；养性修真之理，隐而弥彰。昨日功曹，向文华而问序；今朝生等，开幽阁以焚香。窃思抹犬涂鸦，宜藏大绌；转念飞龙舞凤，足见余光。因降香坛，信笔而书俚韵；聊为宝忏，片言以发幽芳。序始末于灵文，大彰六合；阐古今之妙理，广播八方。"③ 序中"广播八方"一语，点明了该注宣教的意图，而其主旨则是："孚佑帝君愍世不已，忘天之至尊，降鸾释义，普化群黎，阐性理之精微，发是经之奥旨，指示后学，以正心修身、穷理尽性为齐家治国平天下之大道。诵斯经者，宜读其辞，而玩其意，朝讽夕咏，日进于躬行，悟澈真诠，则知天人一气，万物一体，宇宙内事，乃吾性分中事也。"吕祖降笔之意，在于阐明《道德经》所蕴含的性命之理与治国之道，使天下百姓得到教化，后学者要善于运用。

美国汉学家柏夷教授指出："道教，自古就存在于华夏文明的髓心与肌腠之中。它不仅是中国的本土民族宗教，也是中国文化中人本主义内在动力与道德准则的最佳体现……毫不夸张地说，道教代表了古代中国的精魂与力量。"④ 柏夷教授对道教的评价值得重视。道教不仅体现了中华传统文化的独特性，而

---

① 参欧福克、胡锐：《老子隐居之所：以〈天社山志〉为中心的历史地理考察》，《宗教学研究》2018年第3期。
② 熊铁基、陈红星主编：《老子集成》第十卷，宗教文化出版社2011年版，第287页。
③ 熊铁基、陈红星主编：《老子集成》第十一卷，宗教文化出版社2011年版，第606页。
④ 柏夷：《道教研究论集》，中西书局2015年版，第2页。

且对中国社会的方方面面产生了深刻影响，在对中华民族共同体的信仰塑造上，与儒家一起起着根本性的作用。明清老学的民间化，正是道教影响中国社会、文化、信仰的独特方式和具体体现。

战国诸子对天下治理合法性的探讨

陈荣庆

(江西宜春学院教授)

自从人类社会发展到国家这个阶段以来,对国家的治理就成为一个最为重要的问题。处于社会剧烈变革之际的先秦诸子,对天下的治理尤其关注,其中,对谁可以拥有天下、谁能成为天子的讨论尤其为多。用今天的话语来说,就是在讨论治理天下的合法性问题。

合法性问题是一个古老的问题,它在人类的童年表现为传统的自然承认性,这种自然承认性在遥远的古代主要基于两个方面:一是"基于对悠久传统的神圣性以及根据这些传统行使权威者的正当性的牢固信仰",二是"基于对某个个人的罕见神性、英雄品质或者典型特性以及对他所启示或创立的规范模式或秩序的忠诚"。① 用简单的话来说,或是因为个人的独特品质(如尧舜)、或是因为对传统的坚守(如子继父业或弟继兄业)而成为天子者,那么他就自然拥有治理天下的法权,其后代也可更自然地继承天子之位,继续治理天下。但到了战国时期,对治理天下合法性的传统自然承认发生了变化,战国诸子更加理性地思考治理天下的合法性,对治理者的身份与治理要求提出了更高、更加理性的民本要求,提出天子是为了天下而设立的职位,不是为了天子才存有天下。在"家天下"的传统影响中提出这种共同体思想,直接影响了中华民族对国家治理的公共性理想,这是一个伟大的、跨越性的进步。

---

① 马克斯·韦伯著,阎克文译:《经济与社会》第一卷,上海世纪出版集团,2010年第一版,第322页。

一、周代天下治理的反思是战国诸子天下治理
合法性思考的重要思想资源

周人作为一个小小的方国，竟然最终取代商人获得治理天下的权力，他们首先做的两件大事，一是要快速安稳殷人，二是要证明自己治理天下的合法性。

在快速安稳商代遗民这个问题上，周人感受到了急迫性。《尚书·康诰》记载周公告诫卫康叔说："封，予惟不可不监，告汝德之说于罚之行。今惟民不静，未戾厥心，迪屡未同，爽惟天其罚殛我，我其不怨。惟厥罪无在大，亦无在多，矧曰其尚显闻于天。"周公要求卫康叔看清形势，认真施用德政、谨慎刑罚，现在殷商之人还没有安定，我们也还没有使他们心悦诚服，虽然我们对他们多有教导，但他们仍然没有与我们同心同德。即便上天要惩罚我们，我们也不能有所怨言，因为罪不在多少，"天"已经知道了。

在如何证明自己治理天下的合法性问题上，周人重新解释了"天"，并提出了天命可以转移的理论。

在殷人的思维系统中，统治人间的是上帝神，商人的祖先神就是上帝，所以商人受上帝的眷爱。但为什么受上帝眷爱的商人会被周人取代，这是一个很困惑时人的问题。周人给出的解释是：在各族的祖先神之上，还是一个"天"神，它是万民之神，关注一切人。殷人的祖先原来得到"天"的宠爱，所以殷人拥有天下的治理权，但是后来殷人不敬德，不爱民，所以"天"惩罚殷人，让其丧失天下。而周人的祖先明德保民，受到"天"的宠爱，所以周人取代商人获得了天下的治理权。

《尚书·酒诰》记载周公申诫卫康叔说："我闻惟曰：'在昔殷先哲王迪畏天显小民，经德秉哲。自成汤咸至于帝乙，成王畏相惟御事，厥棐有恭，不敢自暇自逸'。"过去殷人的先哲明王畏惧天命，敬畏百姓，所以施行德政，时刻恭敬。从成汤一直延续到帝乙，明君贤相们都认真思考如何治理国事，严谨颁布政令，不敢安闲逸乐。但是商纣王不敬祖命，过度游乐，作恶犯罪，故而"天降丧于殷"，使其失去天下。

《尚书·多士》记录了同样的内容。成王训诫商代遗民说，你们纣王"弗吊旻天，大降丧于殷，我有周佑命，将天明威，致王罚，敕殷命终于帝。肆尔

多士!非我小国敢弋殷命。惟天不畀允罔固乱,弼我,我其敢求位?惟帝不畀,惟我下民秉为,惟天明畏"。纣王不敬重上天,所以天降灾祸于殷人;我们周人佑助天命,奉之明威,执之诛罚,由此殷人的国运被上天终绝(而转给我们)。我们小小的周国岂敢擅求天子之位?是上天转给我们,我们敬畏天命,接受天子之位。

周人能得到天子之位,是因为周人祖先努力施行明德,使得各国都来朝贡任役。现在周人获得了天下,只有继续施行德政,和悦、教导那些迷惘的人民,完成祖先所受的使命,认真治理天下,我们周朝才能万年长存,我们的子子孙孙才能世世代代保护他的子民:"先王既勤用明德,怀为夹,庶邦享作,兄弟方来。亦既用明德,后式典集,庶邦丕享。皇天既付中国民越厥疆土于先王,肆王惟德用,和怿先后为迷民,用怿先王受命。已!若兹监,惟曰欲至于万年,惟王子子孙孙永保民。"(《尚书·梓材》)

天命可以转移,同样适用于商朝取代夏朝。成王说:"上帝引逸,有夏不适逸;则惟帝降格,向于时夏。弗克庸帝,大淫泆有辞。惟时天罔念闻,厥惟废元命,降致罚;乃命尔先祖成汤革夏,俊民甸四方。"(《尚书·多士》)上帝反对游乐,且多教导夏桀,但是夏桀不听,继续毫无节制地游乐,于是废止夏的大命,降下大罚;命令你们的先祖成汤代替夏桀,任用杰出的人才治理四方。

二、战国诸子对天下治理合法性的思考

战国诸子讨论了天子之位的获得、天子之位变动的可能性等问题。

(一)天子之位获得的由来

天子之位的来源,统考诸子们的议论,大致有这样几种认识。

(1)继承获得,即继承家族、部落中早先已经取得的天子之位。诸子对这方面讨论不多,可以理解为诸子承认这种自然获得的传统。如孟子回答周文王花费很长时间才消灭商纣为王时说:"由汤至于武丁,贤圣之君六七作。天下归殷久矣,久则难变也。武丁朝诸侯有天下,犹运之掌也。纣之去武丁未久也,其故家遗俗,流风善政,犹有存者;又有微子、微仲、王子比干、箕子、胶鬲皆贤人也,相与辅相之,故久而后失之也。"(《孟子·公孙丑上》)自汤传天子之位至武丁,其间有过六七位贤能的商族天子,天下由商治理很久了,

很久就很难改变现任天子的王位。到商纣时，前期祖辈的善政遗留多在，又有一批贤能的臣子辅助，所以周文王要花费长久时间的谋划才能取代纣而王天下。在这里，孟子认为自汤至纣的商天子，得到祖辈流传下来的天子之位都是理所应当的。

（2）天授而得。在这方面最为突出的是墨家。① 墨子认为天下需要一个天子时，就必然会选出一个天子：

"古者民始生，未有刑政之时，盖其语'人异义'。是以一人则一义，二人则二义，十人则十义，其人兹众，其所谓义者亦兹众。是以人是其义，以非人之义，故文相非也。是以内者父子兄弟作怨恶，离散不能相和合。天下之百姓，皆以水火毒药相亏害，至有余力不能以相劳，腐臭余财不以相分，隐匿良道不以相教，天下之乱，若禽兽然。夫明虖天下之所以乱者，生于无政长。是故选天下之贤可者，立以为天子。"（《墨子·尚同上》）②

这个天子是以什么样的标准、由谁选出来，墨子没有说，但从墨子谈论对天子的监督情况来看，墨子心目中认为天子的出现是"天"选择的结果，即"天"所授。墨子说："天子为善，天能赏之；天子为暴，天能罚之；天子有疾病祸祟，必斋戒沐浴，洁为酒醴粢盛，以祭祀天鬼，则天能除去之，然吾未知天之祈福于天子也。"（《墨子·天志》）从这里可以看出，墨子认为天子是"天"选择出来的，天子做得好还是做得不好，"天"都在那时监视着，并进行赏罚。赏之可使其为天子，罚之可使其丧失天下："昔之圣王禹、汤、文、武，兼爱天下之百姓，率以尊天事鬼，其利人多，故天福之，使立为天子，天下诸侯皆宾事之。暴王桀、纣、幽、厉，兼恶天下之百姓，率以诟天侮鬼，其贼人多，故天祸之，使遂失其国家，身死为僇于天下，后世子孙毁之，至今不息。故为不善以得祸者，桀、纣、幽、厉是也；爱人利人以得福者，禹、汤、文、武是也。爱人利人以得福者有矣，恶人贼人以得祸者亦有矣。"（《墨子·法仪》）墨子认为最初的天子，是"天"选出来的。至于"天"通过什么方式和途径来选择天子，《墨子》并没有记录。

---

① 孟子也是，尽管他又羞羞答答地说是民意。
② "明乎民之无正长以一同天下之义，而天下乱也。是故选择天下贤良圣知辩慧之人，立以为天子，使从事乎一同天下之义。"（《墨子·尚同中》）

孟子也认为天子的出现是"天"选择的结果,而不是民心的体现。

一方面,孟子在与学生讨论上古的禅让时,坚持"天子不能以天下与人"(《孟子·万章上》)。认为天子只是代表万民来管理天下,但不能将天下、天子之位私相授受于别人,也不能决定下一任天子是谁,天子只能向上天推荐下一任天子的人选而已。至于其能不能成为天子,还得由天来决定。"天"怎样来表示其意见呢?孟子认为是通过老百姓的反应,"天视自我民视,天听自我民听"。若老百姓依附他,支持他,他就能成为天子;反之,则不能。"得天下有道,得其民斯得天下矣。得其心,斯得其民矣。得其心有道,所欲与之聚之,所恶勿施尔也。"(《孟子·离娄上》)因为"民为贵,社稷次之,君为轻。是故得丘民而为天子"(《孟子·尽心下》)。从这些话语看,孟子似乎是坚持民心决定天子论。

另一方面,孟子并不认为是民心决定天子之位。在对三代传承的解释上。孟子认为民心只是天意的反应,也即"民视自我天视,民听自我天听"。孟子认为,三代时期天子传王位于贤者、还是自己的后代是由天意决定的。天意体现在两个方面:一是前任天子举荐的天子继任者协理天子时间的多少,二是天子的后代是否贤能。之所以禹举荐的益没有顺利成为天子,一是禹的儿子启贤能,二是益协理天子禹的时间只有7年、不够长,所以天下老百姓不拥戴益、而拥戴禹之儿子启。周公、孔子(甚至孟子自己)不能成为天子,都是天意的原因,而不是民心。

(3)社会发展中自然而然地出现。《吕氏春秋》承继了墨子的部分观点,认为社会有纷争,解决不了,就自然出现了强者、诸侯国君、天子:"未有蚩尤之时,民固剥林木以战矣,胜者为长。长则犹不足治之,故立君。君又不足以治之,故立天子。天子之立也出于君,君之立也出于长,长之立也出于争。争斗之所自来者久矣,不可禁,不可止,故古之贤王有义兵而无有偃兵。"(《吕氏春秋·荡兵》)天子出现是自然竞争发展的结果,天子由强者担任。

(4)因德能突出("超凡魅力")而被前任天子选拔为天子,如尧选择舜为天子。这种观点在战国时期很盛行,由此开启了战国禅让思潮,甚至燕王哙直接实行,让王位于大臣子之。中国封建社会朝代的更替一直存有禅让的影响,清朝退出帝位也是采用了禅让形式。禅让思潮的始作俑者和滥觞者可能都是孔门七十子之辈或七十子后学,这从1993年湖北郭店出土的竹简文献《唐尧之道》可以发现端倪。①

（5）革命方式。由于原有天子的道德能力已经不足以担任天子之位，就会有别的人出来推翻其统治（革命或起义），担任天子职位。如孟子对商汤代夏桀为天子、周武王代商纣为天子的论断。战国诸子大都赞同过了一定的时间，自然会有新面孔的天子出现（非旧有君王家庭或部落），旧的天子必须让位，如孟子所言"五百年必有王者兴"。这种天子之位的更替方式是战国诸子最为热衷的话题，也是法家提倡改革、实行法治的前提条件。

（二）天子之位变动的实现条件

有趣的是，现有文献中，没有记载春秋时期的孔子、墨子等诸子讨论过天子之位的变动问题。孔子只是说诸侯的君王要用仁德来治理天下，墨子提出君王要用贤能、讲公平正义、尊鬼神等方式来治理天下，而没有告诫人们怎样去获得天子之位。但战国时期的诸子则非常热衷讨论诸侯怎样来王天下，成为天子。这是因为，春秋之时，诸侯们还尊重周天子，强大的诸侯也只是希望做一个"霸"。"霸"者，伯也，兄弟之中的老大。老大的责任是维持现有统治，不能消灭某些诸侯国来壮大自己。雷海宗认为春秋时期的战争，"杀戮并不甚多，战争并不以杀伤为事，也不以灭国为目的，只求维持国际势力的均衡"。"大国之间并无吞并的野心，对小国也多只求服从，不求占领。"② 但到了战国，周天子已经没有了存在感（后来就被诸侯国灭掉了），所以各诸侯国国君们考虑的，已经不是称霸，而是要称王，要消灭、占领别国来壮大自身。所以战国诸子们都在为诸侯如何王天下而出谋划策。

战国时诸侯之争形势的变化，迫使诸子们思考怎样来获取天下，是以最有效还是最道德的方式来获得天下。西周作为一个蕞尔小国，取代商而王天下，反省自己成功、商朝失败的原因后，提出若要长治久安，就得敬德保民。对于战国诸侯们来说，自身也有成为天子的可能或许是他认真治国的最大动力。战国诸侯们的发奋（改革），一是视保住诸侯之位的传承作为对祖先负责的一种

---

① 顾颉刚认为禅让思潮应该是墨家发起的。他著专文《禅让传说起于墨家考》，《古史辨》第七册（下）第 31 页。童书业也认为尧舜禹禅让是墨家始盛称之，"宣传尧、舜禅让故事者，据目前传世较可靠之史料，最早似为墨子书，宣传此传说者当为墨家"。见童书业《春秋左传研究》（校订本），第 267 页。

② 雷海宗：《中国的兵》北京：中华书局，2016 年第 1 版，第 9 页。

表现，否则就是不孝之子；二是来自对自身生存的恐惧，如从旧晋变成三个诸侯国的韩、赵、魏，大国旁边的小国等；三是来自对成为天下霸主的渴望，如齐、秦、燕等诸侯国。①

天子之位在什么情况下可以变动？

一是时间节点。如孟子说的"五百年必有王者兴"，没有一定的天时，天子之位不可能被更替。孟子甚至认为管仲所处的齐国就是王天下的最好时机："齐人有言曰：'虽有智慧，不如乘势；虽有镃基，不如待时。'今时则易然也。夏后、殷、周之盛，地未有过千里者也，而齐有其地矣；鸡鸣狗吠相闻，而达乎四境，而齐有其民矣。地不改辟矣，民不改聚矣，行仁政而王，莫之能御也。且王者之不作，未有疏于此时者也；民之憔悴于虐政，未有甚于此时者也。饥者易为食，渴者易为饮。孔子曰：'德之流行，速于置邮而传命。'当今之时，万乘之国行仁政，民之悦之，犹解倒悬也。故事半古之人，功必倍之，惟此时为然。"（《孟子·公孙丑上》）认为那时的齐国是历史上从未有过的强盛之时，人口众多，土地千里，远超夏商周古代鼎盛之时；加之已经很久没有出现贤君，老百姓所受的压榨到了沸点，此时若行仁政，是王天下的最好时机，可以事半功倍。

二是时运的变幻。依时而王是儒家思想的一个传统观点。孔子、孟子、荀子皆认为时运是一个人成为天子的重要因素。孔子认为自己可以平治天下而没有机会，②孟子认为自己也是不遇时，"夫天未欲平治天下也。如欲平治天下，当今之世，舍我其谁也"？（《孟子·公孙丑下》）荀子认为"穷达以时"："尧授能，舜遇时，尚贤推德天下治。虽有圣贤，适不遇世，孰知之？"（《荀子·成相》）

先秦诸子大多都认为时运非常重要。如《吕氏春秋》就有这样的论述："有汤武之贤，而无桀纣之时，不成；有桀纣之时，而无汤武之贤，亦不成。圣人之见时，若步之与影不可离。故有道之士未遇时，隐匿分窜，勤以待时。

---

① 严安上书汉武帝说："诸侯恣行，强陵弱，众暴寡，田常篡齐，六卿分晋，并为战国，此民之始苦也。于是强国务攻，弱国备守，合从连横，驰车击毂。"（《史记·平津侯主父列传》）

② 当时对孔子了解的人也是这样认为孔子的。如仪封人就认为孔子是当时天下的希望："二三子，何患于丧乎？天下之无道也久矣，天将以夫子为木铎。"（《论语·八佾》）

文化传承与创新

时至,有从布衣而为天子者,有从千乘而得天下者,有从卑贱而佐三王者,有从匹夫而报万乘者。故圣人之所贵,唯时也。水冻方固,后稷不种,后稷之种必待春。故人虽智而不遇时,无功。方叶之茂美,终日采之而不知;秋霜既下,众林皆嬴。事之难易,不在小大,务在知时。"(《吕氏春秋·首时》)"汤武虽贤,其王遇桀封也。遇桀封,天也,非汤武之贤也。"(《吕氏春秋·长攻》)时运或机遇对于天子的出现有着决定性的作用。没有时运,孔子一辈子素王;时运来了,谁都不可阻挡。

三是现任天子的恶行超过了人们所忍受的极限。一般情况下,天子总会出现一些过失的。在天子出现过失时,诸侯(臣子)应该劝勉天子让其改正,而不是趁机以臣代主,自己去做天子。臣子可以去取代天子,那就是当天子的过失超过极限点时。那这个极限点在哪儿,各家都没有明确的表述,只是在论述具体事情时才表达出自己的判断。

比如对于商汤取代夏桀、周武王取代商纣,儒家孟子就认为是恰得其时,汤武革命是最为合适与得时的。孟子说,商汤征伐天下时,天下人都很相信他,他征讨东面时,西面的人不高兴;征讨南方时,北方国家的人会埋怨,说"为什么把我们放到后面呢?"天下人们都盼望他,就如久旱的人盼望乌云雨水一样:"东面而征,西夷怨;南面而征,北狄怨。曰'奚为后我?'民望之,若大旱之望云霓也。"(《孟子·梁惠王下》)人们期望商汤将天下(自己)从水深火热中解救出来。所以,商汤之王天下,得其时也。

但黄老学派不少人就认为不恰当,如汉代黄生与辕固生关于此事的争论。《汉书·儒林传》记载:"辕固,齐人也。以治《诗》孝景时为博士,与黄生争论于上前。黄生曰:'汤、武非受命,乃杀也。'固曰:'不然。夫桀、纣荒乱,天下之心皆归汤、武,汤、武因天下之心而诛桀、纣,桀、纣之民弗为使而归汤、武,汤、武不得已而立。非受命为何?'黄生曰:'冠虽敝必加于首,履虽新必贯于足。何者?上下之分也。今桀、纣虽失道,然君上也;汤、武虽圣,臣下也。夫主有失行,臣不正言匡过以尊天子,反因过而诛之,代立南面,非杀而何?'固曰:'必若云,是高皇帝代秦即天子之位,非邪?'于是上曰:'食肉毋食马肝,未为不知味也;言学者毋言汤、武受命,不为愚。'遂罢。"①

黄老学派强调天子获得天下，应该是顺应天命而获得，不能自己主动去谋取，是"受之"而非"取之"，这样才符合"道"之理："圣人之有天下也，受之也，非取之也。"（《慎子·威德》）

黄生认为汤武非受命而王天下，而是杀了桀纣才王天下的，非天授也。辕固生则认为那时天下已经归心于汤武，汤武是顺应民心而诛桀、纣的，所以是受命的。黄生耍了一个花招，提出了一个理论——下（臣子）夺取上（天子、君王）的王位时致使当时天子死亡的，皆是"杀"，而不是"受命"。辕固生一时不察，上当而使得自己没有反驳的言辞，慌乱中以当朝皇帝得天子为例子进行反驳，结果被皇帝斥骂。

辕固在这里明显输给了黄生，除了他临场反应不行、没有抓住矛盾点之外，他尤其没有考虑到统治者在革命问题上的角色扮演。一般而言，推翻前代天子的统治者都认为自己的行为是合乎正义与民意的，别人来推翻自己的统治那肯定是不正义的，下怎么能取代上呢?

之所以用这个例子来说明天子之位更替的可行，是因为这个案例不是黄生的首创，其首创者很有可能是韩非子，说明在韩非子那时，人们已经注意到王位更替中的君臣关系了。韩非子在《韩非子·内储说左下》记载："费仲说纣曰：'西伯昌贤，百姓悦之，诸侯附焉，不可不诛；不诛，必为殷祸。'纣曰：'子言，义主，何可诛？'费仲曰：'冠虽穿弊，必戴于头；履虽五采，必践之于地。今西伯昌，人臣也，修义而人向之，卒为天下患，其必昌乎！人人不以其贤为其主，非可不诛也。且主而诛臣，焉有过？'纣曰：'夫仁义者，上所以劝下也。今昌好仁义，诛之不可。'三说不用，故亡。"

不过韩非在这里用这个故事的本意，是批评商纣没有当断则断，及时杀掉周文王，给自己王朝的覆灭埋下了隐患。

（三）小国可以王天下吗

这是战国诸子特别感兴趣的一个问题。

对于儒家而言，这不是一个问题，小国肯定可以王天下。孟子说："以力假仁者霸，霸必有大国，以德行仁者王，王不待大。汤以七十里，文王以百

---

① 司马迁：《史记》，北京：中华书局，1962 年版，第 3612 页。

里。以力服人者，非心服也，力不赡也；以德服人者，中心悦而诚服也，如七十子之服孔子也。诗云：'自西自东，自南自北，无思不服。'此之谓也。"（《孟子·公孙丑上》）只有君主有德行，无论君主在哪里、处在什么样的小国，都可以王天下。"舜耕历山，历山之人皆让畔；渔雷泽，雷泽上人皆让居；陶河滨，河滨器皆不苦窳。一年而所居成聚，二年成邑，三年成都。"（《史记·五帝本纪》）孔子认为自己若有机会，未尝不可以以小国王天下："苟有用我者，期月而已可也，三年有成。"（《论语·子路》）

对于法家而言，这也不是个问题，只要国家实行法治，进行农战政策，就可以王天下。如韩非对秦国失去几次纵横天下机遇的论述。

（四）天子之位首先需要的是品德还是能力

儒家认为首先需要的是德行。

孟子说："三代之得天下也以仁，其失天下也以不仁。国之所以废兴存亡者亦然。天子不仁，不保四海；诸侯不仁，不保社稷；卿大夫不仁，不保宗庙；士庶人不仁，不保四体。恶死亡而乐不仁，是犹恶醉而强酒。"（《孟子·离娄上》）

"桀纣之失天下也，失其民也；失其民者，失其心也。得天下有道：得其民，斯得天下矣；得其民有道：得其心，斯得民矣；得其心有道：所欲与之聚之，所恶勿施尔也。"（《孟子·离娄上》）

法家认为首先需要的是君主的能力。如韩非对君主王天下的论述。

三、黄老道家认为天子之位首先是为天下人服务的一个岗位，这是其合法性所在

周人反思自己取代商人而成为天下共主的原因，是因为天命可以转移、自己祖先敬德保民。天子之位的职责之一是敬德保民，但并没有说天子之位只是为天下人而设的一个岗位，而是视之为自己奉献上帝、保护人们的一种福报。

战国时期的诸子，在思考治理天下的合法性时，将天下人们的利益放在了第一位。孟子提出："民为贵，社稷次之，君为轻。是故得乎丘民而为天子"（《孟子·尽心下》），将"丘民"放在一个国家的最重要地位——没有民众哪里能有国家，又怎么会有天子之位呢？

但是孟子也就止于此，没有更进一步的思考。孟子对于天子之位的获得及

责任，更多的还是推到了天意，而非纯粹的民心，所以他不能再前进半步。后面的半步是由慎到来完成的。

慎到认为："古者立天子而贵之者，非以利一人也。曰'天下无一贵，则理无由通，通理以为天下也。'故立天子以为天下，非立天下以为天子也；立国君以为国，非立国以为君也；立官长以为官，非立官以为长也。"（《慎子·威德》）拥立天子这么一个尊贵的岗位，并不是为了尊崇某一个人、让某一个人得到利益，而是为了更好地治理天下，让天下人得到幸福。

慎到为什么认为"立天子以为天下"？一是由于天子之位本来就是人们给予他的。"圣人之有天下也，受之也，非取之也。"（《慎子·威德》）圣人（天子）之所以能够治理天下，不是他自己夺取来的，而是人们授予他的权力，是人们给予他的重托；二是认为假若天下不设立一位尊贵的天子，那么公正、统一的法令就难于通行，天下就难于治理，人们就难于得到安定的生活。所以，设置法令也好，拥立天子、国君、官长也好，都是为了让一个公正的法令来治理社会，最终目的是为了人们。

这也是天子治理天下的合法性所在。

用我们今天的话来说，设立天子，就是为天下服务。

这是战国时代的进步，是诸子思想的光辉。

明末清初朱陆异同论争的一个侧面：
"陆—王"学术史脉的形构

田富美

（台湾铭传大学应用中国文学系）

摘　要：理学发展史中，有关朱熹、陆九渊、王阳明之学间存在着既有可相互会通、亦有差异的论辩，始终是历来研究者重要的一环，且亦积累了可观的研究成果。本文则是尝试透过这些成果，指出理学范畴里所惯用"程朱""陆王"二系的形构。基本上，阳明学术的建立及推衍，实未见陆学的影响之迹，而是借由纂辑了《朱子晚年定论》一书，于朱门后学（"朱—王"）脉络中转化而出；但阳明此书在编年上的错置所招致后世儒者的补订与攻驳，却反而被纳入明末至清初的朱陆异同论争史中作为与朱学颉颃者，逐步联系了陆、王学术，进而形构一"陆—王"学脉，并与"程—朱"一系对峙。

关键词：朱陆异同；王阳明；朱子晚年定论；李绂；朱子晚年全论

一、前　言

理学自北宋兴起，经历南宋、元、明三朝约四百余年的发展，其后的清代理学即使并非学术主流，且看来似乎缺少了典范的创新性，但实是考究理学发展史中必须审视的阶段；特别是伴随着政权更迭、社会动荡等巨变后的清初理学，除了部分缘于目睹时局崩坏、或身受亡国之痛，借着对性理之学严厉的批判以寄寓痛切之情的浮泛论述之外；事实上，更值得探究的是此一时期的思想家们赓续了"数百年未了底大公案"①即朱陆学术论争的相关回应。诚然，这是历来所有研治理学者很难回避的议题：对于朱熹（1130—1200）、陆九渊（1139—1192）之学间存在既有可相互融通、亦有差异的论辩，甚或再加上王阳明（1472—1529）所建构良知学的异同、会通之争，始终是现代从事理学思想研究者重要的一环，且亦积累了可观的研究成果。②本文所欲关注的，并不在于论究朱、陆、王之学在义理上的分殊问题，而是尝试在此基础上考察此议题在理学发展史中，理学家们受其当下学术氛围以及自我问学体验等复杂的意识投入此一同室操戈场域中的相关辨析及其意义。

后世儒者述及理学，惯以程朱、陆王两大系统称之。基本上，朱子继承北宋五子之学，统综理学纲维，在其论作中已有明确述及，是以，程朱一系之学脉，较无可议之处。至于陆王一系，若从哲学思想脉络而言，陆王二者均主心即理之说，固然同属一脉；然而，阳明思想的开展，似乎非脱胎于象山。众所周知，阳明于正德三年（1508）谪守龙场，其间忽"大悟格物致知之旨"，③显见其良知之学实有自得新见的倾向；甚至严格来说，阳明学思养成的过程中，受朱子理学影响或许更甚，其著名的"格竹"事件，便是一例。如此来

---

① 〔明〕陈建：《学蔀通辨总序》，《学蔀通辨》（收入〔明〕陈建撰，黎业明点校：《陈建著作二种》，上海：上海古籍出版社，2015年），第77页；现代学者张立文言："朱陆异同之辨，历元、明、清数代，乃中国学术史、哲学史上的一桩公案。"参见氏著：《走向心学之路——陆象山思想的足迹》（北京：中华书局，1992年），第192页。

② 有关朱、陆学术关系的研究可分为二：一是纯就朱子与陆九渊之间的学术论辩而言，属思想体系的问题，可称之为"朱陆之辩"或"朱陆之争"，举凡论及朱子或陆九渊、王阳明学术时，往往涉及其思想差异，在哲学史著述中俯拾即是；另一则是后世儒者对"朱陆之辩"或"朱陆之争"的辨析与讨论，涉及思想史范畴，可称为"朱陆之辨"或"朱陆异同论争"。现代学者大都以"朱陆之辩"或"朱陆之争"为研究核心，成果丰硕，如黄进兴：《"朱陆异同"：一个哲学诠释》收入氏著：《优入圣域：权力、信仰与正当性》（台北：允晨文化出版，1994年），第329-350页；彭永捷：《朱陆之辩：朱熹、陆九渊哲学比较研究》（北京：人民出版社，2002年）；林维杰：《朱陆异同的诠释学转向》，《中国文哲研究集刊》第31期（2007年9月），第235-261页；任剑涛：《朱陆之争：宋儒经典解释取向的政治蕴涵》，《原道》2013年第2期，第61-90页；另外，延瑞芳《近年来国内朱陆之辩研究综述》（《九江学院学报（社会哲学科学版）》2011年第1期，第34-36页）梳理了中国大陆相关研究成果，亦可参酌。

③ 〔明〕王守仁著，王晓昕、赵平略点校：《王阳明集·附录一·年谱一》（北京：中华书局，2016年，下册），卷32，第1031页。

看,"陆—王"学脉的形成,似是一迤逦展延的路程,且是在阳明学术建基之后,自明末至清初逐步形塑的。阳明于正德年间纂辑《朱子晚年定论》以阐发"其说不缪于朱子",① 此后儒者将之纳入了朱陆异同的论争之中,如程曈(1480—1560)《闲辟录》、陈建(1497—1569)《学蔀通辨》等,或为抨击心学之弊,或为融通与理学之歧异,其间的辩驳阐述,延续至清初李绂(1673—1750)作《朱子晚年全论》,隐然提供了探究"陆—王"一系学术史脉建构的线索。本文的撰写,即是企望厘清此一史脉的形构:首先本文将就阳明作《朱子晚年定论》之目的进行分析,指出阳明学术创建之初,实是企图以朱子后学的样貌呈现;其次,梳理明末清初儒者在朱、陆论争中纳入阳明心学,在攻驳中逐步由朱、陆论争转为朱、王对立的情形,终至李绂作《朱子晚年全论》,确立陆王一系学术史脉,从而与程朱理学相对并峙。

二、朱陆调和论脉络下的阳明《朱子晚年定论》

朱子学术作为元、明以降学术核心之一,即使经历了各种严峻挑战,然尊奉者不曾断绝,其思想体系在儒学发展中的典范地位,自属无疑;而《四书》悬为科举功令,更使得程朱理学成为明清儒者问学的起始点或基础:后世儒者或承续朱学并加以显豁,以传人自任;或视之为突破、驳正的对象,从而建构出不同的思想体系。王阳明早年透过朱学的格物致知体悟转化至日后成为相颉颃的论争者,即是一极具代表之典型。现代研究者考论阳明学术,大都以《传习录》为主要文本,这是鉴于其思想体系成熟后的择取,自不待言;然而,若追溯阳明之学思历程的变化,则其于正德十年(1515)所纂辑的《朱子晚年定论》应是一重要里程碑。② 此书为阳明选录朱子论学往来书信而成,用以彰显朱子晚年学说之"转变",而命为"定论",表达此为朱子最终意旨;即使阳明于书中未置任何评述,然却在全书付梓之后,旋即引发各种评议,自晚明至清初,延续一百五十年之久。

---

① 〔明〕王守仁著,王晓昕、赵平略点校:《朱子晚年定论·序》(收入《王阳明集》,上册),卷3,第118页。
② 如林惠胜即言,《朱子晚年定论》不可看作阳明之思想,仅能视之为阳明思想之进程,及其与朱陆之关系。参见氏著:《〈朱子晚年定论〉商兑——兼论阳明与朱陆之关系》,《台南师院学报》第23期(1990年),第221-237页。

(一)"自幸其说之不缪于朱子"

阳明曾于正德十四年（1518）致书友人，追忆纂辑《朱子晚年定论》的动机，其言：

> 留都时偶因饶舌，遂致多口，攻之者环四面。取朱子晚年悔悟之说，集为《定论》，聊借以解纷耳。门人辈近刻之雩都，初闻甚不喜，然士夫见之，乃往往遂有开发者，无意中得此一助，亦颇省颊舌之劳。①

阳明于龙场悟道后，其论学主张未获认同，招致"攻之者环四面"的窘况，而阳明以"取朱子晚年悔悟之说，集为《定论》"作为"解纷"的方式，正足以说明这里所谓"攻之者"，应是指崇奉朱学一派。据此看来，阳明于创建新说之初，似乎无意与朱学分庭相抗。再看其于《朱子晚年定论》一书前有序曰：

> 守仁早岁业举，溺志辞章之习。……其后谪官龙场，居夷处困，动心忍性之余，恍若有悟。体验探求，再更寒暑，证诸《五经》、四子，沛然若决江河而放诸海也。……独于朱子之说有相牴牾，恒疚于心。切疑朱子之贤，而岂其于此尚有未察？及官留都，复取朱子之书而检求之，然后知其晚岁固已大悟旧说之非，痛悔极艾，至以为自诳诳人之罪不可胜赎。……而世之学者局于见闻，不过持循讲习于此，其于悟后之论，概乎其未有闻。……予既自幸其说之不缪于朱子，又喜朱子之先得我心之同然，且慨夫世之学者徒守朱子中年未定之说，而不复知求其晚岁既悟之论，竟相呶呶以乱正学，不自知其已入于异端。辄采录而衷集之，私以示夫同志。庶几无疑于吾说，而圣学之明可冀矣。②

显然，朱子在王阳明成学历程中占有一重要位置。在王阳明龙场体道之后，不仅无意与朱学争席，甚至企图透过"新诠"朱子的方式进行验证以入

---

① 〔明〕王守仁著，王晓昕、赵平略点校：《与安之》，《王阳明集·文录一》，卷4，第156页。

② 〔明〕王守仁著，王晓昕、赵平略点校：《朱子晚年定论·序》，卷3，第118页。案：此书信系于己卯（正德十四年，1518），然文中言"留都"，据《年谱》载应是正德十年（1515），故推测此文应是阳明追忆纂辑之动机。

圣学之门,故而言先是"独于朱子之说有相牴牾,恒疢于心",进而"复取朱子之书而检求之",最后得出朱子"晚岁固已大悟旧说之非"为结论。因此,阳明能"自幸其说之不缪于朱子"而"喜朱子之先得我心之同然"。换言之,义理上的"定论"才是王阳明的主要目的,纂辑《朱子晚年定论》所欲彰显的是朱子晚年所悟之道才是圣人之道,也即是阳明所悟孔门之道;至于引据失误,以及错置朱子书信年代,致使发生"年岁早晚"的编年谬误,自然非阳明措意所在,因此,对于罗钦顺(1465—1547)就《朱子晚年定论》提出的质疑,① 阳明言:

> 其为《朱子晚年定论》,盖亦不得已而然。中间年岁早晚诚有所未考,虽不必尽出于晚年,固多出于晚年者矣。然大意在委曲调停,以明此学为重,平生于朱子之说如神明蓍龟,一旦与之背驰,心诚有所未忍,故不得已而为此。"知我者,谓我心忧;不知我者,谓我何求",盖不忍牴牾朱子者,其本心也;不得已而与之牴牾者,道固如是,不直则道不见也。执事所谓决与朱子异者,仆敢自欺其心哉?②

在此,阳明一方面自承失诸考订;另一方面强调纂辑此书的目的乃在于"委曲调停",扭转当时人对朱学掌握的偏失。由此看来,阳明学派最初的建

---

① 〔明〕罗钦顺:《与王阳明书》,《困知记·附录》(收入《景印文渊阁四库全书》,台北:台湾商务印书馆,1983—1986年,第714册),第3-4页。案罗氏言:"所取《答黄直卿》一书,监本止云'此是向来差误',别无'定本'二字,增此二字,当别有据!而《序》中,又变'定'字为'旧'字,却未详'本'字,同所指否?""详《朱子定论》之编,以其中岁以前所见未真,爰及晚年,始克有悟。乃于其论书尺三数十卷之内,摘此三十余条,其义皆主于向里者,以为既得于既悟之余,而断其为定论,斯其所择,宜亦精矣。第不知所谓晚年者,断以何为定……。偶考得何叔京氏,卒于淳熙乙未,时朱子年方四十有六,尔后二年丁酉,而《论孟集注》《或问》始成,今有取于《答何叔京》书者四,通以为晚年定论,至于《集注》《或问》,则以中年未定之说,窃恐考之欠详,而立论之太果也……"

② 〔明〕王守仁著,王晓昕、赵平略点校:《答罗整庵少宰书》,《传习录》(收入《王阳明集》上册),卷2,第72页。又在《朱子晚年定论·序》中言:"世之所传《集注》《或问》之类,乃其中年未定之说,自咎以为旧本之误,思改正而未及。"卷3,第118页。

构策略，与其说是作为与朱学对立的论争者，①毋宁更倾向是置身于朱门后学的脉络中，以朱学的后继者自居。②综观学术发展的历史，新学说的推展过程中，必须适度地运用当时普遍受到认可的概念，配合主流思潮并寻求对话，方能更有效的敷陈、传达，③王阳明《朱子晚年定论》之作，可说即是范例之一。

（二）朱陆调和论的承继者

其次，必须说明的是阳明对于"朱陆异同"论争的立场。据《年谱》所载，阳明于正德四年（1509）曾言："圣人之学复睹于今日，朱陆异同，各有得失，无事辩诘，求之吾性本自明也。"④其后调解徐成之、王舆庵论辩朱子与象山学术，言曰：

---

① 有学者即认为，阳明建立其心学体系之后，首先面临的就是如何打破朱学的独尊地位，使自己的学说得以传播的问题，而《朱子晚年定论》即是为此而作。参见曲辉：《〈朱子晚年定论〉与阳明心学传播的突破》，《齐鲁学刊》2010年第3期（总期2167），第16－19页。

② 有关朱子学在阳明成学历程之影响的相关讨论，参见唐君毅：《阳明学与朱子学》（收入氏著：《哲学论集》，台北：台湾学生出版社，1990年），第508－521页；〔日〕冈田武彦著，吴光、钱明、屠承先译：《王阳明与明末儒学》（上海：上海古籍出版社，2000年），第17－32页；李纪祥：《理学世界中的"历史"与"存在"："朱子晚年"与〈朱子晚年定论〉》，《佛光人文社会学刊》第4期（2003年6月），第31－73页。

③ 成中英《〈朱子晚年定论〉之不定论分析》即涉及了相关问题，其言："朱子哲学是公认的宋朝理学思想的大家，王阳明在这样一个思想的影响下，当然要问朱子对他有什么意义"，"王阳明要求朱子与他认同一个哲学的出发点或哲学的动机，代表着一个什么样的问题？"（收入氏著：《创造和谐》，上海：上海文艺出版社，2002年）；另外，吕妙芬指出，阳明后学运用道统观为自己学说和学派定位的过程，即是承袭北宋以来的道统观，在承认其正统权威的前提下，以自己的学说赋予道统和儒学新的意涵。此即可看出，配合主流概念是学说发展十分重要的过程。以此考察王阳明最初传衍其主张之际，同样是吸纳了自南宋以来盛行的朱子之学为其路径。参见氏著：《颜子之传：一个为阳明学争取正统的声音》，《汉学研究》第15卷第1期（1997年6月），第73－92页。此外，必须说明的是，本文在此所勾勒的是阳明"最初"建构学派策略之一隅，其后阳明于嘉靖二年（1523）言"在今只信良知真是真非处，更无揜藏回护，才做得狂者，使天下尽说得我行不揜言，吾亦只依良知行"。足见其后已逐步摆脱"自幸其说之不缪于朱子"之依傍而自立。引文见《王阳明集·附录三·年谱三》，卷34，第1083页。

④ 〔明〕王守仁著，王晓昕、赵平略点校：《王阳明集·附录一·年谱一》，卷32，第1032页。

若晦庵之一于道问学，则支离决裂，非复圣门诚意正心之学矣。……若象山之一于尊德性，则虚无寂灭，非复《大学》"格物致知"之学矣。……即如二兄之辨，一以"尊德性"为主，一以"道问学"为事，则是二者固皆未免于一偏，而是非之论尚未有所定也，乌得各持一是而遽以相非为乎？①

又：

仆尝以为晦庵之与象山，虽其所为学者若有不同，而要皆不失为圣人之徒。今晦庵之学，天下之人童而习之，既已入人之深，有不容于论辨者，而独惟象山之学，则以其尝与晦庵之有言，而遂藩篱之。使若由、赐之殊科焉，则可矣，而遂摈放废斥，若斌玞之与美玉，则岂不过甚矣乎？……故仆尝欲冒天下之讥，以为象山一暴其说，虽以此得罪，无恨。仆于晦庵亦有罔极之恩，岂欲操戈而入室者？顾晦庵之学，既已若日星之章明于天下，而象山独蒙无实之诬，于今四百年，莫有为之一洗者。②

阳明对于朱陆学术异同或孰是孰非的问题，似乎没有特别措意，评论朱陆学术亦无左右袒护，仅指出后世论争者各执"道问学"或"尊德性"一偏相互攻讦之失；唯在朱、陆"皆不失为圣人之徒"的前提下，相较于朱学备受尊崇，阳明对象山"蒙无实之诬"萌生不平之情，然而，即使如此，即使阳明亦赞誉象山之为"有以接孟子之传"，乃"孟子之后一人"；③但阳明终究仍告谕门人"各自且论自己是非，莫论朱、陆是非也"。④足见其无意参与朱陆

---

① 〔明〕王守仁著，王晓昕、赵平略点校：《答徐成之》第一书，《王阳明集·外集三》，卷32，第708页。

② 〔明〕王守仁著，王晓昕、赵平略点校：《答徐成之》第二书，《王阳明集·外集三》，卷32，第710页。

③ 〔明〕王守仁著，王晓昕、赵平略点校：《象山文集序》，《王阳明集·文录四》，卷7，第218页；《王阳明集·文录二》，《与席元山》，卷5，第162页。案：阳明于文后直言象山"学问思辨、格物致知之说，虽亦未免沿袭之累。"足见对象山学术虽持正面肯定，但亦有微词。

④ 〔明〕王守仁著，王晓昕、赵平略点校：《启周道通书》，《传习录》，卷2，第56页。

之辨，或至少，可以确信阳明并没有以象山学术传承者自居之意。①

另一方面，虽说阳明无意参与朱陆异同之辨，但纂辑《朱子晚年定论》之举，实受程敏政（1445—1499）欲调和朱陆之学所作《道一编》之启发，阳明言：

> 近年篁墩（案：程敏政，号篁墩）诸公尝有《道一》等编，见者先怀党同伐异之念，故卒不能有入，反激而怒。今但取朱子所自言者表章之，不加一辞，虽有褊心，将无所施其怒矣。②

按《道一编》是程敏政辑录朱、陆二家言论与书信之说以阐发二氏之学经历"其初则诚若冰炭之相反，其中则觉夫疑信之相半，至于终则有若辅车之相倚"的"始异而终同"之历程。③ 透过程氏收录朱子论说，及程氏所加按语来看，主要是指出朱子于晚年论学倾向了陆九渊"尊德性"之理路。④ 在后世讨论朱陆论争史中，被归为朱子后学中主"朱陆调和论"者。而阳明显然仿效了《道一编》辑录书信的做法，同时亦承续程敏政所指出朱子晚年论学变化的主张。唯在体例上，《道一编》是择录朱、陆二人论说进行对照，并于文

---

① 有关王阳明对象山之学之赞美与批评，前贤陈荣捷已有详尽论述，尤其力驳一般所谓"阳明有得于象山者厚""其说为象山心学之开展"之见；同时，陈氏亦细疏阳明对象山之批评。参见氏著：《从〈朱子晚年定论〉看阳明之于朱子》，《朱学论集》（上海：华东师范大学出版社，2007年），第229－248页。

② 〔明〕王守仁著，王晓昕、赵平略点校：《朱子晚年定论·序》，卷3，第118页。

③ 〔明〕程敏政撰，黄珅校点：《道一编·序》（收入：严佐之、戴扬本、刘永翔主编：《历代"朱陆异同"典籍萃编》，上海：上海古籍出版社，2018年，第1册），第19页。

④ 按：有关程敏政《道一编》之讨论，往往纳入朱陆异同论争史中。至于朱陆异同论争的发展史，可追溯至南宋淳熙二年（1175）鹅湖之会讲论为始，其后分别有为门户之争而攻讦者，亦有企图绾合朱陆者，依此逐步开启了各种论述的发展。在王阳明《朱子晚年定论》之前，提出朱陆"早异晚同"者，最著名的是〔元〕赵汸《对问江右六君子策》、〔明〕程敏政《道一编》。参见吴长庚：《鹅湖之会与朱陆异同"早晚论"的历史演变》，《朱子学刊》1999年第1辑，第78－98页；陈寒鸣：《〈道一遍〉〈朱子晚年定论〉及其影响》，《朱子学刊》，1999年第一辑（总第10辑），第99－117页；解光宇：《程敏政、程瞳关于"朱陆异同"的对立及其影响》，《中国哲学史》2003年第1期，第103－111页；陈林：《义理与考据之间："朱陆异同"学术史的内在发展理路》，《求索》2015年第4期，第150－154页；徐公喜：《朱陆异同论的历史形态考察》，《江淮论坛》2015年第6期，第109－115页。

后附加按语以明己见,而阳明则是仅选录朱子之言,且"不加一辞",企图以朱子"自言"的方式缓解时人对自身与朱子的不同所引起的攻讦。但大体而言,《道一编》对《朱子晚年定论》的影响,尤其朱陆"早同晚异"之见,仍是有迹可循的。另外,《朱子晚年定论》书后按语:

> 朱子之后,如真西山、许鲁斋、吴草庐亦皆有见于此,而草庐见之尤真,悔之尤切。今不能备录,取草庐一说附于后。①

即使在《朱子晚年定论》全书中,阳明未置任何按语,然而,透过其对朱子书信刻意的择取,其所欲呈现的观点已昭然若揭。这段按语指出了真德秀(号西山,1178—1235)、许衡(号鲁斋,1209—1281),吴澄(称草庐先生,1249—1333)三位朱门后学"亦皆有见于此",且尤以吴澄之见最为透彻,按《后记》所附录吴澄之论,系摘自吴氏《尊德性道问学斋记》,该文中言:"夫既以世儒记诵辞章为俗学矣,而其为学亦未离乎言语文字之末。此则嘉定以后朱门末学之弊,而未有能救之者也。夫所贵乎圣人之学,以能全天之所以与我者尔。天之与我,德性是也,是为仁义礼智之根株,是为形质血气之主宰。曾此而他求,所学何哉?"② 透显出对于朱子由道问学以通圣人之学的精神淹没于语言文字训释之中的感慨,而作为朱门后学的吴澄,即是致力于阐扬朱、陆二学同于"全体大用"之旨的调和论者。③ 是以,顺此脉络来看,阳明《定论》承效了元明以来朱门后学所主朱陆调和论者的部分操作形式与理路,包括择录朱子书信为据,用以阐明朱子晚年学思变化,唯将"晚同于象山"转化为"晚同于王学"了。

---

① 〔明〕王守仁著,王晓昕、赵平略点校:《朱子晚年定论·后记》,卷3,第129页。

② 〔明〕王守仁著,王晓昕、赵平略点校:《朱子晚年定论·后记附录》,第129页。案,吴澄所著文,见〔元〕吴澄著,〔元〕吴当编:《吴文正集》(收入《景印文渊阁四库全书》,第1197册),卷40,第421-422页,文字略有出入,原作于"未离乎言语文字之末"后,尚有"其至专守一艺而不复旁通它书,掇拾腐说而不能自遣 词,反俾记诵之徒嗤其陋,辞章之徒议其拙"数句。

③ 参见〔日〕冈田武彦著,吴光、钱明,屠承先译:《王阳明与明末儒学》,第19-20页。案,该文亦同时论析了真德秀、许衡之学均是倾向调和朱陆之学者;李纪祥甚至指出,冈田武彦之思考乃受《后记》这段文字的引导,参见氏著:《理学世界中的"历史"与"存在":"朱子晚年"与〈朱子晚年定论〉》,第56页。

三、朱陆异同论争视域下的象山之学与阳明之学

阳明学派创构之初,实乃由朱门后学脉络中转化而出,已如上节所述。有趣的是,《朱子晚年定论》不仅未能显豁阳明学派最初建构过程中与朱子间的关系,反而因着所形塑"晚岁固已大悟旧说之非,痛悔极艾"的朱子形象,无法得到朱子后学的认同;再加上采用年谱的纂述方式参与了朱陆异同论争,因此,被置入承续赵汸(1319—1369)《对江右六君子策》、程敏政《道一编》所主朱陆"早异晚同"一系中。自晚明至清初招致程瞳、陈建、冯柯(1523—1601)、孙承泽(1592—1676)、张烈(1622—1685)等朱子学派者的攻讦,这些儒者多数同样亦以辑录朱、陆论述为证并加按语的方式阐发其主张,纠弹的焦点大都在于阳明早已自承的疏误——"年岁早晚"的错置编排上。于是,阳明学术与朱子学派的对立逐步被扩大,这些崇奉朱子的学者不但校雠了《朱子晚年定论》编年次序之谬,更直指阳明"颠倒早晚,以弥缝陆学,而不顾矫诬朱子,诳误后学之深""本欲安排早异晚同,乃至说成生异死同""意欲借朱子以攻朱子""《晚年定论》之刻真为阳明舞文之书"。① 最后,《朱子晚年定论》中意图传递"朱陆异同"中的"同"非但没有达成,反而引发更多批驳,同时进一步将陆学与王学联系起来,"陆王"一脉系谱隐然成型,并与朱学形成对峙。

有关历来参与朱陆异同论争之儒者及其主要立论,已有学者进行细致的梳理,足资参酌。② 本文关注的焦点则是透过这些典籍的论述,寻绎出儒者们在此论争史中将陆、王之学归于同一学脉的情形。首先最值得注意的是明儒程瞳所纂辑《闲辟录》。全书择取朱子辨学之言,末卷则摘录宋儒评朱陆者,并加按语力主朱陆"始终不同",冀望借由此书使"千古未了之公案,历世不决之

---

① 〔清〕顾炎武(1612—1681)梳理了晚明至清初有关朱陆异同论争的诸多著述及主要观点,上述引文第一、二则为陈建所言;第三则为孙承泽所言,第四则是顾炎武的评论。参见氏著,徐文珊点校:《朱子晚年定论》,《原抄本日知录》(台北:台湾明伦书局,1979年),卷20,第535-539页。

② 如蔡龙九:《〈朱子晚年定论〉与朱陆异同》(新北:花木兰文化出版社,2011年),《第三章〈朱子晚年定论〉所造成的现象与延伸问题》,页11-172;附录一,第319-336页。陈荣捷:《从〈朱子晚年定论〉看阳明之于朱子》,《朱学论集》,第230-233页。

疑狱，至是一朝而判，无复盈庭之讼矣"。① 虽书中并未论及象山学与阳明学术的关系，然而，按程瞳序中抨击当时学风："于陆则为之晚与夫子合，为夫子之所集，甚则谓能掩迹夫子，追踪孟氏，乐道而北面之。流弊不息，以迄于今兹。"② 不仅反对当时所谓朱陆"晚同"的主张，同时也不认同推崇象山为"追踪孟氏"者，言下之意即是对称道象山乃"孟子之后一人"的阳明学间接表达了不满。至清儒张伯行（1651—1725）则迳指出《闲辟录》所隐含之用意：

  当是时，篁墩以文名，而学非醇儒，其所为《道一编》不足为有无。而在正德间，阳明之学已盛行于世，先生非排篁墩，乃辟阳明也。顾无一语及阳明，岂惧其气焰张而羽翼盛哉？以为澄其源则流自止，其独立千仞，不屑一切之概可想见于笔墨之外，而用意深远矣。③

张伯行认为，遵奉朱学的程瞳参与朱陆异同论争、攻评程敏政《道一编》的背后，最主要的目的在于拒斥正德年间渐盛的阳明之学；而排抑陆学适足以拒斥王学的原因，则在于"澄其源则流自止"；张伯行的理解，一方面点出程瞳论作的本质用意，另一方面也昭示了其隐然视阳明之学为陆学流衍之见了。

至于明确地将陆、王之学并列起来，且与程朱之学对峙的，则是陈建于嘉靖二十七年（1548）所撰《学蔀通辨》。陈建言：

  《易》曰"丰其蔀，日中见斗"，深言掩蔽之害也。夫佛学近似惑人，其为蔀已非一日。有宋象山陆氏者出，假其似以乱吾儒之真，援儒言以掩佛学之实，于是改头换面、阴儒阳释之蔀炽矣。幸而朱子生于同时，深察其弊而终身力排之，其言昭如也。不意近世一种造为早晚之说，乃谓朱子初年所见未定，误疑象山，而晚年始悔悟，而与象山合。……建为此惧，乃窃不自揆，慨然发愤，究心通辨，专明一

---

 ① 〔明〕程缵洛：《闲辟录书后》，〔明〕程瞳撰，丁小明校点：《闲辟录》（收入《历代"朱陆异同"典籍萃编》，第2册），附录，第168页。

 ② 〔明〕程瞳：《闲辟录序》，《闲辟录》，第19页。

 ③ 〔清〕张伯行：《闲辟录序》，《闲辟录》，附录，第172页。案：乾嘉后期儒者周中孚（1768—1831）亦有相近的说法："盖是时王阳明方藉陆学以一簧鼓一时之学者，峨山惧其惑世诬民而充塞仁义，顾不得已而作是书以救之。"参见《闲辟录》，附录引周中孚：《郑堂读书记》，卷37子部之一下，第174页。

实，以抉三蔀。①

陈建批评陆象山学术"援儒言以掩佛学之实"，乃学术大患，他推尊朱子能"深察其弊而终身力排之"，在此基础上撰《学蔀通辨》阐明朱陆"早同晚异"，廓清象山之学掩蔽儒学之害。陈建在此严判门户之别的意识下，一方面将朱子学术局限于颉颃陆学之中，②另一方面由于痛诋陆学的激切言辞，招致"未能平允""毒詈"的批评，《四库全书》将之与程瞳《闲辟录》同列为"善骂"③之流，在朱子学流变中，受到的关注相对并不算多。④但本文在此要指出的是，《学蔀通辨》在极力捍卫朱子道统地位的同时，亦促使、显豁了"陆—王"学脉的成型。陈建言：

> 近世东山赵汸氏《对江右六君子策》乃云："朱子《答项平父书》有'去短集长'之言，岂鹅湖之论至是而有合耶？使其合并于晚岁，则其微言精义必有契焉，而子静则既往矣。"此朱陆早异晚同之说所由萌也。程篁墩因之，乃著《道一编》，分朱陆异同为三节：始焉若冰炭之相反，中焉则疑信之相半，终焉若辅车之相倚。朱陆早异晚同之说于是乎成矣。王阳明因之，遂有《朱子晚年定论》之录，

---

① 〔明〕陈建：《学蔀通辨总序》，《学蔀通辨》，第77页。
② 历来论述朱陆异同，大都集中于"尊德性道问学""无极太极""格物致知""支离简易"等争论，然而，朱子学术范畴实非上述议题所能完全概括。钱穆即曾指出："朱子成学在晤象山以前，其为学自有根柢与其独特精神所在，初不为针对象山而发。"钱穆：《朱子学提纲》（收入氏著《朱子新学案》，北京：九州出版社，2011年），第一册，第249页。〔日〕冈田武彦亦言："对于作为他（陈建）辨难基础的朱子学，他的解释是从把朱子学与陆（王）学作为冰炭不相容的东西加以对比的立场进行的，这样的理解方法是否果真尽得朱子学全豹是值得怀疑的。"氏著：《王阳明与明末儒学》，第309页。
③ 参见《四库全书总目·学蔀通辨提要》，《学蔀通辨》附录，第281-282页；《四库全书总目·闲辟录提要》，《闲辟录》附录，第173页。
④ 目前学界对《学蔀通辨》之评价，大都受《四库全书总目提要》之影响，批评其流于诟骂。持正面评价者不多，如钱穆言其为"讨究宋代理学与禅宗异同之重要参考"。并言："从来学者发明朱子，多注重其释经明道之一面，而清澜此书，则专着意其辟异息邪之另一面。"氏著：《读陈建学蔀通辨》，《中国学术思想史论丛（七）》（台北：素书楼文教基金会，2000年），第235-254页，引文见第254页；张学智指出《学蔀通辨》问世之初并不受重视，直至清初顾炎武、张履祥、陆陇其等人称许后，才渐为人所知；同时亦认为《学蔀通辨》可称述者不多，但它代表了晚明"王学向朱子学回归的思潮的先导。"氏著：《明代哲学史》，北京：北京大学出版社，2000年，第398页。

专取朱子议论与象山合者,与《道一编》辅车之卷正相唱和矣。①

陈建力驳自元代赵汸、明代程敏政所主"朱子晚同于象山"一派之主张,他称阳明《朱子晚年定论》为程敏政《道一编》的"辅车之卷",即是将之归为同属主"晚同"一派。陈建在强调"朱子有朱子之定论,象山有象山之定论,不可强同"的基础上,②不仅抨击《道一编》在编辑朱子书信时年代紊乱,同时亦比对出阳明《朱子晚年定论》延续旧误,以此强烈抨击阳明删改书信文字以弥合所谓"晚同"之说,最后言:"篁墩、阳明专挟朱子手书驱率后学,致后学亦以为彼据朱子手书不疑也。此权诈阴谋,不合用之于讲学。"③类似的言论,在《学蔀通辨》一书中屡见不鲜;另外,陈建在《学蔀通辨》续编中专设一卷引录阳明学说加以攻击之余,更直接将"象山""阳明"连称,④于是,阳明学术被视为朱学的对立面,开启了与陆学明确的并列位置;自明末至清初,近似的说法甚多,尤其述及朱陆异同之论者,在有意或无意中将象山与阳明学术作了联系,如冯柯"非《传习录》"⑤而作的《求是编》以抨击阳明思想为主轴,同时亦讽其"学朱子则斥朱子,而又惧人之讥其背朱也,则又为《晚年定论》以救之",实是"以己之私意臆断之者也,而何足据之以为朱陆之评乎"?⑥这些论点,仍不出"门户之见"的藩篱,且对阳明思想的訾议亦恐有误解之虑,⑦但另外值得关注的是,冯柯在这些批评中已将陆、王做了联结,如言:"祖陆说以非朱子""自谓合于象山而斥朱子",并言:"阳明原是以禅学过来,学无所得而后遁之为象山","名虽因象山以溯孟

---

① 〔明〕陈建:《学蔀通辨提纲》,《学蔀通辨》,第80页。
② 〔明〕陈建:《学蔀通辨提纲》,《学蔀通辨》,第81页。
③ 〔明〕陈建:《学蔀通辨提纲》,《学蔀通辨》,卷中,第93—94页。
④ 陈建言:"达摩之说,不独当时之人拱手归降,不能出他圈套;由唐及宋以来,谈道之士,皆拱手归降,不能出他圈套;象山、阳明一派,尤拱手归降,不能出他圈套。"氏著:《学蔀通辨续编》,《学蔀通辨》,卷下,第236页。
⑤ 〔明〕冯柯撰,顾宏义、刘向培校点:《求是编自叙》,《求是编》(收入《历代"朱陆异同"典籍萃编》,第2册),第191页。
⑥ 〔明〕冯柯撰,顾宏义、刘向培校点:《分两喻圣》《晚年定论》,《求是编》,卷3,第255页;卷4,第278页。
⑦ 参见陈荣捷:《王阳明传习录详注集评》(台北:台湾学生书局,1998年修订版三刷),第16页;林月惠《非〈传习录〉:冯柯〈求是编〉析评》,《中国文哲研究集刊》,第16期(2000年3月),第375—450页。

子，而其实非象山、孟子之学也。"① 按冯柯的说法，阳明之学上溯于象山且不及象山，这是将二者定位为承续的关系了。再如清初张烈指出"宋元之世，天下方尊尚朱子，陆氏之学不行，故其害未著，而草庐吴氏尚以陆学不显为憾。及乎明之中叶，陆学大行于天下矣。何则？明之阳明，即宋之象山也"。② 朱泽澐（1666—1732）评明代"正、嘉数十年王学突兴，特宗象山"，③ 同样在强烈抨击阳明学之际，亦将之与象山学联系起来；张履祥（1622—1685）不仅言阳明"心即理"之说乃"祖述"④ 象山，与冯柯、张烈如出一辙。同时，在论学时屡屡将陆、王并称，且与程、朱之学对峙，如批评明代中叶以来士人学风："程朱之书鲜行于士，陆王则家诵其言""虽使闲读程朱，亦只本王陆之意指"。⑤ 于此，现今惯用的"程—朱""陆—王"二系逐步成型。

再者，不仅专主朱学一派者以阳明学为象山之承继者，甚至尊崇或兼采王学者亦以"陆—王"作为同一学脉进行论述，如师从欧阳德（1496—1554）、罗洪先（1504—1564）的胡直（1517—1585）言"朱子晚年学术，即阳明无异耳"，明确地认同阳明《朱子晚年定论》意旨，同时亦言："本朝阳明王氏之推尊陆氏，诚有独契"；⑥ 论学兼取理学、心学的高攀龙（1562—1626）径言："自古以来，圣贤成就俱有一个脉络，……阳明、子静与孟子一脉""朱子之说《大学》，多本于二程。文成学所得力，盖深契于子静"；⑦ 清初孙奇逢

---

① 〔明〕冯柯撰，顾宏义、刘向培校点：《知止》《朱陆是非》《尊德行道问学》，《求是编》，卷1，第196页；卷3，第271页；卷4，第297页。

② 〔清〕张烈：《朱陆同异论》，《王学质疑·附文》（收入《四库全书存目丛书》子部第23册，台南：庄严文化事业公司，1995年初版，浙江图书馆藏清钞本），第98页。

③ 〔清〕朱泽澐撰，戴扬本校点：《朱子圣学考略序》，《朱子圣学考略》（收入《历代"朱陆异同"典籍萃编》，第4册），第27页。

④ 〔清〕张履祥著，陈祖武点校：《答陈干初一》，《杨园先生全集》（北京：中华书局，2002年），卷2，第31页。

⑤ 〔清〕张履祥著，陈祖武点校：《答丁子式》《备忘三》，《杨园先生全集》，卷4，第98页；卷41，第1143页。

⑥ 〔明〕胡直：《启江陵张相公》《观复王君墓志铭》，《衡卢精舍藏稿》（收入王耐刚编撰：《历代"朱陆异同"文类汇编》，上海：上海古籍出版社，2018年，第3册），卷20，第697页；卷25，第699页。

⑦ 〔明〕高攀龙：《会语》《王文成公年谱序》，《高子遗书》（收入王耐刚编撰：《历代"朱陆异同"文类汇编》，第3册），卷5，第909页；卷9上，第923页。

(1584—1675)不仅将陆、王并称,且言:"接孟子之传者,实惟子静。……接陆子静之传者,实惟阳明";① 朱鹤龄(1606—1683)言阳明"其学即象山之所以学,其教即象山之所以教而已矣",② 基本上,清初倾向陆或王的儒者,面对当时程朱学者们的强烈抨击、严判道统正传的情况下,即使仍有"居敬穷理""躬行实践"或道统的论争,可是对于程朱之学往往采较兼融的方式,与陈建、张履祥、张烈等崇朱、贬陆、黜王的态度有极大的不同;虽是如此,但显豁陆、王之学相契、相承的观点是一致的。再看关学大儒李颙(1627—1705)言:

> 吾人生乎其后,当鉴偏救弊,舍短取长,以孔子为宗,以孟氏为导,以程朱、陆王为辅,"先立其大""致良知"以明本体;"居敬穷理""涵养省察"以做工夫,既不失之支离,又不堕于空寂,内外兼诣,下学上达,一以贯之矣。学术之有程朱、有陆王,犹车之有左轮、有右轮,缺一不可,尊一辟一皆偏也。③

论学倾向阳明学的李颙,主张由陆王学术以明本体、程朱之学做工夫,主张兼取二学脉之长以完备学术,此一说法虽不是将程朱、陆王视为相对峙者,但将二学脉区隔出来的理路是相当明确的。

清雍正十年(1732),李绂以 20 年时间汇辑朱子晚年论学之书信共 357 条而成《朱子晚年全论》一书,接续《朱子晚年定论》而来,且"专为证朱、陆所学之同",④ 可说是明确地建构了以陆王为道统正传的宣告,李绂于书前有序曰:

> 朱子与陆子之学,早年异同参半,中年异者少同者多,至晚年则符节之相合也。朱子论陆子之学,陆子论朱子之学,早年疑信参半,中年疑者少信者多,至晚年则冰炭之不相入也。陆子之学,自始至终

---

① 〔清〕孙奇逢:《答问》,《孙子遗书》(收入丁小明、张天杰编撰:《历代"朱陆异同"文类汇编》,第 4 册),卷上,第 15 页。
② 〔清〕朱鹤龄:《阳明要书序》,《愚庵小集》(收入丁小明、张天杰编撰:《历代"朱陆异同"文类汇编》,第 4 册),卷 7,第 53 页。
③ 〔清〕李颙撰,陈俊民点校:《四书反身录·孟子下》,《二曲集》(北京:中华书局,2006 年重印),卷 42,第 532 页。
④ 〔清〕李绂著,段景莲点校:《朱子晚年全论凡例》,《朱子晚年全论》(北京:中华书局,2000 年),第 2 页。

确守孔子"义利之辨"与孟子"求放心"之旨,而朱子早徘徊于佛、老,中钻研于章句,晚始求之一心。……《朱子晚年定论》,陆子既不及闻其说,至阳明先生抄为一编,凡三十四条,中间因词语相类而误入中年之论者,特何叔京一人耳。罗整庵摘以相辨,而无知之陈建遂肆狂诋,其实晚年相论皆然,虽百条不能尽也。……今详考《朱子大全集》,凡晚年论学之书,确有年月可据者,得三百五十七条,共为一编。其时事出处,讲解经义与牵率应酬之作,概不采入,而晚年论学之书,则片纸不遗,即诋陆子者亦皆备载,名曰《朱子晚年全论》。曰"晚",则论之定可知;曰"全",则无所取舍以迁就他人之意。庶陈建之徒无所置喙,……夫天下惑于朱、陆异同之说也久矣。欲天下人学陆子,必且难之;欲天下人学晚年之朱子,宜无不可。学朱子即学陆子,陆子固不必居其名也。①

在这段文字中,李绂首先梳理了朱陆之学异同的发展经历了早、中、晚三阶段,分别是由"异同参半"至"异少同多"再至"符节相同",此一主张不单承袭王阳明《朱子晚年定论》的"晚同",实更可上溯至程敏政《道一编》的"冰炭之相反""疑信之相半""辅车之相依"的论析模式,② 其中的晚年"符节相同",即是李绂纂述之目的;若按照其所言,陆子学术自始至终均确守孔、孟宗旨,而朱子则是早年出入佛老、中年沉浸章句、晚年始悟心体,则李绂在看似调和朱陆学术的做法下,③ 其隐含尊陆抑朱的态度是相当明确的,而所谓朱子晚年与陆学"符节相同",自当是援朱入陆了。其次,李绂驳斥陈建《学蔀通辨》,认为即使阳明《朱子晚年定论》在年谱的编次上有疏误,却不能因此而抹除朱子之学晚年趋向陆学的事实,故而仍循阳明以朱子"晚年"为定论,更广泛搜罗朱子论学相关书信为证,命名为"全论",以示完备且足资辨朱子以归陆学。最后,在当时朱子之学仍居主流的学术氛围中,李绂企望的是达到"学朱子即学陆子"之效,无疑即是借朱学之名以彰扬陆学。由此

---

① 〔清〕李绂著,段景莲点校:《朱子晚年全论序》,《朱子晚年全论》,第 1-2 页。
② 〔明〕程敏政撰,黄珅校点:《道一编·序》,第 19 页。
③ 蔡龙九认为,李绂在调和朱、陆"功夫层面"上虽是成功的,但在"思想根源"之考辨,李绂则有明显的不足。参见氏著:《"朱陆异同争论史"中的保守调和模式——李绂〈朱子晚年全论〉评析》《东吴哲学学报》第 27 期(2013 年 2 月),第 1-32 页。

看来，即使《朱子晚年全论》似乎只是延续了此前朱陆异同论争，但其终极的意义却在于为陆学的传衍奠基；而文献的荟丛、校雠的缜密也不单在于弥补阳明的考订轻忽，而是使陆、王有了更深刻的联系，"朱陆异同"之论亦可视之为"朱王异同"之论；换言之，李绂在力主"朱子晚同于象山"的论述中，完成了"陆—王"学脉的建构。

四、结　语

理学发展史中，有关朱陆异同论争的讨论，自鹅湖之会的言辞交锋肇始后，直至现今仍是研究者的议题之一，正如章学诚（1738—1801）所言，朱、陆之学有着"千古不可合之同异，亦千古不可无之同异"，故而后世历代儒者"各以所畸重者，争其门户，是亦人情之常"。① 无论主张朱陆之学可相互会通，或严辨二者之别，甚或有早、中、晚年的异同变化，这个众声喧哗的朱陆论争无疑丰富了理学史的内涵，同时，更逐步完成了程朱、陆王二系的形构。其中重要的关键，即在于王阳明所纂辑的《朱子晚年定论》。面对道统典范的朱学，阳明拟构为"晚年同道"的初衷，却在朱子后学者的拒斥下被移换入论敌阵营，形成"陆—王"一系。然而，即使阳明思想体系与象山较相契，但却非脱胎于象山，故钱穆（1895—1990）曾精辟地指出："窃谓乃陆、王同归，非王本于陆"②，即是此意。

此外，钱穆曾痛诋治朱学者"门户之见"造成朱学晦而不彰，其言：

> 门户之见，实为治朱学者一绝大之障蔽。明程敏政篁墩著《道一编》，证朱陆两家之始异而终同。王阳明《朱子晚年定论》继之。其说之非，同时罗钦顺整庵已疑之。此后陈清澜《学蔀通辨》对王说力肆诋辩。此下言朱学者则必称清澜之书。……今于学术大范围之内，单划出理学一小圈，又于理学一小圈之内，专钩出朱陆异同一线，乃于此一条在线进退争持。治陆王学者，谓朱子晚年思想转同于陆，此犹足为陆学张目。治朱子学者，仅证得朱子晚年并无折从于

---

① 〔清〕章学诚著，叶瑛校注：《朱陆》，《文史通义校注》（北京：中华书局，2000年重印），卷3，第262页。

② 钱穆：《读陈建学蔀通辨》，《中国学术思想史论丛（七）》，第237页。

之痕迹，岂朱子学之价值固即在是乎？①

钱穆认为朱子思想体系之建构，最初并非专就象山学术而发，故研治朱子学术者若限于朱陆异同一隅，反而淹没了朱学本有之价值，此说诚可视为陷于门户之见者之警言。然而，即使此一门户之见可能"为治朱学者一绝大之障蔽"，但从另一角度来看，强大理论对手的存在，造就了朱子学发展历史的曲折与精彩。在这场朱、陆异同争论史中，促成了明、清儒者们对朱子书信及其学思历程的探究。除本文所述及的程敏政、王阳明、陈建、李绂之外，另有如王懋竑（1668—1741）纂订的《朱熹年谱》（包括《朱子年谱》《朱子年谱考异》《朱子论学切要语》三部分），考订更臻完备，这些成果未尝不是朱学研治的一种深化展现。同时，钱穆也意识到"谓朱子晚年思想转同于陆，此犹足为陆学张目"，按本文之论析，从《朱子晚年定论》到《朱子晚年全论》之纂辑，确实对陆王学派的阐发有其一定的影响，亦能借此勾勒出心学一脉系谱的建构情形。

---

① 钱穆：《朱子学提纲》，《朱子新学案》，第249页。

宋襄公"称"霸的文化意涵
——从经学史考察

朱浩毅

(佛光大学历史学系助理教授)

摘　要：以"霸业""德行"论宋襄公为"春秋五霸",前贤都多矣,所环绕皆在宋襄公是否有资格为"霸"。然将宋襄公列为"春秋五霸"源于汉代《公羊》学说盛行,而此并非《公羊传》本身所传义例:"崇二霸",故问题核心在宋襄公何以被"称"霸,何以被"流传",而非为不为"霸"。

关键词：春秋；五霸；宋襄公；公羊传；孟子

一、吊诡的命题：宋襄公称"霸"不为"霸"

论"春秋五霸",或赞赏齐桓、晋文尊王攘夷,或认同秦穆、楚庄逐鹿中原,唯独同是"五霸"之一的宋襄公,最具争议,究其因在于宋襄公没有丰伟的"霸业"传世。从《史记·宋微子世家》记载,大略知道宋襄公故事及在汉初的流传：

宋襄公,名兹甫,宋桓公时太子。桓公三十年,太子兹甫表示欲让位给庶兄目夷,桓公不听。三十一年春,桓公卒,兹甫立,是为襄公,以目夷为相。居丧其间,逢齐桓公召集鲁、宋、卫、郑、许、曹等国于葵丘会盟,① 襄公往会。宋襄公八年,齐桓公卒,宋襄公欲继齐桓之后,盟会诸侯。十二年春,与

---

① 按：葵丘会盟,周襄王亦派宰孔参加,并赐王室祭肉给齐桓公,盟会中齐桓公代天子颁布五条禁令："毋雍泉,毋讫籴,毋易树子,毋以妾为妻,毋使妇人与国事",标志着齐国的霸业达到了顶峰。五条禁令见《穀梁传》僖公九年。

齐孝公、楚成王盟会于鹿上，要求做盟主，并得到楚国允诺。秋，宋襄公即召集陈、蔡、许、曹、楚等国会于盂，欲在此会中成为诸侯盟主。然盂之会，楚成王毁约执宋襄公，并以襄公为人质伐宋，后在齐、鲁两国调解下，楚成王乃释宋襄公。十三年夏，宋襄公怨郑文公亲楚，联合卫、许、滕等国，出兵伐郑。楚成王则伐宋以救郑。冬，宋、楚两军战于泓水，结果宋师大败，襄公亦伤股。战败之因，在于宋襄公坚持"君子不困人于厄，不鼓不成列"。是年，晋公子重耳过宋，襄公以伤于楚，欲得晋援，厚礼款待重耳。十四年，宋襄公即因泓水之战的股伤病卒。

透过《史记》的书写，吾人恐难认同宋襄公是"霸主"，尤其是司马迁在宋襄公的叙事中，穿插目夷（子鱼）之谏："小国争盟，祸也！""祸其在此乎？君欲已甚，何以堪之！""祸犹未也！""祸在此矣！""天之弃商久矣，不可！"表现出了宋襄公的一意孤行，更让后世读者觉得宋襄公不自量力。不过值得注意的是，司马迁于《宋微子世家》文末的"太史公曰"，却是对宋襄公给予赞扬，认为襄公"修行仁义""有礼让"，其曰：

> 襄公之时，修行仁义，欲为盟主。其大夫正考父美之，故追道契、汤、高宗，殷所以兴，作《商颂》。襄公既败于泓，而君子或以为多，伤中国阙礼义，襃之也，宋襄之有礼让也。①

从司马迁于宋襄公《本传》中引目夷之言贬责，及于"太史公曰"中借君子之论褒美，可以知道至少有两套评判标准已在司马迁撰写《史记》时流行，而这两套评判都建立在宋襄公"欲为盟主""败于泓"的论述上，致使宋襄公褒贬不一。当然，是否列为"春秋五霸"，也就争论不断。

今日学者论宋襄公是否列入"春秋五霸"，有以为宋襄公不仅晚年在泓水之战体现征伐以礼的气度，早在宋桓公病危之际欲让国给庶兄目夷，以及即位后不负齐桓公所托辅助公子昭继嗣君位，表现出霸主应具备的"德"，故可为"五霸"代表；有直言泓水之战是"蠢猪式仁义"，国败身亡，不应为"五霸"，甚至认为宋襄公的让国是沽名钓誉之举；也有调和两派之说，表示宋襄公当年可以号召齐、楚诸国与会，便具有图霸的实力，只是最终败北于泓水，

---

① 司马迁：《史记》卷38，《宋微子世家第八》，北京：中华书局，1999年，第1633页。

无法压制楚国的崛起，而这不代表就不是霸主。但无论是哪一种论点，都建立在一吊诡的命题上：先存有"春秋五霸"是"齐桓、晋文、秦穆、宋襄、楚庄"此五人的认知，再去讨论宋襄公是不是"五霸"，因此不管学者是否认同宋襄公可列"五霸"，所关注的都是宋襄公个人的事迹上，探讨的是如何为"霸"。倘若宋襄公本不在"春秋五霸"中呢？本文从《史记·宋微子世家》论起，乃在试图借由汉初司马迁对宋襄公叙事与评价的落差，提醒吾人宋襄公如何在流传的过程中，被后世学者"称"霸才是问题的核心。

二、汉代始列宋襄公为"春秋五霸"

"五霸"存在异说，汉代学者已注意，如班固奉旨所编著的《白虎通》就记载着三种异说，分别为"昆吾、大彭、豕韦、齐桓、晋文""齐桓、晋文、秦穆、楚庄、吴阖闾"与"齐桓、晋文、秦穆、宋襄、楚庄"。① 以"春秋"言，当为后二说，而此两说的差异正是"吴阖闾"与"宋襄"不同。按《白虎通》论此二说的先后，应是吴阖闾为"春秋五霸"的说法早于宋襄公。

但其实早在《孟子·告子下》提出："五霸者，三王之罪人也，今之诸侯，五霸之罪人也，今之大夫，今之诸侯之罪人也"时，② "五霸"所指何人即陷入纷扰，因《孟子》一书中除了提道："五霸桓公为盛"之外，③ 并未继续明言交代其余四霸，④ 因此后人在论《孟子》所提"五霸"时，便产生异说。

与《孟子》成为战国儒家两大代表的《荀子》，其在《王霸》篇中对春秋时期"霸"的举例，正好五人："齐桓、晋文、楚庄、吴阖闾、越勾践"，以今所能见到的文献，《荀子》或可算最早明确指出"春秋五霸"的论者，其曰：

---

① 陈立：《白虎通疏证》（北京：中华书局，1994年），卷二，《号》，第62页。
② 赵岐注，孙奭疏：《孟子注疏》（台北：艺文印书馆，1997年8月），卷第十二下，《告子章句下》，第218页上。
③ 赵岐注，孙奭疏：《孟子注疏》，卷第十二下，《告子章句下》，第218页上。
④ 或以为《孟子·梁惠王上》将齐桓公、晋文公并提，以及《孟子·告子下》言及秦穆公用百里溪而霸，从而将晋文公、齐穆公算入《孟子》所言之"五霸"中。但不管如何，依然无法确知《孟子》所指"五霸"为哪五人。

德虽未至也，义虽未济也，然而天下之理略奏矣，刑赏已诺信乎天下矣，臣下晓然皆知其可要也。政令已陈，虽睹利败，不欺其民；约结已定，虽睹利败，不欺其与。如是，则兵劲城固，敌国畏之；国一綦明，与国信之；虽在僻陋之国，威动天下，五伯是也。非本政教也，非致隆高也，非綦文理也，非服人之心也，乡方略，审劳佚，谨畜积，修战备，齺然上下相信，而天下莫之敢当。故齐桓、晋文、楚庄、吴阖闾、越勾践，是皆僻陋之国也，威动天下，强殆中国，无它故焉，略信也。是所谓信立而霸也。①

除此之外，荀子又于《议兵》篇中继续发挥此论点，《荀子·议兵》即如此言："齐桓、晋文、楚庄、吴阖闾、越勾践，是皆和齐之兵，可谓入其域矣，然而未有本统也，故可以霸而不可以王。"② 明显地，《荀子》所提"春秋五霸"与今日吾人的认知有很大的差别，宋襄公不在"五霸"之列。

今所见的《墨子·所染》亦有相同观点，如下：

齐桓染于管仲、鲍叔，晋文染于舅犯、高偃，楚庄染于孙叔、沈尹，吴阖闾染于伍员、文义，越勾践染于范蠡、大夫种。此五君者所染当，故霸诸侯，功名传于后世。③

虽然，《墨子》此书据考证乃成书于战国末年，但如不论此书所呈现是否为墨子思想，只以其所记载的"春秋五霸"来论，《所染》记载的五人与《荀子》说法雷同，便是须注意的现象。更为重要的是，《墨子》此段文字亦同样出现于《吕氏春秋·当染》，④ 代表着以"齐桓、晋文、楚庄、吴阖闾、越勾践"为"春秋五霸"乃战国后期以后流行的说法。

西汉宣帝时期的王褒在其《四子讲德论》中，曾有以下的言论：

三代以上，皆有师傅；五伯以下，各取其友。齐桓有管鲍隰宁，

---

① 王先谦：《荀子集解》（北京：中华书局，1997 年），卷七，《王霸》，第 204－205 页。

② 王先谦：《荀子集解》，卷十，《议兵》，第 276 页。

③ 孙诒让：《墨子间诂》（北京：中华书局，2001 年），卷一，《所染第三》，第 14－15 页。

④ 《吕氏春秋·当染》："齐桓公染于管仲、鲍叔，晋文公染于咎犯、郄偃，荆庄王染于孙叔敖、沈尹蒸，吴王阖庐染于伍员、文之仪，越王勾践染于范蠡、大夫种，此五君者所染当，故霸诸侯，功名传于后世。"

九合诸侯,一匡天下;晋文有舅犯赵衰,取咸定霸,以尊天子;秦穆有王由五羖,攘却西戎,始开帝绪;楚庄有叔孙子反,兼定江淮,威震诸夏;勾践有种蠡渫庸,克灭强吴,雪会稽之耻;魏文有段干田翟,秦人寝兵,折冲万里;燕昭有郭隗乐毅,夷破强齐,困闵于莒;夫以诸侯之细,功名犹尚若此,而况帝王选于四海,羽翼百姓哉!①

在这段文字中,虽然出现了七位君王,其中魏文侯、燕昭王已进入战国时代外,其余的齐桓公、晋文公、秦穆公、楚庄王、越勾践皆处于春秋时代,故可以知道王褒是以"齐桓、晋文、秦穆、楚庄、越勾践"这五人作为"春秋五霸"的代表。事实上,王褒会将秦穆公列入"五霸"行列,并非没有依据,《左传》文公三年即已出现秦穆公"遂霸西戎"的传文,此外《韩非子》也都有秦穆公为"霸"的论述,② 只是这些传世文献尚不将秦穆公列入"五霸",因此处于汉代中期的王褒会出现不同于以往"春秋五霸"的选择,是值得一提的。

于是前述《白虎通·号》载:"五霸者,何谓也?……或曰:'五霸,谓齐桓公、晋文公、秦穆公、楚庄王、吴王阖闾。'"③ 此种组合看似第一次提出,但其所列举的五人,就各自"成就"来说,并非无中生有,因《白虎通》不过是将以往的组合(前二说)再做一新诠释。不同的是,《白虎通》认定此五人之标准,乃在于引经据典的认为"圣人与之":④

《论语》曰:"管仲相桓公,霸诸侯。"《春秋》曰:"公朝于王所。"于是知晋文之霸也。《尚书》曰:"邦知荣怀,亦尚一人之庆。"知秦穆之霸也。楚胜郑,而不告从,而攻之,又令还师,而佚晋寇。围宋,宋因而与之平,引师而去。知楚庄之霸也。蔡侯无罪,而拘于

---

① 王褒:《王谏议集》(收于张溥辑,《汉魏六朝百三名家集》,台北:文津出版社,1979年),《四子讲德论》,第227页。

② 《韩非子·难二》:"夫一匡天下,九合诸侯,美之大者也,非专君之力也,又非专臣之力也。……蹇叔处干而干亡,处秦而秦霸,非蹇叔愚于干而智于秦也,此有君与无臣也。……凡五霸所以能成功名于天下者,必君臣俱有力焉。"王先慎:《韩非子集解》(北京:中华书局,1998年),卷第十五,《难二》,第362页。

③ 陈立:《白虎通疏证》,卷二,《号》,第62页。

④ 陈立:《白虎通疏证》,卷二,《号》,第62页。

楚，吴有忧中国心，兴师伐楚，诸侯莫敢不至。知吴之霸也。①

此外，《白虎通·号》对于"春秋五霸"尚有一说，即：

> 或曰："五霸，谓齐桓公、晋文公、秦穆公、宋襄公、楚庄王也。"宋襄伐齐，不擒二毛，不鼓不成列。《春秋传》曰："虽文王之战不是过。"知其霸也。②

此"五霸"组合尊宋襄的说法，正出于《公羊传》鲁僖公二十二年之传文。③ 只是为何此说在尊宋襄之余，却选择黜吴阖闾，《白虎通》则未加说明。但如进宋襄公之理由出于《公羊传》，则黜吴阖闾的原因，可能亦与《春秋》有关。而考之《公羊传》，虽赞赏吴阖闾"有忧中国之心"，但吴阖闾败楚之后，其行径依旧为"夷狄"，故《公羊传》最后还是于鲁定公四年"庚辰，吴入楚"此条经文中黜之，曰："吴何以不称子？反夷狄也。其反夷狄奈何？君舍于君室，大夫舍于大夫室，盖妻楚王之母也。"④ 而这种说法亦见于《穀梁传》。⑤

三、《公羊传》实不与宋襄公为"霸"

《史记·宋微子世家》载："襄公既败于泓，而君子或以为多，伤中国阙礼义，褒之也，宋襄之有礼让也。"《白虎通·号》也言："宋襄伐齐，不擒二

---

① 陈立：《白虎通疏证》，卷二，《号》，第63－64页。
② 陈立：《白虎通疏证》，卷二，《号》，第65页。
③ 《公羊传》鲁僖公二十二年载："宋公及楚人战于泓。宋师败绩。偏战者日尔，此其言朔何？春秋辞繁而不杀者，正也。何正尔？宋公与楚人期战于泓之阳，楚人济泓而来，有司复曰：'请迨其未毕济而击之。'宋公曰：'不可。吾闻之也，君子不厄人，吾虽丧国之余，寡人不忍行也。'既济未毕陈。有司复曰：'请迨其未毕陈而击之。'宋公曰：'不可。吾闻之也，君子不鼓不成列。'已陈。然后襄公鼓之，宋师大败。故君子大其不鼓不成列，临大事而不忘大礼，有君而无臣，以为虽文王之战，亦不过此也。"见何休注，徐彦疏，《春秋公羊传注疏》（台北：艺文印书馆，1997年），卷十一，《僖公十四年》，第137页。
④ 何休注，徐彦疏，《春秋公羊传注疏》，卷二十五，《定公四年》，第322页。
⑤ 《穀梁传》鲁定公四年载："何以谓之吴也？狄之也。何谓狄之也？君居其君之寝，而妻其君之妻；大夫居其大夫之寝，而妻其大夫之妻。盖有欲妻楚王之母者，不正乘败人之绩而深为利。居人之国，故反其狄道也。"见范宁注，杨士勋疏，《春秋穀梁传注疏》（台北：艺文印书馆，1997年），卷十九，《定公四年》，第190页。

毛，不鼓不成列。《春秋传》曰：'虽文王之战不是过。'知其霸也。"致使学者都认为《公羊传》有"五霸"之说，且包含宋襄公。但事实上，《公羊传》只有齐桓公、晋文公的"二霸"之说。

何休就言："桓公行霸，不任文德而尚武力，又功未足以除恶。"① 又言："恶桓公行霸，强而无义。"② 可知《公羊传》"行霸"的先决条件有"强"的意味。但却又非"强"即可"霸"，盖"强"的结果可能如同晋昭公般被《公羊传》所"狄之"，如何休即曰："立威行霸，故狄之。"③ 所以"功"足不足以除恶成了取决的标准，换言之，"功"为欲在《公羊传》世界中"行霸"的另一必备要件。而"功"，考之《公羊传》有二类：一为"尊天子"，此除了"同心欲盟"的齐桓公外，尚有晋文公，《公羊传》鲁僖公二十八年"公朝于王所"，何休即解曰：

> 时晋文公年老，恐霸功不成，故上白天子曰："诸侯不可卒致，愿王居践土。"下谓诸侯曰："天子在是，不可不朝。"迫使正君臣，明王法，虽非正，起时可与，故书朝，因正其义。不书诸侯朝者，外小恶不书，独录内也。不书如，不言天王者，从外正君臣，所以见文公之功。④

二为"忧中国"，如何休所言：

> 襄公本会楚，欲行霸忧中国也。⑤

> 庄王行霸，约诸侯，明王法，讨征舒，善其忧中国。⑥

透过何休的注解可知，"尊天子""忧中国"此二类"功"当为《公羊传》"行霸"的条件。但值得注意的是，并非凡有做到"功"者，即可成为"霸"。盖"功"足不足以除己诸恶，乃为《公羊传》最后的取决标准。如秦

---

① 《春秋公羊传注疏》，卷七，《鲁庄公十有三年》，第92页，何休注。
② 《春秋公羊传注疏》，卷十，《鲁僖公六年》，第129页，何休注。
③ 《春秋公羊传注疏》，卷二十二，《鲁昭公十有二年》，第282页，何休注。
④ 《春秋公羊传注疏》，卷十二，《鲁僖公二十有八年》，第153页，何休注。
⑤ 《春秋公羊传注疏》，卷十一，《鲁僖公二十有一年》，第143页，何休注。
⑥ 《春秋公羊传注疏》，卷十六，《鲁宣公十有一年》，第202页，何休注。

缪公于鲁文公十二年①虽有《公羊传》的称"贤",②而有何休"秦缪公自伤前不能用百里子蹇叔子之言,感而自变悔,遂霸西戎"③之说,但实际上从徐彦所疏:"秦是戎狄,《春秋》外之"④可知,《公羊传》只是"嘉"秦缪公"能有容",⑤而非真善其"霸"。同理,楚庄王因荆蛮的身份,因此《春秋》亦外之,虽然何休曾言:"庄王行霸,约诸侯,明王法,讨征舒,善其忧中国。"但事实上,何休此解乃在说明楚庄王因"忧中国"而得"信",并非真的称善其"行霸",也就是说楚庄王虽做到"忧中国"此"功",但因其身份问题而无法除恶,故《公羊传》不赋予其"霸"。至于宋襄公,更因于鲁僖公二十二年的"泓之战"败给楚国,未能完"功",故何休亦只言"欲行霸"而已。总之,《公羊传》虽看似出现了如同《左传》般的"强"皆可"行霸"的意味,但实际上《公羊传》又多了"功"是否足以除恶的抉择,因此就《公羊传》而言,只认定齐桓公、晋文公为"二霸"。

又因《公羊传》尝言:"上无天子,下无方伯",⑥所谓"无"乃何休解曰:"有而无益于治曰无",⑦徐彦疏曰:"无明王贤伯",⑧是故并非完全没有,因此"霸"对《公羊传》而言,应是一种"行权"的状况,一种"反于经然后有善"⑨的行为。毕竟于《公羊传》中只有天子、方伯方可专封诸侯、约束诸侯。《公羊传》于鲁僖公二年春"王正月城楚丘"即载:

孰城之?城卫也。曷为不言城卫?灭也。孰灭之?盖狄灭之。曷

---

① 秦缪公,缪音mù,故史或称秦穆公。其次,对《左传》而言,秦缪公死于鲁文公六年(周襄王三十一年),《左传》言:"秦伯任好卒"杜预注:"任好秦穆公名",因此鲁文公十二年,《左传》的秦缪公已死六年。但对《公羊传》而言,认为鲁文公十八年(周匡王四年)经文书"秦伯罃卒"才是秦缪公的卒年,盖秦缪公因鲁文公十二年的"贤",故《春秋》书其"卒",否则秦乃为《春秋》所"外之",从未录卒,所以何休曰:"秦穆公也,至此卒者,因其贤。"
② 《春秋公羊传注疏》,卷十四,《鲁文公十有二年》,第176页。
③ 《春秋公羊传注疏》,卷十四,《鲁文公十有二年》,第176页,何休注。
④ 《春秋公羊传注疏》,卷十四,《鲁文公十有八年》,第183页,徐彦疏。
⑤ 《春秋公羊传注疏》,卷十四,《鲁僖公二十有一年》,第176页。
⑥ 《春秋公羊传注疏》,卷六,《鲁庄公四年》,第77页。
⑦ 《春秋公羊传注疏》,卷六,《鲁庄公四年》,第77页,何休注。
⑧ 《春秋公羊传注疏》,卷六,《鲁庄公四年》,第77页,徐彦疏。
⑨ 《春秋公羊传注疏》,卷五,《鲁桓公十有一年》,第63页。

为不言狄灭之？为桓公讳也。曷为桓公讳？上无天子，下无方伯，天下诸侯有相灭亡者，桓公不能救，则桓公耻之也。然则孰城之？桓公城之。曷为不言桓公城之？不与诸侯专封也。曷为不与？实与而文不与。文曷为不与？诸侯之义，不得专封。诸侯之义不得专封，则其曰实与之何？上无天子，下无方伯，天下诸侯有相灭亡者，力能救之，则救之可也。①

从此可知，《公羊传》正为身为"霸"的齐桓公不能救卫而讳，亦知，在天子、方伯无能为力时，"霸"有权维持天下诸侯之"继存"。然而"霸"毕竟也只是诸侯，而"继绝存亡"本又是天子、方伯之事，所以《公羊传》以"实与而文不与"的书写给予变通及赞许。也就是说，在"上无天子、下无方伯"的情形下，"霸"于《公羊传》所执行之事同于天子或方伯。即《公羊传》传文所言：

桓公救中国，而攘夷狄，卒怙荆，以此为王者之事也。②

换言之，《公羊传》"霸"的出现，为一变通的"行权"模式，盖没有"霸"可能即无"中国"。因此在"功"是否足以除恶的取决条件以及"实与而文不与"的书写下，《公羊传》对"霸"赋予了正当的合法性以"行霸"。

四、"春秋五霸"是罪人

《公羊传》对"霸"有自己的义例，且只认同齐桓公、晋文公，并不以宋襄公为霸。但现实却是《白虎通》借由《公羊传》传文将"齐桓、晋文、秦穆、宋襄、楚庄"的说法给予正当性，且影响至今。如赵岐注《孟子·告子下》"五霸者三王之罪人也"一句时，就言："五霸者，大国秉直道以率诸侯，齐桓、晋文、秦缪、宋襄、楚庄是也。"③ 又如高诱注《吕氏春秋·当务》"备

---

① 《春秋公羊传注疏》，卷十，《鲁僖公二年》，第122-123页。
② 《春秋公羊传注疏》，卷十，《鲁僖公四年》，第126页。
③ 赵岐注，孙奭疏：《孟子注疏》，卷第十二下，《告子章句下》，第218页上，赵岐注。

说非六王五伯"，① 以及注《淮南子·泛论》"五伯有暴乱之谋"② 二句的"五伯"时，皆言"齐桓、晋文、宋襄、楚庄、秦缪"。再如《史记·十二诸侯年表》"政由五伯"一句，司马贞《史记索隐》即云："五霸者，齐桓公、晋文公、秦穆公、宋襄公、楚庄王也。"③ 此外，颜师古注《汉书·地理志》"至春秋时，尚有数十国，五伯迭兴，总其盟会"一句时，也是采此说。

师古曰："此五伯谓齐桓、宋襄、晋文、秦穆、楚庄也。"④

但此马上产生另一问题，即：《白虎通》之说虽然晚至东汉时期才出，但并不表示一定会是"正解"。再说，《白虎通》本身亦存在着"异解"。也就是说，《荀子》等旧说依然可通行于世，那为何后世学者会放弃《荀子》之说？诚然，近代学者多将此问题归结于《荀子》等旧说乃战国时的通论，因而无法对应两汉的新变局。然而，此种答案事实上仍未触碰到问题的核心，因问题的根本，乃在于为何《白虎通》之说出现后，人们纷纷弃旧说而不用。于是，《白虎通》与东汉学术成了关键。

而所谓《白虎通》，乃班固奉东汉章帝之诏所编，其内容为大夫、博士、议郎、郎官和诸生在白虎观讨论五经同异的会议结果，更重要的是章帝亲临现场，裁定对错，决定取舍。因此《白虎通》的出现难免对东汉的学术带有"国教"的色彩。诚然如此，《白虎通·号》对于"五霸"的解释依然有三说，分别为：

昆吾氏、大彭氏、豕韦氏、齐桓公、晋文公；
齐桓公、晋文公、秦穆公、楚庄王、吴王阖闾；
齐桓公、晋文公、秦穆公、宋襄公、楚庄王。

也就因为这三说并存的现象，故不知哪一说可代表《白虎通》的"正解"，更毋庸说哪一说才是"国教"所青睐的答案。但值得注意的地方亦在

---

① 陈奇猷校注：《吕氏春秋新校释》（上海：上海古籍出版社，2004年），卷第十一，《仲冬纪第十一·当务》，第603页，高诱注。
② 刘文典：《淮南鸿烈集解》（北京：中华书局，1997年），卷十三，《泛论训》，第449页，高诱注。
③ 司马迁：《史记》，卷十四，《十二诸侯年表第二》，第509页，司马贞索隐。
④ 班固：《汉书》（北京：中华书局，1997年），卷二十八上，《地理志第八上》，第1542页，颜师古注。

此，盖此三说分别可在《穀梁》《公羊》二传与其他经典上找到支持的论点，而《穀梁》《公羊》的争论，从西汉以来就一直处于针锋相对的态度，故此或许是依存三说的原因。当然，《白虎通》所呈现出的状态，无非是在说明东汉初期学术的不稳定。不过，如再从赵岐、高诱、杜预等汉、魏学者的引用来分析，"齐桓公、晋文公、秦穆公、楚庄王、吴王阖闾"此一五霸的组合并不被当代学者所采纳与继承，反倒是"昆吾氏、大彭氏、豕韦氏、齐桓公、晋文公"与"齐桓公、晋文公、秦穆公、宋襄公、楚庄王"这两说，除汉、魏学者信奉外，到了隋、唐均还见其影响力。而更有趣的是，上述二说正为历来前贤所常争论的"三代五伯"与"春秋五霸"。

是故，当"三代五伯"与"春秋五霸"成了争论的焦点时，"五伯／五霸"究竟所指为何已非重点所在，反而"承传"才是关键所在。也就是说，大部分的学者并不会试图去创立新的"春秋五霸"组合，而是就眼前的"三代五伯"与"春秋五霸"进行争论。又由于"春秋五霸"中的齐桓公、晋文公时时有《论语》的背书，故前贤多将争论的焦点放在没有"霸业"的宋襄公身上。历来对宋襄公，特别是对他在泓之战中的表现就有两种意见，一种讥其迂腐，如《左传》；一派赞其有德，如《公羊传》。然而由于《左传》争立学官较晚，故对宋襄公泓之战的评价，汉初以来多趋向《公羊传》之观点，董仲舒即说：

> 霸王之道，皆本于仁……故善宋襄公不厄人。不由其道而胜，不如由其道而败。《春秋》贵之，将以变习俗而成王化也。①

这里说的《春秋》当是指《公羊传》。因此《白虎通》推尊宋襄公为春秋五霸之一，乃是只问礼义不问成败地确定宋襄公的"霸者"形象。至于，后世多以《左传》记载之史实，以为宋襄公"不知战"从而让"中国"蒙羞，来否认宋襄公的"霸者"形象，则过于以功利来论断宋襄公，而这在一切多以"礼义"为导向的中国，"功利"的宋襄公自然敌不过含有圣人之意的宋襄公。

即便"圣人与之"为多数裁定"春秋五霸"的理由，但此依然是有问题

---

① 苏舆：《春秋繁露义证》（北京：中华书局，1996年），卷第六，《俞序第十七》，第162页。

的，即"齐桓、宋襄、晋文、秦穆、楚庄"为"春秋五霸"此一说法，不仅通过唐代的正义，还经过宋朝的重读，甚至明清的考证后，依旧为通说。因此欲了解此一"春秋五霸"的组合之所以会成为通说的原因，与其从各家争论哪些诸侯可成霸而得出众多的歧异见解，不如改从支持"齐桓、宋襄、晋文、秦穆、楚庄"为"春秋五霸"此一看法者的论述中找寻线索，或许可看出端倪。

而论者最常用的理由之一，乃"齐桓、宋襄、晋文、秦穆、楚庄"这一组合的出现，符合圣人论述的时代背景，如清人阎若璩就言：

> 昆山顾宁人炎武谓五伯有二：有三代之五伯，杜元凯注《左传》成二年者是；有春秋之五伯，赵台卿注《孟子》五霸章是。今集注并列二说而无折衷非是，当止存赵注。盖孟子止就东周后言之，而以桓为盛。如严安所谓周之衰三百余岁，而五伯更起者也。……即董仲舒亦云然矣。仲舒云："仲尼之门、五尺童子，皆羞称五伯。"夫惟宋襄辈在仲尼之前，故言羞称，不然，勾践也霸，且不出仲尼后哉。①

从引文可知，"春秋五霸"之选择必须符合孔、孟立说之时代背景，因此条件有二：第一，"五霸"生于孔子之前；第二，"五霸"处于东周时代，亦即春秋时期。

除了时代背景要符合之外，宋代以降论述"齐桓、宋襄、晋文、秦穆、楚庄"为"春秋五霸"之最主要的原因，乃在于符合"罪人"之形象，如明朝的张萱就言：

> 霸之有五，春秋传皆谓齐桓、晋文、秦穆、宋襄、楚庄，而孟子止言齐桓、晋文，不言其三，故有以宋襄何足言霸，秦穆、楚庄本皆夷狄，皆不足称霸，而以夏之昆吾、商之大彭、豕韦，与齐桓、晋文为五者，何燕泉亦从其说。余谓不然，孟子曰："五霸者，三王之罪人也。"昆吾、大彭、豕韦亦皆三王之罪人乎？五霸之名当以春秋为正。②

---

① 阎若璩：《四书释地三续》（收于《文渊阁四库全书》，第二一○册），卷下，"五伯"条，第471页上。

② 张萱：《疑耀》（收于《文渊阁四库全书》，第八五六册），卷一，"五霸"条，第177页下。

清代的蒋炯亦补充道：

> 窃以霸古字作伯，所谓侯伯也。侯伯命于天子，得专征伐。而孟子乃以伐诸侯为罪，于此可证此五霸唯据东周以后而言。……春秋之霸，惟齐桓、晋文有王命，《左传》庄公二十七年，王使召伯廖赐齐侯命，僖公二十八年，策命晋侯为侯伯。然齐未受命之时，已先灭谭、灭遂、伐宋、伐郑；晋未对命之前，已先入曹、伐卫、战楚城濮。至宋襄，王者之后，例不为伯。秦穆、楚庄，僻在戎蛮，并无王命，莫不连兵侵伐以争雄长，此衰周之五霸，搂诸侯以伐诸侯，所以为罪也。①

也就是说，已有部分论"春秋五霸"的学者，不全然在乎是哪"五霸"，"三王之罪人""搂诸侯以伐诸侯"才是其讨论"春秋五霸"的主要重点。于是以往的成见便成通说，甚至定解。换言之，此时论"春秋五霸"不再是一味地寻求"功绩"，而是贬责多于赞赏。因此，也就不难推测为何两宋以来，不管是"二霸"或是"霸无定限"，皆可与传统的"春秋五霸"一起承传而不相干涉，盖"春秋五霸"之内涵已经转移。甚至可以说，"春秋五霸"一词反而无法贴近宋代以降的《春秋》传说，而"尊王攘夷"不再是"春秋五霸"甩不开的包袱。

另一方面，从张萱、阎若璩、蒋炯等人的言论中，可以发现一有趣的情况，即其之所以赞成或论述"齐桓、宋襄、晋文、秦穆、楚庄"为"春秋五霸"，皆是以《孟子》的角度出发，当然所论述的即离不开赵岐注《孟子》的"五霸"。而此独尊《孟子》的情形，或许与南宋光宗绍熙年间将《孟子》定为"十三经"之一有关。于是，"春秋五霸"成为学子皆需背诵、了解之课题，以应付试题。

> 五帝三王功德之盛，后世莫及。春秋五霸功罪相半，殆必有其故欤？汉之七制、唐之三宗，其于五帝三王或庶几乎？愿闻其详。②

此策题乃明初郑真所搜，而从策题中一句"春秋五霸功罪相半"可知

---

① 蒋炯：《五霸考》，收于阮元手订《诂经精舍文集》（收于《中国历代书院志》，南京：江苏教育出版社，1995年），卷三，第71页。

② 郑真：《荥阳外史集》（收于《文渊阁四库全书》，第一二三四册），卷六十七，《月试策题》，第483页。

"春秋五霸"已为普遍知识,更知如对《孟子》一经不熟悉,将不知"春秋五霸"何"罪"之有。当然,这里对"春秋五霸"的理解必也出于《孟子》的赵岐注。换言之,"春秋五霸"一词已成《孟子》之专属。

道的内在心性化与外在具体化
——论孟、荀对人道阐述的不同路向

郑 熊

(西北大学中国思想文化研究所教授)

摘 要：孟、荀对道的阐发，建立在前人对道认知的基础上。孟子认为人性来源于义理之天，人道又来源于人性，人性以心为寓所，并采取了"寡欲""诚"的修养方法。荀子则认为人道是气在大化流行中伴随人形体的产生而出现的，人道可以具体表现为外在的仁义礼乐等且它们都蕴含着"中"的核心精神，同时提倡"虚壹而静""诚"的修养方法。孟、荀通过对道的阐述，体现出人道的内在心性化与外在具体化的不同路向，这是儒家形而上学发展的必然，也与两人所处的时代紧密相关。孟、荀对道的阐述，促进了儒家形而上学的进一步发展。

关键词：道；心性化；孟子；荀子

孟子、荀子作为继孔子之后的先秦时期儒家代表人物，一直受到学人的关注。学人们对孟、荀思想的阐述以及两人思想差异性的描述，主要是从人性论、天人关系等具体方面来进行的。如何有效地把这些内容融合起来，这是值得探讨的问题。本文就从道的角度来对其进行考察，并认为孟、荀对道的阐述又与儒家形而上学的发展紧密联系在了一起。

一、孟子对人道内在心性化的阐述

孟、荀对道的阐发，建立在前人对道认知的基础上。在具体讨论两人是如何阐发道之前，有必要先对孟、荀之前儒家之道的发展情况略做论述。道的本义指的是道路，这在《诗经》《尚书》等与儒家思想产生密切相关的经典中多有表现。《诗经》有:"载驱薄薄,簟茀朱鞹。鲁道有荡,齐子发夕"(《载驱》)、"绵蛮黄鸟,止于丘阿。道之云远,我劳如何"(《锦蛮》)。这里的"道",指的就是道路、大道。此外,《诗经》有:"诞后稷之穑,有相之道。"(《生民》)《尚书》说:"天有显道,厥类惟彰。"(《泰誓》)前者的"道"指方法,后者的"道"指道理、准则,它们都是由道路引申而来的。不过,《尚书》对"道"的界定并不仅限于此。《洪范》说:"无偏无陂,遵王之义;无有作好,遵王之道;无有作恶,尊王之路。无偏无党,王道荡荡;无党无偏,王道平平;无反无侧,王道正直。会其有极,归其有极。"有学者就把这段话中的道注释为"中道"①。此处的"道"的确指"中道",它与"作好"和"作恶"、"偏"和"党"、"反"与"侧"等相对应的,追求恰到好处之道。"中道"的出现,是对道理、法则进一步提升的结果,也是"道"与"中"相结合的结果。"中道"的出现,意味着《尚书》中已经含有形而上思想。

《论语》《中庸》等则在《尚书》形而上思想的基础上,进一步构建起了形而上学。就形而上学的含义来说,有学者研究指出:"所谓形而上学,我们理解,大概有三层含义。一指研究抽象的'道'的学问。……二指以德国古典哲学为代表的思辨哲学,与经验实证科学不同,但与生活实践是有关系的,与所谓本体、人性、良知、理想等密切相关。……三指一种与辩证思维方式相对立的思维方式或思路,即形而上学思维方式。"② 在这三者中,研究抽象的"道"的学问就是形而上学的核心。《论语》和《中庸》等就是通过对道的阐述,构建了形而上学体系。道作为核心概念,贯穿了整个孔子的思想。《论语》说:"参乎,吾道一以贯之。"(《里仁》)需要说明的是,孔子所说的"一以贯之"的"道"应该是有确指对象的,不可能是统称的。也就是说,这个"道"只能是某种具体的道。这就涉及孔子对道种类的分类。在《论语》中出现的"父之道""文武之道""先王之道""事君之道"等各种说法,实际上都是围绕着现实社会来探讨,它们都属于人道。对于孔子道的分类,有学者研究指出:"从孔子《论语》对'道'的言说来看,他的道包含两个方面的

---

① 李民、王健:《尚书译注》,上海古籍出版社,2004年,第223页。
② 张茂泽等:《孔孟学述》,三秦出版社,2003年,第362-363页。

意思：形而上超越层面的天道和形而下经验层面的人道"①。这就把孔子的道分成了天道、人道两类。孔子构建的形而上学，就是围绕对天道、人道的阐述而形成的，"一以贯之"的"道"就是指人道。《中庸》则在《论语》的基础上，进一步围绕天道、人道以及工夫论等方面的阐述，构建起了成熟的形而上学体系。比如，《中庸》对人道的阐述，不仅涉及了中庸之道，同时还涉及了诚、中和等；对工夫论的阐述不仅涉及慎独、诚等修养论，同时还涉及"博学""明辨"等致知论。

孟、荀就是在此基础上，通过对道的阐释来推动儒家形而上学的进一步发展。需要说明的是，孟、荀对道的阐发主要是指对人道的阐发，且走的是两条不同的路向。孟子对道是非常重视的，认为："天下有道，以道殉身；天下无道，以身殉道；未闻以道殉乎人者也。"（《尽心上》）又说："尽其道而死者，正命也。"（《尽心上》）前者通过对"天下有道"与"天下无道"道与身关系的比较，凸显出为了道的实行不惜牺牲生命；后者则认为尽力行道而死的人，是死得其所。这实际上都认为道高于一切，为了道可以牺牲一切。既然道非常重要，那么在现实生活中我们的所作所为就应该按照道来行事。孟子说："伊尹耕于有莘之野，而乐尧舜之道焉。非其义也，非其道也，禄之以天下，弗顾也；系马千驷，弗视也。非其义也，非其道也，一介不以与人，一介不以取诸人。"（《万章上》）这里就以伊尹的例子来说明，如果不合道义，即使以天下的财富作为俸禄，即使有四千匹马系在那里，伊尹都是不会要的。推而广之，如果不合道义，人们在给予与获取上，就是一点点也是不行的。按照道来行事，孟子认为就是要按照礼义、仁义来行事，他说："言非礼义，谓之自暴也；吾身不能居仁由义，谓之自弃也。仁，人之安宅也；义，人之正路也。旷安宅而弗居，舍正路而不由，哀哉！"（《离娄上》）孟子通过对"自暴""自弃"的解释，认为礼义与仁义，特别是仁义是人们尤为应该重视的道，应该按照仁义来行事。

孟子还对道进行了系统分析，凸现出形而上的特点。孟子说："夫道一而已矣。"（《滕文公上》）如何来理解"道一"的"一"？有学者研究指出："联

---

① 王新华：《孔子道学形而上学探本》，载《湖州职业技术学院学报》，2006年第2期，第29页。

系到孟子的整个思想来看，他所谓'道一'的'一'，主要不是数学上的意义，而是人与人关系上的意义。'一'的意义主要是'同'或'同一'，指人与人之间拥有同一的性质或共性，所以人与人之间是一类。'一'的这个意义，孟子又称之为'同道'。"① 这实际上认为道虽然有众多表现，但实质是相同的，所以道只有一个。孟子为了进一步说明"道一"，他又说："禹、稷、颜回同道。禹思天下有溺者，由己溺之也；稷思天下有饥者，由己饥之也，是以如是其急也。禹、稷、颜子易地则皆然"（《离娄下》），"曾子、子思同道。曾子，师也，父兄也；子思，臣也，微也。曾子、子思易地则皆然"（《离娄下》）。这里就以夏禹、后稷、颜回以及曾子、子思的例子来说明天下之道只有一个，虽然人们的行为举止因人而异，但都是在追寻或践行着道。就如夏禹、后稷为挽救万民于洪灾、饥荒之中，可以三过家门而不入，颜回处陋巷之中，"一箪食，一瓢饮"而自得其乐，这都是由形势所决定了的；反之，如果三人互相交换地位，颜回也会三过家门而不入，夏禹、后稷也会自得其乐。

　　道虽然只有一个，但在现实生活中却有众多的表现。孟子说："今有仁心仁闻而民不被其泽，不可法于后世者，不行先王之道也。"（《离娄上》）又说："事君无义，进退无礼，言则非先王之道者，犹沓沓也。"（《离娄上》）这都提到了"先王之道"，且认为"先王之道"没有得到实行。需求原因，主要是由于先王之道衰微，而杨墨之道横行于世。孟子明确说："圣王不作，诸侯放恣，处士横议，杨朱、墨翟之言盈天下。天下之言不归杨，则归墨。……杨墨之道不息，孔子之道不著，是邪说诬民，充塞仁义也。仁义充塞，则率兽食人，人将相食。吾为此惧，闲先圣之道，距杨墨，放淫辞，邪说者不得作。作于其心，害于其事；作于其事，害于其政。"（《滕文公下》）正是由于杨墨之道横行于世，孔子学说就没有办法发扬，带来了先王所讲求的仁义之道被阻塞的危险，并且杨墨之道对社会危害极大，在这种情况之先，必须要同杨墨之道相论辩。同时，这段话也说明先王之道的内容就有仁义。"尧舜之道，不以仁政，不能平治天下"（《离娄上》），也凸显出"仁"在先王之道中的地位。孟子还说："尧舜之道，孝弟而已矣"（《告子下》），"于此有人焉，入则孝，出则弟，守先王之道，以待后之学者，而不得食于子"（《滕文公下》）。这又认为

---

①　张茂泽等：《孔孟学述》，三秦出版社，2003年，第271页。

先王之道的内容还包含着孝悌。需要说明的是先王之道实际上就是政治之道，君王学习先王之道就是要把它付诸实践。孟子为此说："欲为君，尽君道；欲为臣，尽臣道。二者皆法尧舜而已矣。不以舜之所以事尧事君，不敬其君者也；不以尧之所以治民治民，贼其民者也。"（《离娄上》）孟子认为君臣之道皆取法于尧舜，大臣就要像舜一样来服侍君王，君王也要像尧一样来治理百姓。

　　道除了表现为先王之道，即政治之道外，还表现为为人处世之道，它们都属于人道的表现。孟子说："责善，朋友之道也。"（《离娄下》）朋友之道就是为人处世当中所涉及的一个问题，它应该以善相责，即以为善来要求朋友。为人处世，应该遵循什么原则呢？这就是中庸之道。中庸之道不仅适用于人际关系，同样也适用于社会生活的其他方面。孟子说："男女授受不亲，礼也；嫂溺，援之以手者，权也。"（《离娄上》）这就以"嫂溺，援之以手"的事例来说明人们在特殊情况下应该变通，而不能一味恪守礼法、因循守旧。权变，体现的就是中庸之道。此外，孟子又说："杨子取为我，拔一毛而利天下，不为也。墨子兼爱，摩顶放踵利天下，为之。子莫执中。执中为近之。执中无权，犹执一也。所恶执一者，为其贼道也，举一而废百也。"（《尽心上》）这里，就以杨朱、墨翟、子莫的例子来说明人应该要持中道，同时更为重要的是要时中，也就是要人在持中道时注意灵活性，不能执着一点，而要随时变通；如果持中而不会改变，那么同样会危害仁义之道。对于中庸之道的运用，有学者还把它同政治联系起来，认为："《孟子》中蕴含着丰富的中庸思想，其主要表现在治国平天下的经济措施、政刑措施和社会伦理中。经济措施以中庸之道的适度、权和时中为原则制民之产、使用民力、征收赋税和对自然界物品的获取，主张'以佚道使民'；政刑措施以无过无不及的中正之道为纲，要求树立为全民谋利、注重大节的整体观，否定只顾个体利益的偏激行为，主张'以生道杀民'；社会伦理要求个人行为中正、以身作则，强调权、时中等对中庸之道的灵活运用。"① 这是非常有见地的。中庸之道作为为人处世之道，的确适用于包括政治在内的社会生活的各个方面。

---

① 高兵：《〈孟子〉治国平天下与中庸思想》，载《船山学刊》，2015年第5期，第59页。

所阐述的先王之道、为人处世之道来源于哪里？这是孟子对人道探讨的关键问题。孟子继承了《中庸》"率性之谓道"的思路，认为人道同样来源于人性，人道是人性的表现。孟子说："人皆有不忍人之心。先王有不忍人之心，斯有不忍人之政矣。以不忍人之心，行不忍人之政，治天下可运之掌上。"（《公孙丑上》）仔细分析孟子这一段话，可以发现，孟子所谓的"仁政"，实际上就是统治者根据自己的"不忍人之心""推己及人"的结果。孟子实际上就把外在的治道和内在的心性联系在一起，为外在的治道找到了内在的根据——心性。孟子对《中庸》等形而上学的发展，主要就体现在对人道的来源，即对人性问题进一步加强研究，并同心结合起来进行。心性问题是孟子思想的核心，它主要探讨的就是人性的具体内容、心的含义以及心性之间的关系等。就人性的具体内容来说，孟子说："恻隐之心，仁之端也；羞恶之心，义之端也；辞让之心，礼之端也；是非之心，智之端也。"（《公孙丑上》）这就认为人性主要包含仁义礼智四德，同时还认为四心来源于四德，比如同情之心是仁的萌芽，羞耻之心是义的萌芽，推让之心是礼的萌芽，是非之心是智的萌芽。四心来源于四德，也就是说四心同人性有着紧密的关系。就心与人性的关系来说，孟子还认为人性以心为寓所的，也就是人性在心中。孟子为此说："君子所以异于人者，以其存心也。君子以仁存心，以礼存心。"（《离娄下》）又说："心之所同然者何也？谓理也，义也。"（《告子上》）这就认为君子之所以不同于他人，就是因为他心中有仁义；同时又换一角度来说，人们在心上的相同在于大家心中都有理义，也就是说心中有人性。孟子对人性的界定，与《性自命出》《中庸》对人性的界定是有所不同的。有学者就研究指出："《性自命出》与《中庸》皆是以情释性的，而与孟子以心（道德心）释性，两者是有着根本上的区别的。"① 这是非常有见地的。从《性自命出》到《中庸》，再到《孟子》，它们对人性的界定体现出从以情释性向以道德心释性的转变，这是先秦儒家形而上学发展的表现。当然，需要说明的是，《性自命出》和《中庸》虽然都是以情释性，但是二者之间是有所差别的，《性自命出》的性指人的自然属性，而《中庸》的性则指人的道德属性，到《孟子》时人性的道德

---

① 许抗生：《〈性自命出〉、〈中庸〉、〈孟子〉思想的比较研究》，载《孔子研究》，2002年第1期，第10页。

属性更为明显。

孟子的人性来源于哪里,也就是说仁义礼智来源于哪里?这是孟子思想中也需要解决的一个问题,它实际上涉及了天人关系、天道与人性关系。孟子明确说:"仁义礼智,非由外铄我也,我固有之也,弗思耳矣。"(《告子上》)这就认为仁义礼智是人本来就有的,并不是外人给予的,只不过不曾探讨它罢了。为了进一步强调这个观点,孟子说:"人之所不学而能者,其良能也;所不虑而知者,其良知也。孩提之童无不知爱其亲者,及其长也,无不知敬其兄也"(《尽心上》)。人具有"不学而能"的良能和"不虑而知"的良知,它们的存在就像小孩生来就会爱亲敬长一样,都是本来就有的。这种本来就有的仁义礼智就是"天爵",它们是自然而然就有的,并不像公卿大夫这种"人爵",是后天得到的。仁义礼智是人固有的,一定程度上是说它们都是由天赋予的。孟子上述观点,实际上是继承了《论语》《中庸》所说的"天命之谓性"的思路,把人性看成是天赋予的。不过,需要说明的是,孟子并不仅仅局限于此,他在一定程度上还有所发展,把孔子、子思所讲的主宰之天向义理之天转变。孟子说:"耳目之官不思,而蔽于物,物交物,则引之而已矣。心之官则思,思则得之,不思则不得也。此天之所与我者,先立乎其大者,则其小者弗能夺也。"(《告子上》)这里就认为作为"大体"的"心之官"所具有的道德自觉能力就来源于天,这里的天不再是主宰之天,而是义理之天。如果说人的道德属性可以被认为是主宰之天赋予的,那么人的道德自觉能力就只能是义理之天所转化的。总之,在孟子这里,人性的来源存在着从"我固有之"向"天之所与"转变的说法,这种转变体现出了从主宰之天向义理之天的过渡。关于义理之天在孟子思想中的地位,有学者研究指出:"义理之天作为无意志的道德化之天,是人之道德性的最终源泉"①。

心性上承义理之天,下衍中庸等人道。如何来涵养心性,从而使人道得以付诸实践,就成为孟子道论不可或缺的一环。孟子重内在心性,也就非常注重内在修养。他说:"养心莫善于寡欲。"(《尽心下》)"寡欲",要求人们不要有过多的欲望,否则只会让人心不宁。孟子又说:"舍其路而弗由,放其心而

---

① 陈代波:《试论天、命在孟子哲学中不同角色和地位》,载《哲学研究》,2014年第11期,第56页。

不知求，哀哉！人有鸡犬放，则知求之；有放心，而不知求。学问之道无他，求其放心而已矣。"（《告子上》）这又提出了"求其放心"的修养方法，认为人们应该像丢失了鸡和狗会想方设法去寻找一样，也要把丧失的善良之心找回来。孟子对《中庸》修养方法也有继承，主要体现在对"诚"的论说上。《孟子》中有："悦亲有道，反身不诚，不悦于亲矣。诚身有道，不明乎善，不诚其身矣。……至诚而不动者，未之有也；不诚，未有能动者也。"（《离娄上》）要使父母高兴，就必须从内心去修养，诚心诚意地对待父母。要使自己诚心诚意，注重内心修养，首先就要明白善。把内心修养发展的极端而不能使别人感动的事是没有的，反过来不诚心就想感动别人也是不可能的。对于诚的修养方法，孟子还说："万物皆备于我矣。反身而诚，乐莫大焉"（《尽心上》）。在孟子看来，世界的一切完全为我所有，通过诚的内心修养方法就能把握一切，这便是最大的快乐。

总之，在孟子看来，外在的先王之道以及为人处世之道就是以人性为依据，心是人性的寓所，人性又来源于义理之天，如何来涵养心性，又必须要通过"寡欲""诚"等修养方法来进行，心性就成了连接天和人道关键中的一环。孟子对人道的阐释，就是把人道同内在的心性联系起来，实现人道的内在心性化。

二、荀子对人道外在具体化的阐述

荀子对道的研究主要是结合对孟子的研究来进行的，他说："略法先王而不知其统，犹然而材剧志大，闻见杂博。案往就造说，谓之五行，甚僻违而无类，幽隐而无说，闭约而无解。案饰其辞而祗敬之曰：此真先君子之言也。子思唱之，孟轲和之，世俗之沟犹瞀儒、嚾嚾然不知其所非也，遂受而传之，以为仲尼、子游为兹厚于后世，是则子思、孟轲之罪。"（《非十二子》）这实际上就涉及荀子对思孟学派批判的具体内容："略法先王而不知其统""五行"学说。那么，荀子对思孟学派的这两个方面是如何批判的呢？有学者研究指出："第一个方面是'法先王'还是'法后王'的问题。荀子提出'法后王'，但荀子并非不'法先王'，只不过荀子认为'先王之道'和'后王之道'是相同的，其主要内容是礼乐制度，而思孟学派只是效法'先王'，就其内容来说，是效法先王的禅让与仁政，因此受到荀子的激烈批判。第二个方面是对'思孟五行'的批判。因'思孟五行'是子思比类原始五行思想而创立的，这在荀子看来是'无类'，又因早期《五行》没有解、说，因此被荀子批判为'无解'、'无说'。"①这种解释具有合理性，特别把法先王和法后王同礼乐制度联系起来解释，凸显出思孟学派"法先王"而不知先王所讲求的内容。先王、后王所追求的"统"就涉及形而上学"道"的具体化，以及如何来求道等问题。

荀子对道的界定首先体现在对天道与人性关系的考量上。荀子说："天行有常，不为尧存，不为桀亡。应之以治则吉，应之以乱则凶。强本而节用，则天不能贫，养备而动时，则天不能病；修道而不贰，则天不能祸。……故明于天人之分，则可谓至人矣。不为而成，不求而得，夫是之谓天职。"（《天论》）首先，需要说明的是，荀子所说的天指自然之天，天道指自然之天所体现的规律。其次，仔细分析这段话，它实际上包含了几层意思：第一，天道不会因人而改变；第二，人们能认识天道，并利用天道来为人服务；第三，天人相分，这是说天道与人道的职能是不同的，天道体现出顺其自然的特点。可见，天人相分实际上并没有真正指出天道与人性之间的关系。荀子又说："万物各得其和以生，各得其养以成，不见其事而见其功，夫是之谓神。皆知其所以成，莫知其无形，夫是之谓天。"（《天论》）这就认为天地万物都是由天（气）在大化流行中产生的，都是自然而然出现的。具体到万物之灵人来说，同样也是天在大化流行中产生的。荀子详细阐述了人的情感等的产生与天的关系，"天职既立，天功既成，形具而神生，好恶、喜怒、哀乐臧焉，夫是之谓天情。耳目鼻口形能，各有接而不相能也，夫是之谓天官。心居中虚以治五官，夫是之谓天君。财非其类，以养其类，夫是之谓天养"（《天论》）。人的喜、怒、哀、乐等情感，耳、目、鼻、口、心以及形体，人生活需要的供养，都是天在大化流行中自然而然出现的。为了进一步说明人来源于天的大化流行，荀子把人性同天联系起来说明，"生之所以然者谓之性。性之和所生，精合感应，不事而自然谓之性"（《正名》）。人性是由阴阳之气相和而产生，且是不经过人为加工自然而然出现的。荀子又认为："凡性者，天之就也，不可学，不可事；礼义者，圣人之所生也，人之所学而能，所事而成者也。"（《性恶》）这就通过

---

① 谢耀亭：《论荀子对思孟的批判》，载《孔子研究》，2015年第3期，第43页。

人性与礼义产生过程的比较，再次强调人性是天然生成的，它不像礼义等是由圣人制定，需要后天学习才能产生。总之，在荀子看来，人性是天在大化流行中自然而然产生的，天人是合一的。

　　人道是荀子讨论的重心，它涉及众多的内容。在荀子看来人性是恶的，人们所作所为体现的人道实际上就是在化恶为善，人道就是人为的表现。对于人道来说，有众多的体现形式，比如君道、臣道、先王之道、后王之道等。在荀子看来，这些道应该相同的，特别是先王之道和后王之道更是相同的。荀子说："天下无二道，圣人无两心。"（《解蔽》）又说："圣人也者，道之管也。天下之道管是矣，百王之道一是矣。"（《儒效》）这两句话蕴含了两层意思：一、先王之道和后王之道都是相同的；二、圣人是大道的枢要，他们对道的认识都一样。也正是由于不管是先王，还是后王，他们对道的认识是一样的，所以才带来先王之道和后王之道的同一。那么，为什么后王和先王的认识会一样呢？荀子说："故千人万人之情，一人之情是也；天地始者，今日是也；百王之道，后王是也"（《不苟》）、"圣人者，以己度者也。不苟故以人度人，以情度情，以类度类，以说度功，以道观尽，古今一度也"（《非相》）。这就认为千人万人的性情就是一个人的性情，当然后王和先王的性情是一样的，同时圣人又能用己意判断事物，以今人推断古人、以今人之情推断古人之情、以现在的某一类事物推断古代同类事物、以流传下的言论推断古人的功业、以客观规律推断万事万物的道理，这都决定了后王和先王的认识是一样的，必然也就会带来后王和先王的治国之道是一样的。

　　既然先王之道和后王之道是一样的，荀子所说的法后王实际上也是在法先王。这就涉及所法之道的实质问题。荀子说："先王之道，仁之隆也，比中而行之。"（《儒效》）又说："王之无变，足以为道贯。……故道之所善，中则可从，畸则不可为，匿则大惑。"（《天论》）这两段话实际上就认为先王之道就是中道，"荀子清楚地领会到，历代'先王'传下来的'道'，一以贯之的核心精神就是一个'中'"①。的确，作为先王之道的核心精神就是中，先王之道的具体表现都要以中为准则，偏离了中就不可以施行，违背了中就会带来了极

---

① 徐克谦：《论〈荀子〉的"中道"哲学》，载《中国哲学史》，2011年第1期，第50页。

大的惑乱。中道贯穿了人们的生活,《荀子》中有:"凡事行,有益于理者立之,无益于理者废之,夫是之谓中事。凡知说,有益于理者为之,无益于理者舍之,夫是之谓中说。事行失中谓之奸事,知说失中谓之奸道。奸事奸道,治世之所弃,而乱世之所从服也。"(《儒效》)这就是从人们的行事和言论来说的,要求不能"失中",如果"失中"就成为了"奸事""奸道","奸事""奸道"是安定的社会所抛弃,而混乱的社会所依从的。此外,荀子又说:"故其立文饰也至于窕冶;其立粗衰也,不至于瘠弃;其立声乐恬愉,不至于流淫惰慢;其立哭泣哀戚也,不至于隘慑伤生:是礼之中流也。"(《礼论》)这就从设立仪式的修饰以及设立不同类型仪式时的要求,来说明一定要持中,不能过也不能不及。如,"其立哭泣哀戚也,不至于隘慑伤生",就是说在设立哭泣悲哀的仪式时,不要过分悲伤、损害身体,一定要有度。

在荀子看来,先王之道和后王之道都是一样的,而且道的核心精神为"中"。那么,中道到底蕴含在哪里呢?这就涉及人道的具体化问题。荀子明确说:"曷谓中?曰:礼义是也。"(《儒效》)这就涉及"中"与"礼"的关系。有学者研究指出:"'礼'的内容比较具体。可以说是形而下的'器';而'中'则是比较抽象的更高的原则,是形而上的'道'。"①这是非常有见的。"礼"的确是中道的具体表现之一,中道还可以体现为仁义等。荀子说:"仁、义、礼、乐,其致一也。君子处仁以义,然后仁也;行义以礼,然后义也;制礼反本成末,然后礼也。三者皆通,然后道也。"(《大略》)这就把仁、义、礼、乐都看成是人道的具体表现,而且之间还存在着密切的关系,不过,它们的目标都是为了实现道。在这些具体表现中,荀子最重视的就是礼义。荀子认为:"故怀负石而赴河,是行之难为者也,而申徒狄能之;然而君子不贵者,非礼义之中也。……故曰:君子行不贵苟难,说不贵苟察,名不贵苟传,唯其当之为贵。"(《不苟》)这从申徒狄抱石投河自杀等行为来说明,君子并不认为这些行为是可贵的,因为它们不符合礼义,所以荀子最后认为只有符合礼义才难能可贵。礼义之所以重要,特别是对于礼来说,因为它是治国的根本,而且也是人们行事的准则。荀子再三强调:"礼者,治辨之极也,强国之本也,

---

① 徐克谦:《论〈荀子〉的"中道"哲学》,载《中国哲学史》,2011年第1期,第51页。

威行之道也，功名之总也"（《议兵》），"故人之命在天，国之命在礼"（《强国》）。这就认为国家命运取决于礼，礼是治国的根本。荀子又说："请问为人君？曰：以礼分施，均遍而不偏。请问为人臣？曰：以礼侍君，忠顺而不懈。请问为人父？曰：宽惠而有礼。请问为人子？曰：敬爱而致文。请问为人兄？曰：慈爱而见友。请问为人弟？曰：敬诎而不苟。请问为人夫？曰：致功而不流，致临而有辨。请问为人妻？曰：夫有礼，则柔从听侍；夫无礼，则恐惧而自竦也。"（《君道》）这就以如何做"人君""人臣""人父""人子""人兄""人弟""人夫""人妻"的例子来说明礼义的重要性，只有通晓礼义才可能全面做到以上各点。

如何来保证人道付诸实践，这就涉及荀子的修养论。荀子的修养论涉及荀子对于《中庸》"诚"的重视①，涉及"虚壹而静"的方法。荀子说："人何以知道？曰：心。心何以知？曰：虚壹而静。心未尝不臧也，然而有所谓虚；心未尝不满也，然而有所谓一；心未尝不动也，然而有所谓静。"（《解蔽》）这里从表面上看，谈论的是心如何来知道，应该属于致知论，但实际上谈论的是心如何达到虚壹而静的状态。具体来说，就是要修养心，让心虚空、专一、安静，即让心在储藏东西时能虚空，让心在认识事物时能专一，让心在活动时有所安静。要修心，荀子认为"诚"更为重要。他说："君子养心莫善于诚，致诚则无它事矣，唯仁之为守，唯义之为行。诚心守仁则形，形则神，神则能化矣；诚心行义则理，理则明，明则能变矣。"（《不苟》）这段话包含了几层意思：一是认为"诚"是最好的修身养心的方法；二是作为养心的"诚"与外在的仁、义规范是紧密联系在一起的。通过诚，外在的仁、义在行为上就有表现，就能认知和改变万物。可见，荀子对《中庸》的"诚"进行了改造。对此，有学者认为："荀子对'诚'所作的这种改造，显然是对《诚明》及孟子夸大主观实践能力的否定，他的'唯仁之为守，唯义之为行'可以说是孟子'由仁义行，非行仁义也'的反命题，从这一点看，荀子的思想更接近

---

① 参见：张洪波《〈中庸〉之"诚"范畴考辨》（载《武汉大学学报（哲学社会科学版）》，2007年第4期，第616页）认为："《中庸》的主题在《荀子》中全部都有，其一是诚则能化的主题，其二是以诚为天道的主题，其三是诚与天地化育的关系。"

'自明诚',而不同于'自诚明'。"① 这实际上指出了荀子的"诚"为养心功夫,只有通过诚才能认知外在的仁义。荀子又说:"善之为道者,不诚则不独,不独则不形,不形则虽作于心,见于色,出于言,民犹若未从也,虽从必疑。"(《不苟》) 这就认为只有通过"诚"才能认识到仁义,认识到仁义之后德行才能表现在外面,德行不表现在外面,人们是不会顺从他的,即使顺从他也会产生怀疑。

总之,荀子对道的阐述,一方面通过对天道与人性关系的探讨,认为人性是天在大化流行中自然而然产生的;另一方面则详细探讨了人道的具体表现,并认为先王之道和后王之道的实质是一样的,都蕴含出"中"的核心精神,中道又具体化为外在的仁义礼乐等,如何来保证人道的实施,则必须通过"诚"等方法。

三、结　语

综上所述,可以发现孟、荀在对道的阐述上存在着明显的差别。就人性与天道的关系来看,孟子认为人性来源于天道,人性来源于义理之天;荀子则认为人性并不是由天赋予的,而是在天大化流行中自然而然产生的。就人性与人道的关系来看,孟子认为人道来源于人性,人道是人性的表现;由于荀子持人性恶的观点,所以人道不可能来自人性。就人道的具体表现来说,孟子注重的是外在的先王之道以及为人处世之道;荀子则详细探讨了人道的具体表现,并从先王之道和后王之道的关系入手,认为二者都蕴含着"中"的核心精神,同时中道还可以具体表现为外在的仁义礼乐等。针对如何来保证道付诸实践,孟子和荀子各自提出了一套修养方法,孟子主要从内在修养来进行,采取"寡欲""诚"的修养方法,从而来涵养心性;荀子也从内在修养来进行,提倡"虚壹而静""诚"的修养方法,从而达到认知仁义等外在之道的目的。

孟、荀通过对道的阐述,促进了儒家形而上学的进一步发展。在孟、荀之前,《论语》《中庸》构建起了儒家形而上学体系,对大道、人道以及工夫论等有所阐述。如何来推动儒家形而上学的进一步发展,成了《中庸》之后儒

---

① 梁涛:《荀子与〈中庸〉》,载《中国社会科学院研究生院学报》,2002 年第 5 期,第 77 页。

学发展需要思考的问题。孟子延续了《中庸》重心性的思路，把对人道的阐述同内在的心性结合起来，认为人道是以人性为根据的，心是人性的寓所，这种阐释实际上就是把人道内在化、心性化，对儒家形而上学的讨论对象也由外在人道转变为内在人道。荀子对人道的阐述走的路子与孟子是不同的，他进一步凸显了人道的外在表现，把人道具体化为仁义礼乐，并指出外在具体之道蕴含着"中"的精神。需要指出的是，不管是孟子还是荀子，他们对人道的阐释，所走的内在心性化和外在具体化的路向，一定程度上在《论语》那里都有端倪。

孟、荀对人道的阐释之所以会出现内在心性化与外在具体化两条不同路向，一方面是儒家形而上学发展的必然，另一方面则是与两人所处的时代紧密相关。关于前者，这主要是从儒家形而上学发展的趋势来说的。探讨道，即人道，必然会涉及其来源的问题。人道的来源，不外乎有来自外在和内在两种，外在来源是说人道是由外在实体转化而来的，或者说是气在大化流行中伴随着人的产生而出现的；内在来源则是与人性联系起来，认为人道来源于人性。孟子对人道的阐述就是按照内在来源的思路来进行的，把人道同人的心性结合起来。荀子对人道的阐述则是按照外在来源的思路来进行的，认为人道是气在大化流行中伴随着人的产生而出现的，因而他对人道的阐释集中在对人道外在具体表现的凸显上。对于后者，这是同孟、荀所处时代的主题联系起来说的。战国时期的时代主题就是天下一统，只是如何来统一天下，孟、荀采取了不同的方式。孟子注重的是人的内在修养，希望通过提高人的道德素质，特别是君王的道德素质，从而以身作则，一统天下。荀子则是从外在规范入手，希望用礼来规范人，从而最终实现天下的大一统。

文化创新与民族复兴

从庶民主要的宗教信仰，
探究中华传统文化之核心价值

方俊吉

（台湾高雄师范大学教授、中华维德文化协会荣誉理事长）

前　言

　　炎黄世胄在广袤的神州大地，血脉绵延数千年，凝聚了数十个大小族群，而成为世界上人口最多、最优秀的民族之一。数千年来，中华民族虽曾有过汉、唐之强盛，但也经历了诸多朝代的更替分合之磨难与外寇之欺凌。迄今，犹能巍然屹立于世，且成为世界上超级的强国，其所依凭者，毋庸置疑，除了坚韧不屈的民族性之外，乃代代圣哲智慧所创造、积累的优秀传统文化之底蕴①。然而，如何在博大精深的中华民族优秀传统文化之中，探究其"核心价值"之所在，加以珍爱并积极弘扬，用以强化民族之"魂魄"，让炎黄子孙可以永远屹立于世，使中华民族能够永续发展，诚乃吾辈刻不容缓之要务。

　　宗教信仰乃族群社会文化生活重要的一部分。正当的宗教信仰不仅可以安顿人心，同时还能引导群众建构健康的"价值观"及高尚的"道德标准"，直接影响到族群社会日常的生活习俗。个人认为庶民主要的宗教信仰及其相关活动，不仅能突显一个族群的文化生活之特质，更足以反映族群思想文化"核心价值"之所在。

　　本文拟就以华人社会所谓的"民间信仰"中，信众多达数亿，宫庙遍及

---

　　① 参见拙文：《正当中华民族伟大复兴之际，知识分子的当务之急》。2018.10.1－3 中国实学研究会、华夏文化促进会、中国社会经济文化交流协会、国际儒联教育传播普及委员会主办，中国社会经济文化交流协会一带一路建设促进委员会承办：首届"中华传统文化与华夏文明探源"国际论坛论文集，（甘肃成县）第 299－306 页。

海内外的"关圣帝君"① 与"妈祖娘娘"② 为例，探讨三国时期蜀汉的一名将领，何以能成为广受民众崇拜的"关圣帝君"，以及北宋初生长于福建、莆田海滨渔村的一位普通村姑，何以能成为最受广大渔民及海员们所倚赖的海上女神——"妈祖娘娘"？借以一窥中华民族渊博的传统思想文化"核心价值"之所在。

一、华人庶民社会的宗教信仰之特色

宗教信仰乃源自远古时期，人类对于天地自然所呈现的雷、电、风、雨等种种自然现象的不解，且无以掌控、沟通所产生之畏惧。由内心之恐惧，转而为拜服，逐渐演化发展而来。十九世纪中叶，德国的哲学家费尔巴哈（Ludwig Andreas von Feuerbach 1804—1872）在其《宗教的本质》书中，称："自然是宗教最初之原始对象。此乃一切宗教，一切民族之历史所充分证明者。"早在两千多年前，中国的《史记·封禅书》就已记载："《尚书》曰：舜在璇玑玉衡以齐七政，遂类于上帝，禋于六宗③，望山川，遍群神，辑五瑞，择吉月日，见四岳诸牧还瑞。"又："《周官》曰：冬日至，祀天于南郊。迎长日之至；夏日至，祭地祇。皆用乐舞，而神乃可得而礼也。天子祭天下名山大川五岳视三公，四渎视诸侯，诸侯祭其疆内名山大川。"且载："（秦一统天下后）雍有日、月、参、辰、南北斗、荧惑、太白、岁星、填星、（辰星）、二十八宿、风伯、雨师、四海、九臣、十四臣、诸布、诸严、诸逑之属，百有余庙。"

---

① 按：奉祀"关圣帝君"之宫庙，一般称"关帝庙"，亦称：武庙、武圣庙、文衡庙、协天宫、恩主公庙等。据元代郝经之《陵川文集》称："郡国州县、乡邑间井皆有。"关帝庙不仅遍布中国大陆，港、澳及台湾，此外，包括：朝鲜半岛、日本、越南等，以至南洋地区，如：马来西亚、柬埔寨、印尼等地，有华侨聚居之地，也多有供奉关圣帝君之宫庙，信众多达数亿。

② 按：奉祀"妈祖娘娘"之宫庙，一般称"妈祖庙"，亦称："天后宫""天妃宫""天后祠""天后寺""天后庙""圣母庙"等，在日本又称天妃神社。除遍布于中国大陆沿海及台湾、香港、澳门等地外，其他亚洲国家，如：日本、琉球、越南、泰国，甚至，远至于美国、加拿大、澳大利亚、南非等国家，只要有华人聚居的地方，多有供奉妈祖的宫庙，信众数亿之多。

③ 按：所谓"六宗"，虽历来诸家注解不一，然意指天地自然中，与人类生存息息相关之六种自然对象，应无疑义。

据此，则中华民族在古昔之时已有祭拜天地自然神灵之举措，殆无疑义①。概略而言，中国人的宗教信仰，乃从天地自然及祖先神灵之多元崇拜，而发展成为世界性的主要宗教，如：佛教、基督教、天主教、伊斯兰教（亦称回教）、道教等信仰。除此之外，在古代中国的庶民社会之宗教信仰中，尚且发展出独特的所谓"民间信仰"②之宗教活动。

一般而言，世界性的主要宗教，多有其创教之"教主""教义"与"教仪"及相关之经典等，甚至有完整的组织，借以广招徒众。在中国的"民间信仰"中，除少数较为原始的，以自然界之山川、草木、禽兽之精灵，如：山神、河神、土地公、大树公、龙王、虎爷、狐仙等，作为膜拜之对象外，更有将广大群众所崇敬的凡人"神格化"，而作为信奉膜拜的对象，如："关圣帝君""保仪大夫""韩文公""吕仙祖""妈祖娘娘""岳武穆王"、各种"王爷""千岁"等。这种所谓的"民间信仰"，与一般世界性的主要宗教有着明显的差异。

我们审视华人的庶民社会中，流传较为久远而广阔的主要"民间信仰"，不难发现，这些受庶民所膜拜信仰的"神祇"，除了因民众感念他们曾造福乡里或对国家社稷有重大贡献之外，多源自民众敬仰他们在世之时所展现的"景行大德"。其中，尤值得注意者，这些长久以来被广大群众所供奉膜拜之神祇，他们原本多无自我神化之意念，更无创立宗教之企图。再者，在华人社会的"民间信仰"，既非纯属佛教，亦不纯属道教，但却或多或少依傍了佛、道二教之思维，并掺杂了佛、道二教之教仪而存在、发展。然则，中国庶民社会的"民间信仰"，不仅展现了社会文化的多元性，也充分反映了中华民族在宗教信仰上的包容性。此外，我们在探讨华人社会的"民间信仰"，还发现这些神祇的形塑与兴衰之历程，不仅与地理环境及历史发展有所关联，其中能成为海内外广大华人社会所普遍崇拜的神祇，也多跟民族传统的思想文化有着十分密切的关系。职是之故，中国庶民社会的"民间信仰"活动所反映的种种，应

---

① 见冯佐哲、李富华著：《中国民间宗教史》第三章·第三节。（台湾：文津出版社，1994年4月初版）

② 按：在台湾，有关宗教信仰中，凡不属于佛教、基督教、天主教、伊斯兰教、道教等世界性的主要宗教，如："关圣帝君""保仪大夫""韩文公""吕仙祖""妈祖娘娘""岳武穆王"等崇拜，均称之为"民间信仰"（详如正文）。

该是探究民族传统文化之"核心价值"相当直接的藉资。

二、华人的庶民社会对"关公"之崇拜,及其所反映的精神意义

(一)"关公"的生平概略

在华人社会信仰的"关圣帝君",俗称"关公""关老爷",即三国时代蜀汉之名将关羽。据《三国志·蜀书六·关羽传》载:"关羽,字云长,本字长生。河东解人①也。亡命奔涿郡。先主于乡里合徒众,而羽与张飞为之御侮。……先主与二人,寝则同床,恩若兄弟。而稠人广坐,侍立终日。随先主周旋,不避艰险。……羽美须髯,故亮谓之髯羽。"此乃史传所载"关公"之生平概略。元代胡琦之《关羽年谱》则谓:关公生于东汉桓帝延熹三年(160)六月二十四日②。献帝建安二十四年(220)冬十二月,关公败走麦城,一路突围,至距益州二十里之临沮(今湖北省襄阳市南漳县),终遭东吴之伏兵所擒,并于章乡斩其首级,将尸骸葬于当阳。享寿六十③。

至于"关公"之勇猛及丰功伟绩,见诸史传者,据《三国志·蜀书六·关羽传》所载:"羽望见良麾盖,策马刺良于万众之中,斩其首还,……曹公即表封羽为'汉寿亭侯'。初,曹公壮羽为人,而察其心神,无久留之意。谓张辽曰:卿试以情问之。……辽以羽言报曹公,曹公义之。及羽杀颜良,……曹公知其必去,重加赏赐。羽尽封其所赐,拜书告辞,而奔先主于袁军。……先主收江南诸郡,乃封拜元勋,以羽为襄阳太守、荡寇将军,驻江北。先主西定益州,拜羽董督荆州事。……羽尝为流矢所中,贯其左臂,……医曰:矢镞有毒,毒入于骨,当破臂作创刮骨去毒,……羽便伸臂,令医劈之。时羽适请诸将,饮食相对,臂血流离,盈于盘器,而羽割炙引酒,言笑自若。二十四年,先主为汉中王,拜羽为前将军假节钺。是岁,羽率众攻曹仁于樊。曹公遣于禁助仁,……汉水泛溢,禁所督七军皆没。禁降羽。羽又斩将军庞德。……

---

① 按:河东解县,即今之山西省运城市。
② 按:明、崇祯二年(1629年)立于石磐沟关公祖茔之《祀田碑记》则载:关公生于延熹三年六月二十二日。今人多以胡氏所考之《关羽年谱》为正。
③ 按:《三国演义》第七十七回:"时建安二十四年冬十二月,关公亡,年五十八岁。"有谓关公建安二十四年十月卒。或以为阴阳历换算,当是建安二十四年(220)正月之误,虚岁六十。并存参。

羽威震华夏,曹公议徙许都,以避其锐。……权遣将逆击羽,斩羽及子平于临沮,追谥羽曰'壮缪侯'。"

除史传所载,关公之秉持忠义且威武勇猛等事迹,及曹孟德"事君不忘其本,天下义士也"①之赞誉,普遍为世人所钦仰外,尤值得注意者,乃裴松之《三国志》注所云:"《江表传》云:'羽好《左氏传》,讽诵略皆上口。'"而清末卢弼《三国志》集解,则云:"梁章巨曰:'羽好《左氏》,史有明文。世俗即谓志在《春秋》,而不知其非事实也。'黄奭曰:'羽祖石磐,父道远,并羽,三世皆习《春秋》。张大本有墓铭言其事。然无征不可信也。'"于今观之,不论关公之所好,为《春秋》抑或《左传》,皆代表儒家标榜"大义"、褒贬忠奸之重要经传。盖汉武以降,儒学独尊,加之以关氏之家学渊源,关公成为传统儒学之爱好者与实践者,当无疑义。

(二) 华人社会对"关公"的崇拜及其发展概况

世人将关公"神格化",或立祠或建庙加以供奉膜拜之事,迄今所知,在南北朝陈废帝光大年间(567—568),于湖北当阳之玉泉山已有"玉泉祠"供奉关公。此祠当是迄今可考最早为关公建置之庙宇。距关公之辞世约三百年②。晚唐咸通年间,范摅《云溪友议》则载:"玉泉祠,天下谓四绝之境。或言此祠鬼兴土木之功而树,祠曰'三郎神'。三郎,即关三郎也。"③ 可资佐证。此外,隋文帝于开皇九年(589),亦曾在关公之故里解县建置关庙④。

迨乎晚唐,民间有仿僧人讲唱佛经的方式,讲唱不属于佛经的故事。其中,以"三国人物"故事为中心的讲唱甚是流行。随着讲唱三国故事之扩散,民间对于关公的崇拜也跟着扩展开来。到了宋、元两代,随市井"说话"与"杂剧"之兴盛,民间对关公之崇拜,更快速地兴盛起来。至于明代,由于罗贯中撰写的《三国演义》更进一步强化了关公崇伟之形象,而朝廷也顺势不

---

① 《三国志·蜀书六·关羽传》裴松之《注》、卢弼《集解》:傅子曰:辽欲白太祖,恐太祖杀羽,不白,非事君之道,乃叹曰:"公,君父也;羽,兄弟耳。"遂白之。太祖曰:"事君不忘其本,天下义士也。度何时能去?"辽曰:"羽受公恩,必立效报公而后去也。"
② 见郑士有著《关公信仰》第84页(刘锡诚、宋兆麟、马昌仪主编《中华民俗文丛》二版,北京:学苑出版社,1996年)。
③ 见《云溪友议》卷上,第二十一"玉泉祠"条。
④ 见郑士有著《关公信仰》,第84页。

断地推尊，将关公的神格、荣衔，由"王"而晋升为"帝""大帝"，甚至"大天尊"。据《关帝志祀典》所载："明嘉靖年间，定京师祀典，每岁五月十三日遇关帝生辰，用牛一、羊一、猪一、果品五、帛一，遣太常官行礼。四孟及岁暮，遣官祭，国有大事则告。凡祭，先期题请遣官行礼"，且神宗皇帝于万历四十二年，不仅追封关公为"三界伏魔大帝、神威远震天尊关圣帝君"，更尊为护国佑民之神，且命太守李恩献祭，并追封其坐骑"赤兔马"为"追风伯"。崇祯三年，则加封其为"真元显应昭明翼汉大天尊"。

降及清代，因太祖努尔哈赤好读《三国演义》，影响所及，皇太极便曾颁赐诸部将人各一部《三国演义》，用勉诸将效法关公之忠义节操，并熟研书中谋略。清世祖于顺治元年（1644），更追封关公为"忠义神武关圣大帝"，并于顺治九年四月，题"准三界伏魔大帝神威远震天尊"，且订春秋二祭之制。康熙帝西巡，途经解州时，即亲谒关帝庙，并亲书"义炳乾坤"匾额。雍正帝则追谥关公之祖、父为公。乾隆则尊称关公为"山西夫子"。至于嘉庆、道光二帝，亦陆续增加对关公的封敕。迄乎光绪朝，关公之荣衔，已累积为"仁勇威显护国保民精诚绥靖翊赞宣德忠义神武关圣大帝"二十六字之多。有清一代，对关公之尊崇已臻至极。或谓：满清入关之前，"武圣"为岳飞专属之尊称，以其为南宋时金兵之克星。满人入主中原，乃刻意将"武圣"之尊荣转予关公，使之与孔子"文圣"并列，良有以也。然则，由于清太祖对关公的特别尊崇，致使关公在清代备受朝廷尊崇，而民间之崇拜也随之快速扩张。

关公因其忠义勇猛，且历经一千八百余年，诸多朝代帝王之推尊，加之以民间文学、戏剧之推波助澜及历来民间所附会的显灵神迹，逐渐从一代名将而被"神格化"，从而成为中国"民间信仰"主要崇拜的神祇之一。民间甚至于将关公视为守护财富的"财神爷"加以膜拜，且其神格也与时俱升，更进一步跨入佛、道与所谓"儒教"之堂庙，已然被"道教"与"佛教"所接纳。分别被列为道教的"伏魔大帝""协天大帝""玉清首相翼（或作翊）汉天尊"；佛教则奉其为护法"伽蓝"。甚至于连所谓"儒教"也尊关公为"五文昌"之一，亦称"文衡圣帝"。对关公的崇拜，真可谓跨越儒、释、道三教。对于关公的信仰，也随着华人旅居海外而遍及全球华人所聚居的地方。

（三）华人对"关公"崇拜所反映的精神意义

综观关公之崇拜，明显与历史文化之发展关系十分密切。据史传所载，关公除了是一位"事君不忘其本"的"忠义"之士外，同时，也由于关公自幼熏沐于儒家的思想而养成其"重情义、尚节操"及"刚正不阿"的性格，更涵养了孟子所说"配义与道""集义所生"的所谓"浩然正气"①。职是，关公被广大官民所崇拜乃顺理成章之事。换言之，由于两千多年来，华人的社会熏沐于儒家思想的教化中，因此，广大群众对于能体现儒家"讲伦理""重道德"精神的人物，无不加以推尊崇拜。总之，关公之所以长久以来，在全球华人社会，甚至所谓"儒家文化生活圈"的诸多亚洲国家中，广为民众所钦敬崇拜者，乃明显缘自关公毕生致力体现儒家"务本尚德"之教化精神所致，诚毋庸置疑。

三、华人的庶民社会对"妈祖"之崇拜，及其所反映的精神意义

（一）"妈祖"的生平概略

华人"民间信仰"中的"妈祖娘娘"，即北宋初诞生于福建、莆田渔村之林默娘。据南宋高宗绍兴二十年廖鹏飞《圣墩祖庙重建顺济庙记》载："世传通天神女也。姓林氏，湄洲屿人。初以巫祝为事，能预知人祸福。……"此乃今存有关妈祖身世最早之纪录。明嘉靖年间，严从简所撰《殊域周咨录》②则载："按：天妃，莆田林氏都巡之季女。幼契玄机，预知祸福。宋元祐间，遂有显应，立祠于州里"。稍后，福建龙溪张燮于万历年间所撰《东西洋考》，亦称："天妃世居莆之湄洲屿，五代、闽王林愿之第六女，母王氏。妃生于宋建隆元年（960）三月二十三日。始生而变紫，有祥光异香。幼时有异能，通悟秘法，预谈休咎，无不奇中。雍熙四年（987）二月十九日升化。"至于清代，《长乐县志》更云："相传天后姓林，为莆田都巡简孚之女，生于五代之末，少而能知人祸福。室处三十载而卒。航海遇风，祷之，累著灵验。"另据《莆田九牧林氏族谱》所载，谓：妈祖乃晋安郡王林禄之二十二世孙女。而民间之传说，则谓：妈祖"出生时，不啼哭"，因而取名为"默"，小名"默娘"。此乃古昔有关"妈祖"生平之概略。

---

① 见《孟子·公孙丑上》。
② 按：严从简《殊域周咨录》一书，明神宗万历二年（1574）始撰，于1583年成书。乃一记载明代边疆历史与中外交通史有关之书。

另据明代严从简《殊域周咨录》有关妈祖生平之载录："幼契玄机，预知祸福"，张燮《东西洋考》亦云："幼时有异能，通悟秘法，预谈休咎"。然则，妈祖乃生而天资聪慧，秉性淳善者。至于妈祖所受之教育，古昔无相关之载录。唯中国自春秋时期，孔子开启私人讲学之先河①，至于中古，民学大兴，书院、义学、社学、私塾、蒙学等颇为普遍。且民学所教，多以科举考试有关之儒家经典为主，而官宦之家则多有延聘名师，在自家为宗族之子女讲授儒家之经典者。据有清《长乐县志》及《莆田九牧林氏族谱》所载，妈祖乃官宦之后。职是，妈祖自幼当身受传统儒家经典之教化，应无疑义。由于妈祖自幼研读儒家经典，深受儒家教化精神之启发，而能充分体现"孝悌忠信"之德行，并发挥其"仁德"大爱之情操，矢志以"救难济世"为使命，终成广受官民所崇拜之神祇。

（二）华人社会对"妈祖"的崇拜及其发展概况

人们在惊骇无措之际，多有祈求神灵临庇之举，而千余年来，妈祖显灵救助汪洋中的渔民或航海者之神迹，在中国沿海地区多有传闻。其中，廖鹏飞《圣墩祖庙重建顺济庙记》即载："给事中路允迪出使高丽，道东海。值风浪震荡，舳舻相冲者八，而覆溺者七。独公所乘舟，有女神登樯竿为旋舞状，俄获安济……"此一神迹，时之船员多认为，乃湄州女神显灵。是故，路允迪返奏朝廷请封，宋徽宗乃于宣和五年（1123）诏赐"顺济庙"匾额。元代期间，亦有妈祖护佑漕运船只之诸多传说。

至于明朝成祖永乐元年，遣三宝太监郑和出使暹罗国，而遇强风，于是祈求"天妃"庇佑，旋即有女神立于桅杆之上，顿时风平浪静。永乐三年（1405）六月十五，成祖又命郑和率领二万七千四百名船员，由二百四十多艘海船组成庞大船队，远下西洋。永乐五年（1407）九月初二，郑和于途中遇强风，于是虔心祈求天妃保佑，终得平安。此外，郑和亦曾在乘船前往渤泥国途中，于榜葛剌国附近遇台风，于祈求天妃神灵保佑后，亦得平安无事②。为此，郑和乃奏请朝廷在南京龙江关建置"天妃宫"，获准且蒙成祖皇帝御赐纪

---

① 《史记·孔子世家》载："孔子以诗书礼乐教弟子，盖三千焉。身通六艺者七十有二人。"

② 见《郑和下西洋资料汇编》上卷。清林霈撰《敕封天后志》。

文。旋又奏请在大队官兵所驻扎之福建长乐港，建"天妃宫"作为官兵祈祷之所，亦获准。稍后，郑和再度奉命率领庞大船队前往西洋，于行前率二万多官兵在"天妃宫"奉牺牲，燃香烛，举行盛大祀礼，祈求天妃娘娘之神灵庇佑。

综观三宝太监率领大队官兵及船舰七下西洋，先后到访西太平洋与印度洋三十余个国家。其间，有鉴于大海茫茫，时遇强风陡起，怒涛如山，危险至极。是故，郑和曾命所属于所有船舶均供奉"天妃娘妈"，并专设司香一名，于每日清晨带领船员向娘妈顶礼，昼夜香火不断。宣宗宣德七年（1431），郑和更奉旨亲赴湄洲屿"天妃宫"拜祭。

降及清代，有感于妈祖救难济世之灵威，圣祖皇帝于康熙十九年（1680），诏封妈祖为"护国庇民妙灵昭应弘仁普济天妃"，二十三年（1684），又晋封为"护国庇民妙灵昭应仁慈天后"。至于，文宗咸丰七年（1857），更诏封妈祖为"护国庇民妙灵昭应宏仁普济福佑群生诚感咸孚显神赞顺垂慈笃祜安澜利运泽覃海宇恬波宣惠道流衍庆靖洋锡祉恩周德溥卫漕保泰振武绥疆天后之神"①。仅有清一代，经朝廷数度之敕封，妈祖之神格已由"天妃"晋至"天后"。妈祖灵威受朝廷之尊崇可见一斑。

总之，妈祖灵感神威之影响力，由其诞生地福建、莆田之湄洲岛开始传播，信众与日俱增。千余年来民间所流传，妈祖显灵或在大海、或在陆上，救苦救难之神迹不胜枚举。其中，尤以依靠讨海维生之渔民与商贸船员，所流传妈祖显灵救难之神迹为多。再者，由于明代郑和七度远下西洋，所率水手，多由福建、广东、浙江等沿海省份招募而来。彼等返乡或留居海外，也自然将妈祖娘娘之信仰广为传播。概略而言，妈祖的信仰，除对于中国沿海居民之宗教信仰及其生活文化产生重大之影响外，侨居海外之华人，尤其是对旅居东南亚之众多华侨的宗教信仰及生活文化，亦产生了重大之影响。职是，文化界人士对华人崇拜妈祖及其相关活动，统称为"妈祖信仰文化"。2009年10月，"妈祖信仰"即入选"联合国教科文组织'人类非物质文化遗产代表作'名录"，良有以也。

---

① 见"维基百科—自由的百科全书"。

(三) 华人对"妈祖"崇拜所反映的精神意义

综观海神妈祖之所以长久以来受到亿万民众之崇拜及诸多帝王之封谥，其中除了由于妈祖生而秉性淳善，天资异于常人之外，当是源自妈祖曾潜心研读儒家之经典，感悟于儒家"务本尚德"之教化精神，而充分体现其"孝悌忠信"之德行，并激发其"崇仁尚义"之情操。从而，积极发挥其"仁德"大爱之精神，矢志以济助众生为使命，经常在惊涛骇浪之中，不畏艰辛闻声救苦，救助苦难危急之生灵，终成广受官民所膜拜之"妈祖娘娘"。

结 语

中华民族自西周初年周公制礼作乐，已然奠定了注重"人文精神"之文化特质。稍后，春秋战国之时，诸子百家更为民族开拓了多元而灿烂之学术思想基础。其中，尤以儒、道两家为大宗。降及东汉，佛教传入，至于隋唐，而释学鼎盛。自此，儒、道、释三家之学术思想，于神州大地形成了鼎足之势。然而，以孔孟思想为宗，而揭橥"人本"，强调"伦理"、倡导"道德"的儒家，自汉武帝宣示"独尊儒术"，加之以后诸多帝王之推尊，儒学已普遍为天下士子之所宗仰，而蔚成中华民族学术思想与文化生活之主流。

概略而言，儒家宗师孔子的学术思想，乃绍承古昔圣王仰观俯察于"天地自然之道"，将之转化为"人伦大道"而来①。换言之，孔子所建构的儒家"大道"，标榜其"顺乎天，应乎人"，"由本而末""自内而外"之特质。是故，自孔孟以降，历代儒家之贤哲，无不首先强调"伦理"，以辨"人、我之关系定位"，以明人际间之"长幼尊卑、亲疏远近"，进而倡导各种"道德"，以为落实个人"安身立命"及维系人际关系之言行规范②。总而言之，儒家

---

① 《中庸》载："仲尼祖述尧、舜，宪章文、武，上律天时，下袭水土。辟如天地之无不持载，无不覆帱；辟如四时之错行，如日月之代明。万物并育而不相害，道并行而不相悖。小德川流，大德敦化。此天地之所以为大也。"《汉书·艺文志》（卷三十）所载略同。

② 《易·序卦》云："有天地然后有万物，有万物然后有男女，有男女然后有夫妇，有夫妇然后有父子，有父子然后有君臣，有君臣然后有上下，有上下然后礼义有所错。"又《孟子·滕文公上》：有为神农之言者许行，……（孟子）曰："……人之有道也，饱食、煖衣、逸居而无教，则近于禽兽。圣人有忧之，使契为司徒，教以人伦：父子有亲，君臣有义，夫妇有别，长幼有序，朋友有信。……"

"明人伦""重道德"之思想，旨在教化世人，体现由"内修己"到"外安人"，亦即由所谓"内圣"而"外王"的功夫，以臻于"世界大同"之理想。其本末分明，条理清楚，充分彰显其"务本尚德"的教化精神。析言之，儒家的"务本"教化，旨在教人由"知本""立本"而"固本"，且不可"忘本"。此一"务本"之精神，不止能维系个人与家庭、宗族之血脉关系，更得以促进社会、国家之和谐；儒家"尚德"之教化，要在导引世人笃"孝"行"仁"；秉"诚"遵"礼"；持"忠义"以守"节操"。两千多年来，儒家所标榜"务本尚德"的精神，已然成为中华传统文化之"核心价值"，更升华为中华民族之"魂魄"。

在华人社会的"民间信仰"中，"关公"与"妈祖"之所以广泛受到官民的崇拜，明显是源自二人的"景行大德"，充分体现了儒家"务本尚德"的精神所致。事实上，历代以来，在中国各地，尚有许多为群众所崇拜的所谓"民间信仰"之神祇，其中，或缘于民众钦敬其对保家卫国之贡献；或感念其对庶民众生发挥"仁慈大爱"之精神；抑推崇其"高风亮节"之品格；追思其"忠义"之景行；表彰其"诚信""孝悌"等德行，而足以为天下之楷模者。不论其性别、里籍及出身，将其"神格化"，并为之立祠、设庙加以膜拜。这些庶民的所谓"民间信仰"之宗教活动，不仅明显地反映了中华民族传统文化特重儒家教化的特质，更直接地证明了儒家的"务本尚德"精神，正是中华传统文化的"核心价值"之所在。

如今，正当中华民族快速蜕变，而迈向伟大复兴之际，却又面临着全世界"物质文明"凌驾"精神文明"所谓"文化失调"之浪潮的冲击。值此世人充斥"科技第一""财金挂帅"思维的当下，许许多多的炎黄子孙也难免陷溺于此漩涡之中。因应时代急遽之演变，我们若未能开展宏远的视野，及时发挥历代圣哲所流传下来的智慧，强化同胞们健康的"价值观"与"道德标准"，全面提升中华民族的"精神文明"，则难免让个人，乃至于整个民族淹没于时代的逆流之中。是故，当前中华儿女，除了持续努力在财经、科技、国防等方面，超越欧美先进国家之外，当务之急，应该是积极弘扬中华优秀传统文化之"核心价值"——儒家"务本尚德"的教化精神，使中华民族得以永续发展，永远昂首屹立于世界民族之林。

"一带一路"与人类命运共同体的文化反思

葛承雍

(中华炎黄文化研究会副会长，中国文化遗产研究院教授)

一、古今"丝绸之路"的区别

"丝绸之路"这个概念，是指人类不同民族间突破地域限制进行遥远串联与跨文化的交往，它不是单边的贸易通道，而是多条网路的选择和多样化交流后的共享廊道。

"丝绸之路"的意义在于，不论一个文明的发展程度如何高，受地理环境、物产资源、生活条件等限制，区域内的人们如果没有合作其智慧必定是有限的，而跨文化的交往不仅会带来物质的补充，也会得到其他文明的启发，从而丰富自己原来的文明，重新发现世界、认知世界。

中国在历史上一直是东亚最发达的地区，也是周边国家长期争相模仿的中心，但是近代以前中国与东亚邻国的交往基本上是单向的，汲取得少，输出得多。反观中亚、西亚几个重要的文明中心，最初交流都是从贸易开始的，中国与中亚的丝绸、毛物，印度与阿拉伯的香料、棉花，西亚与欧洲的黄金、钻石等，一直进行着频繁往来，最终不仅形成早期知识谱系，而且形成了文明的交融。由于地理相距遥远，高山峻岭阻隔，在交通不发达的条件下，中国的文明中心地带则处于相对封闭的地域。但古代中国和西方其他文明中心的人们排除困难、跨越艰险，用非常大的代价换取着跨文化的成果，从而对推动人类文明进程向更高层次的发展起了极大作用。

古代"丝绸之路"与今天的"一带一路"有什么区别呢？

第一，中国古代的"丝绸之路"是中原通过中亚、西亚商业贸易逐渐形成的，朝廷官方并没有制定长期贸易计划，不存在官方所谓的"债务"，当时主要是"以货易货"，货币量不是很大。虽然双方贸易频繁不断，但并没有涉及国计民生的巨大市场，而且中国小农自给自足的超级经济体，有着自我消化的回旋余地。而当今的"一带一路"是由中国政府主动提出的，并期望那些愿意和中国进行合作的政府、商业企业共同推动的，中国积极推行"走出去"战略，提倡"全天候"的合作倡议，这是一个本质区别。

第二，历史上中国在亚洲是一个举足轻重的国家，在汉唐时期是欧亚大陆上起着主导性作用的"大国"之一。周边游牧民族或其他政权例如匈奴、月氏、突厥、吐蕃等等在崛起衰落的起起伏伏过程中，都与中原王朝发生过同盟或争夺的关系，远至西亚的波斯、大食以及东罗马拜占庭都与隋唐王朝进行过"朝贡贸易"。中国与周边族群的"互市""边贸"并没有长久不变的"规则"。而16世纪之后，以西方"商人基因"为主导的世界贸易规则被制定出来。20世纪伴随着现代民族国家的纷纷独立，这些国家的精英多数延续与接受的是西方规则，他们与中国打交道时援引的也是西方的理论，特别是中国进入世贸组织必须按照WTO规则框架内行事，这是与古代丝绸之路不一样的地方。

第三，古代贸易不存在公平对等的规则，丝绸之路上的贸易量是随着国家的稳定而上升的。遇到战乱动荡、自然灾害随时有可能停止，不存在中国输出丝绸而无法收回本钱的大危机，不存在大规模贸易带来的利益单向流向中原王朝。相反，"朝贡贸易"往往是中国赐予对方更多的物品，其中的文化道德秩序要高于经济利润的获取。这与现代东西方贸易截然不同，当代对中亚或其他国家基础设施的投资贷款、公路交通、港口管理、海船运输等，带来的影响远远大于古代简单双方的小额贸易，而且贸易利益远远高于对国家领导权威的尊重。

第四，丝绸之路沿线国家或族群信仰着不同的宗教，如来自波斯的祆教、景教、摩尼教即"三夷教"曾经流行于中国。尽管"三夷教"不占主流，无法与佛道两大宗教优势相比，但是异国宗教进入中国并融合民间社会，这是前所未有的信仰百花筒时代。千年之后，当今世界基督教、伊斯兰教的冲突和教派之间的斗争从未停息，极端伊斯兰恐怖主义造成的危害，使得相安无事的丝绸之路沿线地区出现了宗教恐惧。

第五，文化交流是丝绸之路的重要组成部分，隋唐时期十部乐中有七部都来自外域，胡旋舞、胡腾舞更是风靡潮。正如王建《凉州行》所说"城头山鸡鸣角角，洛阳家家学胡乐"。以乐舞、服饰等为主要内容的文化的传入与融合,是一个与西方奢侈品的引进、消费、模仿和再创造同步的过程。作为一种潮流艺术,东西方的青铜器、金银器、瓷器、服饰及纺织品等等制作和审美,双方都会取长补短。如今文化艺术的载体虽有电子化、影视化、数字化的普及,却又有着民族偏见、表达方式和传统文化的诸种障碍,文化差异造成了交流的不畅通。

中国提出的"一带一路"倡议,涉及跨越不同地域、不同发展阶段、不同文明阶段、不同宗教信仰,与过去的"丝绸之路"通商贸易背景有几分相似。但是现在的中国比起历史上辉煌时期更是一个政治、经济、文化和军事的巨大复合体,但不是历史上汉唐盛世某种程度上的重复,国际上对能否开放共容与合作协作一直持有疑问。有的大国认为"一带一路"是中国设计的"债务外交",有的国家认为是中国遭遇经济危机后的"转移突围",还有的国家认为是中国设计经济圈套。我们的初心是将"一带一路"视为参与全球合作开放、共同发展繁荣、推动构建人类命运共同体的中国方案。但是国际上的杂音和非议此伏彼起,既有理论上的讨论,也有着实践中的具体问题。

从古代丝绸之路来看,夹在大国之间的小国生存和发展常常观望与投机,站队变化快,所以有没有在世界上实力强的国家能为我们发声,非常重要。因为软实力的博弈我们不占优势,还有更多的路程要走。我们的理想是在欧亚大陆上播撒种子,在浩瀚海洋中扬帆远航,共建"一带一路"带动世界经济增长。

最近,欧盟推出了"新互联互通战略",同"一带一路"相抗衡,并提出公平对等原则。中国收购希腊、意大利、西班牙、荷兰、比利时等国港口,那么欧洲企业能否收购中国港口资产,从而将经济交易提到政治决策层面?我们跨境收购大多为国家企业,而欧盟几乎全是私营企业,无可置疑双方投资实力与财政资源并不一样。

世界多元文化在丝绸之路上共同创造了本质上是跨文化的交流,从而开启了双方相对平等的新纪元。过去,传统上理解的"丝绸之路"文化只知外来的,而中国传出去似乎踪迹全无。但这实际上并不是事实,比如纸张的传播输出与波斯人的生活融为一体,最终到达了罗马或其他地方,只是我们不了解它的真正轨迹,以及它所造成的影响而已。如果从历史上说古代贸易的出现离不开社会习俗的形成,甚至依赖于民族文化,而文化的力量同样也会影响到一件事物的价值。当一个国家市场经济被卷入世界贸易时，一种文化的差异必然会伴随着文化的冲突，所以我们在没有预案的情况下，文化在应对上往往显得失措无对。

丝绸之路是有利于加强各国和各民族之间的凝聚力，防止民粹主义色彩的情绪误导人们的思路。但是丝绸之路或"一带一路"并不是传统历史文明意义上的重新复活，而是拓展世界眼光克服现代文明转型过程中的障碍，从而重获面向未来的过程。

二、人类命运共同体的中国位置

与丝绸之路和"一带一路"紧密相连的是中国又提出"人类命运共同体"，期望化剑为犁、化武为文，朋友多了路好走，既不走封闭僵化的老路，又要高度重视中国自身社会活力的问题。

在人类文明发展过程中，中国文明和其他文明中心相比有很大的不同。首先中国是世界人口大国，社会消费庞大，生存竞争比较激烈，为了提高生活水平必须付出更多的努力。贫富差距使得中国自古以来就对经济非常重视，作为世界上最大的发展中国家，我们遇到贫困问题还很多。其次是近代以来政治、经济、军事和文化发展均处于世界较低水平，清朝腐朽政权留下的落后文化遗产成为制约我们发展的阻力，运行缓慢的封建官僚制度阻碍着生产力的发展，对科学发明创造所造成的桎梏不易被打破。第三是固有的传统文化持续演进。我们没有经过欧洲文化启蒙那样大规模的启迪，"文革"对法律破坏和整个民族文化所造成的思想震荡至今未消，又提倡用传统儒学拯救民族文化和信仰危机，欲速则不达。第四，中国是一个多民族的国家，首先是民族共同体问题还没有很好地被解决，除了藏独、疆独势力以外，台湾认同和港独都掀起了新的挑战。这些因素综合在一起，造成了中国相对于其他文明中心来说是一个多元复杂体。一些小国船小人少好调头，甚至翻来覆去危机较小。而中国作为一个和平崛起的大国经不起任何大的失误，亟须清晰战略定位以应对挑战。

有人认为"一带一路"创造了一个互惠互利的更大市场，使沿线各国都找到了发展的新机会，所以"一带一路"是中国在现有的国际规则下谋求和平发展的唯一出路。这个说法是良好的心愿，但是外界和国内都对构建"人类命运共同体"一直存在着各种猜测。中国可以影响世界但不能左右世界，而且中国的影响力是有阶段性的，中国特色的模式不会轻易被别国接受，中国概念、中国方案也不会随意被其他民族成功复制。

由中美贸易战所引发的政治对抗和意识形态挑战凸显了中美文化之间的差异，而中国的维稳战略则深深地植根于中国传统文化之中，特别是在强者的打压下，使中国人有着一个世纪前遭受西方大国挨打的联想。虽然国家已经不再虚弱，但是山区贫困和贪婪腐败并没有完全消除，所以我们必须继续坚持改革开放。

我们不能为了追求"超速发展"而搞"大跃进"，不应炫耀所谓的"中国理念"，真正的价值信仰需要一代一代人的坚持，很多文化元素在世界上也很难立刻见效。例如中国在美国留学生有 35 万人（2017 年，约占美外国留学生的 35%），美国在中国的留学生不到 3 万人，双方连在一起的纽带并不均衡，产生的报效祖国思想更不相同。

我们要明白中国在世界上的位置，打造"人类命运共同体"是一个良好的设想。当今世界各国相互依存的关系远远超过了古代"华夷一家"乃至近现代"天下大同"的思想，超出了过去社会主义阵营的结盟类型，但人类的文明有不同的发展途径，不仅有发展共赢与利益共生的价值要求，还有价值共识、责任共担的发展模式。21 世纪经济全球化的推进也会带来文明冲突对抗日益加剧的现状，局部的经济贸易战则会演变为意识形态的全面争端，中国的位置决定了它的现实处境。如何将中国传统历史文化观念（平衡、和谐、大同）转变为新的核心概念（灵活、妥协、共赢），如何将"中国观"转变为"全球观"，追求"人类命运共同体"的基本原则。

三、中国文化走出去面临严峻现实

"丝绸之路"和"人类命运共同体"的提出都与中国文化息息相关，中国学界纷纷追逐学术热点，文章连篇累牍，寻找自己原有学科发展和新时代机遇之间的连接，这是可以理解的。但是，它应该有实质内容，一定要找到一个真正的契机，而不是去做一些应景之作。

我曾在《丝绸之路研究永远在路上》一文中，对一些浮躁虚热现象做过一点批评。没有长年积累的铺垫和资料累积后的独立思考，东施效颦、人云亦云、东拉西拼、抄抄贴贴，实际上都还是原地打转，没有站在跨文化、跨民族

文化创新与民族复兴

的角度来认识文明的不同，启发意义究竟是什么没有目标。历史的真实需要有良知的学者客观求证，丝绸之路的历史至今还有很多内容并没有探明。

年轻学人急于找出学科生长点，囫囵吞枣，大而化之。近年进行"丝绸之路"研究的人，很多还是半截子研究。只知道中国境内的史料和出土文物，对外来或其他国家的历史不甚熟悉，对国际上的研究失误错谬不敢批评与回应，视角还是中国本位的。不了解所谓"全球化"下"丝绸之路"新进展，不知道双方的前沿交锋和新观点，自然也就无从寻找新的国际契机，这样就避免不了国内和国际同质化的学术竞争。

通过研究古代丝绸之路和整理中西关系资料，我们可以改变过去的一些错误的公共认知，比如认为世界四大文明中只有中华文明未曾中断，其他文明都衰落了的错觉，以及鸦片战争前，中国是领先于世界文明最发达的国家，这都是误判。世界本来就是丰富多彩的，中国文明只是世界诸文明中的一个。过去我们确实辉煌过，但并不是人类历史上最耀眼的七斗星，仅是满天繁星中的一个而已，从埃及、两河流域到希腊、罗马都曾经对世界文明进程产生过重大影响。世界各大民族都有自己最优秀的地方，人类需要互相学习，取长补短。大航海时代和工业革命以后，主流西方国家占据了全球的优势地位，历史上曾经是殖民地的国家仍以西方价值观主导自己，使得近代以来中国停滞落后了200年。因此，重温历史上的"丝绸之路"有助于我们和对方共同思考世界的变化。

我们看国家进步，不能光看经济总量和国家财富的增加，还要看制度的进步、成熟与完善，特别是在价值观与文化影响力的提升方面。

中国改革开放已经40周年了，经过这么多年的持久性对外交往，我们遇到过国际政治的挑战，更遇到过中国文化走出去的困境。

我举三个文化例子说明为什么要反思。

艺术作品。艺术是各国展示文明与传播文化的重要方式，交流有思想，艺术无国界，艺术作品既能体现国际学界的认可，也有利于思想观念的传播。尽管中国艺术的影响力正在逐步扩大，古典艺术、传统文化作品受到关注，但现代艺术似乎很少有人知道。我们在中亚五国投资规模非常引人注目，但是在文化艺术方面却默默无闻。塔吉克斯坦、乌兹别克斯坦的艺术家都说你们中国成天宣传丝绸之路，怎么没有在沿线城市建造一些中国丝路驼队和人物的雕像呢？中亚人受俄罗斯影响爱在大型公共雕塑下照相，可中国造型艺术影响还非常滞后，走不出国门。

出版著作。我国目前是世界出书种类最多的国家，达到了近50万种，图书出版人员数量也是世界最多的，但每年联合国教科文组织向全世界推荐的100种图书中，几乎没有一本中国的图书。中国如此众多的图书产品中有几本能够真正代表中国优秀传统文化而成为向世界推荐的好书呢？一个重新崛起的大国的文化，进入到世界大家庭，离不开文化和学术著作的传播。我们每年推介和资助翻译了大量中国出版物，得到国际学界公认的又有多少？即使丝绸之路图册在国外书店中也几乎见不到中国的出版物。

学术研究。中国每年都有大量的学术专著问世，虽然这些学术论著中也有滥竽充数之作，但总体上中国学术论著的数量是其他国家比不了的。但是，我们有多少造福人类的文化产品呢？仅仅用五千年历史和四大发明就能赢得世界尊重，显然是不够的。目前中国在学术出版"走出去"方面，不仅无法与世界接轨，而且社会科学的"硬干货"融入不到国际学术体系中。在西方发达国家里，即使在马克思诞生和生活的国家里，也存在着东西方文化差异，我们要认真研究这种差异所带来的世界影响。

目前世界上，避免文化的冲突是一个成熟大国的明智之选，和平崛起灵活收缩仍是发展中国家的基本国策。21世纪的中国不可能再走回头路，时光不会倒流，车轮不容倒退，我们不能忘了惨痛的历史教训。我是学历史做古代中西交流研究的，深深知道我们国家从秦汉二千年来所遭受的苦难、折磨和曲折是在人类历史上少有的，在世界历史中我们民族所遭受踩躏、摧残和痛苦也是别的国家没有的。当下中国又走到了一个命运的十字交叉口，避免重大决策失误是国家大事，在国际残酷竞争的时代推出"一带一路"毕竟不是过去的"丝绸之路"，在全球争夺生存权背景下倡议"人类命运共同体"毕竟不是一厢情愿的简单事情。我早在前些年接受记者采访时说过文化自信不是文化自负，文化自信更不是自命不凡，即使我们真正成了世界强国也不能领导世界，那是要付出几代人积累的代价的。

中国改革开放已经走过40周年了，经过这么多年的持久性对外交往，我们遇到过国际政治的挑战，更遇到过中国优秀文化走出去的困境，很多经验值得总结，很多文化现象值得反思。

在中西文化比较中揭示中国文化的当代价值

张西平

(北京外国语大学比较文明与人文交流高等研究院院长、教授)

中国古代文化经典中包含了哪些智慧？为何在四百年的历史长河中中国古代文化经典感动过那么多的西方人？中国四百年来与西方文化分分合合的根本原因在哪里？因此，我们必须从理论上彻底搞清楚中西文化的特质，以及中国文化的当代价值和意义。

一、从人类中心主义到天人合一

（一）人类中心主义的困境

自欧洲启蒙运动以来，人的解放、科学的追求便成为西方社会的思潮。康德（Immanuel Kant，1724—1804），启蒙运动时期最重要的思想家之一，德国古典哲学创始人。同时，他也是天文学家、星云说的创立者之一。当他提出"人是目的"时，这种"人类中心主义"就基本完成了它的理论形态。按照这样的理解，在人与自然的价值关系中，人是主体，自然是客体。在人与自然的伦理关系中，人是目的，自然是完全服从于你的要求的。人类的一切活动都是为了满足自己生存和发展的需要，不能达到这一目的的活动，就是没有任何意义的活动，因此一切应当以人类的利益为出发点和归宿。整个近代西方社会就是一个人不断征服自然、改造自然的历史过程。西方的这种人类中心主义的核心是，人是一种自在的目的，是最高级的存在物，因而他的一切需要都是合理的。人可以为了满足自己的任何需要而毁坏或灭绝任何自然存在物，只要这样做不损害他人的利益，把自然界看作是一个供人任意索取的原料仓库，全然不顾自然界的内在目的性。

现代社会的逻辑是基于这样一种假设，人的能力是无限的，经济和科技都是可以无限发展的，由经济和科技发展所产生的所有问题都是可以通过经济和科技的进一步发展来解决的。但随着人类对自然的征服，人们发现自己所居住的家园——地球并不是一个可以供人类无限消耗的对象。环境的恶化，地球家园的被破坏，促使人们重新反思自己的行为：西方所提供给世界的这套现代理论有了问题。

（二）天人合一思想的精髓

中国传统文化中"天人合一"的思想可以溯源于商代的占卜。《礼记·表记》中说："殷人尊神，率民以事神。"殷人把有意志的神看成是天地万物的主宰，万事求卜，凡遇征战、田猎、疾病、行止等等都要占卜求神，以测吉凶祸福。这种天人关系实际上就是神人关系。孔子作为儒家的创始人，从一开始便对天有一种很深的敬意。他告诉弟子："天何言哉，四时行焉，百物生焉，天何言哉！"（《论语·阳货篇》）这里所说的天，就是自然界。四时运行，万物生长，这是天的基本功能。这里的"生"字，明确肯定了自然界的生命意义，是对天即自然界有一种发自内心深处的尊敬与热爱，这是因为人的生命与自然界是不能分开的。

董仲舒把儒家的"义理之天"的"义理"向宗教神学的方向推进，认为天有意志、有主宰人间吉凶赏罚的属性。"人之（为）人本于天"，所以人的一切言行都应当遵循"天"意，凡有不合天意而异常者，则"天出灾害以谴告之"。董仲舒通过对天人合一的解释，为儒家文化和汉帝国的统治者找到了一个终极的支撑。

从"天人合一"的角度去理解人和自然，这是中国思维的特点。因此，从一开始，天与人就密不可分，要说明人的问题，就必须从天开始，这就是儒学"天人合一"的思想。我们不能从一般的西方观念来理解中国的天人合一。一般西方意义上所理解的天人关系，是指人与自然、主观与客观的关系问题，这里实际上已经预设了二者的分而存在。儒家所说的"天人关系"，其深刻内涵是承认自然界具有生命意义，具有自身的内在价值。也就是说，自然界不仅是人类生命和一切生命之源，而且还是人类价值之源。正因为如此，这一问题才成为中国哲学不断探讨、不断发展的根本问题。这里，人和自然是一种特殊关系，作为自然的天是一种生命哲学，天的根本意义是"生"。"生生之谓易"，"天地之大德曰生"，天与人内在相连，这是儒家天人合一理论的基本出发点。显然，中国的"天人合一"思想对于西方近代以来的天人二分，把自然作为主体人的征服对象而被无限使用，以及那些科学至上主义者是一个很好的纠正。

20世纪，西方著名历史学家汤因比就看到西方启蒙以来的理性主义给人类带来的问题。他认为科学技术的盲目发展，不但无助于人类精神境界的提高，而且将给人类带来毁灭性的灾难。汤因比认为需要一种新的政治哲学把世界统一成为一个整体，能担当这个重任的，不是欧美，也不是欧化国家。

（三）"天人合一"思想的当代价值

经历了40年的改革，当代中国思想界已经开始逐步走出了近代知识分子在追求现代化和克服现代化弊端两者之间摇摆的误区，对西方文化科学开始理性地接受并对其弊端进行反思。这样两个思考维度，从而使思考变得具有重要意义。一方面，我们深知文化传承对于一个国家、一个民族的行为意识和社会制度路径选择所具有的巨大影响，从而珍视中国传统文化所提出的"天人合一"思想。另一方面，我们又认识到文明进步对于人类社会发展所具有的决定性意义。文化基于历史传承，文明基于科学进步，两者虽相互影响，却遵循着各自的规律。当代中国就是在这两种力量的促动下开始逐步走向协调和良性互动的结果，从而使中国当代的思想界对自己传统文化的传承不再是发古人之幽思，做一种浪漫主义的思考，而是提升自己的文化传统用以回答时代之问题，解决西方百年发展之焦虑。在学习西方文明时不再盲从，而是将其发展历史中的问题与进步一同拷问，批判其在历史进步中所犯下的历史性罪恶，反思其主客相分思维方式的问题和弊端。

"天人合一"思想对于当下的世界发展来说，可以给我们提供以下有价值的思考：

第一，人与自然和谐相处。《周易》说："夫大人者，与天地合其德，与日月合其明，与四时合其序，与鬼神合其吉凶。先天而天弗违，后天而奉天时。"按照自然的要求展开人类的活动，不再把征服自然作为人类的终极目的，而是把与自然的和谐相处作为终极目的。

第二，爱护自然，尊重自然生命。孔子说："钓而不纲，弋不射宿"。他的话里包含了一种对自然生命的博大情怀。北宋理学家张载所说的"民，吾胞也；物，吾与也"，人与一切自然生命相连，这是一种基于天人合一的伟大自然主义。

第三，物我两忘，在天人合一中陶冶情操。天人合一不仅仅是一个社会理想的追求，也是人的精神世界的一个重要修养维度。在人与自然、天地的相融中，走出个人小我的狭小天地，在自然的大我中获得精神的升华。

改造自然，但立足于可持续发展；相信人的力量，但再不认为它是一种无限的力量，对自然的敬畏与爱护成为人全部活动的出发点。当代中国所提出的"和谐的发展观""可持续的发展观"，正是奠基于中国传统的"天人合一"思想基础上的，是在充分反思西方近代科学至上主义等思想的弊端后提出来的。克服近代以来西方思想家所提出的主客体相分、主体改造客体的人类中心主义思路，从中国的天人合一传统中汲取智慧，这是中国传统文化对于当代世界的一个重要贡献。①

二、从神人相对到人文精神

（一）西方近代以来神人相分产生的问题

西方社会从启蒙运动以来，神开始失魅。特别是经过宗教改革和法国大革命以后，西方的宗教精神开始衰落，工业化社会所开启的现代社会生活与基督教信仰之间开始出现越来越大的问题。孔德说西方近代社会就是从神的时代到科学实证的时代。科学的进步，人的精神从基督教信仰中解放出来后所焕发的朝气和力量，使西方人扬帆万里，征服五洲。这样，在西方的精神世界里便面临着一个深刻的矛盾：他们的基督教历史文化传统如何和现代社会协调。当尼采说"上帝死了"的时候，西方在精神上的危机便已经表现了出来。从尼采的话语中引出了一个重要结论：既然对基督教上帝的信仰崩溃了，那么建立在这一信仰基础上的全部价值观念，包括整个欧洲的传统道德观念也就随之倒塌了。"于是，对我们来说，地平线好像重新开拓了。""当一个人放弃了基督教信仰，他也就被剥夺了遵从基督教道德的权利。"基督教是一个体系，一旦它的基本观念——对上帝的信仰——被打破，整个体系也就被粉碎了，不再剩下任何东西。

现代社会生活本质上是一个世俗化的生活，这和中世纪那种在神笼罩下的

---

① 历史并非设计，当下中国在发展与自然之间关系上的理念是正确的，但实践却要经历一个长期的过程，能否成功，有待时日。

信仰生活有着根本的区别。如何安顿日益媚俗的现代生活中的心灵成为近代以来西方思想界焦虑的问题。马克斯·韦伯用基督新教伦理来解释资本主义的兴起,说明基督教在文化上对现代社会的支撑性作用,但宗教信仰与现代生活之间的张力与紧张并未消除。

(二) 儒家的人文精神

任何民族早期都存在着原始的宗教信仰,中华民族也不例外。在甲骨文中,我们的先祖也将自己的祖先称为"帝"或"上帝",据卜辞说,上帝经常发布命令,以超越自然的力量支配着人间社会。但从商到周,中国文化开始发生了重要变化,周人开始从殷人"先鬼而后人"的鬼神文化中逐步走出来,转向"先人而后鬼"的宗法文化。"敬德保民"说明统治者开始将重点转向人世间,而从周王自称"天子",确立了宗法血缘制度后,在社会制度上割断了人神之间的脐带。正如王国维所说,殷周之变,旧文化灭,新文化生。

孔子所代表的儒家则从理论上完成了这种从鬼神信仰到关注人世间生活的重大而深刻的转变。"敬鬼神而远之","未知生,焉知死"。孔子已经将神"悬隔"了起来,作为终极的"天"还在,但关注的重心已不再是鬼神的世界,而是现实的生活世界。孔子学说的诞生,标志着中国文化完成了从苍天到人生的重大转变。章太炎指出,中国文化"不定一尊,故笑上帝"。① "孔子是史学的宗师,并不是什么教主。史学讲人话,教主讲鬼话。鬼话是要人愚,人话是要人智,心思是迥然不同的。"②

以儒家文化为代表的中华文化有着自己的宗教关怀,但以它为其核心的中华文化再不是一个宗教性的文化,而是一个着力解决人生现实问题,充满着人文主义精神的文化。这样的人文精神是和农耕社会的生活状态完全相符的,是其宗法血缘社会的自然表现。如钱穆先生所说:"中国人的人道观念,欲另有其根本,便是中国人的'家族'观念。人道应该由家族开始,若父子兄弟夫妇间尚不能忠恕相待,敬爱与相与,乃谓对于家族以外更疏远的人,转能忠恕

---

① 章太炎:《原学》,《国粹学报》第6年(约1910年)第4期。
② 章太炎:《中国文化的根源和近代学问的发达》,《章太炎的白话文》,陈平原选编,贵州教育出版社,2001年,第67页。

爱敬，这是中国人绝不相信的。'家族'是中国文化的一个最主要的柱石，我们几乎可以说，中国文化，全部都从家族观念上筑起，先有家族观念乃有人道观念，先有人道观念乃有其他的一切。"儒家学说的核心是"仁"，"仁者爱人"（《论语·颜回》），立足于血缘而不拘泥于血缘，爱人也就是"爱众""泛爱众"，从而，从孔子开始的中国文化体现了一种东方的人文精神。神还在，但不再威严，天作为最终的支撑还在，但已经不再掌握命运的一切。儒家的半宗教和半哲学使其可以游离于宗教与社会之间，从而更适应于日益世俗化的社会生活。

（三）当代中国人文精神

"我们理想的世界，是人文的世界。人文润泽人生，人文充实人生，人文表现人生，人文完成人生。"① 这里讲的人文，是中国古代所谓人文化成的含义上讲的"人文化成"，一切文化皆在其中，当然也包括宗教文化。唐君毅先生认为，中国的人文思想，从来不与天对，即今天的不与神对，也就是说不是一种反神论的人文精神。

我认为这里唐先生对儒家的"敬鬼神而远之"，"未知生，焉知死"的思想做了现代性的解释。其一，现代精神最根本之处在于思想和文化的宽容，包括对各种宗教的宽容和理解。宗教不仅仅在远古时期是人类文明的伟大拐杖，在中世纪是人类文明的载体，在今天我们仍然要从宗教历史和思想中学习人类的历史和思想。所以，儒家在很早的时候就体悟到了这一点，对神存而不论。在一个日益物化的世界里，宗教的存在，宗教精神中所包含着的早期人类的精神和人类历史的文化都是值得我们敬畏的。中国古代文化从先鬼而后人过渡到先人而后鬼，对天的敬畏和对神存而不论，要比西方走过的一个彻底反神从而产生"上帝死后"的精神恐慌要高明。儒家人文精神的当代意义在于，它以宽宏、兼容的现代精神与有神论并存，包容其他宗教信仰，涵摄佛、道、耶，与各种文明和宗教对话，从而获得更大的智慧，以更好地展开现代社会生活。由此，我们才能对民间的一切历史信仰形态都给予理解，真正理解"中国"小传统和大传统的关系，从而放活底层信仰，使社会充满活力。

---

① 唐君毅：《人文精神之重建》，广西师范大学出版社，2005年，第33页。

其二，中国传统人文精神的核心是如何在世俗世界中生活，在天地人三才之中，人为核心，"通天地人曰儒"，"未能事人，焉能事鬼"，儒家的重点在人世，正是在这个意义上"子不语怪力乱神"。由此，儒家对于现实生活如何展开做了非常详细的论述，从而为人在现实、世俗中的生活提供了准则和要求。与西方中世纪精神和现代精神之间的脱节相比较，中国的传统文化更为圆润，从而也更能为现代生活提供生命的意义。

儒学是个具有宗教精神的思想体系，但它的重点在于入世，而人世生活的复杂、险恶往往使儒家的理想主义显得有些迂腐。此时道家的自然主义便成为中国人完成宗教依托的重要手段。"在人生层面上，道家也是采取了与儒家不同的论辩方式，但均具有相似的人生目的。……儒家的目标在于追求一个充满'浩然之气'的刚健有为的人生；道家则从相对的立场出发，企图达到一种淳朴、无为、收柔、不争的和谐人生。"① "达则兼济天下，穷则独善其身"，在人世和自然这两个广阔的天地中，人的心灵既得到宗教般的抚慰，也得到人生理想的提升。"道家的自然主义与儒家的人文主义黏合在一起，甚至难分彼此，终于在中国文化中取代了宗教的地位。"② 儒道互补，就是人的世俗生活和脱俗的自然生活的相互补充，在现代化社会中，这仍然是中国人重要的精神生活之道。同时，对于那些脱离了神，已经无法再用严格的宗教信仰来满足自己精神生活的西方人来说，中国式的精神生活方式是一个可以借鉴的文化形态。

中国传统文化的人文精神并不和科学精神相对立，"尊德性，道问学"，问学就是求知，就是知识论的传统，中国传统文化中也有追问自然的科学精神。道德论的传统和知识论的传统在中国传统文化中同时存在，不然无法回答在整个农业文明时期，中国在自然科学上对人类的巨大贡献。不能用西方现代科学的方式来追问为何近代科学没有在中国发生。所谓的李约瑟难题是"中国有灿烂的古代文明，为何没有开出近代科学之花？"但笔者认为这是一个站在西方文化角度对中国的误解，或者说是个伪问题。因为，我们可以反过来问，西方有着灿烂的希腊文明，但为何在农业革命时代远远落后于中国？

---

① 李中华：《中国文化概论》，华文出版社，1994年，第165页。
② 同上。

其二，当代中国在科学技术上已经突飞猛进，这个问题不解自破。这个问题的反向提问更有合理性，即近代科学技术为何在西方发生？正像我们可以问，人类农业文明的顶峰为何在中国实现一样。这个问题不是本文的重点，我们无法展开，只是在此指出，中国科学技术的发展有着一条不同于西方的方式和道路。

应该看到中国传统文化的重点在人世间，对自然的追问和思考有相关内容，但相对是薄弱的。近代以来，胡适等人对墨子的重视和研究就是想挖掘中国传统文化这方面的资源。每种文明都有其特长，近代以来，西方科学取得了长足的发展，学习西方的科学精神，发扬这种精神是必须的，也是必要的。

但我们应看到儒家人文主义的当代价值主要在于对于西方近代以来唯科学主义倾向的纠正，正如唐君毅先生所说："近代精神之本源，则重在对于外在的客观自然社会之了解，及实际改造自然的知识之追求，与政治经济事业之完成，以实现人之理想，满足理性之要求。……然而近代人，因太重实际知识之追求，与事业之完成，遂恒未能真自觉其潜在之目标，乃只是沉没其精神于所知自然界，与所悬之外在之客观的理想之实现。"① 西方近代以来的精神沉醉于外在知识和自然的追求，而忽略了人之内在德行之修养。唐君毅希望用儒家内圣外王之道来纠正西方近代精神之不足。

这里的内圣当然是不传统意义上的儒家圣人，而是人文精神之陶冶和保持。这里的外王也不是仅仅将政治之庙堂作为人生的理想，而是吸收西方近代精神、科学精神。所以，儒家的人文精神在当代来说，是对西方近代精神的纠正，是新形势下对"内圣外王"的解释。在我们看来，"外王事功，社会政事，科技发展，恰恰是人之精神生命的开展。因此，中华人文精神完全可以与西学、与现代文明相配合，……它不反对宗教，不反对自然，也不反对科技，它可以弥补宗教、科技的偏弊，与自然相和谐，因而求得人文与宗教、与科技、与自然调适上遂地健康发展"。②

所以，正像韦政通所说，儒家的人生态度和基督教、佛教人生态度的根本

---

① 唐君毅：《人文精神之重建》，广西师大出版社，2005 年，第 136 页。
② 郭齐勇：《中华人文精神及其当代价值》。

区别在于"基督教和佛教，都必须追寻一现实人生之外的世界，来安顿人生，儒家则主张就在我们生存的世界来安顿人生，来表现人生的价值。这是儒家的平凡处，也是儒家的伟大处。……传统儒家，在解决人生问题的成就上，不足之处自甚多，但解决问题的基本态度，实代表一种高于其他宗教的智慧，当有不可磨灭的价值"。①

三、从西方的个人主义到儒家的"为己之学"

（一）西方近代以来的个人主义

西方文艺复兴以后，神开始逐步地被解魅，对现实生活的关怀，对自然和艺术的热爱成为风尚与热点，个人主义作为一种思潮开始逐步登上西方思想的舞台。以人为本，人的欲望，人的尊严，人的情感逐渐得到重点关注，总之，人开始成为出发点和目的。17世纪，当法国哲学家笛卡尔提出"我思故我在"时，他不仅仅是完成了一种哲学上认识论的转向，同时也开始将人放到了哲学思考的核心，作为主体的人是其哲学的起点。当路德的新教把对上帝的信仰从教会交给信徒自己时，个人的心灵就可以自由地和上帝交往，而上帝又特别欣赏那些勤勉而且有事功的人。这样，基督教新教为个人主义的欲望和新兴的资本主义提供了一个宗教性的说明。而当英国哲学家霍布斯和洛克提出"人生而自由平等"，"天赋人权"以后，个人主义开始有了自己的政治主张。契约论的提出则说明国家的本质就是保护个人的利益。个人主义就从观念转化为对政治制度的诉求。

当资本登上舞台以后，经济学家们开始揭示这种新的经济活动的本质。亚当·斯密认为，人追求自己的幸福和利益是本能的，利己是生而有之的。因此，法律只要保护好个人的利益，经济就会发展起来。所谓"看不见的手"就是对个人、对自己私利的最关心、最了解，国家无须干涉，市场采取自由政策，各种利益会自然博弈成功。国家其实就是个人之组合，个人利益是本质，国家无须管理太多，市场自然会去平衡各种利益冲突。到此，个人主义完成了他的经济理论。

这样，我们看到个人主义是西方文化的核心，它的积极方面在于从历史上

---

① 韦政通：《中国文化概论》，吉林出版集团有限责任公司，2008年，第121页。

促使人和社会从神权的统治下走了出来，人的权利、人的尊严成为全部社会活动和个人生活的最重要原则，极大地发挥了个人生命的积极性；从社会的发展而言，它促使了西方国家制度对个人私利的保护，人权思想的产生和经济上的自由主义。这样一种思想和资本主义这种生产方式是完全相符的。

但个人主义有着自己的局限性，当自私成为生命的全部基础时，高尚开始消失。当经济完全依赖个人的奋斗来调节整个社会生活时，"看不见的手"并不能解决经济生活的全部问题。个人主义在张扬个体生命的同时，也把自己变成了孤岛。西方个人主义的两面性是显而易见的。

（二）儒家的为己之学

孔子在《论语·宪问》中说："古之学者为己，今之学者为人。"孟子在《告子上》中说"人人有贵于己者"，通过自己的修养，而不是外在的因素使自己的道德得到提升："君子求诸己，小人求诸与人。"（《论语·卫灵公》）那种认为儒家思想中没有主体性思想，没有对自我价值的认识，肯定是对中国传统思想的无知。儒家的"为己"之说和西方的个人主义最大的区别在于，儒家认为个人的自我完善，个人价值的实现不仅不排斥他人，反而是在尊重他人，完善他人中实现的。"己欲立而立人，己欲达则达人"（《论语·雍也》），通过"利他"完成"成己"，这是一种很高的道德境界。在个人和群体关系上，在自我和他人关系上，儒家的这种主体观念，个人价值都要比西方的个人主义更为完善。儒家这种思想也可以从另一个角度来说是，"己所不欲，勿施于人"（《论语·卫灵公》），这是一种何等宽容高尚的君子精神。

在儒家这种成己而成人，修己以安人的理想中，包含了一种宏大的社会理想，"先天下之忧而忧，后天下之乐而乐"成为中国传统知识分子的人格理想和社会责任。

（三）儒家"为己之学"的当代意义

早期儒家的为己之学在整个人类思想史上都有着重要的意义，但也应看到，在后期儒家的发展中儒家重视群体的道德原则得到一步步的强化。到宋明理学时，朱熹提出"己者，人欲之私也"（《大学或问》），甚至提出"无我"，希望求"大无我之公"（朱熹《西铭论》）。这样一种群体之上，社会之上的道德追求必然压抑个人的发展和个体的多样性，而且将个体的价值完全压缩在道德和伦理的维度，从而无法在社会制度上保障个人的发展，这正是后期儒家之问题。近代以来，中国知识分子对后期儒家这种思想的批判，对国民性的反思仍有其当代价值。牟宗三认为："儒家既承认普遍性，也承认个体性，如'仁'即普遍性之精神实体，而'亲亲而仁民，仁民而爱物'即表示一差别性（个体性）。孟子坚决反对杨、墨，即因墨子讲兼爱，而兼爱不能表现普遍性，无个性与价值（其讲天志，即代表一普遍性）；而杨朱主为我，即不表现为普遍性，无理想，故力辟之。但儒家要将普遍性返回个体性使之统一之表现，则仍是不够。"①

建立保证个体自由之经济、社会制度，从儒家成己的个体伦理思想扩展为整个社会制度对人的尊重仍是我们今天努力的方向。对中国传统的继承并非重返后儒时代压抑个体的集体主义，而是在现代社会基础上，对儒家为己之学的重新解释，对近代人类进步基本理念的吸收。

但这种对个人的尊重，这种对个人价值的认同并不是西方那种完全的个人主义，一种建立在完全不考虑他人与社会的个人欲望之上的自然主义式的个人主义。当今的全球金融危机再次证明西方经济学上的"自由主义"之问题，并由此反思西方经济学上的"自由主义"理论和哲学之基础：个人主义的问题。正如有的学者所说"西方学术理论对个人主义解释总是归于人与生俱来的自私自利动机，并坚信个人自私自利的动机必然导致社会秩序，但这里总是有一个前提，那就是上帝的存在，或者说学术的，自然供给（空间或形式等）是无限的，无视这个前提而得到结论就造成了完全误解了人性的结果，这也使无数学者陷入纷争或不能自圆其说的泥坑"。当前的金融危机再次暴露出建立在个人主义基础上西方经济运作体制的严重问题，华尔街上资本的贪婪，那种永远无法满足的个人私欲的极端膨胀，造成了全球经济金融的危机。在这样的时刻，我们必须重新反思西方的个人主义思想和制度的问题。

上帝死了，西方的个人主义陷入困境，而中国传统的"为己之说"经过创造性转化，通过部分吸收西方的思想可以为现代社会提供新的价值体系。由此可知，"极端的个人主义和极端的大公主义"都是一种思想的片面，"因此

---

① 牟宗三主讲，蔡仁厚辑录：《中西哲学的会通》，广西师大出版社，2008年，第110页。

贯通普遍性与个体性，实为解开时代之死结之不二途径"。① 在这个意义上，重新给儒家的"为己""成己"之说做一现代解释，将是对世界思想的一个贡献。

在吸收西方近代自由、民主思想的基础上，大力弘扬中国传统的"为己"之说，中国将自己的理想定位：以人为本。社会主义核心价值的是什么？这就是"每个人的自由发展是一切人的自由发展的条件"，这里马克思所讲的人的自由全面发展、亦即以人为本，是社会主义这一新的社会形态的核心价值取向，是消除物役、消除人役，实现人的彻底解放、人的真正自由的根本途径。儒家的"为己之说"和西方的"人权之说"都可以概括在其中，这是把社会、公民凝聚在中国特色的社会主义这面旗帜下的精神力量和精神纽带，这正是中国特色的社会主义核心价值之所在。

四、从价值排他到和而不同

（一）基督教的排他性

从宗教学的常识来看，世界上任何一个一神论的宗教都具有排他性，这是宗教的性质之所然。在一神论的宗教看来，在众多宗教信仰中只有一种信仰是绝对真实的，在众多的神中只有自己所信奉的神是唯一的真神，其余都是偶像，其信仰皆为谬误。这种宗教上的排他论者在真理问题上有一种绝对化的观点，而这也是宗教本性的表现，如果自己所信仰的宗教不是唯一的真理，那么它就不值得信仰。事实上任何一个教派的教徒只要它表示对自己所信仰的宗教忠心，就自然产生了一种内在的排他性。排他论是一神论宗教的正统立场。基督教是典型的排他论宗教，认为整个世界的诞生、人类的出现都要从《圣经》中才能得到解释，上帝是世界的创造者，耶稣是上帝之子。在基督教看来，他们的神学理论具有普世性。宗教学者希克甚至批评"这样的上帝我把它视为魔鬼"！

在全球化的初期，西方正是在这样的基督教排他性思想的指导下走出地中海，走向世界，从而造成了在西方早期的扩张中对印第安文化，对玛雅文化、

---

① 牟宗三主讲，蔡仁厚辑录：《中西哲学的会通》，广西师大出版社，2008年，第113页。

对非洲文化、东亚洲文化的破坏与摧残。

在全球化的今天,虽然西方在对待异文化态度方面已经有了较大的改观,但基督教排他性的思想仍根深蒂固,最有代表性就是美国哈佛大学教授塞缪尔·亨廷顿(Samuel Huntington)所提出的"文明冲突论"。亨廷顿认为在未来的世界里,美国独霸世界的局面将不复存在。在美国之外将会出现与美国实力相等的国家,欧盟、中国、俄罗斯、日本和印度,将来可能还有巴西和南非,或许再加上某个伊斯兰国家,将成为影响世界的主要活动者。这样,在人类历史上,全球政治首次成了多极的和多元文化的。美国以及西方基督教文化独霸天下的时代结束了。在这个多元的世界中,对西方基督教文明构成挑战就是东亚儒教文明与中东伊斯兰文明,文明的冲突将成为下个世纪的主要形态。尽管亨廷顿的文明冲突论受到了西方一些思想家的批判,但他文明冲突论的提出绝非偶然,这个理论是长期以来西方的基督教文明占据垄断地位在思想上的表现,是深藏于西方一些思想家头脑中的基督教排他主义的一种表现。

在全球化的今天,亨廷顿文明冲突论的提出再次表现出西方思想的危机,西方文明模式的危机。因为,这种排他性的宗教观和文明观无法适应多元文化下的全球的发展与融合。正是在这个背景下,我们应重新看待中国文明中的"和而不同"思想的价值。

(二)中国传统的"和而不同"

和而不同。这句话出自《论语·子路第十三》。原话是:"君子和而不同,小人同而不和。"何晏《论语集解》对这句话的解释是:"君子心和然其所见各异,故曰不同;小人所嗜好者同,然各争利,故曰不和。"这就是说,君子内心所见略同,但其外在表现未必都是一样的。比如都为天下谋,有些人出仕做官,有些人则教书育人,这种"不同"可以致"和";小人虽然嗜好相同,但因为各争私利,必然会起冲突,这种"同"反而导致了"不和"。"和而不同"实际上揭示了在学术论辩中,君子要汲取别人的有益思想,纠正自己的不足,力求公允,这叫"和而不同";反之,小人则只会随声附和,从不提出自己的独立主张,这叫"同而不和"。显然,孔子是赞成"和而不同"的。

春秋战国时期,百家争鸣,诸子百家政见各异,但目的都是为了论证"治道"。"周秦之际,士之治方术者多矣,百家之学,众技异说,各有所出,皆有所长,时有所用。虽然,阴阳、儒、法、刑名、兵、农之于治道,辟犹撩之于盖，辐之于轮。"① 重和趋同，在追求共同目标的情况下，有着不同的派别，不同的思想与不同的方法。中华文化的发展就是在各种思想和不同文化的相互交流，相互渗透中发展，正是兼容并包，才形成了中华文化的多样性。"在中国文化中，儒道互补，儒法结合，儒佛相融，佛道相通，援阴阳五行入儒，儒佛道三教合一，以至对于基督教、伊斯兰教等外来宗教的容忍和吸收，都是世人皆知的历史事实。尽管期间经历了种种艰难曲折，中国文化在各种不同价值系统的区域文化和民族文化的冲击碰撞下，逐步走向融合统一，表现了'有容乃大'的宏伟气魄。在民族价值观方面，中国文化素以礼仪道德平等待人，承认任何民族的文化都有价值。"②

这样"和而不同"不仅是君子的出世之道，也是中华文化在其发展中的一个基本原则，从而成为中华文化经久不衰的奥秘和根本特点。

（三）"和而不同"是多元文化相处的基本原则

全球化使世界上各种文化有了更多的了解和接触，但全球化绝不是文化的同质化。我们应该看到，经济全球化是一把双刃剑，各种文明在相互交流的同时，那些弱小文明形态的存在和发展也产生了问题。有专家测算，今天人类语言的消亡速度是哺乳动物濒临灭绝速度的两倍，是鸟类濒临灭绝速度的四倍。据估计，目前世界尚存的五六千种语言，在 21 世纪将有一半消亡，200 年后，80%的语言将不复存在。语言多样性就像生物多样性一样至关重要。一种语言的消亡绝不亚于一个物种的灭绝。语言消亡了，通过该语言代代相传的文化、知识就会消失。人类文化的多样性首先依赖于语言的多样性。孔子说："君子和而不同，小人同而不和。"他认为，以"和为贵"而行"忠恕之道"的有道德有学问的君子应该做到能在不同中求得和谐相处；而不讲道德没有学问的人往往强迫别人接受他的主张而不能和谐相处。"和而不同"是儒家文化用作处理不同文化之间关系的重要原则，中国传统文化的最高理想是"万物并育而不相害，道并行而不相悖"。这种"和而不同"的思想为多元文化共处提供了取之不尽的思想源泉，成为我们今天追求和谐世界的一个历史根由。

2007 年在巴黎召开的第 33 届联合国教科文组织大会上通过的《保护文化

---

① 刘文典：《吕氏春秋集释》，序，中国书店 1985 年。
② 张岱年：《中国文化概论》，北京师范大学出版社，1994 年，第 390 – 391 页。

内容和艺术表现形式多样性国际公约》指出："文化多样性是交流、革新和创作的源泉，对人类来讲就像生物多样性对维持生物平衡那样必不可少。"中国历来主张："维护世界多样性，提倡国际关系民主化和发展模式多样化。世界是丰富多彩的。世界上的各种文明、不同的社会制度和发展道路应彼此尊重，在竞争比较中取长补短，在求同存异中共同发展。"人类文化的多样性、文明的多样性，是人类社会的基本特征和人类文化存有的基本形态。当今世界拥有60亿人口，200多个国家和地区，2500多个民族，五六千种语言。各个国家和地区，无论是历史传统、文化背景、宗教信仰，还是社会制度、价值观念和发展阶段，存在着种种差异，整个人类文明也因此而交相辉映、多姿多彩。尊重和有意识地保持世界文化和文明的多样性，是维护世界和平与发展的保障，是人类社会不断进步的标志，尊重和推动不同语言和文明的借鉴、融合与发展是全人类的共同责任。

儒家"和而不同"的智慧也得到世界上许多思想家的认同。天主教梵蒂冈第二届大公会议以来，积极主张宗教和文明间的对话，天主教神学家毕塞尔（Eugen Buser）认为，梵蒂冈第二次大公会使天主教的信仰发生了三个方面的转变："从服从性转变为理解性信仰"，"从表白性转变为体验性信仰"，"以及从功效性转变为负责性信仰"。① 从这样的解释中我们看到宗教之间对话的必要性和不可避免性。

西方自由主义的代表人物艾赛亚·柏林（Isaiah Berlin，1909—1997）对自由主义做出了新的解释，他坚决反对启蒙运动以来西方文化的一元论和西方文化的至上论。柏林重新发现维柯和赫尔德的重要性，揭示出他们的贡献在于在西方思想史上第一个打破了一元论的统治，高倡价值多元论和文化多元论。"柏林一生的全部努力，就是致力于把维柯和赫尔德提出的价值多元论和文化多元论提升到自由主义基础和核心的高度。柏林的所有论述事实上都可以归结为一点，即不懈地批判各种形式的价值一元论和文化一元论，不懈地论证今日被称为'柏林自由主义'的核心观念，即：价值的多元性及其不可通约性（the plurality and the incommensurability of values），不同文化与文明的多样性及

---

① 毕塞尔：《跨越第三个千年的门槛：基督宗教能否成功迈入》，载卓新平主编：宗教比较与对话》第一期，社会科学文献出版社，2000年，第17页。

其不可通约性（the multiplicity and the incommensurability of differentcultures and civilizations）。"①

这样，我们看到，在全球化的今天，无论是西方的宗教学家还是哲学家，对西方长期以来占据主流地位的文化一元论思想进行了反思，并开始回到一种文化多元论和文明对话的立场上来。中华文明延续几千年而不中断，其重要的原因就在于儒家所主张的"和而不同"的文化观。中国文化的发展史也证明了只有文化和宗教间的不断对话，文化才能健康、文明才能持久，社会才能发展，这是中国文化为当代世界文化发展与文明的和谐相处所贡献出的一个极为有价值的思想和文化原则。

中国传统"和而不同"的理念现在已经成为中国新外交路线的基础，成为中国处理国际事务的基本理念，这就是2005年4月22日，时任国家主席胡锦涛参加雅加达亚非峰会，在讲话中提出亚非国家应"推动不同文明友好相处、平等对话、发展繁荣，共同构建一个和谐世界"。2个多月后的7月1日，胡锦涛出访莫斯科，"和谐世界"被写入《中俄关于21世纪国际秩序的联合声明》，第一次被确认为国与国之间的共识，标志着这一全新理念逐渐进入国际社会的视野。习近平在联合国教科文组织总部的演讲中提出"文明因交流而多彩，文明因互鉴而丰富。文明交流互鉴，是推动人类文明进步和世界和平发展的重要动力"。他在纪念孔子诞辰2565年大会上，发挥和解释了儒家"和而不同"的思想，并将其提高到处理文明之间、文化之间相互关系的准则。他说："第一，维护世界文明多样性。'物之不齐，物之情也。'和而不同是一切事物发生发展的规律。世界万物万事总是千差万别、异彩纷呈的，如果万物万事都清一色了，事物的发展、世界的进步也就停止了。每一个国家和民族的文明都扎根于本国本民族的土壤之中，都有自己的本色、长处、优点。我们应该维护各国各民族文明多样性，加强相互交流、相互学习、相互借鉴，而不应该相互隔膜、相互排斥、相互取代，这样世界文明之园才能万紫千红、生机盎然。"

和而不同已经成为中国的基本外交政策："我们主张，各国人民携手努力，推动建设持久和平、共同繁荣的和谐世界。为此，应该遵循联合国宪章宗旨和

---

① 甘阳：《柏林与"后自由主义"》。

原则，恪守国际法和公认的国际关系准则，在国际关系中弘扬民主、和睦、协作、共赢精神。政治上相互尊重、平等协商，共同推进国际关系民主化；经济上相互合作、优势互补，共同推动经济全球化朝着均衡、普惠、共赢方向发展；文化上相互借鉴、求同存异，尊重世界多样性，共同促进人类文明繁荣进步；安全上相互信任、加强合作，坚持用和平方式而不是战争手段解决国际争端，共同维护世界和平稳定；环保上相互帮助、协力推进，共同呵护人类赖以生存的地球家园。这是中国传统智慧在当代的发扬和继承。"自此可见，儒家的"和而不同"思想已经成为中国处理世界各种文明和文化的基本原则，从而显示出它的强大生命力。

五、初步的思考

（一）通古今之变，融中西一体

如果我们对以上的论述做个初步的总结，我们就会认识到：19世纪西方在走向现代社会的历史进程中，为人类的思想宝库贡献了自己的智慧，"自由、平等、博爱、人权"，这些观念已经成为人类共有的价值观念。中国在现代化的进程中，在自己的历史文化背景下，也会吸收这些价值观念。今天，在中国走向现代化的历史进程中，它将从自己传统的文化中提取其智慧，使古老的中国观念焕发出新意，为人类的精神和文化发展作出自己的贡献。

如果说西方近代以来走的"天人相分"道路，以征服自然为目标，那么今天的中国走的是"天人合一"道路，在克服"人类中心主义"的基础上，追求人与自然的和谐。

如果说西方近代以来所面临的最主要问题是神人相分，从而使西方的现代生活和自己的历史信仰产生了不可弥合的割裂。那么，中国在今天走向现代化之路时，在尊重各种宗教传统的情况下，将更为珍视自己的人文传统。在世俗的日常生活中追求生命的意义，在中国大小传统的合一中，安顿自己的生命价值，提升自己的道德理想。

如果说西方近代文化在"个人主义"这个根基上诞生了现代社会、经济、政治等运作模式，在取得前所未有的成就的同时，患上了无法治疗的个人私欲为其整个社会发展动力的癌症。那么，今天中国在充分吸收西方近代民主、平等、人权的基础上，通过充分发挥自己的"为己之说"传统，真正创造出一个"每个人的自由发展是一切人的自由发展的条件"社会。

如果说西方现代社会的发展在推动全球化的历史进程中曾作过重大贡献，那么在同时，西方文化也必须做出深刻的反省，检讨其在地理大发现时代对印第安文化、对玛雅文化、对非洲文化的灭绝，检讨当代一些西方精英对非基督教文化的排斥。同样，在全球化时代快速崛起的中国，已从自己文化传统中的"和而不同"思想吸取了智慧，提出了"和谐世界"这个意义非凡的理念，其价值得到绝大多数国家和人民的认同。

汤一介先生在谈到中国文化对当下世界文化的贡献时，讲的是儒家和道家思想的价值。他说："儒家思想是一种建立在修德敬业基础上的人本主义，它可以对人们提高其作为'人'的内在品德方面贡献社会；道家思想是一种建立在减损欲望基础上的自然主义，它可以由人们顺应自然、回归人的内在本性方面贡献于社会。儒家的'仁论'和道家的'无为'哲学以及它们的'天人合一'的思维模式同样可以贡献于今日人类社会。这就是说，中华文化不仅可以在调整'人与人'的关系和'人与自然'的关系上都可以起不可忽视的作用，而且就其哲学的思维方式和形上层面也会对 21 世纪的哲学发展有着重要意义。"①

（二）历史与当代的连续性：一个中国

人类告别农业社会，迈向工业社会已经近三百年。这个伟大的历史进程今天正在向世界上人口超多、历史超长、国土面积超大的中国展开。这是人类历史上一次最宏大的历史变迁，前所未有的人类改变自己的伟大社会变革！在这个历史过程中，它呈现出了前所未有的复杂性和多样性，中国四十年改革开放的历史给整个中国乃至整个世界所带来的影响和变化是连包括中国人自己在内都无法预料的，中国人民正在以自己的勤劳和智慧创造着人类历史的奇迹。三十多年中国巨变的历史证明：所有这些伟大的成就都必然和它伟大的文化紧密相关，灿烂辉煌的东方古代文明从来就没有被摆进历史的博物馆，它不仅仅活在中国近百年来追求历史进步、国家独立富强的可歌可泣乃至悲壮的历史进程中，同时也活在今天中国人民丰富多彩的日常生活中。历史之中国和现代之中国是一个有着内在历史逻辑的中国。历史中国为现代中国奠基了思想的基础，

---

① 汤一介：《20 世纪西方哲学东渐史》总序，首都师范大学出版社，2002 年。

现代中国使古老的文明重新焕发出青春。① 如习近平主席所说:"从历史的角度看,包括儒家思想在内的中国传统思想文化中的优秀成分,对中华文明形成并延续发展几千年而从未中断,对形成和维护中国团结统一的政治局面,对形成和巩固中国多民族和合一体的大家庭,对形成和丰富中华民族精神,对激励中华儿女维护民族独立、反抗外来侵略,对推动中国社会发展进步、促进中国社会利益和社会关系平衡,都发挥了十分重要的作用。"

---

① 就中国当下的思想建设来说,中西文化关系可以说清,但如何融合中西马三种思想是值得关注的,作为西方思想的一支的马克思的思想,在追求大同理想上是同中国的传统思想有很大相同之处。这一点天下同理,东海西海乃一海,理想主义是人类共同的特点。马克思所主张的人的全面发展,对资本异化带来的人的异化的批判,是西方思想最宝贵的文化遗产,在这个根本点上是可以充实儒家思想的,特别是在工业社会下如何将"仁"提升为对异化的抗衡,而非自然状态下的一种理想,这是需要创造性的转换的。马克思的理论是一个基于欧洲工业发达社会所设计出来的一个全球性的理想主义理论,但唯一所缺的是他的东方理论。马克思晚年看到俄罗斯公社材料后停下来修订《资本论》二卷,全力投入了东方社会的研究,他所提出的"穿越卡夫丁峡谷"是他解决俄罗斯的理想。而他对东亚社会,对中国文化了解甚少。显然,马克思作为人类最伟大的思想家,对整个人类解放进程的阶段性和民族性问题尚未来得及解决。"工人无祖国"的设想显然不符合他去世后的历史进程。正如自晚明以来的四百年中国消化吸收了西方进步思想是其近代思想的自然进程一样,作为西方思想的一支的马克思的思想被中国所接受和吸收,有着其历史和思想的根据。当下的中国马克思主义不是一个天上掉下来毫无基础的外来物,它已经糅进中国社会,并日益中国化,它以民族化的形态探究一条中国自己所理解的马克思思想的道路。当然,斯大林主义所曲解的马克思的一些说法、一些理论在当下中国仍有很大的市场,这些人从来就没有真正理解过马克思的思想。回到马克思本身,用中国伟大的社会实践补充马克思的东方理论,将民族化的马克思思想和晚明四百年以来对西方思想吸收的成果化为中国自己文化的血肉,形成中华文化的当代形态,这才是一条唯一正确的道路。在这个意义上,马克思的思想应归于西方思想,它只是西方思想近代的一个形态。因此,西马儒三家的融合,本质上仍是中西思想的融合。相对于中国本土思想文化用六百年时间彻底消化了西来的佛教,产生了自己的禅宗来说,以民族化来消化西方思想化,无论是西方自由主义思想、基督教思想还是马克思的思想,这些仍在行程中,这是中华文化自吸收、消化佛教以来,对外来文化第二次最伟大的文化实践。笔者坚信这次对西方文化的吸收一定会比当年吸收改造佛教文化后产生了儒家思想的高峰——宋明理学那样,当代中华文化一定会更为灿烂和伟大,这才是中华文化的涅槃再生。参阅陈来:《民族文化与马克思主义中国化》,中华读书报,2014 年 1 月 15 日。

结 语

岁月沧桑,大江东去。伟大的中国人民用自己百年的奋斗史,用自己极其复杂的百年思想争论和磨砺的历史,在吸收人类各种文明的基础上,为今天的世界提供了宝贵的思想观念,并用这些普世性的观念丰富了人类思想的宝库。

习近平总书记2014年用六句话对中华优秀传统文化进行了概括:"讲仁爱、重民本、守诚信、崇正义、尚和合、求大同。"如果同西方的文化观念相比较而言,还可以表述为天人合以别于西方的天人相分,人文重以别于西方的基督教本色,讲仁爱以别于西方的个人主义,求大同以别于西方的中心主义。中国人在向西方学习的过程中,在其百年探索中所得到的民主、平等、自由、公正,这些价值将融入传统价值当中,从而成为中国人的精神家园。

在现代化道路上前进的中国人民对国家的理想就是:建立一个以人的全面自由发展为目标的,繁荣、富强与公正和谐的社会,这是中国特色的社会主义的魅力之所在,也是当下中国社会的核心价值之所在。

我们对世界的期望就是:"推动不同文明友好相处、平等对话、发展繁荣,共同构建一个和谐世界。"

这两大理想的精神来源正是中国传统文化,一个古老的文明用自己新的发展为人类的精神世界作出了自己的贡献。

从"天下大同"到"人类命运共同体"的思想意义

刘文瑞

（西北大学公共管理学院教授）

天下大同是中国古代构思出来的理想社会，是想象中的人类社会的最高境界。与大同对应的小康，是现实中能够达到长治久安的社会形态。自从《礼记·礼运》提出大同小康说之后，古代儒者对此保持着一种若即若离的态度。大同理想包括三个来源：一是道家的上古崇拜，二是墨家的尚同之说，三是儒家的价值理念。到了近代，随着社会动荡与变革，康有为著《大同书》，给大同理想注入了近代的自由平等观念和工业化前景。古代的大同理想，以乌托邦方式确立起了"天下为公"的价值准则，以矫正儒学崇尚经验的实用倾向，给"实用理性"赋予了超验正义。而儒学对大同的疏离，又可防范乌托邦式的走火入魔。康有为的《大同书》则在《礼运》大同的框架内展开丰富的想象，反映了人道主义、平等主义、享乐主义的近代思潮。在近代中国社会转型中所发生的忽左忽右的波动，在一定程度上反映了大同理想的现实影响。在近代中西对抗和互动中，随着"天下"向"世界"的转化，经过现实政治的不断洗刷，最终大同理想演变为对人类命运共同体的追求。构建人类命运共同体的命题，具有深远的理论意义和实践意义，是对大同思想的高阶升华。

一、大同思想的历史脉络：从《礼记·礼运》到《大同书》

人类社会在早期发展过程中，会产生出对美好世界的渴望和想象，这种想象与口耳相传的神话故事、上古记忆融合一体，加上对现实的不满和批判，最终汇聚为对理想社会的期盼。古代的思想家通过对理想社会的想象进行梳理和建构，整合形成了人类社会的乌托邦愿景。在西方，古希腊的智者气象，催生出柏拉图的《理想国》，即哲学为王；在中国，春秋战国的圣贤理念催生出《礼记·礼运》篇的大同思想，即圣人治国。

《礼记·礼运》的开篇提出了"大同"和"小康"两个社会概念。全文不长，照录如下：

> 大道之行也，天下为公，选贤与能，讲信修睦。故人不独亲其亲，不独子其子。使老有所终，壮有所用，幼有所长，矜寡孤独废疾者皆有所养。男有分，女有归。货恶其弃于地也，不必藏于己；力恶其不出于身也，不必为己。是故谋闭而不兴，盗窃乱贼而不作。故外户而不闭，是谓大同。今大道既隐，天下为家，各亲其亲，各子其子，货力为己。大人世及以为礼，城郭沟池以为固，礼义以为纪，以正君臣，以笃父子，以睦兄弟，以和夫妇，以设制度，以立田里，以贤勇知，以功为己。故谋用是作，而兵由此起。禹、汤、文、武、成王、周公，由此其选也。此六君子者，未有不谨于礼者也。以著其义，以考其信，著有过，刑仁讲让，示民有常，如有不由此者，在埶者去，众以为殃。是谓小康。

这一开篇借孔子和言偃（子游）的对话，描绘了大同与小康的景象。后人谈及大同理想，总要溯源至此。《礼运》所说的大同社会，其实相当简略，概括起来，是在价值准则上强调"天下为公"，在治理方式上强调"选贤与能，讲信修睦"，其社会安居乐业，秩序井然，道不拾遗，夜不闭户。与其相对的小康社会，在价值准则上是"天下为家"，在治理方式上采用礼义纲纪，"刑仁讲让，示民有常"，其社会等级俨然有序，君臣、父子、兄弟、夫妇笃正和睦，是非分明。从此，大同就被看作是人类社会所可达到的最高境界，而小康则是现实中能够长治久安的社会状态。

但是，关于对《礼运》这段话的考证和争辩，却一直扑朔迷离，至今尚无定论。首先，这段话是谁说的，在什么时间说的，有各种不同的解释。字面上，《礼运》中明确指出它是孔子对子游所言，然而，即便是在推崇儒学、尊孔读经的年代，对此也有不同看法。其次，大同思想究竟是不是属于儒家思想，从宋代起也一直争论不休，许多学者认为，《礼运》的这段话，既同儒家关联，又同道家、墨家关联；既可以说出于孔子，也可以说出于老子和墨子。《礼运》的成文年代，从春秋到西汉众说纷纭；大同的思想内容，从儒家到杂家各有依据。直到今天，《礼运·大同》的归属和主题仍然不能在学界达成共识。

在辨析《礼运》的大同思想之前，有必要从儒家经典的历史地位说起。儒家的创始人孔子号称"述而不作"，编撰整理六经。经过秦火焚毁以及流传中的佚亡错讹，到了汉代才又逐渐重新整理成书，但篇目、语句、文字及其解读形成了不同师承和不同文本，并由此产生了今文经和古文经的长期争执，致使汉代关于五经的真伪和篇目、章节、文字、句读都有着各种各样不同的说法。《礼运》作为《礼记》的一篇，虽然是汉代戴圣所编，但毕竟从汉代起就被列入经书之一。虽然汉儒在五经的版本、文字方面争执不休，但却以尊崇其权威地位为前提。后世把古代文献分为经、史、子、集四部，这种分类不仅是学术分类，而且是权威程度分类，经的权威程度最高，只能继承孔子"述而不作"的传统，可以用注疏、训诂、考订等方式加以解释，但不能否定，更不能推翻。即便是注释，也要守持"注不破经、疏不破注"的规范。由于《礼记》的经书地位，古代的儒学主流一直承认《礼运》所说的大同理想属于儒学，不过不一定是孔子的原话，多数人认定它是子游所作，最多是认为羼入老庄等别派学说而已。直到近代颠覆了儒家经典的神圣性，仅仅把经书看作历史资料，关于对《礼运》的怀疑和批评才在学界中普遍展开。

唐代以前，关于《礼运》的争论并不大，大同思想也没有引起学人的足够重视。到了宋代，随着新儒学的兴起，对《礼运》的争论开始发端。北宋神宗时期，李清臣对《大同篇》的文本提出质疑："尝观《礼运》，虽有夫子之言，然其冠篇言大道与三代之治，其语尤杂而不伦。"有违圣人之道，"盖不可以尽信矣"①。到了南宋，对《礼运》作者的质疑开始增多。吕祖谦就《礼运》开头借孔子参与蜡祭的感叹，认为此属于道家和墨家的观点，他在给朱熹的信中批评胡安国说："比看胡文定《春秋传》，多掂出礼运天下为公意思，蜡宾之叹，自昔前辈共疑之，以为非孔子语。盖不独亲其亲，子其子，而以尧、舜、禹、汤为小康，真是老聃、墨翟之论。"② 在朱熹的弟子中，持类似于吕祖谦这种观点的也大有人在。有人就问朱熹："《礼运》言三王不及上古事，人皆谓其说似庄老。""《礼运》似与老子同？"朱熹的回答是：《礼运》

---

① 李清臣：《礼论》，载《全宋文》第78册，上海辞书出版社、安徽教育出版社2006年版，第347–348页。

② 《与朱侍讲元晦书》，载《全宋文》第261册第90页。

"不是圣人书。胡明仲云:'《礼运》是子游作,《乐记》是子贡作。'计子游亦不至如此之浅。"(《朱子语类》卷八七)可见,朱熹虽然援引胡寅之说,认为《礼运》是子游所作,但也有怀疑,并直言其内容浅薄。所以,朱熹的同时及其之后,认为《礼运》篇首的大同小康之说出于老庄的络绎不绝。叶适关于对《礼运》的读后感,几乎全是批评。他说:"《礼运》称仲尼、言偃所论,与孔子在时言礼全不合。孔子之言甚简,直下不立冒子,治乱只在目前,何尝有道行、道隐之别,大同、小康之辨!盖后学不能以身行礼,浮辞泛说而已。"(《习学记言序目·礼记》)宋末黄震也说:《礼运》"篇首意匠,微似老子"(《黄氏日抄·读礼记》)。可见,在宋代学者眼里,有不少对大同小康之说归属于儒家是有怀疑的。因为儒家推崇三代之治,而大同小康之说推崇上古,贬低三代,直接同儒家学说冲突。儒家强调亲亲尊尊,而大同理想则反对独亲独尊,所以,儒学传人即便勉强认为《礼运》属于儒家,也不觉得它有多么深奥重要。

元代陈澔编有《礼记集说》,他引用了前人关于大同思想源于老子的一些说法,对《礼运》通篇解题道:"此篇记帝王礼乐之因革,及阴阳造化流通之理,疑出于子游门人所记。间有格言。而篇首大同小康之说,则非夫子之言也。"明代金澜称:"《礼运》先儒以为子游门人所记,以其为仲尼、言偃答问之词也。然其中多非圣人格言,其文又非汉儒所及,意子游门人传其略,而战国儒生为之附益其辞与?""《礼运》乃谓尧舜没,大道隐,而三代之治为小康,不如唐虞之大同,此老庄之见,而记者文之,非圣人之格言也。"(《读礼日知》)此后一直到清代,对《礼运》篇的起首这段,学者基本上不是淡化处理,就是置疑不论。或者直指大同小康之说为老墨之言。如陆奎勋说:"余观《礼运》,首章以五帝为大同,三王为小康,盖缘汉初崇尚黄老,故戴氏撮五行之大旨而附会为圣言,不可信也。"(《戴礼绪言》)姚际恒干脆断定大同小康的论述为老庄之徒所撰的子书(《礼记通论》)。

到了近现代以后,尤其是新文化运动以后,随着学界对儒学的批判和墨学的复兴,不少学者看到《礼运》与墨家思想的关系,以民国学人伍非百为代表,他认为从大同思想的内容来看,无疑出于墨学。"《礼运》大同之说,颇与儒家言出入,学者或疑为非孔氏,或以为学老庄者渗入之。实则墨子之说而援之以入儒耳。""《礼运》大同说,与他儒家言不甚合,而与《墨子》书义多符，文句亦无甚远。天下为公，则尚同也；选贤与能，则尚贤也。讲信修睦，则非攻也；不独亲其亲，不独子其子，则兼爱也；货恶其弃于地，力恶其不出于身，则节用、非命也……总观全文，大抵摭拾《墨子》之文，其为墨家思想甚为显著。"① 尽管这种说法一度流传，但并未成为定论。至今，关于《礼运》大同思想的归属，在学界依然争论不已。

在实践中，随着近代中国剧烈的社会变革，《礼运》的大同思想得到了人们的重新发掘。康有为借助大同小康之说，构建了公羊三世说的历史进化框架，把孔子装扮成一个托古改制的先驱，为维新变法开道。孙中山借助"天下为公"的理念，认为孔子是主张民权的先驱，为推翻帝制、建立共和服务。

政治上的需要，带动了学界对《礼运》的再度讨论。钱穆、梁漱溟、吕思勉、郭沫若等学人都对《礼运》进行过考订。各种观点可以归纳为四种倾向：一、大同思想确属儒家思想，为子游或子游后学所做；二、大同思想的"大道之行"，属于道家老子学说；三、大同思想来自墨家的尚同、尚贤、兼爱、非攻、节用等学说；四、大同思想是道、墨诸家思想羼入杂糅而成，很难归于具体某一家（持这类观点者也往往认为大同思想不值得重视）。学术上的争论依然见仁见智，现实中的动荡却使大同学说成为改造社会的旗帜。空想社会主义学说传入中国后的思想刺激，又同古代的大同学说搅和在一起，成为新思想的孵化器。

近代把大同思想倡扬到极致的是康有为。他用了相当长的时间写成了《大同书》。按照康有为自己的说法，他在中法战争时就开始了《大同书》的构思，"吾年二十七，当光绪甲申，法兵震羊城，吾避兵居西樵山北银塘乡之七桧园淡如楼，感国难，哀民生，著《大同书》"（见该书题词）。不过，康有为有"倒填年月"的习惯，《大同书》是否由此起步，尚有疑问。日本人犬养毅为《大同书》写的跋文中称："此著先生一生心血之所注，虽敷衍《礼运》一篇，实为先儒未发之学。予尤服研钻之精，造诣之深矣。"实际上，康有为最初撰写的书是《人类公理》，是一本试图以几何方式确立"大同之制"的未定稿。后来他放弃了数学方法，转而以本土传统为资源，比附西学，加上自己的游学见闻，在流亡海外期间，于1902年左右撰写出《大同书》的初稿，但

---

① 《墨子大义述》，国民印务局1933年版。

"秘不以示人",直到1913年,才把该稿的甲部和乙部发表于《不忍》杂志。1935年,康的弟子钱定安将全书交由中华书局出版。①

康有为的《大同书》按照天干排序分为十部(手稿为八卷),以"三世"说为历史逻辑,以"小康""大同"说为理论基础,以来自西方的空想社会主义思想为参照,论述人类社会的最高理想,描绘大同社会的基本面貌。在《自编年谱》中,他称自己在光绪十年(1884)开始思考人类未来,把物理与人事、自然与社会统统构建进一个整体框架。"其道以元为体,以阴阳为用,理皆有阴阳,则气之有冷热,力之有拒吸,质之有凝流,形之有方圆,光之有白黑,声之有清浊,体之有雌雄,神之有魂魄,以此入统物之理焉。以诸天界、诸星界、地界、身界、魂界、血轮界,统世界焉。以勇、礼、义、智、仁五运论世宙,以三统论诸圣,以三世推将来,而务以仁为主,故奉天合地,以合国合种合教一统地球。又推一统之后,人类语言文字饮食衣服宫室之变制,男女平等之法,人民通同公之法,务致诸生于极乐世界。"②(根据其他版本校补了掉字)1887年有了全球一统的大同制度构思,"推孔子据乱、升平、太平之理,以论地球,以为养兵学言语皆于人智人力大损,欲立地球万音院之说,以考语言文字,创地球公议院,合公士以谈合国之公理,养公兵以去不会之国,以为合地球之计"。③后来在中国共产主义运动中,康有为的《大同书》成为对共产主义理想进行解释的本土思想资源之一。

康有为的《大同书》与《礼记·礼运》相比,已经有了很大区别。为了增加自己的权威性,他假托孔子之名,赋予《礼运》前所未有的高度,在《礼运注》中,他称自己读遍了经书而不得要领,"读至《礼运》,乃浩然而叹曰:孔子三世之变,大道之真,在是矣。大同小康之道,发之明而别之精,古今进化之故,神圣悯世之深,在是矣。相时而推施,并行而不悖,时圣之变通尽利,在是矣。是书也,孔氏之微言真传,万国之无上宝典,而天下群生之起死神方哉!"④康有为断言别人都未能理解《礼运》的奥秘,只有他发现了其中的真谛。他解释《礼运》的"大道之行",就是太平世大同之道;"三代之

---

① 《大同书》正文,见《康有为全集》第七集,中国人民大学出版社2007年版。
② 《康南海先生遗著汇刊》二十二册,台北:宏业书局版,第14页。
③ 《康南海先生遗著汇刊》二十二册,台北:宏业书局版,第17页。
④ 《康有为全集》第五集,中国人民大学出版社2007年版,第553页。

英",就是升平世小康之道;"孔子生据乱世,而志则常在太平世,必进化至大同,乃孚素志。至不得已,亦为小康。而皆不逮,此所由顾生民而兴哀也。"① "大同之道,至平也,至公也,至仁也,治之至也。虽有善道,无以加此矣"。②

《大同书》以"不忍之心"作为大同社会的心理基础,即儒学的核心价值观"仁"。康有为以近代的人道主义观点解释传统的人本思想,以"人道"释"仁道",以"合群均产"释"天下为公"。他把大同小康之说和公羊学结合起来,将人类历史分为据乱世、升平世、太平世三大阶段,康有为指出,几千年来,即便是汉唐宋明的盛世时节,前溯到夏商周三代,也不过是小康而已。当今之际,应当走出小康,奔向大同。实现小康的途径是君主立宪,实现大同的途径是"去九界"(详见后)走向没有国家、没有军队、没有阶级、没有家庭、没有任何羁绊的全新社会,甚至连种族也要改造混一。大同社会没有私产,没有家累,共同劳动,共享财富,没有军队,只有统一的地球公议政府,议员民选,事务众决,男女平等,人人独立。这种对大同世界的描绘,反映了人们对美好社会的憧憬,是西方乌托邦理想和中国大同理想的结合。

值得注意的是,与《礼运》所说的大同相比,康有为描绘出来的大同社会,主张前所未有的个体自由和个体权利。他幻想的大同极乐世界,试图解除人间的一切苦难,实现个人的完全解放,甚至包含了性解放的设想。也许,这种远远超出当时社会允许的梦幻式自由,就是该书不愿示人而要秘藏起来传之后世的原因之一。康有为以他对西学的懵懂理解改造了《礼运》所说的大同理想,尤其是给大同注入了个性解放和个人自由的全新元素,但学界在当时对此并不完全知晓,即便是他的《大同书》出版之后,学界也多不接受他的大胆设想。

由于历史上关于《礼运》存在着较多争论,儒学后人往往有意无意地忽略它,或者存而不论。而近代康有为对大同理想的狂妄改造,反而使严谨的学人疑窦丛生。梁漱溟关于《礼运》的一席话,可以反映出学界关于《礼运》较为普遍的看法。梁先生在《东西文化及其哲学》中谈到自己读书经历时说:

---

① 《康有为全集》第五集,中国人民大学2007年版,第554-555页。
② 《大同书》,见《康有为全集》第七集,中国人民大学2007年版,第6-7页。

"我在民国五年夏天的时候,曾把孔家经籍都翻一遍,自觉颇得其意,按之于书,似无不合;只有《礼运大同》一篇话看着刺眼,觉得不大对。他说什么大同小康,分别这个不如那个好,言之津津有味,实在太鄙!这还是认定外面有所希望计较的态度,决不合孔子之意。所有孔子的话,我们都可以贯串为一线,只有这里就冲突了。"①对于康有为,梁漱溟更不留情,斥其浅薄。"这篇东西(《礼运》)其气味太与孔家不对,殆无可辩。晚世所谓今文家者如康长素之流,其思想乃全在此。他所作的《大同书》替未来世界做种种打算,去想象一个美满的境界;他们一班人奉为至宝,艳称不胜,我只觉其鄙而已矣!"②梁漱溟的这种说法,试图把大同思想摈弃于儒学之外,反映出主流儒学的基本态度。

从《礼记·礼运》的历史解读变迁到《大同书》的出现,大同理想始终未能占据中国管理思想史的主导地位,但是如果就此认为它不值得研究,就有可能错失更大。正是大同理想与主流思想的若即若离,对中国社会的发展演变产生了不可忽视的影响。其间的奥秘,要从这种若即若离的现象中去追索。

二、古代:《礼运》大同理想的内涵解读

《礼运》所说的大同小康,文字极为简略,尤其是它把儒家推崇的禹汤文武成王周公列在第二等的小康,引发了后学的"不高兴"。于是,有学者就提出"错简"之说。"错简"最早见之于清人邵懿辰的《礼经通论》,他认为《礼记》在流传过程中出现了竹简的前后错乱,应当把"禹、汤、文、武、成王、周公,由此其选也。此六君子者,未有不谨于礼者也"这26个字移到"大道之行也……不必为己"之后,使这些圣人置身于"大道之隐"的小康之前。这样,儒家推崇的三代就是大同,而孔子所处的春秋就是小康③。但是,这种修改并未得到学界的广泛认同。如果把"错简"之说先搁置起来,按照通行文本来理解大同与小康,那么,它的思想内涵该如何解读?

首先要说明的是,"天下为公"之公并非今人所说的产权之公,而是公

---

① 《梁漱溟全集》第1卷,山东人民出版社版,第462页。
② 《梁漱溟全集》第1卷,山东人民出版社版,第463页。
③ 另见任铭善:《〈礼记〉目录后案》,齐鲁书社1982年版,第24页。

正、公平之公。《礼运》关于大同的描述，强调的是公用共享，而不是公有。从公用到公有之间并不能构成严密的逻辑关系（例如，当下人们热衷的"双赢"并不以公有为前提，走出"囚徒困境"的路径也不是公有制）。近代中国把私有而被社会所用的股份制和合伙制企业翻译为"公司"，正是取公用之义而绝非公有。孙中山强调"天下为公"，依然是《礼运》的本义。以公有制来解释《礼运·大同》，是马克思主义传入中国后的附会。如果把"天下为公"理解为消灭私有制，可能从一开始就误读了《礼运》。

平心而论，《礼运》的大同小康之说，确实同孔子思想有所扞格。如果熟读《论语》就不难发现，尽管孔子有着坚定的理想和崇高的信念，却非常务实，很少说那些虚无缥缈的事情。在话语习惯上，孔子对伶牙俐齿有一种本能的厌恶，不喜欢好说大话的学生，偏爱木讷寡言的门徒。由此而形成了儒学的一个鲜明特征：不语无验之事，不说无根之言，推崇务实，不尚空谈。由此而充分彰显了儒家的实用理性。正因为以儒家为代表的中国传统文化"所察在政事日用，所务在工商耕稼，志尽于有生，语绝于无验"①，所以，传统儒家一直缺乏"超验"，拒绝"幻想"。与此对应，儒家热衷的夏商周三代，都是有史可征的。即便谈到尧舜，也是对禹汤文武的前溯，属于同一个系统。至于尧舜之前，基本上存而不论。然而，《礼运》一开始就把夏禹之前的社会归入"大道之行"阶段，赞颂其"天下为公"，断言这种并无文献可征的上古社会风俗良善，治理完美，无须证据也不要证据，显然，这是一种典型的乌托邦。

在儒学话语中，"三代之治"一直是一个光辉的楷模。三代以前的上古，在《礼运》之前，除老庄之外基本没有人把它看作理想社会。然而，《礼运》无须任何证据，凭空想象就把三代以前的五帝时期乃至更早的远古描述为"大同"，并赋予其最高赞誉。而且在尧舜与夏禹之间做了切割，这显然与孔子"祖述尧舜，宪章文武"的宗旨不符，而是一种乌托邦理想。所谓乌托邦是舶来词汇，来自摩尔的 Utopia 一书音义兼译。现代的刘易斯·芒福德（Lewis Mumford）在 The Story of Utopias 的序言中指出，autopia 来自希腊语 eutopia，或者 autopia，前者指最美好的地方，后者指不存在的地方。《礼运》所说的大

---

① 《驳建立孔教议》，载《章太炎全集》第 4 卷，上海人民出版社 1985 年，第 195 页。

同,恰恰把"没有"和"美好"结合在一起说成"实有",把无人知晓的上古描述为人间乐园,与摩尔的原著殊途同归。空想而且无根,这正是后学读经中感到《礼运》与孔门言语相冲突之处。

儒家是排斥乌托邦的务实学派,所以,《礼运》的大同小康之说,一直未能占据儒家思想的高位。然而,由于《礼记》被列入儒家经典,又不能把它从儒家思想中彻底清理出去。况且,尽管儒家认为把禹汤文武列入小康有所掉价,但小康所描述的礼治状态仍然是儒学认可的。这种特殊情境,使大同思想产生了特别意义。

《礼运》大同思想在观念上的意义,出自其超验性(小康则具有经验性)。任何社会,都要立足于经验,这无可厚非。但是,没有超验,就失去了幻想。个人在成长过程中,经验的增加与幻想的减少是同步的。无知的童真状态充满了幻想,而现实中的残酷经验,会一次又一次击碎不切实际的幻想。幻想被彻底放弃之后才可成熟,但这种成熟后的人,则有变成"精致的利己主义者"(钱理群语)之危险。儒学的社会理想过于务实,尽管有义利之辨的警示,有道义担当的重任,但如果没有非常强悍的精神修炼,理想难免会被实务所淹没。儒学的务实倾向,很有可能会在陶冶人的性情时磨掉人的锐气。在孔子的学生中,颜渊的修养功夫最好,但也最无个性;子路最为莽撞,但也最有进取精神。后世的儒者,如果不能超脱这种崇实倾向,就有可能"一代不如一代"。从有史可考的资料来看,可以说,儒家传人中伟人和庸人的数量是不成比例的。历代的儒学门徒相当多,但真正具有孔孟式的信念,能够践行儒家大义的圣贤君子不常见,更多的是叔孙通、公孙弘式的陋儒小人,把圣人之学变成了干禄之具。如果说,先秦对儒学的批判,还是对孔孟那种"知其不可而为之"的"不识时务"的奚落,那么,后代(尤其是近代以来)对儒学的批判,更多地则是对陋儒、俗儒说一套做一套的厌恶。查阅顾炎武、黄宗羲等人抨击八股的论述就可以看到,他们并非对科举取士采用儒家经典不满,而是对借用儒家经典谋取功名利禄的做法背离了圣贤本意深恶痛绝。近人徐复观《儒家对中国历史命运挣扎之一例——西汉政治与董仲舒》一文①,对此有详尽的梳理

---

① 徐复观:《儒家对中国历史命运挣扎之一例——西汉政治与董仲舒》,见《学术与政治之间》,台北:台湾学生书局1985年版,第331-395页。

评析。

《礼运》的大同思想，给儒学增添了一个美好的神话，一个超验的想象。由此，它可以在无意识层次保持儒家的理想主义宗旨，即便是不接受大同理想的儒者，当他在批驳大同小康之说时，也需要重新扬起原始儒学理想主义的风帆，使"实用理性"看得见远方的灯塔。把握了这一点，大同理想的真正作用就显而易见了。有了它，人们的愿景才能产生魔幻式的吸引力，社会才能在物欲之外追寻存在的意义。但是反过来，一屋不扫，何以扫天下。如果没有一点一滴的务实，再好的理想也无法实现。在人的成长中，如果没有超验的理想，只能变成俗人，甚至变成小人；而如果只有超验的理想，或者变成狂人，或者变成愤青。所以，在超验的理想和实际的谋生之间，在魔幻的激情和务实的操作之间，需要拿捏分寸。《礼运》的大同理想在一定程度上矫正着传统儒学过于务实的倾向，而儒学主流对大同理想的疏离又保证了推崇大同理想者不至于走火入魔。如果把大同理想看作孔、老、墨的思想融合，我们不妨说：孔子把人往"从心所欲不逾矩"的老年方向引（标志着成熟），老子把人往"复归于婴儿"的童年方向拉（标志着纯真），墨子把人往"忍苦痛轻生死"的成年人道义担当方向诱导（标志着社会责任），形成了中国古代思想互动的张力。理解了这种相反相成的合力，就能更准确地确定大同思想的历史地位。以此观之，传统儒学对大同思想的若即若离，正是一种恰到好处的尺度，它既能使"实用理性"得到乌托邦的价值滋润，又可防范不切实际的空想导致对现实的毁灭。

三、近代：《大同书》的社会影响

写出《大同书》的康有为，极为聪明，极为狂妄，极为执拗，极为自信。在中国近代，他是那种影响了历史进程的人物。康有为的一生充满了故事，幼年为神童，读书为学霸，成年后发动变法耸动全国，治学著书则自以为是。连他的弟弟康广仁，也曾在政变前给朋友何易的信中批评道："伯兄规模太广，志气太锐，包揽太多，同志太孤，举行太大。"（康广仁致何易中）康有为的这种作风，是很多人不喜欢的。但不管喜欢与否，都不能无视他在近代中国的巨大影响。

康有为设想的大同社会，采用了《礼运》大同理想的躯壳，注入了近代工业社会的内容。其主要思路从其十部目录即可看出：

甲、入世界，观众苦：众苦包括人生之苦（投胎、夭折、废疾、蛮野、边地、奴婢），天灾之苦（水旱饥荒、蝗虫、火焚、水灾、火山、地震、室屋倾坏、舟船覆沉、汽车碰撞、疫疠），人道之苦（贫穷、富人、贱者、贵者、帝王、圣神仙佛、鳏寡、孤独、老寿），人情之苦（愚蠢、仇怨、爱恋、牵累、劳苦、愿欲），人治之苦（疾病无医、刑狱、苛税、兵役、压制、阶级）。（在《大同书》不同版本中，众苦条目有变化，这里取《康有为全集》第七集所载，中国人民大学出版社版，以下引文皆同）

乙、去国界，合大地：即去疆土部落之分。

丙、去级界，平民族：即去贵贱清浊阶级种姓之分。

丁、去种界，同人类：即去黄白棕黑人种之分。

戊、去形界，保独立：即去男女性别之分。

己、去家界，为天民：即去父子兄弟夫妇之分。

庚、去产界，公生业：即去农工商之分。

辛、去乱界，治太平：即去不平、不通、不同、不公之分。

壬、去类界，爱众生：即去人鸟兽虫鱼之分。

癸、去苦界，至极乐：即去以苦生苦之无穷无尽传承根源。

关于康氏大同的内容介绍与评析，学界已经有较多成果，此处不赘。这里着重要指出的是，康有为关于大同社会具体情境的描述充满了奇异的幻想和天才的预见。他试图全景式展示人类的未来，但又不可能均衡兼顾，通观该书可以看出，在康有为所擅长的文史领域和所熟悉的家庭婚姻部分浓墨重彩，而在他学力不及的经济领域和陌生的西式科学部分则一掠而过或者用想象代替推理。他深感不同语言之间的交流困难，为大同构想出了没有交流障碍的"万音院"。他认为不同国家用于军备的花销是巨大浪费，大同社会将没有国家，天下太平。他还为未来社会构思出一个大地合一的"公议政府"，按照经纬度管理，而且给这个公议政府找到了一个世界各国适中之地"昆仑之顶葱岭"。大同社会实行计划经济，"商部核全地人口之数，贫富之差，岁月用物品几何，既令所宜之地农场工厂如额为之，乃分配于天下"。却全然不顾囊括整个地球的计划和分配如何操作。为了实现大同，他提出废除家庭，"男女皆平等独立，婚姻之事不复名为夫妇，只许订岁月交好之和约而已"；"色欲交合之事，两欢则相合，两憎则两离"，乃至同性恋也可解禁合法化。梁启超曾评价《大同书》道："其最要关键，在毁灭家族。有为谓佛法出家，求脱苦也，不如使其无家可出。谓私有财产为争乱之源，无家族则谁复乐有私产？若夫国家，则又随家族而消灭者也。"①

康有为在《大同书》中，关于人间之苦的描述最为详细。在关于家庭、婚姻的全面改革，以及科技发达催生出的极乐世界方面，他有着科幻般的想象力。这里引一段《大同书》关于大同极乐世界"公共食堂"的描述，可见一斑："大同之世，只有公所、旅店，更无私室。故其饮食列座万千，日日皆如无遮大会。亦有机器递入私室，听人所乐，其食品听人择取而给其费。大同之世无奴仆，一切皆以机器代之，以机器为鸟兽之形而传递饮食之器。私室则各有电话，传之公厨，即可飞递。或于食桌下为机，自厨输送至于桌中，穿隆忽上，安于桌面，则机复合，抚桌之机，即复开合运送去来。食堂四壁皆置突画，人物如生，音乐交作则人物歌舞，用以侑食，其歌舞皆吉祥善事，以导迎善气。"虽然他对食堂乃至厕所都有细致的描述，但是在决定社会性质更为根本的方面，如社会经济的供需关系问题、市场与管制、交易与分配的矛盾问题则论述苍白，甚至自相矛盾而不自知。

钱穆曾经指出，《大同书》虽然兼容并包，但其要义不过两端："一曰平等博爱，此西说也，而扬高凿深之，乃不仅附会之于墨翟，并牵率之于释迦。一曰去苦求乐，此则陈义甚浅，仅着眼社会外层之事态，未能深入人性、物理之精微。"② 钱穆之说，揭示了康有为《大同书》的关键，即康有为给大同理想注入个性自由和平等博爱的西方人文主义，给社会发展的价值准则赋予去苦求乐的变形功利主义（一般意义上的功利主义，可表述为追求"最大多数人的最大幸福"，而康氏所求人间之乐，停留在物欲之乐、感官享受之乐这一层次，故称其为"变形功利主义"）。萧公权认为："'享乐主义'、'人道主义'以及'平等主义'，似构成了康氏社会思想的主要支柱，从此衍发的思想大致是'民主''社会主义'和'科学'——民主从平等而来，社会主义从人道主

---

① 梁启超：《清代学术概论》，上海古籍出版社1998年版，第81页。
② 钱穆：《中国近三百年学术史》，《钱宾四先生全集》，台北联经版，第17册，第869页。

义而来，科学从享乐主义而来。"① 由于《大同书》当初并未公之于世，所以，在晚清没有产生社会影响。康有为自己也认为，在清末民初变革之际，只能言小康，不能言大同，"言则陷天下于洪水猛兽"（梁启超语）。但反过来说，乌托邦的想象，又是因对社会现实的不满而萌发的。这种对美好社会的想象，会在无意识层面支配想象者的行为。对康有为自己而言，尽管他把未来与现实严格分开，在现实中绝不公开倡导大同，然而乌托邦思维会在无形中影响到他对现实问题的判断，在康有为发起的维新变法运动中，处处可以看到他以圣人自居，要引领中国超越列强的"大跃进"气魄，这实际上是乌托邦精神的潜意识外显。戊戌变法之初，他给光绪皇帝打气说："大抵欧美以三百年而造成治体，日本效欧美，以三十年而摹成治体。若以中国之广土众民，近采日本，三年而宏规成，五年而条理备，八年而成效举，十年而霸图定矣。"② 要以十年走完西方三百年的发展历程而且还要后来居上，这本身就充满了幻想。到他写《大同书》的时候，又曾言之凿凿，认定世界大同数百年或者百年可期。飞机的发明和国联的诞生，更使他乐观地声称或许在他有生之年就能看到世界大同。不管康有为自己是否意识到，人们可以看出，近代以来中国的赶超战略，与康有为的思想相吻合。在《大同书》出版后，学界对其学术价值并不十分重视，多数把它看作"小说家言"。然而，其倡扬个性自由和社会平等的基调，又与妇女解放、婚姻自主等各种自由民主诉求的社会运动相合拍。

康有为的《大同书》已经与《礼运》有了很大不同，它的思想倾向除了具有《礼运》大同学说美好理想的一面外，还有《礼运》未曾展开的两个要点值得关注：一是"同"与"和"的关系问题，二是"己所不欲，勿施于人"与"己所欲，施于人"的矛盾问题。中国古代的儒家，推崇"和而不同"，烹饪讲求五味调和，音乐讲求五音相谐，"若以水济水，谁能食之？若琴瑟之专一，谁能听之？同之不可也如是"（《左传》昭公二十年）。所以，真正的儒者听到"同"字就会有所警惕，这也是传统儒家对《礼运·大同》保持距离的原因之一。然而，康氏《大同书》试图消灭一切社会差别，以整齐划一的

---

① 萧公权：《近代中国与新世界：康有为变法与大同思想研究》，江苏人民出版社1997年版。

② 康有为：《进呈日本明治变政考序》，载《康有为政论集》，中华书局1981年版，第224页。

"同"替代多样性。在《大同书》中，就连微不足道的体毛问题，康有为也提出了整齐划一的要求。"大同之世，自发至须眉皆尽剃除，五阴之毛皆当剃落，惟鼻毛以御尘埃秽气，则略剪而留之。"在人种问题上，康有为有着明显的种族歧视思想。他认为，白种人和黄种人可以平等，"棕色者，目光黯然，面色昧然，神疲气，性懒心愚"；"其黑人之形状也，铁面银牙，斜颔若猪，直睛若牛，满胸长毛，手足深黑，蠢若羊豕，望之生畏"。于是，他提出要对黑人和棕人进行人种改造，改造的办法一是迁居，二是杂交，三是沙汰。所谓沙汰，办法是"其棕、黑人有德性太恶、状貌太恶或有疾者，医者饮以断嗣之药以绝其传种"。如果说，在康有为的时代具有种族歧视观点并不奇怪，但提出以"断嗣之药"针对种族实施人工绝育的强制措施则令人恐惧。固然，儒家传统有"己欲立而立人，己欲达而达人"的信念，然而，其前提是非强制性。强制性的立人和达人，就会突破自由的基本底线，对个人的体貌特征乃至种族生存采用强迫手段加以改变，其后果会令人不寒而栗。

　　《大同书》与《礼运》的不同，还表现在工业化的空前成就把人们的理想信念导向物欲方向。《礼运》的大同思想，尽管也涉及经济基础，但主旨还是社会公正和道义。而《大同书》的理想，更多地偏重于物质享受。在康有为描述的极乐世界中，满足物质欲望的文字占据了绝大部分，从而在无形中以物质享受和感官愉快消解了道义价值。这一点对后来也有一定影响，时至近日，平民百姓关于共产主义的认知和想象，无非是"物质的极大丰富"。

　　康有为的上述偏失，当时并未引起人们的警觉。恰恰相反，在工业化的巨大威力震撼下，当时全世界有不少人都抱有依赖新兴科学技术之力改造社会、改造自然、改造人类的宏伟设想，各种乌托邦思想大行其道。应该说，康有为的《大同书》符合当时的思想潮流，国内学界不重视它，是因为其学问不纯，而不是因为其旋律不对。人们对"美丽新世界"和"一九八四"的警觉和批判，是经过两次世界大战的教训才逐渐觉悟的。《大同书》的乌托邦思想，也曾在中国的社会改造运动中产生了一定影响。在人民公社运动中，《大同书》曾作为参考资料由中央印发各地阅读，就是这种影响力的一个佐证。有关《大同书》所产生的社会效应，迄今仍有待于学界进行深入探究。

　　从思想内涵看，《大同书》继承了《礼记·礼运》的理想和愿景，又渗透了近代西来的平等与自由追求，传统儒家的实用理性和近代西方的功利主义交错一体。但是,它又没有脱离传统的天下一家观念和大一统理念,只是对已经出现危机的华夷之辨加以修正,本质上依然没有跳出同而不和的局限,即便有了西学的渗透,也未能完成中西思想会通的使命。

四、当代:从"大同"到"共同体"的意义初探

海通以来,西方对华的思想文化冲击犹如海潮拍岸,一波接着一波。但是,由于历史的原因,中西思想之间存在着巨大的隔阂。对于这种隔阂,已经有不少研究成果。例如,法国佩雷菲特《停滞的帝国:两个世界的撞击》一书①,就是这方面的代表作之一。我们需要考察的是,两个世界的撞击对于中国学界带来了何种影响。

梳理史料不难发现,由于社会发展的程度差异,导致近代以来的中国学人在中外文化冲突中形成了两种立场:一是欧美中心,二是西学中源。由此产生了两种学术上的判断,其一认为西方文化具有先进性(西化派),其二认为中国文化具有根本性(体用派)。具体表现多种多样,究其大端,包括了"新青年"与"学衡派"之争,科学与玄学之争,与传统决裂或赓续之争,普世价值与中国道路之争。两种立场,两种判断,两大阵营,观念上截然对立,方法上却殊途同归。水火不容的背后是双方都坚持唯我独尊。

在中外思想文化冲突中,不少人注意到古代佛教传入中国的启发。以陈寅恪的一段话最具代表性:"释迦之教义,无父无君,与吾国传统之学说,存在之制度,无一不相冲突。输入之后,若久不变易,则绝难保持。是以佛教学说,能于吾国思想史上,发生重大久远之影响者,皆经国人吸收改造之过程。其忠实输入不改本来面目者,若玄奘唯识之学,虽震动一时之人心,而卒归于消沉歇绝。近虽有人焉,欲然其死灰,疑终不能复振。其故匪他,以性质与环境互相方圆凿枘,势不得不然也。"由此推论,陈先生提出:"窃疑中国自今日以后,即使能忠实输入北美或东欧之思想,其结局当亦等于玄奘唯识之学,在吾国思想史上,既不能居最高之地位,且亦终归于歇绝者。其真能于思想上自成系统,有所创获者,必须一方面吸收输入外来之学说,一方面不忘本来民族之地位。此二种相反而适相成之态度,乃道教之真精神,新儒家之旧途径,

---

① [法]佩雷菲特:《停滞的帝国:两个世界的撞击》,三联书店1993年版。

而二千年吾民族与他民族思想接触史之所昭示者也。"①

问题是,陈先生也指出,这种古代历史上的相反相成和融会贯通,是成于一体,而不是二元并立。对外来输入之思想无不尽量吸收,然仍不忘其本来民族之地位。"既融成一家之说以后,则坚持夷夏之论,排斥外来之教义。"② 所以,古代的经验只能给今人发展中国学术提供参考,而无法解决不同国家思想文化的共存问题。

经过时代的洗礼和多方探索,今天,我们已经开始扬弃大同理念,开始着眼于构建人类命运共同体。这是一个巨大的观念转变,具有深远的意义。这个转变的前提,是中国由古代的"天下中心"归位于现代的世界一员。这不仅仅是词汇的变化,而且还是思想的升华。它意味着,我们不再追求万国来朝的历史荣光,而是要寻找共存共荣的未来机遇。由大同到共同体,意味着由一元到多元,由"天下"观念到"世界"意识,由差序格局走向平等格局。这一变化等于向世界宣告:中国的现代化,不是回归汉唐,而是走向未来。中国在世界上不是去充当"天可汗",而是要承担大国责任。

对于学术研究来说,这一变化同样具有重要意义。构建人类命运共同体,对学界提出了新的要求:在内部,通过吸收外来学说推进民族本位的提升;在外部,通过输出自身思想寻求他族的理解和包容。我们的文化传播,不是要去征服他人,而是丰富世界文化生态。我们的文化引进,也不是全盘西化,而是增进文化进步的张力。

但是,目前学界对由大同思想到人类命运共同体思想的这一转变研究还很不够,希望学界能够对此做出更深入更透彻的回答。

---

① 《冯友兰中国哲学史下册审查报告》,载《金明馆丛稿二编》,三联书店 2001 年版,第 283 - 285 页。
② 《冯友兰中国哲学史下册审查报告》,载《金明馆丛稿二编》,三联书店 2001 年版,第 283 - 285 页。

弘扬民族精神对建设中国特色社会主义的意义

周亚平

（湖南省社会科学院历史研究所研究员）

摘　要：民族精神彰显民族性格，并根植于民族文化之中，是民族机体中不可分割的有机组成部分。为社会发展提供信仰依托和精神动力。民族精神的激发和弘扬对建设中国特色的社会主义具有重要意义。

关键词：民族精神；中国特色社会主义建设

习近平在十三届全国人大一次会议闭幕会上发表的重要讲话中，对什么是中华民族的民族精神给出了自己的定义，即：伟大的创造精神、伟大的奋斗精神、伟大的团结精神、伟大的梦想精神。伟大创造精神，是"辛勤劳作，发明创造"，体现在群星闪耀的诸子百家，体现在影响世界的四大发明，体现在风雅颂、诗词曲，体现在有形的无形的文化遗存；伟大奋斗精神，是"革故鼎新、自强不息"，体现在辽阔秀丽的大好河山，体现在物产丰富的广袤良田，体现在中国人民千百年来的生产生活；伟大团结精神，是"团结一心、同舟共济"，体现在56个民族多元一体、交织相融，体现在中华民族大家庭同心同德、守望相助；伟大梦想精神，是"心怀梦想、不懈追求"，体现在小康的理念、大同的情怀，体现在勇于追求和实现梦想的执着精神。

我们的民族精神，结晶于上下五千年沉淀的心灵河床之上，蕴藏在中华民族的生生不息、薪火相传之中。在习近平的这一定义中，有着对近代中国苦难辉煌的感同身受，有着对170多年来仁人志士前赴后继、上下求索的深切体认；有着对未来中国光明前景的坚定自信，有着面向"两个一百年"目标、面向社会主义现代化强国进军的满腔激情。

而要真正实现中华民族的伟大复兴，必须坚持走中国特色的社会主义道

文化创新与民族复兴

路,在这种形势下,研究如何重建民族精神对于建设中国特色的社会主义具有至关重要的作用。

一、民族精神是对中华民族自身文化的传承

习近平在谈到传承中华民族精神时还强调过:中华文明有着五千多年的悠久历史,是中华民族自强不息、发展壮大的强大精神力量。我们的同胞无论生活在哪里,身上都有着鲜明的中华文化烙印,中华文化是中华儿女共同的精神基因。

中华民族精神随着中华民族的形成而形成,它广泛地表现在中华民族的物质文化、精神文化和各种生活实践中,特别集中地反映在中华民族的各种意识形态中,并深深地渗透在中华民族的思维、语言和社会心理当中。它的发展,则同中华民族各个时代的时代精神密切联系在一起。时代精神所表现的是,一个民族在一个时代由其特殊的精神需要、精神状态和精神力量所构成的精神特征。在每个具体时代的时代精神中,除了其历史的特殊性而外,同时还包含着一些带有普遍性和恒久性的精神因素。中华民族精神具体地存在于中华民族各个时代的时代精神之中,并且通过各个时代精神中那些普遍、恒久因素的积累和凝聚,不断充实和发展着自己的内涵。

二、民族精神是中华民族生命机体中的主要成分

党的十八大以来,习近平多次指出,实现中国梦,必须弘扬中国精神。用以爱国主义为核心的民族精神和以改革创新为核心的时代精神振奋起全民族的"精气神"。我们的党我们的人民历来认为:一个民族,没有振奋的民族精神,没有高尚的民族品格,没有坚定的民族志向,不可能自立于世界先进民族之林。民族精神正是一个民族赖以生存和发展的精神支撑。在五千多年的发展中,中华民族形成了以爱国主义为核心的团结统一、爱好和平、勤劳勇敢、自强不息的伟大民族精神。我们党领导人民在长期实践中不断结合时代和社会的发展要求,丰富着这个民族精神。中华民族的精神,最突出的就是团结统一、独立自主、爱好和平、自强不息的精神。这个民族精神,积千年之精华,博大精深,根深蒂固,是中华民族生命机体不可分割的重要成分。正是有了这种民族精神,我们中华民族才能虽然饱经忧患和罹难但仍自立自强;正是依靠这种

民族精神，中国人民才能在祖国广阔的土地上创造了一个又一个的人间奇迹，缔造了为世人惊叹的灿烂的中华文明。

三、民族精神是衡量一个国家综合国力强弱的一个重要尺度，是增强民族凝聚力、实现祖国统一大业的重要前提和精神纽带

一个民族，一个国家，综合国力主要是经济实力、技术实力，这种物质力量是基础，但更离不开民族精神、民族凝聚力。精神力量也是综合国力的重要组成部分。当今世界激烈的综合国力竞争，不仅包括经济实力、科技实力、国防实力等方面的竞争，也包括文化方面的竞争。世界多极化、经济全球化的深入发展，引起世界各种思想文化相互激荡。保持和发展本民族文化的优良传统，大力弘扬民族精神，积极汲取世界其他民族的优秀文化成果，实现文化的与时俱进，是关系广大发展中国家前途和命运的重大问题。关于民族的复兴和民族精神的关系，江泽民讲过："一个民族、一个国家，如果没有自己的精神支柱，就等于没有灵魂，就会失去凝聚力和生命力。有没有高昂的民族精神，是衡量一个国家综合国力强弱的一个重要尺度。"要在激烈的国际竞争中永立不败之地，使我们国家自立于世界先进民族之林，就必须在发展社会主义经济、政治的同时，加强社会主义精神文明建设，大力发展面向现代化、面向世界、面向未来的、民族的、科学的、大众的社会主义文化，不断丰富人们的精神世界，不断增强人们的精神力量。再者，弘扬民族精神，有助于实现祖国统一大业。完成祖国统一大业是中华民族的根本利益之所在，是全中国人民的共同愿望和神圣责任。在中华民族的五千年文明史中培育起来的如此深厚的爱国主义精神，是我们维护国家统一、反对民族分裂的强大精神力量。所以传承传统文化，弘扬民族精神，可以增强两岸人民的相互理解，增强民族的凝聚力，是实现祖国统一大业的重要前提和精神纽带。

四、民族精神为民族复兴伟大事业提供强大的凝聚力、驱动力

先进文化的建设和创新，民族精神的培育和弘扬，是建设社会主义新社会的本质要求，唯物史观是文化建设、文化创新的重要理论基石。

唯物史观在探究历史发展动力时，从社会基本矛盾特别是生产方式的内在矛盾入手，把握住生产力这个根本，从而深刻揭示了历史发展的物质动因。历

史辩证法同时强调，在社会发展中归根到底起决定作用的是物质生产，在此基础之上的精神活动则在人们改造客观世界的进程中起能动作用。追求理想的精神生活是人与动物的本质区别，是人类生存的最高旨趣。古人云："人若无志，与禽兽同类。""志不立，天下无可成之事。"毛泽东说："人是要有一点精神的。"所有这些都是要人成为主体，要丰富精神生活和精神世界，不要被工具化，不要成为物欲、贪欲、情欲等私欲的奴隶。只有这样，人才能体现自身的尊严，才能成为主人和目的，才能有高尚的德性和健全的生活。因此，在科学和文明高度发展，物质财富极大充实和丰富的时代，人在理想、信念、情操、精神追求方面的需求就显得更为迫切。

五、民族精神的构建对青少年教育影响深远

由于在相当长的一段时间里，我们的大、中、小学偏重应试教育，而忽视素质教育，致使青少年一代对中国传统文化知之甚少，甚至出现数典忘祖的现象。在今天，由于对市场经济运行规则的错误理解，更容易引发人们私欲的膨胀，拜金主义、享乐主义倾向在我国经济生活各个领域的蔓延，传统价值观念受到冲击，这样的社会环境对世界观、价值观尚处在建立过程中的青少年一代来说，影响颇大。因此，加强对青少年一代文化素质和民族精神的教育，努力提高他们的思想道德和文化水平，培养"有理想、有道德、有文化、有纪律"的新一代社会主义建设者和接班人，是全社会义不容辞的责任。加强对青少年进行文化素质教育，首先，应该是道德品质的教育。全世界诺贝尔奖获得者在巴黎集会后发表宣言的第一句话是："如果人类要在 21 世纪生存下去，必须回首吸取孔子的智慧。"这既反映了世界科学巨子们在科技、经济发达后，对文化、道德、伦理滑坡现象提出的异议，也说明任何一个积极向上的国家和民族都不愿意在现代化进程中损害本国、本民族的文化精神。任何科学技术都是一柄"双刃剑"，它既可以造福人类，也可能为人类带来灾难。盲目推崇科技进步，忽视人类总体利益和社会发展的基本道德价值原则，科学家也会沦为科技的奴隶。因此，青年一代应有的素质不仅包括解决人类社会进步问题的科学知识与创造能力，而且也包括关心人类前途命运的责任感和为此献身的精神。这种责任感和献身精神正是文化素质教育的题中之义。其次，我们要努力发掘中华民族文化宝库中的教育资源，增设包括历史、文化、艺术、科技等内容的中

国传统文化选修课,开设以爱国主义教育为内容的系列讲座,继续完善文化素质教育课程体系,营造一种文明、现代、高品位、高层次的文化氛围和精神氛围,引导青年明确历史使命,坚定理想信念,坚定文化自信,用明德引领时代风尚,以深厚的文化积淀筑起新时期中国青年一代的精神支柱。

我们坚信,中华民族在伟大民族精神的托举下,在以习近平同志为核心的党中央坚强领导下,一定能够扶摇而上,展翅飞向更加光辉灿烂的未来。

从中华文化发展说两岸关系

刘源俊

（东吴大学名誉教授）

一、文化的形成与发展

此处文化，是"人文化成"的缩写，语出《易经·贲卦象辞》[①]，指人类在共同生活中面对环境而制作或创造的德性与知性的形成。一切文化活动可概分为"三部曲"——第一部为"探察"（且英译为 exploration），第二部为"创作"（且英译为 creation），第三部为"致用"（且英译为 implementation）。察然后作，作然后用，用然后更察；于是周而复始，日新又新，文化乃不断向前发展。

"探察"的本质是人心与外界的接触，"创作"则纯属人心的活动，"致用"则又属人心与外界的交涉。最原初的文化形态，只是几乎直接由探察进到致用；当文化愈向前发展，则其中创作成分愈多、层次愈高。总之，文化因人而成。一群人要不要发展文化？要发展得快还是慢？要向上提升或向下沉沦？要向外推展还是向内退缩？这就事关人们的心态与自信；换言之，要看人们的精神面貌。以下略说具体的文化活动。

人群体验生活，逐渐形成共同的沟通方式与喜好，进而更丰富生活——于是有语文（language）与习俗（customs）。能者体验生活，发明器具，更生产推广，增进人们福祉——于是有技艺（technology）。

贤者考察人群，制订规范与礼仪，以维系社会，安定人心——于是有道德与制度（institution）。强者考察人群，构想意识形态（或为离苦趋乐，或为善去恶），以笼络或掌控人心，定思想于一尊——于是有宗教（religion）。

---

① 《易经·贲卦象辞》："刚柔交错，天文也；文明以止，人文也。观乎天文，以察时变，观乎人文，以化成天下。"

智者观察整理天地万物或人世现象,进一步构建理论以说明、预测新现象,再加以利用,利用又生成新的现象,构建新理论——于是有学问(knowledge)。艺者观察现象,加以描绘或更增添想象,再使之流行,复丰富现象——于是有文艺(art & literature)。

以上概略叙述了文化活动的六大范畴——语文习俗、技艺、道德与制度、宗教、学问、文艺。六范畴间彼此也是相互增生的,文化的内涵乃益趋丰饶。近代一般将西文 culture 译为"文化",西文 civilization 译为"文明",还进一步辨别两者;其实据以上阐述,中文"文化"一词的字面及引申意涵远较 civilization 或 culture 两词要好得多也广得多。①

当不同文化相遇,必发生排斥与吸纳、对抗与调和、征服与顺从、渗透与融合种种过程,不在此赘言。任何两种文化,或大同小异,或大异小同,必有其相同处,因为总是人类所形成。若强调其异,漠视其同,则两文化必相对立相冲突;若重视其同,存而不论其异,则两种文化能相安相和。

中华文化的最可贵之处,即在于吸纳力强。在古时,印度佛教被吸收了;到了现代,西方的各种"主义"逐渐都被吸纳,"科学"也被吸纳。吸纳的前提是要先能"和而不同",多元共济。儒家崇尚的中庸思想是此中玄机,太极图中显示的阴阳相成相生观深入人心。《论语》与《中庸》里,"和而不同""和而不流""中立而不倚"这几句话说得极是精辟。

民族构成的基本要素是人民、土地与文化。一民族是否能和谐发展乃至兴盛,关键在于有没有能让大家认同的优秀文化。因而,探讨台湾海峡两岸关系当从文化着手,至于经济、政治观点都属皮相。

二、台湾与大陆文化的同与异

没有两个地区的文化会完全相同。上文提及,只有大同与小同之分。以下据上节所提到的六大范畴及精神面貌略说现今台湾与大陆两地文化的同与异。

首先,两地的民族习俗大致相同。例如都过农历新年,都过元宵节、端午

---

① Civilization 一词源自古希腊,原指"公民素养",含义甚窄。Culture 一词源自罗马,原指垦殖(cultivation of the land,即 plantation),引申则有 colonization(垦殖他人之地,即所谓"殖民")的观念,有负面意义。两词都远不若中文的"文化"。

节、中秋节、清明节，饮食习惯（包括用筷子）也类似。在语言方面，各地固有方言，但普通话几乎到处通行；写成文字，则除繁简有别用语或异外，彼此能会意。过去，文字繁简的差异容易造成隔阂；如今透过电子软件，其互相的转换只在一瞬之间。

在技艺方面，则两地都已高度发展，能迎头赶上世界先进国家和地区：这表现在食衣住行育乐各方面。在"高科技"方面，两地各擅胜场，在不同领域互见高下。台湾的电子工业、光电工业、轻工业及精密机械走在前面，大陆则在重机械、国防工业、航天工业、能源科技、信息科技等大幅领先。在医药方面，台湾较重西医，大陆则在中医方面明显从祖先那里得到更多真传。

两地的道德水平其实差不多，都有好德好义者，也都有追求名利之人。先前曾有不少陆客到台湾访问后，盛赞一般台湾人较有礼貌守规矩；现在则差异渐渐缩小，这可能与物质生活的水平有关。两地最大的差异是在制度方面：大陆实行"中国特色的社会主义"，台湾实行"台湾特色的选举民主"，——其实是两党对抗、党内各派系各据山头的"德殁诡赖戏"。

对待宗教的态度，是两地有着明显的差异。在台湾，有所谓"宗教自由"各宗教各显神通，相安无事；在大陆，则宗教处于国家规范与引导之下，公民有信仰宗教的自由，也有不信仰宗教的自由。

说到学问，则大致而言，两地都远落欧美甚至日本之后。这可以从中国人很少建构出大理论这点清楚地看出来，而更明显反映在了诺贝尔科学奖或类似奖的获奖人数上。学问上的"崇洋"是有长期积弱的背景的；只要英文继续是国际学术界的当家语言，情势实在很难扭转。近年来大陆学者对学问的重视已提升许多，而台湾则相形见绌；但若论在全球学界的影响力，显然双方都尚待努力。

再说文艺方面。两地隔阂使得文学与艺术的发展有不同的面貌。而由于过去有相当长一段期间因受到政治因素的干扰，两地的文艺都得不到充分自由的发展。大陆人才众多，在可预见的未来，文艺方面会蓬勃发展，而台湾则陷入窘迫，需要探索新出路。

在文化发展的精神面貌方面，特别要指出的是：在"改革开放"四十年后的今日，大陆充分表现出了"文化自信"。相形之下，台湾则仍在"去中国化"中挣扎，自我封闭，甚至自暴自弃。

三、台湾与大陆文化相影响

目前中国大陆在世界上逐渐崛起,并日益具有举足轻重的地位,因而表现出"文化自信"。然而回想过去,台湾曾经在大陆经历"十年动乱"之后"改革开放"的前期,对中国大陆起过重要的影响,这可比喻为"灯塔效应"。

"改革开放"初期,台湾对传统中华文化保存与复兴采取的措施及对西方文化采撷与吸收的态度、教育制度、管理方法、法律制定、社会发展等等,都曾经是大陆人参考的对象。

然而二十多年前,台湾开始在文化上堕落了!开始自暴自弃,飙"去中国化",要减少国文课,放弃中华文化基本教材;开始盲从美国,例如"教改"要搞"综合高中",轻视技职教育,"广设高中大学"。总的来说,"教改"不重视教养,但强调"生活化";不重视基本功,却要求"创新";把学生都推往继续升学之路,不管他们的兴趣;专考选择题,戕害学生的论述能力。政府官员的水平每况愈下。弄到现在,谈中华文化甚至成为"政治不正确",大学里有关中华文化的学者逐渐凋零。台湾青年的教育文化水平普遍不及人,面对大陆的自信心开始丧失。

与此同时,大陆的"改革开放"开始大步向前行。经济发展,高校扩招,特别是开始提倡中华文化,尊崇儒学。2001年9月中国人民大学竖立孔子塑像,是一块里程碑;紧接着同年10月,山东大学庆祝建校百年时也竖立了一尊孔子像;到2011年,国家博物馆前也竖立了青铜铸造的巨型孔子雕像。1998年开始,有每两年举办一次的"二十一世纪中华文化世界论坛";2007年开始,陕西省开始每年举办"清明学术研讨会"。中国人民大学于2005年成立国学院,北京大学于2010年成立儒学研究院,山东大学于2010年成立儒学高等研究院;各地的"书院"更如雨后春笋般地陆续成立。到近年,中央电视台的《经典咏流传》更是成为家喻户晓、大众喜爱的节目,相当成功。

2009年7月在长沙举行的"第五届两岸经贸与文化论坛",其结论的第一条是标举"加强两岸文化交流合作,共同传承和弘扬中华文化"。这又是一个重要的里程碑。回想百年前的"五四时期"以来,多少知识分子与政客以批评中华文化起家,造成许多负面影响;终于在绕了一个大圈子后,中国大陆经过反省,重新重视传统优秀文化,而且以之作为两岸合作的重要事项。可谓难能可贵！习近平2019年初在纪念《告台湾同胞书》40周年讲话中提道：

> 两岸同胞同根同源、同文同种，中华文化是两岸同胞心灵的根脉和归属。……两岸同胞要共同传承中华优秀传统文化，推动其实现创造性转化、创新性发展。两岸同胞要交流互鉴、对话包容，推己及人、将心比心，加深相互理解，增进互信认同。

历史告诉我们：教育文化水平高者胜出。面对大陆积极发展中华文化，台湾不能再怀鸵鸟心态，不能再作井底之蛙，应更开放心胸——立足台湾，胸怀大陆，放眼世界。台湾更应认清并努力发掘自身仍有而更可发挥的优势，例如融会古今中外各种优良文化，例如网络开放、各种宗教活动蓬勃且相安发展等等。台湾也应正面看待大陆实施的"中国特色的社会主义"，并在交往中看到大陆的建设与发展成就。

当台湾当局致力于离中弃华时，民间的使命就显得愈加重要。历史告诉我们：民间的力量最终是要大于政府的，而在野更易发挥。台湾的学者应致力于提升教育的质量，重新建立青年学子的自信。应使台湾青年多认识中国历史、地理与文化，应增进两岸学者与学生的交流。在这方面，大陆应该可以扮演更为积极的角色，例如建立两岸民间可长可久的合作机制，共同发展优秀中华文化，共同编写中国近代史，共同办好科学教育。

四、动态相生 和而不同

台湾海峡两岸原本相通——通水、通气、通血缘。近年来和平发展，则进一步通邮、通网、通商业；通歌、通影、通表演；通航、通婚、通人才。其实更重要的应是"文化大三通"：通文字、通思想、通学问。我们乐见逐渐形成的"文化为纲"的气氛。①

中国过去六十年的历史是中国崛起的历史。中华文化曾经花果飘零，又在两岸间彷徨、游走，现在则逐渐尘埃落定。现代中国由于特殊的历史因缘，海峡两岸分治已近七十年，走上不同的道路，形成不同的制度，同时也在不断地

---

① 笔者曾于九年前写《纲举文化 中华共和》一文，刊于《清明·感恩与社会和谐学术研讨会论文集》，陕西省公祭黄帝陵工作委员会办公室编，陕西人民出版社，2011年。

发展中影响彼此。总的来讲，中华民族已自列强侵略欺侮中挣脱，逐渐步入复兴之路。西方的思想，无论是资本主义、社会主义，最终都要融合在中华文化之中，中华文化里弥足珍贵的资产就是相生相成的思想，太极图所显示的"两仪"，其"动态相生"的意象，可象征两岸的关系。探讨两岸未来和成之进程，仍当从中华传统文化的智慧中取经。

两岸从"怒目相视"，到"相视两无语"，再到"相视两不厌"，诚得来不易。未来应努力从"相视"进为"相示"，再逐渐"相试"，"相识"，"相适"，然后"相是"。有了"相是"，才能谈到"相会""相和"，"相亲"，"相成"，最后庶几能"相合"。此际离"相合"还有很长一段路程，当不可躁进；《论语》说："欲速则不达，见小利则大事不成。"

"九二共识"一词近日重新引发热议。笔者于是作寓言小诗《共饮中华酒——和而不同》："酒儿共嗜，高粱与茅台。一盅相适，两岸都开怀。"且略说其中深意：高粱酒是台湾特产，茅台酒是大陆特产；两岸应先求"相适"，大家敞开胸怀畅谈，才能走下一步。

结论是：现阶段不如致力中华文化之融合。天下大势，水到则渠成。

论传教士与五四激烈反传统思潮的关系

武占江

（河北经贸大学图书馆馆长、教授）

摘　要：近代西方来华基督教传教士为了消解中国文化对其传教的抵制，开始全盘否定以儒学为代表的传统文化。他们把基督教当作西方文明的根源，并宣称这种基督化的西方文明模式是世界发展的唯一道路，是文明的代表；背离、拒斥这种文明就是野蛮，应该被征服甚至被消灭。儒学"五伦"只是基督教"三伦"中"人伦"的一部分，儒学不关注人神关系、人地关系，因而不能掌握终极真理，不能发展出自然科学。严复所引进的"天演论"背后也是一种线性、机械、一元的进步观，这种观念与传教士否定中国传统文化的观念形成叠加效应。康有为、梁启超等近代启蒙知识领袖学习西学的一个重要渠道就是传教士，他们自然受到了传教士所传播的西方文化片面性的影响，不自觉地接受了传教士的"文明观"，并以此作为评价、改造中国传统文化的依据，具有很大的偏颇性。以陈独秀、胡适、鲁迅、吴虞等为代表的新文化人物在接受"天演论"的同时，也不自觉地接受了西方传教士的文明观和全盘否定中国传统文化的观点，这是五四激烈反传统思潮形成的一个深层次原因。五四激烈反传统思潮的背后有着基督教传教士的深远影响，他们在中国近代知识分子身上注入了激烈反传统的"文化因子"。

一

把五四新文化思潮概括为全盘反传统、全盘西化，在逻辑上是不严密的，也与事实不符。一个时代的思潮不可能只有整齐划一的一种观点，它是各种观点的汇聚，公开、坚定地维护传统文化的声音也是有的，比如康有为、辜鸿铭等。但是"思"而成"潮"，必然有其主流倾向，有一个最高的调子在引领、主导着整个乐章。从文化角度而言，五四时期确实存在着以西方文明为标准来衡量中国传统文化的主调，存在着西方文明是文明样板、为文明发展唯一道路的深层文化判定标准：符合这种标准的就是进步的，不符合的就是落后的，是应该改造甚至抛弃的。依此思路，以儒学为主要代表的中国传统文化就应该进行根本的改造，从而形成了一种从整体上激烈否定传统文化的突出倾向。这种整体激烈反传统的思潮在世界上也是少见的，林毓生甚至说这是一种独一无二的现象。① 时下有不少人引用五四新派人物的一些言论，认为五四并不存在彻底反传统的思潮。判定一种思潮的主体倾向，应该看思潮引领者的整体思想逻辑，而不能仅仅靠只言片语，要看主流而不是支流。如陈独秀就曾经说过："欲建设西洋式之新国家，组织西洋式之新社会，以求适今世之生存，则根本问题，不可不首先输入西洋式社会国家之基础，所谓平等人权之新信仰，对于与此新社会、新国家、新信仰不可相容之孔教，不可不有彻底之觉悟，猛勇之决心，否则不塞不流，不止不行！"② 陈并以他一贯直接明快的语言断定："孔教与共和乃绝对不相容之物，存其一必废其一。"③ 陈独秀曾经正面表述他的文化哲学：他认为宇宙间有两种法则，一是"自然法"，一是"人为法"。自然法是普遍的、永久的、必然的，"科学"就属于自然法；人为法是"部分的""一时的""当然的"，只能在特定的国土、特定的时期实行，绝非"普遍永久必然者"。"人类将来之进化，应随今日方萌之科学，日渐发达，改正一切人为法则，使与自然法则有同等之效力，然后宇宙人生，真正契合。"④ 所谓的"科学"的"自然法"其内容自然是西方文明。很明显，陈独秀思想深

---

① "虽然反传统态度与反传统运动的时代在别的地方也曾发生过，但，就'五四'反传统思想笼罩范围之广、谴责之深与在时间上持续之久而言，在整个世界史中可能是独一无二的现象。由于它对中国过去的攻击是采取全盘式的，这个整体性反传统主义影响所及，使得中国在民族主义的一个重要方面也形成了独特的性格。这种性格在其他各国的民族主义中也是少见的。"见氏著：《中国传统的创造性转化》（增订本）175页，北京：三联书店，2011年。

② 陈独秀：《宪法与孔教》《新青年》2卷3号。

③ 陈独秀：《复辟与尊孔》《新青年》3卷6号。

④ 陈独秀：《再论孔教问题》《新青年》2卷5号。

层是一种机械的、线性的、一元的西方文明发展观,以西洋文明为样板。在这种思想逻辑之下,陈独秀把儒学归约为"三纲",作了根本性的否定。在这种线性的文明论、进步观之下,中国的传统艺术也被判定为落后的。如《新青年》曾掀起了关于中国戏曲的争论,蔡元培、胡适、鲁迅都发表意见,认为京剧等中国的传统戏曲是落后的,而像胡适所翻译的《娜拉》才是典范的戏剧。

经此荡涤,晚清以来提出的"中体西用"被彻底突破,① "中学"之"体"被打破,儒学形式上的权威也被突破。相应地,作为凝聚中国传统文化核心价值观的孔子、周公以及三皇五帝这样的文化符号也被消解。"疑古派"就是完成这一过程的学术承担者,其背后的哲学、方法论根据是胡适所引进的"实证主义"。进一步,废除汉字、汉字拼音化、用世界语代替汉语的思潮也乘势而起,其流风余韵直至20世纪后半期。

二

这种在近代转型中激烈否定传统的现象很独特,原因也很复杂。为应对列强的侵略压迫,中国开始了近代化的历程。近代化包括经济上的工业化,思想上向民主、科学、自由的转变,以及建立在思想上的制度体系。这是本质性变革,必然要对传统进行扬弃。但是在西方近代化的过程中,并没有全盘否定传统,他们可以激烈地否定古代思想家的某些观点,但是并没有形成彻底否定苏格拉底、亚里士多德等先哲的压倒性思潮。对于基督教也是如此:有反对传统天主教的新教,同时还有天主教的反宗教改革运动,两派基本上是势均力敌的。西方启蒙运动贤哲可以彻底否定上帝和基督教,但是基督教仍然存在,并不断发展、演变,其教会组织也并没有被废除。日本号称"脱亚入欧",但是日本传统的神道教依然在近代具有强大势力,而且在意识形态方面也没有被全盘否定。所以林毓生说中国文化转型是一种独一无二的现象,并非没有道理。

那么中国激烈反传统思潮是怎么产生出来的呢?最早提出全盘否定中国传统文化的其实不是陈独秀等五四新派人物,而是基督教在华传教士。

---

① "中体西用"在晚清是许多学者的共识,包括康有为、梁启超都明确提出这样的主张,张之洞对此并没有原创权,只是张之洞的《劝学篇》在戊戌维新期间奉旨刊行,张之洞影响较大而已。参见笔者:《体用融通与中国文化的创新之路》,《河北师范大学学报》(哲学社会科学版)2014年第4期。

20世纪50年代以来，侯外庐先生所领导的团队对此问题做了深入研究。《中国思想通史》第五卷《传教士传播了什么样的西学》一章，对明清之际传教士所传播西学内容进行了分析，指出了他们在传播内容方面的局限性①，本章由何兆武先生执笔。60年代初，何兆武《广学会的西学与维新派》②，杨超、张岂之《论十九世纪六十至九十年代的西学》③ 对近代传教士的文化传播进行了专门研究，研究对象主要是林乐知、李提摩太等《万国公报》的主要供稿者。这些研究成果在用语、表述方面有着明显的时代烙印，但是有些方面足以经得起时代的考验，具有范式性、经典性的奠基意义。其一，指出了传教士和《万国公报》的具有文化侵略和文化征服的基本立场和特质。其二，立场和性质决定，他们所传播的西学具有不可克服的局限性，如杨超和张岂之先生指出"十九世纪六十至八十年代，西方传教士所高唱的'西学'，主要内容是国际公法以及和宗教神学世界观混杂在一起的一些粗浅的科学技术知识"。④ 这也就道出了传教士在中西文化传播过程中所起作用的上限。其三，指出了中国的维新派（包括康有为、梁启超以及早期维新派）受到传教士的很大影响，虽然维新派在主观上努力对传教士的文化征服有比较清醒的认识，但是客观上仍然难以摆脱传教士思想的某些束缚。其四，抓住了当时传教士在文化上同化中国的重要观点和方法。如何兆武先生所注意到的"三品论"，这是西方传教士的一个核心观点和方法，对中国文化的近代化转型产生过很大影响。包括五四新文化运动中的一些文化巨人，都不知不觉地随着传教士的步子起舞，但是这一问题迄今没有引起学者的足够重视，由此可见何兆武先生的学术洞察力。

20世纪80年代以来，学界开始重视传教士对中国近代化的正面影响，正视传教士在中国学术思想近代化过程中的作用，分析传教士对戊戌维新运动的直接推动，改革科举、妇女解放等方面的先导意义，补充了大量的资料，这些都是事实。但是，又有一种走向极端的倾向，认为有些传教士所起的客观作用与主观动机都是好的，而无视传教士的文化立场和国家立场。如《林乐知在华

---

① 《传教士传播了什么样的西学》。
② 何兆武：《广学会的西学与维新派》，《历史研究》，1961年第4期。
③ 《新建设》，1962年第9期。
④ 杨超、张岂之：《论十九世纪六十至九十年代的"西学"》《新建设》，1962年第9期。

活动罪名辨》①一文中，认为林乐知的活动不存在侵略行为和侵略性质，该文直接针对顾长声涉及林乐知的观点，并对之逐一批驳，是一篇为林乐知全面"翻案"的文章。此文在研究方法上存在着一些值得商榷的问题。从小的方面来说，在引用资料方面存在着不足，比如在推翻顾长声对林乐知评价和对林乐知进行"辩护"的时候，多引用《万国公报》本身的资料。《万国公报》是一种地地道道的宗教报刊，有着强烈的政治、宗教色彩，这一点林乐知本人从来也不回避，它所刊载的资料是由其立场决定的，仅仅用这样的材料不可能得出客观全面的结论。袁伟时不仅反对顾长声的观点，就连台湾王树槐等人较为平实的观点也予以否定。而且袁伟时所涉及的问题都是跟着顾长声走的，为了批评顾长声而去找材料，从皇皇34年的《万国公报》去找适合自己观点的材料，需要什么就能够找到什么。袁伟时本人也承认"本文只是为林乐知辩诬""并非为他写传记""包括他的失误和功绩在内许多活动都没有涉及，那是超出这篇小文任务以外的"。② 其实像林乐知这样复杂的人物，如果不是对他本人的全部活动和言论进行整体把握，对他的评价不可能全面客观，其"辩诬"也就立不住脚。这是只见微观不见宏观的研究方法所造成的不足。实际上外国人的观点反而比袁伟时更为全面，如新加坡学者卓南生先生就对传教士的文化侵略与政治侵略进行了论述。③ 另外，台湾的王树槐、香港的梁元生在20世纪六七十年代也充分注意到传教士的立场和正面作用的上限，这都是比较客观的。

如果我们以客观、平实的心态来看，传教士实际上是近代中国全面激烈反传统的始作俑者。这些传教士凭借不平等条约及炮舰政策，获得了在中国传教的"自由"，但是他们在中国"福音化"的过程中，却遇到了意想不到的强大的、持久的抵制。一方面是中国人与传教士在行动上的持续冲突，"教案"不断，中国下层士人与普通百姓不惜性命与传教士对抗。另一方面是中国从上到

---

① 见汤一介主编：《国故新知 中国传统文化的再诠释 汤用彤先生诞辰百周年纪念论文集》，北京大学出版社，2004年。又见袁伟时：《中国现代思想散论》，三联书店，2008年。

② 汤一介主编：《国故新知 中国传统文化的再诠释 汤用彤先生诞辰百周年纪念论文集》，北京大学出版社，2004年，406页。

③ 卓南生：《中国近代报业发展史 1815—1874 增订版》，中国社会科学出版社，2002年。

下在思想上对基督教的抵制和高度警惕。经过长时间的深入研究,传教士发现他们遇到障碍的原因是中国有一套非常成熟的观念文化体系,这套以儒家为代表的观念文化体系,不仅是中国人行为的决定者,而且还满足了中国人的信仰需求。以性善论为核心的理学体系通过"良知"的承诺就可以实现内在的超越,不需要一个外在的上帝。传教士认识到,只有消解了中国人内心固有的观念文化体系,基督教的信仰才有可能在中国人心中扎下根。传教士也认识到,当时中国知识分子最感兴趣、不能拒绝的西方文化是科学技术。为了实现他们的目的,传教士把基督教说成是包括科学技术在内的西方文化的总根源,而"以基督教为根源的西方文明"是世界发展的唯一道路,走入这条轨道就是接近文明,就能够生存、发展;信仰基督教(其他宗教不算)的国家和民族就是文明的,否则就是野蛮的;野蛮的国家和民族理应被征服甚至被消灭。① 为了证明这种观点,以林乐知为代表的传教士以"三伦观"消解儒家的"五伦观"。基督教的三伦是人天关系、人人关系、人地关系,"天"指上帝,"地"指自然。林乐知认为,儒家的五伦(君臣、父子、夫妇、兄弟、朋友)不出基督教的"人人关系"一伦,而没有对神(上帝)、自然的研究,因而中国没有产生科学,从而导致了被动挨打的局面;儒学不信神,孔子只是人,人的认识是有限的,而上帝则是无限的;所以儒家不仅有其不足,孔子所云并非终极

---

① 林乐知类似的言论很多,下面列举两段:"乃知教道足以兴格致,格致足以兴教化,教道与格致并行不悖。世人不察,谬欲背弃真道而不受,反欲得受道中所发之智学,是犹遗其母以求其子,安望其能如愿以偿乎?即能如愿以偿,而徒得格物之能力,反失教道之爱心,直不啻增虎之翼乎矣。上帝岂望天下有如此之人哉?将必使之早灭于有道之国,不过视为猛兽,而争欲除之矣。此有智无爱之害,正如人之有文无行、有才无德也。"见林乐知、蔡紫绂:《三哀私议以广公见论 庚》,《万国公报》(月刊)105卷(1897年10月)。"上帝创造世界,使人治理,凡有能治理不负上帝所托者,其视全世界当作上帝所赐之产业观,苟见有一地不治,当引为己任,代为治之。强国所到之处,常征服弱国,文明人所到之处,常驱逐野蛮人,实据公理而行,本无伤于仁德也。以故近百年来欧美文明强国之人,争觅新地于各海洋中,先到者得之,有不能独得者,则分得之,此为拓地之又一法也。"见林乐知:《论欧洲诸国二十周之前程》,《万国公报》(月刊)164册(1902年)。

真理，儒学低于基督教，并且两千年前的孔子言论已经不能适合时代的需要。① 同时，儒家的五伦本身还存在着根本的缺陷，它缺乏平等、自由的意识。

"三伦观"是传教士在对比基督教文明与儒学过程中高度概括出来的观点，把儒家"五伦"纳入"三伦"的做法也是对儒学的根本否定。在中国历史上，这一思潮开启了全盘否定传统文化的先河。

三

那么传教士的文化观在中国近代的影响到底有多大呢？可以这么说，它给近代中国近代知识分子的思想深处注入了全盘否定中国文化的基因。尽管知识分子在显性意识层面竭力反对、抵制基督教，但是却难以摆脱血液中这种否定因子的左右，并且不自觉地将这种否定基因传给了下一代，在各种因素的触发之下，在五四时期就形成了激烈反传统的大潮。

明显受到传教士文明观影响的是康有为、梁启超、严复这一代知识分子。这三人毫无疑问是戊戌维新以来知识界的领袖人物。他们在显意识层面是不认可基督教的，但是潜意识中却不自觉地接受着传教士的影响，康有为表现得最为明显。在戊戌维新时期，他向皇帝上书，建议中国模仿基督教传教的方式，也到域外传教。康有为竭力提倡把儒学宗教化、定儒教为国教，一个根本的理由就是：如果我们没有宗教，那么就是自认野蛮；如果儒学不能宗教化，中国的文明将不能延续。② 直到晚年，康有为都没有摆脱在华传教士文明观的支配。梁启超在一战后欧洲游历之前，一直醉心西方文明，把西方文明看作是一切文明的样板。严复把社会达尔文主义进行了改造，在中国传播"天演论"。甲午战争以来，"天演论"成为最具权威性的"公理"，为知识界所信奉，五四新文化运动背后的哲学指导也就是"天演论"。严复所传播的实际上也是一

---

① 林乐知、蔡紫绂：《三哀私议以广公见论庚》，《万国公报》（月刊）105 卷（1897年10月）。林乐知：《续环游地球略述·日本宜黜异端而崇真道》，《万国公报》（周刊）592 卷（1880 年 6 月 5 日）。

② 康有为云："吾国人士，若不念神明之种而甘为野蛮禽兽也，则相约而从之，曰中国无教，无教主可也。苟吾国人稍能自念身为神明之胄，而不甘遂沦为野蛮禽兽也，而慎无盲从妄说而亦曰中国无教，无教主也。"《英国监布列助大学华文总教习斋路士会见记》，《康有为全集》第八集，中国人民大学出版社 2007 年，第 36 页。

元的、机械的社会进化论，其进化的方向、道路、目标—以西方为准，而且这种"进化论"对列强的侵略没有任何批判，并且认为这是自然而然的。"天演论"之所以在中国得到高度认可，重要的原因是因为它是以"自然科学"为基础的，而自然科学是没有时间、空间的限制，无条件适用、无条件有效的（上文所指出的陈独秀的文化观正与此一致）。这也与在华传教士的文明观是一致的。以天演论为代表的科学观是有很大缺陷的。它泯灭了自然科学和社会科学的区别，没有区分自然规律与价值观的不同。达尔文本人反对把进化论作超出生物界的延伸，是斯宾塞等人在西方强力扩张的历史背景下，把生物进化论抽象地延伸到社会领域，而这种思想迎合或者论证了资本主义全球扩张的合理性。严复就是在这样的国际思想背景下，引进了斯宾塞的社会达尔文主义。当时的中国知识界尚不具备对这种思潮进行反思的能力，于是在一种"学问饥荒"的情况下，对严复的"天演论"照单全收。而且近代中国知识分子在接受科学观念体系、构建"科学精神"的时候也有明显的不足。西方在自然科学跃进的过程中培养出了一种独立精神，以客观真理的权威为第一；而中国在接受科学精神的时候，却不自觉地形成了以西方为权威的认识，五四反传统在很大程度上就是这种科学观的体现，陈独秀、胡适等人概莫能外。

由于有着坚实的旧学根底，并且经过了戊戌政变、辛亥革命以及之后军阀混战的苦难，康有为、梁启超、严复晚年都开始反思这种线性、机械、一元的进化论。康有为反思最早，但由于他始终摆脱不掉传教士文明观的束缚，其儒教运动在大陆成为众矢之的，最后失败。严复也由于与袁世凯复辟的关系，其晚年思想被认为是落后的明日黄花，而少有人理睬。只有梁启超影响比较大，但是新一代信奉线性进化论的人物已经当令，梁启超也成为新派人物的对立面，左右不了主流舆论了。

前文已经指出，五四新文化运动背后的哲学基础是严复所介绍的"天演论"（当时称进化论），而寓于"天演论"机体之内的线性一元文明发展观也是传教士首先在中国传播的；换句话说，在华传教士的文明观借"天演论"之躯壳，把西方文明为样板的文明观传递下去，继续影响中国人。以反孔激烈而著称，被称为"只手打倒孔家店的老英雄"吴虞资以作反孔论据的，不过是严复翻译的《社会通诠》，而《社会通诠》所宣扬的则是一种简单粗糙的社会进化观。陈独秀也强调西方的道路是唯一道路，中国不能与之有区别，既要走这条道路,孔教就必然被否定。① 这也是传教士一元文明论的翻版。至于吴虞则直接声言,传教士给中国带来文明,带来民主、科学:

  苟非五洲大通,耶教之义输入,恐再二千余年,吾人尚不克享宪法上平等自由之幸福,可断言也。②

  传教士为什么有这么深入持久的影响呢?这与中国学习西学的历程直接相关。鸦片战争以来,只有少数人有直接走出国门的机会,他们带回的西学比较零散。虽然大量的外国人在华,但系统、持续、直接传播西方文明的则是传教士。传教士传播包括科学在内的西方文明目的是为了说服中国人信奉基督教,所以这种西学是经过传教士剪裁过的西学,有很大的偏颇性。学界、士林领袖康有为、梁启超等人学习西学的启蒙老师就是传教士,③ 这种偏颇的基因随之被植入。甲午战争后传入的天演论与传教士的文明观有很多共性,两者交互加强,形成叠加效应,直接延伸到了五四时期。就中国知识界而言,戊戌时期对中西文明认识犹如人的童年期,五四时期可以被看作是青年期,童年期某些观念会很深刻地影响着人的一生,青年期也就很难摆脱这种童年先入之见的左右了。

  需要注意的是,中国认识西方文化并根据这种对西方文化的认识来判别本国文化的过程中存在着双重的偏颇或扭曲,这是西方国家在转向近代化的过程中所没有的,日本也与中国有别④。第一重是因为面临着国家的存亡而产生的对自身文化存亡、有用无用的怀疑和危机感;第二重是精英阶层在西学启蒙过

---

  ① 陈独秀说:"使今犹在闭关时代,而无西洋独立平等之人权说以相较,必无人能议孔教之非。即今或谓吾华贱族,与晰人殊化,未可强效西鞻,愚亦心以为非而口不能辨。惟明明以共和国民自居,以输入西洋文明自励者,亦于与共和政体西洋文明绝对相反之别尊卑明贵贱之孔教,不欲吐弃,此愚之所大惑也。"《孔教与宪法》《新青年》2卷3号。

  ② 吴虞:《儒家主张阶级制度之害》,《新青年》第3卷4号。

  ③ 梁启超坦承:"惟制造局中尚译有科学书二二十种,李善兰、华蘅芳、赵仲涵等任笔受。其人皆学有根柢,对于所译之书,责任心与兴味皆极浓重,故其成绩略可比明之徐、李。而教会之在中国者,亦颇有译书。光绪间所为'新学家'者,欲求知识于域外,则以此为枕中鸿秘。盖'学问饥饿',至是而极矣。"梁启超:《清代学术概论》,《饮冰室合集》《专集》第三册第三十四,中华书局1989年。

  ④ 因为日本通过打败中国和俄国重新建立起自信,并被西方接纳为列强中的一员。

程中所接触的是被传教士有意包装、歪曲、误导得非常不全面的西方文化。五四时期，这种双重扭曲依然存在，所以，对西方文化及自身文化的判定就不可能全面客观。目前学界对在华传教士与五四激烈反传统思潮关系的分析与梳理还很少，笔者提出这一问题，希望得到大家的重视。

《张岂之教授论学书信选》读后
——兼论"张岂之学派"

许 宁

（陕西师范大学哲学系教授）

《张岂之教授论学书信选》（江苏人民出版社2017年，以下简称《书信选》）一书分为三个部分：一是指导研究生信函选录，共47人80封；二是致部分学者信函，共7人49封；三是研究生管理与教育建议信函选录，共7人19封；附录部分收入了张先生论研究生培养的6篇随笔。编者指出，张先生"在指导硕士生、博士生的过程中，通过书信的方式和学生们商讨学术问题，这些书信既有学术含量，又有师生交往的感性文字"。笔者拜读这148封信及6篇随笔后，深感该书不仅体现了张先生指导培养研究生的所思所想和心得体会，而且还提供了"张岂之学派"形成的重要依据和思想标识，具有重要的学术价值。

一、何谓"学派"

《辞海》对"学派"的解释是："一门学问中由于学说师承不同而形成的派别。""学派"中的"学"指学者、学术、学说，凸显学术性；"学派"中的"派"指派别，《说文》称别水分流为派，侧重传承性。简言之，"学派"就是由核心学者所开创，形成了理论化、系统化的原创学术思想，学术旨趣、问题意识、理论倾向、研究范式、治学风格基本一致的学术共同体。

早在先秦时期，诸子学派就掀起了中华文明精神创造的第一个高峰，反映了当时思想文化繁荣的盛况。如孔子之后，儒家一分为八，有子张之儒，子思之儒，颜氏之儒，孟氏之儒，漆雕氏之儒，仲良氏之儒，孙氏之儒，乐正氏之儒。墨子之后，墨家一分为三，有相里氏之墨，邓陵氏之墨，相夫氏之墨。西汉司马谈在《论六家要旨》中对儒、墨、道、名、法、阴阳六大学派思想做了精要的评述。

陈寅恪肯认华夏民族之文化"造极于赵宋",此一时代则产生了濂、洛、关、闽四大理学学派。《宋元学案》《明儒学案》所着力探讨的"学案"即是围绕着核心学者所形成的众多学派,正是在不同学派的思想交锋、文化争鸣、理论辩难中,有力地推进了当时学术思想的繁荣发展。乾嘉学派则是清代乾隆、嘉庆时期重在"辨章学术、考镜源流",以训诂考据为方式,以崇古征实为特征的学术流派。现代学术体系的建立同样离不开学术流派的筚路蓝缕之开创。

二十世纪三四十年代的清华大学哲学学科形成了"清华学派",不仅聚集了金岳霖、冯友兰、张东荪、张申府、张荫麟、贺麟、张岱年等一批专业哲学家,而且还形成了比较重视义理,重视理论建树,在方法论上比较推崇分析的思想传统。

在当代学术界,除了中国思想史领域的"侯外庐学派"以外,还有中国政治思想史领域的"刘泽华学派"。方克立指出:"刘泽华学派的基本观点是在认同唯物史观的基础上强调思想与社会的互动。"① 黄宣民认为如果说刘泽华有什么学术派别的归属的话,"他与他的合作者的思想和学术研究成果可归之于'侯外庐学派',……他们都是在政治思想史研究领域自觉地运用、并且是发挥性地运用了外老的治学方法,发展或至少是引申了外老的学术思想的。当然,正因为他们、特别是刘先生有了自己创造性的发挥或发展。故而刘先生本人及以他为核心的学术群体所取得的一系列学术成果中,又具有了与外老、与(侯)外庐学派不甚相同的自身特色。我为之而高兴。衷心期盼独具特色和个性色彩的'刘泽华学派'的早日形成并发展壮大!"② 刘泽华本人是认同黄宣民的观点的,充分说明这两个学派在学术上既有亲缘关系,又有所不同。

《张立文学派》一书则展示了中国哲学研究专家张立文教授长期致力于《周易》、宋明理学以及和合学研究的理论成果,将"自己讲""讲自己"的文

---

① 方克立:《中国文化的综合创新之路》,北京:中国社会科学出版社2012年版,第436页注。

② 黄宣民、陈寒鸣主编:《中国儒学发展史》,北京:中国文史出版社2009年版,刘泽华序。

化创新主张运用于中国哲学的探讨。彭永捷指出张立文教授的贡献和创见，"对于不同时期就读于门下的学生和长期跟随张老师从事学术研究的学者，影响各有偏重，同时对学术界的许多同行也有一定的影响，为门人弟子和学界同行所取法，由此形成狭义和广义上的'张立文学派'"。①

学派是文化自信、学术自觉的体现，当代中国人文社会科学的繁荣呼唤更多富有中国特色、建构中国话语、阐释中国价值、传播中国声音的学术流派。衡量一个学派成立的标准应该有这样三项：一看核心学者是否具有足够的学术影响力；二看是否形成了原创性学术思想及研究范式；三看是否形成了志同道合、密切协作的学术共同体。

二、"张岂之学派"是新时期"侯外庐学派"在西北地区的延续和光大

依据这样的标准，侯外庐是"侯外庐学派"当然的学术领袖，他不仅著作等身，留下了精深博大的学术思想遗产，而且还形成了独具特色的、以马克思主义为指导的"思想史和社会史相结合"的研究范式，对中国思想史、哲学史作出了卓越的、开创性的贡献。侯外庐认为，人是社会的人，思想是社会的思想，思想史研究应以社会史研究为基础，即把思想家及其思想放在一定的历史范围内进行分析研究，把思想家及其思想看成生根于社会土壤之中的有血有肉的东西。侯外庐的中国思想史研究揭示了各个学派之间的对立与融合，不仅反映了人类自身思维的矛盾性和多样性，而且与中国特定条件下不同阶级、不同阶层的利益有密切关联，从社会经济关系、政治关系和民族关系的宏阔背景下考察思想史的整体风貌。

尤其重要的是，半个多世纪的学术生涯中，在侯外庐的学术旨趣、问题意识、理论倾向、研究范式、治学风格影响下，逐渐形成和发展了以他为核心的学术共同体。这一学术共同体以侯外庐为核心，包括赵纪彬、杜国庠、邱汉生等，以及参与编著《中国思想通史》第四卷的"诸青"，即张岂之、李学勤、何兆武、林英、杨超等重要成员。

---

① 彭永捷主编：《序言》，《张立文学派》，保定：河北大学出版社2014年版，第3页。

在侯外庐看来，学术共同体中的"诸青"风华正茂，各擅胜场，"有理想，文史功底比较厚，三四年间，表现出异常勤奋、学习朴实的共同特点，并各有所长。岂之哲学基础扎实，归纳力强；学勤博闻强记，熟悉典籍；杨超理论素养突出；林英思想敏锐，有一定深度；兆武精通世界近现代史，博识中外群籍。"① 他们除协助侯外庐做好《中国思想通史》第四卷编写的组织事务和协调联络工作外，还在第四卷中承担了将近一半的撰述任务。

在"侯外庐学派"这一学术共同体中，姜广辉指出："在侯先生的弟子中，大家都公认张岂之先生是掌门人。"② 张岂之先生有着高度的学派自觉，他强调："人文学派的形成，不是依靠一些行政措施，也不是用一个模式制作出来的，而是在民主的学术环境中，研究者们认真地进行研究，逐渐形成不同风格、不同研究重点、不同研究队伍的学派。这些学派都是中国的学派，带有中国的风格和特色。"③ 张先生的认识应当是基于"侯外庐学派"的具体学术实践而得出的切身体会和经验总结，而且在主持西北大学中国思想文化研究所的学术工作中，他秉持"兼和、守正、日新"的学术宗旨，倡导民主的学术研究风气，注重激发学生的学术兴趣，引导他们发挥学术专长，在中国思想史领域形成不同的研究重点，造就了一批优秀人才，使得西北大学成为中国思想史研究的学术重镇，享誉海内外。

在此意义上，赵馥洁先生总结指出，"张岂之先生和他领导的学术群体在继承的基础上对侯外庐中国思想史研究范式的超越"，主要表现为：思想史与文化史的融通，思想史与学术史的结合，思想史向多学科的延伸，思想史中人文精神的弘扬。④ 在 2007 年赵先生热情洋溢的发言中，"以张岂之先生为学术领袖"的"张岂之学派"已经呼之欲出了；十年后，在《书信选》中我们可以真切地感受到"张岂之学派"已经跃然纸上了。

---

① 侯外庐：《韧的追求》，北京：生活·读书·新知三联书店 1985 年版，第 315 页。
② 姜广辉：《在"中国思想史学科建设研讨会"上的发言》，《人文学人——张岂之教授纪事》，西安：西安出版社 2008 年版，第 208 页。
③ 张岂之：《我理解的人文教育观》，陈战峰、夏绍熙编：《张岂之教授论学书信选》，第 335 页。
④ 赵馥洁：《中国思想史范式的继承与超越》，《人文学人——张岂之教授纪事》，第 4－5 页。

三、《书信选》是"张岂之学派"形成壮大、蓬勃发展的生动体现

（一）《书信选》彰显了张岂之先生谦逊质朴、富有魅力的人格气象

卞清波先生是《书信选》的责任编辑，他提供了一个很有意思的细节。"从书信选的书名来看。本来，我作为编辑，是建议书名不加'教授'两字的，因为我觉得张先生的名气也好，地位也好，贡献也好，都在那里，加'教授'两字，不如不加这两字更简洁。但张先生提出来，还是要加'教授'两字，这样更得体。"① 在一次师生的闲谈中，话题涉及学界"大师"称号满天飞的现象。于是学生就问，如果弟子们要给先生一个称号，那么先生愿意接受什么样的称号呢？张先生笑答：如果你们认可，我愿意做一位"人文学人"。学生们莞尔称叹："人文学人"——这是一个多么平实而又多么富有魅力的称号啊！② 从这样的细节和场景，可以看出张先生一以贯之的谦逊质朴的君子之风。何止于朝夕相处的师生，哪怕是与先生只有短暂交往的学者都会为先生强烈的人格魅力和高尚情操所感染，这是学术领袖强大的凝聚力、号召力、吸引力之所在。

（二）《书信选》蕴含了"张岂之学派"原创性学术思想和研究范式的"原型"和"起点"

张先生以信论学是从老一辈学者那里传承而来的，他亲切地回忆起当年总是每隔两三天就会收到侯外庐先生的来信，这些信函全部内容都是治学，不谈其他的任何问题。张先生肯定"见其信如见其人"，"更加人性化、情感化、理性化"，是师生论学的恰当方式，不仅需要，而且应当加以提倡。

《书信选》收录最早的一封信是 1974 年 10 月 11 日《致卢钟锋、黄宣民、樊克政同志》，最后一封信是 2016 年 1 月 13 日《致魏厚宾》，时间跨度长达 42 年。肖永明指出："数十年来，张先生围绕着学术研究，培养了众多人才，以西北大学中国思想文化研究所为基地和依托，形成了在学界具有重要地位的

---

① 卞清波：《在〈张岂之教授论学书信选〉发行座谈会上的发言》，《华夏文化》2018 年第 2 期。

② 方光华、陈战峰主编：《人文学人——张岂之教授纪事》序，第 1 页。

中国思想史研究群体。"① 我们看到，围绕张岂之先生形成的西北大学中国思想史学术群体，书信论学成为一个重要的形式，这个群体的形成在时间跨度上与《书信选》的时段是基本一致的。

难能可贵的是，师生在书信中所讨论的若干观点，往往成为日后学术研究的"思想原型"和"理论起点"。

1. 思想史与学术史相结合

张先生要求把握思想史学科的属性和规律，主张思想史姓"思"，"思想史一定要有'思想'。此'思想'有二：一、研究对象自身的思想；二、研究者的思想。如何才会有'思想'？在研究中要提出问题，从思想史角度加以解决"。② 张先生注意到学术史的价值和作用，指出"学术史不同于思想史，亦不同于文化史"③。后来，"将思想史与学术史结合起来"这一方法在张先生主编《中国近代史学学术史》时做了尝试。在主编《中国思想学说史》时，他更加明确贯彻思想史与学术史相结合的编撰原则。"在思想史的分析中，如何体现'学术'的意义，同时在学术史描述中如何体现思想的深层内涵"，要求"《中国思想学说史》全书应该贯穿一个理论观点——思想史与学术史的融合"。④

2. 思想史与文化史相结合

张先生还提倡思想史与文化史相结合的研究方法。张先生指出："近年来我比较注意将思想史与文化史相结合，也是出于如何达到对历史上思想进行具体分析，所必须遵循的一种方法。"⑤ "从研究方法上看，今天只提思想史与社会史结合，可能不够；还有一个方面，就是思想与社会文化的结合，思想如果不放在文化大背景下分析，那就不得要领，思想与文化联结起来，容易看出思想的文化功能，一下就活了。"⑥ 张先生在20世纪80年代就有这样的设想，后

---

① 肖永明：《在〈张岂之教授论学书信选〉发行仪式上的发言》，《华夏文化》2018年第2期。
② 张岂之：《致江心力》第四封，《张岂之教授论学书信选》，第74页。
③ 张岂之：《致方光华》第三封，《张岂之教授论学书信选》，第19页。
④ 肖永明：《张岂之先生与〈中国思想学说史〉的编著》，《人文学人——张岂之教授纪事》，第84、86页。
⑤ 张岂之：《致刘宗镐》，《张岂之教授论学书信选》，第167－168页。
⑥ 张岂之：《致苗彦恺》，《张岂之教授论学书信选》，第172页。

来他主编《中国思想文化史》时就突出了这样的主题和主线。

3. 弘扬人文精神

人文精神是张先生一贯强调的民族文化精神。"研究'人'自身的学问即人文学科，以及由此引导人实现自身价值和理想，即所谓'人文精神'，亦可视为科学技术和经济生活的根本。"① 中华人文精神包括文明之初的创造精神，穷本探原的辩证精神，天人关系的探索精神，人格养成的道德精神，博采众家之长的文化会通精神和以天下为己任的责任精神。在张先生看来，人文教育是大学教育的重要组成部分，大学要提倡人文精神和科学精神相结合，大学应当成为新时代人文精神的研究者、继承者、发扬者和传播者。

4. 凝练核心理念

中国有五千多年没有中断的文明史，孕育出许多具有深刻内涵的理念，体现了中华文化的博大精深。张先生指出要善于"从传统文化的经典中提炼出做人的要义（理念）、做事的要义（理念），总之要提炼出价值观的理念"。② 为此他主编了《中华优秀传统文化核心理念读本》以及《中华优秀传统文化核心理念丛书》（13册），对中华文明中的天人之学、道法自然、居安思危、自强不息、诚实守信、厚德载物、以民为本、仁者爱人、尊师重道、和而不同、日新月异、天下大同等核心理念的产生、演变以及现实意义进行了阐述。

（三）《书信选》展示了"张岂之学派"形成发展的学术共同体图景

张先生指出："一个学术研究集体能否有长期稳定的研究课题，以及学术梯队的建设和人才的培养、研究成果的质量等，在很大程度上取决于学术带头人的思想、学术水平、素质和组织能力。"③ 从《书信选》来看，"张岂之学派"有以下三个基本特点：

首先，张先生大力传承"侯外庐学派"良好学风，致力于新学术群体的构建。张先生对侯外庐先生感情真挚，认为"由外老培育的这个科学集体，我

---

① 张岂之：《我理解的人文教育观》，《张岂之教授论学书信选》，第345页。
② 张岂之：《致张茂泽、陈战峰》，《张岂之教授论学书信选》，第36页。
③ 张岂之：《治学小议》，《张岂之自选集》，北京：学习出版社2009年版，第471页。

们应当爱护"①,深入思考"外老培育的中国思想史研究队伍如何加强"② 的时代命题。张先生主持下的西北大学中国思想文化研究所,探索出"以集体合力的形式,以及个人的方式,开拓一些新的研究领域,并拿出优秀的成果"③ 的成功经验,业已成为中国思想史研究领域具有西部特色、全国影响的代表性学派。

其次,张先生将重大科研课题作为推动学科建设的重要抓手。张先生强调,要重视产出"深层次的研究之作,反映西北大学中国思想文化研究所的整体实力。一个博士点,一个重点学科点的实力(学术实力),是不能马虎的"④。从八十年代的《宋明理学史》开始,张先生一直组织推动、编辑出版《中国思想史》《中国思想文化史》《中国思想学术编年》(六卷)《中国思想学说史》(六卷八册),提升了西北大学中国思想史学科的知名度、美誉度和影响力。值得一提的是,2018 年 12 月《宋明理学史(修订版)》(上中下三册)由 92 岁高龄的张先生主持修订出版,对《宋明理学史》进行了系统爬梳,订正和修改了其中概念、表述、名词术语等内容,堪称宋明理学研究里程碑式的代表性成果。

再次,张先生满腔热忱地关爱、培养学术共同体的人才梯队。张先生指导研究生系统全面掌握文献学的方法,广泛阅读中外经典,接受逻辑思维的训练,编撰研究对象的资料长编,强调从具体的历史分析入手,避免语言生硬晦涩,在此基础上得出符合实际的独立见解。他引导博士生参加研究所的集体攻关项目,培养其科研集体精神,鼓励研究生之间"互挑毛病"(相互讨论文稿并提出修改意见),不跟风,不浮躁,以学术成果质量为第一要求。他提倡"三重证据法",在传世文献的基础上,"不仅要注意地下文献,而且要注意地下实物,并予以科学的分析,提升到思想的高度加以论述"⑤。他注重研究生人品和学品的培养,要求为人治学的统一,树立起实事求是、严谨求实的优良学风。他注重紧抓研究生诸环节、诸要素,对招生中的命题、阅卷、面试,培

---

① 张岂之:《致黄宣民同志》第二十八封,《张岂之教授论学书信选》,第 226 页。
② 张岂之:《致黄宣民同志》第十三封,《张岂之教授论学书信选》,第 205 页。
③ 张岂之:《致武占江》第六封,《张岂之教授论学书信选》,第 48 页。
④ 张岂之:《致所内各位年轻同志》第一封,《张岂之教授论学书信选》,第 6 页。
⑤ 张岂之:《致宁国良》,《张岂之教授论学书信选》第 95 页。

养中的教学计划、授课、考核，学位论文中的开题、写作、修改、评审、答辩等严格要求，指出抓而不紧，等于不抓，着力提高研究生培养质量。

张先生指出博士论文的写作是博士生一次重要的坚持实事求是的学风训练，是衡量其能否达到博士标准的重要尺度。他对博士论文的要求是："既有宏观的视野又不泛泛而论，既有丰富的材料又在论点上有相当的深度，既继承前人的成果又有新的突破。"①。博士论文的难点也是其突破创新之处，他鼓励学生要敢于突破，迎难而上。"一篇博士论文如果没有难点，那就显示不出动力来；唯有其难度，才有做头，也才有趣味，才能培养科研的能力。"②

张先生强调："学派的形成，不在于著述的多少和人数的多寡，而在于研究成果的创新和精神世界的自得。"③ 他是这样理性认识的，也是这样自觉践行的。张先生提倡思想史与学术史相结合、思想史与文化史相结合的研究方法，积极弘扬中华人文精神，提炼核心价值理念，不仅获得了令人瞩目的学术创新成果，连获全球华人国学大典"国学终身成就奖"、汤用彤学术奖等大奖，而且以西北大学中国思想文化研究所为中心，志同道合，分工协作，在精神的自得中拓展了"兼和守正日新"的学派新境界。

---

① 张岂之：《致周溯源》第三封，《张岂之教授论学书信选》，第87页。
② 张岂之：《致陈战峰》第二封，《张岂之教授论学书信选》，第104－105页。
③ 张岂之：《历史唯物论与中国思想史研究》，《张岂之自选集》，北京：学习出版社2009年版，第10页。

文化中医与中华文明

高少才

(陕西省中医医院副主任医师)

习近平同志曾在 2010 年出席澳大利亚皇家墨尔本理工大学中医孔子学院授牌仪式上这样评价中医药,"中医药学凝聚着深邃的哲学智慧和中华民族几千年的健康养生理念及其实践经验,是中国古代科学的瑰宝,也是打开中华文明宝库的钥匙。深入研究和科学总结中医药学对丰富世界医学事业、推进生命科学研究具有积极意义"。

说起中医药学就绕不开《黄帝内经》和《神农本草经》这两部经典著作,虽说这些书后人认为是托圣人之作,但是黄帝、神农重视子民的身心健康是不可否认的。若论中华文明,就离不开《周易》和《黄帝四经》这两部中华民族源头性的经典著作。三皇五帝对中华民族的文明演进具有不可磨灭的贡献,伏羲画八卦成《易经》,开创了中华文明的源头;黄帝时期则形成了建立在农业文明基础上的独特的中华文明,黄帝统一华夏、治国有方始有《黄帝四经》,黄帝推算历法、教民播五谷、兴文字、订干支、制乐器、创医学,史称人文始祖。可以这么说,黄帝是文化中医与中华文明的缔造者,黄帝文化是研究文化中医与中华文明的源泉。

一、何谓文化中医

文化中医的提法是为了区别科学中医与技术中医,简单来说,科学中医是研究中医认识疾病的原理(相当于古代方技中的医经派),技术中医研究的是中医治病的方法(相当于古代方技中的经方派),文化中医不仅研究科学中医与技术中医的内容,而且还研究并实践生命的健康和长寿问题(相当于古代方技中的房中派和神仙派),文化中医实际上就是古代的方技。

如果用另外一种方式来表达文化中医,陕西省政协原副主席陆栋先生在陕西省中医药专协会成立大会时所讲的一段话比较贴切。陆先生说:"何谓中医?定义或许有很多。我的解释是:以阴阳平衡为基础,致力中和、中正的一种东方传统医学。中,不是方位之谓;中,是通过平衡、辩证达到不偏不倚,实现矛盾对立面的统一、均衡、凝聚、吸引、有序、谐调等,即达于'和'的境界,达于'合'的境界。相反,凡是过或不及,都是不中不正。中,被孔子继承发扬,形成'中庸之道',极大地影响了中国社会,成为中国人的方法论、认识论,当然,也成为医家治病、疗疾最根本的思想、思维原则。并从此出发,提出了一系列内外合一的医学概念。中医,从来没有'人是机器'、'人是东西'的观念。中医从来不把'死理学'当成'生理学'。相反,中医极力保持对人体的生动整观的认识,从整体与外界的动态平衡中把握疾病发生、发展状况并致力于人体自身综合机制的恢复。中医的高明之处还在于,它认为人体健康不仅仅是生理上没有疾病,还应包括精神上和社会环境适应能力上的完美状态。为此,中医把精、气、神联系为一体,视为人身三宝,从而建立起一种生理—心理—社会三位一体的医学框架。中医经典《内经》甚至要求医者不仅要了解人体,还要深知天文、地理、疗法、药物,乃至社会人事、贵贱贫富,医人如医国。数千年前中国中医的这一套理论,从现代医学角度来看,不仅必要,甚至还是精辟、深刻的。"陆栋先生从文化的角度如此诠释中医,我称之为文化中医。

任何一门学问的威力都与其实用性有关,有些是表于形的,有些是内化于心的,用现代话来说就是"硬科技"与"软科技"。少林七十二绝技是佛学的硬科技,预知前后事、举重若轻是道学的硬科技,运筹帷幄、决胜千里是兵学的硬科技,药到病除则是中医药的硬科技。文化中医有三个层次:一是治病,二是治未病,三是养生。治病固然是中医的生存之道,但确实是雕虫小技,上乘中医的大道在治未病和养生两个方面。隋唐名医孙思邈讲:"上医医国,中医医人,下医医病;上医医未病之病,中医医欲病之病,下医医已病之病",孙思邈所言即是中医大道,均有出典,"上医医国"出自《国语·晋语八》;"上医医未病之病"源于"上工治未病","上工治未病"见于《黄帝内经》《难经·七十七难》《金匮要略·脏腑经络先后病脉篇》等多部中医经典著作。孙思邈是中华医学发展长河中一颗璀璨的明珠,在中外医学史上留下了不可磨灭的贡献。唐太宗李世民赞其曰"凿开径路,名魁大医。羽翼三圣,调合四时。降龙伏虎，拯衰救危。巍巍堂堂，百代之师"，宋徽宗敕封其为"妙应真人"，后世尊称其为"药王"，孙思邈所著的《千金要方》《千金翼方》堪称中医药界的百科全书。孙思邈在中医药学发展史上算得上是承前启后的中医药界一代宗师，他的一句名言"不知易，不足以言太医"，至今仍被传统中医界奉为圭臬。

"问渠那得清如许，为有源头活水来。"中医的三个层次或者说是三种境界都具有文化意境，从这个层面来讲，中医不单是一门古代的科学，而且还是一门传统文化。因此，要想挖掘中医的精髓和奥秘，应该从文化的高度来重新认识和研究中医，如此方可登堂入室，畅享文化中医的魅力。

二、文化中医的魅力在于养生

中医的传统内容如《汉书·艺文志·方技略》所讲，分为医经、经方、房中、神仙等四个方面，对此评价是"方技者，皆生生之具，王官之一守也。太古有岐伯、俞拊，中世有扁鹊、秦和，盖论病以及国，原诊以知政。汉兴有仓公今其技晻昧，故论其书，以序方技为四种"。1949年以来，整理古籍在"取其精华，弃其糟粕"的方针指导下，中医固有的精华已当糟粕未被选入中医教材，现仅存医经和经方两种。事实上，房中、神仙更能体现中医的精髓，算是养生实践的范畴。医经中的《黄帝内经·素问·上古天真论》把养生得道的境界分为"真人、至人、圣人、贤人"四个层次，即"黄帝曰：余闻上古有真人者，提挈天地，把握阴阳，呼吸精气，独立守神，肌肉若一，故能寿敝天地，无有终时，此其道生。中古之时，有至人者，淳德全道，和于阴阳，调于四时，去世离俗，积精全神，游行天地之间，视听八达之外，此盖益其寿命而强者也，亦归于真人。其次有圣人者，处天地之和，从八风之理，适嗜欲于世俗之间。无恚嗔之心，行不欲离于世，被服章，举不欲观于俗，外不劳形于事，内无思想之患，以恬愉为务，以自得为功，形体不敝，精神不散，亦可以百数。其次有贤人者，法则天地，象似日月，辨列星辰，逆从阴阳，分别四时，将从上古合同于道，亦可使益寿而有极时"，依此而言，养生的最高境界是道生。

对于中医治病与养生修道的关系，经方中的《汤液经法》这样讲，"隐居曰：凡学道辈，欲求永年，先须祛疾。或有夙痼，或患时恙，一依五脏补泻法例，服药数剂，必使脏气平和，乃可进修内视之道。不尔，五精不续，真一难守，不入真景也。服药祛疾，虽系微事，亦初学之要领也。诸凡杂病，服药汗吐下后，邪气虽平，精气被夺，致令五脏虚疲，当即据证服补汤数剂以补之。不然，时日久旷，或变为损证，则生死转侧耳"。由此看来，服药祛疾相对于修道养生来说确实是小事，但是必须得掌握，否则，自身健康不保，何谈养生长寿？文化中医讨论的不是只要求你看了多少种病，而是要求你控制了多少种病未发生，或者说是人的健康长寿指数提升了多少？文化中医的魅力就在于通过个人的养生修炼以期实现天人合一的文化境界。

三、为何说中医药学是打开中华文明宝库的钥匙

中医是分层次和境界的，古人云：上医治国、中医治人、下医治病。中医的"上、中、下"三个层次中看病是最基础的一层，并且在看病时始终强调"上工治未病"的理念，《黄帝内经》《难经》《伤寒杂病论》也都是这么要求的，若能达到这个要求，也算得上是下医中的一流医生；治人是中医境界的第二层，治人其实就是讲养身、养生，用医圣张仲景的话来说就是"上以疗君亲之疾，下以救贫贱之厄，中以保身长全，以养其生"中的保身长全，以养其生，若能达到这个级别，享誉杏林是不成问题的；治国是中医的第三层，《汉书·艺文志》曰："论病以及国，原诊以知政。"《国语·晋语》也讲："上医医国，其次疾人，固医官也。"治国理政是君王之事，上医或者说是高明的医生为何也要求是治国呢？其因大概有三，一是上医可以为帝王师，利用治病思想指导君王治国理政，岐伯、陶弘景、孙思邈就是代表；二是应用传统方术帮助君王长生不老、江山代代传，秦始皇寻医访仙即是明证；三是上医利用君王治国理政的思想来治病养身，《黄帝内经·素问》中的十二官与十二脏腑相配理论（《灵兰秘典论》）、君臣佐使组方理论（《至真要大论》）即是代表。

中华文明源远流长，自黄帝统一华夏起，中华民族的繁衍不息就与中医药结下了不解之缘，中医经典著作《黄帝内经》与《神农本草经》就是炎黄之帝的生民之作。为何说中医药是打开中华文明宝库的钥匙呢？应该还是从黄帝时代所创造的黄帝文明找答案吧！人类有了文字再会使用金属工具，就能创造出灿烂的文明，黄帝时代就是这样一个能创造文明的时代。《黄帝内经》讲的是生命发生的原理和疾病发生的原理，同时讲解针刺治病之道，其中制九针就

得用金属；《神农本草经》说的是种植药物、采药、药性和药物组合治病的理论，广泛涉及农学、天文、地理等多种知识，其中药学与农学天然相连，农作物的种植就得依部落来进行。人类的文明是人民创造的，应当说黄帝部落能够统一华夏，中医药在实现中华民族人口数量和质量的方面所发挥的作用是不可替代的！中医药学理论中的天人关系、阴阳五行关系、五运六气与疾病的关系、脏腑经络关系、"生长壮老已"的发生原理、君臣佐使组方思想、气味和合学说、子午流注针法等等无不闪烁着文化的光芒。"文化"一词从《易经》的层面来说就是"观乎人文，以化成天下"。因此，只有将中医药学上升到文化中医的高度才能理解其为何是打开中华文明宝库的钥匙。文化中医与中华文明的交融点就是黄帝文化，就是由天人相应到天人合一。读懂文化中医，就能打开中华文明的宝库。

附 录

靖边访古

赵世超

（原陕西师范大学校长、教授）

2018年的夏天似乎特别长，西安市内酷热难当。陕西康隆公司总经理刘国强先生为陕西师范大学早年毕业生，便邀请我和李甫运教授两家到陕北避暑，从而得以首次访问靖边。"苟富贵，毋相忘"，国强虽已是成功人士，却始终将母校老师挂在心怀，深情厚谊，令人感动。

靖边一名，源自明朝与鞑靼作战时所筑的靖边营。清雍正九年，始合安边、宁塞、镇罗、镇靖、龙州五堡以为县，顾名思义，古代曾为边塞之地，其荒僻的程度，由此可想而知。然而，如今行进在平阔的一级公路上，两边的山原川道满是茁壮生长的玉米、谷子，沙柳和白杨不停地拍着手，一排一排地依次退向车后，仿佛在专门列队迎接远方来客。待到登上康隆公司22层的总部顶楼眺望，才看到巨大的绿色地毯竟已直铺到天际。行走在张家畔镇拔地而起的新县城里，则是楼堂瓦舍鳞次栉比，格调互异的建筑物在太阳的照射下闪闪发光，争芳斗艳，像是一捧散落在绿海中的五彩珍珠。我们一行人都感到，到了靖边，却觉察不到一点边地的苍凉。

靖边最著名的古迹是统万城，它位于县城以北的红墩界乡，驱车缓行，约一个多小时就到了。这座由十六国后期大夏政权的创立者赫连勃勃所建的城堡，至今仍孑然独立在无定河北岸的一处高地上。趋前细观，方知分为东西两城，四隅都有方形或长方形墩台高出城垣。其中以西城西南角墩台为最高，残剩部分至少也在30米以上。西北角墩台次之，东北角的墩台存在开裂，东南角的墩台则已坍塌不见。城墙外还加筑有密集的马面。南垣马面既长大又宽厚，据当地文物工作者介绍，里面中空，设有储存军用物资的仓库。城垣、墩台和马面一律用苍白色的三合土夯筑而成，夯打精细，夯层清晰，真算得上"坚如铁石，凿不能入"。在西南角墩台的壁面上，可见横列的椽孔和安放立木的柱洞，说明当年墩壁附有板道楼阁结构，状若架于悬崖上的栈道，难怪大夏国的秘书监胡义周在撰写《统万城铭》时，要用"若腾虹之扬眉""似翔鹏之矫翼"加以形容。赫连勃勃名此城为统万，称其正殿为永安，其君临万邦的野心和永远安泰的妄想昭然若揭。尽管他用残暴的手段和大量的杀戮来极力维持，但他所建立的大夏政权也仅延续了25年。这说明任何专制统治都摆脱不了"其兴也勃，其亡也忽"的历史命运，仰仗军事专制者更是如此。

大夏亡于拓跋魏。后来，驻守此地的宇文泰入主长安，把持西魏朝政，传至其子宇文觉，干脆篡位自立，建立了北周。在隋末的混乱中，贼帅梁师都窃据统万，建立梁国。贞观二年，唐太宗命柴绍、薛万钧合力攻取，师都为部属所杀，城降，唐于此设立夏州。可是，由于吐蕃在青藏高原崛起，压迫党项羌内徙，夏州又变成了党项族聚居的重要地区。李元昊正式建立夏国后，宋、夏战争日增，为不使这座百雉坚城为敌所用，宋太宗遂下令予以"废毁"，将居民"迁于绥、银等州"。从此，统万城便销声匿迹在浩瀚的毛乌素沙漠中，直至清道光二十五年，酷爱历史的榆林知府徐松命知县何炳勋前往寻访，它才又被重新发现。我一边和李教授沿着城垣漫步，一边拾取记忆的碎片，恍然之间，眼前仿佛又出现了夷夏各族十万民众被强驱修城及攻守双方拼死搏杀的场面，耳畔也响起了沉重的夯筑声、惨痛的呻吟声及刀枪撞击与战马嘶鸣。统万城的兴废再次说明，古代任何所谓的文明成果，都是建立在大量不文明行为的基础上，甚至伴随着野蛮和血腥。

说句实在话，这次来靖边，让我最感兴趣的并不是统万城，而是发现于该县阳桥畔镇的一座古城址。因为前者经徐松命人踏勘后早已闻名于世，不再稀奇，后者却还没有揭开神秘的面纱。陪我们前去参观访问的是县宗教局局长赵士斌。他原任文化局副局长，对全县遗迹、遗物的分布了如指掌，所以，路就走得特别顺利。这天正值雨后，空气清新而透明，车子过处只留下了均匀的沙沙声，并无半点扬尘。鸟儿在树梢鸣啭，水库里飘着洁白的云，红的花、绿的草散发着诱人的淡香，但我们却顾不上在夏日晴和的旷野里陶醉流连，下了车，便直奔城址所在的瓦碴梁。

顺着赵局长手指的方向，果然远远地就看见了古城断断续续突出于地表之上的残墙。走近了端详，发现墙土也呈苍白色而略深，与统万城几乎没有太大差别，可见用掺有生石灰的三合土夯筑，乃是当地古老的传统技术，并非始于大夏。夯层的致密坚牢，同样可用铁石喻之。由于墙体宽厚，不少地方被农民掏空，用作羊圈、猪舍。更令人惊叹的是，城址规模宏大，除西部已被水库淹没外，东西长仍有4公里，南北宽约2公里。跨越南墙，走在瓦碴梁上，脚下陶片密布，经粗略检视，即知有残破的水器和饮食器，更多的则是被毁弃的筒瓦、板瓦、瓦当和铺地砖，纹饰可见绳纹、布纹、篮纹、麻点纹和回纹等，时代当属战国、秦、汉。在路旁种满玉米的田间，望见了一些边界整齐的高地，偶尔还有柱础散落其上，这应是当年的建筑台基。这些台基和大量的残砖断瓦都足以让人联想到原先宫室屋宇的巍峨和城中人物的阜盛。

正边走边看时，当地的文物保护员递上一个小件铜器让我辨认，虽然锈蚀严重，但仍能看出大约属于镶在马具上的铜泡钉。这个质朴的中年汉子笑着对众人说："咳！像这样的小东西过去很容易捡到，还有矛头、箭头、钱币、铜镜等，瓦碴梁村的家家户户，谁家没有？1982年水沟冲出大量铜钱，一些人一捞就是好几斤，单文物部门从村民手中回收的就有两万多枚。另外，还出过不少钱模子。"他的话让我不由得怦然心动，这座城不仅很大，而且能够铸钱，难道不正是战国、秦、汉期间的一个区域性政治经济中心吗？

这么重要的城池，在文献记载中有没有，如果有，它又该叫什么呢？谈及历史定位，赵局长就有点兴奋。他激动地说："我早认为是阳周古城，作家张泊也这么看，但历史地理学界不赞成，所以就没有宣传出去。直到在此地发现了'阳周侯印'和刻在陶罐上的'阳周塞司马'陶文，反对的声音才小了。最近省考古研究院已派专家前来调查，对我们的意见十分支持。"同行的李甫运教授是著名的书法家，当即仔细观察了印文和陶文的拓片，确定其为隶书的早期书体，进一步为判断城址的时代提供了佐证。

为了更好地体会阳周故城的形胜，赵局长带我们迤逦东去，驱车上行。据高远眺，只见白于山巍然矗立于南，无定河和芦河滔滔横流于北，又有两条溪流自深谷涌来，在阳桥畔之东合为一股，汇入芦河，再斜插向东北，加入无定河水的洪波里。很像是有力的膀臂从旁侧伸出，将故城揽入山的怀抱。

赵局长一边招呼我们在崖畔上站稳，一边指画着说："白于山上有秦昭王所筑的长城，眼前的两条河即奢延水和走马水。《水经·河水注》认为走马水'出长城北、阳周故城南桥山'，这句话可不简单。第一，表明走马水发源的白于山古名桥山；第二，表明走马水的源头已处于秦列城之外；第三，表明阳周城在桥山之北，距走马水不远，这与阳桥畔瓦碴梁古城址的位置完全相符。《水经注》另外一句话是'奢延水又东，走马水注之'。两水相交的地方不就在咱们的脚下吗！这里曾被称为桥门，本意应为桥山上的长城门。"赵局长的现场讲解既直观又清晰，立刻使我们认识到了阳桥畔故城在军事地理上的重要性。

如果故城确实是阳周，发生在这片土地上的故事可就多了。最重要的有：秦太子扶苏与将军蒙恬驻军于此，又先后被逼自杀于此；汉武帝勒兵十余万北巡，"还祭黄帝冢桥山"；王莽于此治黄帝陵园，改阳周县为上陵畤；东汉段颎至走马水，出桥门，追击羌人于奢延泽，等等，上述都在史书中有明确记载。然而，据《汉书·地理志》，阳周仅是一个县，为什么会由太子守之，会让皇帝亲临呢？赵局长不假思索地回答道："因为这里是古上郡的治所呀！传统上都认为上郡郡治是在肤施县，其地约当今榆阳区鱼河镇，但那地方哪有这么大的城址呢？"局长的话发人深省，在紧张的回忆中，我猛然想到，《史记·蒙恬列传》说蒙恬"因地形""制险塞"，"暴师于外十余年，居上郡"，而胡亥派使者赐他死时，却跑到阳周找他，他不肯死，便就地"囚于阳周"，这不恰恰证明上郡就是阳周、阳周就是上郡吗？可见若只读书而不到实地考察，有些问题永远都会处于以讹传讹的迷误之中。阳桥畔的故城紧倚白于山和秦长城，连接来自延、绥的秦直道，北有无定河和芦河作天然屏障，扼守着走马水出山处的桥门，才真正称得上是"因地形""制险塞"，舍此，恐怕没有一个地方可以与之相比。仔细品味，我不能不对赵局长的洞见深表叹服，事实上，应当把古阳周看作当时河套地区的第一战略要地。

看罢阳周故城，车子又进了白于山。在山内高家沟乡的阳畔和王坟湾村之间，散布着七座土丘，中间最大的一座，当地人一直称之为轩辕峁。赵局长说："这才是真正的黄帝陵。"我一直认为黄帝是传说人物，所有的陵、庙都是纪念性建筑或宗教活动场所，无所谓真和假，当今只能按约定俗成的办法选择一处作为中华民族的精神标识。但同时又觉得，即使只把汉武帝的祭陵处搞清楚，也有一定的历史意义。于是便仔细对夯层做了观察，对土台的占地范围作了步量，还拍了不少照片。直到天色晚了，才意犹未尽地离开。这时，山里已起了风，隐隐听得见松涛，像是谁在低吟送行的歌，路上又见到几座水库，平静如镜的水面早被落霞染红，群鸟争着归林，突然却有一只苍鹰冲天而起，顺着山谷盘旋向远方。我一边倚着车窗凝视大自然的美景，一边就想到，若没有国强和赵局长的周到安排，我怎么也不会知道，陕北山间的景物竟也如此迷人。

在以后的几天时间里，我们又参观了靖边博物馆、靖边旧县城及白文焕旧居、惠中权纪念馆等等，还访问了县收藏家协会，鉴赏了不少珍贵的私人藏品。离开时，旧友新知都来相送，收藏家协会的马秘书长赠送我一函他自己制作的陕北汉画像石摄影集。我感到，这次靖边访古真是收获颇丰，需要进一步好好学习和消化。

回到西安以后，我从《汉书》中查到，阳周侯名叫刘赐，是淮南王刘长的儿子，后被改封为庐江王。另有周阳侯赵兼，为淮南王舅父；周阳侯田胜，为汉景帝皇后王夫人的同母异父弟。不能排除史书在传抄中将"阳周"误倒为"周阳"的可能性，因为东汉人应劭注释《汉书》时，就出现过这种误倒。一个偶然的机会，我在学校图书馆里见到一本叫作《秦帝国全天星台遗址及其源流考》的书，其中谈到，秦朝政府曾将当时可见、可名的全天星座、星官用夯筑或铲削成台的办法，在地上仿造，以便对应性地进行观星、祭星和占星活动，星台总数竟多达1424个，主要建于陕北和内蒙古鄂尔多斯地区。急忙查看该书所附分布图，发现其中有五座正在靖边高家沟一带。我们看到的轩辕峁及相邻的土冢，会不会就是秦人夯筑的星台呢？我期待能有机会再去靖边，以便与赵局长继续深入讨论。

朱子《家礼》的现代价值与意义

王维生

（厦门筼筜书院创院山长）

一、概　述

中国是礼仪之邦，礼乐文化传承数千年，并形成了鲜明的中华民族礼仪文化特色。"礼宜乐和"是古人追求的政治理想。朱子作为宋代儒学之集大成者，其思想理论是宋明理学发展的最高峰，他的学术思想享誉整个东亚儒家文化圈。朱子的文化贡献之一就是秉承儒家"以家为本"的理念，将原属上层社会的儒家礼仪简洁化、平民化，约为《家礼》，经后人推而广之，成为后世最简明、实用的居家礼仪手册。朱子《家礼》是宋代最著名的私人撰写的家礼著作之一，也是朱子对后世影响最为深远的经典著述之一。自成书之后广为流传，至元、明、清时期，其地位已由私家之礼上升为官方之礼，在宋之后的700多年中，对于中国社会发挥着巨大而深刻的作用。该书的内容主要包括通礼、冠、婚、丧、祭五部分礼仪，其文本亦由《家礼》本身衍生出大量注释、节编、改编本。宋元以降，朱子《家礼》一书作为中华文化对外输出的典范文本，传至东亚，对朝鲜（韩国）、日本、越南等东亚诸国的政治制度及社会伦理构建皆有很大的影响，也为东亚儒家文化圈架起友谊的桥梁。时至今日，朱子《家礼》仍然具有一定的社会影响力与作用，依然有其现代价值与意义。

二、朱子《家礼》的历史作用

从朱子《家礼》编撰的时代背景来看，经历了五代十国"礼崩乐坏"的影响，世道衰，人伦坏，而亲疏之理反其常。有宋一朝建立时及其之后很长一段时期内，一方面社会的伦理纲常失序，礼仪败坏的局面很难迅速改变；另一方面，因为长期的战乱，古礼佚失及毁坏比较严重，传统的儒家礼仪经书保留下来的都很少。甚至北宋时代编写的几部仪礼经书，也都因战乱兵火而散失或损毁；此外，原有的古礼也不能够完全适用于当时代社会的需要。在这种背景下，朱子开始对古礼进行改造和重新修订，他通过改造《礼仪经传通解》编撰了朱子《家礼》一书，以适应当时社会生活的需求和社会教化的需要。

朱子《家礼》通过传承与创新，重新修订了日用伦常和礼节制度，目的是为当时的社会和家族家庭重新建立一套理想的社会家庭生活方式，长幼有序、贵贱有等，人们言行举止均从规矩，冠、婚、丧、祭皆有定式，由此达到社会家庭伦理纲常的有序规范。

从实际情况来看，朱子《家礼》自成书之后就广为流传，逐渐成为中国社会各个层面及东亚社会的基本礼仪规范。至元、明、清时期，历代推崇，其地位也由私家之礼上升为官方之礼，在宋之后的700多年中，对于中国社会和中国家庭产生着巨大而深刻的影响，并对朝鲜（韩国）、日本、越南等东亚诸国的政治制度及社会家庭伦理构建皆有很大的影响。有韩国学者在介绍朱子《家礼》对韩国礼学的影响时认为，朱子《家礼》在海外传播，最早是传到韩国，朱子《家礼》对韩国之影响要远大于中国。朱子《家礼》是朝鲜王朝五百多年来生活的基础，离开《家礼》，我们无法全面理解韩国的思想与文化。

三、朱子《家礼》的现代价值与意义

朱子《家礼》是朱子学的重要组成部分，今天我们强调它的现代价值，不仅是为了再现古代礼仪文化，更重要的是它能指导人们在生活中躬亲实践礼仪，规范当代社会行为，反过来在实践的过程中，对礼仪也会有更深层次的理解。在和谐社会的建设当中、在实现中国梦的过程中，朱子《家礼》作为一种有依可循的"礼"，对于规范当代人们的社会行为，具有十分现实的借鉴和参考作用与意义。

众所周知，一方面，经历了五四运动和"文化大革命"，尤其是改革开放以来，商品经济社会的价值观念对人们的影响和改变是巨大的，城市化进程也极大地改变了中国传统的家庭结构和生活形式；另一方面，传统的礼仪家庭文化丢失严重、西方的生活方式与礼仪文化不断涌入、影响与日俱增，新的适应当代社会生活的礼仪文化并未建构完成等因素，致使人们对于现在的社会风气风俗、家庭人伦道德、生活仪礼仪式等方面诟病不少。家庭伦理、社会公序良俗、礼乐文化等都有待重建。因此，学习朱子编撰的《家礼》时的精神，传承与创新家礼文化，具有十分重要的现实意义和社会意义。

就朱子《家礼》的现代价值而言，主要体现为以下三个方面：

第一，诠释家庭文化，明确家庭伦理；

第二，传导风序良俗，重塑社会价值；

第三，传承礼乐文明，重申文化自信。

士不可不弘毅，任重而道远
——"中华国学陕西公益"系列活动经验总结

曾文芳

（西北政法大学马克思主义学院教授、陕西省轩辕黄帝研究会副会长）

"人能弘道，非道弘人。"（《论语·卫灵公》）中华优秀传统文化积累沉淀的中华民族五千年的精神追求和生命智慧，是我们区别于世界其他民族的独特精神标识，作为精神命脉始终支撑着民族的薪火相传、生生不息。然而自近代以来，人们在效仿和学习西方思想文化、科学技术的过程中渐渐摒弃了很多优秀传统文化，文化自信心也在不断下降，使优秀传统文化在传承和创新的过程中遇到了较大阻碍，尤其是年轻一代对西方文化过度推崇，导致文化传承缺乏新鲜血液，文化断层现象日益严重，不但在国内缺乏应有的受众基础，在走向国际化的道路上也困难重重。如何恢复文化自信，提升综合文化素养，做好文化的推广普及成为迫切的时代使命。2017年1月25日，中共中央办公厅、国务院办公厅颁布实施《关于实施中华优秀传统文化传承发展工程的意见》，首次以中央文件形式专题阐述中华优秀传统文化的传承发展工作。前不久，习近平同志在暨南大学再次号召："要把中华优秀传统文化传播到五湖四海。"

2015年12月29日，在陕西省孔子学会第二届年会上，已近89岁高龄的"全球华人国学终身成就奖"获得者张岂之先生在大会主题发言中号召陕西学者"要敢为天下先"，用中华优秀传统文化为人类的共同命运打造美好的前景。在张先生的倡导下，很快，一个由大学老师和在校研究生为主体、融合民间力量、致力于学习和弘扬中华优秀传统文化的公益团体应运诞生了！

一、"中华国学陕西公益"三年回眸

2016年1月16日起，"中华国学陕西公益"团队正式组建并同时推出全年50期纯公益国学专题，面向全社会，每周一次讲座，包括"中国文化"

"陕西文化""国学经典"和"艺术修养"四大板块。其中不乏名家教授的爱心奉献，如韩鹏杰、朱鸿、刘炜评、张茂泽、陆建猷、周晓陆、段清波等，还请到了佛学界法师（如法门寺隆慧、真如寺弘法等）来释读佛经，社会各界也及时提供了场地、录像等全程公益服务，而50期讲座的视频在"轩辕国粹微信平台"发布后，迅速广泛传播于腾讯、优酷、新浪、爱奇艺等国内大型视频网站，受益群众在不断增加。

2017年，"中华国学陕西公益"不但继续站稳西安市文化高地，还下行到了7个县市政府大讲堂（渭水讲坛、眉坞大讲堂、淳化大讲堂、汉阴大讲堂、蓝田大讲堂、怀德讲堂、昭慧讲堂），掀起了领导干部学国学的热潮，更得到了当地政府官方平台的录制与传播。全年开办了35期大型讲座，有很多民间优秀学者与高校教师一起登上公益讲台，携手传播优秀传统文化。这一年5月，我们还启动了国学经典读书会，每周一次经典学习活动，至年底共计举办了36期。7月加盟新成立的陕西省慈善联合会，建立了直属部门"国学推广普及专业委员会"。从此，"中华国学陕西公益"具有了更加广阔的官方慈善资源发展平台和更加坚实的品牌形象。

2018年1月，我们从全国256家国学公益机构的激烈竞争中喜获"2017敦和种子基金计划"，超额完成了项目任务（含大型国学讲座11期、经典读书会28期、微课堂专题22期），首次邀请了台湾学者董金裕教授开讲。4月获得了陕西省社科联"2018年文化推广普及重点立项课题"，年底以"优秀"结项。5月获得了"中央财政关爱弱势群体文化扶贫项目"资助，重点选择弱势群体进行国学文化扶贫，举办了11期大型国学讲座、15期经典读书会，推送了4期88个微课堂国学讲座栏目。而且，全年几乎所有公益课程都配备花椒直播，可线上线下同时学习，受益人数激增。

同时，我们应国学爱好者的强烈要求先后开通了6个"陕慈联国学公益学习群"，含实名制群员2500人。每天定期推送公益学习栏目20个，其中经典诵读栏目《薛红读诗经》传播量超过322万次；与陕西省委组织部联合开发录制"陕西省干部网校领导干部国学专题讲座"9个，点击量已超过150万人次。3年里在活动现场先后免费发放了20万元的网络购书卡、32万元的书籍（《中华国学推广名录》《公益讲座资料辑录》《子庸读论语》《道德经》等）、6万元的光盘资料（《讲座视频精选光盘》）和9万多元的学习用品。

如今,"中华国学陕西公益"事业凝聚了越来越多具有奉献精神的国学推广志愿者,已经成为中国慈善业知名品牌。我们也不断加强自身建设,先后设立和完善了文秘财务部、讲座读书部、师资部、发展部等部门。为永葆初心、坚持弘扬正能量,我们近期将筹备成立党支部,立志走在社会主义精神文明建设的阳光大路上。

在此期间,张岂之先生始终关注、关心、关怀着我们的成长,他每年亲自题词,指导着公益事业的发展方向——"努力弘扬中华优秀传统文化"(2016.11)、"深入弘扬中华优秀传统文化"(2018.1)、"把中华优秀传统文化作为我们的最好精神营养"(2019.2)。三年转瞬即逝,先生如今已92岁高龄,其热心文化传播的赤子之心愈发激励着我们奋勇前进。

二、中华优秀传统文化传播领域的现状与反思

历史证明,文化只有扎根于人民,才能长久获得深层滋养。中华优秀传统文化是中华民族对人类文明发展的重大贡献,无论是对构建和谐社会,还是打造世界人类命运共同体,都具有现实意义。而任何一种先进文化的传播,都需要依附于一定的载体。21世纪以来,随着中国经济的迅猛发展和快速崛起,我们在国外持续性地传播和普及了大量有代表性的传统文化元素(如汉字、武术、古琴、汉服、美食、经典等),创立了具有世界影响力的文化传播机构——孔子学院,并在全球数百个城市设置了汉语考试服务网,规模既成,前景可期。

但在国内,虽然国学教育近年来已逐渐深入民心,尤其是家长对孩子国学教育的呼声渐长,再加上国家各个层面不遗余力地倡导和推动,新的局面得以逐步开拓。但从传播内涵和主体来看,高校里的教师工作压力大、任务重,埋头做学问者多,有精力做推广者寡;民间机构多在利益驱动下如雨后春笋,江湖林立、山头众多,难成一统。以西安市为例,现有民间机构以经营性提供少儿国学培训为主,数量从前两年的60多家已迅速激增为100多家,大多没有系统规范的专业教材,师资队伍严重匮乏、良莠不齐,很多讲师自身都没有经受过正规经典教育。在课程设置上,主要偏重于零敲碎打的实践课:吟诵经典、习练书法、琴茶礼仪、践行孝道等,对优秀传统文化精神内涵的系统性、深入性传播则几乎没有,甚至时有歪曲和背离文化精髓的现象发生。西安虽然

高校很多，但设立正规的高层次国学传播机构却非常少，仅有：陕西师范大学曹胜高等人成立了国学院，组建了师资培训；西安交通大学黎荔以一己之力创办了11年"学而讲坛"，成为业内知名品牌，但涉猎广，国学专题较少；西北大学、长安大学都没有类似的传播机构。一斑窥豹，放眼全国，高校里多注重学术研究，轻视国学生活化的实践培育，难以达到有效传播；民间机构经营性质突出，难保传播内涵的方正全面。甚至，高校和民间大路朝天各走一边，基本互不通话，许多急迫想要提升专业水平的民间讲师也长期苦于无路通向高层次的学习渠道。这些现象无疑窒碍了传统文化的有效传播。

中华文化的形成与发展从来就离不开社会土壤的滋养和反哺，也就是需要精英文化与民俗文化的有机结合。"中华国学陕西公益"成立伊始，就致力于解决西安市高校和民间彼此隔绝的传播现状。我们一方面高密度地开展大型讲座和读书会活动，建设专业性国学公益传播的社会形象，一方面积极吸纳优秀民间讲师进入课堂，既给他们提供学习的机会，又创造适宜的讲台来让他们展示和提升。三年多来，民间讲师和高校教师同登公益讲堂传播文化，已成为国学传播领域的一段佳话。2019年初，我们把西安市创办时间最长、讲师队伍最大、最具有民间影响力的国学公益机构"西安研习会"合并过来，成立"陕慈联国学专委会经典研习中心"，并将在2年内陆续投入文化扶贫专家队伍，将研习会原有数十名讲师一对一地通过专题打造的路径，重新塑造提升，希望使之成为第一支有较高专业素养的民间讲师队伍，从而成为我省传统文化普及的民间主力军。当然，这项工作无疑将会投入巨大的精力和耐心，但一定是造福于民的事情。

国学是心性之学，重在德行修养、人格塑造，我们也十分注重国学生活化的亲身实践。2018年暑假，我们组建了高校教师和民间讲师共搭班子的礼仪团和导师团，为3名中学生举办了公益性的成人礼活动，整理出了一套既古典又现代、行之有效的成人礼仪程序。

修合无人见，存心有天知。中华优秀传统文化的传播需要持有公益心，这也会极大地促进传播者自身的心灵成长。针对我国当前精神文明建设严重滞后，各种因道德而引发的社会问题日益凸显的现状，优秀传统文化的传播就不能再停留于小股公益力量的无私奉献上。我们还是希望有更多的政府机构能够尽快、有效地介入，提供长期、稳定、制度化的传播运营支撑，使大量较规范的机构得以成长：拥有足够的经济实力和人员队伍，能充分运用各种传统传播形式（如报刊、电视、广播等），以及微信、微博、微电影、微电视等新型传播手段，开创"互联网＋传统文化"的发展模式，规范性开展多种多样的社区文化活动，以更迅速、更易于接受的方式，把中华国学融入民众生活，从而为社会主义核心价值观的全面构建创造多平台、多渠道、欣欣向荣的传播局面。

编后记

黄帝是中华民族的人文初祖。黄帝陵是中华文明的精神标识。黄帝文化是中华文化的重要构成部分。

黄帝陵是中华民族慎终追远、继往开来的庄严圣地。实现中华民族伟大复兴是近代以来中华民族最伟大的理想。

为缅怀黄帝功德，发扬黄帝文化精神，推动中华民族伟大复兴，陕西省人民政府在己亥（2019）年清明公祭轩辕黄帝活动期间，举办"2019年清明祭黄帝陵与弘扬中华优秀传统文化"学术论坛，旨在坚定文化自信，弘扬中华文化人文精神，承传和创新中华优秀传统文化，助推中华民族伟大复兴。

2019年4月2—6日，由陕西省人民政府主办、西北大学和陕西省轩辕黄帝研究会承办的"2019年清明祭黄帝陵与弘扬中华优秀传统文化"学术论坛在西安举行，来自海内外的五十余位学者，共提交会议论文50余篇，从多个领域深入研讨了黄帝与中华优秀传统文化等学术议题，论文与发言涉及：中华文明起源与独特性研究，黄帝、黄帝陵与黄帝文化研究，黄帝陵是中华文明的精神标识，陕西黄帝文化相关遗址与考古研究，黄老道家与黄帝文化精神，简帛资料与黄帝文化研究，传世文献（含文学文本）与黄帝文化，中华人文精神研究，中华文化连绵不断的特征与现代价值等。

会议结束后，经过作者的修改完善，形成本次会议正式论文集，公开出版发行，以推动中华优秀传统文化的传承与发展。

在论文集编辑出版过程中，西北大学中国思想文化研究所李友广副教授做了许多具体工作。西北大学中国思想文化研究所部分研究生协助复核了论文资料。西北大学出版社的责编和美编等也作了贡献。在此一并致以诚挚的谢忱！

编　者
2019年7月